# 集美年鉴

JIMEI NIANJIAN

2023

中共厦门市集美区委党史和地方志研究室　编

方志出版社
Publishing House of Local Records

**图书在版编目（CIP）数据**

集美年鉴.2023/中共厦门市集美区委党史和地方志研究室编.—北京：方志出版社，2023.12

ISBN 978-7-5144-6025-4

Ⅰ.①集… Ⅱ.①中… Ⅲ.①区（城市）－厦门－2023－年鉴 Ⅳ.①Z525.74

中国国家版本馆CIP数据核字(2023)第253061号

责任编辑：顾洁
责任校对：张玉霞
责任印制：梅中英
装帧设计：一路
出 版 者：方志出版社
地　　址：北京市朝阳区潘家园东里9号（国家方志馆4层）
邮　　编：100021
网　　址：http://www.zgfzcb.cn
发　　行：方志出版社图书营销中心（010-67110500）
印　　刷：深圳中华商务安全印务股份有限公司
开　　本：889毫米×1194毫米　1/16
印　　张：23.25
字　　数：803千字
版　　次：2023年12月第1版
印　　次：2023年12月第1次印刷
定　　价：180.00元

# 《集美年鉴（2023）》编纂委员会名单

**主　　任：**胡旭彬　倪　杰

**副 主 任：**张剑鸣　蔡冬梅　江庆生　苏　克

**委　　员（以姓氏笔画为序）：**

王世文　王燕群　尹　宏　兰福传　庄咏耿　庄晓东　许中英
许海生　许群选　孙　韬　李延龄　李拓江　李勇岩　杨良杰
吴吉堂　吴萱萱　张　泓　陈各辉　陈贤玲　陈金平　陈凌妙
陈端聪　林以芳　林合溪　林志斌　周文胜　赵　鹏　施素达
徐火辉　翁　睿　黄大阳　黄世明　黄志盛　黄金喜　黄雯嘉
董建财　谢乐峰　鄢荣钗　蔡鹭芳　潘英华　薛树清　戴劲竺
魏玥娟　瞿凯强

# 《集美年鉴（2023）》编纂人员名单

**主　　编：**王世文

**副 主 编：**林启敏　王小杰

**执行主编：**张燕红

**责任编辑：**叶　薇　梁琳珊

# 编辑说明

一、《集美年鉴》是由中国共产党厦门市集美区委员会、厦门市集美区人民政府主办，中国共产党厦门市集美区委员会党史和地方志研究室承编的年度资料性文献。自2012年起逐年出版，2023卷为第12卷。

二、《集美年鉴》以马克思列宁主义、毛泽东思想、邓小平理论、“三个代表”重要思想、科学发展观、习近平新时代中国特色社会主义思想为指导，坚持辩证唯物主义和历史唯物主义的立场、观点和方法，汇集全区自然、经济、政治、文化、社会和生态建设等领域的发展状况，为资政存史提供翔实的资料。

三、《集美年鉴》的框架由类目、分目、条目组成，部分分目增设次分目层次。全书条目标题统一用黑体加【 】标示，下一层次标题用楷体区别。

四、《集美年鉴（2023）》着重反映2022年集美区的基本情况，为保持资料的完整性，部分资料上溯至2019年。全书卷首设年度关注、专记、大事记，主体部分设区情概览、中国共产党厦门市集美区委员会、厦门市集美区人民代表大会、厦门市集美区人民政府、中国人民政治协商会议厦门市集美区委员会、纪检监察、民主党派与工商联、群众团体、法治、军事、外事·侨务·台港澳事务、应急管理、经济管理、城乡建设与管理、生态环境建设、农业·农村、工业、交通·物流·邮政、旅游业、信息业、商贸服务业、教育、科学技术、文化、体育、卫生、社会生活、镇（街道）概貌，卷末设人物·名录、附录、索引。

五、《集美年鉴（2023）》在保持基本框架结构稳定的前提下，对部分内容进行调整、充实，突出集美特色，增加信息量，增强可读性，增进实用性。其中，“年度关注”刊载《集美区建设青年发展友好型城区行动取得明显成效》《集美区“红色物业”管理模式 开辟小区治理新路径》两篇文章，突出年鉴的年度特色，“专记”内容全部更新。

六、《集美年鉴（2023）》入鉴资料均由各撰稿单位提供，并经主要负责人审核。部分资料由编辑人员搜集。由于统计口径不同等原因，个别单位提供的数据与统计资料不一致的，引用时请以统计局公布的数据为准。

七、数字用法、标点符号用法分别采用国家标准《出版物上数字用法》(GB/T 15835—2011)、《标点符号用法》(GB/T 15834—2011)，计量单位采用国家技术监督局1993年12月发布的《量和单位》系列国家标准。

八、为便于读者查阅，在卷前设中英文目录，其中英文目录编至分目一级；卷末设索引，采用主题分析法，款目按汉语拼音字母顺序排列。

## 2022年集美区荣誉榜

中国工业百强区

全国青年发展型县域试点

全国“数字乡村百强县”

首批省级数字乡村试点县

## 数读集美2022

陆域面积：275.79平方千米

海域面积：约40平方千米

年末常住人口：109.10万人

年末户籍人口：44.82万人

地区生产总值：956.58亿元

地区生产总值比上年同期增长：3%

第一产业增加值：3.11亿元

第二产业增加值：484.00亿元

第三产业增加值：469.47亿元

规模以上工业企业生产总值：1243.09亿元

区级财政收入：46.07亿元

社会消费品零售总额：227.72亿元

全年旅游业接待游客：1347.31万人次

全区居民人均可支配收人：61610元

城镇居民人均可支配收入：63273元

农村居民人均可支配收入：39145元

幼儿园：214所

小学学校：46所

中学学校：21所

中等职业技术学校：3所

高等院校：10所

卫生医疗机构：430家

三甲医院：2家

医院病床：2158张

卫生技术人员：2715人

公园数：58个

建成区绿化覆盖率：45.68%

# 两岸融合发展县域集成改革试点

2019年12月，集美区被确定为福建省推进两岸融合发展县域集成改革试点区。截至2022年，集美区以集成改革为动力，坚持系统思维、整体谋划、协同推进，实现力量和资源集成、政策和措施集成、平台和要素集成、项目和任务集成、特色和品牌集成；坚持“以通促融”“以惠促融”“以情促融”，打造大陆最大对台研学旅行基地，构建便捷高效的经贸合作体系，提升对台人才服务水平，丰富两岸人文交流活动，实现经贸合作更紧密、台胞生活更温馨、人文交流更活跃、同胞心灵更契合。

集美区创新“1+N”泛营地研学新模式，打造大陆最大对台研学旅行基地。图为厦门集美对台研学总部大楼（林志杰 2020年1月6日摄）

2020 年 8 月 29 日，全国首个“海峡两岸（厦门）直播电商产业合作园”在集美新城诚毅国际商务中心揭牌（林志杰 摄）

2020 年 10 月，集美区在区行政服务中心设立台胞服务驿站。图为驿站聘请的台籍工作人员为台胞办理业务（冯立东 摄）

2021 年 6 月 11 日，集美区两岸融合发展中心成立。图为两岸亲子研学营成员参加揭牌仪式

（区台港澳办 供图）

2021 年 6 月 17 日，集美区启动“两岸人才融合发展计划”并成立全国首个两岸高校产业技术联盟台籍专家顾问团。图为聘书颁发仪式

（区委组织部 供图）

2022 年 6 月 2—3 日，“龙腾虎跃”海峡两岸龙舟赛在集美龙舟池举行。图为比赛现场（林志杰 摄）

2022 年 7 月 9 日，“共同家园 共同记忆——闽台关系档案文献展”在集美塔开展。图为嘉宾观看展览（区档案馆 供图）

2022 年 7 月 12—14 日，第十四届海峡论坛配套活动“两岸一家亲 从小心连心”研学体验营开营仪式在厦门市集美区举行。图为两岸儿童体验闽南童玩踩高跷（区两岸融合发展中心 供图）

# 产业基金助推集美区实现高质量发展

2021—2022年，集美区产业引导基金连续2年入选清科研究中心“中国政府引导基金50强”。该基金于2015年4月成立，为厦门市首个区级产业引导基金。以“基金＋基地”的运作模式在培植税源、产业扶持、招商引资、人才培养方面助推集美区实现高质量发展。

集美区产业引导基金以“基金＋基地”的运作模式吸引优质企业聚集。图为省级专精特新中小企业一品威客网络科技股份有限公司（黄利民 2020年10月23日摄）

2021 年 9 月，集美 TOP 金融赋能研究院成立。图为工作人员介绍展厅情况

（冯立东 摄）

2022 年 6 月 27 日，集美区开展助企纾困“直播带策”系列宣讲（林志杰 摄）

集美区产业引导基金搭建创投平台，推出“产业发展伙伴计划”。图为 2022 年 9 月 8 日，首批产业发展伙伴机构授牌仪式 （林志杰 摄）

集美区产业引导基金及参股子基金投资集美区项目，助推辖区企业发展，其中国家级专精特新“小巨人”企业 4 家。图为“小巨人”企业之一的厦门力巨自动化科技有限公司工作人员在调试机台 （林志杰 2022 年 11 月 8 日摄）

# 集美区建设青年发展友好型城区行动取得明显成效

2022年1月，集美区发布《集美区建设青年发展友好型城区行动方案（2022—2025）》。该方案由青年创业友好、青年就业友好、青年生活友好、学村学子友好、台青聚融友好、青年成长友好“六大工程”，由“青享优教”“青享健康”“学村融合”“台青成长”“台青融合”“青春铸魂”等18个计划组成，全方位构建有利于青年创新创业、就业生活、学习教育和健康成长的友好环境。

2022年，集美区实施青年创业友好工程，推进青年就业公共服务体系建设。图为10月28日，集美区大学生创业就业服务驿站揭牌仪式　（林志杰 摄）

2022年，集美区实施“青享优教”计划，在青年聚集区域试点推进婴幼儿照护服务。图为软件园三期的嘉幼托育中心
（应 洁 摄）

2022年，集美区实施“青享健康”计划，建成并投入使用四川大学华西厦门医院。图为位于软件园三期的四川大学华西厦门医院
（颜志伟 摄）

2022 年，集美区实施“学村融合”计划。图为中共集美区委理论学习中心组成员与集美大学师生代表共同参加的党史学习教育课堂 （冯立东 摄）

2022 年，集美区实施“台青成长”计划。图为 10 月 14 日，TOP 大讲堂——台青创企业法律服务沙龙暨集美区“台湾人才服务中心”揭牌仪式上台青开展体验活动 （林志杰 摄）

2022 年，集美区实施“台青融合”计划，促进台青志愿者队伍建设。5 月，集美区苕芯志愿服务队获评为“福建省青年五四奖章集体”。图为苕芯志愿者在水上运动中心开展志愿服务活动
（冯立东 摄）

2022 年，集美区实施“青春铸魂”计划，弘扬嘉庚精神和华侨文化、闽南文化、学村文化。图为 4 月 23 日，集美中学嘉庚文化宣讲团启动仪式
（林志杰 摄）

# 目 录

## 中国共产党厦门市集美区委员会

## 厦门市集美区人民代表大会



## 厦门市集美区人民政府

## 中国人民政治协商会议厦门市集美区委员会

## 纪检监察



## 民主党派与工商联



## 群众团体

## 法 治

## 军 事

## 外事·侨务·台港澳事务



## 应急管理

## 经济管理

## 城乡建设与管理

## 生态环境建设



## 农业·农村

## 工　业



## 交通·物流·邮政

## 旅 游 业



## 信 息 业

## 商贸服务业



## 教　育

## 科学技术

## 文　化

## 体 育



## 卫 生

## 社会生活

## 镇（街道）概貌

## 人物·名录



## 附　录



## 索　引

# Contents

## CPPCC Of Jimei District, Xiamen



## Discipline Inspection and Supervision



## Non-Communist Parties and Federation of Industry and Commerce



## Social Organizations



## Rule of Law



## Military Affairs



## Foreign Affairs · Overseas Chinese Affairs · Taiwan, Hong Kong and Macao Affairs



## Emergency Management



## Economic Management

## Urban-Rural Construction and Management



## Ecological Environment Improvement



## Agriculture and Rural Areas



## Industry



## Transportation · Logistics · Postal Industry



## Tourism Industry



## Information Industry



## Commercial and Trade Service Industry



## Education



## Science and Technology

## Culture



## Sports



## Public Health



## Social Life



## Towns / Subdistricts Overview



## Figures · Directory



## Appendix



## Index

# 年度关注

## 集美区建设青年发展友好型城区行动取得明显成效

2022年，集美区委、区政府提出建设“青年发展友好型城区”构想，于1月13日发布《集美区建设青年发展友好型城区行动方案（2022—2025）》（以下简称《行动方案》）。《行动方案》旨在更好地服务青年群体，让青年在厦门市集美区安居乐业。《行动方案》主要由青年创业友好、青年就业友好、青年生活友好、学村学子友好、台湾青年聚融友好、青年成长友好“六大工程”、18个计划组成，全方位构建有利于青年创新创业、就业生活、学习教育、健康成长的友好环境，给广大青年提供更多更实的“集美机会”，实现青年发展与城区发展有机融合、友好互动，为集美区更高水平建设“两高两化”（高素质、高颜值、现代化、国际化）示范区凝聚起更强大的青春智慧和青春力量。

按照“任务项目化，项目清单化，清单责任化”的思路，区联席办将《行动方案》细化成80项工作任务分解至36个部门单位推进落实。

### 一、助力青年创业发展

区人才办、财政局、产投公司等发挥区产业引导基金作为中国政府引导基金50强优势，创设“TOP金融赋能研究院”（“TOP”指“人才机遇计划”），推出集美人才“T易贷”，提供20亿元信贷规模破解人才项目融资需求，促成国科信息等25个项目实现近7亿元股权融资。区人社局审核通过8家次个人创业担保贷款200万元、小微企业贷款240万元，指导3个创业项目获得大中专毕业生创业省级资助21万元。区人才办、商务局兑现“聚贤集美”人才创业区级配套扶持资金2980万元。

### 二、促进青年就业成才

区人社局班子走进企业、走进校园、走进直播间，持续打造“集智汇美 梦想起航”引才品牌，开设“青年发展友好型城区线上校招专区”，联合举办青年人才高校行、校园招聘会、城市定向探索赛等引才活动，累计吸引932家次企业参与，提供岗位2万余个次，达成就业意向1500人，兑现950名新引进人才一次性生活补贴2127万元。开展高校毕业生就业创业专项行动和2022届高校未就业毕业生服务攻坚行动，实名登记未就业889人，实现就业847人，就业率排全市第一名。落实“金蓝领”人才培养工程政策，发放高技能人才津贴41人次16.66万元。

### 三、服务青年品质生活

打造“实物＋货币”住房保障，开工建设面积25.3万平方米的西亭人才公寓，区建设与交通局授牌3家青年公寓，发放2316人次来集新就业大学生租房补贴714万元，区人社局发放3201名企业人才住房补贴2684.83万元，区社科联与团区委支持高校团队开展青年租住行为课题调研。保障青年子女教育需求，区教育局新开办和改扩建公办中小学幼儿园9所，增加学位8820个，进城务工人员随迁子女小学积分入学公办校学位数比上年增长57%；区文旅局、区妇联等单位联合开办集美学村“家长学校”，建设全国规范化家长学校实践活动试验区；区卫健局梳理指导新增托幼供给578个，区国投公司开办嘉幼托育中心，姚明织带公司开办全市第一家工业园区托育中心。丰富青年文娱消费，区文旅局实施“文体惠民工程”，在杏林湾环湾公园完成建设五人制足球场1个和三人制篮球场10个，新开放4个中小学运动场，举办羽毛球赛、足球赛、篮球赛、亲子马拉松赛等活动，举办包括动漫嘉年华在内的演出100余场；区商务局举办“集美欢乐购”促销活动，投放消费补贴401万元。保障青年身心健康，区卫健局加强人才队伍建设，开展补充编内人员招聘，兑现卫生人才一次性奖金60万元；区教育局实施“中小学校近视防控教室照明改造工程”项目，为青年学生提供有利于视力健康的学习环境；区心理健康服务总站加强青少年心理健康关怀，接听热线280条，开展“面对面”咨询服务141人次。

### 四、助力学村学生成长

区委宣传部、人才办、文教区管委会、团区委等单位举办“青年杯”动漫作品大赛、大学生竞聘大赛、“青睐集美 走进名企”、“青春影人训练营”、“看见集美”青春电影展、“听见集美”学村周末音乐会等系列活动，开展青年博士教师进企业和建设校企研究生工作站行动，吸引185名青年博士和62家企业报名，8支高校社会实践队到10个村（居）开展暑期“三下乡”（有关文化、科技、卫生方面的内容知识在农村普及，以促进农村文化、科技、卫生的发展）活动，设立“大学生实习实训基地”16处，区工信局推动建设厦门软件园产教融合基地，满足青年师生学习生活和成长实践需求。区行政审批局联合市场监管局等单位在区行政服务中心成立大学生创业就业服务驿站，打造大学生创业就业政策指导、服务和实践平台。

**五、促进两岸青年融合**

做深做实“通、惠、情”三篇文章，出台《台青聚融友好工程实施细则》，成立两岸青年创业创新行政赋能顾问团工作室、台湾人才服务中心，设立规模为1亿元的“台商增信基金”，举办两岸青年创新创业论坛、海峡青年华服节、两岸青年人才政策分享说明会等活动20余场，打造两岸乡村振兴合作基地，促进台湾青年发展成长。举办留厦过年、研学营、台胞社工人才培训班，以台湾创业青年为主要成员的“苔芯志愿服务队”到社区开展核酸检测志愿服务200多人次并获评第十九届“福建青年五四奖章集体”。

**六、引领护航青年成长**

区委组织部举办年轻干部培训班，助推年轻干部成长成才。加强青年思想政治建设，全区各级共青团组织、少先队组织开展入团典礼、入队仪式和“喜迎二十大”等主题团课、队课学习超1000场次。服务青年成长成才，区委宣传部联合举办“青春集美 奋斗有我”主题征文比赛、推出15期“集美好青年”人物专访，区侨办开展“侨眼看集美，带您走家乡”活动，杏林街道依托“湾上青年之家”打造“团团慕课”“青年学习社”“志愿帮”等青年品牌活动。保护青少年合法权益，区青少年权益中心开展社区活动、专业小组（团辅）55场（节）次，直接服务5157人次。全区1336支青年志愿者队伍、10万余名青年常态化参与志愿服务。

（团区委）

**小资料：**

### 《集美区建设青年发展友好型城区行动方案（2022–2025）》六大工程发展目标

**青年创业友好工程：**聚焦辖区青年创业需求，推动辖区青年创业服务体系更加完善，青年创业活力充分释放，青年人才集聚效应更加凸显。**青年就业友好工程：**聚焦青年就业服务体系建设，每年为青年提供就业岗位。至2025年，辖区青年就业比较充分，就业权利和就业权益保障更加有力，支持青年就业服务体系更加健全。**青年生活友好工程：**聚焦辖区青年在居住、教育、文娱、健康等方面的需求，满足青年对美好生活的期待。至2025年，再建设各类青年文体空间，辖区青年在集生活保障体系日益完善，与城区发展有机融合。**学村学子友好工程：**聚焦学村学子成长成才需求，构建产教融合高质量服务体系。至2025年，百年学村品牌更加亮丽、人文底蕴更加浓厚，更多毕业生在集美就业生活。**台青聚融友好工程：**聚焦辖区台青特色，每年引进台湾团队落地集美创业，打造大陆最大对台研学旅行基地。至2025年，基本建成两岸融合发展集成服务示范区，把集美建设成为台青温馨家园。**青年成长友好工程：**辖区青年积极践行社会主义核心价值观，中国特色社会主义道路自信、理论自信、制度自信、文化自信进一步增强，理想信念进一步坚定。

## 集美区“红色物业”管理模式开辟小区治理新路径

2022年，集美区坚持以近邻党建引领小区治理为着力点，围绕“红色物业”的服务效能、服务体系、服务保障等方面，创新探索“红色物业”管理模式，持续提升基层社会治理精细化水平。成立近邻党建引领基层社会治理领导小组和工作专班，制定“1+3+N”制度文件（“1”指《集美区近邻党建引领小区治理的指导意见》；“3”指围绕小区党支部、业委会、物业服务企业制定的相应规则办法；“N”指各职能部门出台的配套性文件）27份，召开全区近邻党建引领小区治理与网格化管理推进会，构建“六位一体”［党组织引领、镇（街道）和行业部门指导、村（社区）监督、业委会管理、物业服务企业配合、居民参与］小区治理模式。

**一、提升服务效能，变“薄弱点”为“着力点”**

筑牢“党建联建共建”的“红色堡垒”　聚焦融合融入，通过物业负责人到社区报到、优秀物业党员负责人挂职社区、网格（小区）党组织副书记、网格（小区）党支部书记和业委会主任“一肩挑”［网格（小区）党支部书记通过法定程序担任业委会主任］、社区“两委”（党员支部委员会、居民委员会）参与业委会换届等具体举措，推动小区治理“三驾马车”协调运转，同向发力。聚焦共建共管，通过党课联上、活动联办、工作联抓，推动物业项目与党组织签订共建协议135份，认领党建服务项目29个，先后开展活动189场次，服务居民18万余人次。

**建立“问题快速处置”的“红色机制”** 建立上下联动、左右贯通的工作机制，区级层面，由组织、建设部门牵头建立区级“红色物业”党建联席会议制度，吸收政法、公安、城管等部门参与，研究解决物业服务问题190余个。镇（街道）层面，建立“红色物业”党建联盟或物业管理联席会，协调解决嘉源新城、万科广场等小区停车难问题。社区层面，因地制宜规范流程、分类处置，及时回应居民诉求，推出纺织社区“三门工作法”（对新住户敲门、对老住户串门、对困难群众主动上门）、盛光社区“五事有为工作法”（事有人知、事有地说、事有人议、事有人办、事有人评）等特色机制。

**建设“群众喜闻乐见”的“红色阵地”** 推动线上线下“双阵地”互动互融，打造“幸福驿站”“听邻会客厅”等小区议事协商平台83个，创新设置“物业项目经理接待日”，每月5日、15日、25日开展“民意‘5’来听”活动，收集环境管理、小区治安等方面民情民意2400余条，问题反馈率94.5%。构建微信意见征询等线上平台，通过“居民点单、网格（小区）党支部派单、物业具体经办人接单”形式，实现群众诉求一键响应、点对点反馈，居民满意率提升。

## 二、完善服务体系，变“空白点”为“新亮点”

**“两个覆盖”有形有效** 扩展组织覆盖广度，深入摸排辖区物业服务企业党建工作覆盖情况，区分能建尽建、能建未建、暂无条件组建3种类型，建立难易程度“三色表”，制定“一企一策”35个，推动符合条件的物业服务企业成立党组织，单列发展党员计划指标，发动6名优秀物业职工递交入党申请书，推动组织覆盖率比上年增长73.68%。提升工作覆盖深度，率先在全市成立物业行业党委，统筹指导物业服务行业党建工作，全面实现党建工作要求写入公司章程，发挥党建工作和行业监管的双重作用。

**选人用人有章有法** 建立联审把关制度，由建设部门牵头明确业委会候选人资格条件“十不能”（十种不宜作为业委会候选人的情形：受到党纪政务处分影响期未满的，涉嫌严重违纪正在处理的；已被纳入失信人员名单的；被判处剥夺人身自由刑罚执行期未满的；正在被刑事立案调查的；经判定存在涉黑涉恶情况的；有发生侵害本物业管理区域其他业主合法权益的行为的；连续三个月以上或累计六个月拖欠物业服务费、专项维修资金等费用；有损坏房屋承重结构、违法搭建、破坏房屋外貌、擅自改变物业使用性质、违法出租房屋等情形且未改正的；非法煽动、组织、参与以信访为名的聚集滋事，或者长期缠访闹访，影响社会稳定的；本人、配偶、直系亲属有在本物业管理区域服务的物业服务企业中任职，或有直接的关联业务或利害关系），对继续筹备组建或换届的33个业委会175名候选人进行资格审核，并征求法院、城管、信访、公安等部门意见，取消37名不符合条件的候选人资格。推动网格（小区）党支部全程参与业委会筹备组建和换届工作，做实做细人选推荐，协助筹备组摸清候选人基本情况、参选动机和工作思路，形成书面推荐意见10份，实现新成立或换届的业委会成员中党员人数均超50%。

**监督考核有点有面** 在38个城市社区下设环境和物业管理委员会，负责协调辖区物业管理服务矛盾、监督业委会履职，形成对物业、业委会的属地监管新模式。引导39名社区居民中的退休党员干部担任物业服务义务监督员，定期对物业服务企业履行合同情况开展考核评价，实现居民自我管理、自我教育、自我服务、自我监督。推出“红黑榜单”制度，将信用评价结果作为项目招投标、评优评先、日常监管等物业管理主要依据，实行奖优罚劣，视情取消被列入“黑名单”的物业服务企业招投标资格。

## 三、强化服务保障，变“需求点”为“发力点”

**示范带动，拓宽“朋友圈”** 构建“区级行业主管部门、镇（街道）建设部门、社区环境和物业管理委员会、小区物业服务项目”四级联动机制，通过盘活物业闲置用房、资金支持等方式，打造华铃花园小区党群之家“铃家”等39个服务阵地，推动康城二里小区停车棚改造、充电桩安装等为民实事落地。扩大辐射效应，在网格（小区）党支部引领下，物业主动链接小区周边商家资源入驻提供服务。其中，“零度空间”理发店定期开展义剪服务、“绘天下”艺术儿童工作室寒暑假为小区青少年提供免费绘画教学。

**主动作为，守好“责任田”** 发挥党员先锋模范作用，组建宁宝世家小区“红心管家”等服务队145支，排查小区消防通道违规停车、飞线充电、不文明养宠等安全隐患360余处。设立小区“红色驿站”等便民服务站55个，提供医用急救箱、雨伞、修理工具等便民物品。推行物业服务网格化管理模式，将物业服务纳入网格化管理范畴，收集业主需求，通过“红色物业”议事协商平台解决老旧小区改造、下水道堵塞、停车难等群众关切问题381个。

**多措并举，奏响“主旋律”** 强化业委会对物业的监督职能，率先在全省探索将业委会注册登记为民办非企业单位，通过“年审＋‘双随机’抽查”形式，实现对小区公共资金的全过程监管，倒逼物业聚焦服务主责主业。举办“红色物业”星级服务企业争创活动，评选“十佳红色物业”，发挥星级评定的激励作用和星级标准的导向作用，调动物业服务企业争“星”晋位积极性。开展“身边的红管家”系列宣传，挖掘“红色物业”先进典型事迹，展示优秀物业职工风采，扩大“红色物业”知名度，营造良好氛围。

（区委组织部）

# 专　记

## 集美区推进两岸融合发展县域集成改革试点

### 一、基本情况

2019年12月，福建省委办公厅、省政府办公厅下发《关于同意4份县域集成改革试点总体方案的函》，确定集美区围绕推进两岸融合发展进行县域集成改革试点。自2020年至2022年试点工作开展以来，集美区深入贯彻习近平总书记到闽考察时关于“在探索海峡两岸融合发展新路上迈出更大步伐”的重要指示精神和关于全面深化改革“要强化改革举措系统集成，科学配置各方面资源”“改革全面发力、多点突破、纵深推进，着力增强改革系统性、整体性、协同性”等重要讲话要求，聚焦打造台胞台企登陆第一家园“第一站”，坚持系统思维、整体谋划、协同推进，勇于创新两岸融合发展工作体制机制，完成集成改革试点工作。2021年9月，省委改革办在集美区召开全省县域集成改革现场会。集美区县域集成改革主要做法先后被中央电视台《新闻联播》《中国新闻》栏目报道，在人民网、央广网、“学习强国”、《中国改革报》、《福建日报》、《福建改革（财经）情况》、《厦门改革（财经）情况》等媒体宣传推广。

### 二、改革的主要亮点

坚持系统观念和集成方式，实现“五个集成”：

（一）实现力量和资源集成。先后成立区级两岸融合发展中心、两岸研学交流中心、两岸青少年发展中心、两岸文旅融合中心和集美区两岸融合发展中心智库，打破40余个涉台部门工作“壁垒”，整合推进两岸融合发展的力量资源。

（二）实现政策和措施集成。一揽子制定“1+7+2”改革方案（1个总体方案、7个专项方案、2个保障方案），建立同步谋划、一体部署的工作机制，实现改革进度与效果相统一。梳理中央和省、市惠台政策措施，研究出台扶持台商台企的具体措施办法，编制成册《惠企政策e码通》，为台胞台企提供系统、全面、整体的政策服务。

（三）实现平台和要素集成。设立台胞服务驿站，开通台胞警务服务站、台胞办税绿色通道，打造“一站式”服务平台；成立“集美台青创基地联盟”“高校产业技术联盟”；提升“i研学”功能，实现“线上线下”集成服务。

（四）实现项目和任务集成。建立对台工作联席会机制，所有涉台工程项目由区委台港澳办牵头抓总，统一谋划、统一部署、统一推进，做到每周一调度、每月一督查、每季一通报，采取考评考核、任务销号等措施，确保涉台工程项目快推进、真落地、见实效。

（五）实现特色和品牌集成。建立“政府主导＋市场运营”机制，创新“1+1+N”（1个对台研学总部+1个研学营地+N个课程基地）泛营地研学新模式，打造大陆最大对台研学旅行基地；做大“聚融壹家”等台青创基地，培育“台青集美创业”特色品牌；拓展“两岸龙舟文化节”“两岸特色庙会”等活动内容形式，增强两岸人文交流活力。

### 三、改革的主要内容

做好“通、惠、情”3篇文章，构建“三个体系”：

（一）坚持“以通促融”，构建便捷高效的经贸合作体系。一是加强产业互通。创新两岸产业交流合作机制，推动两岸冷链物流、现代农业、文化创意、旅游、养老等产业合作，创建“海峡两岸（厦门）直播电商产业合作园”和“集美集影视文创园”，建设两岸乡村振兴合作基地，设立台湾影视投资一站式服务窗口。二是助力金融畅通。设立台商基金，吸引高新技术台资企业落户集美；成立台企上市服务联盟，鼓励和支持优质台企对接资本市场；出台政策鼓励设立台资股权类企业、台资金融机构和小额贷款公司，破解台资中小企业贷款难等问题。三是深化人才联通。成立两岸高校产业技术联盟，聘请6名台湾教师组成“台籍专家顾问团”；创建两岸人才与项目协作机制，组织“集炬先锋”人才成长训练营走入台企交流学习。成立台湾人才服务中心，出台台湾人才就业创业扶持政策，为台湾人才提供服务。

（二）坚持“以惠促融”，构建温馨周全的福祉保障体系。一是优化服务模式。设立台胞服务驿站，首批推出10项“一件事一次办”套餐，提供“无障碍式”帮办代办服务；建立台胞警务服务站，实现出入境、派出所、车管所等警务事项“一站办理”；开通台胞办税绿色通道，实现台胞税务“一窗通办”。二是落实同等待遇。完善台胞就学就业、居住生活、法律服务、职业技能认证等政策措施，推出台湾卫技人员就业方案、台生奖学金补助、台胞困难救助办法等惠台政策，招聘台湾教师到集美任教，修订社会组织评估办法，支持台胞参与社会治理，建立台胞列席政企通气会议机制。三是深化权益保障。设立台胞社工服务中心，举办台胞社工培训，成立全省首支由台胞组成的苔芯志愿服务队；建立涉台检察联络室、人民调解委员会、法律服务工作站，聘请台胞律师担任人民调解员，维护台胞台企合法权益。

（三）坚持“以情促融”，构建心灵契合的人文交流体系。一是创新交流形式。用足用好“海峡论坛”平台，落地“共同家园 共同记忆——闽台档案文献展”，启动“台商记忆馆”项目建设。实施乡情亲情延续工程，支持两岸民间交流、宗亲联谊活动，每年举办两岸书画作品展、海峡论坛创意涂鸦等活动，赋予两岸龙舟文化节、两岸一家亲从小心连心、两岸特色庙会等新内涵，打造“她说”“青青之约”等两岸线上交流新平台。二是突出青年主体。实施台青聚融友好工程，成立“两岸青年企业家协会联盟”“集美台青创基地联盟”，举办两岸青年创新创业论坛，扶持台湾青年就业创业，打造1个国家级、4个省级台青就业创业基地。三是做强研学品牌。突出两岸青少年交流融合，研究出台对台研学奖励办法，拓展“1+1+N”泛营地研学模式，成立两岸研学交流、青少年发展、文旅融合三大中心，实现“研学＋文旅＋青创”三大优势产业互补，打造大陆最大研学旅行基地。

## 四、改革成效

（一）经贸合作更紧密。2020—2022年，集美新增2家台资上市公司、1家台资“新三板”企业，4家台企进入重点上市后备企业，204家进入两岸股交中心。设立的由台湾团队管理的台资基金——华犇基金，总规模达3亿元。台胞“薪速汇”累计办理2571笔1.88亿元，区担保公司为20家次台企担保2.45亿元，免收担保费121.53万元，全区金融机构为48家（212家次）台企提供信贷融资38.66亿元，工商银行、中国银行、厦门银行等可开办台胞信用卡。2022年在福建省首先推出《集美区台商增信基金设立方案》，区财政局出资1000万元设立总规模1亿元的集美区台商增信基金，为辖区台湾青年创业企业信用贷款提供增信服务。两岸高校产业技术联盟、高校台籍专家智库先后为30余家台企提供智力服务，17家台企入驻影视文创园。

（二）台胞生活更温馨。2020—2022年，台胞服务驿站累计服务台胞5689人次，区台胞社工服务中心累计服务515人次，先后帮助830名台胞参加医保社保，安排568名台胞入住人才公寓，完成11名台胞技术人才等级证书认定。台胞参与社会治理热情度高，已有21名台胞担任区政协委员、工会委员、妇女委员和青年发展促进会会员。台胞权益得到有效保障，累计调解涉台纠纷45起，提供法律服务100余次；发放台胞人才补助350余万元。

（三）人文交流更活跃。两岸人文交流内涵得到拓展，2020—2022年，累计举办两岸各类交流活动280场次，其中青年交流活动175场，“手创青村”两岸青年乡创研学营活动获台湾青年支持认可。线上交流“她说”“青青之约”等新平台活跃，累计制作线上节目220期，浏览量超502万次。对台研学再上新台阶，累计接待两岸研学生141万人次，台湾青少年2.5万人次，研学总部基地获评国家级“海峡两岸交流基地”。

（四）同胞心灵更契合。2022年12月，集美常住台胞5000余人，台青创团队530支1203人，省、市级台湾人才27人。“台＋金融”“台＋青年”“台＋文旅”“台＋研学”“台＋职员服务”等一系列“台”元素与集美深度融合。2020—2022年，近200名台胞参与志愿服务活动。

（区委改革办）

# 产业基金助推集美区实现高质量发展

2015年4月，集美区设立产业引导基金，基金总规模100亿元，为厦门市首个区级产业引导基金。集美区产业引导基金合作伙伴涵盖全国社保基金、国家制造业转型升级基金等国家级引导基金及头部投资机构、世界百强企业，与源峰、祥峰、鼎晖、中金等头部金融机构建立长期稳定战略合作关系。集美区产业引导基金连续两年入选清科研究中心“中国政府引导基金50强”榜单。2018年11月，杏林湾基金聚集区揭牌，形成较为成熟的金融生态链，系厦门市首个基金聚集区、首个区域金融服务“人才驿站”。集美区产业引导基金以“基金＋基地”模式在培植税源、产业扶持、招商引资、人才培养方面助推集美区实现高质量发展。

## 一、资本聚集

截至2022年12月，集美区产业引导基金设立参股子基金29只，规模618.2亿元，规模居福建省各区县第一。集美区产业引导基金承诺出资37.5亿元，实缴出资22.4亿元，财政资金杠杆率16倍。杏林湾基金聚集区引进740家股权投资类企业入驻，基金管理规模约1600亿元。2022年杏林湾基金聚集区基金实缴到位资金265亿元，规模位列全市各区第一。

### 二、税源培植

“基金＋基地”模式构建“资金池”，为加快区域经济高质量发展、培育区域经济新优势提供资本支撑。截至2022年12月，杏林湾基金聚集区基金累计缴交税收4.5亿元，其中2022年缴交税收2.7亿元，比上年增长1.01倍。产业引导基金被投资企业累计缴交税收10.3亿元，其中2022年缴交税收2.19亿元。

### 三、产业扶持

截至2022年12月，集美区产业引导基金及参股子基金等投资集美区项目126个，累计投资金额43.26亿元，估值376.99亿元。其中，国家级专精特新“小巨人”企业4家（利德宝、思尔特、力巨自动化、松元电子），省级专精特新中小企业2家（一品威客、捷讯汽车），市级专精特新中小企业2家（纵目科技、国科信息），规模以上企业16家，高新技术企业21家。

### 四、招商引资

以“基金＋基地”模式为依托，建立“基金招商、产业布局、专业化服务”的招商工作机制，运用以资引商、以商引商、以情招商等多维手段挖掘招商资源，逐步形成基金“立体招商”新模式。2022年，杏林湾基金聚集区通过完善扶持私募基金发展政策、实现落户专窗专办等途径，加速资本汇聚，资生堂首支产业基金落户，五矿集团、紫金矿业、爱美客等新业态基金设立，产业生态进一步丰富。推动祥峰QFLP（合格境外有限合伙人，即股权基金的出资人）、和永QFLP等2只外商投资基金落地，其中祥峰QFLP系2022年厦门市规模最大的QFLP基金。推动普盛食品等13个实体项目落地，劲博汇、柔墨电子、韫茂科技等5家企业入驻安仁产业园。

### 五、人才扶持

集美区产业引导基金搭建“创客·集美”资本项目对接会、集美区人才驿站、集美产业发展伙伴三大创投平台，为基金、企业、区直部门搭建信息互通的桥梁，扶持辖区内创新创业发展。推出“产业发展伙伴计划”，促成祥峰投资、阳光融汇资本、兴旺投资、鼎新资本等4家基金投资机构成为首批“产业发展伙伴机构”成员。与区委人才办、区金融办共同打造TOP（人才机遇计划）金融赋能研究院，并在杏林湾基金聚集区24层建设展厅，推动研究院实体化运作，以“TOP金融赋能研究院”申报市级人才驿站，入选首批市级人才服务驿站建设单位。2022年，集美区产业引导基金开展产业及人才政策宣讲、招才引智举办专题调研会、助企纾困“直播带策”系列宣讲会等3场；推荐4家企业申报“双百计划”领军型创业人才。截至2022年12月，集美区产业引导基金发挥资源优势，举办各类“双创”（创新、创业）活动23场；累计推荐11家优质企业申报“双百人才项目”，为辖区引进柔性人才20人；推动新增重点上市后备人才企业47家，“专精特新”人才企业25家。

（区财政局）

## 集美区落实中央司法改革部署见成效

2022年，集美区人民法院坚持以习近平新时代中国特色社会主义思想为指导，贯彻习近平法治思想，贯彻落实中央司法改革部署及上级法院工作要求，加强政治建设，完善司法责任体系建设，深化诉讼制度改革，加快司法能力现代化建设，推动法院队伍建设更加扎实，审判权力运行更加规范，司法服务更加精准高效，审判质效显著提升。

### 一、强化思想政治引领，法院队伍建设更加扎实

**加强思想武装铸忠诚** 坚持把党的领导贯穿法院司法改革始终。学习宣传贯彻中共二十大精神，开展“两个确立”（确立习近平同志党中央的核心、全党的核心地位，确立习近平新时代中国特色社会主义思想的指导地位）主题教育，贯彻落实省委、市委、区委关于“提高效率、提升效能、提增效益”行动要求，推进党史学习教育常态化、长效化，坚决将党的绝对领导贯彻到法院工作的全过程各方面。院领导开展中共二十大精神宣讲。组织开展党组理论中心组（扩大）学习会12场，开展党支部书记上党课34场次，组织青年理论学习会3场，带动全院干警掀起学习热潮，将思想和行动统一到中共二十大精神和党中央决策部署上来。贯彻落实《中国共产党政法工作条例》，严格执行重大事项请示报告制度，落实党组意识形态工作责任制，压实网络意识形态

工作责任。强化“近邻党建”，着力推进党建与审判业务融合发展，与3个社区签署基层党建共建协议，党支部到社区开展“送法进万家”、文明创城等活动。

**突出人才培育强队伍** 树立“忠诚、实干、实绩”的鲜明用人导向，突出基层锻炼、担当作为等选拔标准提任干部。组织干警参加市委党校、区委党校课程，参加培训讲座60余场，提升干警素质能力。把青年工作作为战略性工作来抓，研究制定《选拔培养优秀年轻干部计划》，建立优秀年轻干部库，推进干部轮岗交流机制，推动优秀年轻干警到派出法庭任职锻炼。成立青年理论学习小组，开展“院长谈心会”“集法君提素能”“学术论文写作交流会”等活动，青年干警撰写案例分析498篇，调研成果在《中国审判》《人民法院案例选》等刊物刊发27篇次。加强新时代人民法院文化建设，打造党建品牌展厅，引导干警干事创业。

**坚持严明纪律优作风** 坚持严的总基调不动摇，强化正风肃纪，巩固深化政法队伍教育整顿成果，深化党风廉政建设，开展警示教育4次，组织中央八项规定精神专题学习12期。结合2022年度审务督察工作，制定司法作风突出问题集中整治活动实施方案，成立领导工作小组。组建联合督察组，线上督察与线下检查相结合，对诉讼服务中心、庭审活动、裁判文书、疫情防控、安全保卫、卷宗归档、会风会纪等重点环节，开展联合督察。强化机制建设，梳理庭审活动、诉讼服务与安检环节等注意事项，要求各部门遵守，针对审判流程存在的痛点、堵点，完善内部规范，提升工作效率，营造严谨、细致、高效的司法作风氛围。

## 二、加强责任体系建设，审判权力运行更加规范

**优化人员分类管理** 完善员额法官、审判辅助人员权责清单，将季度平时考核与年度考核相融合，构建“定性＋定量”“奖励＋惩罚”考核体系，分类设置定量指标，准确考核员额法官、审判辅助人员、司法行政人员及司法警察工作实绩。招聘17名聘用制法官助理，补充各部门审判辅助人员缺口。

**规范“四类案件”监管** 落实“四类案件”（指“涉及群体性纠纷，可能影响社会稳定的；疑难、复杂且在社会上有重大影响的；与本院或者上级法院的类案判决可能发生冲突的；有关单位或者个人反映法官有违法审判行为的”四类案件）监管，完善“四类案件”识别监管机制，应用统一案件监管平台，加强院、庭长“四类案件”监督管理，明确“四类案件”具体情形及适用范围，提高审判监督管理的信息化、专业化、规范化水平。

**完善监督管理机制** 实行审判质效情况月通报机制，压实员额法官办案职责。落实关联案件和类案检索机制，完善专业法官会议机制和审判委员会制度，通过类案检索初步过滤、专业法官会议研究咨询、审判委员会讨论决定，推进法律适用标准统一。全年召开审委会、专业法官会议25场，研究讨论疑难复杂、群体性、新类型等案件，统一裁判尺度，针对长期未结、发回重审改判案件等开展案件评查，落实以评促改，提高办案质量。

**全面落实“三个规定”** 落实防止干预司法“三个规定”（《领导干部干预司法活动、插手具体案件处理的记录、通报和责任追究规定》《司法机关内部人员过问案件的记录和责任追究规定》《关于进一步规范司法人员与当事人、律师、特殊关系人、中介组织接触交往行为的若干规定》），运用最高人民法院“三个规定”直报系统实行“三个规定”月报和“零报告”制度，加强廉政风险防控机制建设。

**加强外部监督制约** 组织开展代表结对联络工作，通过电话、短信、走访等方式联络代表，邀请代表、委员观摩庭审、座谈交流，梳理代表、委员意见16条，逐条进行任务分解，推进诉源治理、执行攻坚、法治宣传等工作。在全市率先推行“百名代表、委员见证执行”机制，邀请103名人大代表、政协委员见证105件案件的执行，召开新闻发布会发布典型案件，开展“执行开放日”活动，收集专项意见建议52条，规范执行工作。新设立7个人大代表调解室，推进基层普法、诉前调解。依法接受检察监督，邀请区检察院检察长列席审委会。接受社会监督，推进司法公开，落实人民陪审员制度，案件陪审率位列全市基层法院第一。

## 三、推进司法能力现代化，司法服务更加精准高效

**加强智慧法院建设** 应用电子诉讼，提升办事效率。应用“人民法院在线服务”“人民法院律师服务平台”等系统平台，开展民商事在线立案。应用在线解纷，提速纠纷化解。研发应用在线矛盾纠纷多元化解平台，综合对接“人民法院调解平台”“厦门市诉非联动平台”“司法大数据管理与服务平台”等在线服务终端，开展在线调解。应用云端智审，提高审判效率。运用“微法院”“全在线”“云庭”等在线平台，开展云端庭审工作，破解因新冠疫情等原因不便开展线下庭审的难题。

**持续深化诉源治理** 在全市法院系统率先推行“一案由一治理”机制，明确十大重点纠纷案由，推进专业团队集中审理，对接区司法局、区人社局等职能部门，健全纠纷专项治理机制8项。推动非诉讼解纷队伍建设，成立人大代表调解室、“侨音法驿”涉侨调解工作室，推进人民法院调解平台“进乡村、进社区、进网格”，27个综治单位、64名基层特邀调解员入驻平台。全年新收民商事案件比上年下降6.01%，在辖区常住人口不断增长的情况下，万人成讼率连续两年下降，始终保持低位运行，诉源治理成效明显。

**助力优化营商环境** 联合集美区市场监管局建立新技术新业态风险联防机制，双向通报企业经营异常行为，强化行业纠纷风险预警。成立全省首个“优化营商环境执行工作室”，与区工信局签署“助力企业高质量发展合作备忘录”，提升买卖合同纠纷案件的执行效率。联合集美区侨英街道办事处

成立“营商环境司法服务中心”，提供法律咨询、纠纷化解等便捷诉讼服务。全年审结买卖合同纠纷1019件，买卖合同纠纷简易程序平均审理时间、实际执行到位率等主要营商环境指标成效居于全市基层法院前列。

**司法护航乡村振兴** 出台“法润乡风”项目实施方案，建设“新乡贤调解、新乡俗教化、新乡民服务”特色机制。成立全省首个“新乡贤调解工作室”，聘任5名厦门市“新乡贤”为特邀调解员，示范带动村（居）网格员共同预防化解矛盾纠纷。到村（居）调研乡规民约，运用闽南风俗，协调化解乡村纠纷。出台实施意见加强流动人口司法服务，在城乡接合区域开展交通事故纠纷巡回审判活动。创新“道路安全劝导书”机制，向因违反交规引发交通事故纠纷的当事人发出劝导书72份。司法助力乡村振兴工作获得市、区领导批示肯定。

**全力推进执行攻坚** 全年执结案件7532件，执行到位金额超9亿元，腾退建筑、土地面积9.18万平方米，开展“千名执行干警进千企调研”“春雷行动”等专项执行工作，保障当事人胜诉权益，提升司法公信与权威。创新运用自动履行正向激励机制，向自动履行的当事人发出“自动履行证明书”1815份，严惩失信，激励守信，促进社会信用建设。深化“三减量”（减少执源增量、执行存量、执行变量）执源治理机制，新收执行案件数量比上年下降4.35%，获得省高级人民法院主要领导批示肯定，获选福建省人民法院15项诉源治理工作创新举措，在全省法院深化执源治理工作会上作经验交流。

**助力建设法治政府** 集中管辖原属思明、湖里、海沧、同安区人民法院管辖的相关一审行政案件，审结行政诉讼案件549件，服务保障思明区何厝岭兜片区、湖里区钟宅畲族社区等旧村改造工程。坚持“诉讼”“协调”双轨并行，促进行政争议实质性化解。强化“以庭代训”，落实行政机关负责人出庭应诉制度，发挥行政案件庭审示范指引功能。连续第九年发布行政审判白皮书，推进府院良性互动，规范行政执法行为。参加集美区涉危房拆除法律问题研讨会、湖里区行政执法业务班授课等活动，为行政机关规范处理危房整治、土地征收等问题提供法律支持。深化院校合作，协同市、区委党校为集美区年轻干部培训班授课，提升行政机关依法行政能力。

## 四、深化诉讼制度改革，审判质效显著提升

**持续推进民事诉讼程序繁简分流改革** 落实民诉法关于民事诉讼程序繁简分流的规定，推动民事诉讼程序繁简分流成效再提升。优化团队配置。配置简案解纷资源，推行“2+6”团队新模式，2个诉前调解团队在前端分流、调解案件，6个专项快处团队集中速裁快审。新模式运行以来，审结全院50.46%的民商事案件。强化示范化解。突出团队专业化集中审理，设立买卖合同纠纷、家事纠纷等11个精审团队，用好系列案示范调处机制，分流典型首案至繁案端精审，统一尺度，其他类案在诉前参照调解或速裁快审，高效调处系列案2000余件。简化快审流程。完善小额诉讼程序、健全简易程序规则、扩大独任制适用范围，适用小额诉讼程序审结案件610件，适用独任制审理普通程序案件1570件，比上年增长96.25%。细化线上调解、庭审操作流程，配齐互联网法庭13个，提升电子送达、线上庭审、异步质证等信息化应用功效，提速流程节点，速裁快审案件平均用时缩短至25天，提高审理效率。

**推进四级审级职能定位改革试点工作** 完善配套保障。强化政工部门考核，将办案质效挂钩评先评优、晋级晋升、绩效奖金。推进办案队伍年轻化。推进员额法官队伍年轻化，全院员额法官41人，青年占60.98%，青年担任中层职务8人。结合岗位特点，推动定期轮岗交流持续一线压担，全年实施干部轮岗交流5轮21人次，其中员额法官14人次、法官助理3人次。审判重心下沉。调配近80%的资源下沉办案一线。自5月1日起，管辖发生在集美区、同安区、翔安区的部分第一审知识产权案件。以源头化解为目标，靠前配置审判资源，设立知识产权审判团队，从上级法院知识产权庭调任1名助理入额团队，推行“1名法官+2名法官助理+N名调解员”诉前管理模式，调选2名法官加强专业化集中调处。在翔安市场监督管理局设立“近邻法庭——知识产权纠纷共治中心”，打造全市首个知识产权标准化在线庭审场所，增进诉讼便利。全年诉前化解各类知识产权案件387件，审结290件，调撤率69.7%。

（区人民法院）

# 大事记

## 1月

**1日** 海西名车商城在集美北站片区开业，是厦门首创的涵盖二手车经销及多维业态的一站式二手车综合体。

**1—3日** 厦门首届放心二手车购车节在集美海西名车商城举行。

**3日** 第七届集美·阿尔勒国际摄影季闭幕。

**4日** 集美辖区稻兴光学产业园、马銮湾新城（陈井、浦边、潮瑶）安置房和集美新城北站综合服务中心3个项目开工建设，总投资44亿元。

**7日** 厦门立林科技有限公司、厦门金汇峰新型包装材料股份有限公司、厦门英仕卫浴有限公司、厦门市波生生物技术有限公司、厦门网宿有限公司入选福建省第三批工业龙头企业名单。

**10日** 厦门市公安局侨英派出所警务队队长林志兴获评为中宣部、公安部发布的全国“最美基层民警”，为全省唯一入选警官。

**11日** 广播剧《江山——陈嘉庚与中国共产党》开播仪式在宁夏固原六盘山红军长征纪念馆举行。该剧由福建、宁夏两省区党委宣传部共同立项、联合制作，以陈嘉庚在抗日战争时期的延安、在中华人民共和国成立后的北京为叙事蓝本，讲述其在中国共产党的感召下回到祖国参加开国大典、参与中华人民共和国建设的故事。

**同日** 福建省首个“5G+VR”（第五代移动通信技术和虚拟现实技术）英模会客厅上线，该会客厅为集美公安分局联合相关文创公司共同开发，将厦门公安英模的先进事迹展播及介绍等内容植入文创产品，内设福建公安群英谱、厦门公安英雄赞、集美公安风采展3个区域。群众扫描二维码，便可进入云上专区，通过720度VR全景导览，体验会客厅真实场景。

**同日** 集美“家校社”协同实践育人综合实验区启动仪式暨“集美研学”产品（升级版）全国发布会举行，11所实验学校被授牌。

**12日** 集美区侨英街道社区卫生服务中心防疫科、杏滨街道社区卫生服务中心全科获厦门市总工会“五一先锋号”称号。

**13日** 集美区发布《集美区建设青年发展友好型城区行动方案》，系统推出“六大工程”18项计划，构建有利于青年创业学习生活的优良环境。

**17日** 位于软件园三期的厦门天卫科技有限公司在长春航天信息产业园举行“厦门科技壹号”卫星先导星出征仪式。该先导星是一颗30千克量级多功能业务化卫星，主要用于验证新型通用化卫星平台设计的合理性及可靠性，可获取分辨率优于0.75米，具有集成度高、带载能力强、重量轻、成本低的特点，为厦门市智慧城市提供海量数据支撑。

**18日** 集美区侨资台资企业综合服务机制启动仪式在厦门集美研学总部举行，该机制采取“定点服务与定期集中服务相结合”的服务方式，在集美两岸青少年发展中心设立综合服务点，在日常服务的基础上，每个季度设立综合性集中服务周，开展面对面集中服务。

**24日** 集美大道BRT（快速公交）跨沈海高速跨线桥梁提升改造完成，工程内容包含修复桥梁伸缩缝、更换防抛网、施划交通标线、修复中分带、完善绿化带等。改造后，双向六车道全部开放，中间两车道通行BRT，社会车辆通行其他四车道。

**25日** 集美区北站消防救援站揭牌，该站总占地面积1.09万平方米，建筑面积5400平方米，分为主楼、训练塔、篮球场等区域，有专职消防队员36人、执勤消防车5辆，装备器材1689件，主要辐射以后溪镇为主的45平方千米范围内的灭火及抢险救援任务。

**同日** 第三届“两岸同根·百联迎春”书法家春联作品展暨集美区“写春联·送五福”活动在厦门北站中国书法家协会展览中心厦门展馆（大地书画院）开幕。此次书法展征集两岸书法家的对联作品188幅，实际展出110幅，其中台湾书法家作品15幅，河南、山东、甘肃、湖北、吉林、福建等地作品95幅。

**26日** 由集美区总工会、区卫健局联合组织的区属医疗单位新冠病毒感染疫情流调溯源技能比赛在区人才培训中心举行，区疾控中心、各镇（街道）卫生院、卫生服务中心的27名选手参赛。通过案例分析展示技能，评选出一等奖1个、二等奖3个、三等奖5个。

**28日** 集美区文化科技卫生“三下乡”迎新惠民活动在灌口镇风景湖公园启动。此次活动除开展理论宣讲轻骑兵下乡、文化服务下乡、医疗卫生服务下乡、科技服务下乡、金融服务下乡、法治服务下乡等项目外，还创新推出帮扶项目精准对接、下乡巡回服务、下乡服务常态化等工作机制。

**31日** 集美大桥桥头立交提升改造工程进入施工阶段，工程主要包含3

部分：集美大桥出岛右转匝道拓宽，滨海西大道方向车道匝道由双向单车道改造为单向双车道；增设乐海支路进岛匝道并入集美大桥主线；增设同安右转至厦门北站方向BRT高架桥。

## 2月

**7日** 集美区人民法院灌口法庭“新乡贤调解工作室”揭牌，老党员干部、老乡村教师、道德模范、非遗传承人等5名“新乡贤”受聘为特邀调解员，协助开展纠纷协调化解、法律政策宣传、善良风俗传承等工作。

**10日** 厦门集美中学入选首批福建省级示范性普通高中，全省30所普通高中入选，其中厦门市5所。

**11日** 集美区举行“远鹭回歌——闽籍学生2022新春厦门行”活动，来自武汉大学、南京理工大学、澳大利亚国立大学等高校的25名闽籍学生参加活动。该举措是集美区创新深化与重点高校在厦校友会和闽籍学生的联络机制，是拓宽引才渠道的新尝试。

**16日** 位于集美的厦门塔斯曼生物工程有限公司获评为厦门市现代农业领军企业。厦门市农业农村局、市海洋发展局、市市政园林局联合评定，授予全市10家企业市“现代农业领军企业”称号。

**22日** 2021全国普通高校大学生竞赛分析报告公布，厦门理工学院连续3年位列全国新建本科院校大学生竞赛榜单第一名。2017—2021年期间，学院获各类学生竞赛奖项近3000项，其中国家级奖项超1000项，学生获奖1万人次。

**23日** 集美区发布《集美区“健康集美”建设推进方案》及任务分解表，重点围绕六大攻坚突破行动，即完善医疗资源配置、深化人才队伍建设、健全分级诊疗制度、提升人民群众健康获得感、强化公共卫生体系建设、培塑多元融合健康生活方式，同时列出27项任务，并结合青年发展友好城区建设、两岸融合发展集成改革试点等“集美特色”形成114条具体举措，以2025年为完成时限，基本建立普惠型健康保障体系，实现“集美人不出集美，就能享受多层次优质医疗服务”的目标。

**28日** 集美公安分局侨英派出所民警林志兴、杏林派出所民警潘新兵入围厦门2021年度十大平民英雄名单。

**2月** 由集美“双百”人才、厦门振为科技有限公司肖望强教授团队与中车长春轨道客车声学实验室合作研发的专用粒子阻尼装置，运用于往返北京、延庆、张家口三大赛区的冬奥列车。该列车是世界首条时速350千米的智能高铁，高速行驶时车厢内平稳无噪声。

**同月** 陈嘉庚纪念馆入选福建省第二批省直机关廉政教育点。该馆于2010年入选全国廉政教育基地。

**同月** 集美后溪霞城城隍庙庙会习俗入选第七批省级非物质文化遗产代表性项目名录。此批名录项目188个，其中厦门市入选项目14个。

## 3月

**6日** 厦门市首个家庭教育指导中心在集美启动。此中心以家（家庭）、校（学校家长学校）、社（社区家长学校）为工作基础，构建1个家庭教育指导中心、3个特色服务驿站和N个家校社协同育人实践点的家庭教育指导服务体系，通过纵向建机制、横向搭平台，与各家教职能部门协作，建立专家级家庭教育指导团队，开展家庭教育综合服务。

**9日** 集美区举行城市社区环境和物业管理委员会授牌仪式，辖区内38个城市社区居委会均设立环境和物业管理委员会，委员会作为居委会下设机构，起到协调、监督和改进社区环境和物业服务管理的职责，完善基层社区治理体系。

**同日** 集美职业技术学校与海洋职业技术学院举行福建省智能制造公共实训基地共建共享签约、授牌仪式，两校将在实训基地建设、产学研用、职业教育产业学院、世界技能大赛集训基地、高技能长学制职业教育培养平台、实习教学工厂和厦门职业教育平台7个方面开展共建工作。

**同日** 位于厦门理工学院综合楼的外图理工书店开业，占地面积约230平方米，陈列图书1.5万册，书籍种类涵盖社科、哲学、文学、历史、传记、经管等约5000个品种，为厦门外图集团首次在本科院校设立实体书店。

**11日** 厦门市“2022勇往职前厦企人才开放日”启动仪式暨集美区“TOP.Y”青年人才高校行系列活动在集美万科云城举行，集美区首支“青年人才政策超级演说团”同步成立。此次活动旨在联合辖区各高校、相关职能部门，把政策、岗位和服务送进校园，送到青年英才的手上，打造青年人才实现梦想的“集美机会”。

**12日** 以“友好青年·青春奉献”为主题的集美区学雷锋志愿服务活动月启动仪式在集美研学总部举行。6个镇（街道）与13所高校共建志愿服务平台，实现志愿服务“按需接单”、精准对接。

**13日** 集美区不可移动文物保护单位——“集美农林学校”保护修缮工程启动。施工内容主要包括务本楼、连廊、礼堂、教学楼等建筑群的修缮。

**22日** 华侨大学被商务部等7部门联合评定为国家语言服务领域特色出口基地，为福建省唯一入选的基地，全国共有14个基地获此称号。

**31日** 集美区召开“人文集美”建设推进会，公布五大体系，即“一精神三文化”的教育实践体系、文化遗产保护传承体系、凝心融合体系、赋能产业体系和“人文集美”推广传播体系；同时公布29个特色重点项目，推动“人文集美”建设向纵深发展。

**同日** 由厦门公交集团有限公司与厦门市集美城市发展有限公司共同持股的厦门公交集团集美公共交通有限公司挂牌成立，运营公交线路122条，运营公交车辆590辆，职工人数1221人，为集美区最大的国有运输企业。

## 4月

**3日** 集美区发布《集美区台青聚融友好工程实施细则》。该细则具有延续优势政策、扩大申报范围、补贴标准更高等特点和优势，旨在加大力度吸引台湾青年到集美就业创业，推动海峡两岸融合县域集成服务示范区建设，助力建设青年发展友好型城区。

**11日** 集美区在省政府办公厅组织开展的2021年度福建省政府网站与政务新媒体绩效考核中获评为优秀，考评成绩在全省82个县（市、区）政府网站日常监测和年度综合考核中综合排名第三，在厦门市各区中排名第一。

**12日** 中国共产党厦门市集美区物业行业委员会成立大会暨揭牌仪式举行，为厦门市首个物业行业党委，旨在发挥党的政治优势和组织优势，引领物业服务管理有效融入基层治理，推动城市治理体系和治理能力现代化。

**13日** 集美区启动2022“集美欢乐购”第四届购车节活动，活动采取“梯度补贴”方式，对在集美辖区车企购车的消费者给予2000～5000元不等的补贴额度，同时推出最高888元随机立减的“银联叠加礼”以及各汽车门店的“门店友好礼”等优惠。

**14日** “以青春之我 绘青春集美”美术作品展在集美区文化馆开展，此次展览展出85幅青年艺术家和美术爱好者的作品，其中60幅在装裱过程中首次尝试将闽南建筑中的木雕装置在底部，与作品中的建筑、植物相得益彰。

**22日** 集美区启动青年发展友好型城区线上校招平台。

**同日** 全国首个台企上市服务联盟在集美区成立。该联盟由28个部门及4家专业机构组成，提供上市培育辅导、政策兑现、税务风险防范指导、行政审批“打包”办理等上市服务，助力台企利用大陆资本市场做大做优做强。

**23日** “青年之家”在嘉庚书房揭牌。该仪式代表集美街道青年成长友好工程系列活动启动。“青年之家”作为弘扬嘉庚精神的新载体，引入与嘉庚精神相关的特色活动，收集辖区内青少年的需求，打造惠及广大青少年的活动场所。

**25日** 由集美区总工会与区人民法院联合设立的区劳动争议诉调衔接法律服务站和区人民法院劳动争议巡回法庭在区职工服务中心揭牌。双方签署“关于加强劳动争议诉调衔接机制建设的意见”，指定联络员，及时共享、对接劳动争议纠纷信息，建立联席会议制度，对劳动纠纷的疑难案件进行分析研判，提升劳动争议诉调衔接的工作质效。

**同日** 厦门市杏林建设开发有限公司与大连万达商业管理集团举行杏林万达广场合作签约仪式。广场总建筑面积6万平方米，为杏北片区现有规模最大、业态最丰富的商业综合体，可服务周边常住居民人口13万人。

**26日** “侨音法驿”涉侨调解工作室在集美区人民法院揭牌。该工作室的成立旨在深化诉源治理，建立健全“法院引领、多方参与、优势互补”的工作机制，推进涉侨纠纷在线调解机制和各种调解组织力量的深度融合，促进涉侨领域纠纷多元化解，推动社会矛盾纠纷源头治理，打造共建共治共享的社会治理格局。

**同日** 集美区举行退役军人和其他优抚对象首批优待证发放仪式，退役军人代表现场领取证件。优待证分为“中华人民共和国退役军人优待证”“中华人民共和国烈士、因公牺牲军人、病故军人遗属优待证”两种，证上印有优待证种类名称、持证人姓名、性别、照片、发放单位等信息，以加密方式储存于优待证芯片内，为享受优待提供数据服务。

**27日** 集美区人民法院在全市率先启动“百名代表、委员见证执行”专项活动。集美区人大常委会办公室、区政协办公室与区人民法院共同签署《厦门市集美区人民法院关于开展“百名代表、委员见证执行”活动方案》。

**29日** 福建省首个两岸青年创业创新行政赋能顾问团在集美成立。

**同日** 第三届《教育研究》论坛在集美大学召开，全国1300多名专家学者参会。论坛以“数字化与未来教育”为主题，围绕“数字化与未来教育”做主题报告，并围绕“元宇宙与未来教育”“人工智能与机器学习”“计算社会科学的发展、挑战与应对”展开小组研讨和嘉宾对话。

**30日** 环杏林湾体育运动场地“青春集美 青享悦动”10个竞赛场馆竣工投入使用。市民可在“厦门市民卡”App（应用程序）的“校园健身”，找到“厦门i健身”界面或者通过“厦门i健身”微信公众号的“首页”——“免费低收费场馆”找到相应场地提前进行线上预约。

**同日** 集美区举办首届街头艺人才艺秀展演，活动由区委宣传部指导，区文化和旅游局主办，区文化馆承办。20余名街头艺人在杏林文体中心广场进行传统戏曲、吉他弹唱、手工艺展示等演出。

**4月** 厦门理工学院水务工程专业、工程力学专业分别获评为2022年“中国大学水利类专业排名（应用型）”“工程力学专业排名（应用型）”五星级应用型专业，得分位列榜首，入选中国一流应用型专业A++行列。该结果由艾瑞深校友会网站发布，该机构是第三方大学评价研究机构，为全国大学评价体系较系统全面、评价指标与参评高校数量最多的大学排名机构之一。

## 5月

**1日** 三达膜环境技术股份有限公司的总工程师洪昱斌被中华全国总工会授予全国五一劳动奖章。厦门立林科技有限公司软件部总监陈金树、灌口镇中心卫生院中医科主治医师杨陆容被省总工会授予福建省五一劳动奖章。厦门和丰利干冰除污设备有限公司获省五一劳动奖状，厦门市安吉利家物业有限公司、国安达股份有限公司获评为省工人先锋号。

**2日** “2022建发厦门马拉松赛OK RUN（好·奔跑）集美站”暨“环杏林湾亲子马拉松赛”闭幕。此次赛事以“青春集美·青享悦动”为主题，分设10千米大众组和3千米亲子组，从集美新城市民广场出发，经过杏林湾环湖绿道、亲水广场、海上自行车道等地。

**4日** 集美国投嘉幼托育中心软三园揭牌。该托育中心由区国投子公司——集美教育公司开办，是集美区首个区属国企开办的普惠性托育机构，也是建设青年友好型城区“青享优教”计划的工程项目之一。托育中心设7个班、提供学位120个，实行普惠定价。

**同日** “听见集美”厦门集美学村周末音乐会启动仪式暨“五四”青年节主题音乐会在线举行，音乐会以“集美好YOUNG青春有我”为主题，面向辖区青年学生打造贯穿全年的“青年友好”音乐宣传活动。集美区融媒体抖音号、视频号以及新浪网全程直播，共72万人次观看。

**6日** 国网厦门供电公司侨英供电所、灌口供电所新时代文明实践基地揭牌，为集美区首批行业新时代文明实践基地。

**7日** “美丽青春·美育乡村”集美区禁毒故事下村（居）启动仪式暨绘本宣讲队伍聘任仪式在杏林湾党群活动服务中心举行。活动现场，由区禁毒办牵头，辖区高校的10支禁毒绘本宣讲团队组建“青罂志愿服务队”，50多名集美学生将整合第二届高校禁毒联盟大赛的绘本，走进村（居）、学校，以情景演绎的形式，结合美育开展宣教，提高辖区青少年的禁毒意识。

**9日** 中通快递集团东南（厦门）智慧供应链产业园落户前场物流园，占地面积5.47公顷（82亩），总投资3.2亿元，规划建设智能分拣中心、冷链仓配中心、航空中心、智能云仓中心、供应链国际金融中心、供应链研发中心、跨境电商中心、区域总部大楼等主体工程及公共服务设施、停车场等配套辅助工程。

**10日** 日本美妆品牌资生堂在杏林湾基金聚集区设立首个中国投资基金——资悦基金。基金实体公司为厦门资悦股权投资合伙企业（有限合伙），注册资本5.01亿元。该基金亦是中国大陆首个美妆领域专项投资基金，重点聚焦美妆、健康等领域的新兴品牌，以及上下游相关技术服务公司的投资机会。

**11日** 位于集美新城核心区的厦门白鹭西塔项目完成主塔楼核心筒钢结构工程首次吊装，标志该项目从基础施工进入主体结构施工阶段。项目总建筑面积24万平方米，主要建设内容包括1栋超高层塔楼、1栋购物中心和3层整体地下室，其中主塔楼47层，建筑高度266米，建成后将成为岛外“第一高楼”。

**同日** 集美青年发展友好型城区形象标识发布。形象标识由“集J”“美M”“青年Y”“交织的彩带”“友好活力的青年”“冉冉升起的红日”“蓬勃的海浪”组合而成，蕴含“最美嘉庚红”“映在湖面的月光环”等集美特色元素。标识外形既是“一起友好携手向未来的青年”，亦是“充满活力的爱心型”，体现集美区青年发展友好特质与青年发展元素。

**15日** 以“立德树人·实践创新”为主题的全国规范化家长学校实践活动试验区暨中国集美学村“家长学校”开办仪式在集美人文馆举行。“家长学校”将开设六大课程培养“五好家长”，实践和创新“家校社”协同育人新模式。

**同日** 后溪镇崎沟村与集美大学音乐学院签订“红色共建单位”合作共建协议。集美大学音乐学院红雁来仪舞蹈志愿服务队将从身体、心理、精神3个层面定期为崎沟村提供基础舞蹈教学、剧目创编指导、红色文化教育等志愿服务。

**17日** 集美辖区企业厦门扬森数控设备有限公司和三达膜科技（厦门）有限公司入选第三批国家级专精特新“小巨人”企业名单，厦门市入选企业4家。截至2022年12月，集美区有国家级专精特新“小巨人”企业26家。

**18日** 集美区入选福建省“义务教育优质均衡先行创建区”，为厦门市唯一入选的县区，全省入选县（市、区）7个。

**同日** 集美区举办省级“侨胞之家”命名授牌仪式，市侨联主席陈俊泳、副主席林中英，集美区委常委、统战部部长洪清岩等为获得2021年度省级“侨胞之家”的杏林街道侨联、侨英街道侨联授牌。

**25日** 橙联跨境电商产业园项目竣工。该产业园为国内跨境电商物流的唯一全国性运营管理总部基地，集“采购与现代仓储＋集运分拨＋供应链金融＋增值服务”于一体、服务全球电商的智慧化综合平台，入驻企业5家。

**同日** 万川印月——2021集美·两岸大学生摄影大赛获奖作品展暨2022集美·两岸大学生摄影大赛作品征集启动仪式在兑山艺术区举行。2021年共征集摄影作品4500余幅（组），评选出一等奖2个、二等奖6个、三等奖10个、优秀奖82个。此次展出的100幅（组）作品以光、影、色言志传情，将个人理想与“中国梦”巧妙融合。

**28日** “相融互鉴·艺路情深”——

2022 年 5 月 31 日，西滨社区整村征收交房工作完成。图为拆迁后的西滨社区
（颜志伟 摄）

中泰艺术精品联展（第三季）在东盟文化艺术交流中心开幕，展览持续至 6 月 11 日。中泰两国 65 位艺术家创作的近 200 幅绘画作品通过线下、线上进行集中展示。展览分为深情厚谊、文化同源、和合共生、绿水青山、人间烟火五大主题，以艺术为媒呈现中泰两国人文风情。

**同日** 2022 年海峡两岸青少年龙舟模型竞赛在集美中学举行，海峡两岸 86 支队伍参赛，参赛选手 1314 人，包括港澳台选手 131 人，其中台胞选手 74 人。

**30 日** 集美区入选北京大学新农村发展研究院发布的全国数字乡村百强县榜单，福建省 14 个县区入选。

**31 日** 西滨社区整村征收交房工作完成。西滨社区位于马銮湾新城东北部核心地段，临近集美岛、地铁 6 号线（在建）站点等，是马銮湾湾区的重要门户。该项目总用地面积 33.22 万平方米，涉及 1059 户、2200 人，征收房屋 797 栋建筑、面积 41 万平方米。

**同日** 厦门市杏南中学入选首批中国物理学会蒲公英计划基地学校名单，为福建省唯一入选的学校。“蒲公英计划”是中国物理学会面向青少年以及青年骨干教师的科学素质提升计划，组织全国各科研机构、各高校物理学院以及地方物理学会，为基地校师生定向免费推送优质科技科教资源。

## 6 月

**2—3 日** “龙腾虎跃”2022 海峡两岸赛龙舟活动在集美举行。

**同日** 第十七届集美（端午）诗歌节在嘉庚书房举行。活动围绕“两岸同舟 诗遇集美”主题，线上线下同步进行，收到全国 27 个省、自治区、直辖市及台湾地区诗作 288 首，其中现代诗 152 首、旧体诗词 136 首。

**2 日** “龙腾虎跃”2022 海峡两岸赛龙舟活动，配套活动之第十八届“海峡两岸（集美）端午文化论坛”举行，海峡两岸的 50 多位专家学者、台胞台青围绕“端午文化”和“构建海峡两岸共同精神家园”展开交流探讨。论坛以“共庆端午节、同叙两岸情”为主题，由市社科联指导，集美区委宣传部、区社科联主办，厦门市中华传统文化研究会承办。

**同日** 集美区入选共青团中央发布的全国青年发展型县域试点名单，全国 99 个县域入选，试点周期为 2 年。

**7 日** “集智赋能 翼企发展”智能制造校企对接会在华侨大学（集美）政产学研基地举行。会上，区高校产业技术联盟为 7 个大学生实习实训基地授牌；华侨大学、集美大学、厦门理工学院分别与厦门卡伦特科技有限公司等企业签订 7 个项目的合作协议。

**同日** 陈嘉庚纪念馆入选首批厦门市级新时代文明实践基地，全市 18 家单位入选。

**10 日** 厦门市陈嘉庚教育基金会换届大会举行，何福龙连任基金会第八届理事会理事长，陈忠信当选为第八届监事会监事长。

**同日** 由集美校友总会主办的大田“第二集美学村”首部微电影《望春风》首映影评会在嘉庚书房举行。影片以抗战为背景，再现集美水产航海、商业、农林三校内迁大田时期的历史故事，学校师生与当地民众结下深厚情谊。该片入围 2021 年亚洲微电影协会年度作品表彰评选，导演廖新远获评为 2021 年亚洲微电影协会年度最佳导演。

**11 日** 华侨大学华侨华人与区域国别研究院在华侨大学厦门校区揭牌，研究院聘请 10 位新加坡、美国、日本、英国、德国等国家的知名学者担任国际咨询委员会委员。“百年大变局下的华侨华人与区域国别研究”学术研讨会同步举行，国内高校和研究院所的 30 余位学者参加。

**14 日** 全球领先的旅游和休闲娱乐电商平台——KLOOK 客路厦门子公司落户软件园三期。KLOOK 客路 2014 年在中国香港成立，主要为旅行者提供便捷的“自由行玩乐预订服务”，覆盖全球 400 个目的地、拥有超 10 万种当地行程与旅游预订服务，全球用户数超 2000 万户。

**同日** 集美实验学校被中国垒球协会授予“全国软式棒垒球实验学校”称号。棒球是该校的特色体育项目，2020 年学校开启棒球特色项目的实践课程，成为核心校本课程。学校有校队学生 47 人，配备 1 名专任教练和 2 名体育教师。

**15 日** 集美区“筑梦新征程 · 一起向未来”喜迎二十大暨跨岛发展主题文艺晚会在嘉庚剧院举行。晚会分为《潮起》《澎湃》《腾飞》3 个乐章，通过歌曲舞蹈、诗歌朗诵、闽南戏曲、武术表演等文艺形式，展现跨岛发展成就。

**同日** 地铁6号线集美至同安段工程开工建设。该段工程起于华侨大学站，止于同翔高新城站，全长30.7千米，由“嘉庚体育馆至同翔高新城段（嘉同段）”和“华侨大学至滨海西大道段（华滨段）”两部分组成，设站点17个，最高运行速度为100千米/小时。

**16日** 2022“看见集美”青春电影展在嘉庚剧院开幕。此届电影展以“光影青春向未来”为主题，鼓励青年创作更多包含“一精神三文化”（嘉庚精神和华侨文化、闽南文化、学村文化）的集美故事。开幕式上，集美区成立集美影视智库，首批智库专家由12名国内知名影视专家与高校学者组成。

**22日** 后溪镇卫生院院长陈拥军被中国农村卫生协会评为“优秀乡镇卫生院院长”。全国370名医疗工作者获评为“优秀乡镇卫生院院长”“优秀乡村医生”。

**24日** 2022“听见集美”厦门集美学村周末音乐会毕业季专场在万科云城、集美万达广场和旺角商业街3处同时开唱。活动首次采用“主会场+分会场”联动模式进行，在线下设置演出会场，并通过区融媒体中心媒体号全程直播，线上线下融合、多方协作联动。

**26日** 集美区诚信促进会第一次会员大会暨成立大会召开。会议表决通过《厦门市集美区诚信促进会章程》，选举产生第一届理事会成员和第一届监事会成员，李梅英当选为首届理事会会长，57个单位和个人加入促进会。

**30日** 集美大学数字产业学院成立。该学院为集美大学与建潘鲲鹭物联网技术研究院合作成立，为福建省唯一一所拥有数字经济本科专业的数字产业学院。9月，本科专业招生。

**6月** 集美街道银亭社区红树康桥小区业委会注册登记为民办非企业单位，该举措为全省首创。业委会获得统一社会信用代码并在银行开通对公账户，对广告位、停车位等小区公共区域依法进行自主经营管理，由第三方审计机构对小区财务收支情况进行核查，区民政局每半年进行一次“双随机”（随机抽取检查对象、随机选派执法检查人员）抽查。

**同月** 厦门市杏南中学教师杨金水、刘宇和学生一起发明的“三维量角器”获教育部教育装备研究与发展中心组织的2021年全国中小学优秀自制教具展评一等奖，为全市唯一获得一等奖的学校。

## 7月

**3—4日** 集美区举办以“海洋奇遇，筑梦未来”为主题的厦门海峡两岸和平小天使交流活动。开营仪式上，福建省台联副会长苏甦为两岸小天使交流团授旗。30名来自海峡两岸的小学生组队在指导教师带领下，分别在椰风寨海洋科普乐园、厦门大学海洋科技博物馆、鲸探海洋科普研学基地等开展研学活动。

**8日** 集美区闽南文化研究会首个“创造性转化和创新性发展基地”在杏林街道月台路尚好小酒馆揭牌。研究会将依托基地开展优秀闽南文化传播、挖掘闽南美食文化，推进优秀传统文化的创新性发展。

**9日** “共同家园 共同记忆——闽台关系档案文献展”在集美人文馆开展。展览遴选近400份谕旨、奏折等档案文献，以“闽台两地建设共同家园、两岸人民留存共同记忆”为主题，分为隶属与共、开发同功、文韵联芳、共御外敌、交流融合5个部分，再现自明清以来闽台真实历史面貌。

**12日** 第十四届海峡论坛配套活动“两岸一家亲 从小心连心”研学体验营在厦门（集美）闽台研学旅行基地总部大楼开营。全国首个区级研学专项奖励政策再次升级，“集美研学精神”发布，新一批研学单元被授牌，两岸优质研学、教育项目签约，两岸家庭教育研讨会举行。

**13日** 位于侨英街道叶厝社区霞梧组的霞梧大厦项目举行奠基仪式，为厦门市首个村民小组层级的集体发展项目，项目总投资6000万元，由霞梧组股份经济合作社自筹。

**14日** 集美区举办第十四届海峡论坛·两岸青年创新创业论坛。此论坛以“携手新时代 筑梦新未来”为主题，采用线上线下相结合的模式，通过主旨演讲、圆桌讨论会、项目路演和对接等方式，海峡两岸专家学者、青年企业家等200余人参与。

**同日** 集美区两岸融合发展中心智库成立，首批智库专家由中国社科院、厦门大学、北京联合大学等国内高校、社科机构的涉台研究学者、专家和大陆台企的台籍企业家、厦门高校台籍教师、两岸媒体人士以及两岸研学机构、台青创基地负责人等50余人组成。

**15日** 集美区朗诵艺术协会第二次会员代表大会召开，选举产生新一届理事会成员。厦门理工学院教授、硕士生导师张军民当选为第二届会长（理事会主席）。

**16日** 华侨大学学生徐天泽获第八届“中金所杯”全国大学生金融知识大赛一等奖。此届大赛由中国金融期货交易所和中国期货业协会联合主办，有29个省730家高校的2.84万名学生参赛。

**18日** 集美新城核心区入选第二批国家级夜间文旅消费集聚区，全国入选项目123个，其中厦门2个。

**21日** 福建省第八届“互联网+”大学生创新创业大赛决赛在集美大学和福建船政交通职业技术学院开赛，经过校赛选拔、省赛网评，近400个项目进入决赛。此届大赛以“我敢闯、我会创”为主题，全省244所学校76万名师生、近20万个项目参赛。

**24日** 厦门医学院附属口腔医院

集美院区开业试运营，院区位于杏林南路98号，总建筑面积9446平方米，布设51台牙椅（含手术室5台），床位15张，普通门诊手术室5间，万级洁净手术室1间。

**25日** 位于集美新城嘉庚艺术中心的厦门闽南戏曲艺术中心揭牌，总建筑面积1.67万平方米。该中心是厦门为闽南戏曲艺术发展量身定制的展演展示和创作生产平台，也是开展歌仔戏、高甲戏的创作演出、传承普及和对港澳台地区及对外交流合作的平台。

**27日** 中新（厦门）膜与石墨烯产业研究院在杏林三达科技园揭牌。研究院依托厦门三达膜科技园的区位优势与延安膜产业园，对接新加坡膜产业科技基地，优势互补，聚焦膜材料与膜应用工艺开发等新技术的产业化研究与推广。

**28日** 集美区第十三届人民代表大会第二次会议闭幕，208名区人大代表参会。会议由张剑鸣主持，投票选举倪杰为集美区人民政府区长，吴炳和、邱汉中、陈丽娴、林素厅、施素达为区第十三届人大常委会委员。

**同日** 集美区“慢性乙肝、肝癌防治全流程管理项目筛查基地”揭牌。基地由厦门市中医院、杏林街道社区卫生服务中心联合设立，厦门中医院专家医生定期坐诊基地，社区卫生服务中心定期为辖区居民提供慢性乙肝、肝癌免费筛查服务与患者健康管理。

## 8月

**1日** 地铁6号线（林埭西至华侨大学段）工程内茂站主体结构封顶，标志着6号线林埭西至华侨大学段工程全线13座车站主体结构封顶。内茂站是全线唯一一座采用半盖挖法施工的车站，也是该线路的重要控制性工程，施工站内管线200多条，迁改历时一年半。

**3日** 中科院城市环境研究所院士朱永官获2022年国际土壤科学联合会“李比希奖”，为亚洲地区首位获此奖项的科学家。“李比希奖”每4年评选一次，每次获奖科学家一位，以表彰其在应用土壤学解决实际问题上作出的杰出贡献。

**同日** 集美大学海洋食品与生物工程学院副院长、教授倪辉获福建省科技厅、省委组织部、省委宣传部等部门联合评选的福建省“最美科技特派员”，全省获该称号50人，其中厦门市3人。

**11日** 集美职业技术学校获2022年福建省职业院校技能大赛教学能力比赛一等奖3个、二等奖1个、三等奖2个，获奖数量在厦门市排名第一。

**16日** 集美区入选首批省级数字乡村试点名单，为厦门市唯一入选县区，全省20个县（市、区）入选。

**18日** 集美工业学校获“2022一带一路暨金砖国家技能发展与技术创新大赛工业机器人数字孪生技术应用技能竞赛（中职组中国区决赛）”一等奖。全国60支队伍120余人参赛，获奖代表队36支，其中福建省获奖中职院校6所。

**27日** 集美校友总会举办第十届会员代表大会暨第十届理监事会成立大会，集美大学原党委常委、副校长黄德棋当选为新一届理事会会长。

**31日** 集美区妇幼保健院与集美国投嘉幼托育中心签订协议，结对开展首批医育结合试点工作，探索“医、育、学”一体化婴幼儿照护服务模式。双方通过保教人员培训、家长育儿指导、实时信息传递等方式，在儿童早期发展过程中需要保健指导的环节介入提供专业医疗保健技术支持，使托育机构及儿童家长得到专业的医疗保健服务。

**8月** 集美区首批“小个专”（小微企业、个体工商户、专业市场）党建工作指导站先后在3个基层市场监管所挂牌成立。指导站的成立标志着集美辖区“小个专”党组织管理网络体系的延伸，为打通非公党建工作“最后一公里”奠定基础。

**同月** 厦门市首个招商洽谈涉税顾问团在集美区税务局成立，业务骨干分别担任集美区11支招商引资团队的税务顾问。

**同月** 集美政协新媒体入选2021年全国区县级政协新媒体发展20强榜单，位列第九，为厦门市六区唯一上榜的政协新媒体。

## 9月

**1日** 集美区法院与侨英街道办事处共同成立的营商环境司法服务中心揭牌，中心聚合司法所、商会、市场监管、高校等多方力量，聘任特邀调解员6人，为辖区企业提供法律服务和多元纠纷解决机制。

**3日** 集美区公民思想道德馆在区青少年宫开馆。该馆面积约100平方米，分为嘉庚精神展示区、礼赞区、厦门市道德模范区、集美区道德模范区、道德大讲堂等展区。设有展板、展柜、电子屏幕等设施，展出内容包括敬业奉献、孝老爱亲、见义勇为、助人为乐、诚实守信5个篇章，展现20多位道德模范、身边好人的感人事迹。

**4日** 集美第二小学教育集团海凤校区揭牌，是集美区成立的首家教育集团。该校区位于侨英街道红林路789号，总用地面积1.47万平方米，总建筑面积2.13万平方米，办学规模24个班，可提供学位1080个。

**5日** 四川大学华西厦门医院开始试运营，试营业期间开设9个科室，包括呼吸与危重症医学科、心脏内科、肾脏内科、心理卫生中心、神经内科、消化内科、神经功能检测与调控、口腔全科和小儿内科。患者可通过四川大学华西厦门医院官方微信公众号，选择其中的“诊疗服务”选项进入挂号界面，即可预约挂号就诊。

**6日** 以“舌尖集美 百家食安”为主题的第二届集美乡宴文化节在银泰百货举行。此次文化节由乡厨比武大赛、食安创城工作和“鹭品”安心市集组成。来自各镇（街道）的6支乡厨队伍代表使用指定食材现场烹饪菜品，评审人员现场品鉴评分，后溪朝昆队获得“集美乡宴金牌乡厨”称号。

**8日** 第二十二届中国国际投资贸易洽谈会暨2022集美投资大会举行。集美区达成合作总投资额404.2亿元，其中合同利用外资71.7亿元；区级签订合作项目21个，总投资额112亿元；市级签约项目2个，总投资额30.5亿元。

**同日** 厦门一中集美分校举行曾通董事长唯美爱心奖学助学基金颁奖仪式暨第38个教师节表彰大会，132名学生获得奖学助学金。

**9日** 集美区安仁产业园举办项目落成暨企业入园仪式，纵目科技、劲博汇、韫茂科技、伊科电子、梦之墨（柔墨）、欣思源6家企业入园。园区总用地面积12.5万平方米，总建筑面积37.7万平方米。

**15日** 由集美区人民政府主办的“侨眼看集美投资正当时——海外华侨华人云招商视频连线活动”通过线上线下方式同步举行。活动在位于集美的杏林湾营运中心和海外多个国家设立分会场，邀请五大洲16个国家和地区的26位海外侨领、海外社团相关负责人等，线上感受集美经济社会发展成就，了解集美的招商引资政策。

**16日** 厦门退役军人学院在集美大学揭牌成立，60名退役军人成为首届厦门市退役军人师资班学员。该学院由厦门市退役军人事务局和集美大学共同组建，双方立足行政和教育资源优势，合力探索“政校企、产学研”相结合的机制模式，是厦门在全省率先与高校合作成立的退役军人学院，并率先举办退役军人师资培训班。

**16—21日** 集美职业技术学校与厦门理工学院共同研发制造的大学生方程式赛车（燃油车）和电动方程式赛车分别获得2022中国大学生方程式系列赛事一等奖和二等奖。大赛由中国汽车工程学会创办，是中国汽车行业最高水平的大学生赛事。

**17日** 2022第十一届中国智能产业高峰论坛（CIIS 2022）在集美开幕，厦门市委常委、副市长黄晓舟，市工信局局长周桂良，集美区政府副区长苏克出席活动。此届论坛围绕人工智能的新理论、新技术、新应用主题，设开幕式、主题论坛、院士对话等活动。

**18日** 厦门市蚌埠商会在集美罗约海滨温泉大酒店成立，首批入会企业130多家，投资领域覆盖仓储物流、家具家电、餐饮鞋服、医疗企业等。创通天下（厦门）物联科技有限公司李加发任首届会长，厦门市杏林双全玻璃钢有限公司许汉任监事长。

**19日** 集美区侨乡经济促进会召开第七届第一次会员大会，选举产生理事会成员、监事会，蔡清轮当选为第七届理事会会长，吕奋勇当选为执行会长，王国平当选为监事会监事长。区侨促会向区慈善会认捐50万元，向集美大学工商管理学院认捐15万元，并与区关工委签订共建协议。

**21日** 集美区文源山农业观光园入选2022年福建省休闲农业示范点，厦门市3处入选。

**同日** 集美区实验学校举办“全国软式棒垒球实验学校”揭牌仪式，为集美区首个全国软式棒垒球实验学校。该校的棒球运动从2020年开始推广，为学校的特色体育项目，7名学生先后因棒球特长获得升学资格。

**22日** 集美区与招商银行厦门分行签订“‘十四五’战略合作协议”，双方将围绕“十四五”时期建设目标、任务、重点领域和重大项目，加强合作，推动区域经济发展转型升级。同时，厦门招行“两岸金融服务中心”揭牌，持续升级对台金融服务，为金砖国家提供多元化投融资渠道。

**24日** “48小时拍摄计划”开机仪式在集美集文创园举行。该活动为2022“看见集美”青春电影展的系列活动，旨在通过极限挑战激发青春影人的创作潜能。厦门理工学院的白猫团队、集美大学的逆光者队、厦门华厦学院的颜值爆表队、四川电影电视学院和厦门工学院等高校联合的新词团队在48小时内完成以“光影青春向未来”为主题的短片拍摄、剪辑等工作，展示人文集美全新风貌和集美青年发展友好型城区的“青和力”。

**25日** 集美区残疾人联合会召开第七次代表大会，会议听取区残联第六届主席团工作报告，选举产生林伟

2022年9月24日，“看见集美”青春电影展系列活动“48小时拍摄计划”启动。图为启动仪式现场 （林志杰 摄）

艺为第七届主席团主席，李勇岩、陈建煌、周春明为副主席，推举产生陈建煌为执行理事会理事长。

**27 日** 以“喜迎二十大 建功新时代”为主题的集美区劳模（工匠）宣讲团成立仪式暨首场宣讲活动在集美区新时代文明实践中心(嘉庚书房)举行，洪昱斌、吴院生、杨水发、庄力超、陈水强，缪瑞华、刘伟、钟俊杰、陈进佳、韩锋钢、叶赛秋、黄惠芳 12 名劳模工匠代表被聘任为首批成员。

**29 日** 由集美区委宣传部、区文学艺术界联合会、区融媒体中心联合制作的专题纪录片《跨越》首映式举行。纪录片分为 3 集，总计 30 分钟，主要讲述集美区秉承习近平总书记为厦门擘画的“提升本岛、跨岛发展”蓝图构想，以“跨岛发展战略先行区和主战场”的使命担当，推动经济社会面貌焕然一新，探索出一条“创新、协调、绿色、开放、共享”发展之路的奋斗故事。

**同日** 集美区妇幼保健院加挂“厦门市妇幼保健院医联体合作医院”揭牌仪式举行。通过紧密型医联体合作，辖区居民在家门口就能享受三甲医院的妇幼保健医疗服务。

**30 日** 集美大学港口与海岸工程学院极地与海洋研究院的科研团队在《Science》（《科学》）在线发表题为“Climate change drives rapid decadal acidification in the Arctic Ocean from 1994 to 2020（《气候变化导致 1994 年到 2020 年北冰洋快速的年代际酸化》）”的研究论文，为集美大学首次以第一完成单位在该杂志刊发的研究成果。

**9 月** “咪咕—厦门理工闽南潮流文化联合实验室”与厦门外图集团合作发行闽南文化有声书《皆喜闽南——闽南文化生活日日观》。该书由厦门理工学院影视与传播学院副教授黄婉彬主编，共 12 个章节、17.4 万字、355 幅插画、355 条音频。

## 10 月

**11 日** “喜迎二十大·翰墨歌华章”中国画名家邀请展在集美兑艺美术馆开幕。展出作品 100 幅，其中省内画家作品 40 幅、省外画家作品 60 幅。作品展现集美区的发展成就、美好风光和人文特色。

**12 日** 厦门市首个“近邻法庭——知识产权纠纷共治中心”成立，为集美区人民法院和翔安区市场监督管理局联合设立。旨在聚焦知识产权纠纷化解，创新性探索跨区合作，构建法治化、数字化、便利化、系统化的知识产权服务保障体系。

**14 日** 台青创企业法律服务沙龙暨集美区“台湾人才服务中心”在集美两岸青少年发展中心揭牌。设置“两岸青年交流活动区 + 两岸书屋”、实习就业创业育成过渡办公区、台湾青年福祉保障站、两岸青年新媒体播报站等功能区，为台湾人才提供交流学习、创业过渡办公、政策支持申请、法律援助等一站式专业化综合服务。

**同日** 集美区举办首批镇（街道）综合行政执法队伍行政执法证颁发仪式，提升各镇（街道）综合行政执法人员的责任感、使命感和荣誉感，为落实镇（街道）综合行政执法体制改革工作奠定基础。

**21 日** 位于集美区后溪镇的厦门博雅启萌托育中心姚明织带分园开园。该园主要为 1 ～ 3 岁的婴幼儿家庭提供专业育儿服务，为集美区首家由企业全资建设、企业与专业机构合作运营的工业园区托育中心。

**同日** 第二届厦门市高校大学生法治辩论赛在集美区启动，厦门大学、华侨大学、集美大学、厦门医学院、集美大学诚毅学院、厦门软件职业技术学院 6 所高校 6 支队伍参赛。辩题围绕社会秩序维系、司法裁判与社会舆论、法律与人情宽容、反腐败等话题展开，来自华侨大学法学院的代表队获得冠军。

**25 日** 厦门医学院附属第二医院互联网医院揭牌，该院突破传统的互联网诊疗模式，融合 5G（第五代移动通信技术）新技术研发出“智慧服务型医联体”App（应用程序）。该 App 为患者提供覆盖诊前、诊中、诊后多个业务流程的常规服务，还可开展远程会诊、全病程管理、慢病监测等延伸服务。

**28 日** 集美区金融服务台企专场暨集美区台商增信基金启动仪式举行，福建省首个面向台青的增信基金政策《集美区台商增信基金实施方案》出台。该基金由区财政出资 1000 万元设立，总规模 1 亿元，为辖区台湾青年创业企业信用贷款提供增信服务。

**同日** 集美区行政服务中心大学生创业就业服务驿站揭牌，为厦门市首个落户在区行政服务中心的大学生创业就业服务驿站。驿站为 35 周岁以下、在集创业就业的高校毕业生提供有关法人和个人办理事项的导办、帮代办服务 65 个，高校毕业生相关扶持政策、银行开户及普惠贷款相关政策的咨询服务 9 项。

**30 日** 位于集美辖区的厦门甚好软件信息技术有限公司、厦门力巨自动化科技有限公司、厦门数字智造工业研究院有限公司入选工业和信息化部首批财政支持中小企业数字化转型试点平台名单，厦门市 4 家企业的平台入选。

**10 月** 位于前场物流产业集聚区的东南智慧供应链产业园北区开始试运营。园区占地面积 22.87 公顷（343 亩），总建筑面积 23.44 万平方米，总投资 13 亿元，建设 6 栋高标准仓库以及办公楼、展示中心，集公路、铁路、水运等多式联运资源于一体。

**同月** “智慧财税产业学院”签约暨揭牌仪式在厦门工商旅游学校举行。该学院由厦门工商旅游学校、三明医学科技职业学院与厦门加捷财税事务所集团共建，属于五年制高职，中职考入，毕业获得大专文凭。

## 11月

**2日** 中国互联网企业综合实力指数（2022）发布会暨百家企业高峰论坛在集美举行。论坛由中国互联网协会和厦门市政府联合主办。论坛围绕互联网企业出海、数据安全、元宇宙等行业热点进行交流探讨。辖区的旷世联盟、吉快科技2家企业入选成长型前20家企业名单，其中旷世联盟位列榜首。

**4日** 陈嘉庚教育基金会举办颁奖仪式，集美大学童建福、初良勇，厦门海洋职业技术学院李慧、集美工业学校陶顺生4名教师获得2022年度集美学村奖教突出贡献奖；学村各校获奖教金教师66人，获奖学金学生789人，其中海外7个国家的华人学生102人。

**6日** 以“联通丝路·印象侨乡”为主题的东盟文化艺术创作季（第三季）2022“当下与未来”国际艺术展在东盟文化艺术交流中心开幕。展出海丝沿线18个国家95位艺术家的美术作品200余幅，涵盖“和而不同 道法万家”“东西和鸣 丝路共襄”“对话东西 画在中国”“‘艺’心相连 共绘侨情”4个板块。

**7日** “艺数启元”——2022首届维纳数字艺术文化节在集美北部工业区开幕，维纳数字艺术园开园仪式、元晟数字艺术馆开馆庆典同期举行。该园区以“数字+艺术+智造+新媒体销售”为发展方向，创新推出“精品化艺术品创作—科技型衍生品智造—多渠道数字化销售”的艺术品产业发展闭环模式。

**9日** 集美区6个镇（街道）乡村振兴协作交易中心网点揭牌，后溪镇苎溪桥“迎瑞冬 庆丰收 贺盛会”农民丰收节活动同步举行。此次丰收节电商助农带货直播在看见集美抖音号、天下集美视频号、集美区乡村振兴协作交易中心小程序3个平台累计观看人数88.7万人次，总成交金额157.62万元。

**11日** 在2022中国（厦门）数字影视产业高峰论坛暨影视文化产业项目签约仪式上，14个数字影视产业项目签约落地集美，签约总金额19.85亿元。

**同日** 福州大学厦门工艺美术学院艺术与科技交叉创新发展论坛暨建院70周年庆祝大会召开，中国民间艺术研究院同步揭牌，来自社会各界的领导嘉宾、校友代表和在校师生500多人参会。厦门市政府副市长廖华生出席会议并致辞，福州大学和厦门工艺美术学院领导共同为捐赠人代表颁发捐赠证书。

**12日** 2022“看见集美”青春电影展“48小时拍摄计划”成片首映会在集美iOi Mall万达寰影举行，同步进行颁奖仪式。白猫团队的《幸福在集美》获“优秀成片奖”，创作奖金1.25万元；新词团队的《应将》、逆光者团队的《我们去做追太阳的人》、颜值爆表团队的《医靠》分别获“最具潜力奖”“最佳摄影奖”和“最佳题材奖”，奖金均为7500元。

**12—13日** 第三届“嘉庚杯”全国高校校友羽毛球赛在嘉庚体育馆开拍，设男双和混双2个项目的团体比赛。北京大学、清华大学、中国政法大学、厦门大学、暨南大学、华侨大学、集美大学等40所高校的31支队伍、450名校友参赛，集美大学获得第一名、华侨大学第二名、厦门大学第三名。

**14日** 中共二十大精神集美区元宇宙党建馆上线体验采访活动在嘉庚书房举行。该党建馆为沉浸式学习平台，是集美区运用数字技术、改变学习方式的探索和创新。

**19日** 2022年“嘉庚文化周”开幕。华侨博物院原院长陈永定后人向陈嘉庚纪念馆、华侨博物馆捐赠陈嘉庚先生亲笔书信76封，捐赠的部分亲笔书信在同步举办的读者节上的“嘉庚文化周”展区展出。

**25日** 集美区入选2022年“中国工业百强区”榜单，位列第98名，福建省7个县区入选。

**同日** 集美区首届“聚美才 赢名企”竞聘大赛总决赛在厦门工学院举行。经过2轮评选，专家评委从766份简历中选出一等奖3个、二等奖6个、三等奖9个、优秀奖8个、最佳英文展示奖1个，同时挑选10名优秀学生参与决赛现场的PPT（用office Power Point办公软件制作的幻灯片）展示和答辩环节。

**同日** 2022集美·阿尔勒国际摄影季开幕，展出项目30个，法国、泰国、巴西、美国以及中国大陆等地超百位艺术家的作品，展期持续至2023年1月3日。

**26—27日** 第二届厦门市中小学人工智能嘉年华暨WRC（世界机器人大会）世界机器人大赛城市选拔赛在集美诚毅科技探索中心举行，厦门市83所中小学282支队伍603名学生参赛。该赛事被誉为机器人“世界杯”，首次在厦门举行。

**28日** 兑山综合楼开工建设。为集美区侨英街道兑山社区集体发展项目。项目总用地面积1.22万平方米，总建筑面积5.73万平方米，其中商业、办公各1万平方米，保障性租赁住房2万平方米。

**30日** 集美大桥桥头立交提升改造工程主线通车，进岛侧实现“单改双”。改造路线全长2.8千米，建设内容包括道路、桥梁、下穿通道及绿化等，全线设拼宽桥梁3座，宽约5米，长700米。

**11月** 厦门理工学院影视传播学院表演系学生刘婉婷获2022世界小姐澳门地区大赛总决赛亚军。在此届比赛中，该校2021级学生刘艺文、胡佳佳、2020级周若男获得“十佳选手”称号，2021级崔鑫梅获得“最具魅力奖”。

## 12月

**1日** 第十一届中泰战略研讨会在华侨大学厦门校区举行。此届研讨会为期2天，由华侨大学、中国东南亚学会、泰国国家研究院、泰中文化经济协会共同主办。以“变化世界中的中泰关系：机遇与未来”为主题，在厦门和泰国曼谷2个线下会场同时举行，通过云端线上同步连接。

**同日** 灌口镇入选2022年福建省“全域生态旅游小镇”名单，全省入选镇（乡）30个。灌口镇是福建省唯一入选的全国首批绿色低碳重点小城镇，整合建设“一潭、一湖、一园、两水、两山、两谷”等一批园林精品项目，为集美区山地旅游资源丰富的地区之一。

**5日** 集兆嘉全球生产管理基地暨全球数字虚拟工厂营运中心项目落户集美软件园三期，该项目为厦门火炬高新区管委会、集美区政府与阳光七星投资集团合作成立。集兆嘉碳中和集团为阳光七星投资集团旗下子公司，为“碳中和”科技应用领域领军企业。

**8日** 集美区人大常委会办公室、区政协办公室、区人民法院共同举办“百名代表、委员见证执行”活动收官新闻发布会。该专项活动自4月启动，103名省、市、区级人大代表、政协委员，共同见证执行105次，参与调解执行案件40件，帮助化解矛盾纠纷64起，协助执行到位金额2803万元。

**9日** “2022厦门—泰国电影展映”在集美万达影城开幕。泰王国驻厦门总领事馆总领事马家汉，菲律宾共和国驻厦门总领事馆总领事欧莉娜，新加坡共和国驻厦门总领事馆副领事李佩菁，区领导庄志辉、李梅等出席开幕式。活动期间将展映泰国电影——《最后的木琴师》《佳媞的幸福》《情书》《画中情思》4部。

**10日** 厦门市集美区英村（兑山）幼儿园入选2022年度福建省示范性幼儿园名单，全省入选幼儿园15所，其中厦门市6所。

**12日** 集美区首批零星存量安置房公开拍卖，标的48套，位于理工路与杏林湾路交叉口的平阳里小区。此次拍卖由集美文教区管委会牵头，区建设与交通局、区财政局、集美资规分局等部门协调，后期将继续推动兑山安置房100多套房源挂牌拍卖。

**14日** 集美区元宇宙党建馆上线，全省6名首批元宇宙党建导师获聘上岗。该系统在“互联网+党建”“智慧党建”引领下，借助元宇宙技术，实现多人远程同时空参加在线会议、党员互助、党史学习、红色体验、成果展示等活动。

**16日** 集美霞城城隍文化节启动，2022年是城隍庙建庙360周年，活动以“同根共发展，文脉联两岸”为主题，围绕海峡两岸民俗文化交流和青年经济合作交往两大主线内容，旨在为海峡两岸搭建文化和贸易合作平台，促进两岸同胞心灵契合。

**18日** “2022集美·两岸大学生摄影大赛”评选结果出炉，华侨大学留学生马森和新疆艺术学院马元辰获一等奖，同时评选出二等奖4个、三等奖8个、优秀奖66个。赛事共收到参赛作品8200余幅，两岸参与高校181所。

**19—21日** 集美区政协九届二次会议举行。大会听取区政协九届二次会议提案审查情况报告并审议通过会议决议，通报表扬优秀提案8件、提案承办先进单位6个。

**20—21日** 集美区第十三届人民代表大会第三次会议举行。大会审议区政府工作报告、区财政工作报告、区人大常委会工作报告、区人民法院工作报告、区人民检察院工作报告等，表决通过各项工作报告决议。

**22日** 集美区委办公室副主任、区委台港澳办主任陈贤玲，灌口镇人民政府经济服务办公室主任林玥玲，集美公安分局灌口派出所副所长、一级警长林志兴被评为厦门市首届“鹭岛好公仆”，全市24名基层公务员获该称号。

**同日** “集美中国 景观天下——2022首届集美中国新风景摄影展”在兑艺美术馆开展。展览由中国图片社、集美区委宣传部主办，展出“2022首届集美中国新风景摄影十杰”代表作品和反映集美自然人文风貌的摄影作品150多幅，展览持续至12月28日。

**23日** 以“学习贯彻二十大，砥砺奋进新征程”为主题的厦门市第十八届社会科学普及宣传周在集美区青少年宫启动，市、区相关单位领导向市民代表赠送厦门社科丛书等社科普及书籍，共同启动“厦门市第七期社会科学知识有奖竞答”活动。

**24日** “书写新时代 奋进新征程”——第四届集美·闽西南书法作品邀请展暨全国名家邀请展在厦门北站启幕。展出厦门、漳州、泉州、三明、龙岩五地及全国各地书法家作品150件，展览免费向公众开放，持续至2023年1月8日。

**29日** 中新（厦门）膜与石墨烯产业园奠基仪式在杏林街道中亚城举行。

**12月** 位于集美街道盛光社区的下沉式机械停车场投入试运营，是集美区首个下沉式机械停车场，总建筑面积700余平方米，地上1层，地下7层，可提供停车位72个。

**同月** 集美区影视企业参与出品的作品《山海情》《绝密使命》《送你一朵小红花》获中共中央宣传部颁发的第十六届精神文明建设“五个一工程”[“五个一”：一部好的戏剧作品，一部好的电视剧（片）作品，一部好的电影作品，一部好的图书（限社会科学方面），一部好的理论文章（限社会科学方面）。1995年度起，将一首好歌和一部好的广播剧列入评选范围，“五个一工程”的名称不变]“优秀作品奖”，电视剧《功勋》获“五个一工程”“特别奖”。此届全国报送作品750余部，经过严格评审，获奖作品97部。 （区委党史方志室）

# 区情概览

## 自然地理

【地理位置】 集美区位于福建省厦门市西北部，北纬24°25′～24°46′，东经117°57′～118°04′，西北与漳州市长泰县交界，东北与厦门市同安区接壤，西南与海沧区毗邻，南与厦门岛隔海相望。区政府驻集美街道岑东路168号。集美原名“浔尾”，以地处浔江之尾而得名，至明代雅化为“集美”。境域东起侨英街道东安村前占社，西至灌口镇深青村，长24.4千米；北起后溪镇黄地村的尖母仑山，南至马銮，宽19千米，总面积275.79平方千米。

【地貌】 集美区有滨海低山、丘陵、台地、平原、滩涂等多种地貌类型，地势西北高、东南低。山地分布于西、北、东部与长泰、同安交界处，为海拔500～1000米的低山和中山。高丘陵多分布在西部，海拔300～500米，坡度20～30度，主要为花岗岩和火山岩。花岗岩丘陵多呈孤立状，无植被，山体裸露，山坡石蛋发育，山顶常见蘑菇石、风动石。火山岩丘陵山顶浑圆，山坡和缓，呈覆锅状，土层较厚，植被生长良好。低丘陵多分布于东、西界山附近，海拔200～300米，坡度15～25度，丘顶呈浑圆状。台地海拔50～200米，地表起伏，坡度平缓，零星分布于苎溪、许溪中游地带。平原主要分布于南部海岸沿线，海拔皆在50米以下，可分为海蚀平原和海积平原。平原外侧为海滩、沙洲和沙嘴。

【山脉】 集美区境山脉属戴云山脉与博平岭的延伸部分，主要山脉相对集中在西北与长泰县、东北与同安区交界处。主要山峰有62座，其中海拔800米以上山峰5座，500～800米山峰17座，300～500米山峰22座，100～300米的低丘18座，最高峰为海拔963米的钉顶尾山。

【河流】 集美区境的河流多发源于西部丘陵山地，具有河面狭、河床浅、支流少、流程短的特点。境内较长的河流有后溪（苎溪）、深青溪和瑶山溪。此外还有北溪引水工程集美段和坂头水库的左干渠、右干渠和高干渠4条人工河流。后溪是境内最长的河流，发源于戴云山脉与博平岭山脉交界处的后寮仑山白帆岭，从源头至后溪镇段称苎溪，与支流许溪汇合后称作后溪，注入杏林湾水库，全长23千米，流域面积209.3平方千米，河道平均坡降8.11‰。上游建有石兜水库（库容8500万立方米）和坂头水库（库容558万立方米）。许溪发源于漳州市与厦门市海沧区交界的大岭，至后溪镇与苎溪交汇，全长12.1千米，流域面积56.7平方千米。深青溪发源于仙棋山南麓，于西滨汇入马銮湾，全长11.84千米，流域面积15.64平方千米，平均坡降10.4‰。瑶山溪发源于小龙潭北侧山地，上源有两支，西支源于前山南侧，东支源于上塘，两支汇合后流入凤景湖，于西滨汇入马銮湾，全长10.35千米，流域面积15.78平方千米，平均坡降8.31‰，河道宽3～10米。

【海域】 集美区海域为厦门西部海域和同安湾海域的一部分，面积约40平方千米。海岸线起自东安村的后垵，经凤林美、集美、杏林、高浦、马銮至陈井，全长21千米。集美半岛和杏林半岛东南岸（新阳大桥以东）为侵蚀海岸，马銮湾和杏林半岛西南岸则为堆积型海岸。全区21个村有临海滩涂，总面积3841万平方米。2005年，利用养殖面积1522万平方米。2006年起，依据市政府规划，集美区域滩涂实行禁养，滩涂养殖日渐萎缩。海域内有岛屿2个：宝珠屿，位于集美半岛西南海域，面积5200平方米；乌贼屿，东距高集海堤南端3.6千米，面积2000平方米，涨潮时浪可没顶。域内礁石主要有两处。一处为鳌园，原为岩礁，其上建有天妃宫（又称鳌头宫）。20世纪50年代，陈嘉庚捐资填海筑堤，扩建成鳌园，与陆地连成一片。另一处在高浦村东南海域，有3块礁石呈一字排列，分别称大菰礁、二菰礁、三菰礁，均为干出礁。其中大菰礁上设有航标灯。

【土壤】 集美区土壤母质以第四纪红色黏土为主，兼有洪积物、冲积物和海积物。土壤类型可分为砖红壤性红壤、红壤、黄壤、水稻土、盐土、风沙土6个土类，以下分为15个亚类、30个土属、35个土种。按垂直分布，可分为山地土壤、耕地土壤和水域滩涂。山地土壤以红壤面积最大，砖红壤性红壤次之，黄壤最少。耕地土壤分成旱作土壤和水田土壤。旱作土壤主要为砖红壤性红壤，兼少量盐土和风沙土。水田土壤可分为渗育型水稻土、潴育型水稻土、潜育型水稻土和盐渍型水稻土。渗育型水稻土多为梯田，地下水位低，属地表水型，耕作层较浅，质地以中壤为主，肥力中下，适于水旱轮作，主要用于水田及部分园地，“旱、瘠、薄”为此类水田的主要生产阻碍因素。潴育型水稻土主要分布于溪流、冲积平原和部分山垄田，分布较广，以灌口、后溪、侨英、杏林为多，质地以轻壤和中壤为主，肥力中上，是境内稳产高产的水稻土类型。潜育型水稻土分布于山垄谷地或冲积平原的低洼地，地下水位高，排水条件差，土壤长期渍水，土温较低，亚铁等有毒物质积累多，“冷、酸、锈”系此类土壤的主要特点。盐渍型水稻土主要分布在沿海一带的海积平原，由滨海盐土经洗盐种稻后形成，地形平坦，土层深厚，有机质丰富，但土质黏重，耕作困难，且易受海潮或地下盐分的威胁，主要生产障碍因素为“盐、碱、黏”。

（区委党史方志室）

【气候】 2022年，集美区年平均气温22.7℃，与常年持平。冬季气温相对正常，雨季气温显著偏低，其他季节气温偏高至显著偏高。年极端最高气温40.9℃(7月24日灌口镇李林村)；35℃以上高温日数23天；平均气温19.1℃（大坂山）至23.3℃(东安BRT站)，大体呈由南往北递减，气温跨度小。全年降水量1260.0毫米，比上年偏多2～3成。降水时空分布不均，降水量在1033.3毫米（宝珠屿）至1848.9毫米（大坂山）之间，降水空间分布呈由东南向西北递增趋势，基本符合常年分布规律。春雨季和夏季降水偏少，冬季、雨季以及秋季降水量偏多到显著偏多。全年日照时数2016.5小时，较常年偏多120.9小时。全年影响当地的台风2个，少于常年，强度偏弱，损失轻。

（刘青竹　朱婧）

【植被】 集美区属中国—日本植物亚区的华南地区，具有从热带向亚热带过渡的特点。植物以热带、亚热带的成分为主，地带型植被为南亚热带雨林。由于早期植被遭受破坏，原始森林早已绝迹，现为人工林、次生林、灌木丛、草丛、农田、果园和观赏性植被类型。林地植被，人工林、次生林林相参差不齐，结构简单，树种单一，以马尾松为主，有少量杉木，其余为相思树、桉树、木麻黄、木荷、枫香树、乌桕等。灌木种类有桃金娘、黄瑞木、杜鹃、金樱子、小叶赤楠、鹅掌柴、狗骨柴等。草本种类有芒萁、五节芒、扇叶铁线蕨、海金沙、地菍等。林地植被主要分布在山地和沿海地区，常以2～3种组成混合林，有灌木丛和草丛在其间共生。依林相可分为阔叶林、针叶林、混交林、经济林（木本栽培植被）和灌木丛、草丛。长绿阔叶林，分布于海拔200米以下的沿海丘陵、台地，面积不大，且零星分布。长绿针叶林，区内分布面积最大，多数为人工林，少数为天然更新，分布于海拔500～900米的山地。混交林，境内呈块状分布于海拔500米以下的部分丘陵、山地。主要群种有马尾松、杉木与木荷、杉木与柳杉、木麻黄与相思树混交。灌木丛和草丛，分布在低谷、台地、平原。盐生植被，分布于海滨滩涂，境内有盐地鼠尾粟、互花米草和南方碱蓬3个群落。水生植被，淡水生植物多分布水库、溪河、池塘等处，主要群落有凤眼莲和浮萍群落、空心莲子草群落、狭叶香蒲群落和水蓼群落。栽培植被，分为木本栽培植被和草本栽培植被。木本栽培植被有人工栽培的油茶、油桐和橡胶林群落，多分布在海拔200米以下，地势开阔的缓坡地带；果树林、茶园、桑园及庭院观赏树群落则分布在海拔100米以下低丘山脚、台地、水库、村庄周围、公园和庭院。龙眼、荔枝、柑橘、杧果成片分布，其他呈散生或零星分布。草本栽培植被有粮食作物、油料作物、蔬菜作物、糖原料作物、纤维作物、饲料作物和绿化作物7个群落。

【资源】 集美区背山面海，各种土地类型自西北向东南呈阶梯状分布。西北至东北部属低山地和高丘陵地，为林区和旅游区；中部和南部地势平缓起伏，地貌以低丘陵地和台地为主，间有盆谷地和风沙地，是工业区和果、粮、油等经济作物区；滨海有小平原及滩涂，为工业区与旅游区。中部与

表1　2022年集美区各季（福建季）降水量和气温统计表

| | | 春雨季 | 雨季 | 夏季 | 秋季 | 冬季 |
|---|---|---|---|---|---|---|
| 降水量（毫米） | 量值 | 161.9 | 636 | 274.1 | 111.2 | 96.5 |
| | 与平常年份相比（%） | −1.1 | 30.1 | −29.7 | 42.4 | −56.9 |
| | | 正常 | 偏多 | 偏少 | 偏多 | 显著偏少 |
| 气温（℃） | 量值 | 20 | 24.6 | 29.5 | 23.6 | 14.8 |
| | 与平常年份相比（%） | 0.3 | −1.6 | 0.2 | 0.5 | −0.2 |
| | | 正常 | 偏低 | 正常 | 正常 | 正常 |

说明：福建季，春雨季3—4月，雨季5—6月，夏季7—9月，秋季10—11月，冬季12月至次年2月

（刘青竹　朱婧）

南部分布有溪流、坑塘、水库等水域，土地资源类型齐全，组合状况较佳。除沿海滩涂软土地段工程条件较差外，一般丘陵地抗压强度每平方厘米970～2190千克，工程地质条件较好；平原台地为第四纪残积物和冲积、冲洪积物组成的黏土或非黏土地段，承载力为每平方米14～45吨，土层厚，工程地质条件较好。截至2022年底，全区土地面积275.79平方千米，人口密度（按户籍人口计算）每平方千米1625人，人均占有土地面积615.36平方米，属土地资源极端超载区。境内多年平均水资源总量2.17亿立方米，其中地表水1.82亿立方米，地下水0.35亿立方米。全区水能资源理论蕴藏量1926千瓦，可开发总装机容量1605千瓦。林业用地面积104.98平方千米（含国营坂头林场），约占土地面积的37.82%。林业用地中，有林地面积97.47平方千米，占林业用地的92.85%（其中经济林面积32.66平方千米）；疏林地面积0.08平方千米，占0.08%；灌木林地面积6.10平方千米，占5.81%；未成林造林地面积1.11平方千米，占1.06%；苗圃地面积0.22平方千米，占0.21%。无林地面积6.31平方千米；生态公益林面积17.31平方千米；森林覆盖率38.15%。被列入国家Ⅰ级保护的陆生野生动物为穿山甲、小灵猫、白颈长尾雉，国家Ⅱ级保护的动物有蟒蛇和猕猴、中华鬣羚（别名苏门羚）、红隼、仓鸮、草鸮；被列入CITES（濒危野生动植物种国际贸易公约）公约附录Ⅱ级保护的动物有眼镜蛇。其他森林野生动物尚有松鼠、白鹭、燕子、喜鹊、山猪、豪猪、獐、狐狸、野兔、白环蛇等。全区挂牌保护的古树名木294株，其中榕树249株，杧果、枫香、黄连木各11株，樟树5株，榆树2株，龙眼、依兰、蔷薇、红豆、薄姜木各1株，树龄最长的为540余岁。

（区委党史方志室）

【自然灾害】 2022年，影响集美区的自然灾害主要有台风、强降水、干旱。其中，受影响台风有2个，即10月18日的2220号台风“纳沙”（强台风级）和10月27日的2222号台风“尼格”（台风级），2次台风均未造成明显灾情，台风过程大风影响明显，但降水影响较小。其中，台风“纳沙”过程极大风速出现在集美大桥，为121.2米/秒（9级）。全区性暴雨出现6次，其中5月10—14日暴雨过程，平均面雨量131.5毫米，最大雨量出现在灌口镇大坂山179.2毫米；7月5—6日暴雨过程，平均面雨量55.4毫米，最大雨量出现在厦门大桥114.2毫米；5月下旬到6月下旬持续长时间降水天气，雨量异常偏多，因防范得当，未造成明显直接经济损失。全年出现短时强降水18次，其中以7月5日厦门大桥1小时69.3毫米为最大，强降水导致部分街道出现明显积涝，严重影响城市交通。全年前涝后旱特征突出，上半年降水显著偏多，进入夏季后降水减少；夏初至深秋，持续少雨天气，致使8月中旬出现气象干旱，10月中旬发展为气象特旱，直到11月22—23日的降水过程才解除夏秋连旱。年内，集美区低温天气出现1次，即2月18—23日强冷空气过程，最低温出现在灌口镇大坂山1.2℃，持续低温阴雨天气给农作物生产带来一定负面影响，但整体损失较轻。全年高温日数23天，比常年多10天，高温主要集中在7~8月，境内高温分布为中东部多、南北少。全年大雾日数26天（参考集美湖区域自动站数据），其中最小能见度小于200米的浓雾2天，最低能见度44米，出现在7月17日。

（刘青竹　朱　婧）

## 人文地理

【建置沿革】 集美区境，商代属扬州地，周代为七闽地，春秋战国时属越地，秦属闽中郡。西汉初属闽越国，元封元年（前110）属会稽郡。东汉属闽侯官县地，三国时属建安郡东安县。西晋太康三年（282），析东安县置同安县，区境属之。当年，同安县即废，区境属晋安县。隋开皇九年（589）属南安县。后唐长兴四年（933），闽王王审知次子延钧在福州称帝，升大同场为同安县，区境隶属同安县。此后，历两宋、元、明、清、民国，直至中华人民共和国成立，区境隶属同安县不变。1953年11月，区境改隶厦门市，设集美镇。1957年7月，以集美镇和灌口区的11乡及厦门岛内的禾山乡为郊区，设厦门市人民委员会郊区行政办事处。1987年7月，禾山乡从郊区划出，郊区易名集美区。新成立的集美区辖集美、灌口、海沧3镇和东孚、后溪2个乡。2003年，厦门市调整部分行政区划，集美区辖集美街道、侨英街道、杏林街道和灌口镇、后溪镇、杏林镇。2004年，杏林镇改为杏滨街道，至2022年无变化。

（区委党史方志室）

【行政区划】 2022年，集美区设灌口、后溪2个镇，杏林、集美、侨英、杏滨4个街道，48个社区，21个建制村。另有厦门坂头防护林场、福建省天马种猪场。

（庄玉兰）

【人口】 2022年末，集美区有133432户，总人口1143130人。其中户籍人口448180人、暂住人口694950人。户籍人口中，当年出生5583人，出生率12.46‰；死亡913人，死亡率2.04‰；自然净增人口4670人。户籍人口中，男性215434人，女性232746人，性别比为93（女性为100）；18岁以下144631人，占32.27%；18～34岁95622人，占21.34%；35～59岁160954人，占35.91%；60岁及以上46973人，占10.48%。

【民族】 2022年，集美区户籍人口由40个民族组成，其中汉族440095人，

表 2

## 2022 年集美区行政区划情况一览表

| 镇（街道） | 居（村）数（个） | 居（村）委会 |
|---|---|---|
| 灌口镇 | 19 | 第一社区、第二社区、上头亭社区、黄庄社区、铁山社区、双乐社区、安仁社区，李林村、上塘村、田头村、陈井村、井城村、东辉村、顶许村、坑内村、双岭村、三社村、浦林村、深青村 |
| 后溪镇 | 15 | 龙山社区、新村社区、三兴社区、英村社区、二农社区、港头社区，后溪村、前进村、仑上村、东宅村、溪西村、黄地村、崎沟村、后垵村、岩内村 |
| 杏林街道 | 11 | 宁宝社区、纺织社区、曾营社区、内林社区、杏北社区、宁海社区、园博社区、莲亭社区、杏林社区、高浦社区、西亭社区 |
| 集美街道 | 5 | 岑东社区、岑西社区、盛光社区、银亭社区、浔江社区 |
| 侨英街道 | 11 | 乐海社区、滨水社区、叶厝社区、海凤社区、浒井社区、凤安社区、东安社区、凤林美社区、兑山社区、孙厝社区、信毅社区 |
| 杏滨街道 | 8 | 三秀社区、日东社区、锦鹤社区、康城社区、西滨社区、前场社区、锦园社区、马銮社区 |

占 98.20%；少数民族 39 个，共 8085 人，占 1.80%。在少数民族中，人数超过 500 人的分别是：畲族 3097 人，回族 984 人，土家族 845 人，满族 665 人，苗族 534 人。其他少数民族按人口多少依次为：壮族 474 人，蒙古族 279 人，朝鲜族 246 人，侗族 143 人，瑶族 142 人，维吾尔族 133 人，彝族 118 人，布依族 95 人，哈萨克族 35 人，高山族 30 人，藏族 29 人，白族 28 人，仫佬族 26 人，仡佬族 26 人，黎族 22 人，锡伯族 20 人，傣族 14 人，俄罗斯族 10 人，土族 9 人，羌族 9 人，达斡尔族 9 人，毛南族 9 人，哈尼族 8 人，水族 7 人，傈僳族 6 人，纳西族 5 人，拉祜族 5 人，京族 3 人，佤族 3 人，鄂温克族 3 人，乌孜别克族 3 人，布朗族 1 人，裕固族 1 人，柯尔克孜族 1 人，未识别民族人口 8 人。

（集美公安分局）

【语言】 集美区通行普通话和闽南话，党政机关、企事业单位、群众团体公务活动使用普通话，人际交流视对象而定，当地人之间说闽南话，与外地人交流则说普通话。民间交流基本用闽南话，灌口实验小学开设有闽南话课程。闽南话可分作厦、漳、泉 3 个方言片区。集美原属同安，同安古属泉州，集美话属泉属同安话系统；集美地介泉、漳之间，故集美话为介乎泉漳之间的一种土语。集美话有 17 个声母，89 个韵母，7 个声调。集美话语音有以下特点：无声母“f”，“肥”读“bui”，“飞”读“be”；无卷舌音字，“zh、ch、sh”读同“z、c、s”，另一部分“zh、ch”读为“d、t”，“猪”读“di”，“虫”读“tang”；普通话部分读“j、q、x”的字，集美话读“g、k、h”，“见”读“gian”，“俭”读“kian”，“喜”读“hi”；集美话无撮口呼，普通话的撮口呼字，集美话基本上读作“u”或“i”，“军”读“gun”，“鱼”读“hi”，“讯”读“sin”；集美话保留合口鼻音韵尾“m”，故全套的 3 个鼻音韵尾“m、n、ng”齐全，“心”读“sim”，“盐”读“iam”等；集美话保留古代入声字韵尾的读音“p、t、k”及其弱化形式喉塞尾韵“h”，“十”读“tsap”，“七”读“tshit”，“六”读“lak”，“鸭”读“ah”等。另外集美话有 7 个声调，比普通话多 3 个声调。集美话文白异读现象突出，读书音和说话音自成体系。集美话内部亦稍有区别，后溪接近同安话，灌口接近海沧（龙海）音，杏林则受厦门老市区影响较大。

【民俗】 集美人主粮为大米，甘薯（地瓜）、小麦次之，芋头为辅。一日三餐，“两干一稀”或“两稀一干”。稀以甘薯粥为主，或以大米杂以瓜、芋、菜煮粥。粥、饭有淡、咸、甜之分。淡粥有白粥、番薯粥；咸粥有芋粥、蚝仔（牡蛎）粥、鲛鱼粥和鸭肉粥；甜粥主料为糯米和糖，以辅料不同有绿豆粥、龙眼干粥等。咸饭有菜饭和油饭之别，芋饭、菜豆饭、高丽菜（甘蓝）饭、菜头（萝卜）饭、芥菜饭，以菜为主，俗称菜饭；油饭多为肉丁、香菇糯米饭，若掺以虾仁、蚝干、莲子等则称“八宝饭”。甜饭一般为甜糯米饭，俗称“秫米糕”，简称“米糕”。菜肴有肉食、海鲜、豆制品与新鲜蔬菜，以清淡为主。灌口一带风味小吃品种颇多，有韭菜盒、油葱粿、芋包、炸五香、蚝仔煎、土笋冻、石花冻、灌口卤鸭、鱼孚肉粽、阿大水饺、三德利盐鸡盐鸭等。年节食俗，春节吃年糕，年初九吃红寿龟，农历二月二吃蚝仔饭，三月三和清明吃薄饼，立夏吃苋面，端午吃粽子，中秋吃月饼，重阳吃栗子糕，立冬吃“四物汤”，冬至吃汤圆，十二月十六吃“尾牙”，除夕吃火锅。集美人习惯喝茶，称茶叶为“茶芯”，称饮茶为“食茶”，讲究茶礼。春节、婚庆以甜茶待客，祭祀亦敬清茶三杯。集美民居多为闽南式风格，歇山顶、燕尾脊，以“两落六间张”为普遍，前落两房一厅，中为两厢房夹天井，后落为两大房一祖厅，前有谷埕，旁有护厝。一般为土木结构，夯土为墙，或土坯砌墙，屋架以杉木为柱，厅房铺方砖，天井以砖或石条铺地。行业习俗，古时有祭“田公田婆”之俗，一年4次。下种前、插秧前、夏至日、开镰收割前，均需备祭品祭祀。集美渔民崇尚红色，渔船甲板刷红漆，新船下水挂红布条；旧时，渔民地位低贱，禁止海陆通婚，渔民只能自相婚嫁。渔港建有龙王宫、金王爷宫、福海宫等，供渔民出海占卜抽签朝拜之用。捕捞收网时，如遇漂尸或网里、鱼腹中存有尸体残骸，须带回渔港处理，并祭祀“田头妈”。

【宗教和民间信仰】 集美区宗教有佛教、道教、天主教、基督教。佛教传入始于唐末五代时期，境内佛教信徒除出家的比丘（俗称和尚）、比丘尼（俗称尼姑）和在家修行的男女居士外，尚有在寺院带发修行的出家女，通称“菜姑”。境内信佛者多而出家者少，住僧大多来自惠安、南安等地，信徒6000余人。当地历代较有名望的僧人有宋代的孙应祖师（孙厝人）、清代的释佛化（灌口人，俗姓林），居士有集美社陈敬贤、后溪兑山李博用等；较有名望的寺院有圣果院、白虎岩、寿石岩、西竺寺等。境内基督教、天主教于晚清时传入。集美民间信仰有神祇信仰、物灵信仰、巫术信仰和祖先崇拜等。供奉的神灵有保生大帝、土地公、关帝爷、真异大师、屿仔尾公、王姬娘娘等60种之多。土地公在集美民间颇受尊崇，几乎村村社社均有土地庙。关帝在集美被视为财神，犹受商家崇祀。物灵信仰有龟、虎、石、犬、榕树、水等。龟在集美极受崇拜，民间敬龟、爱龟，但不食龟。每年正月十五日或重要祭神日，乡人多用糯米或面粉做成“龟粿”，祈神赐龟。墓冢亦做成龟背状。榕树枝繁叶茂，生长快、寿命长，在集美受到普遍崇拜。端午节，乡人向树祷告后，折其枝叶插于门框，以避邪、驱鬼、防疫。有将土地公神位安放在榕树下或树洞中，同受乡人祭拜。

【名胜古迹】 集美区地面遗存丰富，有包括新石器时期在内的各个历史阶段集美先人的生产、生活、征战遗址，有古代、近代和当代名人墓葬，有佛、道寺观和基督教堂、天主教堂，有各姓宗族祠堂和具有闽南特色的古民居，有内容丰富的各类石刻和碑刻，有留存至今的井、塘、坊、塔和铳楼，有供人瞻仰、凭吊的革命烈士陵园和名人墓地，有闻名遐迩的中国教育第一村——集美学村。据集美区文物部门普查资料，全区有文物点221处。其中，近现代重要史迹及代表性建筑57处、古遗址61处、古墓葬12处、古建筑85处、石窟寺及石刻6处。陈嘉庚故居和陈嘉庚纪念馆保存有大量陈嘉庚工作和生活的用具、用品和照片。鳌园有毛泽东等名人题刻和精美石雕，集美学村具有嘉庚建筑风貌的规模庞大的早期校舍建筑群，堪称集美文物之双绝。

【旅游景点】 集美是福建省著名的旅游风景区，是第二批国家全域旅游示范区，旅游资源十分丰富，拥有集美鳌园、厦门园林博览苑、诚毅科技探索中心、老院子民俗风情园4家国家AAAA级旅游景区和灵玲国际马戏城、双龙潭生态运动景区2家国家AAA级旅游景区。既有西北部山地生态旅游景点，又有东南部的滨海生态旅游环线；既有风光优美的自然景观旅游圈，又有底蕴深厚的人文景观旅游集群，集山、岩、谷、海、岛、潭、池、桥、瀑和动物、植物、园林、名胜古迹、特色建筑等各种景观之大成。西北部山地生态旅游景点有万宝山、越尾山、双龙潭、白虎岩、东辉大峡谷等。东南部的滨海生态旅游环线，包括陈嘉庚纪念胜地、集美学村、园博苑、龙舟池、十里长堤和散落其间的集美寨遗址、延平故垒、李林园等景点。陈嘉庚纪念胜地由嘉庚公园、嘉庚故居、陈嘉庚纪念馆、归来堂、归来园、鳌园组成，总面积16万平方米，系全国中小学爱国主义教育基地、全国爱国主义教育及廉政教育基地。鳌园为国家AAAA级旅游景区，园中的陈嘉庚陵墓属全国重点文物保护单位。蜚声海内外的集美学村，乃陈嘉庚创办的十多所学校所在地的统称，数十栋独具嘉庚建筑风格的校舍掩映于绿树花丛之中，亭台水榭矗立在凝碧晶莹的龙舟池畔，构成独一无二的校园风光。龙舟池分外、中、内3个池，总面积

厦门园林博览苑闽台岛景观　　（颜志伟 2022年8月1日摄）

24万平方米。池畔建有7座亭子，龙脊凤檐，雕梁画栋。每年端午，皆在此举行龙舟竞赛活动。园博苑占地面积6.76平方千米（包括水面），拥有9个岛屿和2个半岛，荟萃中外园林各流派于一园，集园林展示、休闲度假、文化娱乐于一体，堪称海上花园。中部腹地人文景观，有凤山庙、山口庙、深青古桥、黄庄古桥、贞寿牌坊、深青驿遗址、笔架寨遗址、皇渡庵、皇帝井、圣果院、苎溪桥、观音院、白虎岩、寿石岩、城内城遗址等。

【历代名人】 集美区依山临海，人杰地灵。早在五代后唐天成三年（928年），高浦的石琚即考中进士，成为境内的第一位进士。两宋时期，世居同安县城之西的高浦石氏，科甲簪缨，荣极一时，中进士者12人，其中石遵、石赓、石仲攸3人于皇祐元年（1049年）同登冯京榜，有“一门同榜三进士”之誉；石选位列探花，先后出任吏部尚书，石亘出任户部尚书，石起宗位列榜眼，当时高浦石氏与世居同安县城之东的黄氏并称望族，时人有“东黄西石”之誉。明清两代，同安县的安仁里和仁德里（今为集美区辖境）考取的文、武两科举人121人、进士20人。明清以来，倭寇屡次侵犯东南沿海，朝廷实行海禁政策，集美人被迫远赴东南亚谋生。他们凭着吃苦耐劳的精神，努力打拼，终于成就一番事业，有的成为工商业巨子，有的成为科技精英，有的成为政界要人，涌现一批出类拔萃的人物。其中最具代表性的，是被毛泽东誉为“华侨旗帜 民族光辉”的陈嘉庚。陈嘉庚倾资兴学，捐资1亿多美元，创办集美学校和厦门大学，资助和支持发展的学校达118所；中华人民共和国成立后，任全国政协副主席、中华全国归国华侨联合会主席等职。陈嘉庚胞弟陈敬贤，襄助兄长经营实业，筹办集美学校，被师生尊称为“二校主”。陈嘉庚女婿、有星马“橡胶大王”和“黄梨大王”之称的李光前，先后为集美学校捐资近千万元。李光前逝世后，其所创立的李氏基金又向集美大学捐资2918万元，建设体育馆、图书馆、竞武馆等项目9个。新加坡南洋大学创办人陈六使暨其兄陈文确，新加坡森林集团有限公司创办人孙炳炎，以及陈水成、陈永和、陈永进等集美侨胞，追随陈嘉庚，服务桑梓，热心公益，捐款捐物，不遗余力。此外，集美这片土地还涌现过“金刚手、菩提心”的吴县知县陈文瑞，台湾拓荒人之一陈永华，开华侨回乡办学之先河的曾广庇，民主革命先驱庄尊贤、陈飏臣、郑螺生，“爪哇糖王”黄仲涵，女中英杰李林，抗日名将李良荣、李友邦，孤胆英雄叶中央，新加坡首任民选总统王鼎昌，中国海藻学研究的奠基人、中国科学院院士曾呈奎，现代朦胧派诗人汪国真等一大批优秀人物。（区委党史方志室）

## 经济和社会发展

【概况】 2022年，集美区完成地区生产总值956.58亿元，比上年增长3.0%。第一、二、三产业增加值比例为0.3 ∶ 50.6 ∶ 49.1，其中：第一产业增加值完成3.11亿元，比上年下降5.0%；第二产业增加值完成484亿元，增长1.1%；第三产业增加值完成469.47亿元，增长5.0%。主要指标运行在合理区间，建安投资、批发零售业销售额、建筑业总产值、实际使用外资及港澳台资等多项指标增速位列全市前二；厦门市发改委根据《厦门市主要经济指标评价体系》要求进行4次季度“晾晒”通报，集美区3次经济指标总得分位列全市前二。

【重点项目建设】 2022年，集美区推进重点项目建设，全区安排重点项目188个，年度计划投资283.67亿元，实际完成投资387.01亿元，超额完成103.34亿元，完成年度计划136.4%。其中：省重点项目22个，年度计划投资90.91亿元，完成104.24亿元，完成年度计划114.7%；市重点项目61个，年度计划投资99.29亿元，完成183.21亿元，完成年度计划184.5%；区重点项目105个，年度计划投资93.47亿元，完成99.56亿元，完成年度计划106.5%。年内，集美区政府作为责任单位的市重点项目28个，完成投资161.26亿元，比上年增长21.16%，在全市六区中综合排名第四。其中，集美区排水管网改造的“正本清源”项目、灌口三社安置房项目等一批项目投资年度完成率高于160%，对全区重点项目建设投资贡献较大。（郑炯福　李　正）

【“正本清源”项目】 2022年，集美区“正本清源”排水管网改造工程总改造面积57.2平方千米、涉及市政道路总长607千米，改造、修复近10万处混接点、管道病害处，完成对居住小区、城中村、公建单位、公共建筑、市政道路等雨污水管网等改造和完善，推进流域水环境综合治理。项目总投资约26亿元。

【灌口三社安置房项目】 灌口三社安置房项目位于集美区灌口北路和灌口中路的交叉口南侧，该项目将安置集美区灌口镇三社村东蔡社、西蔡社整村征收及新建福州至厦门铁路（集美段）等项目征拆的拆迁人员，用地面积4.54万平方米，总建筑面积18.51万平方米，总投资约16亿元。2022年，完成投资约10亿元，完成主体建设，进入施工安装阶段。（李　正）

【教育事业】 2022年，集美区加大普惠性学前教育资源供给力度，解决后垵村、崎沟村、东宅村等乡村适龄幼儿入园问题。优化义务教育阶段学校课后服务和午餐午休工程，全区61所义务教育阶段学校全部开展课后服务，推进午餐午休工作，做到课后服务100%全覆盖，有需要的学生100%全覆盖。推进普通高中优质多样化发展。各普通高中结合自身办学实际和优势资源，促进高中多样化发展。推进城乡教育集团化建设，全区13所优质学校分别与13所农村学校集团化办学稳步推进，农村小学集团化办学实现100%全覆盖，各集团化办学项目学校开展合作交流活动，激活合作校及片区校的办学活力。年内，成立集美第二小学教育集团，包含集美第二小学校区和海凤校区，集团化办学趋向紧密化。加强教师队伍建设，推进同一所学校任职满6年符合条件教师进行校际交流，达到每年教师交流比例不少于应交流对象10%。促进义务教育均衡发展，全区应交流教师数1078人，交流教师数141人，交流率13.08%，其中交流骨干教师83人，占交流教师总数58.86%；城镇学校到农村学校交流骨干教师占交流轮岗教师比例28.75%。

【卫生事业】2022年，集美区夯实基层卫生服务，持续推进基层医疗卫生设施建设，打造一流就医环境。推进镇（村）卫生服务一体化卫生所建设，保障农村基本公共卫生服务。持续做实“家签”（家庭医生签约）服务，对重点“家签”对象进行回访和指导，提高履约综合服务能力。开展夏季爱国卫生运动，助力常态化新冠病毒感染疫情防控工作，筑牢疫情常态化防控社会大防线。推进城乡基本公共服务均等化。开展14类基本公共卫生服务项目。推进三甲医院与基层医疗机构的专科医联体建设，深化与厦门医学院附属第二医院、厦门大学附属心血管病医院等医联体协作机制，推进专家下基层，落实分级诊疗工作，畅通基层医疗机构和大医院检验、心电、DR（数字化X线摄影）通道，落实基本公共卫生服务均等化。优化医疗资源配置，推动医联体建设，构建“小病在基层、大病到医院、康复回社区”分级诊疗格局，组织专家下基层1965人次，接诊3.03万人次，华西厦门医院局部对外服务，厦门口腔医院集美院区启用，深化医养康养、慢病医防融合，完善养老服务，建立第三方季度评估机制，试点推动发展家庭养老床位工作。

【民生事业】　2022年，集美区依托灌口、后溪、集美、侨英4个镇（街道）照料中心及其他44个村（居）助餐点试点老人助餐服务，服务范围覆盖全区所有村（居）。逐步对建成幸福院加装电梯和无障碍、适老化改造等，全年完成剩余22家农村幸福院提升改造工作，全区32家幸福院均达到三星级标准。通过公开招投标购买专业化运营服务，引入社工机构、养老服务机构开展基层养老服务设施运营。发挥人力资源市场作用，组织开展春风行动、村（居）专场等专项招聘和日常招聘活动，帮助农民尽快实现转产就业。发放用人单位招收本市农村劳动力社会保险补差及就业困难人员社保补贴。聚焦重点人群开展精准帮扶，将农村自主创业农民纳入支持范围。采取培训下乡进村活动方式，让农民足不出户就能享受免费技能培训。健全完善就业服务体系，建立常态化就业调查工作机制、数据动态更新机制。落实“131”（1次职业指导、3次岗位推介、1次技能培训）就业服务工作机制，将就业信息、就业创业政策宣传到位。开展免费上门提供咨询帮扶服务，为农民就业创业提供全程代办、帮办、领办等服务。做好低保提质扩面工作，并督促指导各镇（街道）依法依规受理审批因残、因病、因学致贫困难群众申请，做好困难群众防止返贫致贫监测和帮扶工作。掌握辖区低保对象、散居特困人员、孤儿、事实无人抚养儿童困难群众基本生活情况，寒潮期间，发放防寒棉被等防寒用品。针对受新冠病毒感染疫情影响临时陷入生活困境群众，通过发放物价临时补贴方式，缓解因物价上涨对困难群众基本生活影响。（许坤鹏）

## 全面深化改革

【概况】　2022年，集美区以迎接宣传贯彻中共二十大精神为主线，贯彻落实习近平总书记重要讲话和重要指示批示精神，贯彻落实全面深化改革决策部署，结合开展“提高效率、提升效能、提增效益”行动，推动重点领域和关键环节改革创新，完成省级县域集成改革试点，“创设融合中心 打造集成服务典范”案例获全省机关体制机制创新优秀案例三等奖。

【经济体制改革】　2022年，集美区实施创新驱动发展战略，推动先进制造业发展，优化产业链布局，重点布局未来产业，加快RISC-V开源芯片产业生态项目建设，培育当地企业工业智造赋能能力，集美新城智慧交通金砖示范项目启动试运行。优化要素市场化配置，推进零基预算改革，健全国企法人治理结构，做强基金产业，集美区产业引导基金连续两年入选清科“中国政府引导基金50强”，杏林湾基金聚集区管理规模突破1600亿元，占全市总量约1/3，全省首创设立台商增信基金。打造一流营商环境，成立全省首个“优化营商环境执行工作室”，建成24小时e政务便民服务站，持续优化201个高频事项，成立台企上市服务联盟、两岸青年创业创新行政赋能顾问团，连续3年市对区营商环境评估总指标、社会信用体系建设排名全市各区第一。

【民主法治领域改革】　2022年，集美区深化法治政府建设，推进行政复议、行政执法体制改革，建立执法自由裁量权基准的动态调整机制，创新“三减量”（减少执源增量、执行存量、执行变量）机制，将执行工作前移至“保全、调解、宣教”关口，获省法院批示肯定，率先在全市推出“执行+慈善”社会救助机制。坚持依法监督，强化人大代表履职平台、意见建议办理、履职服务保障等机制，健全完善“双联系”制度，优化政协委员履职机制，搭建“高校委员季谈协商”平台，推进“协商在一线”活动。创新宣教调处机制，打造“海丝法务税务普法服务中心”，开展嘉庚云课堂系列普法活动，建立法治集美动态管理平台，公共法律服务三级实体平台实现全覆盖。完善矛盾纠纷化解考评方案、考评细则，做好涉稳隐患排查化解整治，全年排查矛盾纠纷2244起，调处2240起。

【文化体制和社会事业体制改革】 2022年，集美区推动文化事业发展，出台“人文集美”建设提升方案，优化区融媒体平台，创新联动响应机制，全年累计发稿8020篇，全平台阅读量17亿次，开展系列城市形象宣传，增强嘉庚剧院、星巢越中心等载体品牌效应，集美新城核心区入选第二批国家级夜间文化和旅游消费集聚区。提升教育发展质量，推进“县管校聘”体制改革，探索集团化办学模式，成立集美第二小学教育集团，招聘台湾教师任教，集美中学入选福建省首批示范性普通高中，成立全市首个家庭教育指导服务中心，成立规范化家长学校，创新“讲座＋实地参访＋互动交流＋体验”协同育人模式。完善社会保障体系建设，推动两岸青年创业基地建设，建立台湾人才评价机制，支持两岸合作办学培育台湾人才。

【社会治理体制改革】 2022年，集美区推进社会治理现代化，成立集美区社会治理委员会、集美区社会治理指挥中心，打造党委领导“一统揽”、智慧集美“一平台”、高效指挥“一中心”、全科处置“一网格”、高效响应“一支队伍”、精细治理“一揽子方案”、协同运转“一套机制”和科技支撑“N+应用”新型治理格局。强化近邻党建引领基层治理，成立近邻党建引领工作专班，制定“1+3+N”（“1”指《集美区近邻党建引领小区治理的指导意见》；“3”指围绕小区党支部、业委会、物业服务企业制定的相应规则办法；“N”指各职能部门出台的配套性文件）制度文件23份，建立“六位一体”[党组织引领、镇（街道）和行业部门指导、村（社区）监督、业委会管理、物业服务企业配合、居民参与]小区治理模式。探索开展“红色物业”，组建全市首个物业行业党委，率先在全省探索将业委会注册登记为民办非企业单位，率先在全市推动38个城市社区设立环境和物业管理委员会。健全应急管理责任体制，建立安全风险分级管控和隐患排查治理双重预防机制，稳步推进青年发展友好型城区试点建设，入选全国青年发展型县域试点，发布《集美区建设青年发展友好型城区行动方案（2022—2025）》，围绕青年成长全周期，实施“六大工程”（青年创业友好、青年就业友好、青年生活友好、学村学子友好、台青聚融友好和青年成长友好）18项计划，兑现创业、生活、住房等补贴超1800万元，全市首发“青年友好城区线上校招平台”，成立全市首个“大学生创业就业服务驿站”，组织近700人次大学生为乡村振兴聚力赋能，组建青年突击队165支，举办青年文体交流活动，为青年提供成长舞台。

【城乡统筹和生态文明体制改革】 2022年，集美区加快城乡融合发展，推动基础设施建设提速，完成350.1千米排水管网、25个老旧小区改造，开工建设177个村庄农村污水治理提升工程，地铁6号线集美段开工，新增、优化公交线路20条，打造乡村旅游动线4条，入围全国“数字乡村百强县”、省级数字乡村试点县，创立“央企＋村企”合作运营集体发展项目模式，后溪镇二农社区埭溪桥社入选第八届绿色发展论坛“2022乡村振兴实践案例”，灌口镇获评省级乡村振兴重点特色镇。提升城市建设品质，开展后溪工业组团低碳工业园区创建工作，强化规划环评与项目环评联动，构建公交系统与慢行系统相结合的绿色交通体系，完善生活垃圾分类违法处置机制。创新开展“文明集美”金点子征集，全年累计征集意见建议334条，依托“文明云”功能，推动2万余件创建问题得到解决，打造十里长堤网红打卡点。

提升生态环境水平，加大土地扬尘污染查处和信用记录力度，开展水体动态管理，开展多部门联合执法，强化建设用地环境风险管控，加强直排海重点污染源管控。新增及改造提升园林绿地面积95.2公顷、公园绿地面积75.57公顷、绿道10.2千米、口袋公园7个，辖区三溪流域7个省市监测点位水功能达标率首次达100%。

【对外开放体制改革】 2022年，集美区推动释放消费潜力，启动2022“集美欢乐购”促消费活动，投放消费补贴超1000万元。创新招商机制，制定《集美区招商引资工作机制提升实施方案》，建立专业化招商团队，探索盘活资产模式，吸引社会资本，提高资产运营效率，持续推动重点招商项目落地，拓宽招商引资渠道来源，组建“产业发展伙伴机构”，发挥基金招商作用，推动对外贸易发展，促进服务外包、支持服务贸易创新发展，华侨大学获批国家特色服务出口基地，用好出口信保，联合中信保厦门分公司设立企业服务专线，帮扶辖区小微企业提高应对出口风险能力。

【行政管理体制改革】 2022年，集美区提升政务服务效能，“一趟不用跑”“最多跑一趟”事项占99.49%，优化完善49项“一件事”服务套餐，推进“省内通办”“跨省通办”，涉及集美区的90个事项均完成；推动重点工程项目审批提速增效，探索企业集成式“业务代办”贴身服务，持续推进“一业一证”改革。深化行政管理体制改革，推进镇（街道）综合执法改革，推动执法权限和执法力量下沉，印发《集美区赋予镇（街）行政执法事项清单》，成立镇（街道）综合执法队，赋予镇（街道）181项行政执法事项。深化人事制度改革，规范事业单位人事管理、职称评审。

【党的建设制度改革】 2022年，集美区推进组织工作机制改革，深化推进抓党建促乡村振兴，制定《集美区抓党建促乡村振兴实施方案》，率先在全市开展跨村联建试点，以灌口镇田头村、双岭村、东辉村联建示范，探索建立“三村联建”发展联盟。提升干部管理水平，完善干部管理规范化建设，规范干部离任、交流、借调等工作，压实基层党组织选人用人主体责任，成立重点项目（工作）联合督查组，推进年轻干部成长成才，制定《集美区年轻干部成长工程实施方案》，推介《年轻干部成长工程项目认领清单》，组建年轻干部成长工程活动项目小组32个。创新人才工作机制，持续完善“聚贤集美”人才政策体系，打造近悦远来人才发展环境，成立区“台湾人才服务中心”，擦亮政产学研合作金字招牌。

【纪检监察体制改革】 2022年，集美区构建纪律监督、监察监督、派驻监督、巡察监督“四项监督”贯通融合体系，创新项目化政治监督模式，着眼“三提三效”（提高效率、提升效能、提增效益）行动部署及招商引资、乡村振兴等六大重点任务，推动建立完善乡村振兴联合督查、示范村共建等机制11项。开展“抓作风促经济”专项巡察，着力纠治压力传导不够等问题18个，护航经济建设“开门红”，经验做法在全市推广。建立“三谈两清单一评价”［“三谈”即完善上级“一把手”对下级“一把手”谈话、党（工）委（党组）“一把手”对同级班子成员谈话、纪委书记对下级“一把手”谈话三种谈话类型；“两清单”即建立“一把手”履职“正面清单”及定期通报制度，建立“一把手”“问题清单”及专题教育制度；“一评价”即定期开展政治生态评价制度］机制，加强对“一把手”和领导班子监督，强化对村（居）“一肩挑”人员监督，创新“晒诺、践诺、评诺”机制，督促完成公开承诺事项215个。创立“全周期管理”方式，一体推进“三不腐”，建立“1234”［成立一个区委工作专班；坚持线索处置和安全工作“两手抓”；建立集体会商、室组联动和区镇（街道）协作、定期通报制度三项机制；借力纪律监督、监察监督、派驻监督和巡察监督四种监督］工作机制，运用“四个结合”（将问题线索清理与推动党委履行主体责任相结合、与一体推进“三不腐”相结合、与锻造队伍能力素质相结合、与严守安全底线相结合）工作思路，稳妥化解积压问题线索。探索“监企”联动办案模式、适用容错纠错机制等工作亮点，获市纪委主要领导批示肯定。推进新时代廉洁文化建设，打造马銮湾“不染园”教育基地，开展“廉有力”“剧本杀”等活动，创立“印斗南”廉政宣传品牌，推动新时代廉洁文化蔚然成风。推进纪检监察体制改革，完成法院、检察院派驻机构改革，细化派驻机构职责权限和履职程序。做实区属企业纪检监察改革，出台《推进区属企业纪检监察体制改革实施意见》，在全市率先完成监委向人大专项报告工作。加强队伍规范化、法治化、正规化建设，建立健全职务犯罪案件衔接机制，规范《问题线索管理流程导图》等配套文书，确保执纪执法权正确行使。

【两岸融合发展集成改革】 2022年，集美区深化海峡两岸经贸合作，创新成立两岸金融服务中心、台湾人才服务中心、全省首个台商增信基金、台企上市服务联盟，出台全国首个区级研学旅行专项奖励政策，在全国、全省创新推出侨资台资企业综合服务机制等，助力台资台企在集美深耕发展。实施台青聚融友好工程，完善扶持台青就业创业政策，推出“两个联盟、四个计划＋五个基地＋十二条措施”（两个联盟：集美区台青创基地联盟、集美区青年企业家协会联盟；四个计划：台青家园、台青成长、青享金融、台青融合计划；五个基地：一品威客海峡两岸青年就业创业基地、聚融壹家台湾青年双创基地、集美区海蛎文创基地、灵动青春台湾青年创业园、厦门正新台湾青年就业基地；十二条措施：扶持台青就业创业十二条措施），在集美区省级以上台湾青年就业创业基地5家，兑现省市奖励金70万元，区级奖励金327.6万元，探索台青助力乡村振兴建设，谋划“村智计划”“村young计划”“村浪计划”3个台湾青年助力乡村振兴项目，完成后溪镇城内社5个标的物改造。推动两岸同胞心灵契合，强化台胞福祉保障，创新两岸交流形式，线上线下开展两岸同胞常态化互动，“共同家园 共同记忆——闽台关系档案文献展”落户集美人文塔，举办海峡两岸龙舟文化节暨两岸龙舟赛，举办两岸青年创新创业论坛、海峡青年华服节活动，出台“集美研学”政策3.0版本，研学单元扩展至42家，其中31家获评为省、市级中小学生研学实践教育基地、劳动教育实践基地，开发完善288个特色研学课程。

（王小杰）

## 精神文明建设

【概况】 2022年，集美区突出迎接宣传中共二十大主题主线，注重典型选树，涌现市级道德模范纪惠娇，新时代好少年杜斯铭、郑一诺等先进典型；深化完善文明城市（区）创建体制机制，在“我有金点子”和志愿服务等文明创建活动中，发挥群众的主体作用，推动市民文明素质和城市文明程度同步提高。在2022年福建省组织的对区文明城区测评中，集美区位列全省第五名。

年内，集美区持续推动各新时代文明实践中心、所、站规范化建设，持续盘活服务资源，推动资源下沉，提升服务水平，打造新时代文明实践圈，丰富文明实践服务形式和内核，各新时代文明实践中心所、站累计开展课程活动约5000场次，参加27.27万人次，培育群众组织队伍41支，集美区新时代文明实践的经验做法获中国文明网宣传9篇，“学习强国”学习平台宣传3篇。

【群众性精神文明建设】 2022年，集美区持续开展“我推荐、我评议身边好人”等先进典型选树，组织“中国好人”“福建好人”点赞评议工作，纪惠娇获评厦门市第九届道德模范。发挥群众主体作用，依托“我有金点子·集美更美好”线上活动平台，开展“携手扮靓文明集美”主题活动，征集群众对文明创建的意见和建议，收到留言337条，反馈320条，办结率超94%。加强文明行为培育，围绕文明习惯养成、文明礼仪培育、城乡环境提升、健康生活倡导等重点，突出重点人群、重要场所，开展10项精神文明教育活动。建成集美区公民思想道德馆。配合疫情防控工作需要，全区喜事缓办269场，丧事简办365场，停止辖区内234个宗教活动场所和民间信仰点祈福进香活动，减少群众性聚集活动256场次，社会民风持续向好。

【文明城市（区）创建】 2022年，集美区贯彻落实“书记抓，抓书记”领导机制，形成“一级抓一级、层层抓落实”工作格局；推进常态长效，责任部门每周开展自查督查，第三方暗访团依托“集美区精神文明创建指挥平台”——“文明云”督办系统每日督查，全年累计上报事件2.86万件，整改率99.22%。压实责任，健全“日通报、周调度、月点评”工作机制，督查问题每日通报、抄送至分管区领导，调度会每周召开，协调解决重难点问题，点评会按月召开，公布责任单位综合排名，攻坚国道324线沿线、文华苑小区等重难点问题；健全责任追究制度，制定并出台《关于文明城市创建奖惩工作的通知》，明确奖惩措施。

【志愿服务】 2022年，集美区优化支持机制，推广志愿服务系统2.0，开展志愿服务技能培训活动394场，培训1.77万人，有注册志愿者14.9万名、服务队伍1835支。强化品牌培育，孵化培育建霖家居志愿服务队、“耆乐无穷”大学生志愿服务队等12支行业类、青年群体特色志愿服务队伍，苔芯志愿服务队获评为2022年“福建省青年五四奖章集体”。搭建对接平台，开展“友好青年 青春奉献”学雷锋志愿服务活动，牵头实现6个镇（街道）与13所高校签约共建。构建多元体系，深耕专业救援、心理援助、农耕文化传承等专业领域，飞鹰救援、“暖星”孤独症儿童帮扶、农耕文化传承志愿服务队等专业化服务项目渐趋成熟，全年累计开展应急救援服务600余场，救助轻生、受伤群众106人。

【未成年人思想道德建设】 2022年，集美区深化社会主义核心价值观教育和主题实践活动，开展“扣好人生第一粒扣子”“我的中国梦”“童心向党”“向国旗敬礼”“清明祭英烈”“嘉庚精神进校园”等主题活动；开展“学雷锋·争当新时代好少年”推荐评选学习活动，其中杜斯铭、郑一诺同学获得厦门市“新时代好少年”称号，谢培风等10位同学获得集美区“十佳新时代好少年”称号。推进各类教育实践基地建设，发挥嘉庚纪念馆等7个爱国主义教育基地的教育功能，运用“陈嘉庚纪念馆数字展厅”“嘉庚书房”丰富活动载体，完善17所城（乡）学校少年宫运作管理机制，建成后溪中心小学、后溪小学、窗内小学3所乡村学校复兴少年宫。提升心理健康服务水平，集美区心理健康辅导总站投入使用，推进家长学校建设，开展社区家教公益大课堂系列活动，构建家校社“三位一体”心理健康教育辅导网络，走进学校、社区等开展情绪控制、家庭教育等活动60场，其中线上主题活动22场。

2022年，集美区6个镇（街道）与高校签约共建志愿服务对接平台。图为5月19日，集美大学音乐学院志愿者教后溪镇崎沟村村民跳舞　（冯立冬 摄）

【文明实践阵地建设】 2022 年，集美区新时代文明实践工作建立“镇（街）党工委统一领导、宣传部（文明办）协调组织、职能部门分工协作、社会组织力量积极参与”的责任体系，制定《集美区新时代文明实践站工作章程》，推动规范化制度化标准化建设。形成以 1 个区级实践中心、6 个镇（街道）实践所、69 家村（居）实践站和 131 个文明实践服务延伸点为依托的四级服务阵地体系。建设老年大学教学点及师资库，探索建立老年教育新格局。联合区关工委、社科联、红十字会等相关部门，引进周边高校、共建单位，挖掘爱心机构、能人骨干等，整合优质资源，向各实践所、站输送优质公益课程。

【文明实践理论宣讲】 2022 年，集美区围绕喜迎中共二十大主题，邀请乡土名嘴、社区党员、退休教师等走进社区、面向群众开展党的创新理论宣讲 500 余场。延伸文明实践阵地，运用研学基地、电影院等场所，开展红色观影、研学活动。创新宣讲形式，邀请老干部宣讲团讲师，用方言形式开展理论宣讲，用贴近群众的语言将党的理论成果带到基层。推动民法典、家庭教育促进法、未成年人保护法等惠民政策和法律法规进社区、进校园。灵活运用红色文化教育基地，依托嘉庚纪念馆、集美人文馆、集美党史教育馆、鳌园等开展红色文化教育活动 800 余场。

【文明实践特色品牌建设】 2022 年，集美区立足辖区资源优势，挖掘村（居）自然历史文化资源，因地制宜培育“一站一品”，孵化杏林社区“渔村文化”、田头村“耕读文化”、纺织社区“织云博爱 FM”特色云电台等品牌项目。选拔先进典型，其中双岭村新时代文明实践站连续 4 届开展“最美庭院”评选，推动文明新风进村入户。培育飞鹰救援队、驰鹰救援队、519 救援队等民间救援队伍和具有专业应急救援技能的志愿者 1000 余人，全年累计开展应急救援志愿服务超 2600 场，紧急救助受伤、轻生群众 74 人，参与志愿服务 1.3 万人次；开展疫情防控志愿服务，参与志愿者 6700 人、总服务时长超 4.2 万小时。

2022 年 10 月 23 日，集美区第五届寻找“零交通违法”好司机系列宣传活动在 iOi 购物中心举行（吴觅亮 摄）

【文明风尚培育】 2022 年，集美区围绕春节、元宵节、清明节、端午节、中秋节等传统节日开展系列课程活动 490 余场。结合洁净家园、文明交通、移风易俗、扫黄打非等活动，开展新风宣传 500 多场，传播文明理念。运用篮球场、公园、活动室等场所，开展广场舞、瑜伽等课程，其中崎沟村、凤林美社区等实践站开展篮球课程，日东社区实践站开展古筝课程，满足青少年成长学习需求，激发居民参与文体活动的热情。

【文明实践升级推动】 2022 年，集美区多元化发展文明实践队伍，开展文明实践课程活动近 4000 场次，服务现场签到 13.8 万人次，整合课程活动资源近 2800 个，新培育群众组织队伍 25 支。在推进文明实践升级过程中，集美区做到理论实操兼备，采取专题课程、体验式教学相结合方式，既有理论学习，又有案例分享、现场体验教学。年内，先后安排中共二十大精神理论学习，邀请相关领域高校专家和对创建文明城市研究深入的一线专业人士授课，组织参访海沧东孚街道实践所等。（张倩莹）

# 中国共产党厦门市集美区委员会

## 综　述

【决策部署】　2022年，中国共产党厦门市集美区委员会（以下简称“中共集美区委”）召开区委九届三次全会，深入学习贯彻中共十九届六中全会、习近平总书记致厦门经济特区建设40周年贺信重要精神，审议通过《中共集美区委关于深刻领悟党的百年奋斗重大成就和历史经验，汇聚更高水平建设“两高两化”示范区强大精神动力的决定》（“两高两化”指高素质、高颜值，现代化、国际化）；召开区委九届四次全会，深入学习贯彻中共二十大精神，审议通过《中共集美区委关于深入学习宣传党的二十大精神，在全市努力率先实现社会主义现代化走前头作示范的决定》。全年召开区委全会3次、区委常委会会议34次、全区领导干部会议6次，安排重点课题调研13项。

【政治建设】　2022年，中共集美区委坚持把学习贯彻习近平新时代中国特色社会主义思想和中共二十大精神作为重大政治任务，召开区委理论学习中心组学习研讨24次，围绕学习宣传贯彻中共二十大精神、《习近平谈治国理政》第四卷、《习近平书信选集》第一卷、《闽山闽水物华新——习近平福建足迹》等内容开展交流研讨，在学思践悟中坚定捍卫“两个确立”（确立习近平同志党中央的核心、全党的核心地位，确立习近平新时代中国特色社会主义思想的指导地位）、坚决做到“两个维护”（坚决维护习近平总书记党中央的核心、全党的核心地位，坚决维护党中央权威和集中统一领导）。深入开展习近平总书记致厦门经济特区建设40周年贺信重要精神“大学习、大讨论”活动，区四套班子领导带头上党课，各基层党组织开展“三会一课”（指定期召开支部党员大会、支部委员会、党小组会，按时上好党课）、主题党日等学习活动近1600场次。打造中共二十大精神元宇宙党建馆，举行“理论圆桌”学习互动分享会，成立区委宣讲团，全面铺开理论宣讲轻骑兵活动，开展宣传宣讲730场次，开展“学习二十大·青年说”高校理论微宣讲比赛等活动，推动中共二十大精神家喻户晓、入脑入心。健全完善区委总揽全局、协调各方的工作机制，支持区人大及其常委会依法行使职权、区政协履行参政议政职能，加强与各民主党派、工商联和无党派人士的合作共事和民主协商，支持工、青、妇发挥社会协同功能，加强党管武装、民族宗教、党外知识分子、新的社会阶层、港澳台及海外等方面工作。

【党的建设】　2022年，中共集美区委全面贯彻新时代党的建设总要求，带头担当全面从严治党主体责任，坚持纵深推进全面从严治党，巩固拓展风清气正的政治生态。落细落实意识形态工作责任制，加强意识形态阵地管理，建立网络舆情分级预警及联动处置工作机制，推进网络文明建设，坚决维护意识形态安全。贯彻新时代党的组织路线，推进抓党建促乡村振兴，在全市率先开展跨村联建试点，精准实施“3+1”（由1家市直机关事业单位、1家区直机关单位、1家国有企业挂钩联系1个薄弱村）挂钩帮扶机制，全省首创“1+N+1”[1个乡镇人民政府、13个村（居）和1个区属国有企业]村集体经济发展模式，村集体经济收入薄弱村全部清零；深化党建引领基层治理，组建全市首个物业行业党委，在全省率先将业委会注册登记为民办非企业单位，设立环境和物业管

2022年5月11日，集美区举行村级集体经济收入相对薄弱村挂钩帮扶座谈会暨“四方共建”协议签约仪式

（吴觅亮 摄）

理委员会；加强机关党建工作，1.2万名在职人员精准“双报到”（指机关和企事业单位党组织、在职党员到所在城市社区报到，采取承诺践诺、志愿服务等做法参与社区治理、有效服务群众），解决群众急难愁盼问题1900余个；开展非公党建“四大行动”（巩固基础行动、突破瓶颈行动、党建强企行动、服务发展行动），新建非公企业和社会组织党组织49个，软件园三期党群服务中心获“福建省非公企业和社会组织党建工作实训基地”称号。树立鲜明选人用人导向，推动112名干部跨部门、跨镇（街道）交流，选派36名年轻干部挂职锻炼，提拔重用117名工作实绩突出的干部，一线占82.46%，推动29名镇（街道）事业干部晋升职级。强化政治监督，持续推进基层减负，保持惩治腐败高压态势，深化政治巡察，“抓作风促经济”专项巡察相关经验做法在全市推广。

【中共二十大精神贯彻落实】2022年，中共集美区委坚持以习近平新时代中国特色社会主义思想为指导，深入学习贯彻中共二十大精神和省委十一届三次全会、市委十三届四次全会精神，召开区委九届四次全会，作出《中共集美区委关于深入学习宣传党的二十大精神，在全市努力率先实现社会主义现代化走前头作示范的决定》，就集美区持续兴起学习宣传贯彻热潮、坚定拥护“两个确立”、坚决做到“两个维护”、加快以中国式现代化推进集美发展、加快建设现代化经济体系、全面深化改革开放、巩固提升省级县域集成改革试点成效、强化教育科技人才支撑、着力加强民主法治建设、持续增进民生福祉、高效统筹发展和安全、深入推进高质量党建等作出全面部署。

【全面从严治党主体责任专项检查】2022年9月，中共集美区委办公室印发《关于开展2022年全面从严治党主体责任落实情况检查的通知》，明确2022年主体责任检查重点内容，由区委领导班子成员带队，抽调相关部门人员，组成10个检查组，对10个党委、党工委、党组2021年以来全面从严治党主体责任落实情况进行重点检查，个别约谈领导干部68人，集体约谈领导干部133人。检查工作从9月开始，10月下旬结束，形成10份问题清单，共150个问题，被检查单位制定整改措施257条。至12月底，完成问题整改127个，落实整改措施227条，还未完成的23个问题明确整改时间，实施对账销号，建立健全制度13项，追责问责党员领导干部5人，以问责倒逼责任落实。12月30日，区委九届四十五次常委会专题听取2022年全面从严治党主体责任落实情况检查工作的汇报。会后，检查情况在全区通报。

【“两高两化”示范区建设推动】2022年，中共集美区委对标对表中共二十大报告关于中国式现代化的最新部署，围绕习近平总书记致厦门经济特区建设40周年贺信提出的“努力率先实现社会主义现代化”目标，精准定位、高位谋划，明确“以产业现代化为支撑，以城乡建设现代化为基础，以社会治理现代化为保障，以实现人的现代化为核心”的发展思路。召开健康集美建设推进会、“人文集美”建设推进会、文明创建与社会治理现代化推进会和道路交通安全专题会等，对全区相关重点工作进行全面部署，推进经济社会高质量发展。（李鹭露）

## 重要会议

【区委全体会议】2022年，中共集美区委员会召开全体会议3次，即区委九届二次全体会议至九届四次全体会议。

**中共集美区第九届委员会第二次全体会议** 1月11日召开。区委委员、候补委员参加会议，区委书记林重阳主持会议，听取集美区推荐出席中共二十大代表候选人初步人选有关情况汇报，研究确定集美区推荐出席中共二十大代表候选人推荐人选名单。

**中共集美区第九届委员会第三次全体会议** 1月17日召开。区委委员、候补委员参加会议，区各套班子领导，区人民法院院长、区人民检察院检察长，邀请集美新城指挥部、马銮湾新城指挥部负责人，区级离退休老领导，区纪委监委委员，各镇（街道）党政主要负责人，文教区管委会、台商投资区管委会主要负责人，区直各部、委、办、局，区人大常委会和政协各委、办、室，各人民团体及其他单位主要负责人，区属企业主要负责人，各民主党派负责人列席会议。区委书记林重阳主持会议。会议书面传达中共十九届六中全会、省委十一届一次全会、市委十三届二次全会精神，书面报告区委常委会2021年度工作情况，审议通过《中共集美区委关于深刻领悟党的百年奋斗重大成就和历史经验汇聚更高水平建设“两高两化”示范区强大精神动力的决定》和《中国共产党集美区第九届委员会第三次全体会议决议》；区级领导班子和区级领导干部书面进行年度述职，林重阳代表区委常委会向全会报告区委2021年度干部选拔任用工作情况，参会人员对区级领导班子和领导干部进行民主测评，对2021年度区委干部选拔任用工作情况和2021年度新提任的正处级领导干部履职情况进行民主评议。

**中共集美区第九届委员会第四次全体会议** 12月13日召开。区委委员、候补委员参加会议，区各套班子领导，区人民法院院长、区人民检察院检察长，邀请集美新城指挥部、马銮湾新城领导小组负责人，不再担任现职的区级领导，区级离退休老领导，区纪委监委委员，各镇（街道）党政主要负责人，文教区管委会、台商投资区管委会主要负责人，区直各部、委、办、局，区人大常委会和政协各委、办、室，各人民团体及其他单位主要负责人，部分省部属、市属驻集单位主要负责人，各民主党派负责人，区属企业主要负责人，辖区部分金融单位主要负责人，集美区出席省第十一次党代会、市第十三次党代会和区第九次党代会代表中的部分基层人员列席会议。区委书记胡旭彬主持会议。会议书面传达省委十一届三次全会、市委十三届四次全会精神，听取和讨论区委书记胡旭彬代表区委常委会向全会所作的工作报告，审议通过《中共集美区委关于深入学习宣传贯彻党的二十大精神在全市努力率先实现社会主义现代化中走前头作示范的决定》和《中国共产党集美区第九届委员会第四次全体会议决议》。

【全区领导干部会议】 2022年，集美区委召开全区领导干部会议6次。分别是：

2月17日，区委召开全区领导干部会议，会议推荐3名镇（街道）主官人选。区委委员、候补委员，不是区委委员、候补委员的市管干部，各镇（街道）党政主要领导参加会议。

2月24日，区委召开全区领导干部会议，会议推荐1名一级巡视员人选。区委委员、候补委员，不是区委委员、候补委员的市管干部，各镇（街道）党政主要领导参加会议。

7月1日，区委召开全区领导干部会议，区委、区政府主要领导，区委委员、候补委员，不是区委委员、候补委员的区级领导，各镇（街道）党政主要领导，区直部门、群团组织、区属国企主要领导参加会议。

7月6日，区委召开全区领导干部会议，会议推荐1名副厅级领导人选。区委委员、候补委员，不是区委委员、候补委员的区级领导，各镇（街道）党政主要领导参加会议。

11月16日，区委召开全区领导干部会议，会议推荐1名镇（街道）主管人选。区委委员、候补委员，不是区委委员、候补委员的区级领导，各镇（街道）党政主要领导参加会议。

12月14日，区委召开全区领导干部会议，会议推荐1名副局级领导人选。区委委员、候补委员，不是区委委员、候补委员的区级领导，各镇（街道）党政主要领导参加会议。

（李欣妍）

【区委常委会会议】 2022年，中共集美区委召开区委常委会会议34次，传达学习中央、省委、市委重大决策、重要会议精神；研究部署集美区新冠病毒感染疫情防控、经济社会发展、安全生产、文明城区创建等重要工作；听取2021年集美区本级财政决算、2022年集美区政协重点协商和民主监督、2021年集美区为民办实事工作情况及2022年项目计划、2021年集美区重点课题调研情况及2022年重点课题安排等事项汇报；推荐参评2022年福建省五一劳动奖和工人（五一）先锋号、福建青年五四奖章和福建省五四红旗团支部、全国“五好”标杆县级工商联和全省工商联系统先进集体、福建省第七次全国人口普查省级先进集体和先进个人、2022年度最美退役军人、第九届厦门市道德模范、中国计生协先进单位和先进个人等事宜；研究审议《大力弘扬“马上就办、真抓实干”优良传统作风 进一步强化治庸问责工作的实施方案》《“提高效率、提升效能、提增效益”行动实施方案》《集美区建设青年发展友好型城区行动方案（2022—2025）》《集美区“健康集美”建设推进方案（2022—2025年）》《集美区“人文集美”建设提升工作方案》《集美区社会治理工作方案》《集美区近邻党建引领小区治理的指导意见（试行）》《集美区招商引资工作机制提升实施方案》《集美区推动企业全域服务试点方案》《集美区2022年度高水平打造便利化营商环境行动方案》《“集美中央活力区（CAZ）”工作推进方案》等重要文件。

（章　赫）

## 组织工作

【概况】 2022年，集美区有基层党组织1348个，其中党委57个、党总支55个、党支部1236个。在基层党委中，机关党委10个、事业单位党委3个、镇党委2个、村党委16个、社区党委20个、国有企业党委2个、非公企业党委4个；区委派出的党工委7个，其中机关工委2个、街道工委4个、非公企业和社会组织工委1个。全区有党员18868人，其中预备党员242人；女党员8462人；少数民族党员225人；35岁及以下5887人，36～45岁5528人，46～60岁4513人，61岁及以上2940人；研究生907人，大学本科9469人，大学专科3433人，中专1167人，高中、中技1462人，初中及以下2430人。

【党员发展】 2022年，集美区委组织部加强发展党员监督管理，全年发展党员144名，印发《发展党员常见问题提示》，细化6个方面72项内容，提高发展党员质量。持续加大重点领域发展党员工作力度，加强劳务派遣工发展党员工作，制定《关于劳务派遣工发展党员试点工作的实施方案》，明确“谁用工谁负责发展入党”原则，单列劳务派遣工发展党员计划指标，在党政机关、行政执法队伍、国有企事业单位等劳务派遣用工密集、人员相对稳定的单位开展劳务派遣人员发展党员试点工作。推进流动党员管理试点，建立流动党员外出报告、党组织常态化摸排查找等工作制度，在厦门市率先拍摄流动党员专题宣传片，发布《致全区广大流动党员的一封信》，开通咨询热线19条，设置流动党员服务岗72个，摸排流动党员228名。

【支部标准化建设】 2022年，集美区委组织部定期开展“厦门党建e家”平台月巡查，推动支部整改问题950个，全区微信绑定率、信息完整度、党员积分合格率等明显提高。动态更新党委（党组、党工委）书记和班子成员党支部工作联系点基础数据库。全区建立党支部联系点371个，累计开展联系活动730人次。举办重点项目临时党支部成立暨授旗仪式，在轨道交通6号线（集美段）、“正本清源”项目等8个省市重点项目临时党支部，以坚强的组织保障筑牢工程质量屏障。围绕“基层党建全域提质”目标，举办“喜迎二十大 建功新时代”主题演讲比赛、“十佳优秀党建品牌”评选等活动。设立流动党员先锋岗、流动党员责任区50余个，开展党组织书记轮训20场、各类党员培训300余场次，培训党员1.9万人次。

【农村党建】 2022年，集美区委组织部推进抓党建促乡村振兴工作，探索“跨村联建”试点，选定灌口镇田头村、双岭村、东辉村建立“三村联建”发展联盟，实施“3+1”挂钩帮扶机制（由1家市直机关事业单位、1家区直机关单位、1家国有企业挂钩联系1个薄弱村），48家市区机关企事业单位与16个薄弱村签订“四方共建”协议，截至年底，全区21个行政村的村集体经济收入均超过50万元。全省首创“1+N+1”[1个乡镇人民政府、13个村（居）和1个区属国有企业]村集体经济发展模式，西亭人才公寓、霞梧大厦、兑山综合楼等集体项目开工建设，村集体经济“造血”功能提升。推行村干部坐班制度，提高村干部薪酬待遇，选派17名干部驻村蹲点，聘任11名离任村（居）党组织书记担任基层社会治理顾问，加强基层一线工作力量。

2022年6月24日，集美区启动灌口镇田头村、双岭村、东辉村“三村联建”发展联盟工作
（区委组织部 供图）

【城市基层党建】 2022年，集美区委组织部紧盯“治理现代化”目标任务，创新探索“红色物业”管理模式，研究出台以小区治理指导意见为核心的“1+3+N”制度体系（“1”指《集美区近邻党建引领小区治理的指导意见》；“3”指围绕小区党支部、业委会、物业服务企业制定的相应规则办法；“N”指各职能部门出台的配套性文件），明确将近邻党建引领小区治理作为“书记工程”，定期组织召开小区治理推进会、调度会，逐级压实工作责任。根据物、人和空间等要素，精准划分老旧小区、商品房小区、安置房小区、“新厦门人”聚集小区4种类型，择优选取21个小区试点先行。对标对表“近邻党建先进社区”八条标准（党建工作强、治理机制顺、网格管理优、公共功能全、物业服务好、社区平安实、文明风尚浓、生活环境美）、“先进小区党支部”、“五个有”（有组织、有机制、有队伍、有场所、有成效）目标，梳理形成三级任务清单500余项、周计划1320余条，并建立“周通报、月督查、季评估”的监督机制，最终2个社区、5个小区党支部获评为全市首批“近邻党建先进社区”“先进小区党支部”。首次扩大精准“双报到”范围，推动1.2万名在职人员下沉一线，解决群众急难愁盼问题1900余个，量化在职人员报到服务成效，将考评结果与职务提拔、职级晋升、年度考核、职称评聘、年度民主评议相挂钩。搭建分享交流平台，创新开展“开门一件事”优秀案例擂台赛，选派20人到先进社区挂职锻炼，举办“书记面对面”论坛10期，营造良好氛围。

（洪家成）

【干部教育培训】 2022年，集美区聚焦更高水平建设“两高两化”示范区的目标要求，围绕区委、区政府中心工作，提升干部理论修养和专业能力。坚持政治引领，举办处级以上干部学习贯彻中共二十大精神专题研讨班，全区近300名处级干部参加集中轮训；先后抽调各级干部159人，分别参加区委党校（区行政学校）春、秋季处科级干部进修班和中青年干部培训班；选派53批567人次干部参加中央、省、市调训。坚持推动发展，分级分类举办新时代基层干部主题培训班23期，培训学员3000余名；组织干部参加科技赋能、稳住经济大盘、夯实高质量发展基础等系列直播云课堂17讲；开展新冠病毒感染疫情防控、乡村振兴、“七种能力”（政治能力、调查研究能力、科学决策能力、改革攻坚能力、应急处突能力、群众工作能力、抓落实能力）、“碳达峰碳中和”等10期网络专题培训；完成干部专业能力“强基赋能”工程暨2022年度公务员专题培训，全区干部综合能力提升。坚持守正创新，采取“每周一天课”模式，举办首期年轻干部培训班，全覆盖筑基育苗；首次开展新任职领导干部培训，推动新任职干部进入角色。

（江逢健）

【非公领域党建】 2022年，集美区聚焦非公党建“四大行动”，巩固非公党建基础，提升突破瓶颈实效，拓展党建品牌效应，助力非公企业发展。全年新组建非公领域党组织49个，截至年底，有非公企业党组织558个，社会组织党组织178个。开发集美区元宇宙党建馆，创新形式学习贯彻中共二十大精神，党课《光影的故事》获得全市党员教育微视频大赛二等奖。采取“理论＋实操＋竞赛”培育形式，创新推出非公党建工作指导员两年行动“登高计划”，开设“非公企业党校”4期，开展党组织书记培训和座谈会32场次。制定《集美区加强新业态新就业党建工作十二条措施》，完善联席会工作机制，研究解决新业态党建新问题、新情况21个。新建流动党员党组织3家，打造圆通、石头城、商大商3个党建示范点，建立“红运驿站”示范点14个，联合国企打造户外爱心驿站5个，举办“红色集市”、健康义诊、法律援助等关心关爱活动35场，其相关工作做法被《厦门通讯》刊载。

引导党组织、党员履行社会责任，聘任2批12名“社区红色哨兵”，组建4支新就业群体志愿服务队，引导参与基层治理6场231人次。推行副处级及以上党员领导干部兼任非公企业党建工作指导员，完成走访232人次，协助解决企业发展问题36个，同步建立工作信息通报晾晒机制。激发助企发展内生动力，推动135家企业党组织开展为企业献策、攻坚等比学赶超活动，培育“数智引擎 石代新秀”等5个企业党建品牌，召开区产业链党建工作推进会4场，举办校企党支部共建等活动12场，促进签订合作项目12个，推动项目融资25个，做强“党建＋人才”工作品牌。打造重点领域示范样板，发布民办教育“红烛先锋”党建品牌，成立全市首个国企民营物业行业党委，软三党群服务中心被评为“福建省非公企业和社会组织党建工作实训基地”，推动创业大厦楼宇党建工作向电子城覆盖，提炼杏林湾“1258邻”楼宇党建工作法，初步形成全区楼宇党建“双子星”格局。

（李 銮）

【引才育才工作】 2022年，集美区聚焦“双百”（厦门市制定的“双百计划”：计划用5—10年时间，引进国际国内领先水平的高层次创新人才100名、该市产业发展急需的领军型创业人才500名）人才“引、育、留”，助力青年友好型城区建设。出台《关于进一步实施“聚贤集美”人才计划全面打造高素质区域创新中心的意见》，在市级补助基础上叠加1∶1区级补助，单个人才最多可享受市区两级累计800万元补助。聚焦辖区主导产业、特色产业和优势产业，举办人才沙龙、双百人才讲座等活动，服务企业人才建设，辖区双百人才企业173家。建立“集美先锋人才服务热线”和快速协调机制，围绕人才落户和企业发展开展全流程、全周期贴心服务。截至年底，引进省市级高层次人才1675人。

（郑 伟）

【网格治理】 2022年，集美区委组织部坚持以近邻党建引领基层治理，通过优化组织架构、建强队伍力量、创新管理模式，推动重心下移、资源下倾、力量下沉，构建网格化管理新格局。

**搭建精细化组织架构** 将工厂、企业、高校、林地、海域等均纳入社区网格管理，设置总网格长、副总网格长、综合服务岗、网格工作人员4种类型岗位，将党建引领、信息采集、城市综合管理等七大项173小项内容纳入网格工作职责，明确岗位人员身份和职责，实现定岗定人定责。按“每千名实有人口配备2.7名”标准，核定全区网格员总职数2805人，比2020年增长73.6%。对网格员职数实行动态管理，根据人口变化每3年核定一次。

**建立专职化网格队伍** 整合已有专兼职网格员队伍，从村（居）承担各类政府公共管理服务职能的兼职人员中选聘369名网格员，以购买服务形式签订劳动合同。面向社会招聘759名网格员，确保每个网格配备3名网格工作人员，畅通服务群众的“最后一米”，逐步实现“物在网中管、人在网中行、事在网中办”。在招考人员补充到位后的半年内，逐步清退村（居）现有各类承担政府公共管理服务职能的兼职人员2000多人，推动网格员队伍职业化。

**构建长效机制强化考核管理** 分类制定总网格长、副总网格长、综合服务岗工作人员考核办法和网格工作人员考核办法，实行月度量化考核、年度总考核和“能上能下”制度，将考核结果与考核奖挂钩。建立“岗前培训＋在职培训＋挂职锻炼”培训机制，打造“基础业务培训—能力素质提升”阶梯式课程体系。全年开展培训4场次，参训网格员809人，先后组织两批40名网格员到优秀社区挂职2个月。建成区级网格化服务管理信息平台，整合综治、计生、卫生、社会保障、民政等数据信息，形成区级、镇（街道）、村（社区）信息共享、业务协同机制，提升网格治理效能。

（陈向辉）

【流动党员管理试点】 2022年，集美区委组织部推动流动党员管理试点工作，召开全区试点工作推进会，成立工作专班，研究制定试点工作方案，涵盖3个方面12项工作内容及具体要求，明确24个成员单位的职责任务和时间节点；构建以“一个信息库、两本台账、三项制度、四种服务”为主要内容的工作体系，建立流动党员信息库，动态更新流入、流出党员台账；建立常态化摸排查找、流出党员及时报告、流入党员挂钩联系等制度；实行“周例会、月调度、季报送”制度，紧盯试点工作重点任务，建立流动党员管理工作微信群，各成员单位指定专人负责，定期跟踪调度工作开展情况，协调解决试点工作遇到的问题，推动试点工作开展。

实施“组织找、找组织”行动，开通“流动党员咨询服务热线”19条，通过“集美先锋视界”微信公众号发出《致全区广大流动党员的一封信》，发放折页、海报等宣传品6000余份，拍摄专题宣传片《流动党员快来“集”合啦》，通过厦门移动电视、远教大屏、微信公众号、抖音等平台滚动播放，平台阅读点击量超65万次。以党支部为单位，组织党支部书记、非公党建工作指导员对全体党员进行排查，做到流动党员数量、去向、思想、职业“四清”。实施“小单元大排查”行动，用好“厦门百姓”、人事信息系统等平台，发动村（居）网格员队伍、企业人事等力量开展“入户＋扫街”排查，引导164名流动党员主动亮明党员身份。设立流动党员跟踪管理“专员”，指定镇（街道）、村（居）、非公企业等党组织的117名党务工作者挂钩联系流动党员，跟踪了解流动党员动态，更新完善工作台账。开展流动党员身份核查，通过核查流动党员活动证、发函组织关系所在党组织、复印“入党志愿书”等方式核实流入党员身份，按就近就便原则，将105名流动党员纳入党组织管理。

打造“云端课堂”，通过“厦门党建e家”、微信群等平台推送党建动态、学习内容，组织开展流动党员线上学习200余场，覆盖500余人次，实现教育方式从“面对面”转向“键对键”、从“固定点”走向“流动点”。推出“送学课堂”，为流动党员寄送《习近平谈治国理政》第四卷等红色包裹近200份，组织参观陈嘉庚纪念馆、集美党史教育馆等红色教育基地。建立流出党员跟踪管理机制，要求党员外出前主动报告去向、外出期间定期联系、返乡后报告，督促流动党员在外出期间按时交纳党费、自觉参加组织生活。建立流入党员挂钩联系制度，指定专人与流入党员结对，掌握动态，做到“流动党员流动到哪里，党组织服务跟踪到哪里”。加强谈心交流，组织召开流动党员座谈会、见面会等，定期开展走访慰问，面对面倾听意见建议。举办中秋“沉浸式”游园、酷暑送清凉等活动10余场次，送上组织的关怀和温暖。推出流动党员“充电赋能”计划，采用“课堂＋基地”实训模式，提供人才政策宣讲、权益维护、职业技能等培训，助力流动党员就业。

选聘2批12名“社区红色哨兵”，推广“i拍拍j美美”随手拍小程序，发挥外卖小哥、快递员、网约车司机等群体优势，拓宽流动党员参与社会治理新渠道，引导流动党员在安全隐患排查、环境卫生巡逻、防疫物资配送等工作中发挥作用，提升社区治理水平。实施“领航”工程，设立流动党员先锋岗、流动党员责任区50余个，引导流动党员主动亮明身份，为企业发展、基层治理等建言献策。组建以党员为骨干的志愿服务队，开展协助核酸检测、疫苗接种宣传、爱心送考、慰问退伍老兵、义诊义剪、交通督导等志愿服务300余人次。开展“最美新就业群体”“非公党员之星”等评选活动，加大事迹挖掘和典型选树力度，将表现突出的流动党员党组织书记及流动党员纳入参评范围，推动1名优秀党组织书记获评为集美区“非公党员之星”。在“集美先锋视界”开辟流动党员宣传专栏，推送流动党员好经验好做法11篇，宣传流动党员典型事迹6人次。（叶佳敏）

## 宣传工作

【概况】 2022年，中共集美区委宣传部（以下简称“集美区委宣传部”）学习宣传贯彻习近平新时代中国特色社会主义思想，突出迎接宣传贯彻中共二十大工作主线，围绕贯彻落实习近平总书记致厦门经济特区建设40周年贺信重要精神，全面深化改革开放，推动高质量发展，深入推进“人文集美”建设提升，提高效率、提升效能、提增效益，担当起“举旗帜、聚民心、育新人、兴文化、展形象”的使命任务，统筹做好理论武装、意识形态、新闻宣传、文化文艺、精神文明建设等各项工作，为更高水平建设“两高两化”示范区、在全市努力率先实现社会主义现代化中走前头、作示范提供坚强思想保证和强大精神力量。年内，在省级文明城区考核中，集美区位列福建省第五名。

【理论学习】 2022年，集美区委宣传部持续深化理论学习。全年组织区委理论学习中心组集中学习24场次，组织到厦门经济特区纪念馆、陈嘉庚纪念馆开展“情景式”“沉浸式”学习。开展习近平总书记致厦门经济特区建设40周年贺信重要精神大学习、大讨论活动；开展中共二十大精神学习活动，通过专题授课、交流研讨等方式学习中共二十大精神，推动全区兴起学习宣传贯彻中共二十大精神热潮，坚持用党的最新理论成果武装头脑、指导实践、推动工作。开展宣传宣讲，打造中共二十大精神集美区元宇宙党建馆，举办“理论圆桌”学习互动分享会、“党的二十大精神·青年说”微宣讲比赛等活动，成立“红色‘青’骑兵”，开展巡回宣讲活动，推动中共二十大精神家喻户晓、入脑入心。加强理论研究阐释，围绕区委、区政府中心工作和重大决策部署组织开展21个应用对策性的课题研究。印发《2020—2021年集美区社会科学调研课题成果选编》，推动研究成果转化。集美区社科调研课题做法入选全省基层社科联工作经验和创新做法选编。推进智库建设，依托华侨大学、集美大学、厦门理工学院开展社科新型智库建设理论研究，成立集美区影视智库。先后举办社科论坛、座谈会、学术年会、社科普及宣传周等活动18场。组织专家开展集美区人文、历史、地理调查，编撰《闽南文化在东南亚的传播》《明盛乡思——古今集美漫谈》等社科书籍。

【舆论宣传】 2022年，集美区委宣传部持续深化融媒改革。聚焦“三提三效”（提高效率、提升效能、提增效益），实施新媒体提升工程，增强其影响力和传播力。“天下集美”微信公众号全年新增粉丝近30万人，比上年增长56.3%，在2022年度福建微信影响力县域排行榜中，由2021年第15名提升至第9名；“看见集美”抖音号在厦门市记协每月一评区级媒体抖音号中排名第一；“集美融媒”微博号在年度福建党政新闻发布微博排行榜中，位居全市各区第一、全省第五。拓展网络新媒体阵地，与人民网、新华网、东南网、《厦门日报》、厦门广电等媒体平台开展合作，实现传统媒体与新媒体同频共振。与凤凰秀、华人头条等平台加强协作，拓展外宣渠道。在中央广播电视总台、新华社等央媒刊播新闻2089篇（条），其中，《“龙腾虎跃”2022海峡两岸赛龙舟活动》登上中央电视台《新闻联播》、《人民日报》、新华社等中央主流媒体，全网浏览量45亿次；在省市主流媒体刊播新闻8248篇（条）。电视专题纪录片《十里长堤》获得福建省新闻奖三等奖，5篇作品获得厦门市新闻奖一等奖，获奖数在市辖六区中高居榜首，也是集美区在市新闻奖评选中获得一等奖数最多的年份。聚焦中心工作，壮大主流舆论，围绕疫情防控、招商引资、社会治理、精神文明、乡村振兴等重点工作开展新闻宣传，为集美区中心工作鼓劲造势。实施集美区喜迎中共二十大宣传报道方案，转推中央、省市主要媒体的重要文章，反映集美区社会各界对中共二十大的热烈反响。聚焦迎接宣传贯彻中共二十大、跨岛发展二十年、两岸融合发展县域集成改革、青年发展友好型城区建设等内容开展重大主题宣传，先后开展《鹭岛起宏图·非凡十年》系列报道，拍摄专题纪录片《跨越》，策划“侨眼看集美”“集美好青年”等主题宣传。举办新闻发布会4场，展示集美推动经济社会高质量发展的生动实践和非凡成就。做好社会宣传，塑造城市形象。以喜迎中共二十大氛围营造和春节、国庆节、重大活动气氛营造为契机，实施全区户外公益广告提升工程，提升品位和档次。梳理全区重点门户公共宣传阵地点位云图，研究制定《集美区公共宣传阵地优化提升方案》，分批次整合128座“交通岛”宣传栏，依托电子显示屏、楼宇电视屏、游走字幕等宣传阵地，运用“万屏联动”全媒体社会宣传机制发布一批公益宣传广告，为集美更高水平建设“两高两化”示范区塑造良好城市形象。

【思想道德建设】 2022年，集美区委宣传部培育和践行社会主义核心价值观，弘扬嘉庚精神。用好马克思主义学院阵地，加强学校思想政治工作和师德师风建设。开展“嘉庚精神宣传月”主题教育实践活动，开展“系好人生第一粒扣子”、清明祭英烈等主题活动，培养学生的道德观念、责任和品质。发挥新时代文明实践阵地、爱国主义教育基地作用，开展爱国主义教育、深化“我的中国梦”主题教育。开展“心灵绿洲”活动，建成区心理健康辅导总站，开展线上线下心理咨询1.6万分钟、相关心理辅导活动91场。开展手机、网吧和校园周边环境专项整治，净化社会文化环境。加强新时代公民道德建设，开展道德模范、身边好人、新时代好少年等典型选树宣传。纪惠娇入选厦门市第九届道德模范孝老爱亲候选人，涂文培入选2022年第三季度福建好人见义勇为榜，杜斯铭、郑一诺获评为市级新时代好少年。落实道德典范帮扶礼遇，建成集美区公民思想道德馆。加强农村思想文化建设，开展移风易俗工作，推动喜事、丧事、民俗事缓办简办741场，根据防疫要求做好全区234个宗教活动场所和民间信仰点祈福进香活动的临时管控工作，破除铺张浪费、大操大办等陈规陋习。成立集美区诚信促进会，营商环境和诚信氛围持续向好。

【文明城市（区）创建】 2022年，集美区委宣传部常态化做好文明创建工作。召开创建全国文明典范城市动员部署会、现场推进会等，推动文明创建工作高标准、常态化。建立健全文明创建工作机制，贯彻落实“书记抓，抓书记”、“领导挂钩包干”、“晒比问”、过程问责等各项机制，加强创建办与社治委办职能协作，深化文明创建与社会治理深度融合。开展“五大专项整治”（市容市貌专项整治行动、交通秩序专项整治行动、市场秩序专项整治行动、公共设施专项整治行动、村镇环境专项整治行动）“三大攻坚行动”（老旧小区重点攻坚行动、空中缆线重点攻坚行动、电动自行车重点攻坚行动），重点推进后溪镇和后溪村两处村镇环境整治。强化科技赋能，依托“文明云”暗访督办问题2.86万个。开展洁净家园、“文明直通车”、“最干净小区”活动，开展10项精神文明教育活动。组织118个单位开展全国、省级、市级文明村镇、文明单位、文明社区的届中初评和动态申报工作。依托线上平台开展“携手扮靓文明集美”活动，征集市民群众建议356条，办结率超92.42%。在2022年度省级文明城区考核中，集美区排名全省第五。深化新时代文明实践中心建设，完善1

个区级实践中心，6个镇（街道）实践所，69家村（居）实践站点位布局，实现阵地建设全覆盖。开展文明实践课程活动3950场次，服务群众13.8万人次，整合课程活动资源近2800个，培育群众组织队伍25支。推动全区志愿服务规范化建设。全区实名注册志愿者14.9万人，志愿服务队伍1835支，服务时长471万小时。深化“校地共建”，引导高校青年志愿者服务群众。打造志愿服务品牌，苔芯志愿服务队获评为2022年“福建省青年五四奖章集体”。历年来，诚毅志愿者联盟及旗下队伍在志愿服务领域共获得省市荣誉83个。推进新时代文明实践中心和“爱心厦门”深度融合，开展各类爱心志愿活动3000余场。

【文化事业】 2022年，集美区委宣传部深化“人文集美”建设，实施《“人文集美”建设提升工作方案》，推进“文化强区”建设。完善城乡公共文化服务体系，开展乡村文化振兴工作。深化实施文化惠民工程，举办喜迎中共二十大暨跨岛发展主题文艺晚会和戏曲进基层、“文化进万家”、“三下乡”（文化、科技、卫生“下乡”）集中服务等系列活动；结合春节办好“我们的中国梦·文化进万家”迎新春送万福、文艺流动展、文艺晚会云展播等活动；持续办好集美文艺讲堂、“人文集美悦读季”、“集影之声”影视讲堂活动，支持兑山艺术区、集美集影视园区、大社文创街区等艺术园区举办系列公益作品展，丰富群众精神文化生活。加强文艺创作扶持，鼓励和引导辖区各文艺团体参与各级各类艺术评奖。组织创作文学作品近400个，推出歌曲戏曲23首、书画摄影作品600幅。《虎年有福·我们斗阵来围炉》被中央电视台中文国际频道等多平台报道，广播剧《江山——陈嘉庚与中国共产党》开播，“战疫”主题歌曲《厦门，我们》入选“学习强国”学习平台，在集台青创作的歌曲《留厦过年》、跨岛发展二十周年专题纪录片《跨越》等作品均受好评。继续办好文艺刊物《集美风》和《集美报》文艺副刊《浔江潮》栏目，运营好文艺专号“南薰微风”等平台，促进文艺创作交流和传播。提增文化活动效益，围绕主题主线，做优做精品牌活动。聚焦中共二十大，举办文艺晚会、书法摄影展、美术作品展、中国画名家邀请展、第28届福建省摄影展、集美区戏曲进基层巡演活动、厦门市书协刻字艺术委员会会员作品展等迎接宣传贯彻中共二十大的主题活动。聚焦两岸融合发展，启动两岸大学生摄影大赛、闽台两岸大学生美术作品大赛，举办“龙腾虎跃”2022海峡两岸赛龙舟活动及龙舟文化节；参与承办“共同家园 共同记忆——闽台关系档案文献展”，得到中共中央宣传部、中共中央台湾工作办公室、国务院台湾事务办公室的重视和肯定。聚焦青年发展友好型城区建设主题启动“看见集美”青春电影展、“听见集美”集美学村周末音乐会、中国新风景摄影展（“摄影十杰”评选活动）等品牌活动，吸引更多青年留在集美、扎根集美。聚焦对外文化交流，持续办好东盟文化艺术创作季、泰国电影周、集美·阿尔勒国际摄影季等活动，推动中华文化走向世界。

2022年6月16日，集美区“筑梦新征程·一起向未来”喜迎党的二十大暨跨岛发展主题文艺晚会在厦门嘉庚剧院举行（区文联 供图）

【文化产业】 2022年，在国内文化产业受新冠病毒感染疫情严重冲击的大背景下，集美区委宣传部力保辖区文化产业发展总体稳定，部分指标实现正增长。与上年相比，文化产业规模以上企业110家，增加7家。优化调整产业结构，将六类产业结构合并为重点优势产业和重点培育产业2类，注重培育和融合发展。加强服务保障，建立领导挂钩企业制度，开展定期走访、上门服务；举办影视政策与工商辅导专场活动，对相关政策进行讲解；落实“一企一策”，给予企业租金减免和装修补贴等。开展招商引资工作，全年举办2场企业“面对面”政策宣讲，参与网络“直播带策”宣讲，全年招商落地项目7个，实际到资1.2亿元。培育影视龙头企业，做优影视拍摄、制作、影视文化等产业链。在第16届中宣部精神文明建设“五个一工程”[“五个一”：一部好的戏剧作品，一部好的电视剧（片）作品，一部好的电影作品，一部好的图书（限社会科学方面），一部好的理论文章（限社会科学方面）。1995年度起，将一首好歌和一部好的广播剧列入评选范围，“五个一工程”的名称不变]表彰中，集美影视企业参与出品的4部作品《山海情》《绝密使命》《送你一朵小红花》《功勋》榜上有名。打造“光影集美”影视数字化平台，加强影视、音乐人才培养。加快政策兑现，启用影视政

2022 年 11 月 15 日，集美区元宇宙党建馆上线。图为发布会现场　（帅　浩 摄）

策线上申报系统，全年兑现各类扶持资金 7382 万元（含市级）。参加鼓浪屿论坛，签约招商意向项目 14 个，签约金额近 20 亿元，在全市六区排名第二；举办维纳数字艺术文化节、第九届文化产业风云榜等一系列重大活动，举办各类小型音乐会、演出 210 余场，持续营造良好的产业氛围和营商环境。

【专题纪录片《跨越》首映】 2022 年 9 月 29 日，由厦门市集美区委宣传部主办、集美区融媒体中心承办的“喜迎二十大 跨岛新征程”专题纪录片《跨越》首映式举行。作为集美区对中共二十大献礼力作，该纪录片共 3 集，总时长 30 分钟。影片通过“画面、旁白、访谈、字幕、音乐”等方式，实景与历史资料巧妙穿插对比，勾勒集美跨岛发展时代影像，通过百姓讲述见人见事，展现新老集美人眼中的“跨岛巨变”。纪录片在中央、省、市等各主流融媒体平台进行集中宣传。

【元宇宙党建馆上线】 2022 年 11 月 15 日，中共二十大精神集美区元宇宙党建馆上线，并在集美区新时代文明实践中心——嘉庚书房举行体验活动。该馆由集美区委宣传部、区委组织部、区纪委合力建设，利用元宇宙数字技术，构建集图文、视频资料于一体，数字人、数字文创品与数字空间并用的网络学习平台，为中共二十大精神学习宣传赋能。元宇宙党建馆融入高标识度的嘉庚风格和集美元素，通过游戏式设计设置“序厅”“学习厅”“践悟厅”“挑战厅”4 处场景；市民通过手机进入党建馆，再通过“时光传输带”完成“数字人”的身份转换，使用数字分身进入虚拟场馆学习，虚实结合开展互动学习，还可邀请微信好友共同闯关。　（李剑辉）

## 统一战线工作

【概况】 2022 年，集美区 8 个民主党派有成员 1026 人，新的社会阶层人士 199 人。全年全区统一战线贯彻《中国共产党统一战线工作条例》，创新方式方法，增强工作实效，为全区经济社会发展广泛凝聚人心和力量。年内，中共集美区委统战部（以下简称“集美区委统战部”）撰写的《剖析集美校友分布结构，探究“校友经济”发展模式》获评为市委统战部二类课题，为全市各区唯一一篇获得二类课题的论文。集美区委统战部发挥统一战线成员优势，围绕优化营商环境、促进产业发展、改进新冠病毒感染疫情防控等方面提出意见建议、社情民意 370 条，其中 6 篇被《厦门信息》《厦门特区快讯》等市级刊物采用，11 篇被《集美快讯》正刊、领导专阅件等采用。党外人士围绕两岸融合、教育事业、人才工作、人文旅游等方面完成课题调研 23 个。围绕 2022 年中央和省委、市委、区委经济工作会议部署，发动各民主党派、工商联、无党派人士重点围绕七大政策（宏观、微观、结构、科技、改革开放、区域、社会）结合自身工作和领域，为集美区经济工作提出意见建议 25 条。聚焦改革创新，发动民主党派、工商联围绕“高质量发展、高品质生活、高效能治理、高水平党建”提出改革创新建议 6 条。发出《致全区统一战线广大成员的倡议书》，各民主党派积极响应，围绕改进新冠病毒感染疫情等方面提出意见建议 30 余条，协助筑牢新冠病毒感染疫情防控堤坝。集美区委统战部向区委报送统战有关工作专报件 14 件，涉及民主党派、民族宗教、校友经济等领域，其中 7 件获区委主要领导批示。

【思想引领】 2022 年，集美区委统战部开展集美区统一战线“习近平总书记致厦门经济特区建设 40 周年贺信重要精神”大学习、大讨论专题座谈会，《中国共产党统一战线工作条例》专题培训班等活动。举办学习贯彻中共二十大精神专题理论培训班、统一战线学习贯彻中共二十大精神专题宣讲、新的社会阶层人士（以下简称“新阶人士”）学习贯彻中共二十大精神专题研讨会等活动，在统一战线兴起学习贯彻中共二十大精神的热潮。组织各民主党派、工商联、无党派、新的社会阶层代表人士 50 余人参观“百年统战、砥砺初心”主题展览活动。支持各民主党派开展“矢志不渝跟党走、携手奋进新时代”政治交接活动 8 场次。

【多党合作】 2022 年，中共集美区委统战部组织召开 2 次中共集美区委与民主党派、工商联负责人、无党派人

2022 年 4 月 27 日，“百年统战 砥砺初心”主题展览在陈嘉庚纪念馆开展

（陈嘉庚纪念馆 供图）

士代表新春座谈会和集美区党政领导与企业家恳谈会，征集意见建议 114 条，由中共集美区委办督办有关部门限时办结。制定并下发《关于发挥民主党派优势深度参与小区治理的意见（试行）》，推动民主党派与各镇（街道）以及社区共联共建，发挥各民主党派优势，助力社区治理。支持各民主党派加强自身建设，下拨民主党派活动经费 45.15 万元，支持九三学社稀土支社成立、民盟两岸青年气排球赛、致公党厦门社服公益服务中心揭牌等活动举办，推动各民主党派基层组织设立对公账户。

【党外知识分子和新阶层人士统战】 2022 年，中共集美区委统战部开展“凝聚新力量、筑梦新时代”主题教育活动，组织新的社会阶层人士开展两岸乡村振兴、现代农业等考察调研。为新阶人士发挥作用搭建舞台，开展“福来福见·福见如愿”新就业形态劳动者生活关爱行动，发动新阶人士认领“微心愿”30 份，价值 1.5 万元；创新开展新阶人士“诵读带货”直播活动，将诵读经典与直播带货相结合，宣传推介辖区企业优秀特色产品，累计观看直播人数过万人。规范提升新阶联组织建设，完善会费收取、会员进出等制度。加强无党派代表人士队伍建设，做好无党派人士发现培养工作，认定无党派人士 2 人。

【港澳联谊】 2022 年，中共集美区委统战部走访慰问港澳政协委员并进行座谈交流，发动海丝慈善会慰问华侨大学留厦过年的港澳学生，先后接待澳门厦门联谊总会“9•8”投洽会代表团、澳门南安同乡会商务考察团。协助中共集美市委统战部推进“福建省港澳青年（厦门）交流基地”项目建设。

（陈小玲）

## 巡察工作

【概况】 2022 年，集美区委推进巡察工作深入开展，全年开展巡察 2 轮 5 批，包括 3 个领域专项巡察和 9 个单位常规巡察，发现问题 216 个、问题线索 22 件，运用“四种形态”处置干部 50 人，并持续推动问题整改，八届区委巡察反馈问题整改率超过 99%，九届区委巡察整改工作有序进行，获评区经济工作先进集体。

【政治巡察】 2022 年，集美区委开展 9 个单位常规巡察，并于年初开展“抓作风促经济”专项巡察，纠治责任落实不够到位等“中梗阻”问题 18 个，一季度地区生产总值全市各区第一，其经验做法同步登载于省纪委、市委巡察办重要刊物，在全市推广；8 月，落实市、区决策部署，联动开展国有资产管理使用情况专项巡察，并成立区委整改督查小组，持续强化专项巡察问题整改，盘活去化闲置资产面积 105.53 万平方米，去化率（在一段时间内的销售率）88.43%；11 月，启动安置房建设管理专项巡察，推动过渡费规范发放、23 个安置房加快建设。

【巡察整改】 2022 年，集美区委深化巡察整改和成果运用，健全完善纪检监察机关、组织部门、巡察机构整改监督链条，持续推动八届、九届区委巡察反馈问题整改，整改率超过 99%。紧盯巡察意见建议办理情况，向区委区政府呈报的加快农村生活污水治理工程建设等 3 份专报相关建议均得到推动落实。

（区委巡察办）

## 政策研究

【概况】 2022 年，中共集美区委员会办公室（以下简称“集美区委办”）强化政策研究工作，助推全区经济社会高质量发展，开展重点课题调研，推动课题调研成果转化运用，为科学决策提供参考。推动全面深化改革，推进重点领域和关键环节改革，优化工作流程，破除机制梗阻，取得诸多改革亮点，提升工作效率，年内完成省级县域集成改革试点，推进青年发展友好型城区试点建设。

【课题调研】 2022 年，集美区委办主动跟进协调全区开展重点课题调研工作，推动形成全区党员干部学思悟践扛重担，激发干事勇于当先锋的良好氛围。各课题牵头单位、参与单位形成较高质量的重点课题调研报告 13 篇。

表 3

## 2022 年集美区重点课题成果评审情况一览表

| 等次 | 课题名称 | 牵头单位 |
|---|---|---|
| 优秀 | 社会主义现代化战略导向下的集美区更高水平建设“两高两化”示范区对策研究 | 区委办（区经研中心） |
| | 剖析集美校友分布结构，探究“校友经济”发展模式 | 区委统战部 |
| | 近邻党建引领小区治理的集美探索与思考 | 区委组织部 |
| 良好 | 加快发展互联网 + 新业态打造创新发展新引擎 | 区政府办 |
| | 以高校产业技术联盟为抓手，推动政产学研用高质量融合 | 区政协办 |
| | 杏林湾水生态环境整治提升调研专题报告 | 区杏林湾水域整治专班办公室 |
| | 构建立体化基层监督体系探索研究 | 区纪委监委 |
| 合格 | 集美区开展水体“正本清源”雨污水网改造情况暨推进小微水体治理工作的科学对策研究 | 区人大办 |
| | 集美区产业现代化思路研究 | 区发改局 |
| | 涉侨文化遗产旅游活化保护的循环路径研究 | 区委宣传部 |
| | 基层检察院落实“少捕慎押”刑事司法政策的思考 | 区委政法委、区检察院 |
| | 优化新材料创新服务环境，构建集美区稀土产业“双循环”优质发展新局面 | 区委办（区经研中心） |
| | 新时代教育背景下陈嘉庚教育思想融入中小学育人体系建设的研究报告 | 区教育局 |

（王小杰）

其中 3 篇调研报告对集美区当前阶段一些重要领域的工作进行较深层次的理论探索，被评为“优秀”等次，4 篇调研报告被评为“良好”等次，6 篇调研报告被评为“合格”等次。《厦门通讯》全年刊发集美发展成效图文 7 篇，多视角展现美丽集美。

**【全面深化改革取得明显成效】** 2022 年，集美区委办完成省级县域集成改革试点，深化行政管理体制改革，推进综合执法权限和执法力量下沉。推动投融资、国企、科技体制改革。健全国企业法人治理结构，支持企业加大自主研发力度，兑现扶持资金约 2 亿元，辖区国内专利授权量 7107 件，居全市第一名。发布高校产业技术联盟“四个一百”（百名青师进百企、百家企业建百站、百批学子访百企、百名专家解百题）行动方案，开通全市首个先锋人才服务热线，TOP（人才机遇计划）金融赋能研究院获评为市级人才驿站。厦门市金砖未来技能发展与技术创新研究院签约落地，车路协同金砖示范项目在软件园三期试点运行。建成 24 小时 e 政务便民服务站，“一趟不用跑”“最多跑一趟”事项占 99.48%，推出《集美区推动企业全域服务试点方案》，成立全省首个“优化营商环境执行工作室”，上线数字经济“示范应用”平台，建立侨资台资企业综合服务机制，助力侨资台资企业融资 5800 万元，连续 2 年营商环境评估总指标、社会信用体系建设排名全市各区第一。入选全国青年发展型县域试点，发布《集美区建设青年发展友好型城区行动方案（2022—2025）》，实施“六大工程”（青年创业友好、青年就业友好、青年生活友好、学村学子友好、台青聚融友好和青年成长友好）18 项计划，兑现补贴超 8500 万元。推进两岸融合发展，成立两岸金融服务中心、全省首个台商增信基金、台企上市服务联盟，出台全国首个区级研学旅行专项奖励政策，31 家研学单元获评为省、市级中

2022 年 5 月 28 日，智慧交通金砖示范项目在软件园三期试点运行。图为位于软件园三期的金砖未来创新园（林志杰 摄）

小学生研学实践教育基地，吸引两岸研学生超2万人次。启动“台商记忆馆”建设，筹办庆祝集美台商投资区建设30周年活动。（王小杰）

## 机关党建

【概况】2022年，中共集美区委区直机关工作委员会（以下简称“集美区直机关党工委”）辖直属党组织39个，其中党委4个、党总支8个。年内新成立直属党支部1个，批准成立临时党支部9个，指导40个基层党组织进行换届和选举。新发展党员15人。截至年底，党员总数1664人。

【政治建设】2022年，集美区直机关党工委坚持以政治建设为统领，推动党建工作与业务工作相融相促。开展“三比三争”（党支部：比服务大局贡献度，争创优异业绩；比服务群众满意率，争育优良作风；比服务治理影响力，争树优秀品牌。党员：比创造力，争当改革先锋；比模范力，争当敬业先锋；比执行力，争当实干先锋）实践活动，从申报的27家党组织和16名党员中分别推选5个上报区委组织部参与评选，锻造模范机关。坚持按照“以点带面、全面落实”原则，抓好机关党建示范点建设，一批党建品牌在省、市、区脱颖而出。其中区市场监督管理局集美所党支部的“学村守护人”党建品牌和区行政审批管理局机关党委的“红耀桐林·情满政务”党建品牌获评为“福建省新时代党建优秀案例”。完善基层组织书记述职评议考核，组织召开所属党组织书记抓基层党建工作述职评议和党工委班子述责述廉工作会议。探索建立基层党组织党建互查机制，推行清单管理模式，简化工作台账，改进考评方式，抽调所属党组织71名党务干部，分2批对45家基层党组织开展2021—2022年全面从严治党主体责任落实情况检查，下发问题清单，推动主体责任落地见效。

【思想建设】2022年，集美区直机关党工委强化理论武装，开展习近平总书记致厦门经济特区建设40周年贺信重要精神大学习、大讨论活动。组织指导基层党组织围绕“深刻把握‘两个确立’的重大意义，树立勇立潮头的情怀担当、锤炼勇毅前行的作风意志”主题开展专题研讨，从35篇研讨成果中推选7篇上报区委党史教育办。组织所辖党组织近百名党员到厦门市文化艺术中心展厅参观“光影映初心 丹青抒使命”——厦门基层党建摄影与书画展。举办《闽山闽水物华新——习近平福建足迹》学习交流会，邀请9位优秀机关党员代表进行现场座谈。举办“新思想 我来讲”理论宣讲，邀请厦门理工学院教授林必越、华侨大学讲师何光强分别作习近平总书记致厦门经济特区建设40周年贺信重要精神、《习近平谈治国理政》第四卷的专题辅导和宣讲。举办学习贯彻中共二十大精神区委宣讲团区直机关专场报告会，邀请厦门大学副校长、教授张艳涛作题为“全面准确理解中国式现代化的含义和本质要求——二十大精神解读”的宣讲。联合区委组织部推出移动式有声图书馆，内容涵盖“学懂弄通新思想、学一点法律、智能互联、中国史、走遍中国、心理调节、中医养生、名著经典、少儿科普、音乐电台”等10类、3000本好书，推进建设学习型机关。组织开展机关党员干部思想动态调查问卷，了解机关党员干部的思想状况。贯彻落实中央和省、市、区委关于网络意识形态工作的决策部署和精神要求，于2月中旬对直属党组织（宣传部党总支、区政协机关党支部和区政法委党支部）开展网络意识形态工作抽查，对出现问题的党组织及相关工作人员进行现场批评教育；坚持不造谣、不信谣、不传谣、不妄议，掌握网络意识形态工作的领导权和主动权。

【组织建设】2022年，集美区直机关党工委持续推进支部标准化规范化建设，督促指导所辖党组织落实“三会一课”（党员大会、党小组会、支委会、党课）、主题党日、组织生活会等制度，全年所辖党组织召开党员大会1671场、支委会970场、党小组会1365场，上党课383次，开展主题党日活动941次。做好基层党组织换届选举、增补委员等工作，落实对下属党组织开展换届的工作提醒。继续做优机关、事业单位党支部党建工作“流动红旗”评比活动，设立年度党建工作流动红旗“红黑榜”，纳入党建工作绩效考评，4个季度评出红旗支部62个，并从第二季度开始，对“流动红旗”评比成绩排名倒数的3个党支部，采取上门指导党建工作方式，推动较薄弱的党支部针对存在问题进行整改。举办2022年党务干部培训班，近50名区直机关党务干部参训，通过党员应知应会测试，提高综合素质能力。针对基层党支部在发展党员工作中遇到的难点、堵点，组织开展2场发展党员程序“一对多”专业指导。建立健全工作机制，制定《关于机关中小党支部“五联”工作机制的实施方案（试行）》《关于建立基层党组织党建互查机制的实施方案》《关于所属党委党建工作联席会议机制实施方案》，完善《2022年度区直机关党建工作绩效考评方案》。加强党员队伍建设，做好常态化新冠病毒感染疫情防控工作，推进近邻党建、为群众办实事，落实1369名在职人员到本人居住网格（小区）报到。推动解决原区经贸局党工委历史遗留问题，做好33名失联党员的规范管理和组织处置工作。

【党风廉政建设】2022年，集美区直机关党工委深化党风廉政建设，净化机关政治生态。落实廉政提醒，持续做好重大节假日和日常的提醒监督工作，在重大节假日前夕向各直属党组织发送廉政过节提醒通知。严肃执纪问责，全年提醒谈话12人，给予1名党员党内警告处分。抓好警示教育，开展典型案例警示教育，落实区纪委“每月一主题”学习要求。组织观看警示教育片，开展党风廉政警示教育。

（高双双）

## 机构编制

【概况】 2022年，中共厦门市集美区委机构编制委员会办公室（以下简称“集美区委编办”）完成行政机关和事业单位机构编制调整，开展集美区第二次全国机构编制核查与镇（街道）综合执法改革，完成事业单位登记管理。组织全区55个行政机关、镇（街道）、区属国有企业编制集美区各部门工作思维导图，结合《集美区党政领导干部离任交接工作办法》，向部门主要领导、新到岗干部发放工作思维导图近百册。

【行政机关机构编制调整】 2022年，集美区委编办调整行政机关机构编制。将厦门市集美台商投资区管理委员会调整为厦门集美台商投资区管理委员会，与中共厦门市委集美台商投资区工作委员会合署办公，并加挂“厦门杏林台商投资区管理委员会”牌子，中共厦门市委集美台商投资区工作委员会、厦门集美台商投资区管理委员会分别作为厦门市委、市政府的派出机构，委托集美区委、区政府管理。加强区级相关职能机构，在区发展和改革局增设粮食和物资储备科；在区农业农村局增设乡村振兴科；在区委组织部增设综合科，加挂工资福利科，负责全区公务员管理工作；在区纪委（监委）机关组织和宣传部加挂“纪检监察干部监督室”牌子，负责基层纪检监察干部的监督工作；在区司法局增设行政复议与应诉科；在区委宣传部增设创建科，强化区级文明创建工作；在区商务局增设投资促进科，加强区域招商引资工作力量。

【事业单位机构编制调整】 2022年，集美区委编办调整事业单位机构及编制。根据2021—2022学年各校学生的增减情况，重新核定区属各学校2021—2022学年教职工人员控制数，其中：小学3319个、初中1704个、高中540个、幼儿园2007个（其中事业编制和备案员额749个）。根据厦门市有关文件精神，结合学校工作实际，重新核定集美幼儿园、实验幼儿园、英村（兑山）幼儿园、灌口中心幼儿园、后溪中心幼儿园、侨英中心幼儿园、杏林中心幼儿园、杏滨中心幼儿园、宁宝幼儿园、北站幼儿园、新亭幼儿园、新城幼儿园、前场幼儿园、滨海幼儿园、乐海幼儿园、诚毅幼儿园、康城幼儿园、园博幼儿园、幸福幼儿园等区属幼儿园校级领导职数和党政后勤管理机构设置。成立集美区海凤小学、集美区海山实验幼儿园、集美区敦尚实验幼儿园、集美区珩山实验幼儿园、厦门市集美区銮江实验幼儿园、厦门市集美区海怡实验幼儿园等6所学校。集美文教区服务中心连人带编划转1名事业编制至区社会福利中心使用。将区社会福利中心整建制并入区民政服务中心，加挂“厦门市集美区社会福利中心”“厦门市集美区社区建设事务中心”“厦门市集美区居民家庭经济状况核对中心”牌子，设置社会福利科、社区建设科、社会组织管理科、婚姻收养登记科4个内设机构。同年12月，为健全全区困境儿童关爱服务体系，推进未成年人救助保护机构转型升级，在区民政服务中心加挂“厦门市集美区未成年人救助保护中心”牌子。在区社会治安综合治理中心加挂“厦门市集美区社会治理指挥中心”牌子。将区市政园林绿化中心从事城管办工作3名人员连人带编划入区社会治安综合治理中心使用，原区城市管理局所属区城管服务中心整建制划由区委政法委管理。明确厦门市集美区文化体育事业服务发展中心、厦门市集美区农业事务发展中心、厦门市集美区水利发展服务中心机构规格为副处级。贯彻落实应急管理综合行政执法改革，厦门市集美区安全生产执法大队（厦门市集美区安全生产应急救援中心）加挂厦门市应急管理综合执法支队集美区大队牌子，为厦门市应急管理综合执法支队派驻机构，机构规格调整为副处级，实行双重管理，以属地管理为主，以区应急管理局名义开展执法工作。为加强全区污水治理、给排水工作力量，在区市政园林绿化中心加挂“厦门市集美区水务中心”牌子，并相应调整主要职责。

【镇（街道）综合执法改革】 2022年，集美区推进镇（街道）综合执法改革，完成各项改革任务，推动执法权限和执法力量下沉。年内，成立各镇（街道）综合执法队，调剂事业编制36名，印发《集美区赋予镇（街道）行政执法事项清单》，在省级指导目录基础上，按照“摸清底数、认领主体、确认赋权”模式，秉持“坚持成熟一批、赋予一批”原则，通过组织涉及部门三轮认领确认执法事项的责任主体，赋予全区6个镇（街道）处罚标准明确、执法程序简易、过往案件数量较少、镇（街道）便于执法的180项区级行政执法事项和1项涉及消防大队行政执法事项。9月30日前推动区农业农村局、区建设与交通局、区民族与宗教事务局、区教育局、消防大队5家市区部门与镇（街道）签署赋权事项承接确认书30份，在全市率先获得首批镇（街道）综合行政执法队伍行政执法证件54本，围绕规范案卷、依法行政、专业执法开展《中华人民共和国行政处罚法》专题培训、农业林业专场培训等4场，150余人次参加。

【事业单位登记管理】 2022年，集美

区委编办采取网上预审、平台纠错、现场确认、网站公示等措施，办理区属事业单位登记和机关（群团）统一社会信用代码工作。全年办理事业单位设立登记 14 家、变更登记 34 家、注销登记 8 家、发（缴）事业单位法人证书 90 份，下发文书 112 份；办理机关（群团）统一社会信用代码变更 20 家；完成 2021 年度事业单位法人年度报告 167 家，其中，在区政府官方网站公示 165 家，申请不公示 2 家，事业单位年度报告公示工作完成率 100%；中文域名注册 17 家，缴费 270 家，注销 7 家，完成率 100%。组织开展区级事业单位法人登记清理规范工作，采取单位自查、系统核查、档案抽查等方式，建立问题整改清单，完成变更登记 2 家、注销登记 1 家。深入贯彻落实《中国共产党机构编制工作条例》《事业单位登记管理暂行条例》及其实施细则有关精神，进一步强化机构编制刚性约束和事业单位法人事中事后监管，按照“市区一体、随机抽组、联合执法”的要求，派出 2 名工作人员对 7 家区级机关、8 家事业单位组织开展 2023 年机构编制核查和事业单位法人公式信息抽查工作。

【医疗事业编制资源配置】 2022 年，集美区委编办支持保障全区医疗事业发展。为提高基层医疗卫生机构疾病预防控制、公共卫生管理服务工作能力和水平，按照相关核编标准，以第七次全国人口普查各镇（街道）常住人口数为基数，重新核定集美街道、侨英街道、杏滨街道、杏林街道、后溪镇基层医疗卫生机构人员控制数 696 名；灌口医院（灌口镇卫生院）按照公立医院相关标准核定人员控制数 171 名。配合区卫生健康局做好年度基层医疗卫生机构补充卫生技术编内工作人员相关用编入编等工作，全年补充卫生技术人员 126 人。

（林　洁）

## 党校工作

【概况】 2022 年，中共厦门市集美区委党校、厦门市集美区行政学校（以下简称“集美区委党校”）举办处科级干部培训班、中青年干部培训班、党员发展对象培训班、宁夏彭阳县乡村振兴专题培训班、高层次人才国情研修班等各类培训班和研修班 49 个班次，参与总人数 4335 人次。

【教学创新】 2022 年，集美区委党校通过进一步优化课程设计，增设互动课程，加强学员实践锻炼。开设沉浸式红色剧本杀教学活动《纽带》，让学员扮演不同角色，提高中青班学员的逻辑推理能力，加深对爱国华侨领袖陈嘉庚爱国爱乡、兴学育才的认识；通过“学习党的二十大精神 凝心聚力奋进新征程”定向挑战赛，将理论知识与定向运动相结合，以创新型学习方式学习中共二十大精神；“疫情防控新闻发布会”让学员在情景模拟教学中模拟担任相应角色，仿真式处置和解决各种矛盾和问题，学习和体验应对突发事件的程序、方法和解决问题的对策，增强教学效果。坚持联系实际，开发区级特色课程。根据集美区委对党校提出的“立足自身，打造精品课，丰富教学形式”的有关指示要求，聚焦“两高两化”发展大局，先后开发“以史为鉴，开创未来——中国共产党百年奋斗的主要历程及启示”“陈嘉庚与中国梦”“坚持自我革命永远在路上”“嘉庚建筑的独特魅力”“党章学习及入党流程解读”等具有集美区特色的课程。整合内外资源，增设现场教学点，在集美区党史馆、软件园三期党群活动服务中心、厦门影视拍摄基地、海沧区集成电路展馆、中科院厦门稀土所、思明区嘉禾粮库、古龙酱文化园、通士达照明有限公司、湖里区枋湖社区乐群广场党总支、厦门科技产业集团产业园、厦门天卫科技有限公司、同安区田洋村、湖里区税务局机关党建教育基地等 13 个现场教学点挂牌。

【理论研究】 2022 年，集美区委党校启动 2 个校级课题研究工作，转换形成 2 个区级咨政报告件：《集美区产业引导基金支撑区域产业发展问题及对策建议》《集美区乡村振兴主导产业现状分析与业态布局对策建议》，以及 1 个市级咨政报告件《资本助力创新的集美经验对厦门建设高素质创新名城的启示研究》。年内，3 篇论文被党报党刊或报告集采用：《关于集美区利用红色场馆助力二十大精神宣讲的对策建议》在《厦门日报》理论版发表；《关于集美区利用红色场馆加强党史教育的路径研究》被集美区委政策研究室编入《集美区 2021 年重点课题调研报告集》；《关于进一步推进集美区生活垃圾分类工作的对策建议》在省级 CN（在中国境内注册、国内公开发行的刊物）刊物《明日》发表。

【信息工作】 2022 年，集美区委党校围绕办学治校全过程，紧盯教学、培训、科研、党建等工作组织撰写各类信息，报道办学治校中的重要视点、新闻和信息，每周在不同平台媒体刊发至少 3 ~ 4 篇信息。全年发布各类信息 200 余篇，集美党校微信公众号关注 3300 多人次，阅读点击量 8 万多次，均创历史新高。《集美快讯》的投稿数量和录用数量居全区二类单位第一名。

【校园文化建设】 2022 年，集美区委党校根据文化荣校的办学路径，以“树形象，聚人心，文化追求高品位”为目标，建设完成具有党校特色的校园文化墙和图书室，对健身房、棋牌室进行装修改造，为学员提供良好的后勤保障，发挥校园文化导向、凝聚、激励等功能，营造具有党校特色的校

园文化氛围。（黄淑容）

## 信访工作

【概况】 2022年，集美区信访总量3247件4353人次，分别比上年下降25.88%和17.68%。其中，城乡建设类992件，占30.55%；卫生健康类770件，占23.71%；教育教学类261件，占8.04%；政法类250件，占7.7%；劳动社保类183件，占5.64%；其他类791件，占24.36%。信访诉求主要集中在征地拆迁补偿安置、城市建设和管理、小区物业服务、教育统筹、交通管理和工资发放等方面。年内，集美区信访局获“全省信访系统先进集体”称号。

【信访突出问题化解】 2022年，集美区推进实施“最多投一次”阳光信访工作机制，落实信访事项“马上就办”，加强信访基础业务规范化建设，压实首办责任。全年受理初信初访事项2453件，依法化解率96.1%，群众满意率91.8%。中央信访联席办交办集美区的重访积案2批126件均按时办结化解，办结率100%。集美区重复访比上年下降28.6%，重点领域突出矛盾明显缓解，信访秩序好转。区信访联席办牵头召开协调会议97次，综合运用挂钩包案、联合接访、行政调解以及使用特殊疑难信访问题专项资金等措施，化解各类群体性纠纷。

【信访工作机制健全】 2022年，集美区结合《信访工作条例》，引导群众“信访网上投”，对网上信访办理工作规程进行细化，提高网上信访办理规范化水平。制定《集美区信访工作联席会议工作规则（试行）》，厘清各方职责，建立日常会议、重点会商等机制，区、镇（街道）信访联席会议运转高效有序。（叶秋芽）

## 档案工作

【概况】 2022年，集美区档案馆馆藏档案全宗76个。年内接收区直机关及各镇（街道）到期档案220卷1.34万件（永久档案53卷6677件，长期档案167卷6772件），数据化页面14.14万页，其中文书档案220卷9518件，数据化页面10.95万页。全年接待查档利用348人次、1235卷（件）次。

2022年，集美区信访局获“全省信访系统先进集体”称号。图为工作人员在接访大厅接待来访群众（陈海英 6月15日 摄）

【集美档案“局办一体，局馆联动”新模式运行】 集美区档案局（馆）的前身为1982年8月成立的厦门市郊区档案科、档案馆，1997年9月，档案科改为档案局，实行局馆合一。2019年3月机构改革后更名为集美区档案馆，原档案局承担的行政职能归属区委办公室。2022年，分管档案工作的区委常委江庆生对档案管理模式作出批示，要求根据省档案局“局办一体，局馆联动”创新模式，由区委办对接组织部协调落实。区委办明确1名副主任分管档案工作，二级调研员瞿凯强兼任档案局局长、档案馆馆长。2022年10月，集美区档案局（馆）“局办一体，局馆联动”新模式运行。

【档案安全底线思维强化】 2022年，集美区档案馆强化档案安全底线思维。组织局（馆）人员参加保密教育线上培训课程，并于9月29日接受省、市档案馆的档案安全保密检查。组织局（馆）人员开展消防培训，坚持消防教育与隐患排查同步开展，发现问题及时整改。同时，建立健全消防安全管理制度与应急预案，结合单位实际制定消防工作目标责任工作方案及目标任务清单，明确具体措施，抓好任务落实。

【涉台档案文献布展】 2022年6月，集美区档案馆与区委统战部、区委台港澳办、区文旅局共同对接国家、省、市档案局（馆）承办的“迁台记忆”档案文献展工作。7月9日，作为第十四届海峡论坛重要项目和全市“迁台记忆”档案文献文物项目之一的“共同家园 共同记忆”——闽台关系档案文献展在集美塔开展，展览以“闽台两地建设共同家园、两岸人民留存共同记忆”为主题，遴选近400份珍贵档案文献，分为隶属与共、开发同功、文韵联芳、共御外敌、交流融合5个部分，再现自明清以来闽台间真实历史面貌，布展面积1470平方米。

（罗 华）

## 老干部工作

【概况】 2022年，中共集美区委老干部局（以下简称“集美区委老干部局”）管理、指导的离退休干部43人、离休干部遗属18人。在43名离退休干部中，区离休干部8人，易地安置离休干部2人，“5·12”退休干部（1949年10月1日至1950年5月12日参加工作并享受供给制待遇的退休干部）4人，原区级退休领导干部29人，平均年龄79.3岁，其中离休干部、“5·12”退休干部平均年龄92.3岁。

【离退休干部党建】 2022年，集美区举办政情通报会2次，征集老干部对集美经济发展、城市建设、社会治理等方面意见建议28条。围绕迎接中共二十大召开，开展“喜迎二十大·永远跟党走”读书班、“宣传新思想·喜迎二十大”专题宣讲、“建言二十大”主题征文、“喜迎二十大·筑梦新征程”书画摄影展等活动8场次；中共二十大召开后，组织全区离退休干部集中收看中共二十大开幕式，开展中共二十大精神专题辅导、理论研讨会、知识竞赛等活动4场。开展《深刻理解“两个确立”和十九届六中全会精神》、学习《闽山闽水物华新——习近平福建足迹》和习近平总书记致厦门经济特区建设40周年贺信重要精神、学习《关于加强新时代离退休干部党的建设工作的意见》等辅导讲座9场、现场教学4次。开展送学上门，全年赠送《中国共产党章程》等书籍540本，为老干部订阅党报党刊300余份。指导各级离退休党组织按照“六有”（有组织、有制度、有活动、有阵地、有经费、有联络员）要求规范支部建设，全区有离退支部31个，其中机关离退支部7个、兼合式离退支部1个、社区离退支部23个。在集美街道岑西社区等6个条件成熟的小区建立“老党员工作室”，开展离退休干部党员参与社区矛盾调解、普法宣传、文明创建等活动。

【离退休干部服务】 2022年，集美区委老干部局落实“一人一策”精准服务制度，根据离休干部和“5·12”退休干部需求，引入第三方机构提供生活照料、医疗护理、精神关怀等多样化养老服务，全年为离休干部和“5·12”退休干部提供交通出行服务59次，“喘息服务”41次236小时，家电清洗和维修9次，精神慰藉16次64小时，卫生保洁117次508小时，助浴服务12次，支出服务费用5万余元。加强日常走访和节日慰问，全年对离退休干部进行入户家访超过200次，做到“户户到家，人人见面”，及时了解情况、倾听诉求、解决问题；重要节日协调区领导带队慰问离退休干部，全年慰问221人次，发放慰问款（物）折合20.3万元。落实老干部“双生日”（老干部生日当天上门贺寿和敬老节期间举办集体祝寿会）制度，全年为42名区管老干部上门贺寿，赠送区委书记签字贺卡、生日蛋糕和寿礼。敬老节期间，举办全区离退休干部集体祝寿会，区四套班子主要领导到场为老干部贺寿。

2022年12月10日，杏林街道老党员工作室的退休党员干部在宁宝社区化校生活小区参加该小区改造探讨活动 （陈 晨 供图）

【离退休干部余热发挥】 2022年，集美区委老干部局印发《关于做好银发人才摸排工作的通知》，结合集美区特色实际，增设“弘扬嘉庚精神”领域银发人才，挖掘动员党建党务、科教文卫、基层治理、体育艺术、法律法规、农业农村、弘扬嘉庚精神7个领域72名银发人才。动员3名即将退休区级领导和3名退休的正处级领导到区老体协、区老年大学、区诚信协会和区关工委报告团等部门任职，鼓励离退休干部党员按照组织程序担任小区党支部书记、支委、楼长等职务，先后引导20余名离退休干部党员担任小区党支部书记、支委或楼长。组织理论水平高、有宣讲特长的老党员老干部到机关、企业、校园、村（居）等开展宣讲150余场次，听众1.7万人次，集美区老干部宣讲团被厦门市委宣传部授予“理论宣讲轻骑兵”称号。加强典型宣传，以“全国离退休干部先进个人”郑德发等先进典型为素材，拍摄微视频《集美阿伯》，在“厦门城市平台”“集美先锋视界”等平台持续展播。

【离退休干部活动场馆建设】2022年，集美区委老干部局优化阵地建设，保障老干部文化养老需求。投入近330万元完成区老年大学教学信息化和杏林校区改造提升项目，新建教学录播、同传控制、应急广播和网络教学系统，增加学位，提升教学信息化水平。区老年大学开设线下教学班136个，注册学员2159人；开设线上课程13门，参加线上报名学习937人。加强与区委文明办、区教育局和各镇（街道）工作对接，采取三级联办方式，在新时代文明实践中心（所、站）设立老年大学教学点，辖区60%以上的镇（街道）和村（居）挂牌成立老年大学教学点。投入30万元完成区老年活动中心（集美点）运动场馆提升改造、安装并启用“数智哨兵”、完成综合楼大门更换。规范区级“老党员之家”运营，制定并印发《管理制度汇编》，配备4名专兼职管理服务人员，确保“老党员之家”每日有开放、每月有活动。

【“老党员工作室”创建】2022年，集美区委老干部局推动离退休干部党建工作融入城市基层党建工作大格局，在全市各区率先创建“老党员工作室”，按照“六有”（有鲜明的标识标牌、有合适的活动阵地、有过硬的工作队伍、有规范的工作制度、有固定的联络人员、有必要的经费保障）工作标准和“四化”（深化思想建设、细化团队合作、优化特色创建、强化示范引领）工作要求，引导老党员结合自身特长，发挥党员先锋模范作用，把“老党员工作室”建成党的方针政策的“传达室”、党员群众的“连心室”、困难群众的“解难室”、志愿服务的“引领室”，打通党建惠民“最后一百米”。

（陈　晨）

## 关心下一代工作

【概况】2022年，集美区关心下一代工作委员会（以下简称“集美区关工委”）开展第九轮创建“五好”基层关工委活动。截至年底，达到“五好”（领导班子建设好、“五老”作用发挥好、制度健全执行好、活动经常效果好、积极探索创新好）标准的基层关工委124个，达标率99.2%；组织镇（街道）、村（居）及学校关工委领导和基层“五老”（老干部、老专家、老教师、老模范、老战士）骨干进行集中培训，提升关爱队伍能力。

【主题教育活动】2022年，集美区关工委开展“老少同声颂党恩、携手喜迎二十大”书画及征文活动，增强青少年爱党报国情怀。组织区关工委报告团进社区、进学校开展宣讲150场次，受教育青少年1.7万人，报告团被厦门市委宣传部授予“理论宣讲轻骑兵”称号。用好红色遗址、红色教育基地，举办夏令营活动534场，覆盖中小学生1.2万人。

【关爱服务行动】2022年，集美区关工委加强青少年法治教育和权益保护，配合相关部门依法解救2名长期被家长锁在家中的未成年人。与集美塔管理方——育得（厦门）文化发展有限公司签订共建协议，加强关爱活动阵地建设。推进关爱品牌建设，提升“知心姐姐”“爱心大叔”“小主持人大赛”等品牌社会影响力，以富有特色的活动推进家、校、社“三位一体”共建共育。

（陈锡萍）

## 机关效能建设

【概况】2022年，集美区机关效能建设和督查工作领导小组办公室（以下简称“集美区效能督查办”）开展“提高效率、提升效能、提增效益”行动，推进“马上就办、真抓实干”，强化效能督查、深化便民服务、完善绩效管理，提升行政效能和服务效能。坚持服务大局，将重点项目建设、经济指标、文明创建等中心、重点工作纳入督查范围，运用“三化”（任务项目化、项目清单化、清单具体化）抓落实，促进各级各部门认真履职，提升工作质效。全年发出工作提示21次，针对督办过程中发现的问题，发出专题通报2份，对相关责任人予以曝光。

【公众评议第三方引入】2022年，集美区效能督查办委托第三方测评机构，对各部门落实重点工作任务、实施“提高效率、提升效能、提增效益”行动和为民服务、维护群众利益等方面情况进行综合评价。通过线上线下评议，发出1400余份问卷进行评估，对工作的满意度以及存在的不足之处有针对性地进行评价，将情况反馈相关单位整改提升，促进各级各部门履行职责。

【绩效考评工作规范化】2022年，集美区效能督查办利用绩效管理平台，牵头做细市对区绩效考评工作，运用“问题抄告”“工作提示”“走访座谈”等形式，做好提醒与督办工作，敦促全区各级各部门发挥主观能动性，落实各项考核任务。对动态跟踪时发现的问题，采取工作提示、协调调度等方式督促履职。（区效能督查办）

## 党史和地方志工作

【概况】2022年，集美区委党史方志室对照目标、突出重点，稳步推进党史和地方志工作，探索“互联网+党史、地方志”工作模式。结合党史学习教育活动，借助“5G+AR”（依托5G技术优势和丰富的数字内容IP优势，打造沉浸式、互动式、体验式场景）

党史馆开展党史教宣工作。持续推动习近平新时代中国特色社会主义思想学习。继续组织实施福建省全域年鉴精品工程，完成《集美年鉴（2022）》的编纂出版。《集美年鉴（2021）》获评为福建省年鉴质量评审一等年鉴。对外发行、交流《集美区志》《集美年鉴》等书籍 219 册，征集图书资料 453 册。整理编辑《厦门日报》《厦门晚报》《海西晨报》《福建日报》等报刊资料。

【红色文化弘扬与传播】 2022 年，集美区委党史方志室开展党史宣教工作。加强党史学习宣传工作，推动学习走深、走实，让党史教育入脑、入心。后溪镇崎沟村与集美大学音乐学院签订合作共建协议，双方成为“红色共建单位”。集美大学音乐学院红雁来仪舞蹈志愿服务队定期为崎沟村提供基础舞蹈教学、剧目创编指导、红色文化教育等志愿服务。立足集美实际，举办“青春集美 红色传承”孔春霞柘荣剪纸作品展。区属融媒矩阵持续开办专题专栏，向海内外侨界积极宣介习近平总书记重要讲话精神，组织港澳台侨人士进行线上线下学习，引导港澳台侨胞全方位了解祖国的经济社会文化。

【党史理论研究】 2022 年，集美区委党史方志室加强理论研究阐释，把推动党史学习教育常态化长效化同做好集美区重点工作相结合，发扬嘉庚精神、海堤精神，传承红色基因，赓续前辈优良传统。集美区委书记胡旭彬以“青春筑梦新时代 踔厉奋发向未来”为主题，为集美区 2022 年秋季处、科级干部进修班及全区年轻干部作专题党课辅导。组建台胞国情教育专家库，并设置“中国传统文化”“改革开放中的厦门故事”“华侨领袖陈嘉庚”等 28 门课程。

【红色文化资源开发与利用】 2022 年，集美区委党史方志室利用辖区 18 处革命旧址和红色纪念场馆，结合“5G+AR”党史馆和 10 个区级党史学习教育参观点，依托革命烈士陵园、抗日英雄纪念馆、5 条红色文化体验路线等场所，联合辖区内各中小学开展红色文化学习教育。持续推动集美学村红色教育、集美新城跨岛发展“双动线”打卡点，营造浓厚爱国爱党环境。探索“学、吃、住、游”在集美的一条龙研学新模式，真正寓教于乐的“红色习旅”。

（王小杰）

2022 年 4 月 30 日，集美小学 3 名少先队员代表在学校三立楼前为该校新入团的共青团员讲述厦门第一个团支部诞生地的故事 （吴觅亮 摄）

【年鉴获奖】 2022 年，《集美年鉴（2021）》获评为福建省年鉴质量评审一等年鉴。2021 年卷主要记载 2020 年集美区政治、经济、文化、社会等各方面的基本情况。全书 91.4 万字，图照 151 张，卷首彩页特设“集美新城建设十周年”和集美区“十三五”经济社会发展成就回眸 2 个专题。

【年鉴出版】 2022 年 12 月，《集美年鉴（2022）》由方志出版社出版。全书 76.9 万字，图片 108 张，卷首彩页特设“年度大事”“经济建设”“社会事业”“文化事业”“党史学习教育”“国家全域旅游示范区建设”“国家生态文明建设示范区创建”7 个专栏；设特载 2 个：厦门经济特区建设 40 周年集美区经济社会发展成就、国家生态文明建设示范区创建；年度关注 2 个：集美区开展党史学习教育情况综述、国家全域旅游示范区建设。主体部分设类目 35 个、分目 206 个、次分目 8 个、条目 1121 个。附录部分收录区委、区政府的重要文献，要文目录，工业上榜企业和产品以及重要统计资料等。

【全域年鉴精品工程实施】 2022 年是集美区参与福建省全域年鉴精品工程试点（厦门）工作的第三年。按照国家、省、市年鉴业务编纂规范等文件要求，提前谋划制定每一阶段的工作规划，建立健全年鉴编纂工作长效机制，突出抓好经费保障、框架设计、资料征集、编写稿试评、全书总评、验收修改和出版审读等各环节落细落实，确保试点工作顺利进行。12 月，《集美年鉴（2022）》通过专家评审并出版。

（区委党史方志室）

# 厦门市集美区人民代表大会

## 综　述

【人大年度工作】 2022年，集美区召开人民代表大会2次、人大常委会会议7次、人大常委会主任会议13次，听取、审议区政府及其部门、区人民法院、区人民检察院专项工作报告27项；召开政情通报会1次；开展执法检查2项，开展审议意见落实情况满意度测评1次，组织市、区两级人大代表专项视察11次，作出决定、决议24项；任免国家机关工作人员62人次，其中任命41人、免职21人；督办人大代表提出的建议、批评和意见159件。

【政治建设】 2022年，集美区人大常委会学习贯彻中共十九届六中、七中全会和中共二十大精神，领悟“两个确立”、增强“四个意识”、坚定“四个自信”、做到“两个维护”。维护区委总揽全局、协调各方的领导地位，执行重大事项、重要问题、重点工作请示报告制度，确保人大工作与区委同步同行、同频共振。落实全面从严治党主体责任和意识形态责任制，执行中央八项规定及其实施细则精神，全年开展专题廉政教育23次，组织法治宣传教育12次。

【决议和决定】 2022年，集美区人大常委会审议通过重大事项决议和决定3项。7月22日，区人大常委会听取并审议区政府《关于2021年本级财政决算的报告》《关于2021年财政预算执行情况和其他财政收支的审计工作报告》，作出《关于批准2021年本级财政决算的决议》；听取并审议区政府《关于2022年地方政府债务转贷收入及预算调整草案的报告》，作出《关于批准2022年地方政府债务转贷收入及预算调整的决议》；11月15日，区人大常委会听取并审议区政府《关于集美区2022年1至10月财政预算执行情况和财政预算调整草案的报告》，作出《集美区人大常委会关于批准2022年区本级预算调整的决议》。

【常委会读书班】 2022年9月26日，集美区人大常委会为加强自身建设，提升区人大常委会履职能力，举办集美区人大常委会2022年秋季读书班。区人大常委会组成人员、区人大常委会机关在职干部职工、镇（街道）人大干事等30人参加活动。厦门大学教授张艳涛作“建设美丽中国：习近平总书记生态文明思想解读”专题讲座，厦门大学教授李鹏作“当前台海形势与新时代推进祖国和平统一进程方略”专题讲座。　（洪慧丽）

## 重要会议

【区十三届人大常委会会议】 2022年，集美区十三届人大常委会召开常委会会议7次。分别是：

**第一次会议**　2月28日，集美区十三届人大常委会召开第一次会议。区人大常委会主任、副主任及委员25人出席会议，区人大常委会主任张剑鸣主持，区委常委、常务副区长肖峰，区委常委、组织部部长徐香平，区政府副区长郑小妍，区监委副主任徐巧蓉，区人民法院院长刘辉煌，区人民检察院检察长叶斌列席会议。会议听取和审议区政府提请关于李勇岩等任职的议案，表决通过任职名单；听取和审议区人大提请关于施素达等任免职的议案，表决通过免职名单；审议并表决通过《集美区人大常委会工作委员会组成人员聘任、管理和工作办法（草案）》；审议并表决通过区十三届人大代表资格审查委员会名单，区人大常委会各工作委员会聘任副主任、委员名单和各街道人大工作委员会聘任委员名单；讨论并原则通过《集美区人大常委会2022年工作要点（草案）》；听取和审议区人大监察和司法委员会主任委员余清岩所作《关于2021年度规范性文件备案审查工作情况的报告》。

**第二次会议**　5月25日，集美区十三届人大常委会召开第二次会议。区人大常委会主任、副主任及委员30人出席会议，区人大常委会主任张剑鸣主持，区委副书记、区长胡旭彬，区委常委、区监委主任施耿瑶，区委常委、区委组织部部长徐香平，区政府副区长林伟艺，区监委副主任李瑞宗，区人民法院院长刘辉煌，区人民检察院检察长叶斌，区人大常委会办公室主任施素达，财经工委主任林素厅，城建工委主任陈丽娴，杏林街道人大工委主任邱汉中，集美街道人大工委主任吴炳和，区政府办主任李勇岩，区政府办副主任王明福，区司法局局长庄晓东，区人力资源和社会保障局局长黄志盛，区农业农村局局长周文胜，区市政园林局局长孙韬，区生态环境局局长徐火辉，区民族与宗教事务局局长冯秋明，区总工会副主席黄国栋，区工商联副主席吴萱萱，区人大专委会委员和区人大常委会工委委员陈志强、艾猷芾、曾淑娟、林春慧、张超怀、迟建伟列席会议。会议听取和审议区政府提请关于杨晓峰等任免职的议案，表决通过相关任免职议案；听取和审议区监察委员会提请关于吕玉惠免职的议案，表决通过免职议案；听取和审议区人民法院提请关于苏敏昌等任免职的议案和关于蓝水凤等任职的议案，表决通过相关任免职议案；听取和审议区人民检察院提请关于岳金富等任免职的议案，表决通过相关任免职议案；听取和审议区人力资源和社会保障局局长黄志盛所作的《关于着眼社会稳定，构建和谐劳动关系工作情况的报告》；听取区生态环境局局长徐火辉所作的《关于中央生态环保督查问题整改情况的报告》；听取区民族与宗教事务局局长冯秋明所作的《关于铸牢中华民族共同体意识推动新时代民族工作高质量发展情况的报告》。

**第三次会议** 7月5日，集美区十三届人大常委会召开第三次会议。区人大常委会主任、副主任及委员29人出席会议，区人大常委会主任张剑鸣主持，区委书记、区长胡旭彬，区委常委、组织部部长徐香平，区监委副主任李瑞宗，区人民法院副院长刘鹭育，区人民检察院检察长叶斌，区人大常委会办公室主任施素达，财经工委主任林素厅，城建工委主任陈丽娴，集美街道人大工委主任吴炳和列席会议。会议听取和审议区人民政府区长胡旭彬提请关于倪杰任职的议案，表决通过任命；听取和审议胡旭彬关于辞去集美区人民政府区长职务的报告；听取和审议区人大常委会主任会议提请关于倪杰代理集美区人民政府区长职务的议案，表决通过议案；听取和审议区人民法院副院长刘鹭育提请关于王燕红免职的议案，表决通过议案；审议并通过《集美区人大常委会关于补选区十三届人大代表的决定（草案）》《关于集美区十三届人大代表补选工作方案（草案）》。

**第四次会议** 7月22日，集美区十三届人大常委会召开第四次会议。区人大常委会主任、副主任及委员26人出席会议，区人大常委会主任张剑鸣主持，区委常委、监委主任施耿瑶，区政府副区长郑小妍，区监委副主任徐巧蓉，区人民法院院长刘辉煌，区人民检察院副检察长陈清山，区人大常委会办公室主任施素达，财经工委主任林素厅，城建工委主任陈丽娴，杏林街道人大工委主任邱汉中，集美街道人大工委主任吴炳和，区教育局局长黄世明，区财政局局长胡国才，区审计局局长蔡爱兰，区农业农村局副局长杜沛松，区工信局三级调研员郑巧君，区文化和旅游局三级调研员黄亚明，区人大常委会财经工委副主任闻雯，科教侨台工委委员迟建伟列席会议。会议审查和批准区财政局局长胡国才所作的《关于2021年本级财政决算的报告》，听取和审议区审计局局长蔡爱兰所作的《关于2021年财政预算执行情况和其他财政收支的审计工作报告》；听取和审议区财政局局长胡国才所作的《关于2022年地方政府债务转贷收入及预算调整草案的报告》；书面听取区商务局副局长蔡鹭芳所作的《关于2021年集美区商贸工作发展的报告》；听取和审议区教育局局长黄世明所作的《关于落实教育“双减”政策及相关工作的报告》；听取和审议区农业农村局副局长杜沛松所作的《关于集美区乡村振兴工作情况的报告》；听取和审议区监委主任施耿瑶所作的《关于开展整治群众身边不正之风和腐败问题专项工作情况的报告》；审议代表人事有关事项，决定接受王元震、王进法、寇晓胤、蔡鹭芳4人辞去厦门市集美区人大常委会委员职务的请求；研究区十三届人大二次会议召开时间及有关事项；听取和审议代表资格审查委员会关于区十三届人大代表变动情况及补选代表的代表资格审查报告。

**第五次会议** 9月15日，集美区十三届人大常委会召开第五次会议。区人大常委会主任、副主任及委员30人出席会议，区人大常委会主任张剑鸣主持，区委常委、常务副区长肖峰，区政府副区长林伟艺，区监委副主任徐巧蓉，区人民法院院长刘辉煌，区人民检察院副检察长陈清山，区政府办副主任王飞，区司法局副局长陈真杰，区公安分局法制队案审科科长俞晓东，区人大监察司法委委员庄林、毛文勤，区发改局局长翁睿，区工信局局长张泓，区行政审批管理局局长潘志远，区商务局副局长蔡鹭芳，区人大常委会财政经济工委委员王晓燕，区人力资源和社会保障局局长黄志盛列席会议。会议审议区政府提请关于李延龄等任免职的议案，表决通过相关任免职议案；审议区人民法院关于提请杨超岚任职的议案，表决通过任职议案；听取和审议区人民检察院副检察长陈清山受检察长叶斌委托所作的《集美区人民检察院关于刑事检察工作开展情况的报告》；听取区政府关于优化营商环境工作落实情况的专项报告；听取区人力资源和社会保障局局长黄志盛所作的《区政府关于着眼社会稳定，构建和谐劳动关系工作审议意见落实情况的报告》；听取沈剑云等6名市十六届人大代表所作的述职报告。

**第六次会议** 11月15日，集美区十三届人大常委会召开第六次会议。区人大常委会主任、副主任及委员27人出席会议，区人大常委会主任张剑鸣主持，区委常委、监委主任施耿瑶，区监委副主任徐巧蓉，区人民法院院长刘辉煌，区人民检察院检察长叶斌，区政府办主任李勇岩，区财政局局长胡国才，区人大代表洪建祥、杜国伟、徐燕蓉、曾焕迁、陈世庆、吴建彬，区政府办一级调研员张常明，区人大常委会财经工委副主任闻雯、委员蔡鹭芳，集美生态环境局局长徐火辉，区农业农村局三级调研员黄建平，区市政园林局副局长孙志谦，区人大常委会城建工委委员颜宝川列席会议。会议审议区委常委、监察委员会主任施耿瑶提请关于余巍等任职的议案，表决通过任职议案；审议区人民检察院检察长叶斌提请关于范艳利等职务任免的议案，表决通过相关任免职议案；听取和审议区财政局局长胡国才所作的《关于集美区2022年1—10月财政预算执行情况和财政预算调整草案的报告》；听取和审议区财政局局长胡国才所作的《关于2021年行政事业性国有资产管理情况的专项报告》；听取区政府办主任李勇岩受区长倪杰委托所作的《关于区十三届人大一次会议代表建议办理落实情况的报告》；听取和审议区人大常委会执法检查组副组长、城建工委主任陈丽娴所作的《关于检查〈中华人民共和国环境保护法〉及〈厦门市环境保护条例〉实施情况的报告》；书面听取报告7份：《区政府关于2021年国有资产管理情况的综合报告》《区政府关于2022年1—10月国民经济和社会发展执行情况的报告》《区政府关于2022年环境保护目标完成情况的报告》《区政府关于2021年度区本级预算执行和其他财政收支审计发现问题整改情况的报告》《区政府关于落实区人大常委会对2021年区本级财经决算的审议意见整改情况的报告》《区政府关于落实区人大常委会对落实"双减"政策工作报告审议意见的报告》《区监委关于落实区人大常委会对区监委专项工作报告审议意见的报告》；审议并通过《集美区人大常委会关于补选区十三届人大代表的决定（草案）》《关于集美区十三届人大代表补选工作方案（草案）》。

**第七次会议** 12月12日，区十三届人大常委会召开第七次会议。区人大常委会主任张剑鸣、副主任及委员27人出席会议，区人大常委会主任张剑鸣主持。区委常委、常务副区长肖峰，区监委副主任徐巧蓉，区人民法院院长刘辉煌，区人民检察院检察长叶斌，区人大代表蔡志超、廖德通、黄志伟、陈晋雅列席会议。会议审议区政府常务副区长肖峰提请关于蔡鹭芳任职的议案，表决通过任职议案；审议区监察委员会副主任徐巧蓉提请关于李瑞宗免职的议案，表决通过免职议案；审议通过区人民法院院长刘辉煌提请关于修正部分领导职务名称的议案；审议并投票补选区委副书记、区政府区长倪杰为市十六届人大代表；审议并表决同意接受邹荣生、高淑萍辞去区十三届人大代表职务；审议通过代表资格审查委员会关于区十三届人大代表变动情况及补选代表的代表资格审查报告（草案）；审议通过区十三届人大常委会代表资格审查委员会名单（草案）；审议决定区十三届人大三次会议召开时间及有关事项；审议通过集美区人民代表大会常务委员会工作报告（建议稿）。

**【区人大常委会主任会议】** 2022年，集美区十三届人大常委会召开主任会议6次。分别是：

**第一次主任会议** 2月21日，集美区十三届人大常委会召开第一次主任会议。区人大常委会主任张剑鸣主持，副主任石扬、陈小强，区人大常委会办公室主任颜建艺出席会议，区人大常委会相关委室负责人列席会议。会议研究讨论十三届人大常委会第一次会议相关事宜。

**第二次主任会议** 4月22日，集美区十三届人大常委会召开第二次主任会议。区人大常委会主任张剑鸣主持，副主任石扬、陈小强、邱晓晖、丁加生、苏群明，区人大常委会办公室主任施素达出席会议，区政府副区长苏克，区市政园林局局长孙韬，灌口镇统战委员、武装部长谢耀光，后溪镇四级调研员纪华谦，杏滨街道综合服务中心支部委员会专职副书记林朝华，杏林街道四级调研员许春成，区建设与交通局质量安全站站长王志端，区人大常委会城建环资工作委员会委员胡财发、黄孟勤、曾淑娟，厦门市政水务集团有限公司售水事业部集美营业所综合办公室主任施万江，各镇（街道）人大领导，区人大常委会相关委室负责人列席会议。会议听取区市政园林局局长孙韬所作的《集美区人民政府关于集美区农村自来水提升改造工程情况的报告》；讨论研究《集美区第十三届人大常委会组成人员联系区人大代表名单》并原则通过。

**第三次主任会议** 5月6日，集美区十三届人大常委会召开第三次主任会议。区人大常委会主任张剑鸣主持，副主任石扬、陈小强、邱晓晖、丁加生、苏群明，区人大常委会办公室主任施素达出席会议，区人大常委会相关委室负责人列席会议。会议研究讨论《集美区监察委员会向区人大常委会报告专项工作的具体方案》和《集美区监察委员会关于开展整治群众身边不正之风和腐败问题专项工作情况的报告提纲》；讨论决定区十三届人大常委会2022年度会议安排新增议题。

**第四次主任会议** 6月23日，集美区十三届人大常委会召开第四次主任会议。区人大常委会主任张剑鸣主持，副主任石扬、邱晓晖、丁加生、苏群明，区人大常委会办公室主任施素达出席会议，区人民法院院长刘辉煌，区司法局局长庄晓东，区人大监察司法委副主任委员陈群言、委员刘志忠，区人大常委会财政经济工委主任闻雯、委员姚荔，各镇（街道）人大领导，区人大常委会相关委室负责人列席会议。会议听取区人民法院院长刘辉煌所作的《厦门市集美区人民法院关于民事诉讼程序繁简分流改革工作情况的汇报》；研究讨论并通过区人大常委会关于进一步做好《厦门经济特区优化营商环境条例》宣传贯彻工作方案；研究讨论并通过区人大常委会主任办公会议议事规则；研究讨论并通过区人大2022年省级文明单位动态申报材料上报方案。

**第五次主任会议** 8月24日，集美区十三届人大常委会召开第五次主任会议。区人大常委会主任张剑鸣主持，副主任石扬、陈小强、丁加生、苏群明，区人大常委会办公室主任施素达出席会议，区政府副区长郑小妍，区教育局三级调研员张旭扬，区财政局局长胡国才，区建设与交通局局长陈金平，区农业农村局局长周文胜，区文化和旅游局局长吴吉堂，区市政园林局三级调研员邵加树，区人大社会建设委委员王进法、黄燕清，各镇（街）人大领导，区人大常委会相关委室负责人列席会议。会议听取区文化和旅游局局长吴吉堂所作的《厦门市集美区人民政府关于全民健身活动工作的情况报告》。

**第六次主任会议** 10月20日，集美区十三届人大常委会召开第六次主任会议。区人大常委会主任张剑鸣主持，副主任石扬、陈小强、丁加生、苏群明，区人大常委会办公室主任施素达出席会议，区政府副区长郑小妍，区财政局局长胡国才，区卫健局副局长李拓江，区人大常委会科教侨台工委委员陈松立、曾惠如、康宁，各镇（街道）人大领导，区人大常委会相关委室负责人列席会议。会议听取区卫健局副局长李拓江所作《集美区人民政府关于基层医疗服务提升工作情况的报告》。

### 【区十三届人民代表大会第二次会议】

2022年7月27日，集美区第十三届人民代表大会第二次会议召开预备会，区十三届人大常委会主任张剑鸣主持。会议通过此次大会议程；通过此次大会主席团、秘书长名单；宣布各代表团团长、副团长名单。

**第一次全体会议** 7月28日，集美区第十三届人民代表大会第二次会议召开第一次全体会议，区十三届人大常委会主任张剑鸣主持。会议表决通过大会选举办法；介绍主席团提名的区人民政府区长、区人大常委会委员候选人情况。

**第二次全体会议** 7月28日，集美区第十三届人民代表大会第二次会议召开第二次全体会议，区人大常委会主任张剑鸣主持。会议表决通过总监票人、监票人名单，宣布总计票人、计票人名单；补选倪杰为区政府区长，补选施素达、林素厅、陈丽娴、邱汉中、吴炳和为集美区人民代表大会常务委员会委员。

2022年7月28日，集美区召开第十三届人民代表大会第二次会议。图为代表投票选举
（林志杰 摄）

### 【区十三届人民代表大会第三次会议】

2022年12月19日，集美区第十三届人民代表大会第三次会议召开预备会，区十三届人大常委会主任张剑鸣主持。会议表决通过区十三届人代会第三次会议议程；书面听取区十三届人大代表资格审查报告；表决通过主席团和秘书长名单；宣布各代表团正、副团长；表决通过财政经济审查委员会、议案审查委员会名单。

**第一次全体会议** 12月20日，集美区第十三届人民代表大会第三次会议召开第一次全体会议，区十三届人大常委会主任张剑鸣主持。会议听取区政府区长倪杰代表区政府所作的《区人民政府工作报告》；书面审议区财政局的《关于集美区2022年财政预算执行情况和2023年财政预算草案的报告》，审查集美区2023年财政预算草案；听取区人民法院院长刘辉煌所作的《区人民法院工作报告》；听取区人民检察院检察长叶斌所作的《区人民检察院工作报告》。

**第二次全体会议** 12月20日，集美区第十三届人民代表大会第三次会议召开第二次全体会议，区十三届人大常委会副主任石扬主持。会议听取区人大常委会主任张剑鸣所作的《区人民代表大会常务委员会工作报告》。

**第三次全体会议** 12月21日，集美区第十三届人民代表大会第三次会议召开第三次全体会议，区人大常委会主任张剑鸣主持。会议听取大会议案审查委员会主任委员石扬所作的《关于代表议案和建议、批评、意见审查报告》；表决通过《关于集美区人民政府工作报告的决议》，表决通过《关于集美区2022年财政预算执行情况和2023年财政预算的决议》，表决通过《关于集美区人民代表大会常务委员会工作报告的决议》，表决通过《关于区人民法院工作报告的决议》，表决通过《关于区人民检察院

工作报告的决议》。（洪慧丽）

## 人大监督

【民生工作监督】2022年，集美区人大常委会坚持以人民为中心的发展思想，围绕人民群众对美好生活的向往，把尊重民意、汇集民智、凝聚民力、改善民生贯穿人大工作之中，持续加大对民生工作的监督力度，促进集美区民生事业进一步发展。持续关注教育、体育事业、医疗等民生工作，组织代表专题视察民生建设项目，听取和审议区政府关于落实教育“双减”（减轻义务教育阶段学生过重作业负担和校外培训负担）政策、全民健身活动、基层医疗服务提升工作情况的报告，助力集美区民生事业发展。

【经济运行监督】 2022年，集美区人大常委会重视管好人民的“钱袋子”，加强预算和国资监督，发挥人大支持和促进经济社会转型发展的积极作用。听取和审议区本级财政决算和财政预算执行情况和审计工作、地方政府债务转贷收入及预算调整、预算执行情况和预算调整等情况的报告，针对存在问题提出具体意见，促进提升财政政策效能，强化财政保障能力，强化政府债务监管，强化审计监督力度。贯彻落实中共中央关于加强人大对国有资产监督职能的重大决策部署，听取和审议区政府行政事业性国有资产管理情况专项报告，促进夯实资产管理基础，提高资产使用效益。

【城市建设管理监督】2022年，集美区人大常委会聚焦环保工作，持续助推生态集美建设。加强对中央环保督察问题整改情况监督和推动，组织代表到月美池公园、杏林污水厂等点位视察，听取区政府关于中央环保督察问题整改情况的报告，促进全区污水收集处理能力提高。针对全区贯彻实施“环境保护一法一条例”情况，常委会组织开展专项执法检查，坚持问题导向，聚焦法律法规实施过程中存在突出问题，采取单位自查、实地调研和座谈交流相结合方式开展，实现执法检查全覆盖。杏滨街道代表团开展季度代表主题开放日活动，组织27名代表到福建省厦门环境监测中心站参观，听取环境专家介绍核辐射、水资源、空气质量等实时检测仪器运行情况，提出改善人居环境意见建议。

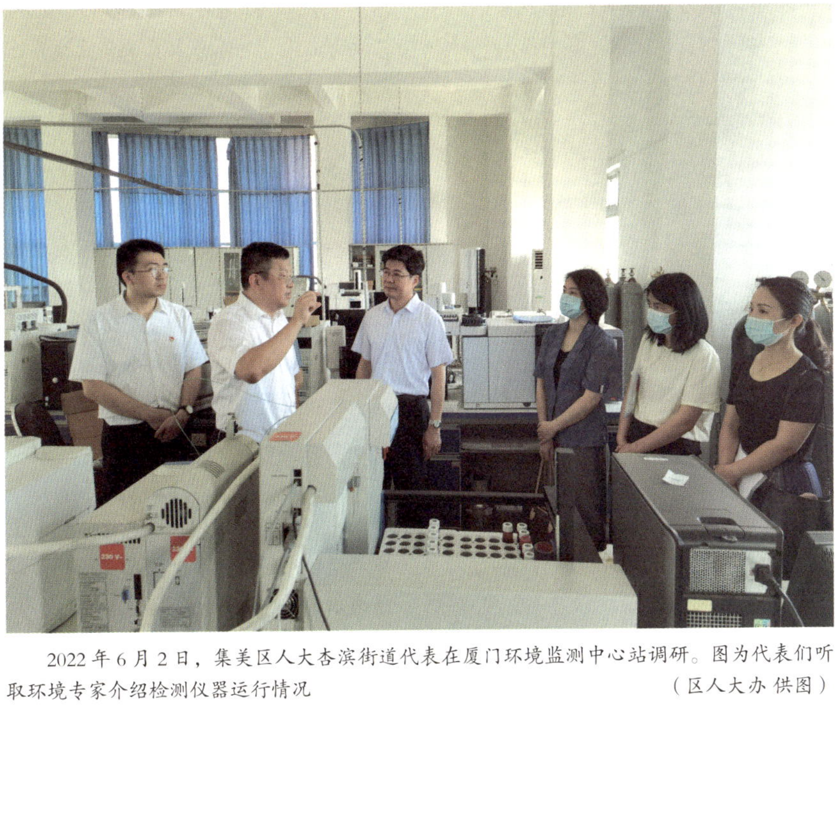

2022年6月2日，集美区人大杏滨街道代表在厦门环境监测中心站调研。图为代表们听取环境专家介绍检测仪器运行情况（区人大办 供图）

【法治建设监督】2022年，集美区人大常委会坚持问题导向，助推平安集美、法治集美建设。在全市各区率先听取监委专项工作报告，审议区监委《关于开展整治群众身边不正之风和腐败问题专项工作情况的报告》，实现区人大对“一府一委两院”（“一府”是指人民政府，“一委”是指监察委员会，“两院”是指人民法院、人民检察院）监督全覆盖。创新监督举措，开展代表见证执行活动，通过代表全程参与和监督法院执行工作，促进区人民法院提高执行工作透明度，破解执行难点，提升执行效率。听取区人民法院《关于民事诉讼程序繁简分流改革工作情况的报告》，合力破解繁简分流改革工作难点。听取和审议区人民检察院《关于刑事检察工作开展情况的报告》，重点提出“解决刑罚交付执行中‘收监难’问题”的审议意见，收监工作成效明显提升。重视规范性文件备案审查工作，审查政府规范性文件8件。做好人大信访工作，全年接待群众来访来信18件266人次，加强与各信访联席单位沟通协调，将人大信访融入全区信访工作大局，促进形成信访工作合力。

（洪慧丽）

## 代表工作

【代表视察】2022年，集美区人大常委会组织代表视察活动11次，分别对重点工程建设、法律法规执行情况、人居环境整治、文旅产业发展等视察检查。

5月12日，集美区人大常委会组织区人大代表到安仁产业园（二期）、软件园三期、橙联跨境电商产业园实地视察“开门红”重点项目进展情况。

5月18日，区人大常委会组织市人大代表集美活动小组到同安区美亚柏科公司、特房波特曼七星湾酒店、滨海旅游浪漫线、银城智谷开展跨区域视察活动。

6月10日，区人大常委会组织区人大代表实地视察坂头—石兜水库水源地保护工作情况。

6月17日，区人大常委会组织相关部门配合市人大同安代表小组视察集美新城、华为云厦门创新中心、集美区人文馆项目建设情况。

8月8日，区人大常委会组织部分人大代表到环湾公园体育场地项目、智慧健身海凤社区站点（古龙御景）实地视察集美区全民健身活动开展情况。

8月31日，区人大常委会组织市、区、镇三级人大代表到灌口镇新时代文明实践所、纳德福美食广场等地视察《厦门市促进社会文明若干规定》贯彻执行情况。

9月7日，区人大常委会组织区人大代表到厦门美亚中敏科技有限公司、厦门大白科技有限公司、集美区行政审批管理局、厦门好慷家政服务有限公司视察集美区优化营商环境工作开展情况。

9月23日，区人大常委会组织市、区两级人大代表到厦门嘉庚剧院、闽南戏曲研习中心、星巢越中心、万科云城样板街区视察文旅服务产业发展情况。

10月18日，区人大常委会组织部分区人大代表到后溪镇城内村、灌口镇田头村仙景社视察集美区人居环境整治工作情况。

10月24日，区人大常委会组织部分区人大代表到后溪水闸、路达公司、南堤公园视察“环境保护一法一条例”贯彻执行情况。

11月10日，区人大常委会组织市、区两级代表到三社小学、厦门畅享信息技术有限公司、厦门半导体工业技术研发有限公司、雅马哈发动机（厦门）信息系统有限公司视察区十三届人大一次会议代表建议办理情况及集美区特色产业发展情况。

【代表履职】2022年，集美区人大常委会拓宽代表履职渠道，深化代表履职平台建设，完善代表履职记录，健全代表履职档案，推进代表进站全员化、联系活动长效化、活动机制规范化、解决问题实效化，打造一批人大代表联系群众活动室（站）的特色工作品牌。做好省、市、区三级人大代表履职服务平台系统的各项工作。丰富闭会期间代表活动内容，邀请代表列席区人大常委会会议、主任会议，组织代表参加区人大常委会组织的各种视察活动、审议工作、专题调研、政情通报、征求意见会等，将区人大常委会重要工作和集美区经济社会发展的重要情况向代表通报，为代表知情知政、依法履职创造条件。加强代表述职工作，全年区人大常委会听取6名市代表的述职，同时组织各代表回原选区进行述职，增强代表履职意识，接受选民、群众监督。

【代表建议督办】2022年，集美区人大常委会把督办代表建议与推动人大日常工作相结合，支持代表通过履行法定职责，传递民意，建言献策。规范代表议案、建议的提出、交办和督办工作，落实区人大常委会领导牵头督办、各工委具体督办的工作机制，召开代表建议交办会，通过开展专题调研、跟踪检查、专项视察和组织代表约见承办单位负责人等方式集中督办一批重点建议。开展建议意见办理满意度测评，提高代表建议意见办理质量。同时，对政府承办部门加强和改进代表建议办理工作提出具体要求，提高代表对建议办理的满意度。全年159件代表建议全部办结，办复率100%。（洪慧丽）

**代表建议落实情况选介：**

《关于学校接送驿站建设的建议》落实情况：2022年，灌口镇代表团黄金喜等10名代表提出的建议在分管区领导的协调督导下已落实。区教育局协调区市政园林局、市自然资源和规划局集美分局、各镇（街道），在校门外侧不影响城市主干道交通的地块因地制宜，建设家长接送驿站、设置警示标志，实现人车分流，方便人员迅速疏散，保障学生上学、家长接送的安全与便捷。

《关于加强我区医联体建设的建议》落实情况：2022年，院校解放军代表团康宁等10名代表提出的建议已落实。集美区卫生健康局推动全区各基层医疗卫生机构与厦门医学院附属第二医院、厦门大学附属第一医院杏林分院等三级医院签订医联体协议，在人才培养、双向转诊、资源共享、专家坐诊等方面达成协议，推动更多病种专家定期到基层医疗机构坐诊和指导，帮扶各社区卫生服务中心（卫生院）提升医疗质控，打造特色医疗品牌。引用“互联网+”技术，推动“智慧医疗”建设，推动厦门医学院附属第二医院等三级医院和基层医疗卫生机构实现互联互通和数据协同，共享健康、诊疗、检查、用药等信息，为居民就诊提供无纸化、一站式诊疗服务。

《关于解决杏北路段、杏林北二路与杏林北三路交叉路口因轨道施工引发严重积水问题建议》落实情况：2022年，杏林代表团林锦莺代表提出的建议已落实。集美区市政园林局成立防汛应急领导小组，加强雨季巡查力度，及时疏通易积水点周边雨水管道，清理雨水篦树叶杂物，在易涝点位置的雨水井设置围挡、防坠网等设施；并根据积水情况在积水点位置增加临时抽排设备和围挡，提高排水能力，确保积水点安全。通过改造内茂桥下及新长城钢构前的截水沟盖板，加快雨水通流排水，缓解强降雨造成路面积水。

# 厦门市集美区人民政府

## 综　述

【区政府年度工作】 2022年，集美区获评为中国工业百强区、全国“数字乡村百强县”、首批省级数字乡村试点县，入选全国青年发展型县域试点，集美新城核心区获评为第二批国家级夜间文化和旅游消费集聚区。新增9家国家级专精特新“小巨人”企业，总数26家。区产业引导基金连续2年跻身“中国政府引导基金50强”榜单，成为全省唯一上榜的区（县）级政府引导基金。全区实际使用外资及港澳台资总量、增幅排名全市第二，东方花木兰、祥峰QFLP（合格境外有限合伙人，即股权基金的出资人）等亿元以上外资及港澳台资大项目陆续到资，橙联跨境电商产业园竣工投产。建成50个24小时e政务便民服务站，以及全省首个“优化营商环境执行工作室”。推进“人才强区”战略，发布高校产业技术联盟“四个一百”（“百名青年教师进百企”“百家名企建百站”“百批学子访百企”“百名专家解百题”四个行动方案）行动方案，开通全市首个先锋人才服务热线。全年召开区政府党组理论学习中心组会议21次，研究议题31个。

【政务效能建设】 2022年，集美区人民政府学习贯彻中共十九大、十九届历次全会和中共二十大精神，深刻学习领会习近平总书记到闽考察重要讲话精神和致厦门经济特区建设40周年贺信重要精神，领悟“两个确立”决定性意义，增强“四个意识”、坚定“四个自信”、做到“两个维护”，提高效率、提升效能、提增效益。依法接受区人大及其常委会监督，主动接受区政协民主监督，办理人大代表建议159件、政协委员提案135件，办复率均为100%。法治政府建设纵深推进，公共法律服务实体平台实现全覆盖。落实中央八项规定精神，重点纠治形式主义、官僚主义，树新风立正气。开源节流过“紧日子”，在全市率先出台向上争取项目资金考核办法，实施支出“负面清单”管理，持续压减非急需非刚性支出。在全市率先实现区直部门、镇（街道）政府保障清单全覆盖。

【政务督查督办】 2022年，集美区人民政府办公室发文将《政府工作报告》重点工作细化分解为106项，为民办实事细化分解为37项，分解交办区人大建议159件、政协提案135件，承办答复市人大代表建议24件、政协提案56件，明确相关责任领导、责任单位和责任人，每季度进行督查。针对中心工作及重点问题，立项督办996件，全年编发《督查与反馈》27期。

（刘伟炜）

## 重要会议

【概况】 2022年，集美区人民政府召开常务会议28次、廉政工作会议1次、全体成员会议2次。

【区人民政府廉政工作会议】 2022年3月5日，集美区人民政府召开第一次全体成员会议暨廉政工作会议。会议要求政府系统各级各部门党员领导干部要以上率下，深入学习贯彻中共十九大和十九届历次全会精神，学习贯彻习近平总书记在福建考察时的重要讲话精神和致厦门经济特区建设40周年贺信重要精神，落实省、市、区党代会和“两会”（中华人民共和国全国人民代表大会和中国人民政治协商会议）精神，完成全年目标任务，迎接中共二十大胜利召开。会议对政府工作提出4点要求：筑牢理论根基，增强政治定力；明晰前进方向，抢抓工作主动；强化三个思维，提高行政能力；锤炼政治操守，永葆清廉本色。

【区人民政府全体成员会议】 2022年7月6日，集美区人民政府召开全体成员会议。会议要求区政府系统各部门党员干部要切实将思想和行动统一到以习近平同志为核心的党中央决策部署上，落实省委、市委、区委工作要求。要始终坚定政治立场、坚守人民立场，把人民利益放在第一位，站在人民的立场想问题、作决策、办事情。要正作风、守廉洁，重视调查研究，持续加强学习，加强政府自身建设，提升履职能力和水平。会议强调，各部门要深耕基层，办好各项民生实事，践行习近平生态文明思想，加快构建现代生态文明治理体系，持续深化改革和扩大开放，加速聚集高质量发展新动能。

【区人民政府常务会议】 2022年，集美区人民政府召开区政府常务会议28次，即十三届人民政府第二次至二十九次常务会议，研究议题199项。

（刘伟炜）

## 民生工程

【概况】 2022年，集美区实施民生工程254项，其中基础设施项目156个、乡村振兴及老旧小区改造项目86个、教育类项目2个、卫健类项目2个、安商房项目5个、其他类项目3个，总投资65.28亿元。

【交通配套设施建设】 2022年，集美区新开通公交线路6条，优化调整公交线路14条。新增3295个停车泊位，超5000个道路泊位实现智慧化改造。打通集源路、西莲路2条“断头路”，完成20条主次干道及商业大街提升改造，杏锦路跨高速段、灌口中路竣工，马銮湾环湾大道建成通车。

【养老服务】 2022年，集美区在3家二级以上综合医院开设老年医学科，完成45户困难老年人家庭适老化改造。实施新一轮幸福安康险项目，惠及老年人5万余人。

【医疗保障服务】 2022年，集美区川大华西厦门医院启动试运营，厦门医学院附属口腔医院集美院区投入使用，灌口中心卫生院通过二级医院评审，区妇幼保健院成为市妇幼保健院医联体合作医院，杏林街道社区卫生服务中心等3家基层医疗卫生机构与市儿童医院签约共建区儿科医联体。集美街道和杏滨街道社区卫生服务中心在全市综合激励考核中分列第一名和第二名。32家村（社区）卫生所规范化率100%。

【文体设施建设】 2022年，集美区海峡两岸赛龙舟系列活动、集美·阿尔勒国际摄影季等大型文化活动举行，闽台关系档案文献展获中央领导肯定。维纳数字艺术园开园，闽南戏曲艺术中心启用，改造20片群众身边全民健身场地。规范提升“十里长堤”，“集美之眼”影响力不断扩大。

【城市管理】 2022年，集美区创新社会治理模式，成立社会治理工作委员会，完善“一网统管”，建设“智慧集美”平台，推进城乡管理向城乡治理升级。推行网格化管理，划分743个网格，新招录988名网格员，打造39个小区服务阵地、83个小区议事协商平台、145支小区服务队。制定小区治理小额“以奖代补”、居民公约等配套措施，在全省率先成立小区业主服务中心。坚持党建引领城市治理，探索“三破三立”（破除“按部就班”思想，树立“超常发展”理念；破除“安于现状”思想，树立“争先进位”理念；破除“依附依赖”思想，树立“开拓创新”理念）工作机制。成立全市首个物业行业党委，物业行业党组织数比上年增长73.7%。

【教育事业】 2022年，集美区新建中小学、幼儿园项目12个，新增小学建设学位8820个、幼儿园建设学位2430个，幼儿园公办率比上年提高6.3个百分点。在全市率先落成家庭教育指导服务中心，实现全区中小学教室空调和LED（发光二极管）护眼灯全覆盖。集美中学入选省首批示范性普通高中，杏南中学通过省一级达标高中复评，英村（兑山）幼儿园通过省示范性幼儿园评估验收。新招聘编内教师342人，新确认市级骨干教师及以上称号328人，组建名师发展工作室27个。新增17项省教育科学规划课题，2项抽检学科在全省义务教育艺术质量监测中分列第一名和第二名，在全国青少年电子信息智能创新大赛中获大奖13项。推进“双减”，学科类校外培训机构压减率87.5%，课后服务覆盖率100%。华侨大学化学学科进入ESI（基本科学指标数据库）全球前5‰，集美大学首次以第一单位和第一作者身份在《Science》上发表论文。

【乡村振兴】 2022年，集美区建成面积33.33公顷高标准农田，培育2个市级“一村一品”示范村。发展村集体经济，开工建设西亭人才公寓和兑山综合楼，签约招商杏林村地铁上盖项目，全省首创“1+N+1”[1个乡镇人民政府、13个村（居）和1个区属国有企业]灌口村集体经济发展模式，超计划完成集体经济收入薄弱村增收任务。

【水环境治理】 2022年，集美区水环境11个监测点水质100%达标，劣Ⅴ类断面实现清零，6处农村黑臭水体整治和78个农村污水提升治理完成。完成杏林大桥—新阳大桥岸线段。

（刘伟炜）

## 招商引资

【概况】 2022年，集美区新增合同签约项目168个，三年计划（项目签约后）投资额153.5亿元；新增落地项目208个，项目落地率81.25%；累计落地招商项目300个，累计落地率85.71%；完成投资额104.08亿元，投资完成率68.79%；新增省级重大签约项目8个，项目开工率87.5%。招商引资实绩竞赛综合排名位列全市第一。

【招商政策系统化】 2022年9月8日，集美区招商领导小组印发《集美区招商引资工作机制提升实施方案》。该方案指出，按照“区里管总，招办主建，业务主招”的指导思想，进一步创新体制机制、提高招商效率、增强专业能力、提升落地服务，通过一系列制度创新，探索建立一支区级高素质专业化招商队伍，全面带动全区上下招商能力建设。10月24日，集美区按照规定选定北京外企德科人力资源服务上海有限公司作为人力资源机构，启动招商专才招聘事项，通过前期沟通、广发招聘贴、精准猎聘的方式，筛选简历5100份，应聘者需经过笔试、初试、复试、面试层层选拔。为激励招商专才队伍干事创业积极性，落实“实行绩效薪酬挂钩和市场化聘用制度”，12月29日，集美区印发《集美区专业化招商队伍选拔方案》《集美区专业化招商队伍管理方案（试行）》，明确增收奖提成系数和提成基数，根据项目差异化因素确定增收奖，激发招商专才动力。

年内，集美区整合全区金融机构和人才力量，启动“产业发展伙伴计划”。祥峰投资、阳光融汇资本、兴旺投资、鼎新资本4家基金投资机构成为集美区首批“产业发展伙伴机构”成员。同时聘请6位投资顾问，加入招商智囊团，助推集美发展。

**【集美区参加第22届投洽会活动】** 2022年，在第22届中国国际投资贸易洽谈会（以下简称“投洽会”）期间，集美区达成合作总投资额404.2亿元，其中合同利用外资及港澳台资71.7亿元；市区两级现场签约项目23个，投资额142.5亿元。其中市级主会场签约1个，即祥峰QFLP（合格境外有限合伙人，即股权基金的出资人）项目，总投资30亿元；市级金砖会场签约1个，即紫云创投电商服务平台项目，总投资0.5亿元。区级签约21个，总投资额112亿元，签约项目涵盖机械装备、电子信息、新能源、商贸物流、文旅等主导产业。

投洽会期间，集美区利用“云上投洽会”邀请重点客商，构建线上对接洽谈，提升高能级企业、高层次客商的参会比例，邀请21名境内外上市公司、行业100强企业负责人参会，超额完成市级下达任务数（15个）。对接市有关部门，承接默克集团、诺华集团、澳门厦门联谊总会“9•8”投洽会代表团、北京外企德科团组4个客商团组的考察接待任务。9月8日，举办“投集美 赢未来”2022集美区投资大会，集中推介集美区营商环境、招商地图、战略前沿产业布局、政府产业引导基金，宣讲集美相关产业扶持政策和智慧化、法治化、贴身化服务举措，展现集美新城、马銮湾新城集美片区及软件园三期、杏林湾营运中心、集美杏林工业区、集美北部工业区、机械工业集中区等重点产业园区。安仁产业园项目落成，纵目科技、劲博汇、韫茂科技、伊科电子、梦之墨（柔墨）、欣思源6家企业入园，加快建设一批集产业生态、产城人融合、共同缔造“三位一体”创新型、国际化的现代科技园区。

2022年9月8日，第二十二届中国国际投资贸易洽谈会暨2022集美区投资大会在集美湖豪生大酒店举行。图为签约现场（林志杰 摄）

**【产业招商成果】** 2022年，集美区持续推动项目签约、落地，东昂光电项目、安耐可机电项目、艾美森新材料项目、通利彩印项目、咏仕服饰项目、白鲸环保增资扩产项目等取得工业用地。元业惟创科技有限公司、神州超算项目、青蛙王子等入驻软件园三期。汽车城二期项目厦门兆翔集泰置业有限公司以1.26亿元通过土地招拍挂取得2022JP15（集美区11-07北站片区岩兴路与珩丰路交叉口东南侧）地块。

科技创新方面，签约海博思创新能源产业创新集群项目、纵目科技增资扩产项目、坤锦电子增资扩产项目、圣微纳米传感器增资扩产项目、稻兴光学产业园项目等，促进集美高新技术产业高质量发展。现代服务方面，签约金龙有货速运、斯巴特科技项目、红点设计博物馆项目、普盛食品销售总部项目，促进新业态新模式发展。资本招商方面，签约青年友好型创新智慧社区平台项目、祥峰投资等重大项目，全年合同外资9.09亿美元，比上年增长185.5%。央地合作方面，签约中铁十一局生态环保项目、中建四局西亭综合体项目、中交一公局杏滨街道PPP（政府与社会资本合作）项目等重大项目。其中，中建四局西亭综合体项目总投资12亿元，通过增加租赁性住房，缓解人才住房，助力人才留在集美。中交一公局杏滨街道PPP项目开发建设集美区妇幼保健院业务综合楼工程等社会民生工程，总投资6.2亿元。（庄宇捷）

## 人事工作

**【概况】** 2022年，集美区有事业单位157个，其中教育系统事业单位83个、卫生系统事业单位8个、其他事业单位66个。事业单位编内工作人员6275人，其中管理人员365人、专业技术人员5811人、工勤人员99人。专业技术人员中，高级岗位在聘578人，中级岗位在聘2083人，初级岗位在聘3150人。

【事业单位人事管理】 2022年，集美区人力资源和社会保障局（以下简称“集美区人社局”）开展招聘录用工作，全年分别与市人社局、市卫健局联合组织及独立组织事业单位编内人员考试3场，招聘卫生技术人员127人，其他人员23人；组织区属国有企业公开招聘工作人员1场，招聘5人；组织公开招聘非在编雇用人员考试1场，招聘5人。年内，完成厦门市2021年度从优秀村（社区）党组织书记、村（居）委会主任中考试聘用镇（街道）事业单位工作人员2人录用工作。开展全区事业单位管理岗位设置与聘任情况摸底调查。完成教育系统近300名公开招聘教师拟聘用、录用审核、工龄认定、岗位聘任工作。

【职称评审】 2022年，集美区教育系统通过中级职称评审136人（其中中学一级教师45人、小学一级教师71人、幼儿园一级教师20人）。区人社局指导区工信局开展2021年度工程系列初级职称评审，通过工程系列初级职称评77人（其中助理工程师63人、技术员14人）。牵头开展集美区2022年初级职称评审、确认信息汇总上报工作，全区通过评审、确认取得初级职称1113人。

【工资福利】 2022年，集美区人社局落实“1+X”（“1”指区纪委对相关职能部门履行落实中央八项规定精神职责情况的再督查；“X”指相关职能部门根据职能和管理权限，在职责范围内对各级各部门落实中央八项规定精神情况进行督查）专项督查机制，规范津补贴、奖金发放，全年开展专项检查4次，抽查单位28家。完成区新冠病毒感染疫情防控期间一线医务人员临时性工作补助审核工作，共4家单位13人，金额4000元。完成卫生系统“两个同等对待”（指《国务院办公厅关于加快医学教育创新发展的指导意见》提出的“面向社会招收的普通高校应届毕业生培训对象培训合格当年在医疗卫生机构就业的，在招聘、派遣、落户等方面，按当年应届毕业生同等对待。对经住培合格的本科学历临床医师，在人员招聘、职称晋升、岗位聘用、薪酬待遇等方面，与临床医学、中医专业学位硕士研究生同等对待”）政策兑现12人。

【人才代理】 2022年，集美区办理毕业生接收手续6962人次，办理调动手续153人次。接收毕业生报到手续4780人，接收整理全区未就业毕业生档案2182份，与595家企业签订立户人事代理协议，新增企业签订立户人事代理协议185家。 （杨鹏鹏）

## 行政服务

【概况】 截至2022年底，集美区有47个单位、108个窗口、636名工作人员进驻区行政服务中心，可办理事项1442项，其中行政审批事项953项、公共服务事项489项。全年受理事项154万件，日均5256件，即办率76%。其中受理“不见面审批”90.99万件（“网上办”82.37万件、“自助办”5.66万件、“邮寄办”1.91万件、“掌上办”1.05万件）。

【政务服务】 2022年，集美区深化“一件事”集成套餐服务改革。推出35项“一件事”套餐，由牵头部门部署“一件事”综合受理窗口，连通全区“智慧审批综合平台”与市级“一件事一次办服务”系统对接工作，推进“一件事”线上线下办理深度融合，实现综合受理、内部流转。根据厦门市行政审批制度改革工作领导小组办公室印发的关于“一业一证”试点改革方案，全区有3家单位开展“一业一证”工作，分别是：区文旅局的出版物发行行业；区市场监督管理局的超市、药店、母婴用品店行业；区卫健局的医疗机构行业。为园区企业开展“业务代办”贴身式服务，服务内容包括“软件企业招商”的招商对接、政策咨询、核准业务受理、企业初审、落地业务受理相关服务；“软件信息服务政策申报”的材料初审、送件受理、现场核查协办相关服务；“规模以上企业提供纳统申报”的流程指导、代办服务等服务事项。并为园区企业全方位打造立体式服务，在园区内配备E政务服务机，可自助办理市区两级20个职能部门197项业务。年内，全区与贵州省贵阳市白云区、贵州省贵阳市南明区、江西省赣州市章贡区、四川省南充市顺庆区4地签署政务服务“跨省通办”合作协议，签署协议双方居民均可在当地区政务服务中心办理通办事项。推动“省内通办”，37项全省高频政务服务“异地代收代办”省内通办事项清单中，集美区涉及的17项高频事项均在线下实体政务大厅设置专窗及咨询台。135项福建省高频政务服务“跨省通办”事项中，集美区涉及的73项均完成“跨省通办”配置。

【工程建设项目审批制度改革】 2022年，集美区“阿集帮办”为前来报件的145个重点项目，跟踪记录315件事项审批情况，对20个重点项目编制分月计划表，与审批服务部门对接，确保项目事项顺利办结。其中介入帮办橙联跨境电商产业园、农鑫厂房及配套设施项目、J2021G03-G地块厂房及配套设施、德邦快递福建总部&厦门智慧物流产业园、华润混凝土（厦门）有限公司建设项目等31个项目，提供帮办服务92次，获业主赠送锦旗3次，在“中国福建”公众号《效能快车》发布。

【青年发展友好型城市助力】 2022年，集美区聚势赋能助力两岸青年创业。成立首个全国两岸青年创业创新行政赋能顾问团工作室。该工作室由区税务局联合区委改革办、团区委、市场监管局等10个部门组成，设于区政务服务中心2楼，为集美两岸青年提供“打包式”的创业政策辅导。通过创新“行政赋能”模式，与辖区台湾青创基地和高校代表签订服务协议，推出10项精准帮扶举措，为其提供精准直达服务，节省时间抓住创业初期宝贵的发展机遇。成立全市首个“大学生创业就业服务驿站”。为35周岁以下在集美创业就业的高校毕业生提供65个有关法人和个人办理事项的导办、帮代办等暖心服务，以及9项关于高校毕业生相关扶持政策、银行开户及普惠贷款相关政策的咨询服务。此外，驿站还为服务对象提供事项办理进度跟踪等服务，协调解决办事过程中相关问题，促进办理事项完成。同时，作为“大学生实践实习基地”，驿站也将联合厦门市大学生创业促进会与辖区高校，为大学生提供实践实训平台。

【行政服务党建引领】 2022年，集美区行政服务中心以“红耀桐林情满政务”党建品牌为引领，坚持“围绕发展抓党建，抓好党建促发展”，促进党建与业务深度融合。中心机关党委“红耀桐林情满政务”党建品牌从1000多家参评单位中脱颖而出，被人民网福建频道、省委组织部、省委党校、省委教育工委等单位评为“福建省新时代党建优秀案例”，以第三名的成绩被区委组织部评为“集美区十佳优秀品牌”。区行政服务中心党群服务中心被市委组织部授牌作为厦门市党员实训基地。 （蓝晓梦 潘志远）

## 对口支援

【概况】 2022年，集美区东西部协作帮扶宁夏回族自治区彭阳县，省内山海协作帮扶三明市清流县、龙岩市新罗区，助力协作地巩固拓展脱贫攻坚成果同乡村振兴有效衔接，拨付帮扶资金彭阳县900万元、清流县2000万元、新罗区1200万元。

【东西部协作】 2022年，集美区东西部协作帮扶宁夏回族自治区彭阳县。5月10—13日，集美区副区长林伟艺带队到彭阳县调研对接闽宁协作工作；7月7日，集美区代区长倪杰与彭阳县县长周浩共同召开联席会议；7月14—16日，集美区委书记胡旭彬带队到彭阳县对接推进东西部协作工作，双方签订“2022年度东西部协作框架协议”；10月15日，中共集美区委、集美区人民政府印发《2022年东西部协作工作意见》。全年组织6个镇（街道）、9个村（社区）、5家区属国企、6个社会组织、7所学校、2家医院分别与彭阳县相应单位开展结对帮扶；协助彭阳县新增落地企业20家，实际到账投资额1.81亿元；采购、助销彭阳县农畜牧产品价值2.01亿元；募捐社会帮扶资金412.25万元，捐赠物资折合25.55万元；拨付帮扶资金900万元，乡村振兴专项资金600万元。

2022年8月4日，宁夏回族自治区彭阳县供销社在集美区乡村振兴协作交易中心举行农产品推介会 （吴觅亮 供图）

【省内帮扶】 2022年，集美区省内山海协作帮扶三明市清流县、龙岩市新罗区。4月26—28日，集美区副区长林伟艺带队到龙岩市新罗区、三明市清流县调研对接；6月30日，分别签订“厦门市集美区—三明市清流县2022年对口协作帮扶框架协议”“厦门市集美区—龙岩市新罗区2022年对口协作帮扶框架协议”；7月22—23日，集美区委书记胡旭彬带队到龙岩市新罗区、三明市清流县对接推进对口协作工作；7月29日，胡旭彬与到访的龙岩市新罗区委书记张锋共同召开党政联席会议；7月31日，胡旭彬与到访的三明市清流县委书记吴钟民共同召开党政联席会议；8月2日，集美区委副书记、区长倪杰到三明市清流县调研，并参加省高级人民法院组织召开的清流县挂钩帮扶工作推进会；分别拨付帮扶资金三明市清流县2000万元、龙岩市新罗区1200万元。组织9名骨干教师、12名卫健专家到三明市清流县、龙岩市新罗区开展协作交流。协助新增落地企业清流县、新罗区各2家，计划总投资66.75亿元，带动农村劳动力就业140人。分别发布招聘岗位龙岩市新罗区4324个、三明市清流县超1500个。 （林亚荣）

# 中国人民政治协商会议厦门市集美区委员会

## 综　述

【区政协年度工作】 2022年，中国人民政治协商会议第九届厦门市集美区委员会（以下简称“集美区政协”）召开全体委员会会议1次、常委会会议5次、主席会议9次；组织开展调研视察50余次、协商议政20余次；报送常委会建议案1件、高校委员座谈协商建议案2件，视察、协商和民主监督专报10件；审查立案提案135件；形成课题调研报告30篇。通过专门渠道受理社情民意信息387篇，编报26期，区领导批示办理12篇，被全国政协和省、市政协采用48篇。新建委员活动中心、活动室、读书基地、协商议事室、界别联络站等各类履职阵地15个，并实现6个镇（街道）全覆盖，园博社区成为全市唯一省、市、区三级政协委员联系点。年内，集美区政协办公室获评为厦门市“五一先锋号”。

【“委员基层行”系列活动】 2022年，集美区政协以“服务群众见行动，深入基层助发展”为主题，开展委员基层行系列活动：组建委员宣讲队，深入园博、海凤、莲亭、崎沟、岩内等村（居），开展“一精神三文化”（嘉庚精神和华侨文化、闽南文化、学村文化）、家庭教育、亲子课堂等专题讲座；组建委员医疗服务队，到集美少儿图书馆和深青、乐海、康城等村（居），开展“糖尿病并发症的识别、处理及预防”“口腔健康知识普及”“常见肝胆疾病的诊治”等健康知识讲座和义诊活动；组建委员企业服务队，走进雅特尔（厦门）实业有限公司、厦门市巨龙信息科技有限公司等企业，进行税法常识、财务知识、人才政策宣讲，并为破解企业发展瓶颈献计献策；组织委员与相关单位进行民主协商，围绕打通集美湖周边断头路、改善环境卫生、缓解停车难等问题提出相关建议；组织委员志愿服务队，开展垃圾分类宣传、诚信宣传、洁净家园、文明交通督导、新冠病毒感染疫情防控、爱心助残等志愿服务活动30余次，参与委员130余人次；组织部分委员开展爱心帮扶，资助21名贫困学生和困难家庭，向区教育基金捐款300多万元，开展夏季下基层走访，慰问清凉物资500多箱。

【政协委员培训】 2022年，集美区政协组织委员培训2场。3月3—5日，举办以“新征程、新使命、新担当”为主题的全体委员培训班，开设“学习贯彻中共十九届六中全会精神及习近平总书记致厦门经济特区建设40周年贺信重要精神”“习近平总书记关于加强和改进人民政协的重要思想”“人民政协的光辉历程”等专题讲座和“如何做好政协提案”和“如何写好社情民意信息”的专题辅导课程。9月21—23日，举办区政协常委暑期研习班，开设追寻习近平福建足迹、厦门足迹，领悟“两个确立”决定性意义，当前国际形势和新时代中国统一事业等专题课程。 （杨　武）

## 重要会议

【概况】 2022年，集美区政协召开全体委员会议1次、常委会会议5次、主席会议9次，对委员履职和机关工作进行全面谋划、部署，确定视察调研、民主监督、协商议政等重要事项，确保区政协各项工作开展。

【区政协九届二次会议】 2022年12月19—21日，集美区政协召开九届二次会议，市政协副主席李钦辉、区委书记胡旭彬、区人大常委会主任张剑鸣、区政协主席蔡冬梅以及区委、区人大常委会、区人民政府、区人民法院、区人民检察院、驻集美高校领导、区政协部分老领导和全体政协委员出席大会。大会听取蔡冬梅代表九届区政协常委会所作的工作报告和黄云茜所作的提案工作报告；听取区政协九届二次会议提案审查情况报告；审议通过区政协九届二次会议决议；通报表扬优秀提案、提案承办先进单位；5名委员在会上作大会发言。会议期间，委员列席区人大十三届三次会议，听取区政府工作报告、区人民法院工作报告、区人民检察院工作报告，书面协商区财政工作报告。全体委员学习贯彻中共二十大精神。

【区政协常委会会议】 2022年，集美区政协召开常委会会议5次。

2月24日，区政协主席蔡冬梅主持召开九届一次常委会会议，专题学习习近平总书记在中共中央政协工作会议暨庆祝中国人民政治协商会议成立70周年大会上的重要讲话精神、习近平总书记致厦门经济特区建设40周年贺信重要精神和《中国人民政治协商会议章程》以及省政协十二届五次会议、市政协十四届一次会议精神；协商通过《政协第九届集美区常务委员会 2022 年工作要点》；审议通过《2022 年集美区政协重点协商和民主监督计划》《集美区政协主席副主席联系常委、常委联系委员制度》《中国人民政治协商会议厦门市集美区委员会委员履职工作规则》《中国人民政治协商会议厦门市集美区委员会关于强化政协委员责任担当的实施意见》《政协集美区委员会关于委员履职量化考核评价暂行办法》和九届区政协各专门委员会设置及各专门委员会主任、副主任、委员名单，各镇（街道）联络组组长和委员名单。

8 月 30 日，蔡冬梅主持召开九届二次常委会会议，围绕“打造青年界面友好服务体系推进青年发展友好型城区建设”开展协商议政。会上，13 名来自各民主党派、区政协相关界别的常委、委员，从打造“观感”友好的城市界面、形成与青年共融共情城市格局，营造宜居宜业友好生活圈，关注大学生和台青需求等方面建言献策。

12 月 12 日，蔡冬梅主持召开九届三次常委会，传达学习贯彻中共二十大精神和全国政协十三届二十四次常委会会议精神以及中共福建省委十一届三次全会、中共厦门市委十三届三次全会精神；听取政府系统办理区政协九届一次会议以来提案情况通报，审议通过区政协九届二次会议有关事项，听取并审议政协第九届厦门市集美区委员会常务委员会工作报告和提案工作报告；审议通过有关人事事项。

12 月 19 日，蔡冬梅主持召开九届四次常委会，听取各专委有关区政协常委工作报告和提案工作报告讨论情况汇报。

12 月 20 日，蔡冬梅主持召开九届五次常委会，听取各专委有关“一府两院”（区人民政府、区人民检察院、区人民法院）工作报告、财政工作报告及区政协九届二次会议决议（草案）讨论情况汇报；审议通过提交大会表决的大会决议（草案）；审议提案审查情况报告（草案）。

【区政协主席会议】 2022 年，集美区政协召开主席会议 9 次。分别组织传达学习中共中央、省委和市委重要会议精神；审议区政协 2022 年重点协商和民主监督计划、年度工作要点和区政协常委会工作报告、常委会提案工作报告等议题；研究确定专题视察、对口协商、民主监督、评议部门工作、提案办理考评、课题调研评审和全体委员培训、“委员基层行”系列活动等事项。（杨　武　林若虹）

## 协商议政

【概况】 2022 年，集美区政协召开对口协商 3 次，高校委员座谈协商 2 次，内容涉及推进全区托育机构规范经营管理工作、推进高端医养产业与居家养老服务协同发展、创新社会治理工作、加强政产学研用协同促进数字经济发展、打造高素质高颜值影视音乐名城等方面。

【对口协商】 2022 年，集美区政协围绕助推重要工作落实，邀请区相关职能部门开展对口协商活动 3 次。4 月 21 日，邀请区政府办、卫健局、市场监督管理局、自然资源与规划分局、人社局、民政局、妇联、建设与交通局（质量安全站）等部门就推进全区托育机构规范经营管理工作，与区政协教科卫体委、社会法制与民族宗教委开展对口民主协商，提出加强顶层设计、加大扶持力度、加快人才培养、加大宣传力度、加强行业监管 4 个方面建议 15 条。6 月 8 日，邀请区民政局、发改局、卫健局、商务局和各镇（街道）就推进高端医养产业与居家养老服务协调发展，与区政协港澳台侨委开展对口民主协商，提出构建多设施供给体系、提升多层次服务体系、完善多要素保障体系 3 个方面建议。7 月 8 日，邀请区委政法委、文明办、区工信局、司法局、城管局、民政局、集美公安分局和各镇（街道）就创新社会治理工作，与区政协社会法制与民族宗教委开展对口协商，提出强化政治引领、完善法治保障、加强德治建设、推动居民自治、提升智治水平 5 个方面建议。

【高校政协委员座谈协商】 2022 年，集美区政协开展高校委员座谈协商 2 次。7 月，区政协围绕“加强政产学研用协同，促进数字经济发展”主题，组织委员针对全区数字产业规模偏小，数字产业龙头企业、领军企业培育力度不够，产学研融合互促不够深化，产业数字化水平较低等问题开展调研和座谈走访，并于 7 月 7 日组织高校委员、部分专委委员和辖区高校专家学者及相关业界代表召开座谈协商，提出加强统筹规划、聚力推动数字经济创新发展，努力打造软件名园、加速形成数字产业发展高地，加快推动产业数字化、促进数字经济和实体经济融合发展，完善数字化应用环境、加速培育数字经济新生态，深化产学研合作、聚力打造数字人才新体系 5 个方面 13 条建议。10 月 13 日，区政协围绕“打造高素质高颜值影视音乐名城”召开高校委员座谈协商会，12 名高校委员和专家围绕加强顶层设计、搭建发展平台、开发特色项目、推动政产学研用深入融合、延伸数字产业链 5 个方面建言献策。

（郑艺辉　林若虹）

## 民主监督

【概况】 2022 年，集美区政协完善民主监督机制，推动政协民主监督的制度化、规范化、程序化，把民主监督贯穿各类履职形式和过程，开展专项民主监督 2 次，提出意见建议 28 条；探索针对专项重点工作对相关区直部门开展民主评议 1 次，推动重大项目、民生实事落地见效。

【专项民主监督】 2022年，集美区政协开展专项民主监督2次。8月，区政协围绕推进“正本清源”雨污水改造工作，组织城市建设与资源环境委委员会成立专项民主监督小组，到辖区污水处理站及雨污管道改造情况点进行前期调研；8月31日，实地查看际诺思（厦门）轻工制品有限公司雨污分流改造情况和前场污水处理厂一期工程建设、运行情况后，召开专项民主监督协商会，区市政园林局、农业农村局、建设与交通局、集美生态环境局、集美城发公司等单位领导参加，会议针对施工管理、信息技术监测、后期维护等方面工作，提出强化统筹推进、强化智能监管、强化宣传引导、强化提质增效4个方面建议12条。10月，区政协围绕全区落实教育“双减”（减轻义务教育阶段学生过重作业负担和校外培训负担）工作推进情况，组织教科卫体委委员成立专项民主监督小组，对校外辅导机构百分冠课外培训中心有限公司和滨水学校进行前期调研；10月27日，区政协召开专项民主监督协商会，区政府办、教育局、财政局、发改局、人社局等部门负责人应邀参加，会上针对教师工作时间过长、课后延时服务内容较为单一、教育提质增效与家长期待仍有差距、家校社联动机制不畅、引导帮扶校外辅导机构转型思路不多等问题，提出推广“集团化”办学、合作办学模式、抓好教师队伍建设、健全科学评价办学标准体系、拓展课后延时服务内容、营造“双减”氛围、加强“家校社”良性互动、强力推动教育教学改革、强化校外培训机构监管等建议。

【部门工作评议】 2022年，集美区政协组织对区市政园林局水环境治理工作开展评议。区政协组织召开评议工作动员会，传达部署民主评议工作具体要求，现场发放意见征求表；组建3个评议调研组，分别到被评议单位，了解工作情况和存在问题，形成初步评议意见。根据《集美区政协民主评议部门工作考核表》，分别从落实中共集美区委、区政府决策部署和完成各项工作任务的情况、部门工作中亮点和特色工作方面、部门工作中存在的薄弱环节、提案意见建议的整改落实情况4个方面对区市政园林局履职工作进行考评。从评议情况看，区市政园林局能认真履行职责，从“标本兼治、系统治理”的角度出发，在源头抓好截污控源、系统抓好综合治理、有效给予生态补水、内源治理、生态修复等方面做好水环境治理工作。同时，区政协将调研发现的问题反馈给被评议单位。（王新苗 林若虹）

2022年8月31日，集美区政协组织专项民主监督小组到际诺思（厦门）轻工制品有限公司查看雨污分流改造情况（区政协 供图）

## 提案办理

【概况】 2022年，集美区政协九届一次会议收到委员提案245件，立案135件，其中委员提案125件、党派团体提案10件。提案类别分：经济建设类31件，城市建设类48件，文化建设类43件，社会建设类11件，生态文明建设类2件。确定重点提案4件，分别为《关于以评价改革为突破，持续做好我区义务教育双减工作的后半篇文章的建议》《关于集美机械工业集中区打造新能源汽车产业链的建议》《关于后疫情时代，加强我区卫生工作的有关建议》《关于进一步推进集美乡村振兴工作的有关建议》。收到提案复函件176件（含61件分办单位复函件），提案立案解决落实72件，进行办理落实87件，受客观条件限制列入计划研究解决17件。提案人表示满意或基本满意176件，委员满意率100%。

【《关于以评价改革为突破，持续做好我区义务教育“双减”工作的后半篇文章的建议》落实】 2022年，民建集美新城支部提出的重点提案《关于以评价改革为突破，持续做好我区义务教育双减工作的后半篇文章的建议》由集美区教育局主办。区教育局结合“双减”（减轻义务教育阶段学生过重作业负担和校外培训负担）政策及时修订集美区素质教育督导评估方案，规范教学工作和教师评价，加强作业管理和校外培训管理，减轻学生课业压力和家长负担，促进集美教育高质量发展。具体表现在：坚持教学实绩和师德考核相结合原则，全面评价教师综合能力；坚持为教师“减负”，减少督查检查评比考核事项，规范社会事务进校园，推动教育回归教学本质；坚持多方资源共建共享，构建“家校社”共育机制，联合周边高校资源、爱心机构，挖掘内部退休教师、教育达人，引进外部资深和专家讲师进校园进社区进家庭，夯实基层家庭教育师资力量；成立全市首个家庭教育指导中心，开展家庭教育研究、宣传培训等工作；规范作业管理与课后服务，减轻学生课业压力，扩大课后服务范围，提高课后服务质量，加强校外培训整治，减少学生课外负担等举措。提案人对办理结果表示基本满意。

**【《关于集美机械工业集中区打造新能源汽车产业链的建议》落实】** 2022年，集美区政协委员方富林提出《关于集美机械工业集中区打造新能源汽车产业链的建议》，由集美区工信局主办。区工信局强化领导，与提案人沟通协商，提出落实意见措施：全区新能源汽车产业链建链强链上游关键原材料领域、中游电机电控领域均具备良好的产业发展基础。全力支持推动金龙联合从传统油气客车制造向新能源汽车转型。对接中国信通院，多次协调市、区两级各相关部门，携手金龙联合公司、厦门数字智造工业研究院以及辖区智慧交通产业相关企业推动集美软件园三期车路协同应用场景试点落地，加速辖区新能源汽车和智慧交通产业发展。同时，加强新能源汽车项目的招商工作。提案人对办理结果表示满意。

**【《关于后疫情时代，加强我区卫生工作的有关建议》落实】** 2022年，集美区政协委员荀山英、付菊琴、万群等提出的《关于后疫情时代，加强我区卫生工作的有关建议》，由区卫健局主办。区卫健局针对每位提案人建议逐一进行回复。对“尽快设置杏林街道社区卫生服务中心集美新城分中心的建议”，区卫健局推动该项目选址立项，该项目调整至集美新城片区、杏锦路东侧，西亭安置房以及立言路西侧，面积约3500平方米，相关手续逐步推进。“关于加强基层医疗机构服务能力和水平的建议”，区卫健局通过重新调整区属基层医疗卫生单位人员编制数、出台《集美区卫生人才引进和培育实施细则》，深化人才队伍建设；规划设置分中心，加快基层医疗设施建设；加快中医药健康服务等措施，提高基层医疗机构服务能力和水平。“关于以社区卫生服务中心为依托，建立医养融合康复服务中心的建议”，全区运营养老机构6家，建成养老服务照料中心6家，建有农村幸福院33家，居家养老服务站67家，通过家庭医生签约服务完善居家养老医疗卫生服务、深化医养融合发展，促进现有医疗卫生和养老机构合作，发挥互补优势。“关于提升临聘医务人员待遇，稳定医务人员队伍的建议”，区卫健局要求各基层卫生单位在核增一次性绩效总量等激励性机制分配时，对编外用工一视同仁，并重点向一线及高风险、重要岗位倾斜；同时根据工作实际，适时调整高风险岗位人员待遇，其中隔离场所管理采购服务医务人员待遇，避免该部分人员流失。提案人对办理结果表示满意。

**【《关于进一步推进集美乡村振兴工作的有关建议》落实】** 2022年，集美区政协委员杨仁太、黄坚定、郑安安等提出的《关于进一步推进集美乡村振兴工作的有关建议》，由区农业农村局主办。区农业农村局针对建议逐一进行回复。“关于推进集美乡村振兴工作的建议”，通过加强队伍建设，加挂区乡村振兴局牌子，增加行政编制2名，增核事业编制2名，增设乡村振兴科；通过全面开展乡村振兴村庄规划编制工作，盘活农村存量建设用地等措施逐步加以推进。“关于解决乡村振兴用地用人用策的建议”，通过采取盘活农村存量建设用地、预留乡村产业发展空间、预留农村建设用地指标、支持鼓励乡贤和年轻人才回村参与乡村振兴工作等措施，预留用地，引才回乡。“关于加快推进集美乡村产业振兴的建议”，依托“一村一品”示范村建设，挖掘休闲农业潜力，促进乡村旅游资源与“一产”融合，市级以上休闲农业示范点8家，灌口田头村被评为省级美丽休闲乡村，全区有218家农民专业合作社、85家家庭农场。坚持生态农业发展，加强农药使用安全技术指导，结合全区总体规划和旅游线路总体规划，把休闲农业和乡村旅游作为乡村振兴一项重要内容，发展休闲农业。提案人对办理结果表示满意。（王新苗）

## 视察与调研

**【概况】** 2022年，集美区政协贯彻落实省、市、区委开展“提高效率、提升效能、提增效益”行动要求，坚持方案先行、调研在前；创新专题视察模式，主动向市政协、辖区高校争取支持，实现市、区政协联动视察；打破专委、界别界限，开展联合履职，实现力量叠加、优势互补，推动专题视察更“专”更“实”。全年组织视察3次，提出建议44条。

**【主席会议视察】** 2022年，集美区政协开展主席会议视察1次。4月26日，组织主席会议成员和提案委、港澳台侨委部分委员视察海峡两岸乡村振兴合作基地和溪林生态示范动线建设情况，提出加强统筹规划、壮大集体经济、突出融合发展、强化人才支撑、注重保护生态、完善乡村治理6个方面建议。

**【政协专题视察】** 2022年，集美区政协开展专题视察2次。5月12日，组织城市建设与资源环境委、社会法制与民族宗教委委员视察辖区交通“堵

2022年5月12日，集美区政协组织政协委员到集美消防大队听取工作人员介绍区交通堵点分布及改善情况
（林志杰 摄）

点”情况，提出完善路网建设管理体系、紧盯重要路段打通关键“堵点”、升级智能系统缓解路口拥堵、优化交通设施建设管理4个方面建议。6月16日，组织经济与农业农村委委员围绕“推进‘专精特新’企业发展情况”开展专题视察，提出开展梯度培育完善孵育政策、鼓励技术创新强化研发能力、畅通融资通道优化营商环境、健全服务体系加强多要素保障4个方面建议。

【政协课题调研】 2022年，集美区政协围绕中共集美区委、区政府工作大局，组织开展“以高校产业技术联盟为抓手，推动政产学研用高质量融合”重点课题调研，并形成调研成果。组织区政协各专委、各镇（街道）政协工作联络组和各民主党派、工商联、人民团体等参加政协单位开展课题调研，形成调研报告29篇。

【社情民意收集】 2022年，集美区政协收集社情民意信息449条，采用并上报241条，编印工作动态期刊12期，政协社情民意专刊27期。其中《构建海洋创新生态链协同赋能我国海洋生物医药产业竞争力水平》《关于在福建厦门设立闽台族谱博物馆的建议》《加强来华留学生趋同管理的建议》《从南京玄奘寺事件看加强党对宗教工作领导的重要性》《建议改称“台军”为“台湾地区武装力量”》《关于培育华裔新生代中华文化认同感的建议》《关于给律师袍增设一粒纽扣的建议》7篇被全国政协采用；《构建海洋创新生态链协同赋能我国海洋生物医药产业竞争力水平》《关于在福建厦门设立闽台族谱博物馆的建议》《加强来华留学生趋同管理的建议》《从南京玄奘寺事件看加强党对宗教工作领导的重要性》《建议改“台军”为台湾地区武装力量》《关于培育华裔新生代中华文化认同感和归属感的建议》《关于给律师袍增设一粒纽扣的建议》《关于加强高校宗教工作管理与防范的建议》《逐渐扩充中小学国家统编教材，增强文化认同与文化自信》《普通高中分级过细导致“内卷”式抢人问题应予以纠正》《建议在闽政通增加“回顾建设成就专刊”，为中共二十大召开营造良好氛围》《快递驿站消防安全隐患不容忽视》《反电信诈骗“断卡”行动应避免矫枉过正带来的“副作用”》《警惕猴痘病毒在大学校园中的传播风险》《以〈台湾通史〉多语译本为载体，推动“一个中国”理念国际传播》《应防范失信人员利用购票和验票环节漏洞逃避“限高令”》《建议〈新闻联播〉等节目的“疫情通报”内容宜适时调整》《关于规范港澳地区传媒行业对我国台湾地区行政部门名称表述的建议》18篇被省政协采用；《关于支持集美区建设两岸融合发展集成服务示范区的建议》《文旅融合大时代中厦门文旅产业突围新模式》2篇被市领导专报件采用；《关于在景湖南路和灌口大道交叉T形路口设置红绿灯的建议》《打通杏林湾商务营运中心电梯堵点提升营商环境》《关于在斑马线与人行道交界处增设无障碍坡道的建议》《关于改善软件园三期园区营商环境的建议》《关于推进我区制造业高质量发展的建议》《关于在杏锦路连接海翔大道至华西医院门口段增设路灯、专属非机动车道，打造平安新城的建议》《关于整修光滑路面，保障民众出行安全的建议》《关于改善交通文明环境的建议》《关于加强垃圾分类精细化管理的建议》《关于集美交通改善的建议》《快递驿站消防安全不容忽视》11篇社情民意专报被区领导批示；《关于改善我区交通环境的建议》《关于加大政策扶持力度，促进专精特新企业发展的建议》《关于进一步推动我区产学融合创新驱动发展的建议》《培育先进制造业企业壮大我区实体经济的建议》《构建元宇宙场景助推集美区文旅产业提档升级》《促进集美乡村旅游产业点线化、规模化发展的建议》《聚焦青年，推动杏林湾片区青年发展友好型城区建设》《基层社会治理现代化的对策建议》《改进社区网格化管理与服务的建议》《关于科学推进集团化办学，促进基础教育优质均衡发展的建议》10篇大会发言材料获区领导批示。

（沈 琦 林若虹）

# 纪检监察

## 综　述

**【纪检监察年度工作】** 2022年，集美区纪检监察机关学习贯彻中共二十大和党的十九届六中、七中全会精神，立足服务保障全区新冠病毒感染疫情防控和经济社会发展大局，推动纪检监察工作高质量发展。全年立案55件，谈话函询61人次，给予党纪政务处分52人，移送司法机关6人，受理信访举报比上年下降15.78%。

**【“两个维护”自觉践行】** 2022年，集美区纪委监委坚持“小切口”监督思路，聚焦招商引资、乡村振兴、生态环保等区委中心任务，筛选推动惠企政策落实、提升乡村振兴资金使用效率等项目14个，细化制定监督举措43项，建立措施、问题、整改“三清单”工作台账，照单全程跟进监督482场，及时纠治竣工项目结算不及时、正本清源项目沟通协调不畅等问题693个，推动城发公司通过专职督查、完善平台、项目评价等方式加速项目结算、项目费用送审率提升至92.02%，侨英街道清理废品回收站点107家、清腾土地面积约4万平方米，推动建立完善乡村振兴联合督查、示范村共建、农村危房改造审批指导等机制11项。加强对“关键少数”的监督，梳理《集美区加强对“一把手”和领导班子监督的责任清单》，建立“三谈两清单一评价”机制[三种谈话类型：上级“一把手”对下级“一把手”谈话；党（工）委、党组“一把手”对同级班子成员谈话；纪委书记对下级“一把手”谈话。两清单：建立“正面清单”及定期通报、建立“问题清单”及专题教育制度。一评价：定期评价制度]，推动各级各单位组织“一把手”违规违纪典型问题警示教育3个专题156场。对14个区委直属党组织开展政治生态评价，提出修复意见46条。协助区委推进全面从严治党，督促各级各部门对省、市、区主体责任检查反馈问题进行整改，推动制定整改措施398项，问题整改170个，问责处理干部11人。

**【纪检监察队伍建设】** 2022年，集美区纪委监委加强政治建设，紧扣中共二十大精神学习宣传贯彻要求，组织“谈书论道、起而行之、百家争鸣”系列学习教育活动。开展《闽山闽水物华新——习近平福建足迹》、习近平总书记致厦门经济特区建设40周年贺信重要精神等大学习、大讨论活动，策划“浔江春日好读书”“发现诗经里的美”等主题月享读书会，组织委机关党员干部到辖区重大项目工地现场参观学习。本土新冠病毒感染疫情防控期间先后选派60余人次下沉一线、增援抗疫。建立“区镇村”三级培训机制，开展专题培训4场次226人次，组织镇（街道）纪（工）委书记履职交流、“监检法”（区纪委监委、区检察院、区法院）三家业务研讨和同堂培训。制作《审查调查安全文件汇编》及相关措施使用配套文书模板，实行“月通报季分析”制度抓好安全监管，组织“监检法”三家会签《关于加强和完善职务犯罪案件衔接机制的会议纪要》。协助区委出台《关于推进区属企业纪检监察体制改革的实施意见》，发挥区属企业纪检监察机构的监察监督作用。调整全区派驻机构组别及其监督对象，理顺派驻机构干部管理及考核、选拔任用等运行机制。以“整治群众身边不正之风和腐败问题”为选题，在全市各区率先完

2022年12月14日，集美区纪委监委工作组走访灌口镇第二社区，了解该社区便民服务基础设施改造项目完成情况　（李松荣　摄）

成监委向人大常委会专项报告工作。加大严管严治、自我净化力度，坚决防治“灯下黑”。（区纪委办）

## 监督执纪

【群众身边腐败和作风问题整治】 2022年，集美区纪委监委督促职能部门解决“三资”（农村集体资金、资产、资源）管理不规范、小区公共收益未公开、违规领取失业养老保险等问题128个，查处漠视群众利益、工作推进不力党员干部16人。做好“四访”（开门接访、全员接访、带信下访、入户走访）工作，开展“三多”（多年、多层、多头）信访举报专项治理及专项行动，推动化解信访举报9件，解决群众关心问题4个。整合村（居）纪检委员、村（居）务监督委员会等监督力量，牵头组织、建设、农业等部门开展加强“三资”管理、工程建设管理政策解析等7门课程培训，出台《村（居）务监督工作细则》《村（居）务监督工作指南》，明确监督重点，打通基层监督“最后一百米”。创新建立“晒诺、践诺、评诺”机制强化村（居）“一肩挑”（村党组织书记、村民委员会主任、村股份经济合作社董事长由同一人担任）人员监督，推动召开“村民开放日”汇报情况、接受质询69场次，完成便民停车场建设、自来水改造工程、便民服务基础设施改造升级等民生承诺事项215个。紧盯村级决策、资产管理、惠农政策落实等关键领域，采取交叉监督、提级监督等方式，确保基层小微权力规范运行。深化重点领域专项整治，常态长效“打伞破网”，立案查处涉黑涉恶腐败及其“保护伞”6人，追责问责3人。

【日常监督】 2022年，集美区纪委监委即时纠治“四风”（形式主义、官僚主义、享乐主义和奢靡之风）问题，查处违规接受宴请、收受礼品礼金、公款旅游等问题9件10人；坚决纠治推诿扯皮、敷衍应付、不严不实等形式主义、官僚问题，处理党员干部26人。深化“一区一清单”“一企一清单”“一镇（街道）一清单”，开展专项整治10场次，发现并督促整改公车管理不规范、违规发放津补贴等问题51个，谈话提醒、批评教育18人，推动健全招标采购管理、公车使用管理等规章制度28项。打造“集清扬美”微信公众号、清风园、“一镇一孝廉”等传播阵地，常态化加强党风廉政宣传、警示教育、家庭家教家风教育。坚持严管厚爱相结合，综合运用“四种形态”（第一种形态，经常开展批评和自我批评、约谈函询，让“红红脸、出出汗”成为常态。第二种形态，让党纪轻处分、组织调整成为违纪处理的大多数。第三种形态，让党纪重处分、重大职务调整的成为少数。第四种形态，让严重违纪涉嫌违法立案审查的成为极少数）批评教育帮助和处理205人次。

2022年6月23日，区纪委监委监督检查组在区行政服务中心对服务群众情况进行明察暗访（区纪委监委 供图）

【反腐败斗争】 2022年，集美区纪委监委保持惩治腐败高压态势，建立“1234”（一个专班、“两手抓”、三项机制、四种监督）工作法，坚持“四个结合”[问题线索清理与推动党委履行主体责任、与一体推进“三不腐”（不敢腐、不能腐、不想腐）、与锻造队伍能力素质、与严守安全底线相结合]工作机制，办结积压问题线索178条，立案超一年未结件率先清零。探索“监企”（监察机关和企业）联动办案模式，跨省办理“双管”[工作地点（党组织关系）在地方、干部管理权限在主管部门]央企干部职务犯罪案件。落实市纪委监委纪检监察建议，督促杏林建设公司开展“一案一整改”，召开反思原董事长王某案件教训专题民主生活会，规范党风廉政、工程建设等6个方面13项内控机制，强化以制度管权管人。健全以案促改、以案促治常态机制，制发纪检监察建议书4份，形成案件剖析报告10份，督促案发单位建立健全违建审核、投资采购、招投标等制度机制18项。全年组织全区各部门常态化开展警示教育活动2334场次，受众6.8万人次。成立“印斗南”新时代廉洁文化传播工作室，创作系列廉洁文化精品。策划打造集美区马銮湾“不染园”廉洁文化教育基地，与中铁驻厦企业开展“监企”廉洁文化共建活动。在全区开展“廉有力”廉洁文化建设活动，建强廉洁文化传播“矩阵”。（区纪委办）

# 民主党派与工商联

## 中国国民党革命委员会集美总支部

【概况】 2022年，中国国民党革命委员会集美总支部（以下简称“民革集美总支”）下辖2个支部，党员总数79人，其中年内新增5人，转出1人。党员中，有市政协委员1人、区人大代表3人、区政协委员3人、区政协特约研究员2人。年内，党员洪昱斌获全国五一劳动奖章；王碧文获“福建省级特级教师”称号；林小芬获评为“厦门市精神文化和宣传文化工作先进个人”；杨福全被中共厦门市委、市政府表彰为“爱心厦门”建设工作先进个人；徐干远被聘为中共厦门市委组织部“双百人才”评审专家，并获2021年度民革厦门市委信息、宣传先进个人一等奖和民革福建省委“2017—2022年度优秀民革党员”称号；黄平生被中共厦门市委宣传部、厦门市司法局选入厦门市“八五”普法讲师团成员。

【参政议政】 2022年，民革集美总支开展社情民意调研，报送社情民意信息105篇。其中，民革中央采用2篇，全国政协、福建省政协采用各2篇，市政协采用8篇，集美区政协采用53篇（其中1篇获集美区领导批示）。

【对台工作】 2022年，民革集美总支党员徐卫勇带领灵玲演艺公司举办第四届海峡两岸马戏亲子文化节，为促进两岸文化交流作出贡献。党员林庆同设立的台之缘两岸农旅基地获得厦门市创业大本营（港澳台青创类）称号和翔安区“评议效能机关企业联络点”资质，该基地组织台胞和台湾岛内的亲人“云拜年”、台青到家里“围炉”活动被《中国日报》中文网报道，清明节举办的“云祭英烈”等活动被《中国新闻》和《中国改革报》报道。林庆同主讲的商业模式在《改革网》和“学习强国”学习平台报道推广。林庆同成立福建首个以两岸联姻为特色的台缘志愿服务队，截至年底，有志愿者87人。年内，台缘志愿服务队协助十几位台胞子女对接和解决教育问题，扶持7名台湾青年成功创业。

【社会服务】 2022年，民革集美总支为集美区特殊教育学生捐赠2000元。到集美区福乐家园开展慰问活动，为智力残疾人员送去生活用品价值6000元。党员杨福全每两周到福乐家园义务为残疾学员上美术课。徐干远为集美区特殊教育学生等捐赠3.15万元，并多次到软件园、市中小企业服务中心、商协会义务讲解税法。（林小芬）

## 中国民主同盟集美区基层委员会

【概况】 2022年，中国民主同盟集美区基层委员会（以下简称“民盟集美区基层委”）下设公共、文化、企业、中科院城环所、教育、厦门十中、集美工业学校、集美中学8个支部，以及信息调研工作、老龄工作、青年工作、文艺体育工作、社会服务工作5个跨支部工作委员会。截至年底，有盟员215人，其中年内新发展9人。盟员中，有市人大代表1人、市政协委员1人、区人大代表2人（其中常委1人）、区政协委员5人（其中常委2人）。

【参政议政】 2022年，民盟集美区基层委向区政协提交提案15件（其中郑安安、陈德上、刘武林提交的提案获得区级优秀提案表彰），向区人大提交建议1件；盟员张娴向市人大提交建议2件，盟员郑安安向市政协提交提案5件。

民盟集美区基层委向民盟厦门市委会报送17个调研课题，其中12个被立项、4个合并入其他基层委课题、1个自主立项课题，所有课题均按时结题，其中中科院城市环境研究所支部的《如何更好发挥归国留学人才在厦门科技创新体系和经济高质量发展中的作用》转化为市政协教科卫体委“实施创新驱动发展战略 推进高素质创新名城建设”对口协商会书面发言；民盟集美区公共支部的《充分发挥农业协会作用 助力乡村振兴的建议》转化为市政协“培育特色产业，壮大农村集体经济”主席协商会书面发言；《加强闽台协作，助推两岸商事纠纷多元解决机制融合——海丝法务区建设相关建议》《践行双碳目标，推动厦门绿色低碳城市发展的建议》2个课题转化为市政协大会发言和提案；《推进政产研学用深入融合，打造集美学村艺术街区》等8个课题转化为市政协提案；区政协申请课题立项4个（包含2个联合课题），其中《培育先进制造业企业，壮大我区实体经济的建议》转化为区政协大会口头发言，《以构建元宇宙场景为视角 助推集美区文旅产业提档升级》转化为区政协大会书面发言，4个课题均入选区政协九届二次会议课题汇编，并转化为区政协提案。2个大会发言受到中共集美区委书记胡旭彬的批示。

民盟集美区基层委全年上报信息150余条，多条信息被全国政协、民盟中央、省政协、民盟省委、省委统战部、市政协、市委统战部采用，部分信息被集美区领导批示。孙鸣亮撰写的提案《中小学招生中有关公平均衡性普遍问题应引起重视》被全国政协、民盟中央采用，提案《扩充中小学统编教材，消除“版本差”》被民盟中央采用。

【社会服务】 2022年，民盟集美区基层委号召盟员参与抗击新冠病毒感染疫情志愿活动，公共支部盟员胡丽娟奔走在侨英街道各核酸采样点、医疗机构进行检查督导；公共支部盟员黄仁美、蒋志晖、林东霞、王晓燕、林东霞，文化支部盟员江一帆、陈冬梅等人作为志愿者支援各站点的抗疫工作；文化支部盟员黄慧琴在园博社区支援黄码特检工作。1月20日，民盟集美文化支部协同聚创教育集团在湖里区县后图书馆开展“聚爱助学，共沐书香”公益捐书活动，向图书馆捐赠图书近400册。

（郑安安　孙鸣亮　蒋志晖）

## 中国民主建国会集美区基层委员会

【概况】 2022年，中国民主建国会集美区基层委员会（以下简称“民建集美区基层委”）有支部5个，会员140人，其中年内新增会员6人。会员中，有本科以上学历108人、大专学历20人、高级职称14人、中级职称42人、男性会员99人、女性会员41人；会员中有区人大代表5人、区政协委员13人。年内，民建集美区基层委被评为“集美区政协信息工作先进集体工作”，集美新城支部获“民建厦门市先进基层”称号，苏清海被民建福建省委会授予“民建福建省参政议政先进工作者”称号。

【参政议政】 2022年，民建集美区基层委提交政协提案12件，涉及教育医疗卫生、海洋经济、乡村振兴、文旅融合、社会治理等领域。其中，基层委的《关于高质量谋划发展杏林湾，打造高品质集美中心景区的建议》《关于打造集美特色文旅商圈 提振居民消费信心的建议》和集美新城支部苏清海的《关于优化社会治理网格化管理的建议》3件提案被区政协九届二次会议评为重点提案，杨仁太和黄坚定的《关于进一步推进集美乡村振兴工作的建议》、方富林的《关于集美机械工业集中区打造新能源汽车产业链的建议》、集美新城支部的《关于以评价改革为突破口，持续做好我区义务教育双减工作后半篇文章的建议》3件提案被区政协表彰为2022年度优秀提案。主委杨仁太代表民建界别作“聚焦时尚活力新潮三要素营造宜居宜业青年友好生活圈”党派发言，被区长肯定；副主委林辉作“关于加大政策扶持力度 促进专精特新企业发展的建议”大会发言，被区委书记及区长批示。副主委苏清海关于“打造青年界面友好服务体系，推进青年发展友好型城区建设”议政性常委会发言，被刊载在人民政协网。年内，民建集美区基层委社情民意的采集与成果转化成效凸显，全年向集美区政协报送社情民意及动态信息52篇，向民建厦门市委报送社情民意及动态信息66篇，向中共集美区委统战部报送社情民意信息36篇，完成调研文章与理论文章近20篇。苏清海的《构建创新生态链 力争国内海洋生物医药产业“领头羊”》被省政协、民建省中央、全国政协采用，《警惕猴痘病毒在大学校园中的传播风险》被省民建、省政协采用；杨仁太的《利用购票和验票环节漏洞帮助失信人员逃避“限高令”应予规制》被省政协采用。

【主题活动】 2022年，民建集美区基层委开展各类主题教育学习、课题调研和社会活动。组织会员参加民建厦门市委组织的高山党校信息培训班、第15届民建中小企业发展论坛、厦门民建第十一届“团结杯”气排球比赛以及民建厦门市基层委第二届“同心杯”气排球比赛，参加集美区委统战部举办的《中国共产党统一战线工作条例》专题培训班、“传承嘉庚精神弘扬时代价值”主题征文活动，组织企业会员参加区政协举办的党的二十大精神宣讲活动；与同安区基层委、台盟同安支部、同安区新阶联联合举办“手拉手、跟党走”主题培训班活动，开展“矢志不渝跟党走”和“凝聚新力量、筑梦新时代”主题教育，喜迎中共二十大召开。纪念中国共产党统一战线政策100周年暨中共中央发布“五一口号”74周年，各支部分别组织会员到嘉庚纪念馆，参观“百年统战 砥砺初心”展览。集美支部与新城支部联合开展“矢志不渝跟党走、携手奋进新时代”政治交接主题教育活动，到厦门国贸控股集团下属乡村振兴项目田园竹坝农场开展“振兴乡村旅游产业”调研活动。新城支部走进后溪镇东宅社区，开展“寒冬送春暖 墨香暖人心”入户送春联活动。

【社会服务】 2022年，民建集美区基层委参与新冠病毒感染疫情防控工作。会员廖俊标、张雅萍、周玉心、林鹏德等下沉一线街道社区、高速公路卡口、学校等参与核酸检测、信息录入、物资管控等工作。会员林辉向集美区深青村调解室捐款4万元；会员林鹏春在“福来福见 福见如愿”新就业劳动形态劳动者关爱行动中捐款1000元。会员周育辉热心公益，维护社区安定邻里和谐，获“厦门市集美区道德模范”称号。

（杨仁太　张雅萍）

## 中国民主促进会集美区基层委员会

【概况】 2022年，中国民主促进会集美区基层委员会（以下简称“民进集美区基层委”）有支部8个，会员143人。其中，文化教育出版传媒界106人，占会员总数76.76%；中高级职称120人，占总数86.91%。会员中有7人担任各级人大代表、政协委员。年内，基层委主委贺嘉鸿分别当选为民进厦门市委常委、民进福建省委委员，并被聘为厦门市政协理论研究会研究员。

【参政议政】 2022年，民进集美区基层委成立课题调研和社情民意信息工作小组。全年完成课题调研11个，其中重点课题2个、重要课题5个、一般课题2个，统战、政协课题2个。英才学校民进支部主委马蔚斌撰写的重点课题《完善名校跨岛办学推进举措，助力“十四五”教育规划加快落实》入选市政协“推进岛内外教育均衡发展”界别协商重点发言；会员张民旺撰写的重点课题《提高产业学院建设站位 提升职业教育吸引力》入选市政协十四届二次会议大会书面发言；基层委副主委李章国撰写的课题《发挥厦门稀土产业特色优势，培育适宜新材料龙头企业长期发展的生态环境》入选市政协十四届三次常委会“构建有利于成长出制造业龙头企业的良好生态”协商议政书面发言；英才学校支部主委马蔚斌撰写的《改革制度，均配资源，加快实现岛内外教育均衡发展》、基层委委员贺洪武撰写的《建议完善集成电路产业职业教育体系》以及职教支部主委聂菁撰写的《关于在厦门建设信创人才培养基地的建议》被市政协采用。由会员陈珏主笔的集美区政协常委会重点课题《深化两岸青年融合，聚才引智助力集美重点产业链发展》，在区委常委会专题协商会议上作重点发言。由会员姜安龙组织撰写的《集美区交通环境亟待改善的几点建议》得到区委书记、区长、副区长等领导重点批示，并被区政协评为2022年集美区政协优秀课题。年内，民进集美区基层委信息工作小组撰写社情民意信息61篇。其中，英才学校支部主委马蔚斌撰写的《从南京玄奘寺事件看加强中共对宗教工作领导的重要性》被全国政协、省政协、市政协和省民进采用。职教支部张民旺撰写的《“双高计划”下高质量高标准建设“双师型”师资队伍的建议》得到省领导批示并被省政协采用，《关于引导高职院校适应“四大经济”发展整体提高职业教育水平的建议》被省民进和省政协采用。

【社会服务】 2022年，民进集美区基层委成立嘉庚志愿者讲解员队伍，由基层委副主委金云雯等11名会员组成。民进集美区基层委与陈嘉庚纪念馆联合举办2022年民进全国“春联万家·推动共同富裕”活动。年内，经济支部会员林进锋向安溪县捐赠抗疫物资价值5000元。经济支部会员、华厦学院朱晓乐教师创编《春天圆舞曲》，助力校园新冠病毒感染疫情防控。基层委秘书长、迈贝佳（福建）电力工程有限公司法人代表李良邦热心教育公益事业，为上杭县茶地镇茶地中心小学捐建1座价值30万元的光伏电站，未来25年每年可持续提供奖教助学资金超1.2万元；他还向永春县下洋乡教育发展促进会捐款2万元、向集美区后溪镇教育基金捐款10万元。李良邦、贺洪武还分别为甘孜藏族自治州红十字会捐赠2000元和1000元。

【“会员之家”揭牌】 2022年12月31日，民进集美基层委“会员之家”在厦门市软件园三期揭牌成立。“会员之家”展示中国民主促进会和厦门民进地方组织的发展历程、中国民主促进会章程中关于基层组织和会员职责的内容节选，以及民进集美基层组织成立以来在组织建设、参政议政、社会服务等方面的成果，为民进集美区基层委加强组织建设、打造履职平台、促进会员交流提供重要平台。

【文体活动】 2022年，民进集美区基层委派出3支队伍参加“喜庆中共二十大、携手奋进新时代”厦门民进第七届“同心杯”气排球比赛，其中集美基层委三队获大赛第三名。

（贺嘉鸿）

## 中国农工党集美区基层委员会

【概况】 2022年，中国农工党集美区基层委员会（以下简称“农工党集美区基层委”）辖6个支部，有党员208人，其中年内新发展党员8人。党员中，大学以上学历174人（博士2人、硕士17人）、大专学历25人、大专以下学历9人；医卫界党员77人，占37%；教育界党员52人，占25%；环保、人口资源与科技界党员19人，占9%；其他界别党员61人，占29%。党员中有市人大代表1人、区人大常委会副主任1人、区人大代表5人、区政协委员6人（区政协常委1人）。年内，朱春莲获“中国红十字会会员之星”称号；杨景初获“第八届福建摄影金像奖”组织奖、“厦门市精神文明和宣传文化工作先进个人”称号；张鲜茜获“2021感动厦门”十大人物提名奖。

【参政议政】 2022年，农工党集美区基层委报送信息14篇，其中，《化危为机，精准帮扶中小企业》《整合职教资源，破局中小企业人才难题》《关于建筑用砂短缺的几点建议》《关于厦门市垃圾分类工作的几点建议》《让急救常识和方法成为大学生必修课的建议》5篇被农工党市委采用；调研课题《关于数字赋能养老建议》被农工党省委采用。灌口支部提交提案及课题5篇：《探讨基层固定方剂处方应用问题》《基层急诊科护士职业现状及对策》《浅析疫情背景下城中村消防安全管理措施建议》《加强和完善乡村医生队伍建设》《建议我市适当发展医养结合型公立二级综合性医院，顺应老年社会发展趋势》。

【社会服务】 2022年，农工党集美区基层委组织党员开展扶贫慰问活动。综合支部到杏林高浦社区慰问贫困户孙孝用等村民，慰问退休老党员吴青、林子荣、林小牧、黄春花和周中滨；灌口支部到三社社区开展义诊活动，慰问因病卧床的农工老党员洪育霖，现场为其进行康复按摩等护理；杏林支部党员郑东阳报名参加援疆医疗队，为新疆昌吉州吉木萨尔县中医医院培养医疗骨干。年底，厦门新冠病毒感染疫情出现反复，灌口支部先后到金龙联合汽车、立林科技等企业，以及晶邦酒店、杏林湾酒店及封控社区开展志愿服务，到高风险地区入户采样。

（陈 琳）

## 中国致公党集美区基层委员会

【概况】 2022年，中国致公党集美区基层委员会（以下简称“致公党集美区基层委”）有党员136人，其中男性62人、女性74人；有博士2人、硕士8人、在职研究生1人、大学本科100人、专科19人；有正高级5人、副高级36人、中级61人。党员中有区人大代表7人（其中常委2人）、区政协委员8人（其中常委2人）。年内，致公党集美区基层委推进省、市、区三级政协委员联络工作站提质增效，政协致公党界别委员联络站台海交流分站、生态环保分站和海洋经济分站先后在集美区基层委党员企业挂牌。集美综合支部获致公党厦门市委2022年度基层组织活动先进集体，1人被评为厦门市政协反映社情民意信息工作先进个人，3人被评为致公党厦门市委2022年度反映社情民意信息工作先进个人，6人被评为致公党厦门市委2022年度社会服务工作先进个人，1人被评为致公党厦门市委2022年度政治交接主题教育先进个人。在致公党厦门市委首届气排球比赛中，致公党集美区基层委代表队获得冠军。

【思想建设】 2022年，致公党集美区基层委把学习贯彻中共二十大精神作为首要政治内容，组织开展专题宣讲会、研讨会、座谈会等，集中组织百余名致公党员到陈嘉庚纪念馆参观“百年统战 砥砺初心”主题展，并开展现场教学；组织致公党员参观“共和之基——辛亥革命历史文物图片展”，参加“百人百树，两岸同胞共植和平树”活动；参加致公党市委、中共集美区委统战部组织的研修班、理论学习班等。

【参政议政】 2022年，致公党集美区基层委开展课题调研，取得一批成果。在社情民意方面，陈秀琼撰写的《加强来华留学生趋同化管理建议》《关于培育华裔新生代中华文化认同感的建议》，连明富撰写的《关于在福建厦门设立闽台族谱博物馆的建议》同时被全国政协和省政协采用；陈秀琼撰写的《关于加强高校宗教工作管理与防范的建议》、连明富撰写的《以〈台湾通史〉多语译本为载体，推动“一个中国”理念国际传播》被省政协采用；杨永贵撰写的《统筹规范检查平台建设，推进医学影像检查结果互认》被致公党福建省委采用，并作为省政协专题协商会发言材料；党员连明富在致公党中央主办的两岸社区服务恳谈会上，分享《推动两岸民间文化交流·弘扬中华优秀传统文化》心得体会，并受聘为集美区两岸融合发展中心智库特聘专家；杨毅斌、李梅、沈琦联合报送的《快递驿站消防安全不容忽视》被省政协采用，同时作为集美区政协社情民意信息专报件上报区委、区政府，获分管副区长批示。

在课题调研方面，林明贤主笔的《关于加强村（居）网格管理与服务，推进城乡基层社会治理现代化的建议》被评为集美区政协优秀课题，并被转化为集美区政协九届二次会议大会发言材料，被区主要领导批示；由连明富领衔的致公党集美区基层委课题组，完成政协年度课题《以标准化建设打造集美研学2.0》《青年发展友好型城区建设》；陈秀琼主持并先后完成厦门市侨联课题《后疫情时代华裔青少年学习中华文化需求研究》，致公党厦门市委课题《“双减”政策下厦门中小学心理健康教育均衡发展调查研究》，集美区政协、区委统战部课题《后疫情时代集美中小学心理健康教育调查研究》。刘双印承担致公党厦门市委课题《打破数据壁垒，促进我市涉海产业协同发展》，同时提交《数字赋能，做大做强“智慧厦门港”》《校企联动，抢占海洋产业数字化新高地》《关于我区正本清源雨污水改造工作的三点建议》3件政协提案，其中《数字赋能，做大做强“智慧厦门港”》在市政协专题协商中，由集美区政协主席蔡冬梅代表区政协作重点发言。

【社会服务】 2022年，致公党集美区基层委参与社会公益活动。党员林展伟作为杏滨街道商会新任会长，牵头成立“杏滨街道商会教育基金”，并捐赠40万元，党员连明富捐赠10万元，共募集爱心善款近200万元，该款项将作为支持杏滨街道教育事业的专项基金，持续推动集美教育事业发展。在新春慰问、春雨助学、捐资助学、救急助困、捐助教育基金等活动中，连明富累计捐款15.59万元，卢海彬累计捐款捐资14.7万元。年内，新冠病毒感染疫情出现反弹，致公党集美区基层委号召党员参与抗疫工作，全年捐款捐物折合3万余元。林展伟经营的祥和企业联合厦门市红十字会举办“造血干细胞捐献者资料入库宣传采集活动”，近百名志愿者采集血样，成为登记在册的造血干细胞捐献者。陈秀琼作心理健康公益讲座20余场，为集美区未成年人、社区等提供公益心理健康咨询服务50多人次。刘巧平发挥教师专业特长，组织开展家庭教育主题课程线上学习，组织家长学堂成立协会“永不止步加油站”，利用周末清晨，组织家长开展“公园小课堂”等活动，对家长进行家庭教育现场指导，并义务接受家长在线咨询服务。

（沈　琦）

## 九三学社集美区基层委员会

【概况】　2022年，九三学社集美区基层委员会（以下简称“九三学社集美基层委”）有6个支社，其中，中科院稀土研究院支社于11月23日成立。有社员117人，其中博士37人、硕士23人。社员中，拥有高级职称77人，有区人大代表2人（其中常委1人）、区政协委员6人（其中常委1人）。年内，多名社员获得各级各项荣誉。社员周学进获全国优秀消防科普宣传教育作品评选大赛一等奖、中国工程热物理学会燃烧学学术年会优秀科普作品奖；社员姜姝宇获第二届福建省高校教学创新大赛三等奖；社员涂兵雄、宋立军分别获厦门市科学技术进步奖二等奖、三等奖；社员田美平、邹晓燕获评厦门市高层次人才（C类）。

【参政议政】　2022年，九三学社集美基层委组织社员参加区政协会议和中共集美区委统战部召开的座谈会、季谈会、年会；组织社员到基层，开展调查研究。区人大、政协“两会”期间，参加会议的社员代表（委员）把助推集美区产业发展、城乡建设、生态建设和改善民生作为提案工作出发点和落脚点共提交议案、提案和建议6件。其中，基层委提交《关于加强新形势下疫情宣传引导，做好新疫情时代救助治疗的建议》；陈丽娴提交《关于规范残疾人联络员管理的建议》；张邻川提交《关于试点开展核酸自采的建议》《关于整治集美新城部分区域交通乱象的建议》；林剑艺提交《关于加强杏林湾水环境管控减少死鱼现象发生的建议》；林嘉楠提交《关于推动集美区中小企业数字化转型的建议》。

【社会服务】　2022年，九三学社集美基层委关注民生，热心公益服务。社员结合医疗优势，参与新冠病毒感染防疫工作，参与志愿服务。社员张邻川坚守在定点医院一线工作。先后有12名医生社员参与核酸采集。全年开展义诊10次，专业知识讲座2场，乡村建设调研2次。

（陈丽娴　张明海）

## 台湾民主自治同盟集美总支

【概况】　2022年，台湾民主自治同盟集美总支（以下简称“台盟集美总支”）有2个支部，盟员37人，平均年龄41岁。全体盟员参政议政、服务社会，参与总支的各项活动。盟员黄舒盈获聘“九届集美区政协特邀研究员”，盟员朱欣亮获评为“台盟厦门市委参政议政先进个人”，台盟集美第一支部获评为“2022年度台盟厦门市委参政议政先进集体”。

【参政议政】　2022年，台盟集美总支组织盟员参与课题调研，由总支盟员主笔完成的调研课题1篇，申报调研课题4篇，其中市级2篇、区级2篇。《进一步完善引进和留住人才激励政策，为我市人才发展提质增量的建议》获评为“2022年台盟厦门市委基层课题优秀调研报告”。全年提交信息9篇，分别是《RCEP落地后我市外贸企业的应对建议》《在重视防疫的前提下应关注消防安全》《关于上海疫情对厦门商贸物流业的影响及建议》《关于在国家取消〈对外贸易经营者备案登记表〉后试点在海关注册时增设、规范企业英文名称管理职能的建议》《关于在疫情背景下产业链供应链保链稳链的建议》《关于全面减免海关查验产生费用的建议》《关于针对嘉禾路92号“喝丢一只鞋”烟道直喷人行道的整改建议》《增强观音山商务区和滨海旅游区互动互补的建议》《防汛抗旱管理工作中值得关注的问题》。

【社会活动】　2022年，台盟集美总支参加集美区举办的会议、活动、主题沙龙、参观等53次，自行组织活动5次。完成每季度学习任务、参加盟内组织的各项活动。举行会议4次、培训1次、团建1次，参观考察软件园三期展厅及华为创新中心。制作台盟集美总支活动组织工具包，方便青年盟员牵头组织活动。

（朱欣亮）

## 集美区工商业联合会（总商会）

【概况】　2022年，集美区工商业联合会（总商会）（以下简称“集美区工商联”）所属商会有镇（街道）基层商会6个、异地商会2个、青年商会1个。年内，集美区工商联被评为全国“五好”（领导班子好、会员发展好、商会建设好、作用发挥好、工作保障好）标杆县级工商联（此荣誉为全国首批、厦门市第一次获得）、2017—2022年度福建省工商联系统先进集体、2022年度全省民营企业调查点工作先进单位、集美区经济工作先进集体等；集美区青年企业家商会、集美区侨英街道商会获评为2021—2022年度福建省“四好”（政治引领好、队伍建设好、服务发展好、自律规范好）商会。

**【党政领导与企业家恳谈会】** 2022年1月12日，中共集美区委召开党政领导与企业家恳谈会，区工商联主席王瑞祥、党组书记吴萱萱及20位区工商联主席、副主席、副会长、副监事长企业家参加，会议听取区工商联民营企业家代表意见建议，共商加快推动全区民营经济高质量发展大计。

**【主席（会长）办公会】** 2022年1月20日，集美区工商联召开主席（会长）办公会，会上，邀请专家学者传达中共十九届六中全会精神和习近平总书记致厦门经济特区建设40周年贺信重要精神。会议指出，工商联、商会及所属企业会员要学习贯彻中共十九届六中全会精神和习近平总书记致厦门经济特区建设40周年贺信重要精神，做好集美区民营经济工作。

**【闽商回归考察】** 2022年2月9日，集美区工商联抓住春节期间闽商返乡探亲时机，邀请40位闽商企业家代表组成的考察团，到集美区进行营商环境考察，受到集美区委、区政府主要领导接待。闽商考察团分别考察诚毅国际商务运营中心和软件园三期。集美区委书记林重阳，区委副书记、区长胡旭彬，区委常委、统战部部长洪清岩，副区长张达等有关领导和闽商考察团成员召开座谈会。座谈会上，胡旭彬介绍集美区发展规划和招商引资项目情况，各闽商会长和企业家代表分别对集美区建设和发展发表见解。

**【宣传信息培训班】** 2022年4月29日，集美区工商联在山水宾馆举行宣传信息培训班，各镇（街道）商会、行业商会、异地商会、青商会以及民营企业信息员60余人参加，邀请厦门市商汇杂志首席记者吴翠姗围绕通讯员新闻宣传主题进行授课，提升集美区工商联、各商协会及民营企业新闻宣传工作水平，及时准确传递集美区工商联以及各商会和民营企业动态。

**【税收政策宣讲】** 2022年5月17日，集美区工商联在副主席单位福建国科信息技术有限公司召开会议，邀请国家税务总局厦门市集美区税务局法制科科长陈清耀为与会人员讲解2022年实施新组合式税率支持政策，对减税降费政策进行分析，解读政策中促进消费投资部分。区工商联主席王瑞祥、党组书记吴萱萱以及副主席、副会长30余位企业负责人参加。

**【集美街道商会第三次会员大会】** 2022年5月31日，厦门市集美区集美街道商会第三次会员大会在厦门北海惠龙万达嘉华酒店召开，区工商联常委、厦门星鼎控股集团有限公司总经理陈帆当选为新一届会长，区工商联监事、厦门嘉灏园林景观工程有限公司总经理吴丽滨当选为监事长。中共集美区委统战部副部长、区工商联党组书记吴萱萱，集美街道党工委书记黄雯嘉，厦门市工商联副主席、集美区工商联主席王瑞祥等区、街道领导以及各镇（街道）兄弟商会，区工商联所属商会的领导嘉宾出席大会闭幕式暨理（监）事就职典礼，会议由集美街道办事处副主任陈颖毅主持。会上集美区集美街道商会以“弘扬嘉庚精神，助力集美教育”为题，向集美街道企业家、会员发起捐资兴学倡议，现场捐赠160万元，并设立集美街道教育发展基金。

**【彭阳县民营经济人士考察组到集美考察交流】** 2022年7月1—2日，由中共彭阳县委常委、统战部部长丁志刚，彭阳县委常委、政府副县长陈振能，彭阳县工商联会员企业等代表组成的彭阳县民营经济人士考察组到访集美区考察有关企业。中共集美区委常委、统战部部长洪清岩，区委统战部副部长、区工商联党组书记吴萱萱，区工商联主席、厦门味友餐饮管理有限公司董事长王瑞祥，区工商联副主席郑伟强，区工商联二级调研员王志卫，集美（杏林）台商投资区管委会副主任黄世凤，集美区商务局四级调研员李上委参加交流座谈会。

**【“坚定理想信念，牢记使命担当”主题读书班】** 2022年7月19—20日，集美区工商联在同安军营村、厦门市高山党校举行“坚定理想信念，牢记使命担当”主题读书班活动，集美区工商联执委、监事、所属商会、青商会骨干、工商联机关等50人参加读书班。读书班采用现场教学和课堂上课相结合，重走习近平总书记走过的路，踏足乡村红色课堂，迎接党的二十大胜利召开，推进新时代民营经济人士理想信念教育实践活动。读书班邀请高级培训师、多所高校特邀培训师、厦门城市党建学院特聘客座教授、十佳优秀师资陈晓阳作《领导力与团队建设》主题分享。

**【集美区工商联与内蒙古赤峰市红山区工商联缔结友好】** 2022年7月27日，内蒙古赤峰市红山区政协副主席、工商联主席徐春辉，工商联副主席钟旭与红山区工商联会员企业代表一行到集美区考察交流，集美区工商联主席、厦门味友餐饮管理有限公司董事长王瑞祥，区工商联副主席郑伟强，区工商联二级调研员王志卫，区工商联秘书长康秀文，区青商会秘书长林伟聪参加交流座谈会。双方从工作情况、人文特色、产业技术等方面进行友好交流，并缔结为友好工商联。

**【全国年轻一代民营经济人士理想信念教育培训示范班】** 2022年8月2日，“全国民营经济人士理想信念教育基地”授牌仪式在陈嘉庚纪念馆举行。中共中央统战部副部长、全国工商联党组书记、常务副主席徐乐江，福建省委常委、厦门市委书记崔永辉共同为“全国民营经济人士理想信念教育基地”揭牌，“全国年轻一代民营经济人士理想信念教育培训示范班”同期开班。8 月 3 日，培训班 130 名学员在集美商务考察，集美区工商联全程参与对接和推介集美营商环境。

**【商会为防疫送“清凉”】** 2022 年 8 月 13 日，集美区发布新冠病毒感染疫情防控第六号通告，要求集美区开展全员核酸检测。集美区工商联连夜调集物资，动员 6 个镇（街道）商会，一天之内筹集 10 万瓶矿泉水和油切麦仔茶等防暑降温饮料，为全区 118 个核酸检测采样点送去矿泉水、饮料等消暑物资并开展慰问。

**【杏滨街道商会第三次会员大会】** 2022 年 9 月 5 日，集美区杏滨街道商会第三次会员大会在杏林湾大酒店召开。厦门市鑫锦和工贸有限公司总经理林展伟当选为新一任会长，厦门龙头包装材料有限公司总经理周德胜当选为监事长。厦门市工商联副主席、集美区工商联主席王瑞祥，集美区工商联副主席郑伟强，杏滨街道办事处主任魏玥娟，区民政局等区、街道领导以及各镇（街道）兄弟商会、区工商联所属商会、区教育基金会和有关部门领导嘉宾出席大会闭幕式暨理（监）事就职典礼。杏滨街道商会企业家现场捐赠 200 多万元，设立杏滨街道商会教育基金，支持集美教育发展。

**【迎国庆暨青商会成立两周年联谊会】** 2022 年 9 月 29 日，厦门市集美区青年企业家商会召开第一届第四次理（监）事扩大会暨第一届第三次会员大会。会后，举行“迎国庆暨青商会成立两周年联谊会”活动。集美团区委书记游中景，区工商联二级调研员王志卫，副主席郑伟强，同安团区委副书记李艳雯，市青企联、同安青企协等领导嘉宾以及青商会会员 100 多人参加联谊会。

**【友好工商联交流】** 2022 年 10 月 10 日，辽宁省大连市西岗区委统战部副部长、工商联党组书记宋维新，区工商联主席王筱嫱与西岗区工商联会员企业代表一行到访集美区考察交流，其间考察 2 家民营高新技术企业，参观新城体验馆。集美区委统战部副部长、区工商联党组书记吴萱萱，集美区工商联主席、厦门味友餐饮管理有限公司董事长王瑞祥，侨英街道党工委副书记史桂治以及侨英街道商会会长、区工商联副主席张剑忠，区青商会会长、区工商联副主席赖鹭挺等参加交流座谈会。围绕工商联发展历程，所属商协会建设和服务会员企业等创新体制进行交流，两地企业家还就探索加强双方产业交流合作等方面进行探讨。

**【所属商协会联席会】** 2022 年 10 月 13 日，集美区工商联第 28 次所属商协会联席会议在厦门商会历史陈列馆召开。中共集美区委统战部副部长、集美区工商联党组书记吴萱萱，集美区工商联主席王瑞祥，区工商联二级调研员王志卫及区工商联驻会人员，6 个镇（街道）商会、青商会、异地商会等所属商协会会长、常务会长、秘书长和有关人员参加此次参观学习。与会人员了解商会从成立到改革开放前发展历史及其主要贡献展、改革开放后商会活动等。

**【厦门企业家日集美区配套活动】** 2022 年 10 月 28 日，以“嘉行集美·‘庚’续未来”为主题的 2022 年厦门企业家日集美区配套活动在陈嘉庚纪念馆举行。厦门市工商联党组成员、副主席邱向东，中共集美区委统战部副部长、集美区工商联党组书记吴萱萱，集美区工商联主席王瑞祥，陈嘉庚纪念馆副馆长贺嘉鸿，集美区工商联二级调研员王志卫，集美区工商联秘书长康秀文及 6 个镇（街道）商会、青商会、异地商会、省土木协会等所属商协会百余名企业家代表齐聚于陈嘉庚纪念馆。企业家参观“为国担当——喜庆党的二十大·爱国企业家典范联展”预展，集美区工商联组织开展诵读《党的二十大之歌》、知识互动问答、庆祝中共二十大胜利召开快闪、“寻迹·嘉庚”团体赛等活动。开幕式上，举行陈嘉庚纪念馆志愿者服务队集美区工商联分队揭牌仪式。（林伟聪）

2022 年 10 月 28 日，以“嘉行集美·‘庚’续未来”为主题的厦门企业家日集美区配套活动在陈嘉庚纪念馆举行（林伟聪 摄）

# 群众团体

## 集美区总工会

【概况】 2022年，集美区总工会建立新就业群体工会183家，会员3747人，整合同类型小微企业成立7个新就业形态行业联合工会，组建基层工会3176家，发展会员17.88万人。推荐上报省模范职工之家2家、职工小家2家，全区三星以上职工之家814家。年内，区总工会被全国总工会评为“工会财务工作先进单位”，获得2021年度福建省县级工会经费审查工作规范化建设考核特等奖，“集工之家”微信服务平台获评为2022年“互联网+”工会普惠服务“最具影响力”平台。日东社区工会爱心驿站被全国总工会确认为“2022年最美工会户外劳动者服务站点”，杏林湾商务营运中心创享职工之家被命名为省级“共享职工之家”。

2022年，集美区总工会协助15家试点企业完成产改项目清单任务，推动产教融合校企合作和职工职业技能实训基地建设。通过劳模（工匠）宣讲团和职工讲堂、选树等方式，做实产业工人提升素质的相关工作。开展劳动和技能竞赛活动和群众性技术创新活动，以青年发展友好型城区建设行动为契机，制定《集美区总工会岗位练兵（技术比武）活动管理办法（试行）》，组织开展家庭教育指导师、育婴师、低压电工、职工消防技能等9场技能竞赛和岗位大练兵活动。定期开展劳模（职工）创新工作室创建活动，建成劳模工匠（职工）创新工作室15家。组织实施“农民工求学圆梦”行动，动员177名职工报名参加学历提升教育。发动14家企业参与“五小”（小发明、小创造、小革新、小设计、小建议）创新大赛，参赛职工9000人，成果数量29件。年初，区总工会投入600多万元，筹备万份新春好礼，在全市工会系统中率先开展“工会红·暖心间”主题系列关爱服务行动，从吃、穿、住、行、游等方面，为留厦职工提供“定制”服务。开展“平安返厦”补助活动，为1.18万人发放交通补助金304万余元；联合区人社局开展“春送岗位”活动，助力辖区重点企业缓解节后用工难问题。整合资源力量，慰问抗疫一线基层干部职工8200余人次，发放慰问金和慰问品价值近105万元。实行基层工会经费减半征收、对小微企业缴交的工会经费给予全额返还等政策，返还工会经费1282家次1188.11万元。利用闽台职工交流基地及台青创享职工之家，探索两岸职工融合发展新路。以文化促交流，邀请台青参加职工风采节开幕式；以体育促交流，举办集美区“第二届台锋杯”两岸青年职工篮球联谊赛；以服务促交流，为台湾职工提供暖心服务，走访慰问聚融壹家台湾青年双创基地，为留厦过年的两岸职工送上年货礼包和红围巾等新春慰问品；为20名台籍职工发放1000元/人及价值1000元“微心愿”礼包；组织3名台籍职工子女参加夏令营。

【工会组织建设】 2022年，集美区总工会推进新就业形态群体建会入会专项行动，建立新就业群体工会183家，会员3747人，整合同类型小微企业成立7个新就业形态行业联合工会，组建基层工会3176家，发展会员17.88万人。推荐上报省模范职工之家2家、职工小家2家，全区三星以上职工之家814家。加强机关党建工作，学习贯彻中共二十大和中共十九届历次全会精神，学习贯彻习近平总书记致厦门经济特区建设40周年贺信重要精神，结合党史学习教育常态化要求，组织集体学习35次、主题党日活动类20次、党课宣讲4次，机关党支部14次获得“党建工作流动红旗”。加强党风廉政建设，组织参观廉洁文化专题书画作品展，打造廉政文化墙，开展“廉铭伴我身”活动，开展警示教育19次，开展各类项目招标、评估等监督18次，对44家基层工会2021年度以来的工会经费管理使用情况开展“1+X”（“1”指区纪委对相关职能部门履行落实中央八项规定精神职责情况的再督查；“X”指相关职能部门根据职能和管理权限，在职责范围内对各级各部门落实中央八项规定精神情况进行督查）专项督查（审计）。梳理工会重点任务和核心业务，线上推广“集工之家”微信服务平台，构建“一键找到工会”，“一网享受服务”的“网上职工之家”，针对新就业形态劳动者集中入会，开辟“网上入会”窗口，为职工提供普惠性服务，实现工会工作“互联网+”转型升级、创新发展。

【职工思想政治引领】 2022年，集美区委重视工会工作，召开区委群团工作推进会，专题听取群团工作情况汇报，把群团建设纳入党建总体部署，建立和完善研究群团工作重大事项制度，在组织、经费、资源、人力等各方面向群团工作倾斜。完善党建带工建工作机制，区总工会党员领导干部兼任非公企业党建工作指导员，培育厦门姚明织带饰品有限公司、三达膜科技（厦门）有限公司2家省级党建带工建示范点。对接区委组织部，推动将新就业形态工会组织建设纳入新就业形态党建工作总体部署。围绕迎接、宣传、贯彻中共二十大主线，携手“学习强国”厦门学习平台，先后在集美区新时代文明实践中心和后溪工业组团开展“礼赞二十大·建功新时代”特色宣讲，通过阅读分享、诵读经典、赠阅图书等形式，推动中共二十大精神在基层一线、职工群众中传播，并组织9场劳模工匠走进企业开展主题宣传。线上依托区总工会微信公众号开展“益职成才 强国有我”学习宣传贯彻中共二十大精神云竞答活动，499名职工参与。举办以“劳动展风采·集美建新功”为主题的第四届集美区职工风采节，启动仪式上为职工提供一站式“七送”（送文化、送礼包、送心愿、送岗位、送健康、送权益保障、送特色农产品）服务，在区职工服务中心增设“学习强国”“益职”互动角线下学习空间，同时开展1场“‘益职’领学·强国有我”技能培训活动。建立健全网络信息内容管理，执行“三审三校”制度，加强新媒体宣传。组建网评员队伍，加强工会网络评论队伍建设提升，强化网上舆论引导。开展“强国复兴有我·劳动创造幸福”等主题宣传教育活动，成立集美区劳模（工匠）宣讲团，通过“职工大学习”、劳模宣讲、“职工书屋·工悦领读”读书会，弘扬劳模精神、劳动精神、工匠精神。选树新时代集美（数字）工匠10人，新增全国五一劳动奖章1人、省五一劳动奖章2人、省五一劳动奖状1家，市级工人先锋号40个、五一先锋号优胜集体2个。加强劳模服务和宣传，做好劳模节假日慰问、疗休养以及退休劳模津补贴发放等各项服务工作。

**【职工普惠服务】** 2022年，集美区总工会优化升级职工服务中心，提升服务效率，优化服务流程。实施年度服务职工“十件实事”［设立150万元新型冠状病毒感染疫情防控工作专项资金，用于疫情防控保障和慰问等专项工作；安排200万元送温暖资金用于送温暖走访慰问及职工生活品质提升；安排100多万元组织600多名“三高”（高技术、高成长、高附加值）企业、新就业形态、重大项目、疫情防控、台籍青年等一线职工免费疗休养；新建3家工会爱心驿站，关心关爱新就业形态户外劳动者；创建1家劳模创新工作室、3家“集美工匠”技术创新工作室；投入85万元开展集美区第四届职工风采节系列活动，继续工匠选树、技能竞赛、文化展示、体育竞技等项目，并根据职工需求增加活动项目；向万名职工开展高温慰问、“平安返厦”交通补助活动；组织5万名职工参加职工医疗互助保障项目；开展百场线上线下免费培训；在后溪工业组团建立“园区枫桥”法律服务一体化基地］，深化“四送温暖”（春送岗位、夏送清凉、金秋助学、冬送温暖）活动，通过“线上直播线下邀请”方式开展就业服务，线上开设直播间、发放岗位信息，观看量2万人次，线下组织企业现场招聘，提供近1000个就业岗位；筹集防暑降温资金203万元，开展“夏送清凉”活动；筹集金秋助学资金5.4万元，资助困难职工子女10名；筹集送温暖资金35.44万元，为367名困难职工、苦脏累险职工、新就业形态劳动者、防疫一线等人员发放慰问金。筹集互助金447万元，开展职工医疗互助保障活动，受益2526人次。筹集资金52万元，组织386名职工疗休养。推进东西部扶贫协作，发动采购彭阳县农特产品847万元。新增暑托班2家、省级工会爱心驿站1家、女职工休息室1家、宝妈馨屋1家。出台《推进新就业形态群体工会工作实施方案》，推动工会品牌服务送到新业态群体身边。加强职工之家建设，深化“会、站、家”一体化建设，推动爱心驿站、共享职工之家等服务阵地建设，开展关爱货车司机、服务外卖骑手等行动；筹集资金8.97万元为500名新业态群体赠送“爱心礼包”；为1210名新就业形态劳动者购买人身意外伤害保险；点亮130名新就业形态劳动者“微心愿”。创新“工会+”维权服务机制，与区人民法院联合设立“集美区劳动争议诉调衔接法律服务站”，并在区职工服务中心设立“集美区人民法院劳动争议巡回法庭”，促进劳动争议纠纷工会调解与法院诉

2022年4月25日，集美区总工会与区人民法院联合设立的“集美区劳动争议诉调衔接法律服务站”和“集美区人民法院劳动争议巡回法庭”在区职工服务中心揭牌（林志杰 摄）

讼衔接，提升劳动争议纠纷诉源治理效果。集工法务苑线上线下接待职工79人，通过《集工学法》栏目发布45篇原创案例进行普法宣传，阅读量2.81万人次；线上云课堂开课直播5场，7169名职工在线学习；开展2场“菜单式”送法入企业服务。开展“尊法守法携手筑梦”普法活动，向职工和新就业形态劳动者宣传《中华人民共和国工会法》《中华人民共和国民法典》《中华人民共和国劳动法》等法律知识，提高职工群众的法治意识和保护意识。“心灵港湾”专业心理咨询师团队，走访调研34家基层工会，为职工提供79场专业心理服务，惠及职工2.22万人次，助力构建社会和谐。

（刘小萍）

## 中国共产主义青年团集美区委员会

【概况】 2022年，中国共产主义青年团集美区委员会（以下简称“共青团集美区委员会”）下设直属团（工）委10个、团总支26个、基层团支部783个。团员6750人，其中社会领域3936人、学校领域1233人（包括纯初中6所、九年一贯制3所、完全中学4所）。少先队员近7万人（区属中小学62所）。年内，全区10名（个）青年（集体）分别获评为省级“五四青年奖章”，市级“五四红旗团支部”“优秀共青团干部”。

【青年思想政治引领】 2022年，共青团集美区委员会加强青年理想信念教育。围绕“喜迎二十大 永远跟党走 奋进新征程”主题，学习宣传贯彻习近平总书记在庆祝中国共产主义青年团成立100周年大会上的重要讲话精神，组织团员青年听讲话、悟思想、谈体会，覆盖团员青年上万人次。开展“百年辉煌砺初心，强国有我正当时”入团典礼、“喜迎二十大，传承嘉庚精神，争做新时代好少年”少先队主题队日等活动近200场。依托“集美青年”公众号《集青学团史》专栏发布团史知识34期，持续开展“青春向党 红色周末音乐课”、“喜迎二十大，一起向未来”青少年社会工作论坛、“建团百年，好Young集青”青年骑行快闪等系列活动。

【青年创业扶持】 2022年，共青团集美区委员会为创业青年提供创新创业扶持。加强青年创业政策指导和创业资金帮扶，持续推动集美区青年创业贴息贷款项目，上半年累计兑现青年贴息贷款额度980万元。开展集美区“TOP.Y”青年人才高校行活动，打造“集智汇美 梦想启航”农行合作客户专场校园招聘，175家企业提供岗位7000余个。开展“走进名企”系列活动，组织近百名高校学生走进匠仕众创空间、梦加网络、吉游社等企业，增进学生了解企业运营、行业发展、岗位需求。

【青年关爱帮扶】 2022年，共青团集美区委员会依托区权益中心开通24小时守护热线“6216435”，围绕“集爱驿站”“筑梦城堡”“启航未来”“同行校巴”四大模块，整合部门帮扶政策、爱心企业、公益组织、专家及志愿者等资源，开展服刑人员未成年子女“晨曦关爱”计划，打造外来务工青年子女“暖心•逐梦青少年成长”“拾星记”等服务品牌，为辖区青少年和特殊群体提供心理疏导、自护教育、法治宣传等保护性服务5331人次。举办“点亮微心愿，爱心暖童心”微心愿活动，服务困境儿童61人次。

【青年海峡两岸交流】 2022年，共青团集美区委员会助力海峡两岸融合发展集成改革试点工作，举办6场台青留厦过年系列活动，制作线上“云拜年”视频，举办海峡青年华服节、海峡青年创新创业论坛等活动，增进两岸青年互动交流。

【青年文体生活】 2022年，共青团集美区委员会丰富青年文体生活。推动环杏林湾建设文体运动场地建设，联合举办5V5足球争霸赛、3V3篮球交流赛、亲子马拉松赛等体育嘉年华。举办“听见集美”学村周末音乐会、“看见集美”青春电影展、“光影青春向未来”命题短片故事征集、“青春影人训练营”等活动。常态化开展“读，

2022年1月23日，“虎虎生威迎新春”台胞留厦过年活动在集美星巢越中心举行

（郭妮妮 摄）

上高楼”读书分享会、“一见‘青’心”主题联谊交友等小型化、互动式、线上线下活动近150场，服务近4万人次。

【青年志愿服务】 2022年，共青团集美区委员会在全区组建青年突击队165支，引导辖区广大青年投身新冠病毒感染疫情防控、重点项目建设等工作一线，组织发动500名青年学生参与海峡两岸赛龙舟活动志愿服务。疫情防控期间，依托“微信塔群”，组建区级“团团抗疫先锋队”，发动社会各界青年到集美60余个点位开展志愿服务，总时长2.85万小时，“志愿汇”青年志愿者活跃度35%。创新成立“苔芯 青青之约 两岸大学生志愿服务小分队”，疫情防控期间组织志愿者200人次到社区配合抗疫核酸检测工作，拍摄多支短视频，宣传厦门抗疫正能量。

【青年团干部队伍建设】 2022年，共青团集美区委员会围绕区属学校团员发展基本盘，15家区属公民办中学（职校）全部挂牌成立团校，开展教育系统团干培训交流活动2场。开展“青扬正气 廉润初心”年轻干部沉浸式廉政剧本杀。发挥3家名师工作室“头雁领航”作用，上半年开设6场区级专题讲座、2节区级少先队活动课、1场研讨活动，参与275人次，覆盖61家区属公民办小学少工委。通过“党建+”引领推进团务工作，形成“团团慕课”“青年学习社”“午间一小时”“志愿帮”等品牌服务。（曾 理）

## 集美区妇女联合会

【概况】 2022年，集美区妇女联合会（以下简称“集美区妇联”）立足新情况，谋划新思路，聚焦妇联组织建设改革、“巾帼建功行动”、家庭家教家风建设、妇女儿童关爱维权等方面工作，引导广大妇女为更高水平建设“两高两化”（高素质、高颜值、现代化、国际化）示范区贡献巾帼力量。年内，全区有镇（街道、场）妇联组织7个，村（居）妇联69个，妇女干部86人，其中，区妇联5人，镇（街道、场）妇联12人，村（居）妇联69人。

【妇联组织建设】 2022年，集美区妇联指导村（社区）妇联完成换届选举工作，全区69个村（社区）全部实现妇联主席100%进入“两委”（村党支部委员会和村民委员会）班子，加强基层妇联组织建设，优化班子结构、提升组织职能。指导推动村（社区）设立村（居）民委员会妇女和儿童工作委员会，推动构建党政主导、各方参与、齐抓共管的基层社会治理妇女儿童工作格局。成立集美区行政服务中心“妇女之家”，设立厦门软件园三期妇女工作委员会，推动“妇女之家”“妇女微家”规范化建设，以党建带妇建，推进组织覆盖和阵地建设。7月14—15日，组织区、镇（街道）、村（社区）三级妇联主席、执委等78名妇女干部进行为期2天的素质提升集中培训，开展寻找“最美基层妇联执委”活动，提升妇联干部素质。

【妇女思想政治引领】 2022年，集美区妇联组织号召全区各级妇联通过大学习、大讨论等形式，学习贯彻习近平新时代中国特色社会主义思想、省妇女第十三次代表大会精神，推动广大妇女党员干部勇立潮头、勇毅前行；组织区妇联第九届执行委员会委员到厦门经济特区纪念馆、集美人文馆参观学习；开展“学习贯彻中共二十大精神”有奖竞答；开展“跟党奋进新征程 巾帼建功新时代”八闽巾帼红十百千万大宣讲暨三八红旗手“四进”（进农村、进社区、进校园、进企业）示范宣讲活动，组织“八闽巾帼红·鹭岛姐姐宣讲团”进社区、进企业；举办八闽巾帼红十百千万大宣讲暨“我奋斗·家国美”故事汇活动；举办学习贯彻中共二十大精神宣讲暨厦门软件园三期妇女工作委员会成立大会。

【妇女建功立业】 2022年，集美区妇联完善巾帼众创服务项目模式，开展创业主题培训20场、企业产品直播5场、主题沙龙活动5场、爱国主义教育参观培训1场，采取“三社联动”（社区、社会组织、社会工作）服务模式，引入多元社会力量，增加创业信息来源，提升妇女创业就业意识与技能。深化“乡村振兴巾帼行动”，团结引领广大农村妇女投身“美丽庭院”创建活动与村镇人居环境整治，开展“美丽庭院”创建培训6场、巾帼美丽庭院直播2场，制作“美丽庭院”微改造视频2个，创建省级“美丽庭院”25户、市级“美丽庭院”150户；协助“红雁来仪——以原创舞蹈推动乡村巾帼行动”“集美区溪林生态动线溪西村乡风文明建设提升”2个“凤凰之约 乡见未来”厦门市妇联乡村振兴公益项目实施。深化巾帼志愿服务，在同安区军营村开展“巾帼凝心聚力，强国时代担当”巾帼志愿者团建培训活动；全年开展巾帼志愿服务35场。深化“巾帼圆梦行动”，推动省妇联“海峡两岸女青年创新创业大赛”项目实施，跟进大赛后的成果应用，推动优秀获奖项目实现成果转化并落户集美。

【家庭文明建设】 2022年，集美区妇联持续深化开展寻找“最美家庭”活动，共寻找推荐1户全国“最美家庭”、1户省级“最美家庭”、2户省级“最美绿色家庭”、15户市级“最美家庭”、10户市级“绿色最美家庭”。加强家庭、家教、家风建设，牵头成立集美区家庭教育指导中心，开展亲子家庭主题读书会7期，开办全国规范化家长学校实践活动试验区暨中国集美学村“家长学校”并完成首期6次课程，开展“立德树人·实践创新”中国集

2022年3月6日，集美区家庭教育指导中心在区青少年宫揭牌　（蔡樱思 摄）

美学村“家长学校”学员课堂(0～3岁家长课堂)4次课程，举办集美区家庭教育指导师专题培训班、拍摄新婚夫妇线上家庭教育视频剧；在重要传统节日等时间节点组织开展“我们的节日·家庭文明建设”活动；构建由家庭教育讲师团、律师事务所、巾帼志愿宣讲团组成的多元化家庭教育宣讲体系，全年开展“传承好家风 弘扬好家教”家庭教育公益巡讲、构建和谐家庭关系法律宣讲等各类讲座60余场。推荐嘉庚书房、集美区心理健康服务总站为家庭教育创新实践基地；推荐日东社区、海凤社区、上头亭社区为特色家长学校。

【妇女儿童发展】 2022年，集美区妇联深化婚姻家庭矛盾纠纷排查化解工作，继续与福建欧菲亚律师事务所签订协议，派驻律师到区妇联，负责日常接访并提供婚姻家庭法律咨询服务。发挥信访窗口、“12338”维权热线、“妇女之家”等工作平台和阵地作用，办理、答复来信、来访和上级妇联交办的舆情，全年接访74件，其中家庭暴力问题3件、婚姻家庭类咨询46件、子女抚养及财产分割问题4件、其他类问题21件。开展节日慰问困境妇女儿童、妇女“四癌”（乳腺癌、宫颈癌、卵巢癌、子宫内膜癌）救助、城乡困难妇女儿童大病救助等活动，元旦春节期间慰问低保家庭、低收入家庭妇女儿童105人，慰问总金额8.4万元；“六一”慰问80名单亲特困儿童、流动留守贫困儿童，慰问总金额4万元；为14名贫困妇女申请“四癌”救助及大病特困救助，发放救助金15.01万元，妇女安康险救助1人，理赔金额5万元；开展春蕾·爱心助学活动，9月，省、市妇联为集美区7名应届毕业贫困女大学生每人一次性资助6000元，发放助学金4.2万元；为续资助的9名贫困女大学生每人资助2000元，发放助学金1.8万元；为68名贫困中、小学生每人资助800元，发放助学金5.44万元；开展关心关爱困境妇女活动4场。（钟佩娴）

## 集美区科学技术协会

【概况】 2022年，集美区安排科普专项经费280万元。举办“诚毅科普大讲堂”20场、集美区科协新时代文明实践中心活动5场、进社区科普讲座80场、专题健康讲座40场、专题环保科普进社区活动25场。刊登科普画廊330版，每块电子科普画廊全年播放3600小时。“集美科普”微信公众平台保持1.8万人关注量，运用微信新媒体推送图文资讯250篇，阅读4.65万人次。

【科普阵地建设】 2022年，集美区增加科普画廊5个。60座科普画廊保持每2个月更新一次，全年出刊330期；3处LED（发光二极管）户外科普显示屏纳入统一管理。“集美科普”微信公众平台全年推送图文250篇，常年关注量1.8万人，阅读4.65万人次。结合集美特色科普知识，科普志愿健康保健科普进社区开展“四季养生”“少儿保健推拿”“骨质疏松症防治”等科普讲座、科普报告、人员培训等科技志愿服务活动185场，参与5550余人次；与诚毅科技探索中心科普教育基地合作举办“诚毅科普大讲堂”，开展“彩绘风筝 筝筝日上”“天空漫游记”“防灾牢记心 安全伴我行”“古典与现代艺术的碰撞”等讲座20场，受众800余人次。深化“再学习、再调研、再落实”活动，借助集美塔人文馆及“5G+AR”（依托5G技术优势和丰富的数字内容IP优势，打造沉浸式、互动式、体验式场景）党史馆资源，量身打造集美区科协新时代文明实践中心，开展辖区团体科普专场活动5场，参与200余人次。

【科普公共服务】 2022年，集美区科学技术协会（以下简称“集美区科协”）致力提升面向社会提供公共服务产品能力。贯彻落实区委办、区政府办印发的《关于进一步实施“聚贤集美”人才计划 全面打造高素质区域创新中心的意见的通知》，协同推进实施“聚贤集美”人才计划，柔性引进院士专家等高端人才。对经厦门市审批设立、落户集美区的集美大学市级院士专家工作站和厦门蓝海天信息技术有限公司省级院士专家工作站，在市级建站专项资金基础上，获得连续3年、50万元/年的配套资助。2家院士工作站在2022年均通过绩效考核验收。蓝海天院士专家工作站研发出涉及国内外遥感、海洋地理信息、海洋要素、海上通航等25种空间信息数据产品，以及“海洋地质科普互动系统”“洋流运动模拟互动系统”“海洋监测科普互动系统”等科普产品；获得知识产权60余项，发表论文3篇，获得省部级科学技术奖3项、市级科技进步奖1项。集大院士专家工作站是福建省首个设在高校的院士专家工作站，由中国工程院院士吾守尔·斯拉木担任首席科学家。工作站参与“一带一路”文化与数字创意产业融合创新研究，先后承担国家级重大研究专项重大委托项目——南岛语族源流相关课题研究，以及中国工程院与福建省联合委托的省级重大咨询研究项目、省部级科技计划项目——“福建省数字创意产业发展战略与路径研究”，并联合其他院士与罗普特科技集团围绕福建省发展战略急需的元宇宙、人工智能、数字创意等新兴产业领域，筹建联合创新中心。

【青少年科技教育】 2022年，集美区推进全民科学素质行动计划，围绕提高青少年科学素质的工作目标和任务，整合科普资源，全面实施校园科普工程。诚毅科技探索中心围绕“科学知识让孩子一生受益”为主线，结合中心主要研学板块：生命安全教育、生态自然、信息通信、防灾减灾、航空航天、航海科技、非遗文化等，创新手段、整合资源，针对不同受众群体，陆续开展专家科普讲座、趣味科普互动、科学表演秀等系列活动20场，参加活动800余人次。开展“科技节进校园活动”，增加学生科学知识，激发科学兴趣。

【科普进社区进学校活动】 2022年，集美区科协开展科普讲座进社区、进学校活动。“垃圾分类”专题环保科普进社区活动25场，参与1000余人次。辖区内杏南中学、杏苑小学、杏滨小学、诚毅中学、乐安小学依托自身科普特色优势，开展“守护花蕾，护苗成长”儿童安全教育活动等一系列活动，让学生通过寓教于乐方式拓宽科普知识面。

【科普宣传活动】 2022年7月2日，集美区科协在泉水湾小区，与侨英街道共同举办集美区“7·2”低碳日宣传活动，向居民传递低碳环保理念，科普环保重要性；9月27日，集美区科协联合市科协、后溪镇政府共同承办，开展“千会帮千村”活动走进集美区。开设科普沙龙，开展现场义诊科普相关知识。11月9日，在后溪镇苎溪桥，联合集美区农业农村局、后溪镇人民政府办、集美区委乡村振兴办、集美区文化和旅游局等单位，在集美区农民丰收节活动现场开展垃圾分类科普互动趣味游戏，宣传科普相关知识。

【全国科普日系列活动】 2022年9月14日，集美区科协围绕“喜迎二十大，科普向未来”活动主题开展全国科普日活动，通过整合全区科普资源，围绕“科普教育的未来之路”主题与全市150余位中小学科技教师及与会科普工作者共同研讨国家“双减”（减轻义务教育阶段学生过重作业负担和校外培训负担）政策大背景下，开展科普教育的方法、路径、经验，现场反响热烈。针对青少年对科普学习、旅游、成长、陪伴的需求，活动组织“科学宝藏市集”，各科普（教育）基地和研学机构向市民和与会嘉宾展示科学互动课程体验、科普研学项目成果及科学文创产品等，助推厦门科普教育新业态、新资源、新产品有机融合，并针对省内客源及全国客源精准营销，开拓全国市场，助力文旅、研学产业复苏。全市5088个公交媒体平台、7506个地铁媒体平台、1206个城市楼宇电子显示屏进行维持一周的科技创新等科普知识滚动宣传。 （邱雅丽）

## 集美区归国华侨联合会

【概况】 2022年，集美区归国华侨联合会（以下简称“集美区侨联”）慰问帮扶全区侨界群众733人次，发放慰问救济金38.77万元。举办“走近集美侨乡巡回义诊”5场，吸引近300名归侨侨眷和社区居民参加。与厦门市中级人民法院、集美区委政法委、区人民法院联手揭牌成立“侨音法驿”涉侨调解工作室，年内受理处置平台委派11件次，接待处理涉及侨房保护、寻亲认祖、侨权侨益的来信来访10起16人次，编写《集美侨讯》被《中国侨网》采用21篇。区侨联被中国侨联通报表彰为2021—2022年度全国侨联系统“侨胞之家”典型选树单位，集美街道“侨胞之家”被省侨联命名为省级“五好侨胞之家”。

【基层侨联组织建设】 2022年3月11日，集美区召开区侨联八届四次全委扩大会暨侨联委员走进侨乡参访调研实践活动，区侨联委员、海外委员、侨青委员和来自各镇（街道）侨务工作者在澳头社区华侨书院，学习并领会中共十九届六中全会精神、习近平总书记致厦门经济特区建设40周年贺信精神，传达学习中国侨联十届五次全委会议精神和省侨联2022年重点工作安排，通过《集美区侨联八届四次全委会工作报告》，听取《2021年集美区侨联基金情况报告》，明确2022年工作思路。5月18日，市侨联在区侨联举行省级“侨胞之家”命名授牌仪式，并调研指导推进省级“侨胞之家”及“五好侨胞之家”创建工作，同日成立厦门市集美区海内外侨胞服务中心，旨在协助侨联为归侨侨眷和海内外侨胞提供服务，承接政府购买服务事项。10月29日，在2022年厦门市侨界业余羽毛球友谊赛中，区侨联代表队获第四名。区侨联被中国侨联评选为2021—2022年度全国侨联系统“侨胞之家”典型选树单位。12月21日，集美街道“侨胞之家”被省侨联命名为福建省“五好侨胞之家”。

**【参政议政】** 2022年，集美区侨联组织和发动侨界人大代表、政协委员到基层开展专题调研，提出《关于组建集美“双减政策”社会监督员队伍的建议》《关于进一步规范集美停车位管理的建议》等提案、议案和建议。完成“建议发展以疗养休闲与高端养老相结合的健康产业”以及“把集美打造成以华侨文化和学村文化为特点的亲子科普研学基地”“引入两岸职业教育助力村民学习，营造集美区在地化社区特色”等课题调研工作。编写《集美侨讯》29期，被《中国侨网》采用21篇，被省委统战部、《福建侨报》、中共厦门市委统战部采用多篇，被中新网、人民政协网等央媒多次转发。

**【侨企侨商服务】** 2022年，集美区侨联走访调研侨企侨商37家51人次，组织侨企、侨界人士参观考察杏林湾、集美新城、软件园三期等。4月26日，“侨青台青创新创业分享会”在集美新城诚毅国际商务中心举行，在厦创业就业的40名侨台青年代表和有关领导50人参加。5月7日，“厦门市侨领侨商走进青年友好城区集美”参访活动在杏林湾党群活动服务中心举行，来自美国、德国、英国、巴西、新加坡、马来西亚、菲律宾等20个国家驻厦门的侨领侨商共50人参加。6月1日，厦门集美区侨联与厦门理工学院统战部联合举办的“走进青年友好城区集美”参访活动，来自厦门理工学院统战部、侨联、留学生联谊会、致公党院总支、港澳台籍师生和集美区侨联30名代表参加。

**【护侨助侨及慈善公益】** 2022年，集美区侨联持续开展“温暖送百家，真情暖侨心”活动，筹措各界扶贫帮困及慈善资金38.77万元，慰问帮扶侨界群众733人。元旦、春节期间，区、镇（街道）、村（居）侨联工作人员，慰问困难归侨侨眷183人，发放慰问救济金8.74万元。3月5日，区政协委员、胜意龙纺织有限公司董事长蔡继军向香港捐赠6箱1920盒新型冠状病毒抗原检测试剂盒。4月7日，区侨企厦门盛斌能源科技有限公司向集美区红十字会捐赠次氯酸消毒液384瓶，价值2.32万元。4月26日，与厦门市中级人民法院、区委政法委、区人民法院联手揭牌成立“侨音法驿”涉侨调解工作室，召开完善涉侨纠纷多元化解机制座谈会，并现场在线通过人民法院调解平台组织涉侨案件视频调解。受理处置平台委派11件次，接待处理涉及侨房保护、寻亲认祖、侨权侨益来信来访10起16人次。“六一”儿童节期间，集美社李厚公益基会向集美小学、集美二小、集美幼儿园分别发放慰问金4000元，共1.2万元。素香奖教奖学基金向集美二小发放5万元，奖励优秀师生200多人。汪渊奖教奖学基金向集美二小发放奖教奖学金5万元，奖励优秀师生200多人。6月20日，区侨企南顺投资（厦门）有限公司向四川凉山地区群众捐赠全新棉被、衣服、帽子1100余件（床），价值5万元。中秋节、重阳节期间，为64名生活困难归侨、侨眷老人发慰问金800元/人，共5.12万元。11月12日，举办三项侨捐基金暨李厚公益基金、陈永和基金、陈嘉麟奖学基金颁发医疗资助、助学奖学金，集美社陈氏族亲、学生76人受助金额12.87万元。全年争取市侨联“侨青侨商”助学金3400元资助3人，慰问去世归侨侨眷10人，共5000元。携手厦门医学院附属第二医院、统战联合党支部等单位举办“走近集美侨乡巡回义诊”5场，吸引近300名归侨侨眷和社区居民参加。

2022年9月8日，集美区侨联联合相关单位在后溪镇崎沟村开展“走近集美侨乡巡回义诊”活动 （张 玲 摄）

**【联谊联络】** 2022年，针对新冠病毒感染疫情影响，集美区侨联在春节期间，向海外知名人士、侨胞、校友馈寄新年贺卡200余张，并通过微信公众号、微信推送、视频分享、视频通话等方式，向海外侨团和海外乡亲拜年。春节期间，向新加坡厦门公会、新加坡汪氏总会、北美华人华裔寻根协会、加拿大集美校友会、马来西亚福建社团联合会、印尼中华总商会等20余家海外社团和陈嘉庚及陈文确陈六使家族后裔等海外乡亲200余人拜年。先后向厦门市集美区侨乡经济促进会举办第七届理监事会就职典礼活动、菲律宾厦门联谊会、菲律宾厦门商会举办庆祝成立七周年暨第三届理监事会及妇女组、青年组就职典礼活动发去贺电。在菲律宾遭受地震灾害袭击造成人员伤亡和财产损失之际，向菲律宾漳厦龙同海总会并致旅菲全体乡亲发慰问电。疫情防控期间，侨联全体干部职工奔赴抗疫一线支援，协助镇（街道）做好核酸检测点的现场协调、秩序维护、卡口管控等。

【中华文化传播】 2022年9月23日至12月31日，由集美区归国华侨联合会主办、华侨大学预科教育学院承办的“嘉庚风•中华情”集美海外侨亲侨属学中文项目，吸引来自泰国、印度尼西亚、缅甸、越南等国的40名华侨学生参加。预科教育学院以中文教学为基础，以提升集美海外侨亲侨属中文能力为核心，开设基础汉语、高级汉语等课程；以增进海外侨亲侨属对祖（籍）国，特别是厦门集美新时代发展历程的了解、理解为重点，开设语言实践、文化实践和实景课堂等特色课程；以增进海外侨亲侨属对嘉庚精神思想内涵的理解，专门开设嘉庚精神专题文化讲座、嘉庚故居实景课堂等专题课程，并组织嘉庚精神演讲比赛、书法比赛和文创产品设计大赛。9月27日至11月30日，举办“欢庆党的二十大‘我的集美情’主题征文”活动，在海内外得到积极响应，获奖征文被《八闽侨声》《福建侨报》《鹭风报》《集美报》等媒体选登。11月6日，与集美区社科联联合举办“文以载道，协和万邦——以侨为桥传播好中华优秀文化”主题论坛活动，线下近80人参加，线上吸引1万多人次海内外观众在线互动交流。 （王昌泽）

## 集美区文学艺术界联合会

【概况】 2022年，集美区文学艺术界联合会（以下简称“集美区文联”）有文艺家协会8个、行业文联1个、镇（街道）文联1个、艺术团2个，有全国会员48人、省级会员91人、市级会员165人、区级会员995人。年内，集美区文联带领全区广大文艺工作者，紧扣迎接学习宣传贯彻中共二十大精神这一主线，结合两岸融合发展、集美区青年友好型城区建设等主题，完成各项工作。完成集美区朗诵艺术协会、集美区企业文联换届工作。落实《集美区文艺发展专项资金扶持奖励办法》，全年扶持优秀文艺项目30个、奖励优秀项目1个，打造文学作品400多个、出版著作7本、推出歌曲15首、戏曲8首、摄影作品250幅、书画作品350幅、舞蹈“艺术+”短视频10个，配合2022年厦门市民文化节，组织策划文艺活动80余场。完善《集美风民间戏剧曲艺团队扶持办法》，全年给予民间文艺团队演出补助9个、作品创作补助14件、培育补助师傅7个、徒弟21个，集美区闽南戏剧曲艺创作基地入选福建省第一批“新时代特色文艺示范基地”。运用《集美风》杂志、《集美报》文艺副刊《浔江潮》以及“天下集美”“南薰微风”等新媒体平台，促进文艺创作交流和传播。

【文艺创作】 2022年，集美区文联组织创作一批影视、音乐、绘画、书法、戏曲、出版等文化文艺精品。红色主题文艺作品创作。迎接中共二十大召开，打造精品广播剧《江山——陈嘉庚与中国共产党》，于1月在宁夏固原红军长征纪念馆举行开播仪式。该剧由福建、宁夏两省宣传部共同立项，宁夏广播电视台和福建广播影视集团、厦门广播电视集团、厦门市集美区委宣传部联合制作。纪念“跨岛发展”战略实施20周年，推出3集专题纪录片《跨越》，于9月举办“喜迎二十大 跨岛新征程”专题纪录片《跨越》首映式。策划制作“我们的中国梦·文化进万家——集美区庆新春文艺晚会云展播”“集美区少儿艺术冬令营暨集美少儿春晚云展播”“新春集万福·文化进万家——2022年集美区迎新春文艺流动展”等在新春期间轮番上演。歌曲《虎年有福·我们斗阵来围炉》被中央电视台中文国际频道等多平台报道；歌曲《留厦过年》反响热烈；原创歌曲《冰雪梦想》为冬奥会、冬残奥会健儿加油助力。举办“第十七届集美（端午）诗歌节”，面向全国27个省（自治区、直辖市）及中国台湾地区征集288首诗作（其中现代诗152首、旧体诗词136首），全网推出《“两岸同舟·诗遇集美”——第十七届集美诗歌节诗歌云展播》，获人民网、中新网、《福建日报》、福建文艺网、澎湃新闻等主流媒体关注报道。国庆期间，推出“集美区喜迎二十大暨庆祝新中国成立73周年美术作品3D国画展”2期；推出“喜迎二十大优秀文艺作品线上展播”4期。做好抗疫期间主题作品创作，“战疫”主题歌曲《厦门，我们》入选中央宣传部“学习强国”学习总平台《爱暖人间——抗疫原创歌曲集》。

落实《集美区文艺发展专项资金扶持奖励办法》，全年扶持优秀文艺项目30个、奖励优秀项目1个，推出“人文集美”系列丛书、“人文集美”系列美术作品展，创作中国画《集美解放》、组歌《跨岛之美》、歌曲《福佑中华》等艺术精品，出版《华侨旗帜 民族光辉——陈嘉庚组歌》《闽画故实——八闽传统绘画里的中国故事》《远去的老集美》《集美诗词大观》《闽南的味道》《白鹭传》等文学著作。修订完善《集美风民间戏剧曲艺团队扶持办法》，全年给予民间文艺团队演出补助9个、作品创作补助14件、培育补助师傅7个徒弟21个。第七届厦门文学艺术奖推荐申报，全区征集并推荐申报不同类型文艺佳作73个。

【文艺活动】 2022年，集美区文联开展各类文艺活动。喜迎中共二十大主题活动。举办“筑梦新征程·一起向未来”集美区喜迎党的二十大暨跨岛发展主题文艺晚会、“筑梦新征程·一起向未来”集美区喜迎二十大暨庆祝中国共产党成立101周年书法摄影展、“喜迎二十大 跨岛新征程”专题纪录片《跨越》首映式、2022年集美区“强国复兴有我”群众性主题宣传教育活动、“筑梦新征程 一起向未来”集美区庆祝新中国成立73周年美术作品展、“喜迎二十大·翰墨歌华章”中国画名家邀请展、喜庆二十大“我们的新时代”第28届福建省摄影展暨“嘉庚故里·百年学村”——2022首届集美摄影季、“乡音颂党恩”集美区戏曲进基层巡演活动、“盛世刻华章”——厦门市书协刻字艺术委员会会员作品展等学习宣传贯彻中共二十大精神的主题活动。

立足集美“一精神三文化”（嘉庚精神和华侨文化、闽南文化、学村文化）人文特质，联合中国图片社，推出“2022首届集美中国新风景摄影展”。继续举办《嘉庚组歌》进校园巡演、经典诵读进校园等活动。策划举办“人文集美”系列美术作品展。举办2022“听见集美”厦门集美学村周末音乐会、“看见集美”青春电影展、“以青春之我 绘青春集美”主题美术作品征集及展览活动。举办集美文艺讲堂、“集影之声”影视讲堂活动、“人文集美悦读季”、2022兑山艺术区兑艺美术馆系列展览活动、2022大社文创街区系列文艺作品展、2022年文化科技卫生“三下乡”集美区集中示范服务活动、“春联进万家 万家挂春联”——集美区迎新春送春联文化惠民活动、2022年集美区“春联进企业·祝福送职工”等活动。

【《集美风》编印】 2022年，集美区文联编印《集美风》4期，刊登文学作品107篇、书画和摄影作品48幅、歌曲8首、戏曲7首、文艺资讯24条。《鳌园丰碑》栏目发表《陈嘉庚与厦门两条海堤的建设》《从广告看陈嘉庚的广告经营理念》《这位平凡的母亲，培养出了华侨领袖陈嘉庚》《陈嘉庚与子女》《嘉庚履印 大道之行》《1940年陈嘉庚回乡记》《福星陈嘉庚》《倾资兴学千古一人》等文章；《嘉庚弟子》栏目推出《弦歌不辍 铎声悠扬——追忆与集美学校一起走过抗战岁月的教师们》等文章；《浔江潮》栏目介绍全区文化讯息。《侨乡素描》栏目发表8篇介绍集美区乡村、社区故事随笔。《食在集美》栏目发表8篇集美美食文章。《虚拟时空》《海天片羽》《南薰楼视觉》《舞台艺术》《视觉空间》栏目推出一系列小说、散文、诗歌、文艺评论、戏曲、歌曲、摄影、美术、书法佳作。《企业艺坛》推介区4家文化企业典型事例；《群星璀璨》栏目介绍集美大学美术与设计学院副教授、硕士生导师、集美区民间文艺家协会副主席汪贤俊，厦门陆萍坊歌仔戏创始人兼团长、集美区延平闽南戏曲艺术团副团长陆萍，集美大学音乐学院教授、院长、硕士生导师杨丽霞，集美大学美术与设计美术系副主任、中国文联全国委员会委员、中国美术家协会会员李炯毅等4位文艺家。

【区域文化交流】 2022年，集美区文联围绕海峡两岸融合发展，举办“龙腾虎跃”2022海峡两岸赛龙舟活动的重要配套活动之一——第十七届集美（端午）诗歌节，得到省、市作家协会支持，人民网、中新网、《福建日报》、福建文艺网、东南网、新浪网、澎湃新闻、音乐厦门、厦门广电等主流媒体进行报道；举办“两岸同根 百联迎春”第三届两岸书法家春联作品展，征集两岸书法家对联作品188幅，展出110幅；举办2021集美·两岸大学生摄影大赛获奖作品展，赛事吸引全国93所高校参与，征集作品4500多幅，并启动2022集美·两岸大学生摄影大赛，举办第二届集美·闽台两岸大学生美术作品大赛，面向闽台美术学院学生征集，收到两岸高校作品558件。联合闽西南五地市书法家协会，举办“奋进新时代 书写新征程”第四届集美·闽西南书法作品邀请展暨全国名家邀请展，展出闽西南五地市及全国各地书法家作品150件。加强对外文化交流，

2022年6月18日，“集影之声”影视讲堂在集美集影视文创园开讲　　（林志杰 摄）

表 4

## 2022 年“集美文艺讲堂”活动情况一览表

| 期数 | 主讲人 | 主题 | 时间 |
|---|---|---|---|
| 第 116 期 | 上海杂技团<br>上海市马戏学院 | 当传统技艺遇上国潮——大型杂技剧《战上海》分享会 | 2 月 20 日 |
| 第 117 期 | 苏　萌 | 弦上欢乐颂——苏萌古典吉他与弦乐四重奏大师分享会 | 2 月 24 日 |
| 第 118 期 | 开心麻花团队 | 开心麻花即兴戏剧工作坊 | 3 月 5 日 |
| 第 119 期 | 林东方 | 林东方钢琴独奏音乐会 大师分享会 | 5 月 20 日 |
| 第 120 期 | 沈　濛 | 戏剧体验工作坊 | 5 月 28 日 |
| 第 121 期 | 潘　畅 | 广州交响乐 Peng&Pan 弦乐二重奏大师演前分享会 | 6 月 2 日 |
| 第 122 期 | 方　咏 | 钢琴里面有什么？——钢琴的结构和原理分享会 | 6 月 11 日 |
| 第 123 期 | 壹豆剧团 | 莎士比亚《仲夏夜之梦》沟通主题<br>成人教育戏剧工作坊 | 6 月 12 日 |
| 第 124 期 | 天津人艺 | 天津人艺版 曹禺经典作品《雷雨》舞台探秘 | 6 月 22 日 |
| 第 125 期 | 阿　毛 | “集美学村的读册郎”主题讲座 | 7 月 2 日 |
| 第 126 期 | 杨秀晖 | 集美区文艺发展专项资金扶持项目<br>听！美食给你讲故事——杨秀晖《闽南的味道》创作分享会 | 8 月 6 日 |
| 第 127 期 | 郭　森 | 著名花腔女高音歌唱家郭森大师分享会 | 9 月 2 日 |
| 第 128 期 | 王亚彬 | 王亚彬原创舞剧《生长》大师分享课 | 10 月 7 日 |
| 第 129 期 | 查文渊<br>王赛男<br>朱冠霖 | 音乐话剧《不在梅边在柳边》主创对谈 | 11 月 12 日 |
| 第 130 期 | 蔡　缤 | 经典音乐剧沙龙 | 11 月 27 日 |
| 第 131 期 | 刘晓邑等 | 音乐剧《南唐后主》舞台探秘 & 主创见面会 | 12 月 9 日 |
| 第 132 期 | 靳媛媛 | “魅影”世界歌剧经典作品赏析沙龙<br>旅澳女中音靳媛媛 大师分享课 | 12 月 11 日 |
| 第 133 期 | 林德和<br>庄海蓉<br>吴兹明 | 歌仔戏《牡丹亭》主创见面会 | 12 月 18 日 |

举办第八届集美·阿尔勒国际摄影季，云集来自中国、法国、泰国、巴西、美国等地超 100 位艺术家的 30 个展览项目；举办“联通丝路·印象侨乡”东盟文化艺术创作季（第三季），吸引来自海上丝绸之路沿线 18 个国家的 95 位艺术家作品参展，200 余幅作品以“线上 + 线下”方式同步展示；举办“相融互鉴·艺路情深”中泰艺术精品联展（第三季），通过线下 + 线上方式展示中泰两国 65 位艺术家创作的近 200 幅绘画作品。

**【集美文艺讲堂】** 2022 年，集美区文联继续同厦门保利剧院管理有限公司合作，开设涉及文学、杂技、器乐、戏剧、舞蹈、传统戏曲等 18 期集美文艺讲堂。

**【“集美文艺出品”获奖】** 2022 年，集美区“集美文艺出品”连获大奖，区影视企业出品的电视剧《山海情》《绝密使命》获第 33 届中国电视剧“飞天奖”优秀电视剧奖，《山海情》编剧团队获优秀编剧奖，《山海情》女主角获优秀女演员奖。电视剧《山海情》《绝密使命》获第 31 届中国电视金鹰奖优秀电视剧奖。电视剧《山海情》《绝密使命》和电影《送你一朵小红花》获第十六届精神文明建设“五个一工程”[“五个一”：一部好的戏剧作品，一部好的电视剧（片）作品，一部好的电影作品，一部好的图书（限社会科学 方面），一部好的理论文章（限社会科学方面）。1995 年度起，将一首好歌和一部好的广播剧列入评选范围，“五个一工程”的名称不变] 优秀作品奖，电视剧《功勋》获第十六届精神文明建设“五个一工程”特别奖。

**【集美区朗诵艺术协会换届】** 2022年7月15日，集美区朗诵艺术协会举行第二次会员代表大会，换届选举产生新一届理事会，厦门理工学院语言学教授、硕士生导师张军民继续当选为第二届理事会主席，索燕华、汪乐萍、宋家卿当选为副主席，钟恒当选为秘书长。集美区朗诵艺术协会成立于2016年5月，由集美区委宣传部、集美区文联直接领导，受区民政局监督管理。年内，区朗诵艺术协会策划开展或配合参与近30场公益性文化活动，形成“‘浔江夜读’汪国真主题诗歌经典诵读”“诗意校园再出发”等品牌。

**【集美区企业文学艺术工作者联合会换届】** 2022年9月3日，集美区企业文学艺术工作者联合会（以下简称“集美区企业文联”）召开第二次会员代表大会，选举产生第二届理事会主席团。厦门市杏林建设开发有限公司副总经理蔡东毅当选为新一届集美区企业文联主席，徐卫勇、童启明、黄泉水、梁珊、郑斌、洪上毛、陈婧当选为副主席，赵娟当选为秘书长。集美区企业文联成立于2016年，是全省最早成立的区域性企业文联，由集美区委宣传部、集美区文联直接领导，受区民政局监督管理。集美区企业文联设文学创作、书画、摄影、歌舞表演、朗诵表演、影视等协会6个，有企业会员近80家、会员500多人。（王明瀚）

## 集美区残疾人联合会

**【概况】** 2022年，集美区残疾人联合会（以下简称“集美区残联”）实施《集美区“十四五”残疾人保障和发展专项规划》，推进新冠病毒感染疫情防控和残疾人事业发展。年内新增残疾人559人，其中为疑似重度残疾人提供残疾评定上门服务52人、“跨省通办”84人；全区持证残疾人7030人（其中视力类412人、听力类608人、言语类85人、肢体类3785人、智力类615人、精神类1047人、多重残疾类478人）。

**【残联组织机构建设】** 2022年，集美区残联有工作人员4人、区残疾人康复与就业服务中心5人、区残联编外1人、区福乐家园5人。街道残疾人职业援助中心工作人员19人，全区残疾人联络员74人[其中区1人、镇（街道）6人、村（居）67人]。完成三级残联组织换届工作，69个村（社区）残协组建率100%，实现残疾人联系服务全覆盖。举办年度残疾人联络员业务培训，邀请党建专家和市残联处室领导上党课、讲业务，提高基层服务残疾人水平。

**【残疾人就业增收渠道拓宽】** 2022年，集美区残疾人城镇新增就业197人、农村新增就业157人、城乡年度新增培训146人，分别完成年度任务的234.52%、713.64%和194.67%。“爱心屋”安置残疾人及困难重度残疾人家属21人；拓宽残疾人就业增收渠道，采用线上线下相结合招聘方式，推送3家企业参加市残联组织的线上招聘会，开展就业援助“暖心活动”，推选残疾人参加市残疾人职业技能竞赛，获团体总分第三名。落实残疾人自主创业就业扶持政策110人，发放补助金额107.92万元，发放残疾人农业机械购置补助政策0.26万元。

**【残疾人康复服务优化】** 2022年，集美区发放残疾儿童康复救助707人次市级补助金561万元、区级差额补助172万元，4家残疾儿童康复机构享受补助25.08万元，并做好康复机构事中事后监督，104名残疾人享受基本型辅助器具“应配尽配”，报销金额15.1万元，全区康复服务覆盖率59.55%，有康复需求的残疾人康复服务率、辅具适配率100%；定期更新776名精神残疾人及代取药人员等信息。

**【困难残疾群众帮扶】** 2022年，集美区组织厦门医学院附属第二医院医生为不便出门的疑似残疾人入户鉴定52人，完成50户残疾人家庭进行无障碍改造，节日走访慰问重度及困难残疾人310户，发放慰问金20.72万元。开展“爱心助残·圆梦微心愿”活动，帮助115名残疾人圆梦微心愿，联合集美联通公司开展“我为群众办实事 数字助残惠民生”战略合作推进会，引导社会各界共同关心关爱残疾人群体。

**【惠残政策落实】** 2022年，集美区有91户130名残疾人享受“一户多残”困难补助32.60万元，156名残疾人入住重残托养机构，享受补助65.57万元；有602人、5家接纳残疾儿童的幼儿园机构及残疾学生和困难残疾人家庭子女602人次享受就学补助金94.36万元；享受残疾人机动轮椅车燃油补贴政策3人。建立防止困难残疾人“漏保”“漏救”长效机制，740名残疾人被纳入特困人员供养、最低生活保障、低收入家庭救助等社会救助范围，占全区低保总人数62.39%；成立区无障碍环境建设督导队，举办专题培训，开展辖区无障碍设施体验活动3次，推进全区无障碍环境建设工作。

**【残疾人文体活动】** 2022年，集美区在全省县区级率先出台《集美区残疾人体育竞赛奖金奖励办法》，发放2020东京残奥会获奖运动员及其教练员配套奖励90万元。组织文化进40户残疾人家庭“五个一”（读一本书、看一场电影、游一次园、参观一次展览、参加一次文化活动）活动，开展康复体育进70户残疾人家庭项目，联合爱心单位举办“全国助残日”文艺会演，派员参加全省第九届残疾人运动会暨

第七届特奥会，推荐保障优秀运动员参加杭州2022年第4届亚残运会等赛事。（李志坚）

## 集美区红十字会

【概况】 2022年，集美区红十字会有团体会员组织9个、基层组织124个，其中村（居）社区红十字基层组织67个、学校红十字基层组织57个。年内，集美区红十字会弘扬“人道、博爱、奉献”的红十字精神，开展“三救”（应急救援、应急救护、人道救助）、“三献”（献血液、献造血干细胞、献人体器官组织）等各项工作，推进红十字事业持续发展。全年筹集资金439.28万元，筹集物资折合76.98万元；救助全区大病患者22人，发放救助款22.6万元；救助困难群众2487户次，发放款物41.93万元；开展应急救护培训班124场，参训人员1.75万人，初级急救员持证培训19期，2575人取得初级急救员证；接受遗体器官捐献志愿者登记16例。参与全省“99公益日”网络募捐活动，被福建省红十字会通报表扬并授予“2022年度福建省红十字会‘99公益日’优秀组织单位”称号。杏林街道红十字会工作人员朱春莲被中国红十字会总会评为“中国红十字会‘会员之星’”。

【红十字基层组织建设】 2022年，集美区红十字会持续推进67个村（居）社区和57所学校的红十字会基层组织建设，提升红十字会基层组织服务能力。组织基层红十字工作人员参加市红十字会举办的基层组织学习培训、观摩交流。银亭社区参与创建省级博爱家园示范点，创建完成进行验收。集美区红十字会对1个红十字博爱驿站和8个红十字服务角落实巡查制度，更新物资、完善基础设施；统一对服务角志愿者进行业务培训，加强队伍建设，提升服务能力。

【人道救助】 2022年，集美区红十字会支持“爱心厦门”建设，做好人道主义救助。发挥红十字会博爱超市救助功能，通过开展元旦、春节“博爱送万家”活动和对低收入户及因病或突发状况导致困难的家庭进行常态化救助，全年救助困难群众2487户次，发放救助款物41.93万元；对符合条件的大病患者施行人道救助，全年救助22人，发放救助款22.6万元。其中，区红十字会基金救助12人，用款3.6万元；集爱基金救助10人，用款19万元。

【救助资金和物资募集】 2022年，集美区红十字会筹集资金439.28万元，物资价值76.98万元，其中：集爱基金募捐8.95万元，社会爱心捐款18.45万元，厦门建霖健康家居股份有限公司捐款15.19万元；协助区东西部协作办完成彭阳县社会帮扶资金募转任务388万元（集美区红十字会支出6万元、社会资金382万元）；募集新冠病毒感染疫情防控捐赠款物91.18万元（捐款14.2万元、物资价值76.98万元）。参与全省“99公益日”募捐活动，获福建省红十字会通报表扬并被授予“2022年度福建省红十字会‘99公益日’优秀组织单位”称号。

【社区红十字志愿服务】 2022年，集美区红十字会结合纪念“5•8”世界红十字日、世界急救日、世界献血者日等活动，发动镇（街道）、村（居）社区志愿者开展宣传服务活动，防灾减灾知识宣传演练，宣传红十字知识和红十字精神，普及急救知识技能，提高群众风险防范意识和自救互救能力，提升红十字会影响力。全年为基层组织配备药箱10个，志愿者服装100套，急救包135个，发放《水上安全与救生》《防灾避险手册》《救护与培训手册》等宣传手册4000余册。

【红十字应急演练和培训】 2022年，集美区红十字会制订下发《集美区红十字会2022年应急救护公益培训方案》，落实相关机制和保障措施，全区应急救护培训普及率稳步提升。在设立红十字会基层组织的村（居）社区和学校开展不少于1场的普及培训，联合市车管所、集美交警大队开展每周一次的常态化培训，推动应急救护培训纳入党校培训计划，与青少年宫建立应急救护培训长期合作机制。全年开展应急救护普及培训124场，参

2022年3月11日，集美区红十字会开展“2022年集美区红十字应急救护公益培训走进集美实验学校美山分校”活动（区红十字会 供图）

训人员1.75万人；初级急救员持证培训19期，取得初级急救员证2575人，提升社会大众自救互救能力。在厦门北站、杏林文体中心等公共场所配备26台AED（自动体外除颤器），落实为民办事项目。集美区红十字会和基层红十字会结合“5•8”世界红十字日、全国防灾减灾日、世界急救日等活动，宣传防灾减灾知识，开展防灾减灾演练等活动18场。（冯亚楠）

## 集美区计划生育协会

【概况】2022年，集美区有镇（街道）计划生育协会（简称计生协会）6个、村（社区）计生协会69个、企业计生协会288个、村（社区）计生协会小组914个，配备计生协会小组长1318名、发展会员1.62万名，建立金色阳光志愿者服务队73支、发展志愿者3524名。全区各级计生协会以习近平新时代中国特色社会主义思想为指导，以宣传贯彻《中共中央、国务院关于优化生育政策促进人口长期均衡发展的决定》精神为重点，推进“六项重点任务”（宣传教育、生殖健康咨询服务、优生优育指导、计划生育家庭帮扶、权益维护和家庭健康促进）提质增效。根据集委干〔2022〕111号文件，免去周昱集美区计划生育协会会长职务，提名苏国辉为集美区计划生育协会会长人选。

【生育健康宣传】2022年，集美区计生协会以“倡新型婚育文化・促人口均衡发展——喜迎党的二十大”为主题，组织广大计生协工作者、会员和群众开展宣传服务活动，区、镇（街道）开展各类宣传活动24场，参与活动4685人；村（居）开展各类宣传活动67场，参与活动6442人。以“尊重生育的社会价值，提倡适龄婚育、优生优育，鼓励夫妻共担育儿责任，破除高价彩礼等陈规陋习”为重点，加强对青年婚恋观、家庭观引导，将新型婚育文化内容纳入村规民约，清理过时的计划生育标语128条，推广新宣传标语71条，推动构建积极正向的新型婚育文化。“5・29”（中国计划生育协会成立于1980年5月29日。“5・29”是计生协成立纪念日，也是会员集中活动日）期间，联合市计生协会、联合路达（厦门）工业有限公司开展婚育文化互动活动，首次剧本杀形式，通过沉浸式体验，让年轻人树立正确的爱情观、婚恋观和家庭观。

【生育关怀行动】2022年，集美区计生协会做实幸福工程、农村计生帮扶、紧急救助、节日慰问、计生家庭意外伤害保险等项目，帮助计生困难家庭排忧解难。开展农村计生帮扶2户（5000元/户），开展幸福工程1户（3000元），开展紧急救助2户（4000元/户），开展金秋助学10户，金额3.4万元（市级2户，5000元/户；区级8户，3000元/户）；开展不孕不育症治疗1户（5000元）；元旦、春节期间慰问失独家庭49户，发放慰问金11.9万元。新一轮（2022年6月20日至2023年6月19日）计生家庭意外伤害保险参保3.83万户（9.85万人），投入资金382.58万元（保费100元/户）；同步为70户（109人）40周岁以上的失独家庭办理住院护理补贴保险（保费300元/人）。上轮一年来（2021年6月20日至2022年6月19日），计划生育家庭意外伤害保险理赔176例，赔付金额275.98万元，简单赔付率70.25%；失独家庭住院护理保险理赔6例，赔付金额0.69万元。落实“暖心”行动，继续开展集美区“暖心家园・集爱浔畔”计生特殊家庭帮扶暖心行动服务项目，深化“4+10”[4大服务模块：“康乐生活”、“心乐生活”“家乐生活”“众乐生活”；10项基础服务项目：动态档案管理、健康管理服务、心理咨询服务、个性化服务、兴趣培养、传统节日关爱（其中暖心家宴，指春节链接志愿者、其亲友、邻里一起入户煮年夜饭，陪伴过节）、居家安全评估改造、生日会、安全访视、志愿帮扶]关怀服务项目，为全区70户失独家庭提供多方位关怀帮扶。全年开展理发、义诊、健康讲座、节日关爱、生日庆祝、爱心家宴、家政清洁等个性化服务33场次，服务961人次，电访849人次，入户

2022年7月9日，集美区计生协会金色阳光志愿者指导侨英街道乐海社区宜贝教育机构开展亲子活动
（彭亚军 摄）

走访493人次。开展“三送”（寒冬送暖、疫情送餐、夏季送清凉）暖心服务。2月“御寒潮·送温暖”服务148人次；3月新冠病毒感染疫情防控期间，为高龄、独居、行动困难的失独家庭，送上口罩、米、面、蛋等生活物资及爱心餐，服务69人次，送餐上门被厦门电视台《特区新闻广场》报道。

【优生优育进万家】 2022年，集美区计生协会深化“集爱培优·惠育万家”0～3岁儿童早期发展服务项目，以辖区内0～3岁婴幼儿家长为服务目标人群，提升居民科学育儿意识和科学教养方法，促进婴幼儿健康成长。在24个社区开展科学育儿公益讲座、亲子早教课、户外亲子活动、家长沙龙课堂等活动50场，总服务5000多人次。每周在区计生协微信公众号科学育儿公益讲堂播放科学育儿知识，发送幼儿早教免费卡500张1500次课程、《育儿宝典》400本及“儿童早期发展科普知识”折页、儿童早教礼物、“0～3岁儿童心理发育测量表”等600份。联合区妇联等部门在集美国投嘉幼托育中心设立“中国集美学村‘家长学校’——幼儿家庭教育分校”，新建乐海、园博和锦园社区3个“向日葵亲子小屋”，为群众提供便利、专业的咨询指导服务。

【青春健康教育推广活动】 2022年，集美区计生协会持续提升集美大学理学院、厦门医学院青春健康俱乐部和杏南中学青春健康家长示范学校建设，开展青春健康教育进社区、进学校、进企业等服务活动，实现青春健康工作从高校到中学全覆盖。全年开展“沟通之道”家长系列培训10期（30个主题）、专题讲座5场，服务家长1154人；开展“成长之道”青少年人生技能培训8场，服务1144人；开展“同伴教育”高校大学生主题活动8场，服务3017人；提供青春健康个案咨询8人、基地督导4次。5所高校成为中国计生协青春健康高校项目点（集美大学、厦门医学院、厦门软件职业技术学院、厦门理工学院、厦门工学院），申报中国计生协青春健康高校沟通之道家长培训项目。

【家庭健康促进行动】 2022年，集美区计生协会推动0～3岁儿童家庭营养改善与科学养育促进，开展健康知识进万家小程序推广，绑定居民21.94万人。开展“暖心大学堂”主题活动，举办健康系列讲座19场，服务739人；在区计生协微信公众号开展“健康云课堂”系列讲座，普及健康知识；镇（街道）、村（居）计生协会常态化开展健康讲座、义诊，到城乡基层和家庭，传播健康理念。根据《厦门市推进家庭健康促进行动实施方案》，联合区卫健系统开展“红帆领航·健康同行”医疗健康服务下基层活动，开展家庭健康、阳光成长、夏季健康保健、健康饮食等8场健康知识讲座和义诊咨询服务活动。根据中国计生协和健康中国行动推进办等7部委联合印发《关于开展2022年度家庭健康主题推进活动的通知》要求，推荐上报新时代健康家风故事“健康传播类”4个、“中医养生类”1个。9月，与区爱卫办、区卫健局、区妇联协作，在全区开展寻找“健康家庭”示范户活动，推荐的4户对象获2022年福建省“健康家庭”示范户称号。7月25—31日，围绕“改善老年营养，促进老年健康”为主题，与区卫健局合作开展2022年全国老年健康宣传周活动；10月25—27日，配合区卫健局开展以“反诈防骗 敬老助老”为主题的2022年全国“敬老月”系列宣传活动。

【社会治理融入】 2022年，集美区计生协会各级计生协党员干部、小组长和“金色阳光”志愿者及会员群众服务各时期中心工作和重大任务，做好入户摸底排查、村（居）卫生防疫和消毒、防疫宣传、体温测量、隔离酒店转运、物资发放等新冠病毒感染疫情防控工作，参与文明城市创建、爱心厦门建设。做好计生群众维权工作，全区各镇（街道）均成立计生家庭法律援助站，村（居）设立法律援助点，每个村（居）聘请法援律师1人，为村民解答各类法律咨询，提供法律意见。全年调解涉及计生民事纠纷213宗，受理法律援助案件12件，接受法律咨询339人次，举办业务培训8场次，参加业务培训377人次，举办宣传活动24场，参与维权志愿者254人，惠及计生群众1.87万人。

【“倡新型婚育文化 促人口均衡发展”活动】 为庆祝中国计生协成立42周年暨“5·29”会员活动日，团结引领广大群众迎接中共二十大召开，集美区计生协会携手集美大学理学院计生协会、集美大学理学院青协、集美街道计生协会、集美街道卫生服务中心及辖区的5个社区计生协会于5月29日开展以“倡新型婚育文化 促人口均衡发展”为主题的计生协会员日活动。社区上百名计生协会员参与知识竞答、健康义诊、婚育文化知识宣传、党史知识和健康知识宣传等。

【“童心向党双乐行”亲子活动】 2022年“7·11世界人口日”是第33个世界人口日，恰逢中国共产党成立101周年，由集美区计划生育协会组织，灌口镇双乐社区计生协和厦门宜贝教育携手举办“童心向党双乐行”亲子活动。活动结合红色主题设计《重走长征路》《千里运军粮》《炸碉堡》《制作五角星》等游戏，通过红色题材活动，学习了解红色文化，有28组亲子家庭参加。

（李恩娜）

# 法 治

## 政法委及综治

【概况】 2022年，集美区完成各项重大维稳安保任务，刑事警情实现6年连降，每万人刑事警情发生数连续6年全市最低，社会稳定形势持续向好。结案率、执行完毕率等主要审判执行指标均列全市各区第一名，“三减量”（减少执源增量、执行存量、执行变量）执源治理机制、“善执”社区矫正工作品牌等多项创新机制和举措在全国、省、市推广，深化政法改革成效突出。在全市率先成立区社会治理工作委员会，创新打造“多平台合一”的“智慧集美”平台，探索社会治理现代化新路径。年内，集美区获评福建省第四轮第二批平安县（市、区），区法院获评为“全省法院信息工作优秀单位”，区检察院公众号获评为第三届全省政法“优秀新媒体账号”，集美公安分局连续第9年获评为“福建省平安建设先进集体”，区司法局获评为“2019—2021年度全省人民调解先进集体”，涌现“全国最美基层警察”林志兴等一批先进典型。

【平安建设】 2022年，集美区深化“大合成小案快打”机制，刑事警情比上年下降8.4%，每万人刑事警情发生数连续第6年全市最低。高质量打造智慧安防，超指标完成全区183个小区智慧安防建设，人脸识别、车辆抓拍视频联网率及覆盖率均达100%。“三级巡防互联网+感知处置模块”做法和经验在全市推广，“三级巡防”（专业警种、派出所、群防群治力量三级巡防体系）体系在全国社会治安防控体系建设示范城市迎检中“零失分”。持续推进道路交通死亡人事故专项整治及电动自行车综合治理，全年道路交通死亡人数与整治前6年（2011—2016年）相比下降47.2%，减少死亡人数和降幅均为全市第一名。

【法治建设】 2022年，集美区推进依法行政，审核《2022年集美区委全面依法治区工作要点》《2022年集美区普法依法治理工作要点》，第9年发布《行政审判白皮书》；创新行政复议专家库制度在省司法厅简报推广；在全市率先开展镇（街道）综合执法培训以及专业法律知识培训考试，行政执法水平明显提升。优化政法服务保障，“一趟不用跑”和“最多跑一趟”事项占99.67%，办理承诺时限压缩至法定时限5.07%，实现公共法律服务实体平台全区69个村（社区）全覆盖。开展法治宣传，实施“八五”普法规划，组织基层法治工作者、普法志愿者、普法讲师团成员、“蒲公英”志愿队等到校园、村（社区）、公园景区开展普法活动，举办法治讲座45次、普法活动25场；在全市率先举办厦门市高校大学生法治辩论赛，弥补高校大学生法治交流空白；全区政法系统创作、拍摄的《我的答案》《新警察故事》《在灿烂的阳光下》等歌曲、视频获评全国、省、市优秀作品。严格公正执法司法，落实防止干预司法“三个规定”（领导干部干预司法活动、插手具体案件处理的记录、通报和责任追究规定，司法机关内部人员过问案件的记录和通报责任追究规定，司法人员与当事人、律师、特殊关系人、中介组织接触交往行为的若干规定，政法干警主动填报涉“三个规定”相关记录35条。

【维稳安保】 2022年，集美区反恐基础摸排工作被省反恐办肯定，连续第3年获全市反恐怖工作综治考评第一名；推进“净网2022”专项行动，研判预警情报获省机制办通报表扬。优化“七位一体”（党委领导、镇街主责、部门主导、公安主战、社区共治、舆情导控、司法保障的“七位一体”集美主动创稳模式），创稳集美模式机制效能，完成中共二十大等重要时期安保工作任务。

【扫黑除恶专项斗争】 2022年，集美区破获恶势力犯罪组织5个，查处涉黑涉恶腐败和“保护伞”6件6人。打掉电信网络诈骗窝点63个，清理整治违法侵占的收储用地面积196.46公顷，实现公民办校园及周边治安视频监控全覆盖。开展《中华人民共和国反有组织犯罪法》系列宣传活动，举办大型文化下乡活动18场，常态化扫黑除恶深入人心。在厦门市第三看守所开辟“认罪越早、从宽越多”理念宣传教育“试验田”，治理成效获《人民日报》、中国网等媒体转发点赞。

【社会治理】 2022年，集美区组建全市首个物业行业党委，成立38个环境和物业管理委员会，推动全区135家物业与小区党组织签订共建协议132项。总结经验做法，4个项目分别入选省、市优秀创新案例、优秀基层案例。打造“嘉集检爱、赓续未来”品牌系列法治宣传活动，采用直播和线上互动方式寓教于乐，累计吸引辖区246万人次师生家长参与。弘扬“嘉庚精神”侨乡文化，通过推广布局“嘉庚书房”等嘉庚精神宣教设施，发挥集美·诚毅志愿者联盟平台作用，德治助力基层社会治理态势基本形成。组建“红色管家”等服务队145支，推动共建单位到小区开展主题活动，排查解决群众关切问题和安全隐患。科学划分全区网格743个，制定村（社区）网格图69个，优化网格信息化工作机制。安装道路智慧化设备4615台，通过“智能感知”“自动运转”提升辖区智慧交通水平。

【政法领域改革】 2022年，集美区人民法院结案率、民事案件调撤率、执行完毕率等主要审判执行质效指标位居全市基层法院第一。“三减量”执源治理机制获省人民法院主要领导批示肯定，获评为省法院15项诉源治理工作创新举措。区人民检察院的“一体两翼”[一体即一个观念（能动司法）、两翼为二项职责（自主侦查、引导补侦）]办案模式获评全省基层检察院建设典型事例，课程入选第五批全国检察教育培训精品课程；“善执”社区矫正工作品牌及经验做法在全国检察机关交流推广。集美区打造的“海丝法务税务普法服务中心”入选第二十届海丝中央法务区论坛十大成果。

【法治营商环境优化】 2022年，集美区打造全市首个知识产权标准化在线庭审场所，成立全省首个“优化营商环境执行工作室”。打击侵犯企业和企业经营者合法权益的犯罪行为，办理涉企案件38件65人，开展涉企被害人财产刑执行专项监督13件。组织开展涉互联网金融风险“护园行动”，起底排查软件园三期园区全部企业3069家，挤压迁离“问题”企业17家，打掉违法犯罪窝点11个。

【“一站式”刑事速裁运行机制】 2022年，集美区委政法委推行公检法司“一站式”刑事速裁运行机制。整合办事制度，组织公、检、法、司，确定刑事司法“简案快办”工作规范，将公安机关刑事快办、刑事拘留直诉、阶梯式从宽量刑制度和法院适用速裁、协作执行等要求予以整合。强化制度建设，制定“一站式”刑事速裁运行工作机制，组织开展业务培训，线上线下一体化的操作流程培训，实现专人负责、熟练操作。优化程序模式，设立速裁法庭和检察官办公室，法官、检察官可通过现场开庭、远程视频方式审理案件，减少外出送审环节，加快案件流转，为公检法分工负责、互相配合、互相制约的监督机制运行提供现实平台和软硬件保障。

（张　勇）

## 法治政府建设

【概况】 2022年，集美区推行包容审慎监管执法“四项清单”（“不予行政处罚事项清单”“从轻行政处罚事项清单”“减轻行政处罚事项清单”以及“不予实施行政强制措施事项清单”）制度，持续推行行政执法公示制度、执法全过程记录制度、重大执法决定法制审核制度，继续推进证明事项告知承诺制各项制度落实，深化行政执法体制、行政复议体制改革，依法制定行政规范性文件，建立健全行政机关应诉工作常态化工作机制，完善政府法律顾问和公职律师制度。

【行政执法监督】 2022年，集美区司法局加强行政执法规范化建设，贯彻实施行政处罚法。制定《集美区贯彻实施〈中华人民共和国行政处罚法〉若干意见的通知任务分工》，组织全区各行政执法部门及各镇（街道）行政执法骨干力量、法制工作人员（含法律顾问助理）、行政执法人员约90人参加专题培训。推行包容审慎监管执法工作，全年有8个部门执行市级制定的不予处罚事项清单204项，从轻处罚事项清单67项，减轻处罚事项清单65项，免予行政强制清单36项，实际发生不予处罚案件6102件。落实证明事项告知承诺制，年内，区发改局、区工信局、区城市管理局、区农业农村局、区侨办、区人社局、区市政园林局、区卫健局、区民政局9个部门编制13大事项，共17个子项推行证明事项告知承诺制，办理完成1317件，比上年增加425件。落实行政执法公示制度、执法全过程记录制度、重大执法决定法制审核制度，全年开展重大行政许可案件合法性审核128次，重大行政处罚案件合法性审查226次，重大行政强制决定合法性审核2次。落实行政执法人员持证上岗和资格管理制度，全区在厦门市行政执法信息系统平台录入行政执法人员信息418条，预约换证346本。全区6个镇（街道）54名综合行政执法人员领取行政执法证件。深化行政执法体制改革，6月30日，区政府发出《关于赋予镇（街道）行政执法事项清单的通知》，向社会公布集美区赋予镇（街道）行政执法事项清单181项。开展“行政执法赋权事项承接确认书”签订工作，全区有5个区直部门与6个镇（街道）相关赋权事项签订承接确认书。开展2022年度行政处罚案卷评查工作，抽取7个部门30个行政处罚案卷进行评查。评查结果纳入区政府对区直部门、各镇街依法行政绩效考核得分。

【行政复议与应诉】 2022年，集美区司法局推进行政复议规范化、专业化、信息化建设。推进行政复议体制改革。增设行政复议与应诉科，设置行政复议受理中心，畅通行政复议网上申请渠道，强化行政复议调解化解行政纠纷。全年收到行政复议案件152件，受理108件，不予受理10件，未补充材料证实为放弃2件，转送32件。审结行政复议案件76件，调解成功18件，组织行政复议专家会议6次，集中研讨重大、疑难复议案件16件。年内，收到以集美区政府为被告的案件79件，其中一审案件42件、二审33件、再审4件，办理福建省检察院审判监督程序案件1件；区政府行政机关负责人出庭应诉26件。

【行政复议专家库制度】 2022年，集美区司法局创新建立行政复议专家库制度。聚焦法律专业，筛选在政府法制工作领域、法学理论、法律实践等方面经验丰富的行政机关法制机构人员、法学学者、执业律师、技术专家等38人，组建集美区行政复议专家库。注重行业特性，特别成立技术专家库，为案件办理过程中涉及的专业技术事项提供咨询和建议，解决案件办理过程中事实认定的技术困境。强化作用发挥，自专家库成立以来，组织召开行政复议专家会议12次，集中讨论各类行政复议案件20余件。

【规范性文件备案】 2022年，集美区司法局向市政府和区人大常委会报备以区政府和区政府办公室名义印发的行政规范性文件8件（不含定期清理规范性文件结果公告），并在全市统一的备案审查信息平台进行电子化备案，分别是《厦门市集美区人民政府关于修订〈集美区促进建筑业加快发展实施办法〉的通知》《厦门市集美区人民政府关于进一步加强农村宅基地和村民住宅建设管理的实施办法》《厦门市集美区人民政府关于划定森林防火区和规定森林防火期的通告》《厦门市集美区人民政府关于印发积极应对新冠肺炎疫情影响进一步助力企业纾困减负增产若干措施的通知》《厦门市集美区人民政府关于印发集美区进一步促进"集美研学"发展若干措施的通知》《厦门市集美区人民政府关于划定禁止露天烧烤食品区域的通告》《厦门市集美区人民政府办公室关于印发集美区小散工程和零星作业安全生产纳管实施细则的通知》《厦门市集美区人民政府关于确定养犬重点管理区域的通告》。年内，集美区健全行政规范性文件动态清理工作机制，4月28日，印发《厦门市集美区人民政府关于公布继续有效的规范性文件目录的通知》，向社会公布集美区行政规范性文件定期清理结果。此次清理范围为截止到2021年12月31日前继续有效的全区36件行政规范性文件。其中，19份继续有效，2份继续有效并适时修改，15份有效期届满自行失效。

【政府法律顾问】 2022年，集美区司法局依托区政府法律顾问室，做好区政府常务会议议题非诉委托事务，全年参与各类会议69次，非诉委托83件。完善政府法律顾问和公职律师制度，建立兼职政府法律顾问及购买法律服务项目考核制度，制定《集美区行政机关兼职政府法律顾问及购买法律服务项目考核制度及考核标准》。

【重大行政决策合法性审查】 2022年，集美区司法局规范重大行政决策合法性审查程序。开展集美区政府重大行政决策合法性审查2件次，出具合法性审查报告2件。全年审查区政府常务会议议题244件。 （杨华彬）

【政务公开】 2022年，集美区主动公开领导分工、政策法规、工作动态、政府公告等材料2901件。在网站设置"依法申请公开"和索引界面，市民可直接在网上申请公开政府信息，并查询相应办理情况和结果。截至年底，接到"依申请公开"政府信息文件累计1012件，其中2022年117件，均予以答复。推进政务公开、村务公开、校务公开、医务公开、厂务公开和公共服务公开，全年发布政务公开信息4725条、村务公开45条、医务公开28条、厂务公开74条、公共服务公开14条。 （林仙平）

## 公　安

【概况】 2022年，厦门市公安局集美分局（以下简称"集美公安分局"）统筹做好防风险、保安全、护稳定、促发展各项工作，全年接刑事警情1902起，比上年下降8.4%，每万人刑事警情发生数全市最低；年内辖区接报全口径"电诈"（电信诈骗）警情1111起，起数下降16.6%，财损数下降6.7%；发生道路交通亡人事故27起、亡30人，其中，起数下降6.9%，亡人数持平；刑事立案2962件，破案2179件，破案率73.6%，提高11.48个百分点；"八类案件"（故意杀人、故意伤害致人重伤或者死亡、强奸、抢劫、贩卖毒品、放火、爆炸、投毒）破案率100%；破获恶势力犯罪集团5个，抓获犯罪嫌疑人45人，破案77件，查扣资金341万元；打掉涉福建省六地市非法买卖危险物质团伙，缴获固体氰化钠13.2吨；侦办的"7·29"跨境赌博案、"0125"非法经营案等多起案件获省公安厅贺电表扬；完成全国"两会"，北京"冬奥会"、"冬残奥会"，中共二十大等重大会议活动安保维稳任务。年内有29个单位及个人获三等功以上荣誉，涌现"全国最美基层警察"林志兴、"全省最美禁毒人"黄旺君等先进典型，集美公安分局被评为"省信访安全保障先进集体""福建省平安建设先进集体"。

【安保工作】 2022年，集美公安分局贯彻总体国家安全观，深化反渗透、反颠覆、反恐怖、反分裂斗争，维护国家政权安全、制度安全、意识形态安全。

**政治安全捍卫** 开展风险排查、监测预警、应急处置，推进源头防范、风险化解、主动打击措施落地。强化反恐重点目标单位武装巡逻、督导检查、压力测试，检查单位132家，督促整改问题隐患242处，以反恐法处罚2家。牵头组织反恐培训13场、宣传活动8场，组织制发微信推文193条，反恐怖工作在全市综治考评中排名第一。

**网络安全监管** 推进“净网2022”专项行动，侦破网络犯罪案件24件、抓获犯罪嫌疑人32人。以“防攻击、防篡改、防劫持、防泄密”为目标，实地检查重点单位61家次，发现并督促整改风险点136个、安全漏洞1098个。推动区网络安全管理，发现5203家企业网站漏洞6.16万个、294个企业App风险0.8万个。

**【社会治安管控】** 2022年，集美公安分局推进常态化扫黑除恶专项斗争，完善提升“大合成小案快打”运作机制，全区刑事立案2962件，破案2179件，破案率73.6%，比上年提高11.48个百分点。“八类案件”破案率100%。抓获犯罪嫌疑人2820人，比上年增长13.12%。抓获各类网上在逃嫌疑人396人。破获恶势力犯罪集团5个，抓获犯罪嫌疑人45人，破案77件，查扣资金341万元。投入全国禁毒示范城市创建工作，组织开展“无毒乡村”守护等行动，禁毒工作在全市综治考评中排名第一。建立打击整治“黄赌”违法犯罪“七个一律”（凡是接报黄赌警情的，一律由属地派出所领导组织核查打击。凡是涉及民警、辅警的黄赌违法犯罪举报件，一律报分局主要领导签批督办。凡是重复举报的黄赌警情，一律提级研判核查；相关线索派出所查无、治安大队查实的，一律异地用警。凡是被异地用警打掉黄赌窝点的，一律问责属地派出所责任领导和民警；涉嫌违法违纪的，一律严肃惩处。凡是辅警为黄赌窝点通风报信或者有利益输送关系的，一律开除并依法严处）常态化工作机制，年内破获“黄赌”刑事案件263件，查处“黄赌”行政案件1451件，“黄赌”专项整治工作在全市综治考评中排名第一。破获“食药环”案件138件，并会同治安支队成功打掉涉福建省六地市非法买卖危险物质团伙，缴获固体氰化钠13.2吨。成功侦办“7·29”跨境赌博案、“0125”非法经营案等多件案件，获省公安厅贺电表扬。

**【安全监管】** 2022年，集美公安分局组织检查民用枪支、爆炸物品、剧毒、易制爆危险化学品从业单位4680家次，排查整改隐患30处。侦破非法制造枪支案件7件，收缴非法改装火药枪7把。强化7个分拨中心、56家零担货运、235家寄递网点安全检查，落实寄递行业“三个100%”（百分之百开箱验视、百分之百实名寄递、百分之百过机安检）、物流行业“两个100%”（百分之百实名收寄、百分之百开包验视）要求。出台《全区中小学幼儿园“护学岗”建设工作规范》，排查整改校园内部安全隐患52处，调处化解涉校矛盾纠纷156起，整治校园周边治安乱象48个，妥善处理涉校涉生敏感案事件6起。推进全区消防安全管理工作，排查出租房屋2671栋、“九小”（小学校或幼儿园、小医院、小商店、小餐饮场所、小旅馆、小歌舞娱乐场所、小网吧、小美容洗浴场所、小生产加工企业）场所3670个，督促立即整改隐患1169处，限期整改隐患405处，函告相关部门281次。开展道路交通事故预防“减量控大”（减少交通事故死亡总量，控制较大以上道路交通事故发生）、道路交通亡人事故专项整治行动，排查整改道路交通隐患635处，8个为民办实事项目全部完成，建成交警中队“数字警务室”，建立国省道、快速路24小时巡线纠违制度，查处各类道路交通违法行为66万余起，比上年增长57.7%，查处“五类十项”[五类：车辆违法类，无证、酒（毒）驾类，“三超一疲劳”类，影响通行安全类，涉牌涉证类；十项：酒驾毒驾，酒驾，劳动客车超员，摩托车超员，其他车辆超员，货车超载30%以上，现场超速，涉牌，涉证，其他]严重道路交通违法行为2.05万起，全区发生道路交通亡人事故27起、亡30人，其中起数比上年下降6.9%，亡人数持平。

**【公安整体防控】** 2022年，集美公安分局完善“三级巡防”体系，建设应用“互联网+感知处置”模块，快处持械斗殴、精神障碍患者肇事肇祸等敏感警情369起，该项经验在全市推广。开展公共区域涉险隐患排查促改专项工作，查纠整改各类安全风险隐患89处（其中涉海隐患16处），新增沿海硬隔离7750米，补点建设岸线监控20个、岙口（指天然形成的船舶停泊点）人脸识别监控探头14个，落实“三报备”（报备船舶信息、人员信息、进出港信息）船舶2.22万艘次、3.05万人次。

**【公安行政管理】** 2022年，集美公安分局深化“放管服”改革，优化公安政务服务工作，针对全市户籍制度改革政策实施引发业务量激增的问题，提前增设窗口，开展岗前培训，落实延时服务，确保新政平稳实施。在全市率先应用“5G交通事故定责定损系统”，打造在线勘察定责和在线定损快赔“一事不二跑”事故快处模式，获中国新闻网、福建电视台、《厦门日报》等主流媒体报道点赞。在各派出所和有条件的村（居）社区投放“e政务”服务终端，完善“15分钟便民警务服务圈”。在春节后返工、开学毕业等办证高峰期，开展“进企”“进校”上门服务，实现居住证批量办、人才落户掌上办。

**【经济护航】** 2022年，集美公安分局推进“云端”“猎狐”等专项行动，破获各类经济犯罪案件32件，破案数比上年增长29.2%。采取刑事强制措施49人，移送审查起诉单位、人员37个，抓获经济犯罪逃犯9人（含境外3人），追赃挽损4.02亿元，其中侦破“7·18”特大骗取出口退税案，涉案金额200亿元，是全市当年侦破的金额最大、抓获人数最多的涉税犯罪案件。组织开展全区涉互联网金融风险重点区域排查整治“护园行动”，全面起底排查软件园三期园区企业3069家，确定重点关注企业19家，捣毁犯罪窝点11个，抓获犯罪嫌疑人166人。

**【社会基层治理】** 2022年，集美公安分局坚持和发扬新时代“枫桥经验”，深化“公证+”驻所调解机制，全年调解各类非警务纠纷4477起，成功率99.2%；与“519”“蓝天”“驰鹰”等5支民间救援队伍常态联动，处置涉水险情12起。推动区有关部门出台规范性文件，将全区2139名网格员中的三分之一力量交由公安机关管理考核，延伸“一标三实”（标准地址和实有人口、实有房屋、实有单位）基础信息采集触角。组建、整合“大妈反骗队”“大学生志愿者联盟”等平安类社会组织57支1994人，参与“反诈”（反电信网络诈骗）宣防、街面巡防、社区联防等群防群治工作。

**【公安科技应用】** 2022年，集美公安分局健全完善“情指行”一体化运行机制，巩固提升区级合成作战专班运作模式，研发警情智能分析模块，研究网络异常行为、挖掘违法犯罪特征。年内，科技支撑案件侦查602件（其中部省督案件13件），下发线索148条；自主研判破获“0209”侵犯公民个人信息案、抓获犯罪嫌疑人13人。打掉“网络水军”团伙3个、抓获21人。推送涉毒线索135条，查获涉毒人员57人。持续强化威慑警务，协调获取闽粤赣3省4717名有前科的未成年人、312名流窜作案嫌疑人信息导入平台布控，下发预警核查指令306次，开展落地见面敲打，全力挤压违法犯罪空间。争取属地党委、政府加大投入，一线单位公专融合对讲机、5G执法记录仪等智能前端设备配备率100%，支撑基层实战。参加全市大数据创新应用技能比赛，获优秀组织奖、警务应用创新赛道一等奖和三等奖、大数据建模能手比武赛道二等奖和三等奖。“科技赋能社区平安建设、智慧警务守护平安集美”项目获市大数据局数据共享创新应用比赛优秀案例，为全市公安系统唯一获奖项目。

**【警务机制改革】** 2022年，集美公安分局推进派出所“两队一室”（社区警务队、案件办理队和综合指挥室）警务运行机制改革，落实办理刑事案件负面清单等硬性要求，派出所刑事案件办理量占比由上年的77.9%降至49.3%。制定《派出所综合指挥室职责任务明细及机关警种支撑保障措施》，推进“一室”标准化、规范化、信息化建设。持续通过“智慧社区警务平台”“分局社区警务运营中心”牵引“一室”赋能社区基础工作，年内派发任务54.9万条，核查、反馈率均达100%。核查全区实有人口114.31万人，采集准确率100%；登记流动人口69.5万人，为全省流动人口登记数最高的县区。开展“三非”（非法入境、非法居留、非法就业）外国人挂牌督战专项治理，查处“三非”外国人案件33件39人，完成“三非”外国人突出问题整治重点区域摘牌工作。

**【“反诈”宣防】** 2022年，集美公安分局创新建立“三复盘、三倒查、三清单”（三复盘三倒查：复盘信息采集情况，倒查“一标三实”有无漏登；复盘人员受宣情况，倒查民辅警和网格员是否履职尽责；复盘受骗详细过程，倒查上级指令要求是否落实到位。三清单：问题整改清单、警情高发区域整治清单、成效亮点汇总清单）工作机制，查找堵塞“反诈”宣防漏洞，倒查警情717起，“回头看”核查警情327起，复核预警核查指令1.86万条，发现整改问题873个，整治重点区域121个次，更新人员漏登数据3.2万条；常态化组织“反诈”重点复宣“扫楼”行动165次，覆盖楼宇2455栋5.30万户。创新运用“云眼”移动数据分析技术，提升“反诈”精准宣防效能，下发“云眼”指令1.46万条，劝导群众卸载高危软件9963个，拦截诈骗进程506个。

2022年6月18日，集美公安分局在万科云城街区开展“防范非法集资暨打击养老领域诈骗专项整治”宣传活动
（帅　浩 摄）

年内，辖区接报全口径“电诈”警情1111起，起数比上年下降16.6%，财损数下降6.7%。

【法治公安建设】 2022年，集美公安分局健全完善执法监督管理机制，出台涉及鉴定程序、保证金及涉案物品处置等执法指导意见7份，组织开展法制夜校培训8期。推动执法办案管理中心实体化运作，增配民警、辅警29人，拓展委托鉴定、信息采集、入所体检、集中押解等支撑辅助功能。开展提升“执法三率”专项工作，执法记录仪关联率实时保持100%，行政案件法定期限结案率81.8%，执法办案管理中心刑事案件办理率79.6%，均居全市前列。持续深化“阶梯式认罪认罚从宽”制度，完善“一站式”刑事速裁机制运作，快侦快判危险驾驶案87件90人。在全市率先建成未成年人被性侵案“一站式”办案中心，办理未成年人被性侵案件32件，逮捕犯罪嫌疑人15人，移送起诉18人。疫情防控期间，运用远程视频功能提讯犯罪嫌疑人367人次。 （杨 勇）

## 检 察

【概况】 2022年，集美区人民检察院批准逮捕166件229人，分别比上年下降54.3%和55.4%。审查起诉案件1084件1346人，分别比上年下降6.9%和10.3%。依法惩治各类影响群众安全感的刑事犯罪，批捕210人，起诉1248人，其中严重暴力犯罪46人；常态化推进扫黑除恶专项斗争，打掉恶势力组织4个，起诉利用网络实施的犯罪75人，整治网络黑灰产业链；打击侵犯企业和企业经营者合法权益的犯罪，办理涉企案件36件63人，开展涉企被害人财产刑执行专项监督13件，推动司法各环节追赃挽损387.7万元；协同区监委、区人民法院完善监察执法与刑事司法衔接机制，起诉职务犯罪9件；排查行政执法案件54件，审查行政机关移送涉嫌犯罪案件8件，立案监督2件；开展根治欠薪专项行动，起诉拒不支付劳动报酬犯罪3件；统筹新冠病毒感染疫情防控与执法办案，在组织干警下沉社区和疫情高风险区支援抗疫的同时，依托视频提讯平台，远程讯问、远程开庭，确保疫情防控期间案件受理、处理“不中断”。构建司法救助“一盘棋”格局，发放司法救助金29.2万元，帮助4名因案致贫、返贫的被害人及家属渡过生活难关。提升队伍综合素质能力，常态化开展同堂培训、庭审观摩、辩论实训、文书撰写等“教、学、练、试”84场次。加强对各类检察案件全流程管理，开展案件评查161件次。运用“案－件比”质效评价标准，优化“案－件比”指标至1.05，比上年下降40.33%，压减442个非必要办案环节。

年内，区人民检察院先后获评为福建省“土地执法查处领域行政非诉执行监督”专项活动优秀组织单位、集美区经济工作先进集体等各项荣誉17项；1名干警获三等功、24人次获“精神文明和文化宣传工作先进个人”“全市基层检察院建设先进个人”“集美区经济工作先进个人”“新闻宣传工作先进个人”等称号，3篇论文在全市检察机关第十三届“求实杯”理论调研中获奖，1件案件入选第五批全国检察教育培训精品课程，1件案件入选最高人民检察院优秀案件，2件案件入选市人民检察院十佳案例，2部原创微电影和1部音乐短片分别在全国、全省获奖，1篇论文获评为司法部优秀征文，1门课程入选第五批全国检察教育培训精品课程和全省基层检察院建设典型事例。

**小资料：**“案－件比”：“案”指发生在人民群众身边的“案子”，“件”指“案子”进入司法程序后所经历的有关诉讼环节统计出来的“案件”，两者形成对比关系即为“案－件比”，即“案－件比”这一数据的来源就是“件”与“案”的比例，“案－件比”越低，表明当地司法效率越高。

【刑事检察】 2022年，集美区人民检察院依法监督刑事侦查活动，监督立案2件、撤案11件、纠正漏捕漏诉30人，发出纠正违法通知书、检察建议19份。加强刑事审判监督，发出纠正审理违法意见书、检察建议9份，维护司法权威。发挥侦查监督与协作配合办公室作用，健全与公安机关信息共享、案件会商、同步监督等机制，制定3类罪名40条类案证据指引，规范证据标准，提前介入重大疑难复杂案件61件，其中“2·25”特大组织、运送他人偷越国（边）境案入选全国检察机关典型案例。立足刑事执行检察职能，创新打造“善执”社区矫正工作品牌，以理念更新、融合监督、数智赋能助力社区矫正对象“出得去”“管得住”，全年开展外出管理监督200余人次，社矫对象无一人脱管，该经验做法在全国检察机关交流推广。

【民事行政检察】 2022年，集美区人民检察院办理民事检察案件34件，比上年增长1.27倍。坚持依法监督与支持配合并重，对确有错误的裁判与执行活动依法提出检察建议，对审查后作出不支持监督申请决定的3件案件，与区人民法院共同做好释法说理、息诉服判工作。开展“深化虚假诉讼监督助力社会诚信建设”专项活动，排查27条虚假诉讼案件线索，对1件案值1400万元的虚假诉讼案件发出再审检察建议。深化行政检察监督，办理行政检察案件15件，比上年增长2倍。持续抓好行政争议实质性化解，针对1件历时八年的婚姻登记行政争议，综合运用检察建议、专题会议等措施，联动多方力量促成变更登记，维护当事人及其子女的合法权益，实现案结事了人和，该经验做法得到最高人民检察院肯定。

【公益诉讼检察】 2022年，集美区人民检察院立案办理公益诉讼案件25件、制发检察建议18份，分别比上年增长78.6%和200%。开展国有财产保护、国有土地使用权出让领域公益诉讼，强化与区审计、税务、自然资源规划等职能部门互联互通，协同行政机关追缴城市设施配套费、安置房购房款6300余万元，督促职能部门对锦园社区面积13.3公顷被破坏的农用地进行追责及复耕。探索社会参与机制，凝聚文物保护合力，与区文旅局联合邀请政协委员、台胞共同走访24处嘉庚文物、涉台文物，督促相关部门履行管养保护职责。拓展公益诉讼案件范围，首次办理侵犯公民个人信息和耕地土壤污染公益诉讼案件，与区河长办、林长办共同推动解决污水直排入溪、工业企业雨污混流等问题5个，提升公益诉讼工作在群众中的知晓度、关注度和认可度。

【重点领域案件刑事犯罪惩治】 2022年，集美区人民检察院依法惩治各类影响群众安全感的刑事犯罪，批捕210人，起诉1248人，其中严重暴力犯罪46人。常态化推进扫黑除恶专项斗争，打掉恶势力组织4个，持续推进“断卡”（断卡行动是为了打击治理电信网络新型违法犯罪，依法清理整治涉诈电话卡、银联网卡以及关联互联网账号的行动，断卡即斩断犯罪分子的信息流和资金流）和反洗钱行动，起诉利用网络实施的犯罪嫌疑人75人，整治网络黑灰产业链。服务常态化疫情防控，快捕快诉全市首例妨害传染病防治案，引导群众自觉维护防疫秩序。宽严相济促进社会内生稳定，落实“少捕慎诉慎押”刑事司法政策，依法不批捕54人，不起诉247人，审前羁押率降至18.67%，强化羁押必要性审查的做法在省委《八闽快讯》刊发。认罪认罚从宽制度适用率和确定型量刑提出率分别为93.39%和93.44%，位居全市前列。

【市域社会治理】 2022年，集美区人民检察院完善工作衔接配合，借力“外脑”聚智赋能。协同区监委、法院完善监察执法与刑事司法衔接机制，起诉职务犯罪9件；牵头10家行政单位搭建信息共享、协调联动、咨询会商的新平台，排查行政执法案件54件，审查行政机关移送涉嫌犯罪案件8件，立案监督2件；聘请13名行政机关工作人员担任特邀检察官助理，协助办理案件3件，在反腐败斗争、生态环境、食品药品、安全生产等群众关注的重点领域凝聚履职合力，推动执法司法规范化。坚持治罪与治理并重，通过检察建议推动溯源治理，贯彻落实最高检一至八号检察建议，围绕校园安全、网络整治、寄递监管等突出问题制发社会治理类检察建议18份，比上年增长157%，均被建议单位采纳并落实整改。

【营商法治环境优化】 2022年，集美区人民检察院打击侵犯企业和企业经营者合法权益的犯罪，办理涉企案件36件63人，开展涉企被害人财产刑执行专项监督13件，推动司法各环节追赃挽损387.7万元。开展涉案企业合规改革工作，成立由9家行政单位组成的第三方监督评估机制管理委员会，办理集美区首个涉案企业合规案件。制发涉企检察建议10份，促成18家商事主体完善内部监督机制，其中某公司采纳建议后完善3项规章制度、8份标准函件，规范经营后新增收入超亿元，带动就业51人。落实助力企业纾困减负“六条措施”，为涉案企业开通绿色通道促合规、保增长。融入区企业全域服务试点工作，在涉企保护性司法政策、企业合规经营、监督纠正不当执法行为等方面，为先行先试企业提供专项检察服务。措施包括保护企业正常的生产经营活动、用好刑事检察监督手段、解决涉民营企业社区矫正对象跨区域请假难、推动民营企业合法经营和健康发展、全力打造检企绿色通道、营造良好法治化营商环境。融入区企业全域服务试点工作，在涉企保护性司法政策、企业合规经营、监督纠正不当执法行为等方面，为先行先试企业提供专项检察服务。

【未成年人检察业务】 2022年，集美区人民检察院推进未成年人检察业务统一集中办理，加强未成年人综合司法保护，落实入职查询和强制报告制度，督促区教育局对9227名教职人员

2022年9月15日，集美区检察院联合区市场监督管理局开展食品安全检查
（高娜伶 供图）

进行审核。落实家庭教育促进法，联合区妇联、法院等部门成立“家事服务驿站”，针对“问题父母”制发 18 份督促监护令，解决失教失管问题，筑牢家庭保护第一道防线。开展未成年人保护法律监督专项行动，对办案中发现的娱乐场所违规接待、雇佣未成年人等问题，督促公安、市场监管等部门排查整治酒店、宾馆、酒吧及私人影院 92 家，净化未成年人成长环境。

【民生领域检察服务】 2022 年，集美区人民检察院开展食品药品安全“四个最严”（最严谨的标准、最严格的监管、最严厉的处罚、最严肃的问责）专项行动，在审查起诉非法经营案中，针对猪肉摊经营者违规销售没有检验检疫合格证明猪肉的违法行为向市场监管部门制发通报函，督促其履职，没收非法经营者违法所得，并处以货值金额 3 倍罚款的行政处罚，罚没款 831 万元，震慑危害食品安全的违法行为人。以全国文明接待室为平台，持续提升和打造“12309”一站式为民服务窗口，抓实群众信访“件件有回复”工作，对 102 件群众来信来访全部做到 7 日内程序性回复、3 个月内办理过程或结果答复。常态化开展检察听证，以看得见听得懂的方式帮助 40 名当事人既解“心结”又解“法结”。

（高娜伶）

## 法 院

【概况】 2022 年，集美区人民法院受理案件 16443 件，比上年下降 1.14%，审结 15357 件，增长 2.84%，结收比 104.16%，结案率 93.4%。结案率、一审判决案件改判发回重审率、民事案件调撤诉率、执行完毕率等指标成效位列全市基层法院首位，长期未结诉讼案件指数、万人成讼率、一审服判息诉率、平均审理天数等指标成效位居全市基层法院前列，执行质效指标稳居全省基层法院前列、全市基层法院第一名。年内，集美区人民法院获“2021 年度全省法院信息工作优秀单位”等集体荣誉，法院干警个人 40 人次获“厦门市政法工作先进个人”“全市法院调研人才”等荣誉。

【刑事审判】 2022 年，集美区人民法院审结各类刑事案件 1106 件，依法惩治犯罪，维护国家安全和社会安宁。常态化开展扫黑除恶专项斗争，审结涉恶案件 3 件 9 人。开展打击整治养老诈骗、电信网络诈骗、拐卖妇女儿童犯罪等专项行动。加强少年法庭工作，深化家庭教育督促令、轻罪犯罪记录封存等机制应用，开展对未成年人社会矫正对象的回访帮教工作。

【民事审判】 2022 年，集美区人民法院审结婚姻、劳动、住房、交通、物业、医疗等民事案件 7838 件。联合区总工会建立“劳动争议诉调衔接法律服务站”，推进劳动争议案件联合调解等工作。协同区妇联等部门成立全市首个“家庭教育指导中心”，设立“家事服务驿站”，推进家事矛盾纠纷多元化解。与区退役军人事务局共同设立“老兵调解室”，推进司法拥军工作。在全市率先推行“执行 + 慈善”救助机制，拓展社会救助资金来源渠道。推进社会主义核心价值观融入裁判文书释法说理，审结搭乘公交车摔伤案，倡导遵守乘车秩序，该案例获评全省法院系统首届年度优秀案例。开展《中华人民共和国民法典》《中华人民共和国家庭教育促进法》等主题普法活动，制作《张大爷的致富梦》《法润乡风共护“安仁”》等视频，推进普法宣传。

【行政审判】 2022 年，集美区人民法院审结行政诉讼案件 549 件。助力城市建设发展，参加集美区涉危房拆除法律问题研讨会等活动，为行政机关规范处理危房整治、土地征收等问题提供法律支持。坚持“诉讼”“协调”双轨并行，促进行政争议实质性化解。强化“以庭代训”，落实行政机关负责人出庭应诉制度，发挥行政案件庭审示范指引功能。连续 9 年发布行政审判白皮书，推进府院良性互动，规范行政执法行为。

【案件执行】 2022 年，集美区人民法院办结案件 7532 件，执行到位金额超 9 亿元，腾退建筑、土地面积 9.18 万平方米，开展“千名执行干警进千企调研”“春雷行动”等专项执行工作。创新运用自动履行正向激励机制，向自动履行当事人发出“自动履行证明

2022 年 11 月 17 日，集美区人民法院和区退役军人事务局领导为 7 名“老兵调解室”调解员颁发聘书

（帅 浩 摄）

书”1815份，促进社会信用建设。深化减少执源增量、执行存量、执行变量的“三减量”执源治理机制，新收执行案件数量比上年下降4.35%，获得省高级人民法院主要领导批示肯定，获选福建省高级人民法院15项诉源治理工作创新举措，在全省法院深化执源治理工作会上作经验交流。

【司法助力乡村振兴】 2022年，集美区人民法院出台“法润乡风”项目实施方案，建设“新乡贤调解、新乡俗教化、新乡民服务”特色机制。成立全省首个“新乡贤调解工作室”，聘任5名厦门市“新乡贤”为特邀调解员，示范带动村（居）网格员共同预防化解矛盾纠纷。到村（居）调研乡规民约，运用闽南风俗，协调化解乡村纠纷。出台实施意见加强流动人口司法服务，在城乡接合区域开展交通事故纠纷巡回审判活动。向因违反交规引发交通事故纠纷的当事人发出“道路安全劝导书”72份。区人民法院司法助力乡村振兴工作获得市、区领导批示肯定。

【诉源治理】 2022年，集美区人民法院在全市法院系统率先推行“一案由一治理”机制，明确十大重点纠纷案由，推进专业团队集中审理，精准对接区司法局、区人社局等职能部门，健全纠纷专项治理机制8项。推动非诉讼解纷队伍建设，成立人大代表调解室、“侨音法驿”涉侨调解工作室，推进人民法院调解平台“进乡村、进社区、进网格”，截至年底，27个综治单位、64名基层特邀调解员入驻平台。全年新收民商事案件比上年下降6.01%，物业服务合同、劳动争议等重点案由纠纷数量有所下降，集美区万人成讼率保持低位运行，诉源治理成效明显。

【营商环境优化】 2022年，集美区人民法院联合区市场监管局建立新技术新业态风险联防机制，双向通报企业经营异常行为，强化行业纠纷风险预警。成立全省首个“优化营商环境执行工作室”，与区工信局签署“助力企业高质量发展合作备忘录”，提升买卖合同纠纷案件执行效率。联合区侨英街道办事处成立“营商环境司法服务中心”，提供法律咨询、纠纷化解等便捷诉讼服务。设立“近邻法庭——知识产权纠纷共治中心”，打造全市首个知识产权标准化在线庭审场所，提供诉讼便利，为创新驱动发展提供司法保障。

2022年10月21日，集美区人民法院与区人大常委会领导为6个社区人大代表调解室和1个人大代表联系群众活动站授牌（涂云致 摄）

【全国首创“拒执犯罪线索预移送”机制】 2022年，集美区人民法院在全国首创“拒执犯罪线索预移送”机制，强化执行警示，提升涉农案件执行质效，促成4件涉农案件被执行人主动履行裁判义务，执行到位资金123万元，腾退位于灌口镇黄庄二里89号集体产权房屋面积5580平方米，推动村集体资产及时回收、处置。

【司法部门接受社会监督】 2022年，集美区人民法院在全市率先推行“百名代表、委员见证执行”机制，邀请103名人大代表、政协委员见证105件案件的执行，召开新闻发布会发布典型案件，开展“执行开放日”活动，收集专项意见建议52条，规范执行工作。新设立7个人大代表调解室，推进基层普法、诉前调解。依法接受检察监督，邀请区人民检察院检察长列席审委会。接受社会监督，推进司法公开，落实人民陪审员制度，案件陪审率位列全市基层法院第一。（刘馨）

## 司法行政

【概况】 2022年，集美区司法局以为中共二十大胜利召开创造安全稳定的政治社会环境为主线，围绕区委、区政府中心工作，一体推进法治集美、法治政府、法治社会建设。全年排查调处各类矛盾纠纷2254起，化解重大疑难案件11件。全年新接收社区矫正对象636人，解除社区矫正539人。开展安置帮教“强弱项、建机制”专项活动，全年接收安置帮教对象333人，解除安置帮教221人。提供来电来访法律咨询7514人次，受理指派援助案件4166件，免收法律服务费1476.97万元，为受援人挽回损失或取得利益2187.34万元。办结各类公证1395件，公证业务收费126万元。实施“八五”普法规划，全区举办法治讲座45次、普法活动25场。打造“嘉庚云课堂”品牌系列法

2022 年 6 月 18 日，集美区司法局开展嘉庚云课堂系列普法活动。图为受邀嘉宾徐芬（左一）讲述法律如何为未成年人的健康成长保驾护航　（陈龙君 摄）

治宣传活动，在全市率先举办高校大学生法治辩论赛。完善行政复议各项制度，推进综合行政执法体制改革，建立健全包容审慎执法机制。年内，区司法局获评为 2019—2021 年度全省人民调解先进集体。

【普法宣传教育】 2022 年，集美区全面开展法治教育，健全法治教育长效运行机制，制定《2022 年集美区委全面依法治区工作要点》《2022 年集美区普法依法治理工作要点》，出台集美区法治社会实施方案和法治文化建设实施意见。在软件园三期园区打造“海丝法务税务普法服务中心”普法新高地。开展“呵护‘未’来与法‘童’行” 2022 年集美区嘉庚云课堂系列普法活动。创建法治集美动态管理平台。举办厦门市高校大学生法治辩论赛。推出全省首部社区矫正微电影——《正心》。组织各镇（街道）法律明白人和法治工作者参加典型民法案例庭审旁听，进行法治培训。落实领导干部学法制度、国家工作人员旁听庭审制度、干部任前法律知识考核机制。

【村（社区）法律顾问】 2022 年，集美区有村（社区）法律顾问 48 人。全区村（社区）法律顾问提供法律咨询 1545 人次，举办法治宣传教育讲座 61 场次，协助处理重大敏感和群体性事件 29 件，协助起草、审核、修订自治组织章程、村规民约以及其他规章制度 41 件，协助解决换届选举中的法律问题 22 个，为村（社区）重大经济、民生和社会管理方面的决策提供法律意见 74 条，协助处理信访问题 33 个，为村（居）民办理法律援助案件 3 件，调解矛盾纠纷 59 起，处理其他涉法事务 88 件。

【社区矫正】 2022 年，集美区司法局持续推进具有自身特色的“3+X”（三分教育 + 特色主题教育）教育矫正模式，汇聚各类社会力量，对社区矫正对象开展教育矫正，做到教育对象分类别、教育形式人性化、教育内容促成长、教育特色有延续。在《中华人民共和国家庭教育促进法》出台背景下，成立“未你而来”未成年人帮扶小组，整合社区矫正、心理辅导、法院和检察院多方力量，开设“亲子课堂”、法律专题教育、禁毒教育、家庭教育等专题讲座。联合集美法院对辖区内未成年人社区矫正对象进行入户走访，指导监护人对子女的沟通方式和管教措施。联合集美法院、团区委开展“微心愿”活动，帮助未成年社区矫正对象实现微心愿 3 人次。成立“悦心”女性社区矫正对象帮扶小组，结合女性育儿知识需求和收纳专长，开展读书会和收纳教育系列课程，促进女性社区矫正对象自我提升。

【法律援助】 2022 年，集美区法律援助中心为群众提供来电来访法律咨询 7514 人次，受理指派刑事、民事各类法律援助案件 4166 件（含法律帮助 3077 件），免收法律服务费 1476.97 万元，为受援人挽回损失或取得利益 2187.34 万元。区法律援助中心打造“爱心法律援助”品牌，推出“马上就办”“先予援助”“全域通办”等多项惠民举措。全面实行经济困难状况个人诚信承诺制度，不再要求申请人提供村（居）委员会出具的经济困难状况证明。加大刑事法律援助工作力度，值班律师法律帮助数居全市前列；完善刑事法律援助指派制度，分类组建重大疑难复杂案件、未成年人犯罪案件、未成年被害人案件等 3 个律师团队。年内，区法律援助中心报送的《关于政府购买法律援助服务的思考》《被追诉人拒绝辩护权的行使——以刑事法律援助全覆盖为视角》论文分别获得厦门市 2022 年度法律援助理论研讨论文二等奖和三等奖；《莫某某盗窃案》《郑某饲养动物损害责任纠纷案》两件案件获评为厦门市“助力乡村振兴”十佳法律援助案件。　（李维晨）

【司法救助】 2022 年，集美区人民检察院构建司法救助“一盘棋”格局，对内健全信息共享、线索移送及结果反馈一体化办案机制；对外密切联动区乡村振兴局、妇联等职能部门，将司法救助融入低保、医疗、就业、教育等 8 项社会帮扶领域，发放司法救助金 29.2 万元，帮助 4 名因案致贫、返贫的被害人及家属渡过生活难关。其中，省、市、区三级人民检察院联动对1名交通肇事案件被害人司法救助并综合帮扶，激发当事人及家庭“造血”功能解其后顾之忧。
（高娜伶）

【公证服务】 2022年，集美区公证处优化涉企公证服务，提供“下班办”“周末办”等绿色通道，助力企业提升法治化市场竞争力。参与行政执法辅助事务，为行政机关法律文书送达、行政强制拆除执行现场证据保全、依法应予拆除的违章建筑物内物品清点等行政执法活动提供公证服务。持续推进各项便民举措，提升公证服务水平，为行动不便的特殊群体提供上门服务，为群众提供延时服务，全年提供上门服务41件、延时服务96次、加急服务79件，办结各类公证1395件（其中保全公证176件），公证业务收费126万元，接待来访、义务咨询近万人次。集美区公证处成立于1984年7月11日，为集美区司法局下属事业单位，2022年编制工作人员5人。公证业务项目涉及国内民事、经济、港澳台事务以及涉外民事等领域。

【安置帮教】 2022年，集美区司法局完善信息比对机制，每月与区公安分局比对刑满释放人员基本信息、衔接情况、重新犯罪人数等，确保安置帮教对象信息准确、全覆盖。深化季度排查机制，做好省司法厅明确的12类重点人员排查工作。

【嘉庚云课堂系列普法活动】 2022年6月，集美区司法局开展“呵护‘未’来与法‘童’行”集美区嘉庚云课堂系列普法活动，采用直播和线上互动方式，通过案例解析相关法律知识。活动在新华社现场云、海西晨报·趣看平台、海西晨报视频号、ZAKER新闻客户端等平台直播，累计观看量近50万人次。

2022年11月12日，第二届厦门市高校大学生法治辩论赛决赛在集美大学举行。图为华侨大学和集美大学代表队展开法治辩论赛
（张　勇　供图）

【集美区诉非联动人民调解委员会成立】 2022年6月27日，集美区诉非联动人民调解委员会在集美区人民调解中心成立。该委员会是根据《中华人民共和国人民调解法》《中华人民共和国民事诉讼法》等相关法律法规成立的，其宗旨是建立健全“非诉解纷挺前、司法协同保障”诉非联动机制，发挥人民调解的第一道防线作用，构建纠纷分层递进、衔接配套的纠纷解决体系，将纠纷化解在诉前，促进纠纷实质化解，完善共建共治共享的社会治理格局。

【第二届厦门市高校大学生法治辩论赛】 2022年10月29日至11月12日，由集美区委依法治区办、集美区司法局主办的第二届厦门市高校大学生法治辩论赛在集美大学举行，有厦门大学、华侨大学、集美大学、厦门医学院、集美大学诚毅学院、厦门软件职业技术学院6所高校代表队参加。比赛辩题围绕维系社会秩序、司法裁判与社会舆论、法律与人情宽容、反腐败等热点话题展开。最终华侨大学代表队获得冠军。
（李维晨）

# 军 事

## 人民武装

【概况】 2022年，中国人民解放军福建省厦门市集美区人民武装部（以下简称“集美区人武部”）贯彻习近平新时代中国特色社会主义思想和习近平强军思想，坚持以抓好思想武装为首位，以强化动员备战为中心，以加强党的建设为统领，以确保安全稳定为底线，完成全年各项任务，各项考评竞赛取得较好成绩，全区国防动员工作和民兵建设取得新进步。区人武部被省军区评为“安全管理工作先进单位”。

【国防教育】 2022年，集美区人武部到辖区各学校开展国防教育，按程序申报区级国防教育基地审批；结合征兵宣传和学生军训工作，抓好1.5万名大中专学生的理想信念、爱党爱国、崇军尚武等价值观教育；结合新兵役前训练时机，组织新兵及人武部全体干部职工到集美鳌园进行参观见学；结合民兵整组训练和遂行新冠病毒感染防疫抗疫任务，抓好村（居）基干民兵的光荣传统、职能使命、战斗精神教育；为区、镇、村三级武装工作领导订阅报刊《解放军报》《中国国防报》《中国民兵》。

【民兵队伍建设】 2022年，集美区人武部坚持聚焦使命抓中心，深化动员备战准备；贯彻落实国家民兵建设“十四五”规划，全区基干民兵基本实现专业对口；在“评星挂牌”评比活动中，后溪镇人民武装部获评为“三星级基层武装部”；提升训练质量，全年组织基干民兵完成各项训练，在上级组织的群众性练兵比武中取得优异成绩。

2022年，集美区完成年度义务兵和直招士官征集任务。图为应征人员接受体检

（许晓霞 摄）

【征兵工作】 2022年，集美区人武部针对“兵员征集标准进一步提高、高校兵员潜力进一步分化、本地适龄青年当兵意愿不高、体检政审整体合格率低”等诸多问题，利用厦门移动电视、厦门地铁、政府楼宇大型电子显示屏等新媒体平台，轮播征兵宣传片，到一线开展政策宣讲和精准宣传，征兵信息报道数量全省第一，动员高校学生报名应征；通过规范程序，严把体检政考关、走访调查关、廉洁廉政关，完成年度义务兵和直招士官征集任务。大学毕业生和持高级技工证应征人员创历史新高，实现保量保质保廉洁、无退兵无疫情目标，连续44年没有发生责任退兵。

【拥军爱民】 2022年，集美区人武部推进军政军民“融心”，与区教育局和驻军单位沟通，依据区教育局公布的秋季入学相关政策，收集辖区适龄军人子女信息，协调军人子女入学；根据市退役军人事务局和警备区政治工作处通知，完成接收转业军官、士官的安置登记。区人武部开展系列走访慰问暖军心活动。军地联合为立功官兵家庭送喜报、送牌匾，营造尊崇军人、尊崇英雄的社会氛围；六一儿童节期间，向三明永安市贫困学生捐赠书包100个。 （朱海东）

## 人民防空

【概况】 2022年，集美区人民防空工作坚持“与经济建设协调发展、与城市建设相结合”原则，构建人防工程“防空防护、指挥通信、应急疏散、宣传教育”体系。完成易地结建项目和就地修建防空地下室工程审批，收取民防易地建设费。完成移动指挥车提升改造方案（购买新车或旧车设施设备更新改造）和人防疏散基地重建设计方案。按照“平战结合”原则，开展三大指挥所和疏散基地人防建设、指挥训练管理以及“互联网＋监督”行政执法工作。

【人防宣传教育】 2022年，集美区人民防空办公室（以下简称“集美区人防办”）在集美辖区开展人防知识教育普及，结合辖内4个镇（街道）的实际，分别在侨英街道霞梧广场、杏林街道文体中心、杏滨街道山后张、灌口镇凤泉广场进行宣传，活动现场设置主题背景板、横幅，发放宣传手册、组织人防知识问答等形式，提高居民公共安全意识。在集美区辖区选取集美区姚明织带工业园、集美区厦门厦晖橡胶金属工业园等大型企业现场开展人防知识科普。

【人防应急演练】 2022年5月10日，集美区人防办按照平战结合要求，依据市人防办关于落实社区（村）人口疏散实战化训练规范的通知精神，以人防军事斗争准备需求为牵引，组织防空警报器试鸣活动，全区防空警报器鸣响率100%，主城区警报覆盖率98%。

【人防工程建设】 2022年，集美区人防办依法做好工程审批结建工作，严把结建工程图纸资料审核关，落实告知承诺制和限时办结制，依法依规收取民防易地建设费，加大对易地建设费征收和人防工程建设监管力度。全年完成易地结建项目审批和就地修建防空地下室审批项目，审批修建防空地下室，完成就地建设人防工程质量监督管理。

（池明敏）

## 退役军人事务

【概况】2022年，集美区退役军人事务局贯彻落实习近平总书记关于退役军人工作重要论述，强化做好退役军人事务工作的职责使命，推动全区退役军人各项工作高质量发展。

【优抚安置】 2022年春节、八一建军节期间，集美区向优抚对象发放慰问金，为残疾军人发放伤残抚恤，为参战退役等其他优抚对象发放抚恤和生活补助金，为家庭困难的优抚对象发放临时生活困难补助；为义务兵发放义务兵家庭优待金，为退役士兵增发义务兵家庭优待金。为退役军人和其他优抚对象完成建档立卡、办理优待证申领。

【双拥工作】 2022年，集美区落实军地“双清单”（地方支持部队战备训练、生活设施等；部队支持地方建设）工作制度。完成军地互提需求项目37个，互办实事30项，其中：协调部队需求21项；为部队办实事18项，协调解决急难愁盼项目5个，协调侨英街道支持部队自来水项目建设；协调区防控办提供铁山隔离点支持部队新冠病毒感染防疫需求，提供房间接收官兵。协调地方需求16项，部队支持地方重点项目建设12项，其中涉及区三大片区正本清源工程项目52处。配合区人武部做好拥军支前潜力调查统计。协调区商务局统计上报3家超市可提供单日可保障饮食饮水量、即食食品储备量，新华丰华大餐饮公司可提供热食等日常物质储备量；协调区文旅局提供10家酒店保障住宿量作为区域物资保障力量。协调区国企支持市军供站室内及绿化提升改造。

（朱冬生　饶英雄）

2022年4月26日，集美区为退役军人代表颁发优待证　　（帅　浩摄）

# 外事·侨务·台港澳事务

## 外　事

【概况】 2022年，保障接待外宾团组6批23人次，包括法国驻华大使罗梁、泰王国驻华大使阿塔育·习萨目、法国驻广州总领事馆总领事福希玮、法国驻广州总领事馆文化领事白锦麟、泰王国驻厦门总领事馆总领事马家汉、泰王国驻厦门总领事馆商务领事陈珮宜、菲律宾共和国驻厦门总领事馆总领事欧莉娜、菲律宾共和国驻厦门总领事馆经济官包菲丝、新加坡共和国驻厦门总领事馆总领事吴俊明、韩国驻广州总领事馆总领事韩在爀、韩国驻广州总领事馆文化科领事玄秉千等外宾代表团。加大助企帮企力度，全年受理12家企业来自8个国家36名外国人入境申请，助推企业复工复产。

【外企联系服务】 2022年，集美区重新组建外语工作专班，应对新冠病毒感染疫情防控需要，为全区流调及隔离酒店提供外语翻译支援，加强政策宣导，跟进防疫政策解答，回应在集外籍人士；摸排辖区无法注册和正常使用“闽政通”外籍人员情况，帮助2批37名外籍人员解决“闽政通”使用问题。通过集美区第二场助企纾困“直播带策”系列宣讲会，宣讲外事服务企业相关业务，优化企业服务，改进来华邀请工作，帮助12家企业急需外籍高管、专家、技术人员入境厦门18批36人次，解决企业生产、技术困境，助推企业复工复产。

【对外交流促进】 2022年，集美区举办“集美·阿尔勒国际摄影季”、“相融互鉴·艺路情深”中泰书画精品联展、“2022厦门—泰国电影周”、2022中菲音乐交流会、“联通丝路·印象侨乡”东盟文化艺术创作季等大型涉外文化交流活动，讲好中国故事集美篇章。积极推动集美区与法国阿尔勒缔结友城结好，深化友好往来。

【第八届集美·阿尔勒国际摄影季】 2022年11月25日至2023年1月3日，由三影堂摄影艺术中心和厦门市天下集美文广传媒有限公司联合主办的第八届集美·阿尔勒国际摄影季在集美新城市民广场展览馆和三影堂厦门摄影艺术中心举行。此届摄影季展出展览项目30个，其中包括6场选自2022年度法国阿尔勒摄影节“年度阿尔勒”展览，10场聚焦华人优秀年轻影像艺术家“发现奖单元”展览，3场“泰国影汇”展览和来自中国美术学院《中国律动》单元等。展览呈现来自世界各地超100位艺术家作品。将不同文化背景下各具特色“光影画卷”在闽海之滨展开，以国际视野勾勒集美人文气息和文化魅力同时，向世界展现厦门现代化国际化城市形象，观展人数3万人。

【“相融互鉴·艺路情深”——中泰艺术精品联展】 2022年5月28日至6月11日，值中泰两国宣布建立全面战略合作伙伴关系十周年之际，“相融互鉴·艺路情深”——中泰艺术精品联展（第三季）在集美区举行。此次活动由泰王国驻厦门总领事馆为顾问单位，福建省美协、厦门市文联、集美区委宣传部为指导单位，由泰国东盟加六国贸促会、泰中文化促进委员会联袂集美区文联共同主办，集美街道办、东盟文化艺术交流中心、厦门市珑钰瀛寰文化投资有限公司承办。泰中文化促进委员会主席、泰国前副总理披尼，泰国东盟加六国贸促会主席罗宗正从泰国曼谷发来视频致辞，

2022年5月28日至6月11日，集美区举行“相融互鉴·艺路情深”——第三季中泰艺术精品联展（林志杰 摄）

对活动开幕表示祝贺。组委会向泰王国驻厦门总领事馆与菲律宾共和国驻厦门总领事馆赠送中国国画与德化瓷。此次联展线下实体展馆与VR（虚拟现实技术）全景线上展馆相结合，盛邀来自中国河南、安徽、湖北、江西、山东、海南、山西、宁夏、广东、山西、福建等13省（区）与泰国艺术名家65位。中原画派马国强、新安画派杨国新与泰国国家级艺术大师、泰国博昌艺术学院原院长Mongkol Chaiwong、泰国王室御用画师Thawevit Thanganantapat等中泰两国艺术家加盟。联展展出200余幅中泰两国绘画精品。此次展览线下参观超1.9万人次，线上展馆阅读量近57万人次。

【2022厦门—泰国电影展映】 2022年12月9日，集美区“2022厦门—泰国电影展映”在集美区举行。此次展映活动由泰国外交部、福建省及厦门市电影局指导，集美区文化改革发展工作领导小组办公室、泰王国驻厦门总领事馆、泰国东盟加六国贸易促进会联合主办，东盟文化艺术交流中心等承办。泰国驻厦门总领事馆总领事马家汉、领事陈珮宜，菲律宾驻厦门总领事馆总领事欧莉娜、政治经济官包菲丝，新加坡共和国驻厦门总领事馆副领事李珮菁，福建省电影局副局长王江，福建省国际友好联络会副会长方丽虹，厦门市人民政府外事办公室副主任姚建洪，厦门市贸促会副会长颜志平，福建省电影局四级调研员何登，厦门市集美区委常委、宣传部部长庄志辉，泰国东盟加六国贸易促进会执行主席兼中国区首席代表赵明光，泰国东盟加六国贸易促进会副主席桂广辉等领导嘉宾出席活动。活动期间，放映电影8场，观影人数近800人。此次活动展映优秀泰国影片4部。“2022厦门—泰国电影周”是泰国在福建省集中展映该国影片的第一个东盟国家。

【"联通丝路·印象侨乡"东盟文化艺术创作季】 2022年11月6—20日，“联通丝路·印象侨乡”东盟文化艺术创作季（第三季）国际交流活动在集美区举行。此次活动由厦门市文联、集美区委宣传部、福建省美术家协会指导，集美区文联、泰国东盟加六国贸易促进会、厦门市美术家协会联合主办。开幕式上，区长倪杰，总领事马家汉、欧莉娜，厦门大学艺术学院美术系教授、厦门市美术家协会主席张立平现场致辞，肯定“东盟文化艺术创作季”促进海丝沿线国家文化互鉴，提升“人文集美”的内涵意义。泰国东盟加六国贸易促进会主席罗宗正，海外艺术机构代表南加州美中经贸文化艺术联合会会长孙伟分别在泰国曼谷、美国洛杉矶发来视频致辞，对活动开幕表示祝贺。此次展览线下结合线上，展出18个海丝沿线国家95位艺术家200余幅作品，以“同和而不同道法万家”“东西和鸣丝路共襄”“西对话东西画在中国”“连艺心相连共绘侨情”四大板块，再现海丝文化遗存因丝绸之路而交融互鉴盛况。线下参观人数超1500人，多所高校艺术系及艺术机构师生实地参观、教学，线上展馆及相关新闻资讯浏览量上百万人次。

（陈艺玲）

## 侨　务

【概况】 2022年，集美区有归侨579人、侨眷3341人。年内，集美区侨务办公室（以下简称“集美区侨办”）落实上级精神，克服新冠病毒感染疫情影响，加强与海外华侨及华侨社团联络交流；落实华侨政策，做好各项侨政工作；深化对侨宣传，依法依规做好涉侨信访件办理和反馈工作；开展“侨眼看集美，带您走家乡”主题宣传；开展“暖侨行动”，元旦、春节期间向海内外侨界代表人士寄送慰问品56份，发动统一战线成员录制拜年视频并通过“天下集美”视频号向海内外华人华侨发布，点击量14万余次。

【海外联络联谊】 2022年，集美区侨办加强海外联谊，开展“侨眼看集美”专项活动，挖掘嘉庚精神、学村文化、闽南文化、华侨文化资源，依托“华人头条”五大洲78个站点开展对外宣传，刊发专题报道18篇、制作发布视频15条，总点击量300余万次。举办“文以载道，协和万邦——以侨为桥传播好中华优秀文化”论坛，吸引海内外观众1万多人次在线上互动交流。

2022年5月7日，侨领侨商代表在软件园三期参观　　（冯立东 摄）

深挖侨界资源，推动福建省第四期“闽侨青年精英海丝情”配套活动在集美举行，保障第22期海外华文媒体高级研修班暨感知中国（福建）行采访活动，承办市侨联侨青台青创新创业分享会、市侨领侨商走进青年友好型城区集美等活动，引导侨界精英走进集美实地感受“一精神三文化”（嘉庚精神和华侨文化、闽南文化、学村文化），累计面向200余名侨界精英进行招商推介。

【侨商经济】 2022年，集美区侨办建立侨资企业综合服务机制，先后举办3期综合服务活动，为侨资企业提供贷款5800万元，相关活动获中国侨网报道。开展“侨眼看集美 投资正当时”国际“云招商”活动，向全球五大洲16个国家宣传推介集美，近18万人线上观看集美区城市营销短片、“十四五”规划发展机会清单、招商政策等内容。

【侨政落实】 2022年，集美区侨办为归侨、侨眷、归侨子女出具升学、出境探亲、定居等归侨身份证明，开具“三侨生”（归侨、侨眷、归侨子女）升学照顾身份证明6份，不具备华侨身份认定19份，华侨身份证明2份，归侨身份证明3份，受理办结侨务信访件1件次，维护归侨侨眷和海外侨胞合法权益。

【侨情调查】 2022年，集美区侨办开展归侨侨眷情况和侨资企业摸底调查。截至年底，集美区有归侨579人、侨眷3341人，存续侨资企业216家。年内，集美区侨办开展归侨低保户、遭遇重大疾病归侨及2022年升读高校的贫困归侨侨眷学生的调查摸底工作，暂未发现此类学生。

【侨胞服务】 2022年，集美区侨办在中秋节、重阳节走访慰问困难归侨侨眷64人次，发放慰问金5.12万元。加强涉侨调解，成立“侨音法驿”涉侨调解工作室，召开完善涉侨纠纷多元化解机制座谈会，并现场在线通过人民法院调解平台组织涉侨案件视频调解实际操作示范，为归侨侨眷侨商提供司法服务，全年通过人民法院调解平台调解化解矛盾纠纷数十件。 （高军忠）

## 台港澳事务

【概况】 2022年1月12日，集美区召开党政领导与台资企业家代表新春座谈会，区领导与辖区留厦过春节的13家重点台企负责人“围炉”座谈，听取台企在发展中存在的问题困难和意见建议，共同探索海峡两岸融合发展新路。年内，集美区围绕两岸融合发展县域集成改革试点工作，为台胞和港澳同胞谋福祉，各项工作取得突破性进展。厦门（集美）闽台研学旅行基地总部成为福建省唯一通过2021年度全国研学旅行基地（营地）复核的研学营地；厦门市集美区苔芯志愿服务队获评为“福建青年五四奖章集体”。7月9日，第十四届海峡论坛项目之一“共同家园 共同记忆——闽台关系档案文献展”在集美塔开展；7月12日，中共中央政治局常委、全国政协主席汪洋参观展览。

【集美区台企上市服务联盟成立】 2022年4月22日，全国首个台企上市服务联盟——厦门集美区台企上市服务联盟成立，该联盟由集美区财政局（上市办）、区委人才办、区台港澳办、区税务局联合发起，汇聚集美区28个部门及4家专业机构，为台资企业提供上市培育辅导、税务风险防范指导、行政审批“打包”办理等上市“一条龙”服务辅导，支持台企利用大陆资本市场做大做优做强，分享大陆发展机遇和成果。

【两岸青年创业创新行政赋能顾问团成立】 2022年4月29日，两岸青年创业创新行政赋能顾问团成立暨工作室揭牌仪式在厦门集美研学总部举行。该顾问团由集美区税务局联合区委改革办、共青团集美区委员会、区市场监督管理局等10个部门共同组成，是福建省首个两岸青年创业创新行政赋能顾问团。顾问团成立后，创新“行政赋能”模式，与辖区台湾青创基地和高校代表签订服务协议，推出10项精准帮扶举措，探索资源集约高效、主动指导规划、服务精准直达的新路子。顾问团业务骨干通过政策辅导等方式，联合青创基地和高校，向海峡两岸青年推送好政策、好资源，助推两岸经济融合。推广创业税费优惠政策和集美区营商环境，普及组合式税费支持政策等诸多税惠红利，坚定两岸青年在集美创业的信心。

【集美区“台湾人才服务中心”成立】 2022年10月14日，台青创企业法律服务沙龙暨集美区“台湾人才服务中心”揭牌仪式在厦门集美两岸青少年发展中心举行，该中心旨在提升对台人才服务水平，为台胞提供人才政策宣传、就业创业支持、政策申报兑现等服务，为台湾青年在集美求职打造一站式专业化综合服务平台。

【集美区台青增信基金成立】 2022年10月28日，集美区台青增信基金成立，为全省首个台湾青年增信基金。该基金总规模1亿元，以区融资担保有限公司为基金管理人，与中国建设银行集美支行等6家首批服务银行签订合作协议，为辖区台湾青年创业企业信用贷款提供增信服务，旨在助力台湾青年留厦创业发展。

【集美与台湾经贸合作交流】 2022年，集美区新增台资企业93家，合同使用台资1.62亿元。第二季度和第三季度，先后2次举办侨资台资企业综合服务活动，围绕外汇汇率走势、出口风险防范、侨资台资企业税务政策、

2022 年 12 月 16 日，集美霞城城隍文化节在后溪镇后溪村城内里启动。图为电音三太子与台青表演
（吴觅亮 摄）

股权交易、台胞个人及企业境内投保等主题展开演讲汇报和业务探讨，助力侨资台资企业在集美稳健发展、做大做强。70 多名侨资台资企业代表参加活动。年内，集美区侨资台资企业综合服务机制启动，台企台胞银行服务点入驻台胞服务驿站。集美区与招商银行厦门分行签订“‘十四五’战略合作协议”，厦门招行“两岸金融服务中心”揭牌，持续升级对台金融服务。

【集美与台湾文体交流合作】 2022 年，集美区与台湾地区共举办书画展、摄影展、龙舟赛、诗歌节、文化节各类文体交流活动 21 场，参加活动的海峡两岸民众 1.8 万人，为加强两岸文化融合，增进两岸民众的文化认同发挥积极作用。

【在集台胞开展志愿服务活动】 2022 年，集美区有注册登记的台胞志愿者组织 1 个，成员 100 人。组织志愿者参加集美区爱心志愿服务活动，包括写春联、送“福”字、亲子家庭剪窗花、做灯笼，以及“集美青年友好林”植树等活动。年内，集美区首支由台胞组成的志愿服务队苔芯志愿服务队支援后溪镇新冠病毒感染疫情防控工作，改编创作抗疫歌曲《厦门就是厦门！》，用音乐传递抗疫正能量。由集美区台胞社工服务中心组建的海芋志愿队先后在后溪镇城内村开展以“送你一朵海芋花”为主题的节日活动，在杏滨街道三秀社区开展“芋香三秀·牵手桑榆”共制幸福包活动。

表 5

## 2022 年集美区与台湾地区文体交流活动一览表

| 日期 | 文体活动名称 | 参与人员或活动情况 |
|---|---|---|
| 1 月 22 日 | “共创青年友好之城”暨两岸青年留“厦”贺新年活动 | 在集创业、就业、就学的两岸青年、大学生以及厦门市台商协会青委会、集美区青商会、侨青会代表等 40 余人参加 |
| 1 月 23 日 | 台胞留“厦”过年活动 | 150 多名台胞及台属“围炉”喜迎中国年 |
| 2 月 1 日至 4 月 1 日 | “板桥林家家园情怀书画展” | 画展在后溪镇城内村闽台小镇举行，参展的 300 余件精品均为首次展出 |
| 3 月 8 日至 4 月 8 日 | “她说·你好，生活！”纪实摄影展 | 影展在后溪镇城内村霞城电影院举行 |
| 5 月 8 日 | 集美区两岸青年龙舟竞渡体验活动 | 活动在集美龙舟池举行，以“同舟共济 携手共竞”为主题，40 名在集美海峡两岸青年参加 |
| 5 月 25 日至 6 月 5 日 | 万川印月——2021 集美·两岸大学生摄影大赛获奖作品展 | 摄影大赛在集美兑山艺术区举行，2022 集美·两岸大学生摄影大赛作品征集同时启动 |
| 5 月 28 日 | 海峡两岸青少年龙舟模型竞赛 | 竞赛在集美中学举行，参赛队伍 86 支，选手 1314 人，其中港澳台选手 131 人、台胞选手 74 人 |
| 5 月 28 日 | “村 young 计划”首期沉浸式体验工作坊说明会 | 活动在后溪镇城内村举行，以“城内故事”为主题。20 名两岸大学生线下参与，2000 余名海峡两岸青年通过线上直播进行互动 |
| 6 月 2—3 日 | “龙腾虎跃”2022 海峡两岸赛龙舟活动 | 活动在集美龙舟池举行，41 支龙舟队应邀参加，其中台胞队伍 17 支、大陆队伍 24 支 |
| 6 月 2 日 | 第十七届集美（端午）诗歌节 | 活动在嘉庚书房举行，诗歌节围绕“两岸同舟 诗遇集美”主题线上线下同步进行 |
| 6 月 5 日 | 相聚厦门“两岸情·一家亲”亲子家庭端午活动 | 活动在研学总部大楼举行，25 组两岸亲子家庭参加 |
| 6 月 16 日 | “看见集美”青春电影展 | 电影展在集美嘉庚剧院举行，以“青春影人成长成才”为核心，构建两岸青年影人专属社群 |

续表 5

| 日期 | 文体活动名称 | 参与人员或活动情况 |
|---|---|---|
| 7 月 9—10 日 | 集美区“第二届台锋杯”两岸青年职工篮球联谊赛 | 联谊赛在集美软件园三期体育中心篮球场举行，50 名两岸职工组成 4 支篮球队参赛 |
| 7 月 12 日 | “服章跨海峡 华裳正青春”——海峡青年华服节 | 该活动为第二十届海峡青年论坛的重要组成部分，来自海峡两岸的华服领域专家学者、设计师、文化达人、产业从业青年、品牌商等百余人参加 |
| 8 月 2 日 | 参观乡村振兴的实践场域田头村 | 集美区台胞社工服务中心带领海峡两岸同胞参观了解乡村振兴规划、三绿行动、特色产业帮扶及休闲农业发展等项目 |
| 8 月 6 日 | “两岸青年 鹭在鹊桥”——集美区两岸情缘一线牵七夕联谊活动 | 活动在后溪镇城内村举行，40 名两岸青年男女参加 |
| 9 月 25 日 | 集美区两岸大学生共同记忆沉浸式交流活动 | 活动在集美人文馆举行，35 名两岸大学生通过人机互动、默契考验以及剧本杀游戏体验，还原并了解闽台两地共同历史 |
| 10 月 30 日 | 《台湾通史》出版百年纪念——两岸百位诗人百位青少年诗书暨名家联展 | 联展在台湾高雄文化中心举行，展出书法作品 130 余幅 |
| 12 月 11 日 | “体彩杯”厦门集美第九届两岸自行车挑战赛 | 挑战赛在后溪镇白虎岩景区举行，近 300 名两岸选手参赛，本届赛事首次增加骑跑两项体验组和女子公路组 |
| 2022 年 12 月 16 日至 2023 年 1 月 1 日 | 2022 年集美霞城城隍文化节 | 文化节包括“新后溪新家园”两岸青年摄影展、集美非遗展、“台湾寻根乡愁台湾成果特展”、陈永华主题沉浸式体验馆以及两岸后备厢市集等文旅活动 |
| 12 月 18 日 | “2022 集美·两岸大学生摄影大赛”评审会 | 评审会从大赛征集到的 8200 余幅摄影作品中评选出一等奖 2 人、二等奖 4 人、三等奖 8 人、优秀奖 66 人 |

【台湾青年就业创业】 2022 年，集美区结合《集美区建设青年发展友好型城区行动方案（2022—2025）》发布“台青聚融友好工程”，即台青家园计划、台青成长计划、“青享金融”计划、台青融合计划。重视打造台青创基地，1 月 4 日，厦门正新橡胶工业有限公司被福建省人民政府台港澳事务办公室、厦门市人民政府台港澳事务办公室认定为福建省级台湾青年就业基地、厦门市级台湾青年就业基地。10 月 14 日，台青创企业法律服务沙龙暨集美区台湾人才服务中心在集美两岸青少年发展中心成立，为台青在集美求职打造一站式专业化综合服务平台。全年全区围绕帮扶台湾青年创业发展，开展系列活动、举办多场培训，线下参与人数约 3000 人次，线上参与人数超 600 万人次。其中，3 月 26—27 日举办的以“青春共建 梦想集合”为主题的两岸青年（线上）就业博览会，依托直播平台，释放上百个就业和实习岗位信息，吸引两岸近 6000 名青年参与，参与直播人数 2 万人。年内，集美区举办 3 场台湾青年创新创业项目评审会，创业项目涵盖材料科技、运动科技、文化创意、餐饮管理等，其中 26 个台湾青年创新创业团队获得资金扶持 220 万元。

2022 年 4 月 26 日，“侨青台青创新创业分享会——Yuki 谈青年创业大咖”活动在集美新城诚毅国际商务中心举行。图为受邀嘉宾分享创业经历 （冯立东 摄）

【集台青少年研学活动】 2022 年 1 月 11 日，厦门集美“家校社”协同实践育人综合实验区在厦门（集美）闽台研学旅行基地总部揭牌，“集美研学”产品（升级版）同时发布，实验区围绕 11 个特色专题，在全区遴选 11 所中小学校，作为开展“家校社”协同实践育人综合活动的实验校。年内，集美区举行两岸青少年研学活动 10 余场，参加人数 570 多人。其中，1 月 1 日在厦门（集美）闽台研学旅行基地总部举办的“燃冬奥 跨新年”闽台青少年共赢冬奥研学营，有 150 位海峡两岸青少年参加。

（张彩贵）

# 应急管理

## 应急救援

【概况】 2022年，集美区贯彻落实习近平总书记“对党忠诚、纪律严明、赴汤蹈火、竭诚为民”的训词精神，统筹指导全区应急救援力量建设，健全完善各类应急预案，加强应急宣教培训，落实应急值班值守，提升自然灾害和事故灾难应急救援能力。

【应急值守】 2022年，集美区落实值班值守相关规定要求，保持24小时领导带班、值班人员在岗值守，及时处理突发事件信息；通过国家、省两级应急管理综合应用平台，推动值班制度化、规范化、信息化、高效化建设；规范突发事件信息分类、报送范围及办理流程；加强与“110”“12345”平台的沟通协作，实现信息互通共享，拓展和畅通突发事件信息渠道。年内，在社会治理委员会的推动下，应急值守信息化、智能化、可视化建设逐步加速。

【应急预案体系建设】 2022年，集美区应急管理局编制集美区总体应急预案1个、专项应急预案22个、部门应急预案41个（自然灾害类9个、事故灾难类12个、公共卫生类3个、社会安全类17个），推动辖区6个镇（街道）、67个村（社区）完成相关预案的制定工作，形成比较完备的区、镇（街道）、村（社区）三级预案体系。做好企业应急预案备案工作，完成19家企业应急预案备案，其中加油站15家、危险化学品经营企业3家、其他危险化学品企业1家。开展应急预案各类预案演练225次，其中区级层面专项预案演练3次，部门预案演练3次，镇（街道）、学校、企业等单位219次。

（孙科千）

## 安全生产监管

【概况】 2022年，集美区发生生产安全事故16起，死亡12人，受伤6人，分别比上年下降33.33%、14.29%、57.14%。全区生产安全事故起数、死亡人数、受伤人数实现“三下降”，连续三年实现“三下降”；先后启动Ⅳ级、Ⅲ级、Ⅱ级防暴雨应急响应，有序应对三轮强降水和第9号台风“马鞍”、第20号台风“纳沙”；启动5次高森林火险橙色预警响应，未发生森林火灾。

【重点时段安全防范】 2022年，集美区应急管理局狠抓春节、全国人大政协“两会”、“五一”、国庆和中共二十大等重要节点、重大活动期间的安全防范，对6个镇（街道）、9个重点行业领域不放心企业开展安全生产驻守指导、联合督导检查，保障重点时段安全稳定。覆盖检查危险化学品生产企业3家、烟花爆竹零售点3家，抽查检查重点企业400余家，区安委办（区应急管理局）先后组织开展临时活动板房消防安全、校园安全、在建工地安全、燃气安全等专项检查，检查建筑工地临时活动板房12个、中职学校14家、房建工程3个、市政工程2个、餐饮场所8家，发现并督促整改隐患问题185个。实现重要节点、重大活动期间安全生产零事故。

【安全生产专项整治行动】 2022年，集美区应急管理局聚焦安全生产专项整治三年行动收官，推进安全生产大检查、安全检查百日大会战，突出抓好危险化学品、城镇燃气、自建房3个集中治理，推进道路交通、建筑施工等重点行业领域治理。围绕落实国务院安委会安全生产15条措施，制定集美区贯彻落实79条具体措施，并细化分解为106项具体工作任务，实行“一月一调度”定期跟踪推进。制定下发《关于立即组织开展安全生产大检查的紧急通知》，部署推进“4+2+X”专项整治（4个重点治理、2个集中治理和多个领域专项整治）。制定印发《集美区安全生产大检查工作实施方案》，细化分解81项具体工作任务，从责任落实、隐患排查、源头管控、监管执法等方面查找薄弱环节和隐患问题。各级各部门全年累计检查生产经营单位、场所4.29万家次，发现并督促整改安全隐患2万余处。

【安全生产法宣传贯彻】 2022年，集美区应急管理局持续推动新修改的《中华人民共和国安全生产法》全面宣传贯彻落实，开展一系列学习宣传贯彻活动，提升全民安全生产法律意识，推动企业主要负责人，履行安全生产第一责任人的责任。6月21日，区安委办、区应急管理局联合杏滨街道现场组织30家企业主要负责人开展“遵守安全生产法 当好第一责任人”宣誓及签名活动，以点带面引导辖区生产经营单位主要负责人主动落实第一责任人职责，抓好安全生产各项工作。6月，集美区安委办、区应急管理局分6场组织辖区相关企业约1700人进行新

2022 年 6 月 24 日，集美区应急管理局联合相关部门在杏林文体中心开展“安全生产月”宣传活动。图为群众学习救护技能 （帅 浩摄）

修改的《中华人民共和国安全生产法》宣讲和《生命重于泰山》专题片观看。7 月，部署开展新一轮安全生产法宣讲培训，各级各部门开展专题授课、集中学习等培训 74 场次，300 多家企业近 7500 人参与；通过微信公众号、微信群等公布新修改的《中华人民共和国安全生产法》全套学习资料，1200 余家企事业单位 2.3 万人参与线上学习活动，企业主要负责人和全体职工的安全生产法治意识得到提升。新建后溪安全科普实践基地和环湾公园（滨水段）、灌口东部公园 2 个安全文化公园，拓宽安全生产法律法规普及宣传渠道。

【应急管理监督执法】 2022 年，集美区应急管理局履行法律法规赋予的有关安全生产监管和应急抢险、灾害救助、防震减灾等方面的行政处罚、行政强制职能，监督指导和组织镇（街道）、开发区（园区）应急管理行政执法工作。

**道路交通领域** 开展道路交通运输安全专项整治，查处大货车违法行为 1.95 万起、电动自行车违法行为 15.22 万起；查扣违规的土方车、农用车 307 辆；查处非法营运 259 起。排查区管农村公路 72 条，出动检查人员 1480 人次，发现并整改一般安全隐患 25 处。排查物流寄递企业 131 家，出动检查人员 188 人次，督促整改安全隐患 5 处。

**房屋安全领域** 推动开展自建房及房屋安全专项整治，排查经营性自建房 29034 栋，长效处置历史遗留在册 D 级危房（含新增危房）164 栋；排查发现钢结构房屋 440 栋，落实未经正规设计的 83 栋房屋的拆除、加固、鉴定工作。

**危险化学品领域** 检查危险化学品生产使用企业、制药企业、加油站、烟花爆竹零售店等 275 家，排查整改隐患 374 处，立案查处 23 件、罚款 52.4 万元；推动开展醇基液体燃料安全专项整治，排查涉及醇基燃料等“生物油”“环保油”经营企业 6 家，醇基燃料使用餐饮场所 46 家。推动检查瓶装燃气供应站点和餐饮场所 3.11 万家次，发现整改隐患问题 465 处，查处“黑气”窝点 3 处、查扣钢瓶 255 个，约谈燃气企业 1 家次，对 1 家供应站点暂扣供应许可证。

**城市建设领域** 出动检查人数 1336 人次，排查区管工程项目 222 个次，检查外脚手架 152 个次，模板工程 98 个次，塔式起重机 119 台次，施工升降机 109 座次，发现并整改安全隐患 618 条，全年累计对施工单位（项目经理）进行动态监管记分 1241.92 分，对监理单位（总监理工程师）进行动态监管记分 746.35 分。发出“责令改正（整改）通知单”214 份，对 3 个项目 8 家责任主体单位的信用监管记录批评类（安全生产 P5 档次 3 家、P6 档次 5 家）。

**消防安全领域** 推动开展生命通道、高层建筑、大型商业综合体、“三合一”（人员住宿与生产、存储、经营一种或几种功能混合设置在同一建筑内的场所）场所、老旧小区、农村区域等消防安全专项治理，检查各类单位场所 5398 家次，督促整改火灾隐患 3731 处，行政处罚 73 起，罚款 79.97 万元，责令“三停”（停产停业、停止施工、停止使用）7 处，临时查封 6 处，挂牌督办重点单位场所 5 家；清理涉及电动自行车占用疏散通道、安全出口、消防车道等 1.71 万辆。开展生产经营租住自建房重大火灾风险综合治理，排查用于生产、经营、租住的场所 2.6 万个，发现并督促整改隐患 1.12 万处。

**水上和渔业船舶领域** 推动开展“三无”（无船名船号、无船舶证书、无船籍港）船舶拉网式排查 17 次，清理整治在册“养殖渔船”13 艘、“乡镇船舶”158 艘、“三无”船舶 92 艘。开展打击非法盗采运海砂行动，重点监管在册 214 条渔船和 715 条乡镇船舶，未发现有非法盗采运海砂的行为；开展“封港清查”16 次，及时处置外省籍船舶停靠出现的问题；开展“扫海清网”专项整治，清除火车网 3780 条、刺网 4060 余米。

**工业园区领域** 推进工贸行业安全生产专项整治“百日清零”行动，强化有限空间作业、涉氨制冷、粉尘涉爆等企业安全监管，检查上述企业274家次，发出责令限期整改指令书174份，发现并督促整改隐患782处，约谈企业2家，立案查处26起，罚款52.65万元。检查移动式压力容器、大型游乐设施、气瓶充装、压力管道、电梯等特种设备使用单位929家次，发现并督促整改隐患1278处。协调处置后溪镇岩内村简易棚占压管道安全隐患，完成新大帽山隧道施工涉管道安全隐患、锦亭北路与在建杏锦路交叉口东北处中海油天然气管道占压安全隐患、中海油厦门分输站进站道路影响应急通行安全隐患整治。

（曹国臣）

## 防汛防台风

【概况】2022年，集美区应对台风2个、全区性暴雨3场（包括6月持续12天的连续性强降水）和局地暴雨、短时强降水、雷雨大风等20场灾害性天气，全区下沉干部4026人次，转移群众183人次，实现防汛防台风“人员无伤亡、财产少损失”目标。

**小资料**：2022年，影响集美区的台风有以下2个：（1）台风马鞍（英语：TyphoonMa-on；国际编号：2209；联合台风警报中心：10W；菲律宾大气地球物理和天文服务管理局：Florita）为2022年太平洋台风季第9个被命名的风暴。“马鞍”一名由中国香港提供，含义即香港马鞍山，本次为“马鞍”一名第四次使用。台风“马鞍”于2022年8月22日上午被认定在菲律宾以东洋面生成。此后其逐渐发展增强，于8月23日以强热带风暴级登陆菲律宾伊萨贝拉省附近，不久进入南海。此后其在南海顶着强烈垂直风切变继续发展增强，使得广东海陆多地持续观测到12级及以上持续风速，于8月24日晚20时被中央气象台升格为台风级，再于8月25日10时30分许被中央气象台认定以台风级强度登陆广东电白沿海（最佳路径中降为强热带风暴级）。而后其逐渐减弱并继续西行移入北部湾北部海面，于25日晚间在越南广宁省芒街市沿海再次登陆，最终于8月26日8时被中央气象台停止编号。（2）台风纳沙（英文：Nesat，国际编号：2220，联合台风警报中心：23W，菲律宾大气地球物理和天文服务管理局：Neneng）是2022年太平洋台风季第20个被命名的风暴。“纳沙”一名来源于柬埔寨，意为渔夫。台风“纳沙”于2022年10月15日下午被认定在台湾省东偏南方向洋面上生成，10月16日下午被中央气象台认定加强为台风级，10月17日晚间被认定加强为强台风级。受台风“纳沙”与冷空气共同影响，中国南海与东南华南沿海出现一定强风雨风浪影响。

【防汛隐患排查整治】2022年，集美区各成员单位检查地质灾害、在建工程、水工程、地下空间、下穿通道、排水设施、学校等重点部位、重点区域207处，整改防汛隐患32处。

【基层防汛能力标准化建设】2022年，集美区制定并印发《集美区基层防汛能力标准化建设实施方案》，推动镇（街道）和村（社区）“十个有”（值班室、宣传栏、预案、台账、信息员、预警设备、队伍、卫星电话、仓库、避灾点）建设。完成2个镇（街道）和21个村（社区）先行试点建设。年末，区基层防汛能力标准化建设通过市防汛办复核验收。

【防汛综合应急演练】2022年7月29日，集美区防汛办在杏林湾水上运动中心开展2022年度防汛防台风综合应急演练，主要实施城市内涝除险、落水人员搜救、道路清障等6个科目演练，参演人数115人。通过演练，检验集美区防汛防台风应急预案的可行性，提升防汛防台风的综合能力。

（沈在伟）

2022年7月29日，集美区在杏林湾举行防汛防台风综合应急演练。图为驰鹰救援队开展施救“落水人员”演练（吴觅亮 摄）

## 森林防火

【概况】2022年，集美区强化森林防灭火工作，实现全年无森林火灾、无人员伤亡，保护森林资源安全，促进生态文明建设。年内，集美区森林防灭火指挥部转发省、市发布的高森林火险橙色预警6次，召开森林防灭火工作专题会议8次。开展各类森林防灭火演练23次，其中“一山一案”演练2次，区、镇（街道）联动演练4次，各镇（街道）演练6次，区专业森林消防队演练11次。开展森林消防指挥员、防火干部业务培训8期，120余人次参加；开展专业队员、护林员岗位技能培训1期，60余人参加。清查林区零散墓地1721座、经营户775户、住家146户及民间信仰点44个等隐患点位2686个，全部纳入区地理信息系统管理，为针对性开展隐患排查、防火宣传、火情处置等相关工作打牢基础。完成11条6843米防火道、18处防火哨卡、42处消防蓄水池（总蓄水量7840立方米）等防灭火基础设施建设，增配2辆森林消防运输指挥车。

【森林防火宣传】 2022年，集美区森林防灭火指挥部开展春季和秋冬季2次森林防火宣传月活动，开展以“共防森林火灾、共护绿色家园”为主题的森林防火宣传月活动。坚持林区常态化走访巡查和微信短信宣传推送，先后签订森林防火责任告知书1000余份，利用微信短信宣传推送防火相关信息54万条。

【“绿盾—2022”厦门市森林火灾扑救综合演练】 2022年11月10日在集美区后溪镇岩内村岩内水库举行。此次演练由厦门市应急管理局、集美区森林防灭火指挥部主办，集美区应急管理局、福建省森林消防总队厦门市驻防分队承办，出动参演队伍16支、参演人员166人、各类车辆28辆、各类装备200余件（套）。演练以村民抓马蜂违规用火酿成森林火灾为背景，首次在山林实地布设真实火线，突出早期镇（村）级火情处理、中期区森林防灭火指挥部火情处置、后期市森林防灭火指挥部开设火场前线指挥部并组织火场扑救3个环节，采取市区两级指挥部“同步响应、分级指挥、属地为主”的处置过程，对扑救森林火灾过程中初火处置、现场指挥、火情侦察、医疗救护、协同作战等能力进行检验。 （程 炜）

## 防灾减灾

【概况】 2022年，集美区围绕“减轻灾害风险 守护美好家园”主题，组织全区37个成员单位、69个社区、187所校园开展防汛、防洪、防震、消防等各类防灾减灾应急演练210余次，提升全区应急避险能力。

【防灾减灾宣传】 2022年5月7—13日，全国第14个防灾减灾宣传周期间，集美区发放防灾减灾宣传单4万余份、“5·12”主题宣传海报600余份、“生活中的灾害及旅途中的安全”科普宣传册900余份、宣传横幅86条。利用集美区融媒体中心“天下集美”平台构建《防灾减灾、集美在行动》栏目，实时开展防范自然灾害安全宣传。“10·13”第33个国际减灾日期间，开展“线上+线下”相融合防灾减灾“五进”（进企业、进农村、进社区、进学校、进家庭）活动，对全区69个社区进行防灾减灾知识宣传，发送防灾减灾主题宣传短信40多万条。

【灾害信息员培训】 2022年，集美区减灾办组织开展多场自然灾害信息员培训。2月16日，组织全区6个镇（街道）、69个社区自然灾害信息员80人开展年度自然灾害信息员培训暨自然灾害综合风险普查宣传培训；6月9日，组织全区自然灾害信息员参加2022年度自然灾害信息员师资视频培训；6月23—29日，组织全区自然灾害信息员参加自然灾害风险隐患信息报送工作线上培训。

【应急救援联动】 2022年，集美区减灾办与社会应急力量（驰鹰救援队、519救援队）协议开展防灾减灾、应急救援进社区活动，开展应急救援培训、防灾减灾应急演练69场次。4月29日，区减灾办联合区应急管理局、区普查办、区委宣传部、杏滨街道办事处、519救援队在杏滨街道锦鹤社区举行“减轻灾害风险、守护美好家园”防灾减灾、自然灾害应急演练等活动。5月8日，区减灾办配合市地震局在诚毅科技探索中心展开急救包扎互动演示、灾害逃生体验活动。

【御寒物资发放】 2022年2月18日和21日，受新一轮大范围寒潮天气影响，

2022年11月10日，“绿盾—2022”厦门市森林火灾扑救综合演练在集美区后溪镇岩内水库举行 （帅 浩 摄）

集美区气温骤降，区减灾办应对低温阴雨天气，分 2 次为 956 户、1231 名困难群众发放防寒棉被等物资 1041 床、注水暖水袋 160 个。

【自然灾害综合风险普查】 2022 年 5 月 28 日至 6 月 6 日，集美区普查办对全区 65 个年度历史灾害数据和 4 个重大历史灾害数据开展查证行动。10 月 9 日，区普查办组织第三方、区气象局、自然资源和规划集美分局、区市政园林局、区农业农村局、区建设与交通局等行业部门对《集美区自然灾害综合风险评估与区划成果技术报告》进行培训和审核。 （郑元锋）

## 消防救援

【概况】 2022 年，集美区消防救援大队接警 1260 起，出动车辆 2633 辆，出动警力 1.56 万人，完成火灾扑救 398 起、抢险救援 411 起、社会救助 345 起、公务执勤 14 起、其他 92 起，抢救被困人员 338 人，疏散被困人员 1101 人，抢救财产价值 216.12 万元，保护财产价值 1594.96 万元。全年检查单位场所 1062 家次，督促整改火灾隐患 410 处，下发责令改正通知书 217 份，行政处罚 34 起，临时查封 5 处，责令“三停”（停产停业、停止使用、停止施工）3 家，罚款 65.82 万元，组织火灾原因调查 379 起，移送火灾案件 2 件，核查举报投诉 1876 起。

【消防安全基础建设】 2022 年，集美区消防救援大队紧盯城中村、农村、老旧小区等火灾防控薄弱区域，持续推进老旧小区消防设施、电动自行车集中充电场所等基层基础设施建设和“智慧消防”运用。建成地上公共停车场 15 个，可使用停车位 1885 个，新增道路泊位 3725 个，从源头化解占用、堵塞生命通道顽疾；打造疏堵结合的电动自行车安全停放充电环境，推动镇（街道）、物业管理单位累计建成电动自行车停放充电场所 900 余处、充电桩 1.3 万个；探索监管新手段，安装电动自行车智能“梯控”系统装置 135 部，加强对电动自行车违规进楼入户的实时监测预警。完善农村消防水源，推动灌口镇、后溪镇因地制宜在 12 个社区（村）建设 32 个钢筋混凝土封闭式蓄水池，总蓄水量 7140 立方米。杏林街道结合乡村振兴项目，以杏林社区为试点建设城中村消火栓 62 个。此外，利用辖区企业资源，在消防设施瘫痪的高层建筑设置具备智能自动报警与联动救援功能的智慧微型消防站 6 座，弥补防控短板弱项。

【监督执法规范化】 2022 年，集美区消防救援大队贯彻落实监督员绩效管理暂行规定，推动全体监督员深化消防执法改革，推行以“双随机、一公开”（在监管过程中随机抽取检查对象，随机选派执法检查人员，抽取情况及处查结果及时向社会公开）监管为基本手段，重点监管为补充，信用监管为基础，“互联网 +”监管为支撑，火灾事故责任调查处理为保障的“五位一体”新型监管模式。建立监督员“包片”制度，为镇（街道）、派出所、行业部门、企业“上门服务”，提供各类消防技术咨询和业务指导，并开展实地现场教学。宣传并办理公众聚集场所消防安全告知承诺制 45 件；除“双随机”现场检查传统办法外，还将“双随机”结果以及执法情况事项在互联网公开化、透明化，督促各企业重视自身消防安全问题；采取远程监控、微信、电话等线上平台“点对点”助力重点企业安全复工复产。年内，组织火灾原因调查 379 起，移送火灾案件 2 件，核查举报投诉 1876 起，做到火灾调查和举报投诉 100% 核查。

【社会化消防监管】 2022 年，集美区消防救援大队联合镇（街道）、部门推进高层建筑、商业综合体、城中村、电动自行车、生产经营租住场所等重点领域综合治理，出台系列整治方案和严管措施 12 份，召开会商会议 6 次，联合执法检查 61 次，检查各类单位场所 3.76 万家次，督促整改火灾隐患 18.91 万处，行政处罚 73 起，当场处罚 326 起，处罚款 79.97 万元，查封 6 处，

2022 年 9 月 30 日，集美区在北站消防救援站举行职工消防技术比赛 （帅 浩 摄）

责令“三停”（停产停业、停止使用、停止施工）4处。建强基层消防组织，6个镇（街道）成立消防安全委员会，建立消防工作站，并落实消防赋权执法事项。68个村（居）均建立消防工作室，并深化消防工作与平安建设、基层网格管理的有机融合，落实“五加三”（5个检查重点：火源、“三合一”场所、电动自行车、易燃可燃材料、弱势群体；3项“保命”措施：畅通疏散通道、防火墙硬隔离、配备消防逃生面罩）必查行动，各级网格员累计排查单位场所2.79万家次，督促整改隐患1.33万处。

【基层火灾防控】 2022年，集美区消防救援大队针对辖区10个商业综合体、1144栋高层建筑、28897栋经营性自建房以及电动自行车等突出火灾风险领域，强化指导与服务，推动商业综合体100%完成消防安全达标创建，564处隐患得到整改；聘请建筑防火、消防设施、电气等专家完成全区80栋超高层建筑体检式检查，按期完成省级重大火灾隐患单位禹洲中央海岸二期摘牌销案。实施政府督办、隐患曝光等措施推动21个久拖未改的高层住宅建筑消防设施整改工作有新进展。集中开展自建出租房灭火器材专项整治，投入430余万元增配灭火器材10.68万具，完成自建出租房100%按标准配备灭火器材。牵头电动自行车消防隐患整治联合执法组，开处罚单320个，清理占用疏散通道、安全出口、消防车道等电动自行车1.71万辆；实现140个城中村100%夜巡到位，清理障碍物140处，测试消火栓111座。消防安全治理成效明显，全年火灾起数比上年下降10.12%，死亡人数下降100%。

【消防宣传】 2022年，集美区消防救援大队建立1支专业宣讲队、19支城中村消防宣传队、1支“小小消防志愿者”服务队，开展“全生命周期”宣传培训教育活动186场次，受教育人群18万余人次。同时，不断探索多元宣传渠道，发动11.04万名群众注册全民消防学习平台，在重要节点群发短信600万余条，精准投放朋友圈广告8次，覆盖人员400万人次；设置电动自行车消防安全宣传栏7个，专项开展电动自行车火灾防范宣传。制作贴近实际的消防影视作品，先后自制《爸妈，我很好》《奥特曼 vs 火怪》《阿集快跑》宣传片3部，在各级媒体、企事业单位户外电子显示屏展播。推动建成后溪镇安全科普实践基地和滨水东岸码头段、灌口东部公园2处消防主题公园，同步启动消防安全科普教育馆建设。

2022年7月29日，集美区消防救援大队在杏林湾厦门水上运动中心附近开展清理“受灾”倒伏树木模拟演习 （吴觅亮 摄）

【消防救援应急能力建设】 2022年，集美区消防救援大队每月针对全体消防救援人员制订训练计划，实地开展“周测试、月考核、季评比、年总结”，做到全员参训、全员受训、全员精训。加强体技能训练，根据个体差异和岗位职能特点，量身定制针对性强、适应性长、成效性好的“小组套餐”，做到训练适量、适度。坚持“请进来”与“走出去”相结合，邀请专业体能教练每月随队进行示范教学和技术指导，提高体能训练科学性和可操作性。消防站将各类操法与紧急避险科目相结合，通过制定预案、开展培训、实战演练等，提升指战员应对各类灾害事故的处置能力，以易燃易爆单位、仓储物流、大型商业综合体等单位为重点，对企业重点部位、区域进行检查，熟悉情况。组织开展重点单位熟悉159次、灭火救援演练170次、排查消火栓50余个、修订重点单位预案162份，拉动微型消防站137次、专职消防队71次，组织微型消防站培训181场次。定期组织开展绳索救援、车辆事故救援、水域救援、地下空间救援、高层建筑火灾扑救、化学灾害事故救援等各类专业救援技术和紧急避险培训及训练120次，案例推演96次。根据专职消防队和微型消防站发展需求，会同各镇（街道）创新管理模式、整合各类资源，完成后溪镇专职消防队与后溪小型消防站整合，重点解决微型消防站消防车配置和队伍消防救援器材损耗问题，完成12个社区微型消防站智能接处警系统和消防车定位模块安装。每月组织专职消防队考核，并举办多种形式消防救援队伍比武竞赛，以考促训、以赛促训。

（叶婷婷）

# 经济管理

## 宏观经济管理

**【概况】** 2022年，集美区完成地区生产总值956.58亿元，比上年增长3%；建筑业总产值612.99亿元增长17.5%；批发零售业销售额1924.04亿元，增长66.6%；其他营利性服务业营业收入（错月）比上年增长25.7%。全年财政总收入142.34亿元，其中区级财政收入46.07亿元。全区居民人均可支配收入61610元，比上年增长5.8%，其中城镇居民人均可支配收入63273元，农村居民人均可支配收入39145元，分别增长5.0%和8.1%。

**【财政性投资计划制订与审批】** 2022年，集美区围绕基础设施、生态环保、教育医疗、乡村振兴建设等薄弱领域加大投资力度，并按照项目建设轻重缓急和前期工作实际情况，策划拟订财政投资建设项目投资计划6个批次，计划总投资29.93亿元。批复政府投资项目247个，批复总投资概算36.51亿元。

**【基建项目概（估）算审核】** 2022年，集美区规范投资管理，强化基建项目概（估）算审核工作，严禁项目单位擅自扩大规模、提高标准、增加建设内容、故意漏项和报小建大等，提升财政性投资决策水平，提高投资效益。全年完成概（估）算项目审核203项，送审金额36.46亿元，审定金额30.7亿元，核减5.76亿元，核减率15.8%。

**【前期课题项目策划】** 2022年，集美区发改局推进课题研究。完成《集美区山海通廊绿道项目策划》编制。完成《集美区产业现代化思路研究》《集美区优化产业发展环境》《集美区“十四五”粮食行业发展规划》《集美区优化法治化营商环境课题研究》《集美区重点产业环境体验及优化提升研究》《2022年度集美区宜商环境白皮书》6个研究课题编制；新开展《集美区碳达峰行动方案》《2022年集美区对标先进争先进位行动计划专项课题研究》《促进本地电商企业税务合规化政策研究》3个课题编制。

**【海洋经济高质量发展】** 2022年，集美区在海洋经济发展市对区考核位列六区第一。出台《集美区促进海洋经济高质量发展2022年工作方案》，构建现代海洋产业体系。依托文教区优势，推进协同创新和成果转化，强化企业创新主体培育。年内，新增海洋经济相关科技创新平台3个；新增高新技术企业、“小巨人”企业、“专精特新”中小企业7家；新增企业授权发明专利13项；辖内高校开展海洋领域科研项目11个。推进海洋经济重大项目、重大工程策划和建设，全年策划项目9个，总投资37.92亿元；在建项目10个，总投资111.2亿元，当年度完成投资12.69亿元，综合序时进度153.26%。

**【海峡项目成果对接】** 2022年，集美区完成2022年第二十届中国·海峡创新项目成果交易会相关任务，征集参展企业16家，入选参展企业7家，重点宣传报道企业1家，入选厦门企业宣传册16家，参展企业现场有意向合作项目29个，报名参展企业数及入选参展企业数排名全市第一。

**【台湾青年聚融友好工程建设】** 2022年，集美区贯彻落实《集美区台青聚融友好工程实施细则》推动两岸融合县域集成服务示范区建设，吸引台湾青少年到集美就业、创业，落实台青聚融友好工程，兑现创业启动资金1025万元；人才公寓受理入住593人；租房补贴兑现金额115.45万元；经营场所补贴兑现金额55.54万元；中介机构补贴金额103.5万元；推荐团队奖励16万元。

**【营商环境优化】** 2022年，集美区聚焦市场主体需求，突出高新企业聚集、高校人才聚集、基金招商和两岸融合等优势特色，推出一系列优化营商环境创新举措，促进市场主体良性竞争和集聚发展，激发市场主体活力和社会创造力，高质量发展支撑不断增强。设立首个区级台胞警务服务综合受理办理站点、开通首条台港澳同胞办税绿色通道、打造“阿集驿站”、建立财政支持深化民营和小微企业金融服务综合改革试点、搭建“税·法”定向询价平台、全省首创拒执犯罪预移送机制、建立“一体三翼”（即以“诉非联动中心”形成“一体化”解纷资源，以“分层递进”的解纷流程为“制度之翼”，以“数助治理”为“科技之翼”，以“嘉庚精神”为“文化之翼”，整合解纷资源，创新解纷机制，融入嘉庚精神，取得纠纷预防化解的良好成效）诉非联动纠纷治理体系、成立“厦门软件园三期法治驿站”等一批营商环境优化创新举措和经验做法在全市推广。成立《集美区优化营商环境工作推进小组》；印发《集美区2022年度高水平打造便利化营商环境行动方案》并下达2批配套任务清单；出台《集美区推动企业全域服务试点方案》，并在“九八”投洽会（中国国际贸易投资洽谈会）完成推介；围绕主导产业继续开展营商环境体验官活动；通过人民网、《厦门日报》、《海西晨报》等媒介完成营商环境专题宣传10次。市发改委牵头市对区考核评估，营商环境、社会信用体系2项指标均排名全市各区第一；市对区开展营商环境企业满意度调研位列全市第一。

【社会信用体系建设】 2022年，集美区加快社会信用体系建设。区信用办先后研究出台《集美区社会信用体系建设2022年工作要点》《集美区社会信用体系建设2022年绩效考核指标及标准》。区信用办组织协调区级诚信促进会成立相关工作，发动诚信促进会会员单位51家，完成开办经费筹措、法定代表人人选推荐及推荐会员单位信用情况审核。6月26日，集美区诚信促进会举办第一次成员大会暨成立大会。做好全国中小企业融资综合信用服务平台（以下简称“‘信易贷’平台”）推广工作。引导辖区内中小企业在“信易贷”平台进行注册并发布融资需求，推进信用融资服务全区中小企业，解决中小企业融资难、融资贵问题。截至年底，集美区在“信易贷”平台注册企业1.05万家，占辖区注册企业总数比例20.88%；发布融资需求1.77万笔，获得贷款1.6万笔，获得贷款金额163.7亿元。年内，集美区创新开发信用应用场景，开发知识产权服务信用应用场景、率先在全国开展大学生信用评价及可视化应用、拓展诚信示范街区应用范围、开设“集美欢乐购”超市老年专场、上线集美区妇幼保健院信用就医应用场景、“信用＋企业代办”、开展“集美信用购”等“信易＋”场景10个，降低企业办事成本，为深化“放管服”改革、优化营商环境、提升社会治理成效提供保障。发挥公共信用信息平台作用，梳理完成集美区2022版公共信用信息目录，规范信用数据报送标准；持续推动信用数据全面归集，确保信用数据报送全面性和即时性，全年集美区公共信用管理工作平台归集信用信息6286条，其中“双公示”数据（行政许可、行政处罚）2971条。创新信用报告应用，利用公共信用报告开展事前监管，在人事考录、资质审核、评优评先、准入资格、资金拨付、核验等事项中查询和应用公共信用报告，拓展事前信用监管范围，提升办事效率，全年全区查询公共信用报告2.12万次；开展行业分级分类信用评价。利用行业监管数据，结合企业公共信用信息基础评价，依法依规对各行业（领域）市场主体开展信用分级分类监管，向社会公示，并根据行业信用评价结果实施差异化监管措施。年内，全区在建筑施工、食品药品安全、经营性人力资源服务机构、企业劳动保障、电梯维保、瓶装燃气经营等多领域开展信用评价及分级分类监管。

【保供稳价】 2022年，集美区做好保供稳价工作。对2021年认定的36家粮食应急供应网点进行重新核查，根据“布局合理、好中选优”原则并结合企业经营实际情况撤销5家、保留31家，同时新增粮食应急供应网点8家，最终认定粮食应急供应网点39家。做好新冠病毒感染疫情和重要节日期间粮油等重要民生商品价格监测，在重要时间节点对全区粮食供应网点进行巡察。全年全区设平价商店25家，在春节和国庆节期间，2次启动政府差价补贴销售平价农副产品，确保全区重要民生商品价格保持基本稳定。

（颜楚方）

## 国有资产管理

【概况】 2022年，厦门市集美区国有资产投资有限公司（以下简称“集美区国投公司”）完成固定资产投资1.37亿元，全部为工程建设投资。实现营业收入1.64亿元、净利润242.31万元，缴纳税费2900万元。办理土地收储项目5个，土地面积6.45万平方米；预收储项目10个，土地面积2.8万平方米。出让用地21宗，土地面积42.66万平方米，成交总价29.53亿元。存量资产总建筑面积113.86万平方米，租金总收入1.22亿元（原收入1.39亿元，疫情租金减免1750.06万元），比上年增长47.1%。

【土地挂牌出让】 2022年，集美区国投公司办理区级商住用地和工业用地出让，并跟踪落实辖区内市级招拍挂地块出让进度。全年出让区级用地5宗，土地面积8.84万平方米，成交总价0.46亿元，均为产业（工业）用地。出让市级用地16宗，土地面积33.82万平方米，成交总价29.07亿元。其中，商住用地3宗，土地面积3.68万平方米，建筑面积10.64万平方米，成交价21.8亿元；产业（商服）用地6宗，土地面积20.04万平方米，建筑面积56.37万平方米，成交价6.75亿元；产业（工业）用地7宗，土地面积10.10万平方米，成交价0.52亿元。全年出让用地21宗，土地面积42.66万平方米，成交总价29.53亿元。

【存量资产管理】 2022年，集美区国投公司管理存量资产总建筑面积113.86万平方米，租金总收入1.22亿元（原收入1.39亿元，疫情租金减免1750.06万元），比上年增长47.1%。其中，自有资产租金收入1.2亿元，托管资产代理费收入126万元；新增经营性资产项目47个，为机关事务管理局代管套房及办公用房，建筑面积4334.11平方米。

【资产运营管理】 2022年，集美区国投公司对国有资产进行梳理和数据汇总，坚持先易后难，分类施策，提高国有资产管理实效，确保国有资产安全运营、保值增值。在招商引资方面，推进厦门软件园三期B20、B21研发楼、集美国投安仁产业园、明盛高新产业园项目招商手续的对接办理。截至年底，区国投公司与61家企业签订软件园三期B20、B21“房屋租赁合同”及办理交房手续，与14家企业签订集美国投安仁产业园“房屋租赁合同”，与5家企业签订明盛高新产业园“房屋租赁合同”。

【工程项目建设】 2022年，集美国投公司加快重大、重点项目建设进度，落实关于补齐民生短板的工作部署，为提升集美区城市宜居度作出贡献。完成自营项目明盛高新产业园、安仁产业园建设并投入使用，为集美区优化营商环境、拓展产业招商平台起到积极作用；完成海凤小学、集美新城坑内小学、鱼孚幼儿园、康城及锦园社区公共服务设施综合开发工程、机械工业集中期三期用水用电基础设施工程等一批重要民生项目；推进集美区中小学生社会实践基地项目建设进度；推进新建灌口医院、集美区妇幼保健综合楼项目、智欣用地北侧挡土墙等项目前期工作进度。 （陈月云）

## 国土资源管理

【概况】 2022年，厦门市自然资源和规划局集美分局（以下简称“集美资源规划分局”）加强与集美新城、马銮湾新城指挥部和区人民政府联动，推进批而未供和供而未用土地处置整改，配合清理低效工业用地，加大闲置土地处置力度，督促用地单位动工建设。强化“放管服”，落实负面清单管理，优化审批流程改革，推行容缺受理和重点项目绿色通道，为省、市、区重点项目和“三高”（高技术、高成长、高附加值）企业提供全程服务，推动优化营商环境建设。完成全区涉嫌闲置土地处置20宗，处置面积77.5万平方米，闲置土地处置率83.6%。完成全区住宅类图斑拆除和复耕工作；制定《集美区2022年卫片执法工作方案》，明确违法图斑查处整改标准，完善工作机制。全年部卫片下发图斑31宗，图斑面积23.1万平方米，整改完成9宗，整改率29%，剩余年度新增违法耕地面积1.88万平方米；2019—2022年，下发“天地网”违法图斑574个，违法面积124.58万平方米，耕地面积44.95万平方米，整改到位305宗，整改率53.1%，未整改耕地面积12.59万平方米。开展扫黑除恶专项斗争，推动耕保督察问题整改。加强国土调查和地质灾害防治工作。做好第三次全国国土调查工作，对上级下发的2342个变更图斑进行内外业核对，上报变更调查成果和问题整改结果，并通过省自然资源厅及国家的检查验收；督促相关责任单位开展文源山设施农业项目高陡边坡、第二农场碗窑社295号屋后崩塌2处地质灾害隐患点整治工作；组织各镇（街道）、区建设与交通局、区教育局等单位参加2022年度地质灾害防治知识培训，推广使用地质灾害防治管理信息平台；编制《2022年度集美区地质灾害防治方案》并报区人民政府公布实施；开展地质灾害防治工作及相关宣传工作等。

【存量土地盘活】 2022年，集美资源规划分局推进盘活存量土地，挖掘土地潜力，提高土地利用效率，为全区产业发展、招商引资、项目落地提供用地保障。统筹关联业务，谋划一批储备项目，为盘活空间资源做准备。组织策划全区存量工业项目用地梳理，摸清低效低容积率和涉嫌改变功能的项目家底，提出整改提升方案；统筹耕植土剥离及利用和补充后备耕地两项业务策划生产耕地占补平衡项目，摸清开发边界外可用于补充耕地的空间资源。加强建设用地和工程批后监管。健全局所工作机制，完善资源所日常巡察和系统销账工作，提高建设用地批后监管工作效率，避免闲置土地产生。全年完成开工提醒23个、竣工提醒11个、开工申报及违约处置25个、竣工申报及违约处置15个。开展闲置土地处置整改。全年市级下达集美区涉嫌闲置土地处置任务45宗，占地面积138.2万平方米。完成处置20宗，处置面积77.5万平方米。根据省自然资源和规划厅关于闲置土地处置通报，集美区闲置土地处置率83.6%，排名全省第四，连续2年全市第一名。历史遗留东方快乐岛项目取得进展。

【土地管理审批】 2022年，集美资源规划分局加快建设项目用地审批进度，为辖区经济发展做好用地要素保障服务。建立用地单位申请项目台账，对沈海高速杏林互通及接线工程等重大项目建立专项台账，跟踪了解项目土地现状调查、社会风险评估、发布补偿安置方案公告、办理补偿登记和签订协议等情况。对接马銮湾新城多条市政道路、圣岩路、浦銮路、厦门北高铁站交通综合配套工程（公交枢纽站工程、BRT首末站工程）用地等基础设施项目，从套图核实项目边界到办理征地前期工作，指导用地单位学习各项材料、审核申请材料内容。全年完成集美中学新校区、职业技术学校、马銮湾新城集美北片区市政道路一期工程、厦门医学院二期、沈海高速杏林互通及接线工程（田李溪—国道324复线段）等重大基础设施和社会事业项目；福建省长泰枋洋水利枢纽工程石兜水库前置库工程、海湾大道、马銮湾新城集美北片区海湾大道（海翔大道—环湾大道段）工程、厦门人文公园（城市公益性公墓）、灌南中学高中部等10个项目基本完成前期工作。配合处理新国道324线（灌新路—凤南七路段）提升改造工程——

坂头立交以西段、沈海高速杏林互通及接线工程（仙灵隧道段—长泰段）、BRT（快速公交系统）首末站工程等项目违法图斑，截至年底，BRT首末站工程、环湾大道、浦銮路等多个项目均处置完毕。

【土地执法监管】 2022年，集美资源规划分局强化执法联动，健全土地执法监管长效机制，推动例行督察、土地卫片执法整改等工作。与集美区人民检察院签订《关于加强自然资源领域保护法律监督协作机制的实施意见》，破解土地执法老大难问题。开展农村乱占耕地建房专项整治工作。提前完成全区住宅类图斑拆除和复耕工作；遏制新增违法，全年实现新增乱占耕地建房零增长。开展土地卫片执法工作，制定《集美区2022年卫片执法工作方案》，明确违法图斑查处整改标准，完善工作机制。全年部卫片下发图斑31宗，图斑面积23.1万平方米，整改完成9宗，整改率29%，剩余年度新增违法耕地面积1.88万平方米；2019年以来下发“天地网”违法图斑574个，违法面积124.58万平方米，耕地面积44.95万平方米，整改到位305宗，整改率53.1%，未整改耕地面积12.59万平方米。围绕自然资源领域，把行业整治作为常态化扫黑除恶专项斗争重要内容。对重大非法占地、破坏耕地等线索移交区公安分局和区扫黑办。推动耕保督察问题整改。针对2019年耕地保护督察整改困难图斑逐宗分析，提出整改措施。针对2020年耕地保护督察提出的杏林湾、拐仔溪、风景湖水库占用耕地未落实占补平衡问题，截至2022年底，杏林湾水库和风景湖水库问题基本解决。

【土地权籍管理】 2022年度，集美资源规划分局按照市自然资源和规划局统一部署，完成农村不动产调查登记优化整合工作，将登记职责调整到市不动产登记中心，分局和资源所主要落实权籍调查业务。全年与登记中心办理土地房屋权属登记7宗，登记土地面积791.24平方米，建筑面积2366.01平方米。做好涉及农村土地房屋权属咨询及纠纷化解工作，完成土地权属争议调查处理1宗、不动产更正登记1宗，查封登记1宗，配合征地拆迁做好土地房屋权证档案查询核实工作。

【地质灾害防治】 2022年，集美资源规划分局加大地质灾害排查防治力度。督促相关责任单位开展文源山设施农业项目高陡边坡、第二农场碗窑社295号屋后崩塌2处地质灾害隐患点整治工作；组织各镇（街道）、区建设与交通局、区教育局等单位参加2022年度地质灾害防治知识培训，推广使用地质灾害防治数字平台；编制《2022年度集美区地质灾害防治方案》并报区人民政府公布实施。组织邀请市地质矿产勘查院召开地质灾害防治知识培训会，召集各镇（街道）、村（居）及相关部门分管领导和业务人员参加。针对集美区现有地质灾害点主要位于后溪镇情况，于6月13日在后溪镇开展防汛应急抢险演练，提高地质灾害应急处置时各部门综合协调和组织动员能力。健全完善地质灾害防治信息网络建设，建立区级地质灾害防治微信群，落实市自然资源和规划局地质灾害防治相关工作部署，将区、镇（街道）、村（居）三级地质灾害防治责任人及监测人加入市地质灾害防治管理信息平台，台风预警期间，各责任人、监测人及时接收地质灾害气象预警任务，任务接收率在全市各区排名第一。加强地质灾害点隐患日常巡察排查，确保不出现盲点。强化应急值班和速报制度，值班人员24小时确保通信畅通，与各村（居）土地协管员保持联络，确保及时准确上报新情况。

（张明明　余鑫鹏）

## 财　政

【概况】 2022年，集美区财政总收入142.34亿元，完成预算的104.24%，比上年增长1.82%。其中区级财政收入46.07亿元，完成预算的100.26%，比上年增长1.59%。政府性基金收入7.18亿元，完成预算的36.84%。国有资本经营收入0.10亿元，完成预算的100%。一般公共预算支出95.83亿元，比上年增长13.20%。政府性基金支出15.31亿元。国有资本经营支出0.08亿元。

增强金融服务，全年全区完成金融业增加值超215亿元，通过集美TOP（Talent Opportunities Program，人才机遇计划）金融赋能研究院召集辖区金融机构举办金融工作联席会1场及工作研讨会2场，采用政策解读、通报表彰、分析经济等方式，引导鼓励各金融机构服务实体经济；举办7场政银企对接会，吸引超百家企业代表参会；针对各有关部门及镇（街道）举办1场绿色金融培训研讨会。出台《集美区政策性融资担保贷款贴息办法》，对区担保公司担保贷款的中小微、“三高”（高技术、高成长、高附加值）、“专精特新”、科技型企业予以贴息，最高可按实缴利息的20%予以补助，单家企业贴息上限30万元。截至年底，新增担保额9.23亿元；发放担保贷款贴息31笔，兑付金额330.43万元。

集美区财政审核中心审核工程项目1194个，审核造价23.84亿元；审核后造价20.65亿元，核减造价3.19亿元，平均核减率13.38%。审核非住宅拆迁补偿项目83个，审核金额4392万元，核减金额0.25亿元，确保财政投融资项目顺利进行。

全年完成政府采购项目1105笔（次），采购预算4.34亿元；实际采购金额3.95亿元，节约资金0.39亿元，资金节约率8.99%。区财政局依法受理政府采购投诉8件，全部按照财政部《政府采购质疑和投诉办法》等有关规定并在征询法律顾问意见基础上做好投诉处理工作。

全年通过公共资源市场配置平台配置项目金额4.71亿元，出租闲置资产实现收益0.76亿元，处置国有资产收入0.2亿元。编制本级政府向区人大常委会报告国有资产管理情况的专项报告，落实区人大常委会审议意见。结合巡察发现问题，开展资产专项监督检查工作，推进检查常态化，落实问题整改情况，强化监督实效。全年盘活行政事业性存量房产面积46.76万平方米，盘活率54.55%。解读《行政事业性国有资产管理条例》，并通过线上答疑模式，提高区属行政事业单位资产管理人员法治素养及业务能力。

**【财政支持稳经济发展】** 2022年，集美区安排资金5.5亿元，落实新冠病毒感染疫情防控经费保障机制。夯实防控物资储备，完善网格化管理，保障核酸检测、流调溯源、转运隔离、重点区域管控、服务保障等防控工作有序开展。提升疾控实验室检测能力。

落实全民免费接种新冠病毒疫苗。落实组合式税费支持政策，建立财政、税务、区代理国库三方协作配合的跨部门减税降费政策落实协调机制，新增减税降费、退缓缴税费33.7亿元。落实稳经济一揽子政策。投入0.5亿元，支持受疫情影响较大的工业、软件信息业、零售业、餐饮和文化旅游业等行业纾困减负、增产留才。区属国企面向符合条件的承租户减免租金0.3亿元。修订出台政策性担保贷款贴息办法，扩大政府性融资担保对小微企业覆盖面，区担保公司全年担保总额19.5亿元。提高政府采购工程面向中小企业预留份额，调整对小微企业的价格评审优惠幅度。提升惠企政策“免申即享”服务水平。发挥“财政+金融”联动效应，引导辖区金融机构投放集美区贷款余额523.21亿元支持辖区企业发展。30家企业入选省重点上市后备企业名单。新增5家IPO（第一次公开募股，指一家股份有限公司第一次将公司股份向社会公众出售）申报企业。打好“政策+服务”“基金+基地”“金融+人才”组合拳，截至年底，区产业引导基金参股子基金规模618.24亿元，财政杠杆撬动约16倍。杏林湾基金聚集区扩容提质，基金管理规模突破1600亿元，资生堂首支产业基金落户，五矿集团、紫金矿业等新业态基金设立，普盛食品等基金投资的10余个实体项目落地。推进两岸融合发展集成改革。成立全国首家台企上市服务联盟。设立全省首支面向台湾青年、总规模达1亿元的台商增信基金。率先在全国实现台企上市奖励、台企贷款贴息等数字人民币应用场景，兑现奖励434.5万元。

投入1.8亿元，助推内需潜力释放。“商圈经济”“首店经济”“夜间经济”“直播经济”等消费新业态加快发展，数字人民币加速激发消费活力。“集美欢乐购”系列促消费活动销售额4.6亿元。数字影视产业加快发展。提升产业扶持政策效能，制定规范产业扶持政策和资金管理10项措施。出台鼓励限额以上批发零售企业发展壮大办法。

修订高新技术企业扶持政策。开展企业全域服务试点。支持百名青年博士教师进百企、百家企业建设校企研究生工作站。实施“挂榜揭榜”机制。投入13.6亿元，扶持各类企业、人才发展，其中：“三高”（高技术、高成长、高附加值）企业1.9亿元，惠及企业593家。新增国家级“专精特新”“小巨人”9家。厦门力巨自动化科技有限公司等3家企业入选全国首批财政支持中小企业数字化转型试点平台。发挥债券资金扩大有效投资作用，争取新增债券资金10亿元，全部资金提前于8月使用完毕，支出进度位列全市六区第一。落实常态化财政资金直达机制。截至年底，直达资金支出3.5亿元，比上年提高34.6个百分点，惠及全区群众1.18万人次、企业0.82万家。

**【财政惠民生投入】** 2022年，集美区财政民生支出74.8亿元，占一般公共预算支出78.1%，比上年增长12.6%。投入28.5亿元，教育资源补短扩容，新增小学建设学位8820个、幼儿园学位2430个，加快集美职业技术学校新校区建设。杏南中学通过省一级达标高中复评。实施明眸健体工程和校园清凉工程，全区中小学教室空调和LED（发光二极管）护眼灯实现全覆盖。实施新一轮教育人才引进和培育政策。落实“双减”（减轻义务教育阶段学

2022年4月22日，全国首家台企上市服务联盟在集美区成立　（冯立东 摄）

生过重作业负担和校外培训负担）课后服务经费保障机制，提升校本作业设计管理，加大课程改革力度。提高非在编教职员工工资福利待遇。核增普通高中提质培优绩效工资。深化与集美大学合作共建。支持福州大学厦门工艺美术学院建设。

投入8亿元，落实稳岗补贴、人才房租补贴、人才生活补贴等援企稳岗政策。健全重点群体就业支持体系。创新建立区级层面青年友好城区线上校招平台。落实新就业大学生等青年群体住房租赁保障补贴。持续提高部分优抚对象等人员抚恤和生活补助标准。提高困难群众基本生活保障标准。将领取失业补助金人员和低保边缘人口阶段性新增纳入价格补贴联动机制保障范围。优化无障碍设施环境。出台残疾人体育竞赛奖励办法。支持未成年人保护工作站建设。建成家庭养老床位293张。推进镇（街道）敬老餐厅及村（社区）助餐点建设。支持照料中心拓展短期托老服务。健全退役军人待遇保障体系。推进安置房配套提升改造。

投入8.7亿元，持续优化医疗资源配置，支持灌口镇中心卫生院公卫楼加固和后溪镇卫生院消防提升改造。支持市区妇幼保健院紧密型医联体建设。支持妇幼保健机构体制创新，率先落实“两个允许”（允许医疗卫生机构突破现行事业单位工资调控水平，允许医疗服务收入扣除成本并按规定提取各项基金后主要用于人员奖励）要求。出台卫生人才引进和培育支持政策。加强“一老一小”服务保障。出台区级普惠性托育托位补助政策，新建托育机构6家，新增普惠托位555个。新增母婴室2处，改造多性别母婴室2个。为适龄在校女生免费接种HPV（人乳头瘤病毒）疫苗。持续落实老年人幸福安康险、老年人免费健康体检等涉老健康惠民政策。支持厦门医学院附属第二医院、口腔医院集美院区提升医疗服务能力建设。

投入3.7亿元，持续开展文化惠民公益演出。支持嘉庚剧院运营。举办全民健身运动会和公益性赛事活动。建设杏林湾环湾公园体育场地，提升改造公益临时足球场。建设智慧健身房社区站点。新增4所学校免费对外开放体育设施场地。推进文化遗产保护利用。新增非遗代表性项目5个、代表性传承人7人。推进不可移动文物三年集中保护修缮。开展研学体验营、海峡两岸龙舟赛、两岸创新创业论坛、海峡青年华服节等两岸文旅交流活动。建设“两岸共同记忆”展馆。打造“十里长堤”网红打卡点。在全市率先出台促进研学发展若干措施。

投入7.6亿元，建设“智慧集美”平台，提升城市治理水平。健全网格化治理体系，提高农村“两委”（村党支部委员会和村民委员会）干部薪酬待遇。试点“五社联动”（社区、社会组织、社工、社会资源及社区自治组织的联动），开展社区治理“近邻”服务。推动新时代文明实践站建设。建立健全文明创建常态长效工作机制，开展市容市貌、交通秩序、市场秩序、公共设施和村镇环境专项整治。加快电子抓拍、安全路口、平安村口等交通基础设施建设。开展住宅小区公共设施及环境、自建房及房屋安全专项整治。推进文明养犬。新建一批智慧安防小区。建设安全文化公园和安全科普实践基地。落实公共交通财政补贴。

**【财政投入服务城市发展和乡村振兴】** 2022年，集美区投入4.3亿元，实施东安南路、西莲路、灌九路等道路提升改造。改扩建一批公共停车场，新增公共停车泊位，提升道路内停车泊位智慧化水平。推进中心花园小区、悦海园小区、银江小区等一批老旧小区改造。加快康城及锦园社区公共服务设施综合开发项目建设。实施海翔大道（杏滨段）立交绿化、软件园三期配套绿化、海上五月花周边景观绿化等城市园林绿化提升工程。改造升级嘉农等农贸市场。改造提升杏东公园。支持有价值传统构建保护利用。

投入6.6亿元，推进农村道路提升及生活污水治理、农房整治、垃圾治理、房前屋后整治等人居环境整治。做好乡村振兴试点示范村建设和4条动线续建。推广美丽庭院改造。培育新兴农业经营主体。加快发展都市现代农业。综合实施耕地地力补贴、种粮补贴、规模种植水稻补助、水稻种植保险补助、土地经营权流转补助等强农惠农政策。建设高标准农田。加大村集体经济发展用地项目区级财政补助力度。支持坂头—石兜水库水源

2022年，集美区实施杏东公园提升改造工程。图为改造后的杏东公园

（林志杰　12月1日摄）

一级保护区逐步退果还林。做好与宁夏彭阳县东西部协作，持续开展与省内三明市清流县、龙岩市新罗区的山海协作。

投入 17.9 亿元，加强工地扬尘和露天焚烧管控，加快挥发性有机物治理。实施三大片区“正本清源”排水管网改造。开展深青溪坑内水库溢洪道消力池至浦边桥安全生态水系建设，实施河道、水库清淤及生态修复工程。支持杏林湾排涝泵站运行管养。强化直排海重点污染源管控。持续推进海漂垃圾综合治理。强化土壤污染风险管控和治理修复。推进市政园林综合管养。倡导绿色低碳生活方式。

**【财政管理机制改革】** 2022 年，集美区落实过“紧日子”工作要求，实施支出“负面清单”管理。全区行政事业单位一般综合定额平均压减 20%，交通费平均压减 3%，严控“三公”[财政拨款支出安排的出国（境）费、车辆购置及运行费、公务接待费]）经费只减不增。修订政府购买服务指导性目录，强化公共服务属性。持续加大沉淀资金盘活力度，收回财政存量资金 2.3 亿元，清理处置历史遗留往来款项 9.6 亿元，调剂使用执行低效项目资金 1.9 亿元。率先出台向上争取项目资金考核办法，争取上级转移支付资金 16.2 亿元、征拆资金 42 亿元。

建立集中财力办大事的财力统筹机制，提升财政统筹保障能力。先后出台或修订资金管理办法 12 项。推进“零基预算”改革，率先实现区直部门、镇（街道）政府保障清单全覆盖。率先构建覆盖“三本”预算（一般公共预算、政府性基金预算、国有资本经营预算）所有部门的分行业、分领域、分层次核心绩效指标体系。探索实施跨年度全生命周期综合绩效评价，先后组织开展财政运行综合评价、产业扶持支出政策评价。探索政府投融资体制改革，策划生成一批 PPP（又称 PPP 模式，即政府和社会资本合作，是公共基础设施中的一种项目运作模式）项目。

持续优化财政投资建设项目预（结）算审核及竣工财务决算工作流程。集中攻坚完成 700 余个历史遗留财政投资建设项目竣工结（决）算工作。基本完成历史遗留维稳专项资金清理。推进行政事业性存量资产盘活。盘活存量房产 46.5 万平方米，盘活体量位列全市六区前列。建立划拨未结算土地成本结算工作督办机制，推进土地成本应收尽收。

深化国企改革。完善区属国有企业法人治理结构，推行经理层成员任期制和契约化管理，分级分类推进国有企业董事会配齐建强。实行国企工资总额管理。初步建成区属国有企业综合信息管理系统。完善国企“三重一大”（重大事项决策、重要干部任免、重要项目安排、大额资金的使用）决策制度，出台国企采购工作指导意见。分类有序推进国有企业闲置资产盘活。防范政府性债务风险。强化预算约束和政府投资项目管理。执行地方政府债务限额管理和预算管理。兜牢兜紧“三保”（保基本民生、保工资、保运转）底线。加大财力下沉，下达镇（街道）专项转移支付资金 4.6 亿元。

防范金融风险。强化风险监测排查，走访企业 4100 余家。新增创建宣传教育示范点 11 个。开展财政监督检查。推进财经秩序专项整治。开展会计信息质量、国有资产管理、镇（街道）财政收支管理、财政性投融资建设项目管理等监督检查。协同推进智慧财政建设。加大预决算公开晾晒。建立健全人大预决算审查监督、审计监督、财政监督整改长效机制，强化检查结果应用。

**【财政监管】** 2022 年，集美区落实“1+X”（“1”指纪检监察机关履行专责监督，“X”指各有关部门根据职责职权进行职能监督）专项督查，围绕重要时间节点、重点领域资金，开展会计信息质量、国有资产管理、镇（街道）财政收支管理、财政性投融资建设项目财政审核管理等专项检查。优化政府采购监管机制。强化财会队伍建设，开展财会队伍建设情况摸底调查。提升财政透明度，实现部门、单位预决算公开全覆盖。突出财会监督与其他监督的贯通协调，强化监督结果应用，巩固提升监督成效。协同推进“智慧财政”系统建设与应用，织牢资金监管“防护网”。

**【企业上市服务】** 2022 年，集美区有境内外上市企业 11 家；省重点上市后备企业 30 家（含软件园三期企业），占全市 22%，居全市六区之首；市重点上市后备企业 62 家（含软件园三期企业），占全市 21%，排名第二。年内，新增美科科技、渡远户外、路桥信息、一品威客、东昂科技 5 家企业提交 IPO 申报资料，路桥信息为厦门第一家北交所申报企业；万久科技首次调整进入“新三板”创新层，浩添储能收到“新三板”同意挂牌函。创新成立国内首个台企上市服务联盟，凝聚全区 28 个部门及 4 家专业机构合力，为台企提供上市培育辅导、税务风险防范指导、行政审批“打包”办理等上市“一条龙”服务辅导。构建企业交流圈，为不同上市阶段企业构造包括辖区上市公司、拟上市企业、重点上市后备企业的交流圈，搭建沟通交流和信息共享平台。组织拟上市公司参访上市公司宸展光电，促进企业交流、互学互鉴、共享经验，发挥上市公司“传帮带”作用。强化政策支持和资金保障，全区实现企业上市全流程扶持奖励覆盖，单家企业可获上市奖励最高 1430 万元。年内，兑现上市扶持奖励金 2160 万元。组织辖区企业参加线上、线下资本市场培训活动，联合厦门大学开展上市后备企业高管研修班，发动辖区企业参加沪深交易所“企业服务日”活动，举办集美区台企上市服务联盟启动仪式暨政

表 6

## 2022 年集美区财政预算收支执行情况表

单位：万元

| 地区 | 一般公共预算收入 | | | | | 一般公共预算支出 | | | |
|---|---|---|---|---|---|---|---|---|---|
| | 实绩 | 比上年同期 | | | | 实绩 | 比上年同期 | | |
| | | 上年同期 | 增减额 | 增减（%）（自然口径） | 增减（%）（同口径） | | 上年同期 | 增减额 | 增减（%） |
| 全区 | 460677 | 475254 | −14577 | −3.07 | 1.59 | 958290 | 846538 | 111752 | 13.20 |
| （一）区小本级 | 340356 | 353920 | −13564 | −3.83 | −0.50 | 778499 | 645033 | 133466 | 20.69 |
| （二）镇街 | 120321 | 121334 | −1013 | −0.83 | 7.76 | 179791 | 201505 | −21714 | −10.78 |
| 灌口镇 | 20556 | 22493 | −1937 | −8.61 | 2.50 | 36859 | 36411 | 448 | 1.23 |
| 后溪镇 | 25950 | 33617 | −7667 | −22.81 | −11.70 | 31696 | 33463 | −1767 | −5.28 |
| 集美街道 | 4215 | 5521 | −1306 | −23.66 | −17.35 | 14731 | 13800 | 931 | 6.75 |
| 侨英街道 | 14128 | 20491 | −6363 | −31.05 | −27.12 | 28595 | 37955 | −9360 | −24.66 |
| 杏林街道 | 38468 | 28394 | 10074 | 35.48 | 44.94 | 40767 | 57105 | −16338 | −28.61 |
| 杏滨街道 | 17004 | 10818 | 6186 | 57.18 | 60.43 | 27143 | 22771 | 4372 | 19.20 |

策说明会等，为辖区企业提供政策和资金支持。

【产业基金管理】 2022 年，集美区产业引导基金完成子基金设立 29 支，规模 618.24 亿元，引导基金承诺出资 37.48 亿元，实缴出资 22.35 亿元。区产业引导基金及参股子基金等投资全区项目 126 个，投资金额 43.26 亿元，估值 376.99 亿元。打造杏林湾基金聚集区，引进 740 家股权投资类企业，基金管理规模 1600 亿元，厦门钨业、资生堂首支产业基金落户，紫金矿业、五矿集团、祥峰睿鸿基金等新业态基金设立。2021 年、2022 年，集美区连续 2 年入选“中国政府引导基金 50 强”榜单。

【台企金融服务】 2022 年，集美区设立台企台胞银行服务点，推动厦门银行入驻集美区台胞服务驿站，为台胞台企提供开户、国际结算、授信等金融服务。全年服务台胞 80 余人，对公开户 3 家，协助 2 家台企融资。出台《集美区台商增信基金设立方案》，出资 0.1 亿元设立总规模 1 亿元台商增信基金，为全省首个面向台青的增信基金，为辖区台湾青年创业企业信用贷款提供增信服务，首批合作银行 6 家，新兆恩等台企 3 笔业务落地。引导厦门招商银行在集美成立“两岸金融服务中心”，支持与台湾地区银行业金融机构开展人民币美元拆借、衍生品交易、债券交易等业务，为台湾地区金融机构提供人民币流动性支持等，加快人民币国际化进程。截至年底，厦门招商银行有对台跨境人民币代理清算账户数 15 个，跨境人民币清算量 702 亿元。在国内率先实现台企上市奖励、台企贷款贴息等数字人民币应用场景，兑现奖励金 434.5 万元。推动协调宸展光电、建霖健康家居等台企纳入“厦门绿色融资项目库”，加大对台企金融服务力度。

【金融风险防范】 2022 年，集美区加强组织领导，建立联防联控机制。建立分管区领导牵头、各部门分管领导、各镇（街道）分管综治领导共同参与的区、镇（街道）全覆盖的防范和处

2022 年，全省首个面向台青的增信基金在集美区设立。图为 10 月 28 日，集美区台商增信基金启动仪式 （区财政局 供图）

置非法集资工作领导小组机制，推动成立集美区金融风险化解委员会，落实党政同责，共同防范金融风险。强化金融风险常态化排查、联合开展护园专项行动、非法集资养老领域排查、私募基金风险摸排等专项排查整治。全年走访企业4120余家，其中一般关注企业211家、重点关注企业20家。加大宣传力度，创新宣传工作方式。组织各镇（街道）各部门在重点领域、重点人群、重点区域开展“守住钱袋子·护好幸福家”防范非法集资主题宣传暨打击养老领域非法集资专项整治宣传等各类活动宣传覆盖人数超250万人次。创建11个区级防范非法集资宣传教育示范社区和示范点，开展防范非法集资、打击违规金融放贷、防范互联网金融风险等宣传活动。集美区财政组织各部门联合对举报、信访、报案等20余条有效线索分别进行风险排查、专业研判和处置，化解金融风险。

【国库集中支付】 截至2022年底，集美区财政办理预算内外资金拨款24.11亿元，其中预算内拨款18.87亿元；国库集中支付117.53亿元，其中单位零余额支付108.06亿元，财政零余额支付9.47亿元；收取各类行政事业性收费、土地出让金等非税收入25.51亿元，其中政府性基金收入7.18亿元；发放行政事业单位工作人员工资8.84万人次，金额13.69亿元，并代缴各类税费7.96亿元。核发财政票据113.86份，核销107.16万份，中介机构从事代理记账业务审批（告知承诺制）16家。公务卡刷卡1.41万笔，刷卡金额0.37亿元。（窦晶莹）

## 税　务

【概况】 2022年，国家税务总局厦门市集美区税务局（以下简称“集美区税务局”）形成税收经济分析报告24篇，其中，《补链、降本、强基齐发力，打造工业龙头企业新优势》获市领导肯定性批示。年内，区税务局完成税收收入124.02亿元，扣除留抵退税因素还原后，税收比上年增长3.55%。其中组织区级税收收入27.74亿元，扣除留抵退税因素还原后，税收比上年增长9.68%。区级收入税性占60.2%，比上年提高3.1个百分点。

【税收征管】 2022年，集美区税务局负责征收管理10.35万户（包括正常户、非正常户、停业户）纳税人。区税务局深化税收协同共治，联合区财政局、市场监管局等8家单位及各镇（街道）召开协税护税工作会议，协调推进协税护税单位落实信息共享机制，发挥协税护税效能，建立“税务网格员+社区网格员”税社联动机制，强化辖区税源监控，增强征收合力，构建全范围协税护税网络体系。持续深化税收征管改革，6月30日上线金税三期工程社保费征管信息系统（标准版），优化社保费业务服务；推进数字化转型，7月31日，开展全面数字化电子发票受票试点，辖区纳税人接收试点地区试点纳税人开具数字化电子发票，11月30日，上线数字化电子发票平台。加强税种管理，规范管理房地产开发项目，全流程监控土地增值税；建立信息共享机制，构建耕地占用税共治格局；做实管征举措，确保印花税新法平稳运行；开展分类管理和疑点排查，持续提升机动车销售管理、成品油征管质效；落实企业所得税申报数据监控服务常态化工作机制，做好个税申报监控，推进综合所得明细申报管理。持续加强风险监管，跟踪重点税源和高风险事项，全年区税务局风险任务总查补税款1.7亿元，实际入库1.23亿元，位居全市第二。

【税费政策】 2022年，集美区税务局搭建政策服务协作平台，建立退税减税政策问题快速反应机制，建立以常务副区长肖峰为组长、区主要部门参与的联合会商机制，打通各环节堵点、难点，打好留抵退税攻坚战，推动“减、退、缓”政策红利直达市场主体。依托税收大数据，加强政策落实效应分析和风险防控，牵头编制区税务局《留

2022年1月18日，集美区侨资台资企业综合服务机制在闽台研学旅行基地启动。图为税务人员为台胞宣讲税收政策
（林志杰 摄）

抵退税内部风险防控指引》，在全市率先试点，留抵退税政策落实工作内控管理经验获得厦门市税务局领导肯定并在全市推广。全年办理新增减税降费及退税缓税缓费33.65亿元。

【税收法治】 2022年，集美区税务局优化税务行政许可事项管理，规范业务流程和办理时限，完善审批台账制度，由专人负责跟踪和统计；加强各环节工作衔接，杜绝变相设置行政许可事项和超时审批，提高审批效率；全年审批税务行政许可事项5942件。落实行政执法公示、执法全过程记录、重大执法决定法制审核“三项制度”。2017年起，区税务局和区人民法院协同构建“税·法执行联动创新平台”，加强破产清算案件、执行案件等信息共享，申请参与执行案件资产分配3户次；为区法院提供企业资产、申报等信息14件次。畅通投诉举报渠道，2022年，区税务局接收税收违法行为检举66件，完成处理66件，按时完成率100%。

【纳税服务】 2022年，集美区税务局深化“放管服”改革，持续优化营商环境，开展厦门首个营商环境日活动，通过到台商投资区试点企业走访宣传，围绕企业需求量身定制“一站式”服务方案。以“智慧税务助发展·惠企利民稳增长”为主题，持续开展“我为纳税人缴费人办实事暨便民办税春风行动”。新冠病毒感染疫情防控期间，推行“不见面审批”制度，实现218项政务服务事项全流程网办，开放石鼓路24小时自助办税厅，推行“急事急办、特事特办”。持续创新多元化服务载体，成立全国首个两岸青年创业创新行政赋能顾问团，首创“签约导师”服务机制，推出企业全域服务税务专项举措6条；发起全国首个台企上市联盟，凝聚辖区28个政府部门及4个专业机构工作合力，探索两岸融合发展新路径；打造国家级税收普法教育示范基地，联合市税务局、市司法局和区司法局两级部门打造海丝法务税务普法服务中心，辐射3个国家级台商投资区、7个国家级海峡两岸青年创业基地，入选第二届海丝中央法务区论坛十大成果。深化推进跨部门协作机制，率先在全市发起建立台资侨资企业综合服务机制；与区市场监督管理局建立税监深化合作机制，区税务局累计同市场监督管理局交换信息3批次；成立招商洽谈涉税顾问团，累计服务优势项目落地近300个。 （吕情茹 苏文艺）

## 统 计

【概况】 2022年，集美区统计局获评福建省第七次全国人口普查突出贡献集体、2022年度厦门市各区级统计业务工作综合考评第一名、2022年度集美区经济工作先进集体。

年内，集美区统计局定期开展城乡住户一体化调查、劳动力调查、工业生产者价格调查、粮食和畜牧业调查、小微企业跟踪调查和农民工监测调查等。完成2022年住户调查大样本轮换工作，样本轮换范围覆盖全区4个镇（街道）、16个调查小区（城镇点11个、农村点5个），抽取160户居民家庭作为未来五年（2023—2027年）住户调查样本户，抢抓试记账“窗口期”、关注旧样本“收官期”，确保新老样本数据衔接。

【统计基础建设】 2022年，集美区统计局以数据强基为根本，严把“四关”夯实统计数据质量基础。严把“制度关”，强化制度意识，落实《集美区统计质量管理办法汇编》，推动统计质量管理标准规范化；严把“纳统关”，出台《集美区分类培育高质量纳统工作实施方案》，通过“1个方案+1个专班+1套进度台账表”建立“政府领导、部门主抓、统计指导、镇（街道）主办、村（居）摸排”工作机制；严把“审核关”，强化上下协同、部门协作、专业协助，坚持随报随验随审，关注指标关联性、逻辑性、趋势性审核，加强排查非正常指标数据，紧盯反复修改上报企业，发现问题立即下发查询，督促及时准确反馈；严把“培训关”，全年走访570家次，开展培训36场，对4500余家次企业实施业务指导，局主要领导带队到5个镇（街道），开展专业培训5场，为43名经济服务办公室、统计站工作人员，145家重点或受国家核查的规模以上工业企业统计人员作专业指导，覆盖25%镇（街道）企业，联合软件园三期产业服务中心，开展“线上+线下”宣讲会，靠前提供纳统指导服务。

【统计服务】 2022年，集美区统计局以研判分析为重点，强化“三度”提升统计监测服务水平。强化统计监测预警力度，建立主要经济指标分析月度例会制度，各专业组围绕全区经济运行情况，剖析指标走向规律，做到月度数据有分析、经济走势有研判、重大问题有预警，撰写统计分析报告20余篇，受区委、区政府主要领导批示4篇；强化专题分析研究深度，聚焦区经济建设中重点、热点、亮点、难点开展专题研究工作，撰写《关于软件园三期企业纳统情况的报告》《关于固定资产投资领域指标相关情况的汇报》《集美区农业统计和住户调查工作情况汇报》等统计专报件6篇，形成一系列专题分析报告；强化统计快讯报送速度，按时发布每月主要经济指标快报，编印《2022年厦门市集美区统计年鉴》。在全市统计系统中，信息得分排名第一，被各方录用信息稿件144篇，其中省统计局网站录用54篇、市统计局网站录用79篇、区“两办”（区委办公室和区政府办公室）刊物录用11篇。

【统计执法与宣传】 2022年，集美区

统计局以依法统计为保障，着力“六抓”推进统计法治建设。抓好统计督察整改，制订《集美区统计局贯彻落实国家统计督察反馈意见整改工作方案》，细化量化整改责任，做好统计督察整改“后半篇文章”；抓好统计执法监督，开展2022年度“双随机”（随机抽取检查对象、随机选派执法检查人员）统计监督检查工作，对50家随机抽取企业进行执法检查，对1起提供不真实统计资料统计违法行为依法立案查处，责令改正，予以警告，并处罚款1000元；抓好统计专项纠治，分3个阶段开展统计造假不收手不收敛问题专项纠治工作，围绕“四个必查”（必查权力干预、必查“数据寻租”、必查执法不严、必查入退库等）进行自查与区级抽查，整体检查情况良好；抓好统计造假屡禁难绝问题专题调研，紧盯防范和惩治统计造假、弄虚作假目标要求，加强调查研究，剖析原因，落实任务举措；抓好“统计开放日”系列活动，联合市统计局、国家统计局厦门调查队举办第十三届中国统计开放日，线上知识普及竞答参与量1.32万人次，在“天下集美”公众号平台推文阅读量突破3800人次，线下活动现场超120人参与，发放100余份普法宣传资料；抓好“统计法进党校”常态化开展，邀请市统计局服务业统计处处长叶永建，以“防范统计造假、推进依法统计”为题，为集美区委党校、集美区行政学院2022年秋季处、科级干部培训班授课。 （高楚君）

## 审　计

【概况】 2022年，集美区审计局完成审计项目19个，出具审计报告24份，涉及部门单位78家。全年查出主要问题金额14776万元，其中违规问题金额546万元、管理不规范金额14230万元；发现非金额计量问题103个，审计处理处罚金额5435万元，审计促进整改落实有关问题资金2797万元。提交审计专报2份，提出审计建议49条，提交审计信息74篇，促进被审计单位建章立制8项，移送区纪委监委处理事项1件，提供“1+X”问题线索8条，选送2个审计项目参加厦门市审计局评选，分别获评优秀审计项目和表彰审计项目。

年内，区委审计委员会办公室提请召开区委审计委员会会议4次，学习贯彻落实习近平总书记关于审计工作的重要指示批示精神，审议通过审计查出问题整改长效机制等相关审计事项，审计办、审计局报送的审计专报、审计报告获区主要领导批示11篇次。

【区本级预算执行审计】 2022年，集美区审计局组织对2021年度区本级预算执行和其他财政收支情况进行审计，重点对区本级预算收支情况进行审计，围绕教育、产业扶持、新冠病毒感染疫情防控、招商引资、安置房管理等9个方面，抽查专项经费17项、“一企一策”项目76个、招商引资签约项目81个、基础设施建设项目9个，涉及部门单位53个；提交审计专报《关于加强文化产业、大型活动等专项资金管理的建议》获得区委主要领导批示，推动有关部门完善《集美区大型活动专项资金管理办法》；7月22日，代区政府向区人大常委会报告同级审审计工作情况。

【上下联动审计】 2022年，集美区审计局落实和开展省审计厅、市审计局统一部署的各项工作，完成全省统一开展的重大政策跟踪审计、就业补助资金和失业保险基金管理情况审计，根据市审计局委托开展区政协、区人民检察院领导干部经济责任审计，根据市委工作要求完成区属国有企业闲置资产情况专项审计调查等审计项目，保障上级决策部署落地。

【审计整改】 2022年1月，集美区委审计委员会率先制定审计查出问题整改长效机制。3月，集美区审计局在区委工作会议上专题报告审计发现主要问题和整改建议，区委主要领导要求各级党组织书记要落实“第一责任”，挂帅抓整改落实，分管副区长对未整改到位的问题实行不定期调度、销号，推动遗留时间长、整改难度大问题整改到位，2021年同级审整改率从80.49%提高到100%。区委审计办印发《中共集美区委审计委员会办公室关于审计发现的普遍性典型性问题的通报》，促进各单位举一反三、建章立制；联合区财政局召开全区财务人员专题培训会，梳理近几年常见问题的规律特点，推动全区财政财务管理水平提高。

【专项审计调查】 2022年，集美区对全区土地房屋收储情况实行专项审计调查，形成的审计调查报告得到区委主要领导肯定和批示，常务副区长召开专题会议逐项研究整改措施，区重点办牵头督促整改，区政府办印发《集美区土地房屋收储管理问题整改工作实施方案》，上缴滞留镇（街道）的安置房超面积补差款2.88亿元，清理收回被侵占的预收储用地51宗，共同推动镇（街道）预收储地块被侵占违建问题的整改。

（陈　露）

## 市场监督管理

【概况】 2022年，集美区市场监督管理局（以下简称“集美区市场监管局”）落实疫情要防住、经济要稳住、发展要安全的要求，各项工作取得新成效。年内，新增商事主体2.6万户，比上年增长10.4%；全区实有商事主体12.5万户、增长12.2%，其中企业6.5万家、增长11.0%。在全市食品安全工作评议考核中，集美区市场监管局连续第6

年获评A级；2022年度考核排名全市第一，获区长倪杰批示肯定；知识产权维权站考核排名全市第一。推动全省首个《农村集体聚餐管理导则》制定出台及落地实施，相关成效写入集美区政府工作报告。查办全市首起无证生产药品黑窝点、非法销售抗原试剂案件及销售未经检验检疫猪肉等大案要案；1件案件同时入选国家市场监督管理总局和国家药品监督管理局典型案例，多次受到市市场监督管理局主要领导表扬；4件案件入选省级典型案例，1件案件入选市级典型案例。集美农贸市场获评福建省首批“三星文明集市”；“学村守护人”党建品牌被省委组织部评为“福建省新时代党建优秀案例”。

【企业服务】 2022年，集美区市场监管局建立招商引资项目登记对接机制和重点招商引资项目特办制度，主动对接区商务局、各镇（街道）、集美产投公司等招商引资单位，全年为186家企业提供绿色通道服务，推动项目主体登记注册加速落地。针对企业吸收合并、改制等需求，建立即时辅导机制，靠前对企业登记材料进行全流程跟踪指导。专人指导集美大学国际学术交流中心、厦门市水产养殖良品繁育场完成改制登记申请。贯彻落实《深化“放管服”改革，促进药品、医疗器械流通领域健康发展的若干意见》政策，将“退出连锁经营变更为单体药店”和“单体药店保留主体身份加盟连锁经营企业”两种兼并重组的适用情形相结合，为祝强大药房有限公司办理全市第一件“以原药品连锁经营企业分支机构身份加盟其他药品连锁经营企业”的兼并重组登记业务。

【区市场监管局为创新创业提供支持】 2022年，集美区市场监管局以实施“聚贤集美”人才计划和创建“青年发展友好型城区”为抓手，与区税务局、区人社局等部门联合成立“两岸青年创业创新行政赋能顾问团”，为遇到创业创新领域问题的海峡两岸青年提供政务服务；与区行政审批管理局、区人社局等部门创建全市首个入驻行政服务中心的“大学生创业就业服务驿站”，为大学生提供“一站式”创业就业信息咨询和政务帮代办服务。该驿站还承担“厦门市大学生创业促进会大学生实践实训基地”职责，培训大学生80余人，为大学生服务社会、融入社会提供平台。

【知识产权保护】 2022年，集美区市场监管局围绕集美区支柱产业，为重点企业出具咨询意见书、预警分析报告等202份，为企业知识产权保护和发展提供建议。设立知识产权维权工作站喜盈门分站和宝象红星美凯龙分站，进一步拓展建材家装行业的知识产权维权队伍，延伸知识产权培训、日常指导和维权援助等服务触角。与法院搭建府院联动纠纷调解合作机制，选派专业人员作为法院特邀调解员，妥善处置辖区内知识产权纠纷。组织开展“北京冬奥会和冬残奥会奥林匹克标志知识产权保护”“食药行业知识产权保护”等专项整治行动，查处专利、商标等知识产权违法案件328件。截至年底，集美辖区有效商标拥有量5.81万件；国内专利授权量9054件，居全市第一位。

【食品安全战略三年行动收官】 2022年，集美区市场监管局对照食品安全战略三年行动（2020——2022年）十二大重点工程、十大攻坚行动、42项目标任务开展收官工作。推进食品安全“两个责任”（食品安全企业主体责任、属地管理责任）落实落地，组织518名三级包保干部对辖区B、C、D级2.08万家主体实施责任包保。运用“学村资源”，健全校企食品安全战略合作机制，组建集美区食安专家“智库”，打造首批区级“食安教育基地”，其相关经验做法在国家、省级专业期刊及省委办《八闽快讯》上刊载报道。推动辖区学校食堂100%纳入“一品一码”（一个品种或一个批次的产品赋一个唯一的追溯码）食品安全信息追溯、全覆盖建设“互联网+明厨亮灶”。搭建起“一车一室、三站九校”（区级快检车、快检室，三个基层所快检工作站、九所学校食

2022年9月8日，集美区市场监管局执法人员在闽南生鲜超市开展食品安全检查
（陈芳冰 供图）

堂快检室）食安快检体系，快检各类食品 1.2 万批次，合格率 99.4%。完成海峡论坛、两岸龙舟赛等 28 场次、268 餐次、6.8 万人次重大活动食品安全保障任务。《阿集小美·食话实说》系列科普视频被国家市场监督管理总局评为“保健食品大家谈”优秀作品。《闽南童谣说文明》食安视频在市委文明办、《厦门日报》联合举办的“给文明厦门的一封情书”全媒体征集展播活动中评为最具创意奖。《食安集美 幸福到家》被评为第四届全国市场监管“三微大晒”优秀作品。

**【药品监管】** 2022 年，集美区市场监管局完善 3163 家“两品一械”（药品、化妆品、医疗器械）经营使用单位监管档案，推动 6 家社区医院率先完成规范药房建设，并建立标准化疫苗冷藏库。对全区 8 个新冠疫苗接种点及各“流动专场”进行 100% 覆盖检查，保障新冠疫苗质量安全。完成 316 家零售药店智慧监测试点工作。

**【特种设备监管】** 2022 年，集美区在用的 1.5 万台电梯以及压力管道、压力容器等特种设备全部纳入信息化动态监管，形成隐患清单，实现闭环销号管理。集美区市场监管局全年检查使用单位 925 家，督促整改问题隐患 1285 处。连续 3 年（2020——2022 年）推动特种设备隐患排查纳入区政府为民办实事项目，2022 年重点完成安置房电梯的运行品质、安全运行状况、使用单位管理情况、维保单位维保质量技术评估。持续强化安全生产三年专项行动，建立健全与工信、建设等行业主管部门会商机制。组织开展城镇燃气安全排查、压力管道隐患排查整治等专项行动。

**【产品质量安全监管方式创新】** 2022 年，集美区市场监管局试行“阶梯式、差异化、触发式”工业产品生产企业风险分级管理机制，以工业产品生产许可证获证企业和服装生产企业为重点，完成 236 家企业风险分级评定，实现对诚信守法企业减少日常干扰，对风险较高的企业组织重点帮扶，精准地提供服务保障。探索建立“监管 + 服务”运行机制，开展服装行业质量技术帮扶“提质强企”和监督抽查不合格企业质量问题“清零”行动，全年走访帮扶企业 17 家，提出整改建议 47 条，帮助企业解决质量问题 40 个，为市场主体应对经济下行压力提供助力。鼓励辖区企业参与标准“领跑者”和“对标达标”行动，企业参与制修订国家标准 19 项、行业标准 17 项，厦门金龙联合汽车工业有限公司获评省标准贡献奖三等奖，三达膜科技（厦门）有限公司、路达（厦门）工业有限公司等 4 家企业 7 个企业标准被评定为企标“领跑者”，方特卫浴、大白卫浴等 5 家企业 34 个企业标准完成“对标达标”。落实查处非法经营成品油行为，牵头相关部门取缔非法加油站点 3 处，查获涉案柴油 7970 千克。

2022 年 7 月 22 日，集美区市场监管局执法人员检查厦门通耐钨钢有限公司特种设备
（陈芳冰 供图）

**【执法稽查】** 2022 年，集美区市场监管局关注群众急难愁盼问题，在涉疫物资、外卖平台、医疗美容及民生领域“铁拳”行动等专项中保持高压态势，快速查处的非法销售抗原试剂案件、外卖平台未履行审核义务案件均为全市首起，其中非法销售抗原试剂案件入选国家市场监督管理总局和国家药品监督管理局典型案例；查办 4 件涉嫌哄抬涉疫药品价格案件和 4 件医疗美容行业案件，其中 2 件入选省市场监管局防疫物资价格违法典型案例；另有 2 件“铁拳”行动案件入选省级典型案例，1 件入选厦门市行政处罚典型案例。

**【消费者权益保护】** 2022 年，集美区市场监管局受理各类投诉举报 4.1 万件，为消费者挽回经济损失 403 万元、加倍赔偿 1.7 万元。推进线下购物七日无理由退货，发展 5 家参与“线下购物 7 日无理由退货”承诺的企业。密切关注与民生领域相关的“‘土坑’酸菜”“黄金首饰市场强买强卖”等舆情，完善长效监管机制。

**【市场流通领域行业整治】** 2022 年，集美区市场监管局推动常态化扫黑除恶专项斗争，深化市场流通领域行业

2022 年 1 月 6 日，集美区市场监管局开展“2022 疫情突围·医疗器械企业的合规与发展”培训
（陈芳冰 供图）

整治。严打虚假违法广告，全年核查处置广告线索 595 条。加强民生领域价格监管，围绕教育收费、涉企收费等开展执法检查，清退违规代办费 9.4 万元。

【市场新冠病毒感染疫情防控】 2022 年，集美区市场监管局面对复杂多变的新冠病毒感染疫情防控形势，及时调整工作重心，抓早动快。在严防严控阶段，严格压实农贸市场、零售药店、进口冷链、隔离酒店等经营单位主体责任，强化督导重点人员核酸检测、重点场所“扫码、测温、查验核酸”及药店“四类药品”（退烧、止咳、抗病毒、抗生素类）实名登记等防控要求，对拒不履行防疫要求的典型案例予以处罚。强化进口冷链食品全链条防控，核查处置涉疫食品 4 次，检查冰鲜渔近 3000 千克，快速有效应对 4 轮本土疫情，最大限度地保护人民生命安全和身体健康。在疫情防控政策优化调整后，迅速行动、多措并举规范药品、防护用品市场秩序，鼓励药店拆零销售；严查严处哄抬物价、囤积居奇等违法行为，全力保供应、保质量、保秩序。

【文明市场创建】 2022 年，集美区市场监管局牵头开展全区市场秩序专项整治，按照“服务不下班，文明不打烊”的创建要求，驻场全区 11 个农贸市场，每天开列问题清单推送至工作专班，督促开办单位立行立改，实现闭环管理。申请区社会治理专项资金 60 万元，补齐硬件短板，配发 11 个迎检农贸市场 1592 块广告宣传牌，通过验收；提升软件水平，筹备应急保洁队伍，提升迎检应急保洁能力。针对集美、白泉等重点市场进行调研，会同市市场监管局每天下沉 30 多名干部与基层所人员混编，持续运用“全时管理、错时监管、包干驻场和联合执法”等做法，常抓不懈、稳固提升。

【电动自行车规范管理】 2022 年，集美区市场监管局打好“联合整治”“行政指导”“宣传引导”三张治理组合牌，严打电动自行车经营违法行为，累计检查经营主体 2204 家次，查处违法行为 56 起，立案 46 件，查扣电动自行车 83 辆、不合格头盔、三无配件 834 个，全区超标电动自行车基本停售，拼装、改装、篡改现象基本禁止。

【市场监管法治建设】 2022 年，集美区市场监管局贯彻落实轻微违法行为不予处罚清单及从轻、减轻处罚、免予行政强制“三张”清单，办理包容审慎监管执法案件 171 件，其中不予处罚 148 件、从轻处罚 20 件、减轻处罚 3 件，为广大市场主体松绑减负。与集美法院、集美检察院建立协同机制，共同防范数字经济新风险隐患，做好引导企业整改合规的“后半篇文章”。

【信用监管】 2022 年，集美区市场监管局综合运用吊销、撤销、名称剔除等措施，清退长期失联企业近 2000 家，持续推进“双随机、一公开”（在监管过程中随机抽取检查对象，随机选派执法检查人员，抽查情况及查处结果及时向社会公开）规范化，实现监管事项“应列尽列”全覆盖、抽查过程全留痕全公开。2021 年度企业年报率 98.4%。

【智慧监管】 2022 年，集美区市场监管局依托市市场监管局智慧监管体系建设，实现 14 大类监管业务、全量市场主体的“一张图”管理、无纸化监管及风险预警。优化完善 ODR 在线纠纷解决机制，建立并指导 30 家 ODR 企业（即在市场监管部门指导监督下，通过全国“12315”平台 ODR 系统提供消费者纠纷在线解决服务的企业）开展在线调解工作，实现为基层投诉举报拦截减量。 （陈芳冰）

## 价格管理

【概况】 2022 年，集美区市场监督管理局坚持问题导向，以民生领域中企业和群众关心关注的问题为重点，加大价格监管力度，组织专项整治行动，规范市场价格行为。 （陈芳冰）

【价费管理】 2022 年，集美区做好行政事业性收费监管，完成2021年度行政事业性收费年审工作，年审金额6.64亿元，比2020年增加0.58亿元，其中，涉企收费3609.36万元，涉个人收费6.28亿元；行政性收费3588.45万元，事业性收费6.28亿元。全年全区本级有资质行政事业性收费单位35个，其中涉企收费单位4个。开展涉企违规收费专项整治工作，区发改局、区民政局、区市场监管局等7个部门围绕3个方面、5个领域集中开展自查，整改问题1项，退还费用600元，推动降费减负各项政策落到实处。

（唐庆）

【价格认定】 2022年，集美区价格认证中心以涉案、涉纪认定为工作重点，强化价格认定工作“服务政府、服务司法、服务社会”职能定位。全年接收并出具报告683件，比上年增长7.6%。其中，受理并出具报告322件，增长27.3%；不予受理通知361件，下降5.5%。价格认定标的数量排名前3类分别为：手机类117件，占17.1%；汽车类102件，占14.9%；电动车类63件，占9.2%。（杜少武）

【价格督导】 2022年，集美区市场监管局采用部门协同、科所联动等方式，围绕价格领域开展教育收费专项整治行动、行业协会商会、中介机构涉企收费专项整治、水电气等公用事业违规收费行为专项整治、粮食市场秩序专项整治及城区公共空间违规设立经营性停车场和经营性收费专项整治等近10项专项行动，责令当事人退还违规收取的代办费、会费、欠费滞纳金等费用9.9万元，核查处置经营性停车场价格违法行为举报线索17件。

【节假日市场保供稳价】 2022年，集美区市场监管局关注春节、五一、中秋等节假日期间粮油肉禽蛋菜奶等重要民生商品市场价格，对酒楼、饭店定制或以文创等名义开发的高端礼品的价格行为进行执法检查，责令未明码标价、价格公示不规范等行为立整立改，配合相关部门抓好“米袋子”“菜篮子”商品保供稳价工作。

（陈芳冰）

## 海关监管

【概况】 2022年，集同海关接受进、出口报关单申报8208票、1.75万票，税收入库7.8亿元，完成稽查作业265起；签发RCEP（区域全面经济伙伴关系）证书3796份，签证货值10亿元；受理主动披露作业145起，减免滞纳金944.23万元，创历史新高。

年内，集同海关常态化开展志愿服务活动，通过全国文明单位届中评审。参加各类志愿服务26批次、105人次；1个科室获厦门市级五一先锋号，1人获“集美区经济工作先进个人”称号；开展“帮她让青春更多彩——支助陈春月同学圆梦美术班”主题捐款活动，为“雨露育青苗”帮扶对象募集捐款4683元。

年内，集同海关结合重要时间节点开展对内对外普法活动，在“4·15”国家安全教育日，开展多场次进企业、进农村生物安全普法宣传；利用外勤执法作业“见企见账”优势，到企业现场开展民法典宣传；6月，到杏林文化中心广场开展安全生产、禁毒宣传等普法活动；“12·4”宪法宣传周期间，开展宪法宣誓、宪法诵读、下厂“面对面”普法等系列活动。

【税收征管】 2022年，集同海关发挥属地优势，对接辖区重点税源企业，理顺纳税企业台账，加强属地纳税人管理，完善海关税收担保制度，到厦门市台商协会、建发集团、象屿集团等单位开展政策和优惠便利化措施宣讲，汇总征税率超50%，原产地自助打印率超90%；向上提交参数和建议，转化提交估价、原产地、归类等方面参数28条，税政调研报告7份，其中“旋涂玻璃新增暂定税率”调整建议被海关总署采纳；签发福建省首份输缅甸RCEP原产地证书。

【食品检验检疫】 2022年，集同海关完成全国“食品安全宣传周”海关总署主题日古龙食品有限公司分会场活动任务；牵头开展“五方共建”（指的是社区党委、社区居委会、小区业主委员会、物业公司和社会组织）项目惠企惠农；首次开展进口食品属地查检作业，验放一批来自泰国柠檬味苏打水；“两段准入”[海关以进境货物准予提离口岸海关监管作业场所（场地）为界，分段实施“是否允许货物入境”和“是否允许货物进入国内市场销售或使用”两类准入监管（分别简称“第一段监管”和“第二段监管”）的监管作业方式]监管进境粮食82万吨，占厦门市粮食加工量在90%以上，监督转移入库粮食16.7万吨，节省滞港费450余万元，推动粮食进口企业降本增效。

【企业管理和稽查】 2022年，集同海关促进外贸保稳提质“专窗”在集美区行政服务中心启用。全年集同海关指导培育2家高级认证企业，指导新建公共保税仓通过验收；升级推进“不停产盘点”，在关区范围内首创“海关、加贸企业、行政区外边角料定点销毁企业”三方协议协作“线上”核查模式，首创“联合执法”与“采信第三方报告制度”相叠加核查模式；经资质审核，允许30家竹木藤草企业免予注册现场考核。

【查缉走私】 2022年，集同海关查获包通关走私东南亚木材、石材团伙1个，涉及货值近2亿元；首次通过核查查发关区进口减免税设备移作他用情事；破获涉税超千万元进口橡胶木行业伪瞒报案件，案值3亿元。

（徐中卿）

# 城乡建设与管理

## 城乡规划

【概况】 2022年，厦门市自然资源和规划局集美分局（以下简称“集美资源规划局”）配合集美新城指挥部、马銮湾新城指挥部做好重大重点项目前期及审批、推进、落地、运营各环节的资源规划要素保障工作，服务招商引资和项目建设，为集美区产业发展提供国土空间规划引领、资源支持和保障。集美资源规划分局精准服务，强化资源要素保障。跟踪服务重点项目，依托“多规合一”（利用信息化手段，建立统一的空间规划体系，实现城市统筹发展的方法和平台。建立以战略规划为统领，协调国民经济和社会发展规划、城市总体规划、土地利用总体规划、环境保护规划等涉及空间的规划）业务协同平台生成推动招商项目，编制及在编出让用地规划设计条件32宗；配合各部门开展相关工作。集美区供应划拨国有建设用地68宗，用地面积233.2万平方米，出让用地（含协议出让）32宗；持续推动民生安商房土地供应，推进民生项目建设。规划统筹，优化提升国土空间布局。生成规划策划、市政交通类、信息服务类3批项目，包括《2022年集美学村历史风貌街区整治提升行动规划》等32个项目；开展1个规划调整工作；完成集美区7个村庄规划的阳光规划入库工作。

【城乡规划审批】 2022年，集美资源规划分局落实负面清单管理，推行容缺受理和重点项目绿色通道。梳理省、市、区重点项目清单，为重点项目和企业提供精细化服务，对重点项目设计方案提供“一对一”技术指导，配合各重点项目专班，保障厦门市青少年训练中心训练场、软件园三期C15消防站、厦门医学院科教综合楼及学生宿舍楼等项目快速审批。全年完成各类审批事项765件。其中，建设工程规划许可证63件，建设工程规划许可证变更105件，既有住宅增设电梯11件，建设工程规划条件核实与土地核验58件，建设项目用地预审和选址意见书99件，规划意见函66件，用地意见函4件，市政工程规划许可证48件，市政工程竣工规划条件核实4件，规划条件核定13件；供应建设项目用地133宗，其中划拨国有用地68宗、储备用地33宗、办理出让项目（含协议出让）32宗；签订补充合同19份，涉及增资扩产、受让人变更、用地增容、地下空间地价结缴、分期建设和建筑面积指标调整等事项；办理限制性出让用地抵押9件等。

【城乡规划编制】 2022年，集美资源规划分局生成规划策划、市政交通类、信息服务类项目3批，包括《2022年集美学村历史风貌街区整治提升行动规划》《集美区人行立体过街设施使用评估与近期规划》《集美新城用地效益潜力分析及规划策划》《集美区生态保护红线勘界定标规划策划》《集美区2022年度用地信息管理及批而未供实施规划》《集美区城中村更新改造三年行动规划及年度实施计划》等32个规划项目，开展集美区11-12编制单元控制性详细规划（兑山社区集体发展项目——兑山综合楼规划调整）等规划调整工作11个。集美辖区内村庄规划按照市、区政府批示以及上位规划管控要求应编尽编，并完成村庄规划阳光规划入库工作。全年完成《厦门北高铁站公交综合体项目交通影响评价》《集美区成片改造与开发近期建设策略》等13个规划评审。配合区乡村振兴办公室开展2022年动线建设，协助审核动线农房整治、小微水体整治、房前屋后整治等各类项目。

【城乡规划招商】 2022年，集美资源规划分局依托“多规合一”（利用信息化手段，建立统一的空间规划体系，实现城市统筹发展的方法和平台。建立以战略规划为统领，协调国民经济和社会发展规划、城市总体规划、土地利用总体规划、环境保护规划等涉及空间的规划）业务协同平台生成推动招商项目。编制及在编出让用地规划设计条件34宗（出具用地规划设计条件25宗），包括经营性房地产项目规划条件8宗；工业项目规划条件11宗，包括杭萧钢构、农鑫农产品、渡远户外等；软件研发产业用地项目规划设计条件9宗，包括软三F26、F28、F32地块等；二级加油站用地项目规划设计条件3宗，包括商务金融用地规划条件1宗（银麦国科医疗检测项目）；养老项目1个（九如城普惠性机构养老项目）；文化娱乐用地规划条件1宗（北大青鸟音乐产业基地项目）。

【“多规合一”平台建设】 2022年，集美资源规划分局利用“多规合一”平台沟通协调机制，提高项目落地时效和规划要素审批效率。建立重点项目全流程跟踪服务机制，对重点项目从调规调整、征地前期、农转用报批、“一书两证”（选址意见书，用地规划许可证、建设工程规划许可证）办理到土地复核验收进行全流程跟踪服务。全年创建推动项目262个，其中新增用地项目95个，完成规划核对；无须空间协调项目167个。集美新城西亭学校、厦门十中杏东校区改扩建项目、马銮湾新城灌南小学改扩建工程、集美新城西亭体育公园等项目均在多规平台开展项目生成前期工作。对部分不符合条件重点项目，提供绿色通道，在“多规合一”平台容缺受理并提前启动，在项目方案设计阶段提前进行技术指导，确保项目推进。

【城乡规划保障】 2022年，集美资源规划分局以问题为导向，主动介入、靠前服务协调解决招商项目在用地规划、用地报批、建设管理等方面遇到的问题和困难。支持配合镇（街道）开展征地拆迁工作，确保重大招商项目尽快落地建设，促进重大片区开发建设和城市功能提升。配合市土地发展中心、区国投公司做好土地收储、招拍挂工作，配合市城投公司做好高铁平衡用地、安置房划拨用地转协议出让工作，对接两大新城指挥部、区商务局、区工信局，做好招商工作土地要素保障，编制拟出让地块的规划设计条件，开展土地出让工作。集美区供应国有建设用地101宗，用地面积391.46万平方米。其中，划拨用地68宗，用地面积233.25万平方米；储备用地33宗，用地面积158.21万平方米。出让用地（含协议出让）32宗，用地面积76.44万平方米。

【城乡规划监督】 2022年，集美资源规划分局牵头完成2022年建设用地和建设工程“双随机”（随机抽取项目、随机抽取检查人员）监管检查工作。全年完成开工提醒23个、竣工提醒11个、开工申报及违约处置25个、竣工申报及违约处置15个。牵头推动集美区10年土地履约审计问题整改，与区工信局、区建设局、区商务局、区文体局等部门联合施策，督促用地单位进行整改，逾期开工处置率70%，逾期竣工处置率90%。配合厦门市商办类违法违规房地产项目整治及维稳专项工作领导小组处置万科广场大都荟、恒大帝景项目等商办类项目涉诉讼涉访事宜。容缺完成恒大帝景项目土地复核验收，配合市自然资源和规划局法规处向厦门中级人民法院申请仲裁，追缴其增容地价。

（张明明 余鑫鹏）

# 城乡建设

## 综 述

【城乡环境改善】 2022年，集美区以项目建设为抓手，改善城乡环境，以民生福祉为导向，完善交通设施。全年共有重点项目45个，其中省级2个、市级13个、区级30个。计划投资92亿元，实际完成投资123亿元，序时进度完成率133.7%，为建设“两高两化”（高素质、高颜值、现代化、国际化）示范区作出有力保障。 （白黎民）

【乡村振兴建设】 2022年，集美区改善村庄建筑风貌，出台《集美区农房整治工作实施方案（试行）》，建立农房整治“以奖代补”等正向激励机制，完成裸房整治302栋，基本完成全区存量裸房整治工作。开展集镇环境整治，成立灌口镇集镇环境整治样板创建工作领导小组，引入台湾建筑师团队作为城乡建设顾问，统筹实施污水、垃圾、绿化、道路、公共空间和历史文化挖掘等项目，新增策划补强项目7个，投资1275万元。加快农村公路建设，根据上级每年提升改造农村公路不低于5千米任务要求，全年投资1833万元，实施乡道304线、305线、306线3个道路提升及交通安全整治工程（“白改黑”工程），完成8.3千米道路改造，超额完成任务。 （林 宇）

【老旧小区改造】 2022年，集美区开展59个老旧小区改造工程，惠及居民4414户，老旧小区改造以适应居民不同生活需求为出发点，重点解决基础设施老化、防灾防疫功能不健全、公共服务缺失、智能化程度不高等群众反映强烈的问题，对小区建筑本体和周边环境适度提升改造，加强空间营造，推动老旧小区生态宜居度整体提升。 （林道杰）

【夜景整治提升】 截至2022年底，集美区管理的夜景照明设施总体体量载体537处、灯具47.38万套，集中分布于集美学村、集源路、集美大学、华侨大学、集美大桥引桥段、集美新城核心区（政务中心、营运中心及软件园三期片区）、环杏林湾片区、杏前路、灌口大道及风景湖、厦门北站等周边区域。2022年，集美区完成《集美区夜景照明提升工程策划书》编制，该策划书采取“提前规划、分期投入、分步实施”实施原则，建立区夜景提升改造项目储备库，随着项目实施将逐步完善全区夜景景观。受新冠病毒感染疫情及国家有序用电等政策影响，在2021年9月至2023年2月，除全市重大节庆期间，全市、区暂时关闭常态化亮灯模式。 （陈晓鸿）

【公交站点建设】 2022年，集美区新建29个公交站点（包含新建2个港湾式公交站点），提升24个公交中途站点。集美区有公交首末站14个，其中包括BRT（快速公交系统）厦门北站、大学康城总站、东安公交场站、后溪公交场站、嘉庚公交场站、龙舟池（因涉及项目拟被占用）、软件园三期、坂山、厦门北站、深青公交场站、西滨公交场站、杏林仰后、杏南公交场站、园博苑公交场站。年内，协调公交站点管养单位（集美城发、场站公司）

2022 年，集美新增投入使用停车泊位 3295 个。图为市政工人在中宛路划设道路停车泊位（王晴 8 月 30 日摄）

排查辖区公交站点，组建工作协调群，对不符合创建要求公交站点广告设置要求当日完成更换。每日安排工作人员巡查公交站点，对存在问题站点进行通报并跟踪整改情况，直至整改工作完成。截至年底，全区 430 座公交站点按一定比例设置公益广告。全年出动检查人员 78 人次，清洗公交站台 430 座，消杀 110 座公交站台，清理 50 座公交站台上小广告，对 248 座公交站台喷印间隔 1 米脚印，维修更换 2 座公交站台石凳。（廖宇炫）

【公共停车位建设】 2022 年，集美区挖掘公共停车位供给能力，新增投用停车泊位 3295 个，其中路外停车场 14 个、1965 个泊位，路内停车场 12 个、1330 个泊位，超额完成全年目标。推进错时共享，完成灌口大道 1500 号地块、集美城发大厦停车场等 4 处企事业单位专用停车场错时共享停车服务，提供停车位 636 个。推进道路泊位智能化建设，实时掌握路内、路外公共停车资源和动态使用情况，完成全区 5000 个道路泊位智能化建设。开展停车信息引导平台建设，集美新城停车信息引导平台投入使用，覆盖集美新城核心区六大片区 40 个公共停车场数据采集系统、信息发布系统，缓解新城核心区域停车场使用不均衡情况，减少车主寻找停车位时间。（郑珺）

【行业综合治理】 2022 年，集美区完成悦海园一期、中心花园、银江小区等 59 个小区改造任务，总投资 1.28 亿元，牵头做好老旧小区改造、文明城市创建专项整治工作。（林道杰）

## 集美新城建设

【概况】 2022 年，集美新城片区完成固定资产投资 270 亿元，新增合同项目投资额 37.49 亿元，完成土地征收面积 40.26 公顷、拆迁面积 15.45 万平方米、交地面积 75.37 公顷，新增开工项目 67 个、竣工项目 42 个、策划生成项目 17 个。

【新城片区规划】 2022 年，集美新城片区指挥部整合优化空间资源，编制集美区北站（11-07 局部）高铁站北侧片区、集美区软件园三期 11-04 编制单元、集美区园博苑（11-11 局部）西亭核心区等控制性详细规划；完善集美杏林老工业区提升改造项目规划，包括道路交通系统提升规划、启动区道路交通空间详细规划、市政系统提升改造规划等市政、交通专项规划；修改或修正锦园西路与九天湖路交叉口东北侧地块、集美区机械工业集中区南塘路与洋亭路交叉口西侧地块、园博苑（11-11 局部）编制单元 A 管理单位（局部）、11-07 编制单元（1107F、1107G 管理单元）、11-03 编制单元（110 千伏坑内电地块）、11-09 编制单元（锦城国际北侧停车场及大学康城东南侧停车场）、11-07 编制单元 11-07F 管理单元、11-10 编制单元 11-10-3 管理单元等项目控制性详细规划。

【项目建设】 2022 年，集美新城片区实现固定资产投资 270 亿元，完成年度任务 100%。以集美新城片区指挥部为责任单位省市重点项目完成投资 33.34 亿元，完成年度任务 165.9%。

**基础设施日益完善** 软件园三期西片区内市政道路基本建成，连通东西片区的市政道路具备通车条件。厦门北站新建高铁站房主体结构实现全面封顶；BRT（快速公交系统）临时停保场等项目建成投用；软件园三期片区综合管廊、杏锦路跨高速段基本完工；厦门北站市政道路竖向改造工程、学院路北延伸段二期工程、北站地下综合管廊一期工程等项目开工建设；集美中学新校区配套道路工程等项目加快办理前期手续。

**公共配套不断优化** 四川大学华西厦门医院试运营；厦门医学院附属口腔医院集美院区启用；市妇幼保健院集美院区内外装修施工。海山实验幼儿园等 5 所幼儿园开办，集美中学新校区进场施工，厦门二中集美校区、莲花小学等项目主体装饰装修施工。市青少年足球训练中心完成场地主体施工，进入装修及室外工程施工阶段。西亭官任安置房 A1 地块主体结构施工，A2 地块进场施工。厦门市首个国有企业与村集体合作开发的预留发展用地项目——西亭人才公寓项目签约开工。

**生态环境持续向好** 建成软件园三期一号公园和岩内排洪渠。城市生态廊道样板工程基本建成，实现湖内片区主要道路退线绿化近 7 万平方米。加快杏林湾水域生态修复，推进九天湖试验区水环境治理工程，将建设面积 2 万平方米的生态廊道，打造人与自然和谐共生的景观和科普示范区。集美大道污水管道基本完成修复，北站片区 1# 排洪渠开工建设。

【产业发展】 2022 年，集美新城片区完成落地项目到资（投资）17 亿元，完成年度任务 283.3%；合同项目数 50 个，投资额 37.49 亿元；合同项目落地率 70.91%，合同投资完成率 50.33%。加快产业“以地招商”。软件园三期新增 4 宗地块出让，机械工业集中区新增 3 宗地块出让。突出产业平台招商。海翼智能制造产业园封顶。安仁产业园落成，纵目科技、劲博汇等 10 家优质企业先后签约入园，园区达产后预计年产值超 100 亿元，年税收超 4 亿元。吸引基金参与招商，杏林湾基金集聚区新增基金项目 160 个，新增基金规模超 300 亿元，现基金总规模 1578 亿元。加大产业集群招商力度。厦门首创的涵盖二手车经销及多维业态一站式二手车综合体——海西名车 MALL 开业运营，为厦门北站片区汽车物流业的集聚发展注入新动能。厦门首个双地铁上盖的滨海购物中心、福建首家大悦城综合体——集美大悦城完成整体设计工作、进入工程建设阶段；集商业、酒店、办公于一体的超高层综合体——中交白鹭西塔进入主体结构施工阶段。集美新城核心区入选为第二批国家级夜间文化和旅游消费集聚区。

【征地拆迁】 2022 年，集美新城片区指挥部加强“指挥部 + 集美区 + 片区征拆指挥部 + 镇街”机制，推动片区征地拆迁工作，全年完成土地征收面积 40.26 万平方米、拆迁面积 15.45 万平方米、交地面积 75.37 万平方米，分别完成年度任务 801.07%、428.59% 和 196.53%。

【年度开工项目】2022 年，集美新城新增开工项目 67 个，主要有：2022JP10 地块（保利锦上项目），重大产业项目，位于西亭中心区，集美大道与兑英路交叉口西侧，总建筑面积 6.13 万平方米（地上面积 4.58 万平方米、地下面积 1.54 万平方米），由 3 栋一类高层住宅建筑和两栋二类高层住宅建筑组成。集美新城岩内片区学院路北延伸段二期工程，重大基础设施项目，位于厦门北站片区，起于集美北大道，终于厦门北车辆基地主出入口，长度 1.4 千米，红线宽度 40 米，为城市主干路。集美新城软件园三期纵五路、软三横路、软三纵路下穿铁路项目，重大基础设施项目，位于软件园三期片区，3 条下穿铁路通道，主要建设内容包括道路、桥梁、照明、绿化、箱涵、排洪渠及铁路加固防护等附属工程。厦门北站市政道路竖向改造工程，重大基础设施项目，位于厦门北站片区，涉及竖向调整道路 4 条，累计 1.6 千米，最大向下调整 5 米，为确保边坡稳定，在条件受限处采用支挡防护。厦门北站片区地下综合管廊一期工程，重大基础设施项目，位于厦门北站片区，在岩通路（圣岩路—现状动车站北侧）、岩兴路（圣果路—岩内路）、岩内路（岩兴路—岩平路）等道路敷设管廊，管廊断面均为 2.6×2.6 米，总长 1.6 千米。集美新城北站综合服务中心，集美区最大的综合性社区公共服务设施，位于厦门北站片区，集美北大道北侧，天水路西侧，总用地面积 0.75 万平方米，总建筑面积 2.16 万平方米。主要建设内容包括新站综合文化站、街道综合服务中心、幼儿寄托所、老年人日间照料中心、老年人服务中心、卫生服务中心、地下车库及设备用房等。福建省厦门集美中学新校区，位于厦门北站片区，总用地面积 6.99 万平方米，总建筑面积 7.56 万平方米，主要建设一所 60 班高中；项目建成后将提供 3000 个普高学位，达到 2025 年厦门市普高学位供需平衡的重要一环。集美新城软件园三期洪茂居住区幼儿园，位于软件园三期片区，横一路与纵一路交叉口西南侧，主要建设 18 班幼儿园，总用地面积 0.65 万平方米，建筑面积 0.74 万平方米（地上面积 0.65 万平方米、地下面积 0.09 万平方米）。集美新城大学城带状公园，位于西亭中心区，总用地面积 10.72 万平方米，主要建设内容包括综合文化活动中心、图书馆、社区书店等。

2022 年 1 月 1 日，海西名车 MALL 在集美区开业。图为开业仪式　　（冯立东 摄）

【城市营销】 2022 年，集美新城人气

2022 年，集美新城核心区入选为第二批国家级夜间文化和旅游消费集聚区。图为集美新城核心区全景 （林志杰 1 月 19 日摄）

商气再提升。环杏林湾景区全年接待游客 663.56 万人，实现旅游收入 40.57 亿元。举办 2022 集美·阿尔勒国际摄影季、“2022 建发厦门马拉松赛·OK RUN 集美站”暨“环杏林湾亲子马拉松赛”、厦门第 18 届惠民团车展、厦门越夜越 YOUNG 旅游节系列活动之一的“厦夜青春”城市告白、2022“看见集美”青春电影展、“2022 集美青年人才之夜”、2022“听见集美”厦门集美学村周末音乐会毕业季、2022 年福建省普通高校招生咨询会、2022 年全国青少年航天创新大赛福建赛区选拔赛、2022 年厦门市全国科普日启动仪式暨首届“科学少年鹭岛行”厦门科普教育资源全国推介会、“才聚鹭岛·文创厦门”2022 年厦门市文化人才服务活动暨高校毕业生校企对接双选会、第十一届 86 国际家政员工节、2023 年集美中央活力区灵玲潮兔新春灯会、第 38 届厦门市青少年创新大赛（厦门市规模最大、涉及学科最多、规格最高、参赛学生人数最多）等活动。闽南戏曲艺术中心项目揭牌，作为厦门市为促进闽南戏曲艺术发展量身定制的展演展示和创作交流平台，开展歌仔戏、高甲戏创作演出、传承普及、对台港澳和对外交流合作。厦门园林博览苑园史馆揭牌；厦门园林博览苑与国贸控股集团旗下国贸地产合作签约，国贸地产承接园博苑配套服务设施委托运营工作；举办以“璀璨明珠 点亮新城”为主题的厦门园博苑开园 15 周年特别对话、“国贸带你看金鸡”全民电影节园博苑专场等活动。西亭人才公寓（厦门市首个国有企业与村集体合作开发的预留发展用地项目）签约，全长 6 千米的福建省首条 L4 级别自动驾驶开放道路公交线落地运营。位于西亭中心区市民广场南段商业街的四月里·大地文旅城试营业。

【年度竣工项目】 2022 年，集美新城新增竣工项目 42 个，主要有：安仁产业园（二期），重大产业项目，位于机械工业集中区片区，总用地面积 12.55 万平方米，总建筑面积约 29 万平方米（地上面积约 22 万平方米、地下面积约 7 万平方米），主要建设内容包括智能化厂房、中型厂房、研发办公大楼、仓库等建筑物 11 栋以及门卫等。集美新城软件园三期高速公路以北研发区三期市政道路，重大基础设施项目，位于软件园三期片区，建设道路 4 条，道路红线宽度 24 ~ 30 米，路线全长 4.06 千米，主要构筑物为西蔡一桥（桥宽 30 米、桥长 187 米），西蔡二桥（桥宽 36.5 米、桥长 93 米）。集美新城软件园三期后溪路（软三横路—集美北大道段），重大基础设施项目，位于软件园三期片区，路线全长 1.19 千米，主要建设内容包括道路工程、涵洞工程、路线交叉、市政管线、低影响开发工程、照明工程、交通工程、绿化工程等。集美新城软件园三期灌口中路（纵四路—中洲路段），重大基础设施项目，位于软件园三期片区，总长 1 千米，是集美新城北侧自西向东的重要交通主干道，连接灌口机械工业集中区、软件园三期东片区、软件园三期西片区和后溪生活区等。集美新城春兑线 110 千伏架空线路缆化，重大基础设施项目，位于西亭中心区，新建电缆管廊总长 485 米，拆除旧钢管杆 31 基及相应导线、地线、金具；安装 110 千伏电力电缆长 2.43 千米及相应的配套设施，敷设 24 芯普通光缆长 4.7 千米等。厦门市青少年足球训练中心训练场，位于西亭中心区，总用地面积 9.84 万平方米，总建筑面积 0.3 万平方米（地上面积 0.27 万平方米、地下面积 0.03 万平方米），主要建设内容包括 6 片 11 人制足球训练场、1 条 400 米塑胶跑道、配套设施及地下室等。集美新城莲花小学，位于西亭中心区，总用地面积 2.88 万平方米，办学规模 42 班，总建筑面积 2.79 万平方米，包括教学楼、综合楼、风雨操场及食堂、人防工程（兼停车场）及相关配套设施。

【产业园区建设】 2022 年，软件园三期新增注册企业 3703 家，比上年增长 1.22 倍，有 5000 万元以上注册资本金企业 35 家，落地注册资本金 156.05 亿元；园区历年累计注册企业 8335 家，注册资本金 556.60 亿元，入驻人员 5.81 万人；全年新增签约入库项目 22 个；园区新增 F 区交付面积 52 万平方米，新增注册企业 3703 家，新增纪颉电子、壹普智慧、猎火文化等 19 个项目签约进驻金砖未来创新园 B09 项目。全球数字虚拟工厂营运中心总部落户园区，集美首家国企普惠托育中心——集美国投嘉幼托育中心软三园揭牌。诚毅国际商务中心（杏林湾商务营运中心12号楼）获中国施工企业管理协会颁发的2020—2021年度国家优质工程奖证书；新增入驻优客工场等企业；园区举办以“云上接力•奔向二十大”为主题的七一建党节活动、“厦门市人才服务月”系列活动之一的集美区高校产业技术联盟动漫游戏产业校企对接会暨首届“青年杯”动漫作品大赛颁奖典礼等活动。机械工业集中区155家规模以上工业企业实现产值286.15亿元，其中高新技术企业45家，实现产值207.6亿元，占72.5%。

【集美新城地块出让】2022年，集美新城出让地块10宗，分别是：2022JP01用地，位于软件园三期片区，浦公山路与浦公山东路交叉口南侧A43地块，为科研（软件研发）用地，用地面积约1.3万平方米，建筑面积7.2万平方米，由信息集团建设开发公司以0.67亿元竞得。2022JP03用地，位于杏林老工业区片区，九天湖路与杏林北路交叉口西南侧，为商住用地，用地面积0.91万平方米，建筑面积2.63万平方米，由厦门中海地产公司以6.4亿元竞得。2022JP02用地、2022JP05用地、2022JP06用地，位于软件园三期片区，分别为软三横路与西蔡一路交叉口东南侧的F32地块、软三横路与西蔡一路交叉口西南侧的F26地块、横四路与西蔡一路交叉口西南侧的F28地块，3宗用地均为软件、研发用地，用地面积分别为4.26万平方米、4.55万平方米、4.28万平方米，建筑面积分别为13.45万平方米、9.1万平方米、10.71万平方米，由信息集团建设开发公司以总价3.51亿元竞得。2022JP10用地，位于西亭中心区，集美大道与兑英路交叉口西侧，为商住用地，用地面积1.52万平方米，建筑面积4.26万平方米，由保利海西实业公司以10.3亿元竞得。2022JG02-G，位于机械工业集中区，灌口西路与坑坪路交叉口东侧B地块，为工业用地，用地面积1.65万平方米，建筑面积3.31万～4.96万平方米，由厦门艾美森新材料科技公司以0.09亿元竞得。2022JG03-G用地，位于机械工业集中区，灌口南路与南塘路交叉口东南侧，为工业用地，用地面积1.08万平方米，建筑面积2.69万～3.22万平方米，由厦门白鲸环保科技集团以0.06亿元竞得。2022JG04-G用地，位于机械工业集中区，灌口南路与灌口西路交叉口西南侧，为工业用地，用地面积1.99万平方米，建筑面积4.97万～5.97万平方米，由厦门通利彩印公司以0.1亿元竞得。2022JP15用地，位于厦门北站片区，岩兴路与珩丰路交叉口东南侧，为商业用地，用地面积2.84万平方米，建筑面积3.72万平方米，由厦门兆翔集泰置业公司以1.26亿元竞得。

【四川大学华西厦门医院试运营】2019年8月，厦门市人民政府与四川大学签订战略合作协议，引进四川大学华西厦门医院。项目位于集美新城西亭中心区，沈海高速公路与杏锦路交叉口西南侧，总用地面积10.5万平方米，建筑面积26.4万平方米，设置床位800张，主要建设内容包括综合性医院、大型医疗设备用房、教学与科研用房、华西厦门研究院等。项目以“立足福建、引领东南、辐射一带一路”为目标，定位为国内一流集医疗、教学和科研于一体的三级甲等综合性医院、国家级区域医疗中心；重点针对厦门市医疗短板部分，引进包括口腔、妇儿、神经外科等在内的国家临床重点专科，打造区域性医疗高地和疑难重症诊疗中心。项目于2022年9月5日局部试运营，并于2022年12月30日完成联合验收。（江燕青）

## 马銮湾新城集美片区建设

【概况】2022年，马銮湾新城集美片区计划投资17.47亿元，实际完成投资23.51亿元。全年实际列入统计固定资产投资69.87亿元，完成交地面积19.50万平方米，拆迁（含非住宅等）面积10.6万平方米。全年完工的项目有生态修复三期北片区、前场再生水厂（一期）、马銮东幼儿园、德邦（厦门）智慧物流园、莱普顿华锐（厦门）双语学校。

【整村征收】马銮湾新城集美片区蔡林、浦边、潮瑶、西滨和陈井5个村庄全部纳入整村征收，涉及3955户、8399人，房屋2387栋面积103万平方米。2019年8月分批启动整村征收。截至2022年6月底，扣除保留不拆房屋基本完成拆除工作，累计完成拆除2139栋面积近100万平方米，释放土地面积100余公顷。

【生态修复】2022年，集美区马銮湾新城生态修复工程稳步推进。生态修复三期护岸工程分3段，即集美岛段、北片区段、起步区段，项目东起新阳大桥，北接马銮湾“龙型”湿地公园，西至灌新路，全长10.68千米，总面积58.50万平方米，项目一次规划，分期实施，总投资6.57亿元。年内，起步区示范段、北片区全段基本建成，进入养护阶段，集美岛段完成水工护岸。全年完成投资5.21亿元。

【马銮湾水生态修复湿地工程】2022年，马銮湾水生态修复湿地工程一期工程完成各类乔林、灌木、地被种植、景观小品搭设，一期工程完成投资5150万元，二期工程完成投资1.85亿元。马銮湾水生态修复湿地工程占地面积79.8万平方米，项目利用生物净化措施清洁上游来水、净化面源污染，设置雨洪调蓄区缓解蓄洪压力，保障水安全、改善水环境、修复水生态。项目总投资3.5亿元，分一、二期建设，占地面积分别为8.7万平方米、68万平方米。

【路网规划建设】 2022年，马銮湾新城集美片区路网开工建设9条，分别为：起步区市政道路一期工程、起步区市政道路二期工程、起步区市政道路五期工程、銮海路（马銮路—马銮湾北大道）工程、北片区市政道路一期工程、海湾大道（海翔大道—环湾大道）工程、集美岛市政道路一期工程、前场铁路大型货场市政道路工程、上头亭东路，总投资13.12亿元。截至年底，完成投资3.18亿元。

【管廊规划建设】 2022年，马銮湾新城集美片区综合管廊10条、12.2千米，总投资7.47亿元。建设内容设单双舱断面设置，纳入10千伏中压电力、通信、给水、中水等市政管线。截至年底，完成投资2.86亿元。

【马銮湾新城集美片区道路建设】 2022年，马銮湾新城集美片区道路建设项目主要有6个：銮海路（马銮路—马銮湾北大道）工程。位于马銮湾新城集美片西滨村，起于在建马銮路，终于在建马銮湾北大道，设计道路等级为城市主干道，总长2.77千米，宽48.5～51米，道路断面设置为双向六车道加滨海侧两车道辅道。项目总投资3.69亿元。截至年底，完成投资3.70亿元。起步区二期道路。位于马銮湾新城集美片区蔡林村，共3条，即蔡林北路（光明路—蔡林东路段）、蔡林南路（大明寺路—堤岸路段）、蔡林路延伸段。设计道路等级为城市支路，总长5.5千米，宽度22～30米，道路等级设计为城市次干道及城市支路。主要建设内容包括道路、交通、路灯、绿化、给水、排水、缆线沟、有线电视（土建）、通信、燃气、中水工程等，项目总投资2.92亿元。年内，开展道路软基处理、雨污水管道施工等，截至年底，完成投资3.15亿元。起步区市政道路一期工程。位于集美起步区，共建设4条，总长2.14千米，为城市次干道和城市支路。建设内容包括道路、交通、路灯、绿化、雨水、污水、中水、排水、电力（土建）、有线电视（土建）等工程，项目总投资1.49亿元。截至年底，开展路基软基处理及土方施工，完成投资1.42亿元。海湾大道（海翔大道—环湾大道）。位于马銮湾新城集美片区，总长1.18千米，宽43米。道路等级为城市主干道，设计时速60千米。建设内容包括道路、桥梁、交通、路灯、绿化、给水、排水、有线电视（土建）等工程，项目总投资1.37亿元。截至年底，开展场平及围挡等施工，完成投资9900万元。浦銮路。位于马銮湾新城集美片区陈井村，设计道路等级为城市次干道，总长1.90千米，宽43米。建设内容包括道路、交通、路灯、绿化、给水、排水、缆线沟、有线电视（土建）、通信、燃气、中水工程等，项目总投资约2亿元。截至年底，开展场地平整及水泥搅拌施工，完成投资9500万元。起步区五期道路工程。包含4段，总长3.02千米。蔡林北路（光明路—蔡林中路），道路等级为城市支路，路宽15米，长430米；楼山路扩建工程（蔡林南路—西滨路）工程，道路等级为城市支路，路宽22米，长565米。建设内容包括道路、交通、路灯（含新建箱式变压器）、给水和排水等工程，项目总投资3021万元。截至年底，完成投资800万元。

【前场污水处理厂一期工程】 截至2022年底，前场污水处理厂一期工程完工并通水，完成投资3.06亿元。前场污水处理厂一期工程位于马銮湾新城集美片区深青溪与海翔大道交叉口北侧公园绿地，杜岱村西侧。规划总规模60万吨/日，总用地面积15万平方米，项目分二期实施。其中一期土建规模10吨/日，设计规模5万吨/日，项目总投资5.46亿元。

【马銮湾新城集美片区学校建设】 2022年，马銮湾新城集美片区开展学校建设项目主要有3个：柏涛学校。位于马銮湾新城集美区杏滨街道西滨村，总用地面积3.95万平方米，建设1所九年制学校（36班小学+18班初中）。其中地上建筑面积1.82万平方米、地下建筑面积1.18万平方米。建设内容包括新建教学楼、实验综合楼、食堂、体育馆、室外运动场及相关配套设施、地下公共停车场（含人防工程），项目总投资2.52亿元。截至年底，地下室顶板、混凝土浇筑等施工，完成投资1.85亿元。马銮东幼儿园。位于马銮湾新城集美区杏滨街道西滨村，总用地面积6270.97平方米，总建筑面积7995平方米，建设1所12班幼儿园，总投资5033万元。截至年底，完成投资5000万元，完工待验收移交。华锐双语学校。位于马銮湾新城集美区蔡林村东侧，包括幼儿园、小学、初中及高中，主要招收厦门及周边地区福建海归人才子女和本地学生，同时招收少量外籍和中国港澳台学生。项目总占地面积3.70万平方米，总建筑面积7.27万平方米，建设内容包括新建教学楼、图书馆、剧场、室内篮球馆、足球场及相关配套设施、地下公共停车场（含人防工程），项目总投资5.5亿元。截至年底，完成投资5.5亿元，北、南校区均投入使用。

【安置房项目】 2022年，马銮湾新城集美片区安置房项目有3个：蔡林安置房位于起步区新阳桥头，用地面积3.26万平方米，总建筑面积20.77万平方米，住宅1000套、面积11.2万平方米，总投资9.48亿元。截至年底，完成投资6.78亿元；西滨安置房位于双溪湿地公园东侧，用地面积4.13万平方米，总建筑面积21.79万平方米，住宅1368套、面积13万平方米，总投资9.15亿元。截至年底，完成投资3.5亿元；陈井浦边潮瑶安置房位于陈井片区，用地面积14.17万平方米，总建筑面积76.49万平方米，住宅4533套、面积46万平方米，总投资32.37亿元。

马銮湾新城蔡林安置房建设工地　　（颜志伟 2022年8月摄）

截至年底，完成投资14.2亿元。

【马銮湾新城集美片区招商项目】 2022年，马銮湾新城集美片区开展招商项目主要有1个：德邦（厦门）智慧物流产业园。项目位于前场一路与灌口南路东南侧，总用地面积5.82万平方米，总建筑面积4.78万平方米，截至年底，完成投资5.5亿元，已投入生产。（黄真鸿）

## 建筑业

【概况】 2022年，集美区有建筑施工企业661家，全区建筑业企业建安产值613亿元，比上年增长17.5%，其中28家施工总承包特级及一级企业产值517亿元，占84.3%。全年引进中铁十一局集团（厦门）建设有限公司（中央企业）、中交二航局（厦门）建设有限公司（中央企业）、聚璜集团有限公司、福建四建集团有限公司4家总承包一级企业，为全区建筑产值贡献53.7亿元。（庄晓康）

【建筑行政审批】 2022年，集美区建设行政主管部门承办区管工程的业绩核查、业绩补录、施工许可审批、工程竣工验收备案、工资保证金收取和退还等行政工作。全年办理施工许可证79件，总建筑面积139.4万平方米，总造价38.1亿元。核发建设工程竣工备案证明书29份，竣工面积96.3万平方米，总造价24.6亿元。全年审批资质314件，安全生产许可证469件；资质动态核查67家，其中经核查合格46家，不合格21家。（郑荔仙　庄晓康　欧阳祎）

【建筑业奖励发放】 2022年，集美区落实《厦门市集美区人民政府关于修订〈集美区促进建筑业加快发展实施办法〉的通知》，并于7月开通集美i企业线上申请平台，为15家企业发放2020年建筑业奖励632.76万元，为27家企业发放2021年建筑业奖励1237.65万元。（赖　莎）

【审批服务】 2022年，集美区对未绑定事项“机动车停车场经营备案”“机动车驾驶员培训学员‘培训记录’核实”向省业务部门申请标准化目录动态调整未能获准情况下撤离行政服务中心。截至年底，区建设与交通局梳理并发布事项124项，其中行政许可68项，其他行政权力7项，行政确认2项，行政裁决1项，公共服务46项。优化本单位实际办事标准，其中5星级事项124项，占事项总数100%；“一趟不用跑”事项124项，占事项总数100%；即来即办事项100项，占事项总数80.6%，其中行政许可即办事项57项，占许可事项总数83.8%。推进电子证照省标转国标工程。“道路货物运输经营许可证”“安全生产许可证”688本存量省标电子证照转换为国标证照，全量生成符合国家标准的电子证照。由建设与交通局牵头的施工许可阶段、联合验收“一件事一次办”套餐22项，截至年底，成功办结工程建设类套餐152个（其中施工许可阶段87个，联合验收65个），实行一套材料、一次提交、限时办结，做到让群众少跑路。截至年底，办结审批服务事项4.66万件，其中全流程网办4.33万件，占92.89%；即办件4.59万件，占98.67%。做好电子证照的生成与应用工作，截至年底，生成电子证照1568件（含存量省标电子证照转换为国标证照688件）、批文214条。（杨建真）

【招标投标管理】 2022年，集美区办理进场招投标中标备案项目39个，其中公开招标项目39个。预算总价11.66亿元，最高投标报价限价10.45亿元，中标总价9.69亿元，对比最高投标报价限价下浮7.32%。区建设行政主管部门深化招投标制度改革，优化营商环境，落实招标人主体责任，实行“评定分离”办法招标，年内实行19个试点项目，投标人按自身实力自由竞价，中标价对比最高投标报价限价下浮14.5%，比现行招投标办法多下浮8～10个百分点。加强工程招投标监管，整治招投标过程中违法违规行为。年内，对9位评标专家记入不良行为记录（10分），规范招投标评审工作，减少因评标委员会评审错误等导致的投诉，对其未认真履责的行为进行公开曝光。与漳州市公共资源交易中心合作完成首个异地评标项目。（张香花）

【工程质量监督审批】 2022年，集美区建设与交通工程质量安全站（以下简称“集美区质安站”）受理建设工程质量安全监督78个项目128个单位工程，其中二次装修项目22个，工程总造价35.92亿元，建筑面积124.80万平方米；受理建筑起重机械使用登记备案168份，其中施工电梯备案119份，塔吊备案49份。竣工94个项目154个单位工程，竣工面积61.78万平方米，工程造价39.68亿元，出具监督报告94份。受理市长热线“12345”、办公电话、上级转办单等各种形式工程领域投诉260余件，帮助群众协调处理工程质量安全问题，维护人民群众合法权益。全年区监管项目总体质量水平处于受控状态，安全生产形势保持平稳。

【工程质量安全管理】 2022年，集美区以促进全区工程质量安全生产形势稳定好转为目标，落实建设工程参建各方主体质量安全生产责任制，创新工程质量安全监管方式。开展创建文明工地和优质工程活动，夯实企业基础管理工作，推动全区工程质量安全上新台阶。

【工地质量安全检查】 2022年，集美区开展建筑施工安全生产集中整治工作，“双随机”巡查检查123个区管在建工程项目，参加监督巡查839人次。现场抽取钢筋原材174组、机械接头57组、电渣压力焊接头45组、40组砂进行氯离子检测，现场对113个项目混凝土构件进行回弹，其中10个项目回弹强度值达不到设计要求值，均要求其委聘有资质的检测单位进行取芯送检。检查118台塔式起重机、121台施工电梯，对存在问题的塔式起重机及施工升降机，区质安站均发出“责令改正（整改）通知单”。记入不良行为记录53次，P3档次1次、P4档次0次、P5档次4次、P6档次48次。建设工程质量安全动态管理对183人次项目经理违规行为计分1241.92分，175人次总监理工程师违规行为计分746.35分，共1988.27分；对183家次施工单位违规行为计分1241.92分，175家次监理单位违规行为计分746.35分，共1988.27分。发出“质量安全隐患整改通知单”214份，发现一般隐患714处，对集美区工程施工中违法违规行为实施行政处罚2起，处罚金额10万元。

【地质灾害专项检查】 2022年，集美区质安站对71个区管项目（活动房、塔式起重机、基坑）进行拉网式检查，重点对8个深基坑工程、2个临海工程、2个临山进行检查，所查大部分项目各相关责任主体单位均能落实防汛备汛暨地质自然灾害隐患整治责任制度、应急预案。开展安全检查，定期维护抽排水设施，防灾应急人员履职，做好建筑工地防汛备汛各项工作，检查中发现“施工升降电梯生产基地−4号～9号厂房、传达室、办公楼及室外配套工程”存在9号厂房北侧临近厂区高差围墙及坑壁局部因基坑开挖出现坍塌、坡顶堆放大量顶铁爬架等外部荷载安全隐患，区质安站督促整改并跟踪，消除隐患。其他项目未发现安全隐患。

【工地扬尘污染和渣土运输整治】 2022年，集美区加强对建设工地扬尘治理，各项目按照《厦门市建设工程施工现场围挡图集（第三版）》要求，做好工地围挡。区管施工现场基本做到5个100%（工地100%围挡、工地沙土100%覆盖、工地路面100%硬化、出工地车辆车轮100%冲洗、暂未施工及停工超过3个月工地100%绿化或覆盖）。工地大门设置洗车台、冲洗设备、三级沉淀池和排水设施，对出工地车辆进行冲洗，确保净车上路，土方车辆均做到平斗密闭运输。全年组织888组1957人次对888个次在建项目检查，发出责令改正通知单226份，发现问题574项，均整改完毕。对38个项目113家责任主体单位进行约谈，对16个项目49家责任主体单位记录信用监管行为批评类（P档次）。另根据区城管局转办函，对36家单位记录信用监管行为批评类（P档次）。

【工地食堂安全抽检】 2022年，集美区按照《集美区管建设工程工地食堂食品安全隐患排查工作方案》开展2个“一次”（一次全面摸底、一次风险排查）、三个“一批”（抽检一批工地食堂、整治一批重点隐患、约谈一批违规企业）工地食堂安全隐患整治专项行动。采用企业自查、重点检查、暗察暗访、投诉举报、社会监督等方式，对工地食堂食品安全隐患全面排查。建设行政主管部门采用“双随机”方式，巡查工程项目87个。发现没有卫生许可证工地食堂5家，无有效健康证明从业人员3人，原料采购未按规定建立进货台账和索证3家，未落实清洗消毒管理制度4家，未落实食品留样制度4家，下达责令整改通知书15份，督促相应工地整改并及时反馈。

【质量安全管理】 2022年，集美区质安站坚持每周举办一期“安全夜校进工地”，强化现场一线工人安全知识教育培训，收集基层一线工人意见建议。加强检查指导，落实“双随机”监管和日常巡查相结合的模式，发现和处理安全问题，不留任何隐患。年内，组织建筑工地开展“安全夜校进工地”安全培训教育35场，参训人员1617人次。向工地赠送安全资料和安全文化用品。坚持每季度召开一次形势分析会，观看安全生产专题片，开展宣传新安全生产法3次。

【消防设计审查验收】 2022年，集美区开展消防监管与验收工作。区质安站开展特殊工程消防验收55次，其中消防验收合格出文50份、消防验收不合格出文5份，合格率91%；二次装修工程消防验收30次，占总验收量54%；其他建设工程消防验收备案与抽查 21 次，其中抽检合格 9 次。

【安全生产月活动】 2022 年安全生产月期间，集美区组织到建筑工地开展 4 场流动夜校安全培训教育，向工地赠送安全资料和安全文化用品，有 167 人参加培训。开展多项应急演练活动，开展防汛抗台、消防防火、防坍塌、中暑急救等各类应急演练 60 余场次、参与人数 1500 余人次，3 家建设系统常备应急救援队伍开展综合应急救援演练 3 场次、参与人数 103 人次。通过演练，较好地检验区住建局及项目部应急管理体系，使员工掌握事故报告、紧急处置避险、请求救援、组织疏散、设置警戒等工作程序，增强应急指挥和现场处置能力。开展观摩会活动。强化质量安全文明施工和扬尘污染防治标准化管理，提供各参建单位相互学习交流的平台，引导各参建单位在质量安全生产文明施工和扬尘污染防治方面向管理实践经验做得好的单位学习，6 月 29 日，在灌口三社安置房施工现场举行质量安全文明施工形势分析会安排质量安全文明施工暨扬尘污染防治观摩会，通过示范项目树立标杆，提供可复制、可推广管控方法，提高工作标准，推动后进单位对照整改到位，形成比学赶帮良好工作氛围，推进质量安全文明施工标准化建设及新技术、新产品在建筑领域中的推广使用，推进智慧工地建设，提升全区质量安全文明施工和扬尘污染防治水平。

【质量月活动】 2022 年，集美区指导 20 余个项目部开展质量月活动，65 家参建单位、1900 余人参与。启动宣传屏 17 块，滚动宣传质量月活动口号 70 余条，开展质量安全法规、规章、规范学习 107 场次，完善样板引路设施 24 处。开展质量管理研讨交流及竞赛 16 场次，开展各类检查 35 次，发现和整改 157 条质量安全和文明施工问题。到电子城•厦门国际创新中心（三期）项目、公安部第一研究所南方技术基地一期项目开展质量安全和文明施工标准化建设进行指导，迎接住建部专家组检查。开展安全夜校下工地活动 4 场次，根据项目类型和施工进度分类指导开展《危险性较大的分部分项工程安全管理规定》《房屋市政工程生产安全重大事故隐患判定标准（2022 版）》《房屋建筑和市政基础设施工程危及生产安全施工工艺、设备和材料淘汰目录（第一批）》《中小学校设计规范》《托儿所、幼儿园建筑设计规范》《建筑设计防火规范》《厦门市住宅工程质量常见问题防治若干技术措施》，以及工程质量安全手册、通用规范等宣贯学习，强化标准意识，指导在建住宅工程宣传贯彻，针对投诉热点加强楼地面及外墙渗漏水措施检查、构件截面尺寸实测实量、空间尺寸净高抽测等。

【消防宣传月活动】 2022 年，集美区开展消防宣传月消防培训 11 场次、571 人次参加，开展消防应急演练 23 次。对 48 个次区管在建工地施工现场进行消防安全生产检查，4 个项目发现消防安全隐患 7 处，均整改完毕。

（泽旺龙宗）

## 房地产业

【概况】 2022 年，集美区加快建设

表 7

**2022 年厦门市集美区商品住宅月度成交量价情况表**

| 月份 | 套数（套） | 面积（㎡） | 均价（元 / ㎡） | 销售额（万元） | 套数 | | 均价 | |
|---|---|---|---|---|---|---|---|---|
| | | | | | 同比（%） | 环比（%） | 同比（%） | 环比（%） |
| 1 | 258 | 29042 | 38173 | 110863 | −37.1 | −20.4 | 2.3 | 1.9 |
| 2 | 143 | 14715 | 36020 | 53002 | −67.4 | −44.6 | −2.9 | −5.6 |
| 3 | 147 | 15629 | 35454 | 55411 | −79.0 | 2.8 | −3.1 | −1.6 |
| 4 | 149 | 15249 | 33634 | 51288 | −77.0 | 1.4 | −4.6 | −5.1 |
| 5 | 167 | 17461 | 33127 | 57842 | −80.0 | 12.1 | −7.4 | −1.5 |
| 6 | 161 | 16514 | 34391 | 56793 | −79.2 | −3.6 | −6.6 | 3.8 |
| 7 | 145 | 15186 | 34956 | 53083 | −71.0 | −9.9 | 1.6 | 1.6 |
| 8 | 140 | 13646 | 35136 | 47948 | −80.5 | −3.4 | −5.6 | 0.5 |
| 9 | 100 | 10615 | 34243 | 36350 | −62.5 | −28.6 | −9.1 | −2.5 |
| 10 | 419 | 45247 | 41256 | 186670 | 129.1 | 319.0 | 10.8 | 20.5 |
| 11 | 166 | 16502 | 33499 | 55282 | −34.0 | −60.4 | −1.1 | −18.8 |
| 12 | 400 | 37677 | 34814 | 131170 | 11.2 | 141.0 | −7.1 | 3.9 |
| 合计 | 2395 | 247483 | 36192 | 895702 | −60.9 | − | −0.4 | − |

表 8

## 2022 年厦门市各区商品住宅成交情况汇总表

| 月份 | 集美区 | | 思明区 | | 翔安区 | | 湖里区 | | 海沧区 | | 同安区 | | 全市合计 | | 集美占比（%） | |
|---|---|---|---|---|---|---|---|---|---|---|---|---|---|---|---|---|
| | 成交套数（套） | 成交面积（㎡） | 成交套数（套） | 成交面积（㎡） | 成交套数（套） | 成交面积（㎡） | 成交套数（套） | 成交面积（㎡） | 成交套数（套） | 成交面积（㎡） | 成交套数（套） | 成交面积（㎡） | 成交套数（套） | 成交面积（㎡） | 套数 | 面积 |
| 1 | 258 | 29042 | 104 | 14319 | 487 | 45245 | 65 | 10826 | 434 | 39612 | 350 | 33057 | 1698 | 172101 | 15 | 17 |
| 2 | 143 | 14715 | 50 | 6544 | 244 | 22733 | 31 | 4487 | 234 | 21932 | 375 | 35793 | 1077 | 106204 | 13 | 14 |
| 3 | 147 | 15629 | 66 | 9301 | 427 | 39467 | 48 | 7650 | 211 | 20564 | 372 | 36073 | 1271 | 128684 | 12 | 12 |
| 4 | 149 | 15249 | 31 | 4686 | 474 | 45093 | 48 | 7551 | 187 | 18413 | 550 | 56721 | 1439 | 147713 | 10 | 10 |
| 5 | 167 | 17461 | 67 | 9953 | 387 | 36070 | 37 | 6191 | 252 | 24132 | 414 | 40574 | 1324 | 134381 | 13 | 13 |
| 6 | 161 | 16514 | 103 | 14517 | 412 | 38607 | 25 | 4372 | 151 | 15330 | 483 | 47675 | 1335 | 137015 | 12 | 12 |
| 7 | 145 | 15186 | 97 | 12380 | 322 | 30503 | 23 | 3849 | 191 | 18130 | 477 | 47349 | 1255 | 127397 | 12 | 12 |
| 8 | 140 | 13646 | 79 | 11043 | 269 | 26249 | 48 | 10018 | 146 | 14443 | 400 | 38646 | 1082 | 114045 | 13 | 12 |
| 9 | 100 | 10615 | 167 | 20820 | 206 | 19811 | 324 | 49865 | 90 | 8486 | 376 | 38053 | 1263 | 147650 | 8 | 7 |
| 10 | 419 | 45247 | 90 | 11889 | 305 | 28818 | 154 | 28315 | 107 | 10318 | 300 | 29051 | 1375 | 153638 | 30 | 29 |
| 11 | 166 | 16502 | 90 | 12671 | 450 | 39424 | 189 | 28372 | 153 | 14646 | 271 | 26402 | 1319 | 138017 | 13 | 12 |
| 12 | 400 | 37677 | 435 | 71756 | 443 | 39139 | 482 | 73545 | 298 | 30696 | 391 | 35359 | 2449 | 288172 | 16 | 13 |
| 合计 | 2395 | 247483 | 1379 | 199879 | 4426 | 411159 | 1474 | 235041 | 2454 | 236702 | 4759 | 464753 | 16887 | 1795017 | 14 | 14 |

审批流程，提高前期审批效率，推动上海正荣J2020P03、集美城发J2021P01 等项目建设。依托联发保利锦上、大悦城、中海左岸澜庭、国贸锦里原等房地产项目，推进房地产销售面积加快出售。全年全区房地产（含商品住宅、写字楼、安商房、工业厂房）销售面积完成 90.95 万平方米，比上年下降 12.1%。（陈雅芸）

【物业管理】 2022 年，集美区建设行政主管部门开展物业管理区域扫黑除恶专项行动，推动平安小区建设。开展物业企业“双随机”检查工作，全区有物业管理小区 137 个，年内办理物业合同备案 61 件。通过开展“双随机”、星级评定及文明创建专项检查工作，促进物业服务企业提高管理水平，优化提升小区服务效能，为居民营造温馨舒适的居住环境。全年，集美区实地抽查物业管理项目 60 个，获优秀项目 18 个（90 分以上），查出不合格项目 7 个（70 分以下）。对得分超过 90 分（不含 90 分）的优秀项目进行通报表扬，记入企业良好信用；对得分不合格项目进行通报批评，记入企业不良信用。全年组织开展物业项目星级评定工作，有 135 个物业项目参与评定，四星及五星项目 50 个。（庄晓康　郑荔仙）

## 市政园林管理

【概况】 2022 年，厦门市集美区市政园林局（以下简称“集美区市政园林局”）推动集美区市政园林设施建管、环卫保洁、水环境治理、燃气安全监管等各项工作落实，制定餐饮用户燃气安全电子化监测服务方案，开展防暴雨洪水应急响应行动，全力提升污水处理能力，加快公共基础设施建设，完成市政项目 80 个、绿化项目 18 个，新建、改造公厕 5 座，完成为民办实事项目 5 个，获“厦门市生态文明工作先进集体”称号。

【污水系统建设】 2022 年，集美区市政园林局新、改、扩建市政污水管网 5.4 千米（不含正本清源改造），完成孙坂南路雨污水管网改造等 3 条区级污水干管建设。配合市“两高”（高质量、高标准）指挥部推进前场水质净化厂配套 3 条市级污水主干管建设，其中中亚城片区污水主干管建成通水，污水收集能力加强。配合市级部门推进集美污水处理厂四期、前场再生水厂一期工程完工投产，新增污水处理能力 11 万吨 / 日，三大污水厂集中处理系统架构初具雏形，集美区污水总处理规模 40.98 万吨 / 日，日均处理 29.67 万吨；全年生化需氧量去除 9467 吨，比上年增长 15%，基本杜绝污水未经处理直排入海。

【雨污分流】 2022 年，集美区市政园林局推进正本清源项目建设，完成总进度 70%，解决因建成区排水管网混接、漏接、错接导致雨污混流问题，累计改造混接点 1.07 万处、病害点 3.26 万处，改造管网长度 510.38 千米，完成 506 家工业企业自行整改改造工作。按照“能分则分、应分尽分、一村一策”原则，推进农村生活污水提升治理，完成集美区78个村庄污水提升整治工作，实现村庄纳管率和污水处理率在90%以上。

【水生态治理】2022年，集美区市政园林局完成全总湖排海闸门维修更换应急工程、九天湖防汛应急清淤工程、3座环杏林湾小型污水处理站纳管改造工作，开展龙舟池海藻清理、九天湖垃圾清理等水面保洁，河湖水环境质量提升。

【农村自来水】2022年，集美区市政园林局牵头各镇（街道）开展农村自来水提升改造工作，全年完成3个村庄自来水抄表到户改造任务。

【排口整治】2022年，集美区市政园林局推进全区排口整治，完成12个不稳定达标入海排放口整治；完成汇入杏林湾6条排洪渠（锦园排洪渠、董任排洪渠、九天湖排洪渠、港头排洪渠、华大排洪渠、下蔡排洪渠）34个排口整治。

【园林绿化】2022年，集美区市政园林局新增及改造提升园林绿地面积95.2公顷、绿道10.2千米、口袋公园7个。打造城市生态海岸线，完成杏林大桥—新阳大桥段岸线整治工程，基本完成厦门大桥—集美大桥段岸线整治工程建设。以全民义务植树40周年为契机，完成筹备市、区两级义务植树活动。进行重大节假日专题氛围布置，洪厝公园打造多肉植物景观盛宴，新城市民广场被厦门市市政园林局评为全市春节氛围布置十佳打卡点之一。

【古树名木保护】2022年，集美区市政园林局建立多部门联动保护机制，救治濒危及安全风险隐患古树5株。按照“一树一园”理念，建设古树公园3处。在新城片区开发建设中坚持“给古树让路”总原则，通过对市政路网规划调整与设计方案优化结合保护性建设古树公园等措施，保护古树及后备资源10株。编印《集美古树名木》图册，对集美区古树名木资源进行全面盘点。集美区古树名木共计275株（其中：灌口镇62株、后溪镇84株、杏林街道21株、杏滨街道19株、集美街道19株、侨英街道67株、天马种猪场3株）。

【生活垃圾分类】2022年，集美区市政园林局持续强化生活垃圾分类全过程管理，提升改造投放点，优化分类错峰直运，推动源头垃圾减量，健全可回收物收运体系，开展上门收集，推进垃圾分类各项工作，在年终考评中排名全市第四。开展垃圾分类系列主题活动343场、培训387场、入户宣传49.03万户。

2022年，集美区市政园林局开展城区主次干道和背街小巷市政路灯提升改造行动。图为清溪路施工现场（王国勇 8月31日摄）

【大件垃圾处理厂投入使用】2022年7月，集美区大件垃圾处理厂投入使用，总用地面积2579.55平方米，是岛外占地规模最大的大件垃圾处理厂。全年大件垃圾处理厂收运量2万余件，日破碎量约2吨，解决全区大件垃圾处理民生难题，完善全区垃圾分类处置体系。

【垃圾分类科普宣教基地建成】2022年12月，集美区垃圾分类科普宣教基地建成。该基地占地面积1500平方米，集知识科普、趣味体验、数字互动等多功能于一体，集中展示集美区垃圾分类各领域各环节工作成果。

【“集美区生活垃圾分类宣传月”首创活动】2022年，集美区将每年11月定为“集美区生活垃圾分类宣传月”。宣传月期间，辖区各机关企事业单位开展一系列具有针对性、创意性、趣味性、科学性垃圾分类宣传工作，激发群众创造性和积极性，构建共享共治垃圾分类新格局。

【农村“厕所革命”提升行动三年任务完成】2022年，集美区新建改造环卫公厕5座，完成集美区农村“厕所革命”提升行动三年任务（2020—2022年）。全年集美区实现城区每万人3-4座公厕，步行15分钟左右有1座公厕，所有创建美丽乡村的村都至少有1个水冲式卫生公厕的目标。

【环卫工人关爱行动】2022年，集美区市政园林局落实“爱心厦门”建设工作举措，督促作业单位落实一线环卫工人工资福利待遇，推进环卫工人休息点、爱心驿站设置改造。开展庆祝厦门市第31届环卫工人节活动，向全区环卫工人送上爱心早餐，举办环卫职工技能比赛、互动游戏、线上答题，举办“2022年集美区十佳城市美容师”“优秀环卫职工”等颁奖仪式。

【市政道路建设】 2022年，集美区市政园林局新建、改建城市道路4.4千米，打通2条“断头路”，完成健康步道建设4.7千米。开展城区主次干道和背街小巷市政路灯提升改造行动，改造市政路灯4395盏，新增市政路灯2660盏。完成20条主次干道及商业大街提升改造任务。完成全区雨污水井盖普查16.90万个，路沿石降坡改造35处。完善全区慢行系统建设，点亮城市道路。

【燃气安全】 2022年，集美区市政园林局强化行业监督，抓实燃气安全管理，全年检查瓶装燃气供应站点273家次、抽查辖区餐饮场所6211家次。持续推动餐饮和居民用户“瓶改管”三年行动（2020—2022年）工作，本年度计划改造餐饮用户50户，实际完成75户；计划改造居民用户1000户，实际完成1052户。（游晓钧）

## 城市管理

【概况】 2022年，集美区城市管理局以成立集美区社会治理工作委员会为契机，聚焦党建与业务工作融合，树立“执法为民”理念，在违法建设、市容环境、户外广告、工地扬尘、养犬、渣土治理等工作上下足“绣花”功夫，城市管理规范，市容市貌提升，为城市精细化管理、为创城常态化管理打基础。全年查处拆除违建213起，查处并纠正各类市容违章行为14万起，受理区“12345”政务服务平台、区公共安全、市数字城管、市数字城管（公共安全）等各类投诉1.84万件，办结率99.9%。

【“两违”综合整治】 2022年，集美区城市管理局开展“两违”（违法占地和违法建设）综合整治，查处“两违”213起，占地面积136.05万平方米，建筑面积77.2万平方米，拆后土地利用率100%，超额完成年度面积65万平方米目标任务，完成率119.7%。省“两违”系统录入拆违任务清单671处，处置面积77.20万平方米，完成市下达区年度目标任务128.66%，土地利用率100%；疑似图斑468宗，核销467宗，核销率99.79%。年内，排查337个小区2829栋，排查发现235个“两违”问题，整改235个，整改完成率100%。针对4月1日城市管理局收到市委关于集美银江路137号万达广场问题整改批示后，城管局高度重视，执行态度坚决，拆除动作迅速，完成涉及局职责范围问题；针对侨英街道兑山革命陵园周边非法占地违章搭盖问题，“两违”口统筹责任单位联合执法，拆除违建面积6000余平方米、腾出土地面积1.2万平方米，建成320个惠民停车位；为解决后溪综合市场遮阳棚遮阳效果不足及周边环境整治问题，城管办业务口加强与属地镇（街道）及辖区中队沟通协调，改造屋面隔热层面积2330平方米、遮阳棚面积1116平方米、停车位20个、排水设施500米；推动老旧小区改造，如后溪永祥新城拆除违建62宗，整治面积4100平方米，生成绿地、停车位、活动场所等提升改造项目400余个；改造提升杏林街道文华路159号小区沿街店面，杏滨街道日东路街区等346处，拆除面积2876.37平方米。

【市容市貌管理】 2022年，集美区城市管理局开展“门前三包”落实年活动，规范跨店经营，在沿街店面施划“1米线”；先行在集源路和日东路创建“门前三包”示范街和示范街巷。采取日常巡查整治和定点执勤相结合方式，不定期组织夜间无证无序占道经营整治活动，加强对各个主要路段巡查管控。年内，查处占道经营4.16万起，暂扣物品4194件，处罚1206起，罚款金额6.90万元；拆除违规、破损广告牌1639块，纠正国旗不合要求悬挂25处；垃圾分类开具执法文书8419份，处罚1580起，罚款金额14.28万元；开具责令改正通知书2841份、警示告知书28份，简易程序2145起，罚款金额13.40万元；一般程序13起，罚款6160元。纠正整改各类影响海域沿线沙滩乱象2352起。

【污水排查整治】 2022年，集美区城市管理局坚持抓“常”抓“长”，强巡查、严执法，落实市、区各级交办的职责任务。年内，配合镇（街道）及相关部门开展联合执法45次，整改违法搭盖5处，面积320余平方米，清理“四乱”（乱占、乱采、乱堆、乱建）130余起，整改私养家禽5起，制止不文明垂钓65起，查处乱倒污泥问题2个，暂扣车辆1辆；配合市政部门对流域上游未落实雨污分流的企业、作坊及违规施工破坏污水管道行为进行联合执法19次，巡查企业、工地、作坊等276家次，立案处罚3起，罚款9.3万元，推动整改企业200余家。

【扫黑除恶专项整治】 2022年，集美区城市管理局强化扫黑除恶工作。指定专人负责扫黑除恶信息收集反馈，落实每周、月行业清源整治情况数据、工作报告报送制度。对照工作职责和要求，配合区扫黑办等部门，对移交线索开展排查整治。2021—2022年，接收“三书一函”1件（关于陈某强恶势力团伙案：违规收取过路费，非属管理局职权范围）。接收配合核查线索0条，未移交疑似涉黑涉恶线索。移送公安部门2条（杏林、杏滨各1条）涉嫌违法倾倒渣土线索。受理各类投诉1.18万件，其中，区“12345”政务服务平台9786件、市数字城管1581件、市数字城管（公共安全）415件。

【环境保护管理】 2022年，集美区城市管理局开展“静夜守护”行动和推动噪声自动监测系统安装，开展联合劝导行动14次，出动70余人次，检查工地75家次，约谈问题工地45家次，责令整改20家次，发放宣传材料500余份，对检测噪声超标的5家工地依法进行立案查处，罚款金额11.1万元，将处罚情况推送至区建设与交通局2个，在“集美城管”公众号对2家违法工地进行曝光。做好建设施工噪声自动监测系统设置与联网，辖区工地共联网19家。加大对露天垃圾焚烧等行为监管力度，配合镇（街道）、生态等相关部门开展垃圾焚烧专项整治工作。年内，出动400余人次，发现焚烧垃圾（秸秆）等行为125起，均进行现场处理。针对辖区内油烟噪声扰民、露天烧烤等问题，督促指导各中队制订方案计划，对重点区域采取24小时定人定岗，取缔露天烧烤行为。截至年底，处理相关投诉1624起，暂扣经营工具264件，开具执法文书42份，简易程序处罚8起，罚款400元；一般程序处罚2起，罚款1100元。

【户外广告管理】 2022年，集美区城市管理局（区广告办）开展户外公益广告设施设置工作试点工作。牵头联合厦门市天下集美文广传媒有限公司以及资源规划、公共交通、市政等相关部门，编制《集美区户外公益广告设施设置实施规划》，并报市执法局审议；指导商业项目户外广告设施提升改造，对接莲花国际1～4号地块底商项目业主万银美集，指导软件园三期、安仁产业园、杏林湾商务运营中心等8处商业中心的商家或物业设置户外广告设施提升改造工作，满足商业综合体、商业街业主对户外广告设施需求；打造户外广告设施设置精品路段，运用联评联审方式，为精品路段提升改造方案定调，打造完成精品路段4条（后溪镇中秋街、集美街道办嘉庚路、灌口镇凤泉西路、杏林街道文达路）。后溪镇中秋街精品路段于11月16日打造完毕，并代表集美区参加全市精品路段打造经验交流会，获得好评；推进历史遗留存量消化，2021年以来，拆除各类违规户外广告设施设置1666块，拆除面积8546.5平方米。牵头组织交通便民棚（共3批）移交，推进交通便民棚规范管理。集美区城市管理局（区社治委办城市综合管理专项组）牵头完成两批交通便民棚（85座）移交工作。年内，办理行政审批28件，办事评价满意度100%。

【扬尘管控】 2022年，集美区城市管理局加大对工地扬尘污染行为查处力度。年内，开具执法文书66份，对限期未整改工地进行查处，立案查处42件，罚款79.8万元，对于采用一般程序处罚的工地推送至区建设与交通局33个，在“集美城管”公众号对35家违法工地进行曝光。开展集中整治行动，遏制建筑废土运输过程中滴撒漏、不按指定地点倾倒、车辆未按规定密闭、城市道路扬尘污染等违法违规行为，并形成长效化管理机制。截至年底，执法部门出动8000人次，查扣各类违法违规车辆306辆（工地车辆污染路面177起、随意倾倒建筑渣土129起），依法处罚42.25万元。

【水环境治理】 2022年，集美区城市管理局落实河长制，加强溪流常态化管护。对流域上游未落实雨污分流的企业、作坊及违规施工破坏污水管道行为进行联合执法，重点对可能影响溪流的违法搭盖、家禽养殖、乱排乱倒等“四乱”问题开展清理整治，先后开展联合执法45次，查处违法搭盖5处、清理私养家禽5处、沿溪堆杂6处、查处乱倒污泥问题2个；推动未落实雨污分流的企业整改200余家，立案查处企业3件。

【安全生产专项整治】 2022年，集美区城市管理局开展城管执法领域安全生产工作排查整治。利用“5·12”防灾减灾日、“安全生产月”、“食品安全宣传周”等时机，组织干部职工观看专题片10余场，通过宣传栏、微信公众号等组织安全生产宣传3场，发放宣传单800余份，电子显示屏宣传30余块。通过强化巡查、定点值守等方式，取缔“黑气”窝点3处，查扣燃气钢瓶269瓶，立案1件，罚款4.99万元；拆除存在安全隐患“两违”建（构）筑物122处，面积1.39万平方米；拆除违规户外广告及存在安全隐患的广告设施1651处，拆除面积8450平方米，普查户外广告154块，并对普查的户外广告设施进行分类分级，督促18名设置人对其设置的户外广告设施（楼宇标识）进行安全检测，引导1192名设置人对所属店招或单位名称进行检查并签订安全责任书。

【生活垃圾分类管理】 2022年，集美区城市管理局与区生活垃圾分类工作领导小组办公室对接，建立协调机制，中队指定专人负责，配合垃分办、镇（街道）开展专项整治工作，促进垃圾分类执法常态化和制度化。年内，集美区城市管理局强化生活垃圾分类区域推进工作，在辖区各主干道沿街店面开展全覆盖检查，出动督导巡查572次，纠正生活垃圾分类行为3170起，对违反《厦门经济特区生活垃圾分类管理办法》的单位和个人开具执法文书1.13万份，实施简易处罚2222起，罚款11.96万元；一般程序处罚17起，罚款6.95万元，共罚款18.91万元。

【摊贩规范经营点综合整治】 2022年，集美区城市管理局开展摊贩规范经营点（以下简称“摊规点”）综合整治，清理取缔9个马路市场，20个纳入常态规范管理，“摊规点”均落实设立点位公示牌、一摊一卡。截至年底，建成19个“摊规点”，分别为集美街道4个[龙船路沿线、鳌园路（南薰楼下）、浔江路8号（纪念馆门口）、大社菜市场]，侨英街道7个（云城万科里、霞梧步行街、滨水临时市场、双塔菜市场试点、孙厝步行街、叶厝市场、前占临时菜市场），杏滨街道4个（锦园新村临时市场、锦园老村临时市场、山后张临时市场、杏西市场），杏林街道2个（杏林村菜市场、高浦菜市场），后溪镇2个（港头农贸市场、二农美食“摊规点”）。

2022年9月2日，集美城管执法中队联合社区对长期占用公共区域的“僵尸车”进行清理整治　（王博青 摄）

【“示范化”引领落实】 2022年，集美区城市管理局按照“坚持标准、集中力量、分步实施、整体推进”思路，通过探索城市管理客观发展规律，打造一批具有集美特色城市精细化管理示范样板，并及时总结经验和做法，形成可推广可复制的长效管理机制和规范标准，带动全区精细管理、城市品质同步提升、整体跃升。推进“1126”城市管理精品样板，即打造1个精细化管理街区（集美街道华侨大学华文学院及周边），1个养犬管理示范小区（杏林建发央著小区），2个“门前三包”[指临路（街）所有的单位、门店、住户将担负的市容环境责任三包]示范街巷（集源路和日东路），6条户外广告设施设置精品路段（完成中秋街、文达路、嘉庚路、凤泉西路）。

【文明养犬正规化管理】 2022年，集美区城市管理局率先在全区办理厦门市养犬登记牌，通过扫描养犬登记牌上的二维码查询犬只信息。截至年底，全区为辖区内登记的860余户养犬人士发放500余个养犬登记牌，犬只正规化管理社会效应明显；率先在岛外建设文明养犬示范小区，根据方案计划，先行在杏林街道建发央著（二期）小区规划文明养犬示范小区，创新探索出一条可复制、可推广的小区居民养犬自治模式，提升小区群众依法养犬、文明养犬意识，取得良好社会效应；率先在岛外用《厦门市经济特区养犬管理办法》法规条例开具涉犬“行政处罚决定书”，自5月1日《厦门市经济特区养犬管理办法》在全区实施以来，处置各类涉犬只投诉338件，开具“责令整改通知书”17起，利用《厦门市经济特区养犬管理办法》立案处罚一般案件1件，处罚金额500元。实现线上申请、线下一站式办理、线上激活三步走的免疫证、养犬证办理简化流程，年内，办理登记730余户，收容流浪犬180余只，处罚18起。

【电动自行车综合治理】 2022年，集美区城市管理局检查电动自行车销售、修理门店超出门窗和外墙设摊经营行为为2.04万家次，纠治电动自行车侵占道路、违法停放行为10.71万起，暂扣电动自行车3.48万辆，总处罚金额13.47万元；打好责任网格、集中整治、约谈询问等组合拳。

【“僵尸车”专项整治】 2022年，集美区城市管理局在主要路段、重点区域拖移影响市容市貌的“僵尸车”129辆，截至年底，有21辆僵尸车被认领，其他车辆待专业鉴定机构评价车辆价值后，将按公告内容，统一移交厦门市金属回收有限公司回收企业报废处理。　（王博青）

# 生态环境建设

## 综 述

【环境状况】 2022年，集美区投入生态环境保护经费6206万元，比上年增长5.5%。全年空气质量优良率97.5%，空气细颗粒物浓度等6项污染物指标达标率100%。小流域水质全面提升，全区11个监控断面水质达标率100%。全年办理行政许可1221件。

【环境质量】 2022年，集美区坂头—石兜水库集中式饮用水水源地水质年均值达Ⅲ类标准，省控断面苎溪桥水质年均值为Ⅱ类标准、许溪上庄鱼鳞闸水质年均值为Ⅲ类标准；市控断面后溪水闸、后溪大桥、龙厦高铁前场桥、海翔大道桥、深清溪环美北路桥和杏林湾三个监测断面杏林湾010监测点位、杏林湾011监测点位、杏林湾012监测点位均达到考核要求。集美区空气质量优良率97.5%，空气质量综合指数2.39，6项污染物浓度均达到二级标准。空气中主要污染物每立方米平均浓度分别：二氧化硫（$SO_2$）0.004毫克、二氧化氮（$NO_2$）0.019毫克、一氧化碳（CO）0.6毫克、臭氧（$O_3$）0.136毫克、可吸入颗粒物（$PM_{10}$）0.029毫克、细颗粒物（$PM_{2.5}$）0.015毫克，优于《环境空气质量标准》（GB 3095-2012）二级标准。区域环境质量噪声昼间57分贝，交通干线噪声昼间67.4分贝。

【环保宣传教育】 2022年，厦门市集美生态环境局（以下简称“集美生态环境局”）开展生态文明建设和生态环境保护宣传工作，利用电视、网络、报纸、播放影像资料等方式，宣传报道生态环境保护工作；利用展板、宣传栏、张贴标语等形式，提高群众对生态保护知识的认识和了解；发挥网络媒体优势，在集美电视台、集美广播、《集美报》、新媒体平台，以及链接市级及以上媒体资源，全媒体落实全覆盖宣传，提高全社会的生态环境保护意识。创新环保宣传模式，利用校园优势，以视频宣传、现场宣讲、展板展示、签名承诺、环保知识竞答、环保小游戏体验等方式，与厦门理工学院共同开展多次生态环境宣传主题活动，引导学生参与环境保护工作，用实际行动践行生态文明理念。开展全区领导干部专题讲座，邀请专家给区委理论中心组成员及全区四级调研员以上干部学习习近平法治思想、生态文明思想，提升干部生态文明建设能力。2022年，公众对集美区环境质量的满意度95.48%。（黄金秀）

2022年，苎溪桥水质年均值达省控断面Ⅱ类标准。图为后溪镇苎溪安全生态工程洪村社段（林志杰 10月26日摄）

## 污染治理

【大气环境治理】 2022年，集美区部署开展三轮守护蓝天百日攻坚专项行动，每月召开空气质量调度会，形成部门工作合力。突出精准治污，借助中科院城环所专业优势，利用大气超级站和生态云平台大数据管理等先进技术加大预测预判预警力度，精细治气，全时监控。加快挥发性有机物（VOCs）治理，现场检查111家涉VOCs企业，开展机械工业集中区（灌口）大气污染整治提升工作，全年出动1160人次，排查企业511家；完成瑞京金属、开发减震器、厦杏摩托3家企业的VOCs治理减排任务；开展26家加油站两轮油气回收系统专项检查。狠抓工地扬尘污染防控，实行月督查通报制度，加大工地扬尘污染查处和信用记录力度，检查在建工地项目871家次，发出责令改正通知单 234 份，约谈 113 家责任主体，77 家责任主体单位记入信用监管行为 P 档次；查处扬尘污染案件 42 件，罚款 79.8 万元；组织全区在建工地负责人参加扬尘污染防治观摩会，树立标杆，提升建筑工地扬尘污染防治水平。强化渣土车污染路面执法，开展联合执法 138 次，查扣各类违法违规车辆 315 辆，罚款金额 45.4 万元。加强非道路移动机械监管，监督性检测排气移动机械 330 台，立案查处 22 件，罚款 11 万元。

【水环境治理】 2022 年，集美区推进碧水保卫战。巩固提升饮用水水源保护水平，保障饮用水水源地环境安全，巡查、检查坂头—石兜水库保护区 47 次；开展应急演练，完成两个千人以下饮用水水源地的“划、立、治”工作。深化“双河长”（区长、书记）机制，区领导到一线调研河湖治理 48 次，召开调度会议、专班会议 24 次，解决难点堵点问题；全区 3 条流域、153 个湖库塘均被纳入河湖长制实施范围，对在经营活动中与水资源紧密关联的企业开展联合执法 24 次，区级河长巡河 48 次，推动各类流域水环境问题的解决。强化流域要素系统治理，实施工程项目治理，41 个项目“三溪”（后溪、瑶山溪、深青溪）流域治理工程全面开工，完成 39 个；推进杏林湾生态环境整治提升一期工程、九天湖试验区水环境综合整治工程，完成九天湖防汛应急清淤工程；开展“正本清源”改造，推进 3 个片区排水管网改造工程，完成投资 12.76 亿元。加强入河排口巡查管控，推动排查整治，对 205 个入河排口实行动态管理，实行月通报；强化监督检查，出动 719 人次，立案查处涉水工业企业和小作坊环境违法行为 14 件，处罚 28.6 万元。推进农村黑臭水体治理，完成 2 处农村黑臭水体整治，巩固提升日东湖黑臭水体整治成效。公众水环境满意度 98.64%。

【土壤环境治理】 2022 年，集美区推进土壤污染防治，土壤质量总体保持稳定，农用地和建设用地土壤环境安全基本得到保障，土壤环境风险基本得到管控。加强土壤污染风险管控，强化重金属污染防治，排查涉重金属企业 11 家次，评审用地性质变更地块 47 个，其中 8 个重点地块落实土壤污染状况调查，重点建设用地安全利用率 100%，受污染耕地安全利用率保持在 94% 以上。完善危险废物监管体系，现场检查 71 家企业危险废物规范化管理情况，审核 801 家企业年度危险废物管理计划，危险废物处置利用率 100%。加强医疗废物监管，辖区 394 家医疗机构均被纳入厦门医疗废物监督管理平台，269 家医疗废物交由东江环保公司收集处置，125 家小型医疗机构签订“小箱进大箱”协议，通过平台转移 1787.78 吨医疗废物，医疗废物集中处置率 100%；检查定点医院、发热门诊、核酸检测服务机构、集中隔离观察点等重点场所的涉疫垃圾，100% 落实涉疫污水消杀监管工作。加大农药包装废弃物回收处置宣传力度，实行定点回收，统一规范化处置，回收处理农药包装废弃物 0.63 吨。

2022 年 6 月 24 日，集美区开展饮用水源地突发环境事件应急演练。图为工作人员沿农药泄漏点水流扩散方向布置活性炭围栏 （吴觅亮 摄）

【海洋环境治理】 2022 年，集美区加大入海排放口巡查管控力度，巩固提升溯源排查整治成效，统筹推进美丽海湾建设。强化方案落实，印发实施《集美区入海排放口分类整治方案》《集美区入海问题排放口整治工作方案》《集美区 2022 年海漂垃圾综合治理为民办实事项目实施方案》等，逐级压实镇（街道）、部门海洋生态环境保护责任。加大入海排放口整治力度，每月全覆盖巡查，通报排口巡查、水质监测情况，通过“联合查、截封堵、强管控”，基本解决污水直排问题。深化海漂垃圾综合治理，成立近岸海域海漂垃圾综合治理工作领导小组，将海漂垃圾纳入网格监管，配备专人专车，实行日产日清，清理岸滩垃圾 1944.2 吨。强化海洋生态保护修复，投资 2.34 亿元，开展厦门大桥—集美大桥、杏林大桥—新阳大桥岸线整治，清淤量 5 万立方米，种植红树林面积 8.2 万平方米，修复沙滩面积 7.3 万平方米，维护滨海湿地生态系统的完整性和稳定性。 （黄金秀）

## 环境监管

【概况】 2022年，集美区推进生态环境保护执法工作，为坚决打好污染防治攻坚战提供执法支撑，服务推进疫情防控、复工复产、污染防治攻坚，助推生态环境整体质量持续向好。坚持严格执法，强化依法依规监管，结合“双随机”（随机抽取检查对象、随机选派执法检查人员），开展执法大练兵、“清水蓝天”、治重化积和涉VOCs行业等专项执法行动，加大执法检查力度。加强重点排污单位监管，提高现场检查频次，从严查处环境违法行为，出动7197人次，检查企业2399家，立案行政处罚90件，处罚271万元。

【环境风险管控】 2022年，集美区强化环境风险防控底线思维，加强环境安全监管，推进废弃危险化学品等危险废物风险集中治理工作，强化环境风险企业、核技术利用单位、工业园区、饮用水水源地等重点领域专项检查，提高辖区环境安全系数。夯实安全生产基础保障，加强能力建设，更新应急物资，更新个人防护装备，提升应急应对水平。落实安全生产责任，出动228人次，检查辖区环境风险企业82家次，检查企业自查自纠及整改、环境应急预案编制和备案、应急物资储备、突发环境事件风险防控措施落实等情况，发现7家企业存在12处环境安全隐患，均整改；推进企业环境污染责任险投保工作，集美辖区有123家企业列入第四批强制投保环境污染责任险名单，其中6家停产或搬迁，其他117家全部续保环境污染责任险。开展安全生产专项整治，完成工业园区突发环境事件应急演练、隐患排查、应急预案及风险评估报告的编制；推动安全生产专项整治三年行动（2020—2022年）巩固提升，区直各部门、各镇（街道）每个季度召开危险废物安全专项整治工作会商，确保辖区生态环境安全。严格精准安全生产监管执法，分类分级差异化执法机制，重点检查28家较大风险企业，委托第三方专业机构进行全区环境安全隐患排查指导服务，帮扶151家企业完善日常突发环境事件应急管理及风险防控措施，辅导624家企业危险废物规范化管理，防范遏制环境污染事故。

【环保督察整改】 2022年，集美区坚持问题导向，实行一月一调度、一月一督办，一体推进中央、省生态环保督察反馈问题整改。第一轮中督察涉及集美区的7个问题交账销号；第二轮中督察反馈的10个问题完成整改；两轮中督察交办的120件环境信访投诉件均完成整改销号。抓好省生态环保例行督察反馈问题整改落实。

（黄金秀）

## 节能减排

【公共机构节能减排】 2022年，集美区落实能耗“双控”（对能源消费的总量和强度进行双重控制）制度，坚决遏制“两高”（高污染、高耗能）项目盲目发展，强化工业领域减污降碳，印发《集美区工业转型升级奖励办法》，降低技术改造支持门槛，鼓励支持使用清洁能源，对集中供热及使用天然气给予用气补贴。落实最严格水资源管理规定，实施水资源统一监督管理，组织实施取水许可、水资源有偿使用制度和水资源论证、洪水影响评价制度，开展节水型社会达标建设，单位地区生产总值用水量12.04立方米/万元。开展节约型机关创建行动，全年有14家区属机关事业单位建成节约型机关。推进“碳达峰”“碳中和”工作，三级、四级环保网格员业务培训会议实施“碳中和”减排，通过购买330千克林业碳汇抵消会议碳排放，实现“碳中和”。

【污染物节能减排】 2022年，集美区落实“一证式”排污许可管理制度，实现从“全”到“准”、从“基础”到“核心”、从“排污许可”到“排放管理”的“三个转变”。全年核发固定污染源排污许可证57家、变更127家、延续17家。强化排污许可证事中事后监管，现场检查87家企业按证排污情况。推进排污权交易，开展新、改、扩建项目新增排污权审核工作，核定15家企业新增初始排污权。推动主要污染总量减排，核定化学需氧量削减3779.17吨，氨氮削减444.21吨，挥发性有机物（VOCs）削减64.38吨。

【低碳城市建设】 2022年，集美区深化低碳试点工作，创建康城一星级低碳社区，招商海德公园低碳社区、双龙潭近零碳排放景区提星晋级。推动企业开展减污降碳升级改造，开展后溪工业组团低碳工业园区创建，推进分布式能源、光伏、储能、充电桩、再生资源利用、集中供热、循环化改造等智慧化、信息化建设，打造具有代表性的“绿色低碳、智慧集约、安全高效”低碳工业园区，后溪工业组团创建为二星级低碳工业园区。

（黄金秀）

# 农业·农村

## 综　述

【农业经济发展】 2022年，集美区农林牧渔业总产值71619.9万元，比上年下降5.5%。其中农业产值45598.2万元、林业产值55.3万元、牧业产值6202.2万元、渔业产值3014.2万元、农林牧渔服务业产值16350万元。农民人均可支配收入在岛外四区中排名第三，产值增速岛外四区排名第四。年内，集美区农村大病防贫救助保险处理理赔案件679件，发放救助金799万余元。

【农业技术培训】 2022年，集美区农业农村局以“12316”农业服务热线为平台，开展农业科技培训活动。“12316”农业服务热线接受来电咨询266人次，组织科技下乡现场咨询193人次。组织现场指导、调查48人次。全年开展高素质农民培训5期，农产品电商营销培训专题4期，农产品短视频营销培训专题1期。每期培训时长2天，培训人数420人次，完成集美区高素质农民培训计划任务数105%。农民手机应用技能、益农信息社、果蔬经济促进会等相关培训130人。

【农业执法】 2022年，集美区农业执法大队开展农资打假执法检查和安全管理督查86次，出动执法230人次，检查农资生产经营单位121家次，农产品种植合作社28家次；开展动物诊疗机构监管39家次，出动执法117人次；开展“三无”[无船名船号、无船舶证书（无有效渔业船舶检验证书、船舶登记证书、捕捞许可证）、无船籍港的船舶]船舶专项治理联合执法20次，出动执法295人次，召开会议12次，出台相关整治文件6份，追加“三无”专项整治经费245.57万元，清理整治在册“养殖渔船”13艘、“乡镇船舶”158艘、“三无”船舶92艘；组织开展农资执法抽检31批次（农药13批次、兽药5批次、肥料8批次、饲料5批次），完成率100%；开展农产品（畜产品）执法监督抽检105批次，完成率100%；开展水产品抽检25批次，完成率100%；开展检疫生猪数量14.05万头、牛5993头、羊4609只，瘦肉精抽检1.17万头份，屠宰场无害化处理病死猪97头；受理涉农案件6件，办结6件，处罚没款13.32万元。

【现代农业招商】 2022年，集美区推进现代农业招商工作。全年现代农业招商落地项目3个，落地投资总额0.65亿元，落地项目注册资本金0.25亿元，其中农鑫农产品总部项目完成固定资产投资0.6亿元。

【现代农业建设】 2022年，集美区推进现代农业发展，实施3个都市现代设施农业建设项目，财政投资279.47万元，新建农业温室大棚面积2.67万平方米，历年累计面积37.38万平方米。

【惠农与移民直补】 2022年，集美区发放各种惠农与大中型水库移民直补资金486.06万元。其中，农业支持保护补贴资金202.14万元（发放种粮农民一次性补贴8万元、耕地地力保护补

表9　2022年集美区农民专业合作社新注册情况表

| 企业名称 | 注册资本（万元） | 地址 | 成立日期 | 法定代表人 |
|---|---|---|---|---|
| 厦门市珍蜜养蜂专业合作社 | 100 | 厦门市集美区后溪镇岩内埔中央里97号一层 | 2月9日 | 黄韶辉 |
| 厦门瑞垦无垠果蔬专业合作社 | 300 | 厦门市集美区后溪镇仑上大社三里19-1号 | 2月4日 | 林智聪 |
| 厦门市集美区芋之园生态农业专业合作社 | 50 | 厦门市集美区灌口镇田头村大岭32号 | 4月14日 | 杨文诗 |
| 厦门创简园农业专业合作社 | 2000 | 厦门市集美区后溪镇后溪街路122号101室 | 4月26日 | 陈小坚 |
| 厦门市集美区益盛丰花卉专业合作社 | 50 | 厦门市集美区灌口镇双岭村墩仔社189号 | 8月18日 | 庄鸿程 |
| 厦门海红豆苗圃专业合作社 | 50 | 厦门市集美区灌口镇田头村仙景82号 | 9月30日 | 杜培忠 |
| 厦门集美鑫旺叁果果蔬专业合作社 | 10 | 厦门市集美区后溪镇后溪浦边里87号102室 | 11月15日 | 郭景亮 |
| 厦门蓝渠农业专业合作社联合社 | 160 | 厦门市集美区后溪镇黄地村395号 | 12月7日 | 刘国全 |

贴 178 万元、农业机械购置补贴 16.14 万元），大中型水库移民直补 283.92 万元。

【农民专业合作社】 2022 年，集美区新登记农民专业合作社 8 家，登记注册农民专业合作社 204 家，比上年下降 6.42%；社员 3353 户，下降 9.96%；注册入股资金 6.97 亿元，带动农户 1022 户，增长 1.19%。其中，获国家、省、市、区级示范社等称号合作社 42 家。

（林亚荣）

## 种植业

【概况】 2022 年，集美区农作物播种面积 2799.07 万平方米，比上年下降 4.5%。其中，粮食作物面积 231.47 万平方米，总产量 1399 吨，分别比上年增长 8.5% 和 9.9%；蔬菜面积 1945.47 万平方米，总产量 4.94 万吨，分别下降 5.6% 和 3.9%；水果面积 1873.87 万平方米，总产量 2.79 万吨；花卉面积 476.47 万平方米，下降 4.8%。全年仍在耕作的村（社区）21 个，主要种植水稻、水果、甘薯、花生、蔬菜等农作物。

【粮食生产】 2022 年，集美区粮食面积 231.47 万平方米，其中种植水稻面积 150.4 万平方米、薯类面积 69.27 万平方米、豆类面积 7.27 万平方米、玉米面积 4.53 万平方米。粮食产量 1399 吨，其中水稻产量 949 吨、薯类产量 401 吨、豆类产量 20 吨、玉米产量 29 吨。

【农田水利建设】 2022 年，集美区持续推进农田水利基础设施建设，完成农田水利项目 3 个，主要是引水渠修复、山围塘加固等，项目总投资 194.54 万元。

【测土配方施肥】 2022 年，集美区在小流域免费推广有机肥和配方肥，以减少化肥污染，改善地力，增强农作物抗御自然灾害能力。全年推广应用配方肥 43.8 吨，完成测土配方施肥推广面积 1987 万平方米次，技术覆盖率 90%。开展商品有机肥补贴、示范片建设、黄地村整村制推进等工作，改善土壤肥力，有机肥推广面积 1233 万平方米次，其中补助商品有机肥施用面积 100 万平方米次。

【农作物虫害防治】 2022 年，集美区龙眼毒蛾属于中等偏少发生年份，全区防治面积 67.07 万平方米次；红火蚁防治全区域面积 1.92 亿平方米次，其中农田面积 2735.2 万平方米次。完成鼠情监测工作，平均百夹捕获率 8%，属于中等程度发生，购买并发放灭鼠药大隆（0.005%）10 吨，做好秋、冬季农田统一灭鼠工作，全区防治面积 5000 万平方米次，防治效果 92%。在坂头库区推广水果套袋护果绿色防控技术，落实果农套袋护果计划，向后溪镇、灌口镇供应水果套袋 834.3 万个，用于蜜柚、脐橙、杨桃等，受益面积 556.2 万平方米。（林亚荣）

## 林　业

【概况】 2022 年，集美区绿化造林面积 29 公顷，完成幼林抚育面积 96.67 公顷。全区森林覆盖率 21.66%。审核林地征占用 47 起，征占林地面积 21.06 公顷。发放林木采伐许可证 22 份，采伐面积 25.21 公顷，采伐林木蓄积量 81.47 立方米。

【造林绿化】 2022 年，集美区重点生态区位林分修复造林面积 29 公顷，造林以稀疏林分补植和林分改造提升为主，树种有木荷、富贵榕、高山榕、黄花风铃木等。

【森林病虫害防治】 2022 年，集美区农业农村局制定《厦门市集美区 2022—2024 年松材线虫病防治绩效承包方案》。4—5 月，人工施放白僵菌、绿僵菌混合菌粉炮 2 次，共 1.2 万发。办理木材调运检疫 40 件、材积量 1914 立方米。

【林政管理】 2022 年，集美区林业行政案件立案 10 件，结案 7 件，处罚没款 3.13 万元。审核林地征占用 47 起，征占林地面积 21.06 公顷（其中审核永久使用林地 21 起、使用林地面积 14.55 公顷），发放林木采伐许可证 22 张，采伐面积 25.21 公顷，采伐林木蓄积量 81.47 立方米。全区有重点生态公益林面积 4539.15 公顷（含坂头林场）。

（林亚荣）

## 畜牧业

【概况】2022 年，集美区牛存栏 283 头，出栏 72 头，分别比上年增长 43.6% 和下降 59.1%；羊存栏 732 只，出栏 179 只，分别增长 15% 和下降 9.2%；家禽存栏 12.30 万羽，出栏 19.37 万羽，分别增长 80.1% 和 46.4%；肉、蛋、奶总产量 318.71 吨，其中，肉类产量增长 10.5%，禽蛋产量增长 7.2%；蜂蜜产量 77.8 吨，下降 1.8%。

【动物防疫】 2022 年，集美区财政预算安排动物防疫、检疫、畜产品质量安全及动物卫生监督等专项经费 72 万元。其中，动物防疫检疫经费 29 万元（主要包括疫苗配套、应急工作、监测流调、动物卫生监督），村级防疫员补贴 0.96 万元，“瘦肉精”检测配套 8 万元，紧急疫情扑杀经费 20 万元，固定监测点补助经费 1 万元，病死猪无害化处理补助经费 12 万元。发放疫苗 17.35 万毫升，其中高致病性禽流感疫苗 16.5 万毫升、牛羊口蹄疫苗 0.7 万毫升、羊小反刍兽疫苗 0.15 万毫升。全年防疫高致病性禽流感 17.52 万羽次、牛口蹄疫 435 头次、羊口蹄疫 1269 只次，应免免疫密度 100%，4 种重大动物疫病群体免疫密度在 90% 以上。开展检疫生猪数量 14.05 万头、牛 5993 头、羊 4609 只，瘦肉精抽检 1.17 万头（只）份，屠宰场无害化处理病死猪 97 头。

【动物检疫】 2022 年，集美区接受牲畜屠宰检疫申报 3531 批次，检疫生猪 20.44 万头、牛 9445 头、羊 1.19 万只，申报受理率 100%。无害化处理病害猪 198 头，处理肉品、内脏 3244.7 千克，有害三腺 5595.6 千克。快速检测沙丁胺醇、盐酸克伦特罗、莱克多巴胺 1.76 万头（只）份，合格率 100%。全区日常巡查无害处理猪 2 头、羊 1 只、狗 19 只、鸡鸭 19 羽、鹅 1 羽。

【动物疫情监控】 2022 年，集美区开展动物血清学检测 6 次，对辖区 5 个镇（街道）进行监测，监测血清样品 420 份，开展高致病性禽流感 2 个 H5 亚型、H7 亚型、新城疫等 4 个项目监测。其中高致病性禽流感 H5 亚型采样数 840 份，检测数 840 份，合格数 815 份，合格率 97.02%；H7 亚型流感采样数 420 份，检测数 420 份，合格数 411 份，合格率 97.86%。春防监测，其中高致病性禽流感 H5 亚型采样数 100 份，检测数 100 份，合格数 100 份，合格率 100%；H7 亚型流感采样数 100 份，检测数 100 份，合格数 100 份，合格率 100%。秋防监测，其中高致病性禽流感 H5 亚型采样数 105 份，检测数 105 份，合格数 103 份，合格率 98.1%；H7 亚型流感采样数 105 份，检测数 105 份，合格数 103 份，合格率 98.1%。

【动物疫情应急物资储备】 2022 年，集美区做好重大动物疫情应急物资储备工作，应急库存物资有手套 390 双、胶鞋 178 双、口罩 2480 个、连续注射器 92 支、护目镜 316 副、防护服 205 套、动物尸体袋 6461 个、反光背心 10 件、大动物扑杀器 10 套、喷雾器 20 台，消毒药品全年保持库存在 1 吨以上，满足全区动物疫情应急工作需要。

（林亚荣）

## 渔　业

【概况】 2022 年，集美区有渔业生产从业人员 405 户 842 人。全年水产品总产量 1663 吨，其中海洋捕捞 370 吨、淡水养殖 1293 吨。淡水养殖面积 117 公顷。有饲料加工企业 1 家，年产饲料 2.98 万吨，产值 2.20 亿元。

【水产品质量监管】 2022 年，集美区出动执法人员 28 人次，开展执法巡查 10 次，抽检水产品 25 批次，发放宣传材料 70 余份，协助市海洋渔业局组织水产品抽检 9 批次，合格率 100%。

【海洋意识教育】 2022 年，集美区围绕“海洋”主题分别开展 5 期线上线下结合、馆区社区结合海洋科普活动。通过福船拼搭、龙舟竞技、海洋寻宝等线下活动，引导公众尤其是青少年感受海洋和传统文化神奇魅力，通过线上知识问答向全社会普及海洋知识、增强海洋意识、体验海洋科学魅力，通过设置海洋科普导览台、粘贴海洋科普宣传海报、设计制作 1 万份海洋科普宣传册并分发社会公众，以及制作海洋科普视频等并于中心公众号、视频号播放以及中心白鹭屏和各楼层电视屏循环播放等宣传方式，引导全民认识海洋、关注海洋、呼吁全社会保护海洋多样性，提高公众海洋环境保护和海洋灾害防御意识。

（林亚荣）

## 乡村振兴

【概况】 2022 年，集美区有村（居）69 个。其中，城市社区（含完成资产改制村改居社区）47 个、村改居社区 1 个、行政村 21 个。省级乡村振兴试点村 11 个，分别是灌口镇田头村、双岭村、坑内村、上塘村、东辉村、顶许村，后溪镇溪西村、后溪村、二农社区，杏林街道高浦社区，杏滨街道西滨社区（山后张社）。主要种植农作物：水稻、蔬菜、甘薯、花生、油菜等。年内，灌口镇入选“全域生态旅游小镇”，后溪镇被评为省级乡村治理示范乡镇。灌口镇田头村入选省级“金牌旅游村”，灌口镇双岭村被评为福建省“美丽休闲乡村”，后溪镇后溪村、崎沟村被评为省级乡村治理示范村。

【农村产业振兴】 2022 年，集美区第一产业稳定发展。加强粮食产能区建设，实施面积 33.33 万平方米高标准农

2022 年，灌口镇田头村（仙景芋）获评为省级“一村一品”专业村。图为农民采收仙景芋

（吴觅亮　1 月 14 日　摄）

田建设，持续治理面积33.33万平方米耕地污染，复耕面积8.43万平方米撂荒地，超额完成面积232.13万平方米粮食生产任务。第一、二、三产业融合。挖掘休闲农业潜力，促进乡村旅游资源与第一产业融合，培育一批休闲农业经营主体，文源山农业观光园获评为省级休闲农业示范点。优化“一村一品”专业村建设，灌口镇田头村（仙景芋）获评省级“一村一品”专业村，灌口镇双岭村（小番茄）、后溪镇新村社区（蜜柚）获评市级“一村一品”专业村。提升产业规模，中药材种植推广联合体（牵头龙头企业：厦门塔斯曼生物工程有限公司）获评省级农业产业化联合体，总产值超6000万元。实施种业振兴，石斛属种质资源库获省级认定，这是继三角梅花卉种质资源库之后，厦门市又一省级花卉种质资源库。推进村集体项目，西亭人才公寓、叶厝霞梧大厦、兑山综合楼进行建设。

【乡村人才振兴】 2022年，集美区以促进农民转产就业为重点，强化人才保障，探索有效途径，助推乡村振兴。2018—2022年，举办日常招聘197场次，村（居）招聘22场次，提供岗位近9万个次，发送招聘信息46万条，实现农村富余劳动力转移就业4984人（其中灌口镇1768人、后溪镇1491人），安置公益性岗位就业1293人（其中灌口镇321人、后溪镇279人）。开展职业技能培训8904人次（灌口镇1785人次、后溪镇1763人次）。加快培育有文化、懂技术、善经营、会管理高素质农民，每年完成不少于400人次培训，提升农民就业创业能力。下派科技特派员54人次，全区配备18名科技特派员，平均每个镇（街道）配备3人。

【乡村文化振兴】 2022年，集美区21个行政村均按照基层文化站建设标准完成村级综合文化服务中心建设，各村综合文化服务中心均配有1名财政补贴专兼职文化协管员，负责中心开放管理和组织村群众文化工作。各村文化服务中心服务项目齐全，每周免费对外开放30小时以上。各村文化服务中心联合文明实践站、幸福院等开展群众性文体活动，每年开展读书及文化活动不少于8场。每个村建设不少于3支文化队伍。

【乡村生态振兴】 2022年，集美区以“绿盈乡村”创建为抓手，按照生态保护红线、水土保持、生态修复、饮水安全、河湖管理、农村户厕无害化改造、农村生活污水处理、黑臭水体治理、水资源管理、森林资源保护、耕地保护等八大类29项指标，开展全区19个村庄（不含陈井村、岩内村、后垵村等3个拆迁村）实地走访和一村一报告编制。截至年底，完成“绿盈乡村”创建19个，实现可创建乡村创建100%全覆盖。其中创成“绿盈乡村”高级版2个、中级版14个、初级版3个，高级版占10.5%，中级版占73.7%。

【乡村基层组织振兴】 2022年，集美区有21个行政村，设有16个党委、4个党总支，1个党支部，村级组织活动场所（党群活动中心）21个。年内，村“两委”换届后，选举产生140名村“两委”干部，21个行政村实现书记、主任“一肩挑”。打造双岭村、田头村等党建引领乡村振兴示范村、农村党组织示范阵地，“三李城”项目等党建引领集体经济发展项目，推荐“一懂两爱”（懂农业，爱农村、爱农民）好书记为典型干部。 （林亚荣）

## 水利

【概况】 2022年，集美区农业农村局策划开展水源连通工程、农业水价改革项目、河道改造工程、水库水闸提升改造、水体生态修复工程等水利工程项目17个，并配合实施市重点水利工程项目3个，完成投资1.28亿元。

【水利工程建设】 2022年，集美区水利工程建设坚持支干流治理同步推进，实现水安全水生态同步提升。配合推进马銮水船闸整改工程、长泰枋洋水利枢纽工程、厦门市水源连通工程（石兜水库至西山水厂段）等重点水利工程项目；推进集美乡村振兴项目三溪流域智慧水环境平台一期、锦园渠水体生态修复一期项目、瑶山溪风景湖下游至铁山泵站河道清淤工程；推动杏林湾生态环境整治提升一期工程前期工作；持续推进农田水利基础设施建设，完成农田水利项目3个，主要是引水渠修复、山围塘加固等，总投资194.54万元。推动实施黄地村水系综合整治工程，巩固提升黄地村农村供水保障水平。

【水利设施管理监督】 2022年，集美区加强水利设施监管。推进小型水库由第三方实行专业化标准化管养，提高管护效率及水平。引入第三方机构提供质量安全监督技术支撑服务，提升水利工程质量安全监督水平。落实责任制度，汛前逐级落实区、镇（街道）、村三级防汛责任人和13座水库、2条堤防、2座水闸等水工程防汛责任人。开展水利行业安全生产排查检查，及时发现并消除隐患问题。完成12座小（Ⅱ）型以上水库汛期防洪运行计划和防洪抢险应急预案审查、审批工作。受理办结涉河防洪影响评价8件、水闸水库防汛调度运行计划3件、在建水工程度汛方案审批3件、取水许可证核发2本。完成河道养护，实现水面整洁、河道通畅、岸绿景美90千米。

【县域节水型达标社会创建】 2022年，集美区人民政府印发关于开展节水型社会达标建设工作的通知，推进节水型社会达标建设实施方案编制、节水型社会达标建设资料汇编、节水载体建设和节水宣传与节水文化建设等工作开展。年内通过福建省水利厅组织的“节水型社会达标建设县”验收。

【水土保持】 2022年，集美区完成生产建设水土保持方案备案登记表54件，审批报告书6件、报告表2件；受理自主验收25件。代收水土保持补偿费19笔，共计125.06万元。对4个在建工程进行“双随机”（监管过程中随机抽取检查对象、随机选派执法检查人员）监督检查；委托第三方监测公司对区级审批水土保持方案在建生产建设项目监督性监测143个次。对全区水土流失情况进行“天地一体化”（天基骨干网、天基接入网、地基节点网组成，并与地面互联网和移动通信网互联互通的信息网络体系）监控；复核省、市下发流失图斑3批次，发现未批先建项目11个，责令限期整改。完成水土流失治理面积80万平方米，完成年度任务的120%。水土保持试验站开展水土流失观测11场，产生数据9场，形成年度成果报告。持续开展“六进”（进乡镇、进学校、进单位、进社区，进机关、进企业）宣传，依托厦门电视台移动电视频道，于12月在全市地铁媒体平台开展为期1周的保护水土资源宣传。试验站迁址浦公山公园工作进行推进，公园建设处于施工图设计阶段。

【水旱灾害防御】 2022年，集美区对水利工程安全隐患排查巡查73人次，发现各类问题24个，完成整改18个，其他6项为大坝底渗漏等老问题。完成全区13座小（Ⅱ）型以上水库汛期防洪调度运行计划和防洪抢险应急预案编制报批工作；完成水库“三个责任人”（行政责任人、技术责任人和巡查责任人）培训72人次。组织开展为时2天的水利工程防汛应急预案、水库防洪调度方案应急演练；落实水利工程防洪抢险物资，合理配置防洪抢险物资，按计划完成防汛物资更新采购。组织水库溢洪方案实施，安全应对，6月13日和6月27日20时，坂头—石兜水库2次溢洪放水。落实汛期24小时值班制度，启动应急响应值班3次。

【水环境治理】 2022年，集美区河长办各成员单位推进排口整治，完成市级调度的48个入河排污口整治任务，完成率100%。对河湖范围内乱堆、乱占、乱建、乱采“四乱”问题开展专项治理，区河长办及相关成员单位分批次分阶段开展“清四乱”专项行动，发现“四乱”问题16个，其中，“乱占”问题2个、“乱堆”问题6个，全区未发现“乱建”问题，其他问题8个，均完成整改。清除弃土弃渣412立方米，打捞河漂垃圾9228立方米，清理塑料垃圾重量2989.8千克，全区未发现非法采沙点。委托中国城市规划设计研究院编制“三溪”（后溪、深青溪、瑶山溪）系统治理方案，结合集美区实际情况，形成“控源截污、内源治理、活水补给、生态修复、智慧调度、长治久清”治理方案，并建立项目滚动生成机制，策划生成水环境治理项目41个，总投资3.43亿元，截至年底，项目完工率95%。

【河长制工作】 2022年，集美区在厦门市河长制年度工作考核中考核成绩为“优秀”，综合得分96.97分，名列第一。集美区3条流域和杏林湾监测9个断面12个点位，经过综合治理，截至年底，水质监测点位均值全部达标，水环境功能区达标率100%。年内，集美区后溪镇后溪村、崎沟村均获“省级乡村治理示范村镇”称号；12月，厦门市集美区被认定为“县域节水型社会达标建设县（市、区）”；在厦门市第二届“寻找厦门最美基层河湖卫士”评选活动中，1名集美区河湖专管员、1名基层民间河长分获“最美基层河湖卫士”称号。建立河（湖）长履职机制，设立“双河长”，区级河长巡河48次，镇（街道）河长巡河623次，组织召开河湖长制工作会议24次，研究解决流域治理突出问题。建立常态化联合执法机制，开展联合执法行动20次。建立督查督办机制，下达督办通知31批，协调解决问题94个。3月22—31日，河长制各成员单位利用“世界水日”和“中国水周”，围绕“复苏河湖生态环境 维护河湖健康生命”主题，开展线上答题科普宣传推广，并在台海网、《海峡导报》、新福建网等渠道进行宣传报道。10月20日至11月20日，集美区邀请中国科学院城市环境研究所教授，开展《集美区流域生态环境研究报告》，并拍摄集美区流域治理成效视频。开展以“碧水映集美 河湖展新颜”为主题摄影赛，结合集美区广播电视台、《集美报》和“天下集美”微信公众号等媒体宣传集美区河湖长制工作。与高校合作，面向“河小禹”高校青年志愿者开展线上报告解读会，交流水环境治理经验，增强“河小禹”水环境保护意识。 （林亚荣）

## 农业机械化

【概况】 2022年，集美区有各类农业机械4340台（架、套）。其中微耕机427台、旋耕机41台、植保机械897架（手动式施药机械未计）。多功能拖拉机全部清零。年内，区农机部门发放农机安全生产宣传材料1600余份，开展农机安全生产宣传2次；设置农机安全咨询台2处，接受咨询110余人次。全年未发生拖拉机安全事故。

【农机事故应急演练】 2022年6月24日，集美区农业综合执法大队组织2名农机监理员参加厦门市农业农村局组织的2022年农机事故应急处置演练。通过从事故报案、案情报告、现场救援到事故调查处理全过程演练观摩，强化农机安全生产防范意识和事故防范与处置能力。 （林亚荣）

# 工 业

## 综 述

【工业经济发展】 2022年，集美区规模以上工业企业648家，实现规模以上工业总产值1243.09亿元，比上年增长1.34%；规模以上工业增加值337.32亿元，下降2.4%。其中，年产值超亿元工业企业193家，实现工业总产值1048.29亿元，比上年增长3.61%，占全区规模以上工业总产值84.32%；年产值超10亿元企业20家，实现工业总产值593.76亿元，增长3.49%，占全区规模以上工业总产值47.76%。年度纳税亿元以上工业企业6家，纳税5000万元至1亿元工业企业11家，纳税1000万元至5000万元企业51家。

【工业企业扶持】 2022年，集美区提升服务企业能力、优化营商环境，坚持政策先行，完善政策落实、企业减负、问题办理、政企沟通等机制，为各项工作落实提供制度保障。截至年底，全区受理工业企业申请并政策兑现1029家次，奖励补助资金2.80亿元。支持实体经济和工业增效升级，工业企业技术改造和设备更新。其中兑现成长型工业企业扶持经费1028万元，惠及企业43家次；兑现出口型企业信用保险扶持经费16万元；兑现工业转型升级扶持经费1.20亿元，惠及企业257家次；兑现工业稳增长奖励230万元，惠及企业5家次；兑现技术改造补助资金1.21亿元，惠及企业209家次；兑现支持企业稳岗增产资金2705万元，惠及企业515家次。

【工业上榜企业】 2022年，集美区工业领域一批企业跻身国家、省、市、区级企业名录榜。其中，福建百强企业1家，福建百强制造业5家，福建战略性新兴产业企业百强1家，福建百强民企3家，福建民营企业制造业50强3家，福建省创新型民营企业百强8家，厦门百强企业5家，第六批省级制造业单项冠军企业3家，第六批省级制造业单项冠军产品5家，福建省第四批工业龙头培育企业2家，省级企业技术中心2家，厦门市市级工业设计中心（企业）4家，技改基金白名单41家，厦门市科技“小巨人”企业44家，工信部第四批“专精特新”“小巨人”企业7家，福建省“专精特新”中小企业名单30家，厦门市“专精特新”小微企业认定51家，2022年福建省首台（套）重大技术装备认定名单2家，集美区成长型工业企业61家，厦门市重点工业企业53家，厦门市新材料企业33家，厦门市第27批地产工业品11个，厦门市最具成长性中小微企业21家，工业模块上市企业10家，省级上市后备企业19家，市级上市后备企业41家。 （康毅聪 林兰姐）

## 机械装备业

【概况】 2022年，集美区机械装备产业包括汽车、工程机械制造、输配电设备、金属制品业等产业集群。汽车制造业主要集聚在集美机械工业集中区和杏林工业区，以金龙联合、日上集团、民兴工业为产业龙头，有规模以上工业企业29家，全年实现产值152.55亿元，比上年下降3.0%，占全区规模以上工业总产值11.26%；工程机械制造业主要集聚在集美机械工业集中区和集美北部工业区，以厦杏摩托、厦工机械、航天思尔特为产业龙头，有规模以上工业企业131家，实现产

2022年，厦门士林电机有限公司入选厦门市“专精特新”中小企业。图为公司生产车间
（林志杰 10月19日摄）

值 137.30 亿元，增长 3.96%，占全区规模以上工业总产值 10.14%；输配电及控制设备制造业主要集聚在集美机械工业集中区和集美北部工业区，以宏发电声、宏发开关、士林电机、中骏电气为产业龙头，有规模以上工业企业 87 家，实现产值 125.52 亿元，下降 0.42%，占全区规模以上工业总产值 9.27%；金属制品业主要集聚在灌口机械工业集中区，以新长城钢构、革新塑胶、厦高金属为产业龙头，有规模以上工业企业 83 家，实现产值 142.12 亿元，下降 2.63%。

【金龙联合汽车工业有限公司】 2022 年，厦门金龙联合汽车工业有限公司产值 110.47 亿元，比上年下降 0.59%。是中国商用车自主品牌代表和领军企业，公司主营大、中、轻型商用车整车的研发、生产、销售和服务，拥有厦门大中型客车、厦门轻型客车、厦门专用车和绍兴专用车四大生产基地，年产能近 5 万辆，提供业界最齐全的智慧交通产品线，涵盖大、中、轻型客车、自动驾驶客车和底盘、专用车、卡车、房车及各类泛出行产品。年内，金龙客车品牌价值 686.97 亿元，位列中国汽车行业品牌前列。历年累计生产商用车超过 50 万辆，出口客车近 14 万辆，市场遍及全球 150 个国家和地区。拥有国家级试验中心、工业设计中心及博士后工作站，是国家企业技术创新示范企业和“两化融合”（信息化和工业化的高层次的深度结合）示范企业。2020 年，公司入围科改示范企业名单。翌年 3 月，厦门金龙联合汽车工业有限公司在国务院国有企业改革领导小组的 2022 年“科改示范企业”专项评估中获评为“优秀”。金龙客车入选“科改示范行动”企业 3 年来，2 次获评为“优秀”。2021 年，该公司被认定为“国家级工业设计中心”，高性能氢燃料电池客车关键技术及产业化获福建省科学技术进步奖一等奖，基于共用架构的汽车智能驾驶辅助系统关键技术及产业化项目获国家科学技术进步奖二等奖。2022 年 5 月，发布“流程再造”设计方案，围绕企业客户价值核心，建设现代化流程管理体系。　　（康毅聪　林兰姐）

## 电子信息制造业

【概况】 2022 年，集美区电子信息制造业产业规模稳定增长，主要产品聚集在电子显示、电子元器件领域。推动云计算、自主可控软件、信创产业、数字服务出口等电子信息服务产业发展，与先进制造业深度融合发展，加快两化融合。主要集聚在集美北部工业区，以宝宸光学、稻兴电子、TDK、宸展光电为产业龙头，有规模以上工业企业 58 家，全年实现产值 263.88 亿元，比上年增长 2.0%，占全区规模以上工业总产值 19.48%。

【厦门宏发电声股份有限公司】 2022 年，厦门宏发电声股份有限公司产值 38.87 亿元，比上年增长 9.69%。公司主要生产应用于工业、能源、交通、信息、生活电器、医疗等领域的各种继电器。公司获福建省创新型民营企业百强（第 13 名）、“2021 福建制造业企业百强（第 47 名）”、“2021 福建企业百强（第 91 名）”、“2021 福建百强民企（第 38 名）”、“2021 福建民营企业制造业百强（第 19 名）”、“2021 厦门企业百强”、国家级企业技术中心、厦门市重点工业企业。公司董事长、总裁郭满金获评为 2021 年中国低压电器行业年度杰出人物。2022 年，该公司获中国电子信息企业竞争力百强（第 87 名）、2022 年中国电子元件行业骨干企业（第 8 名）、2022 年胡润中国 500 强（第 357 位）等称号。

【宸展光电（厦门）有限公司】 2022 年，宸展光电（厦门）有限公司产值 16.20 亿元，比上年增长 20.89%。宸展公司是商用智能交互显示设备整体解决方案提供商，主要产品有智能交互显示器、智能交互一体机和智能交互显示设备零部件，终端产品有 POS（销售终端）机、ATM（自动取款机）、VTM（远程视频柜员机）、自助售票机、自助取票机、自助点餐机、自助结账机、快递柜、医疗设备及游戏机等，广泛应用于零售、金融、工业自动化、医疗、餐饮、快递物流、游戏娱乐、交通运输、公共事业等终端领域。该公司获评为 2021 年度省级绿色工厂、省级制造业单项冠军、AEO 高级认证证书等。
（康毅聪　林兰姐）

## 新材料产业

【概况】 2022 年，集美区新材料产业集群规模显现，主要涵盖先进无机非金属材料、高性能纤维及制品和复合材料、先进高分子材料、先进有色金属材料、先进钢铁材料 5 个领域。主要集聚在集美机械工业集中区和集美北部工业区，以金鹭特种合金、华懋（厦门）新材料、春保集团为产业龙头，有规模以上工业企业 33 家，全年实现产值 88.53 亿元，比上年增长 12.5%，占全区规模以上工业总产值 7.12%。

【三达膜科技（厦门）有限公司】 2022 年，三达膜科技（厦门）有限公司实现产值 4.27 亿元，比上年增长 19.35%。该公司是国际知名的膜技术应用解决方案提供商，以纳滤、超滤、反渗透、生物膜反应器等各类膜技术的开发与应用为核心，致力清洁生产、循环经济、水质净化和节能环保，核心业务为工业生产过程中的分离纯化，工业废水处理和中水回用、市政供水等领域的膜法水处理，民用净水机的开发、生产和销售，拥有 200 多项授权专利。形成“膜材料－膜工程－膜工艺－膜应用”完整的膜产业链。该公司技术

2022 年，三达膜科技（厦门）有限公司入选第六批省级制造业单项冠军企业。图为公司自主研发的全球首条工业化规模制备石墨烯膜过滤材料生产车间　　（吴觅亮　5 月 19 日摄）

团队先后自主创新开发适合中国传统工业分离的膜工艺数百项，其中大部分为国内首创，居国内领先水平，有的达到国际先进水平，解决长期困扰企业发展的收率低、质量差、能耗大、污染重、成本高等关键技术问题。2022 年度该公司获得福建省“专精特新”中小企业、帘式中空纤维膜生物反应器组器领跑者证书、福建省环保协会副会长单位、福建环保产业百强企业、厦门市未来产业骨干企业、福建省侨联新侨创新产业基地、国家知识产权示范企业等荣誉和资质。

**【华懋（厦门）新材料科技股份有限公司】** 2022 年，华懋（厦门）新材料科技股份有限公司产值 15.20 亿元，比上年增长 31.74%。该公司是一家集研发、生产与销售于一体的高新技术企业，作为国内主流汽车被动安全系统部件供应商中唯一一家本土民族企业，是国内较早实现安全气囊布规模产业化生产企业。主要产品有安全气囊面料、安全气袋、OPW（一次成型气囊）、安全带、防弹布、夹网布、口罩、防护服等。2021 年，公司通过产业基金形式布局光刻胶材料业务板块，投资国内领先的半导体光刻胶企业徐州博康信息化学品有限公司，并与徐州博康成立合资公司东阳华芯电子材料有限公司，建立光刻胶材料研发、生产及销售全产业链经营。成立华懋科技研究院，参与“阅享· 悦读”图书馆、班班有个图书角、集美区教育基金等多项公益项目，为公益事业捐赠 94.35 万元（其中集美区 4 所小学班班每个图书角 11 万元，集美区教育基金会 15 万元），捐赠平面口罩 7.6 万个，KN95 口罩 2 万个，防护服 7140 件。2022 年，获评为 2022 年厦门市集美区安全生产标准化建设示范企业和双重预防工作机制示范企业。获比亚迪公司 2021 年度优秀供应商、2022 特别贡献奖；采埃孚公司 2021 年度优秀开发奖；延锋智能公司 2021—2022 延锋卓越质量奖、2022 年优秀供应商奖；厦门市 2021 年度市级劳动关系和谐企业、厦门市 2022 年度双爱典范企业（全市 26 家企业获评）、福建省 2020—2021 年省级劳动关系和谐企业（全省 149 家获评，其中厦门 18 家）；获第七届时代金融金桔奖——高质量发展上市公司奖；2022 年第六届博鳌企业论坛 2022 年度汽车零部件行业上市公司十大创新企业；思维财经投资者网 2022 年度杰出投资者关系（IR）团队金桥奖。

（康毅聪　林兰姐）

**小资料：**

## 2022 年度工信部<br>绿色制造名单企业简介：

**路达（厦门）工业有限公司：** 公司成立于 1990 年，注册资金 7832 万美元。主营高档水龙头、卫浴配件、阀门配件、锁具等各类卫浴家居产品，是一家集产品研发、生产和市场营销三位一体的企业。路达（厦门）工业有限公司在厦门拥有六个生产基地，已建成 30 万平方米，在建 45 万平方米，员工 6000 余人，并在福州、珠海、越南胡志明市建设生产基地。作为全球卫生洁具业的领先制造商，公司凭借着垂直整合的生产体系、一流的工艺流程、强大的研发团队、先进的实验设备和严格的品管系统，与全球最大的国际知名品牌合作，产品销往北美、欧洲最大的家装连锁店及专业批发市场，年销售各类高档水龙头 1500–2000 万套以上，是亚洲最大的卫浴五金专业制造商。

**厦门强力巨彩光电科技有限公司：** 公司成立于 2008 年，注册资金 7398 万人民币。是全球知名的 LED 显示产品研发制造商与解决方案提供商，强力巨彩产品涵盖室内外彩色LED显示屏、创意 LED 显示屏、单双色 LED 屏、配套产品等，广泛应用于智能会议显示、安防监控、指挥中心、广电演播、展览展示、舞台租赁、广告传媒、数字标牌、门头橱窗、智慧城市等，产品远销全球 130 多个国家和地区。强力巨彩为遍布全球政务公共服务领域用户、商业用户、家庭用户提供可视化智能显示终端。

# 交通·物流·邮政

## 交通运输业

### 公路建设

【概况】 2022年，集美区建设与交通局管养农村公路72条，总长130.032千米，其中县道19.84千米、乡道48.41千米、村道61.78千米，管养桥梁24座，省、市、区投入养护资金264.7万元；管养路灯1.46万盏，路灯亮灯率在95%以上。

【农村公路建设】 2022年，集美区对辖区重要农村公路进行普查，做好与城市道路系统、旅游景点有机衔接，提升全区农村公路技术等级、通达性以及线路行车安全系数。全年完成投资超2000万元，对区农村公路开展水泥路面“白改黑”、路面拓宽、破损路面修复、完善标志标线等工作，实施并完成乡道304线、乡道305线及乡道306线等3个道路提升及交通安全整治工程。主要建设内容包含：板块破损修补，加铺沥青混凝土，对现状边沟进行清淤、加高、更换破损盖板，检查井加高，完善交通标志标线，增设里程碑、百米桩，杆线迁移及施工围挡等；推进顶大线乡道307（国道324线—大东山段）道路提升及交通设施完善工程、乡道315三后线（三社路段）道路提升改造工程（“白改黑”工程）、乡道320线道路提升及交通安全整治工程、村道015线道路及交通安全整治工程、村道011线、村道123线、村道006线、村道134线道路及交通安全整治工程等5个项目前期策划工作。（林 宇）

### 公路养护与管理

【概况】 2022年，集美公路分中心管养辖区16条道路，总里程108.80千米，其中国道3条（国道228线、国道319线、国道324线）、43.593千米，省道3条（省道209线、省道217线、省道507线）、24.103千米；县道13条、37.654千米，乡道1条、3.45千米，道路总面积337.29万平方米。管养中小桥31座（总长1207米），天桥、地通59座，涵洞119座及沿线其他交通安全设施等；绿化总面积219.65万平方米，其中一级绿地面积89.97万平方米、二级绿地面积86.33万平方米、其他绿地面积43.35万平方米。

【道路保洁】 2022年，集美公路分中心投入洗扫车、清扫车、护栏清洗车、高压水车等各类洗扫作业设备75部，落实自查自纠和强化监管考核工作，狠抓人行天桥、地下通道、人行道、绿化带等边角地带保洁专项工作，并对重要路段（杏锦路、杏滨路、同集路、集美大道、孙坂北路等）安排两班制，白天夜间双保障并形成常态化。为适应养护精细化管理要求，建立一线养护作业人员“电子工牌”制度、运用GPS（全球定位系统）定位系统管理养护机械设备，基本实现人员、设备信息化网格化管理。年内，清理路面各类垃圾杂物6323立方米，清洗桥梁护栏22.89万延米、人行天桥（地下通道）662座次。

【道路养护】 2022年，集美公路分中心日常养护管理探索新手段、新工艺，该中心首次在辖区公路开展道路空洞检测，采用地下空洞探测系统、地质雷达在集美大道、集灌路等开展

2022年9月16日，集美公路分中心首次采用绿篱修剪机修整绿化 （纪艺强 摄）

2022年，集美区首次在道路立交桥应用三角梅控花技术。图为杏南立交高架桥三角梅景观（纪艺强 8月18日 摄）

道路塌陷综合检测，对发现病害空洞隐患及时进行处置修复，保障道路安全；首次采用绿篱修剪机等设备修整绿化，效率高、安全快速，养护手段更新升级；三角梅专项养护首次应用到岛外集美辖区，控花等技术在国道228线杏滨路、省道217线同集路等道路立交桥、人行天桥运用，开花效果良好。做好养护工程项目改造，完善道路设施，提升道路路况。开展雨水管道、盖板暗沟专项清淤，采用清淤车、CCTV（视频检测仪）及QV（管道检测仪）检测仪器配合对雨水管道、暗沟内淤泥进行清理并装袋清运，完成集美大道、集灌路等雨水主干管清淤工作及国道324线等盖板边沟清淤工作，清理淤泥5500立方米，确保道路排水畅通。

【道路设施修复】 2022年，集美公路分中心维修沥青路面面积9200平方米，修复人行道砖面积1.04万平方米，新增及修复防撞护栏长4448米，完善标志196处，施划更新标线面积1.22万平方米，调整及修复井盖333个，完成绿化补植面积3.34万平方米，并在辖区新增、整修灌溉管网2840余延米。针对一些道路设施老旧等状况上报计划，安排项目开展提升完善，组织完成辖区杏锦路车行下穿通道和人行通道装饰维护工程、集灌路下穿沈海高速易涝点整治工程、杏滨路等线路下穿路段主车道路面截水沟改造工程等11个项目。

【公路管理】 2022年，集美公路分中心受理许可案件52件，收取赔（补）偿费816万元，发出“责令整改通知书”4份，约谈施工单位26个。协同集美执法部门开展联合整治行动56次，参加人员168人次，清理堆积物7处，占用面积约930平方米；纠正制止违章166起，其中损坏、污染公路35起，违法设置非公路标志78起，违法架设埋设管线7起，违法占用和挖掘公路12起，违法搭接平交道口2起，违法建筑违章搭盖2起，劝阻占道摆摊4起。全年受理路政赔（补）偿案件26件。

（吴诗泓）

## 公路运输

【概况】 2022年，集美区优化审批流程，依法受理、办理道路运输企业许可57件，公共服务事项4.52万件。截至年底，全区有道路运输企业197家，其中客运企业6家、货运企业115家、维修企业68家、驾培机构7家、公交客运企业1家。强化辖区道路运输企业安全监管。全年检查企业143家次，排查并整改一般安全隐患21处，全年辖区道路运输业安全生产形势平稳。

【客货运输】 2022年，集美区有旅游客运企业6家（不含出租车和公交车公司），全年排查客车156辆次；排查客车驾驶员156人，驾驶员接受教育培训156人次。年内，有公交客运企业1家，在营公交车辆596辆，常规公交线路67条，定制公交线路46条。运营线路总里程4051.77万千米，全年客运量7500.73万人次。有货运企业115家（其中危险货物运输企业8家），全年排查货运车辆1.08万辆次，排查货车驾驶员1.08万人次。做好老旧车辆报废、新能源车辆的更新投放工作，全年报废老旧车辆67辆，老旧车辆停驶待报废33辆。截至年底，公交集团集美公司在营公交车辆596辆，其中新能源环保型公交车辆549辆［油电混合车97辆，LNG（液化天然气汽车）车2辆，LNG气电混合车35辆，纯电车415辆］，新能源环保型公交车辆占92.11%。

【公交线路优化】 2022年，集美区新增常规公交线路6条：为解决官地民众出行需求，新增909路支线；为完善环境监测大厦周边公交线网，满足大厦内员工公交出行需求，新增396路；为方便宁海片区民众接驳地铁园博苑站，新增M11路；为方便集美学村地铁站至集美区政府、银亭社区乘客出行需求，新增M27路；为完善四川大学华西厦门医院公交线网服务，方便乘客出行，新增918路；为方便锦园南路、杏林北二路、杏北六里等片区乘客接驳地铁杏锦路站、杏林村站、园博苑站，新增M29路。结合民众需求对14条公交线路进行优化调整，满足民众出行需求：为方便后溪工业组团金岭北路沿线企业及人员出行，优化调整900路，改经金岭北路运行；为满足软件园三期F区新入驻企业及员工的出行需求，优化调整392路、492路；提升滨水片区公交线网，方便乘客接驳园博苑地铁站，优化调整390路；为方便坑内村民众出行，优化调整983路，绕行坑内村；为方便深青工业区、灌口片区乘客往返软件园三期，优化调整938路；为方便恒大帝景片区民众出行，优化调整912路；为方便软件园三期D区、杏林湾营运中心乘客接驳地铁官任站、诚毅广场站、集美软件园站，495路优化调整为M23路；为方便景湖南路片区乘客出行，优化调整911路；为方便华铃片区周边民众出行，优化调整937路；为方便乘客前往口腔医院集美院区的出行需求，优化调整927路；为满足市民乘客的出行需求，围绕集美中央活力区主要企业，畅通区域交通内循环，优化调整集游1路；为方便滨水、水晶湖郡片区民众接驳集美学村地铁站出行需求，优化调整397路、919路。（叶坤埔）

## 道路交通管理

【概况】 2022年，集美公安分局交警大队（以下简称“集美交警大队”）以事故预防“减量控大”（削减交通事故总量及控制特大的交通事故发生）为牵引，以改革创新为动力，以协同共治为支撑，统筹推进预防事故保安全、规范执法护稳定、便民利企促发展，严防重特大交通事故，严防重大涉交警负面舆情。全区道路交通安全形势总体平稳，亡人事故有所下降。集美区全年发生道路交通亡人事故27起，造成死亡30人，与上年相比，亡人事故起数下降6.7%，死亡人数持平。集美区道路交通事故一体化调处中心全年受理案件2234件，调结2040件，落实到位赔付款1.25亿元，查处各类道路交通违法行为66万余起，查处违停36万起，查处电动自行车违法行为4.5万起。

【道路交通隐患治理】 2022年，集美交警大队做好辖区各项文明交通创建工作，根据道路交通事故、安全形势特点和上级的统一部署，不间断地组织开展电动自行车违法综合治理、打击涉酒交通违法行为、“百日攻坚”行动等专项整治工作，严打酒驾醉驾、超员超载、无牌无证、两轮车不戴安全头盔、面包车超员、不系安全带等重点交通违法行为，形成严查严管高压态势。强化重点企业源头治理，对辖区重点运输企业进行走访检查，对检查发现的问题抄告行业主管部门，推动行业主管部门履行监管职责。同时，联合银保监局、保险协会等部门推动货运企业安装应用大货车右前侧盲区预警系统，在车内粘贴盲区警示提示贴，警示驾驶人时刻注意视线盲区，确保行车安全。同时，全面排查辖区内大货车与摩托车、电动自行车混行问题突出路口，施划摩托车待行区，设置大货车右转弯危险警示区，优化信号灯相位设置和信号配时；结合城区道路交通特点，调整优化大货车交通事故高发区域限行措施，提升道路交通安全通行水平。会同区建设与交通局、各镇（街道）开展交通安全设施隐患大排查大整治工作，重点整治辖区运输企业和道路施工、事故多发、交通复杂路口路段、农村道路临近池塘水渠、急转弯、隧道桥梁（高架桥）等地段，发现各类交通安全隐患635处，整改635处。完成8项省市为民办实事项目，包括国道324线、县道416线以及辖区20条主次干道和商业街等重点路段完善护栏、标志标线等交通安全设施，新增波形护栏长1434米，标线面积6954平方米，悬臂标志牌9面，隔离护栏长2.13万米，标志牌181面、道口柱61根。加大技防投入力度，全年投入资金1500万元，新增会车预警系统15套、视频监控4套、行人过街语音提示系统48套、电子警察抓拍系统129套、信号灯12座。

【车辆驾驶人管理】 2022年，集美交警大队办理驾驶证业务8084件，其中驾驶证申领4899件，补换证2554件，审验学习499人，满分学习2103人；受理机动车业务4.98万件，其中，新车注册1.06万辆，转入905辆，转让4112辆，变更454辆，注销登记3744辆，核发检验标志2.55万辆；电动自行车登记4.56万辆［其中灌南停车场电动自行车登记点1625辆（含超标车备案768辆），通过远程核验电动自行车登记360辆］；违法处理窗口日均违法处理量446频次，总违法处理

2022年，集美交警大队组织开展电动自行车违法综合治理。图为5月20日，执法人员暂扣位于后溪镇东宅村宅尾里的违停车辆（帅浩 摄）

量近 11 万起。

【道路交通安全宣传】 2022 年，集美交警大队紧扣月度主题教育，开展“七进”（进学校、进企业、进农村、进社区、进家庭、进媒体、进网络）宣传活动，办好集美区第五届“寻找零违法”好司机活动，擦亮具有集美特色的交通安全宣传品牌。发动工作人员、志愿者、义务交警等到村（居）、学校、企业，通过悬挂横幅、新媒体推送文章、发放宣传资料、组织新闻报道、讲课等形式开展宣传教育，组织开展主题宣传 840 余场次，发放宣传材料 23 万余份，大篷车流动宣传 1600 余小时，张贴宣传海报 1 万余张。主动融入“大宣防”格局中，结合“平安三率”（群众安全感率、扫黑除恶满意率、执法工作满意率）“反诈”（对包含交易诈骗，网络诈骗，电信诈骗，盗卡盗号等欺诈行为进行识别）宣防延伸宣传触角，走街串巷重点针对外来务工人员、“一老一少”、电动自行车驾驶人等群体通过宣传喇叭、发放纸质宣传材料、扫码答题等方式开展主题交通安全宣传，入户宣传 6200 余次，“平安三率”宣传答题 7000 余人。联合集美区道路交通综合整治领导小组办公室、各镇（街道）每日组织大篷车到辖区交通事故多发、违法高发路段及重点路口、路段开展平安交通宣传，播放交通安全警示教育片、举报有奖宣传片、文明交通宣传片等。用好宣传阵地，强化日常劝导和宣传。发挥全区 22 个农村劝导站、警保合作劝导站作用，每日组织警力联合劝导员、志愿者、护学岗人员严守农村主要出入口、辖区重点路口、校门口交通秩序，对路面纠违中电动自行车交通违法行为进行查处，在依法开单处罚的同时，要求驾驶人签署“电动自行车驾驶人文明安全承诺书”。联合区委宣传部、区城市管理局，在全区 90 个重点红绿灯路口便民棚公益广告栏开展电动自行车文明规范宣传；推动集顺金牌运输、华懋（厦门）新材料、厦门智欣物流、林德气体等多家企业建设“企业交通劝导站”，加强内部员工驾驶摩托车、电动自行车上下班的交通安全劝导，做到交通违法不入企、不出门。

（杨元静）

## 地铁建设

【概况】 截至 2022 年底，集美区境内规划建设的地铁线路有 3 条，即 1 号线、4 号线和 6 号线。线路全长 43 千米，共设站点 16 个。其中，地铁 1 号线于 2017 年 12 月建成通车（软件园上盖项目尚在施工）。在建地铁线路 2 条：地铁 4 号线于 2015 年 12 月动工，地铁 6 号线于 2017 年 12 月动工。

【轨道交通 4 号线集美区段】 厦门轨道交通 4 号线为岛外环湾骨干快线，从西向东依次串联海沧、集美、同安、翔安岛外四区。线路 71.2 千米，起于海沧嵩屿，终于翔安机场，共设 18 座车站，设计时速 120 千米。轨道交通 4 号线在集美境内长 16 千米，设 5 座车站。全线分 3 期建设，一期工程（含首开段）从后溪河南山至翔安机场，全长 44.78 千米，于 2015 年 12 月动工。其中集美段长约 8 千米，含 3 站（软三东站、后溪站、厦门北站）、4 区间及 1 个车辆段（后溪车辆段）。截至 2022 年底，软三东站、后溪站、厦门北站主体全部完工，进入涉铁段机电安装施工阶段；4 个区间全线贯通，铺轨全部结束；后溪车辆段运用库、检修库等功能用房主体结构完成施工，进入装修施工及配套市政道路、管线、绿化等施工阶段。

【轨道交通 6 号线集美区段】 厦门轨道交通 6 号线为岛外普线骨干线，起自林埭西站至同翔高新城站，全长 49.5 千米，集美段起自集美岛至侨英路站区间，止于滨海西大道站，在集美境内长 20.2 千米，设 13 个站点。2022 年工程分 3 段建设。

集美岛站至华侨大学段工程为一期工程（含首开段），于 2017 年 12 月动工，线路全长 12.5 千米，设 9 站（集美岛站、西滨路口站、杏林西路站、杏滨站、内茂站、董任站、官任站、集美创业园站、华侨大学站）。截至 2022 年底，车站全部封顶，区间双线洞通，铺轨完成 10%。

华滨段华侨大学站至滨海西大道站段工程为二期工程，于 2022 年 6 月动工，线路全长 4.4 千米，设 3 座车站（孙厝站、嘉庚体育馆站、滨海西大道站），1 座停车场（滨海停车场），最高运行时速 80 千米。工程沿集美大道、乐海路往南敷设，在嘉庚体育馆

厦门轨道交通 6 号线集美区段一期工程全长 12.5 千米、设 9 个站点。图为杏滨站施工现场

（林志杰 2022 年 1 月 19 日摄）

附近与嘉庚体育馆至同翔高新城段换乘，后转入滨海西大道，止于滨海西大道站。截至2022年底，华滨段开展开工前准备工作。

同集段嘉庚体育馆站至侨英路站段工程于2022年6月动工，同集段线路全长26.2千米，设车站15座，最高运行时速100千米，在集美辖区内线路长3.1千米，设车站2座（嘉庚体育馆站、侨英路站）。截至2022年底，侨英路站开展车站围护结构施工，嘉庚体育馆站开展交通疏解施工。

【1号线软件园上盖项目】 轨道1号线软件园上盖项目占地面积3.74万平方米，总建筑面积27.90万平方米（地上19.03万平方米、地下8.87万平方米），计容建筑面积20.14万平方米。主要业态包括酒店面积9.51万平方米、商业用房面积3.38万平方米、办公用房面积1.59万平方米、保障性租赁住房（公寓）面积6.79万平方米，停车位1245个。工程分2期建设，一期于2022年2月7日开工建设；二期于2022年11月1日开工建设。截至2022年底，一期工程完成主体结构封顶，二期工程开展地上主体结构施工。

（王丁源）

## 铁路建设

【概况】 2022年，福厦高铁及福厦高铁厦门北站加快建设，福厦高铁预留通道、厦门北高铁站交通综合配套工程（BRT首末站工程、公交枢纽站工程、北广场工程）及厦门北高铁站公交综合体项目尚在施工中。

【福厦高铁建设】 2022年，福厦高铁设计时速350千米，起于福州，止于漳州，总长278千米，其中集美段全长13.9千米，途经灌口镇、后溪镇、杏滨街道3个镇（街道）。截至2022年底，福厦高铁集美段主线主体工程及铺轨施工基本完成，附属工程施工进入收尾阶段。

【福厦高铁厦门北站建设】 2022年，福厦高铁厦门北站新建站房工程与既有厦门北站并站设置，总建筑面积约23万平方米，其中主站房面积4.93万平方米，站房附属设施、新旧站房连接大厅及站台雨棚等建筑面积约9万平方米，新建信号楼等设施。新北站站场规模为7台15线，其中基本站台1座，岛式站台6座。项目于2021年开工，截至2022年底，主体结构基本完成，高架站房金属屋面完成95%，雨棚区域金属屋面完成95%；高架站房幕墙玻璃安装完成50%，北立面幕墙龙骨安装完成100%，基本站台幕墙玻璃安装完成75%，夹心地西立面、东立面幕墙玻璃安装完成100%；东侧式站房8.85米二次结构完成80%，候车层一区二次结构完成15%；商业夹层钢结构完成100%；高架站房出站层装饰装修完成60%，进站层装饰装修完成50%，侧式站房出站层装修完成35%，进站层装修完成50%，换乘中心进站层装修完成40%；出站层机电安装完成96%，站台层机电安装完成80%，侧式站房进站层机电安装95%，侧式站房出站层机电安装90%，换乘中心0米层机电安装完成90%。

【福厦高铁预留通道建设】 2022年，福厦高铁预留通道（集美区）工程共新建7条预留通道，分别为岩和路、岩吉路、窗内路、锦安路、仁德路、珩霞路、碧溪北路。截至2022年底，岩和路、岩吉路、窗内路、锦安路预留通道下穿福厦高铁段工程完工，仁德路、珩霞路预留通道下穿福厦高铁段施工尚未结束。

【BRT首末站工程建设】 2022年，BRT（快速公交系统）首末站工程为厦门北站高铁站交通综合配套工程，位于在建的福厦高铁厦门北站与既有厦门北站夹心地西侧，与圣果路衔接，用地面积4.17万平方米。BRT站采用立体化布局，上下客平台分开，共分2层，其中地上二层与铁路站房出发层相衔接，为BRT到达层，设置泊客位6个；地面层为BRT出发层及停车场，与铁路站房到达层相衔接，设置泊客位4个，层高7.9米。站台采用侧式站台。截至年底，完成南北匝道桥上、下部结构、主体结构基础、上部结构、地下通道的工程建设，车站砌体结构及匝道桥附属结构、停车场等工程施工尚未结束。

【公交枢纽站建设】 厦门北高铁站交通综合配套工程——公交枢纽站工程，位于在建的福厦高铁厦门北站与既有的厦门北站夹心地东侧，通过立

2022年，福厦高铁厦门北站主体工程基本完成。图为福厦高铁厦门北站建设工地

（林志杰 1月19日摄）

交匝道与学院路衔接，用地面积7.28万平方米。公交枢纽站采用立体化布局，上下客平台分开，共分2层，其中地面层与铁路站房出发层相衔接，为公交到达层及停车场，公交泊客位（下客）8个；地下一层与铁路站房到达层相衔接，为公交出发层，公交泊客位（上客）19个，临时泊客位20个，层高8.4米。到达与出发站台采用C字侧式站台。截至2022年底，公交枢纽站土方工程、桩基工程、负二层主体施工完成。

【北广场配套工程建设】 厦门北高铁站交通综合配套工程（北广场工程）位于在建的福厦高铁站房北侧，衔接福厦高铁北站房落客平台，为福厦高铁厦门北站片区集疏运体系的组成部分。主要建设道路、匝道及绿化等。其中，岩安路、岩内路总长784米，按城市支路标准建设，单向2车道，路幅宽16米；衔接高铁站房落客平台进出口匝道2条，总长500米（含桥梁长349米），宽12米；北广场中轴绿化及附属设施面积2.79万平方米；跨岩兴路地下通道长20米。2022年4月，北广场工程开工建设，截至年底，出口匝道桩基工程施工完成，岩内路、岩安路及中轴绿化位置的雨水管施工完成40%。

【北高铁站公交综合体建设】 厦门北高铁站公交综合体项目地上总用地面积1.85万平方米，地下总用地面积2.09万平方米，总建筑面积14.19万平方米，主要建设枢纽配套用房（包括公交停车场、翔安机场远程值机厅、交通管理用房等）、保障性租赁住房、地下停车场等。该项目是集枢纽配套用房、保障性租赁住房、地下停车场等服务功能于一体的大型城市交通综合体，建成后完善北站枢纽功能，提升北站综合功能和辐射力，提高土地和公共交通的利用价值。工程于2022年1月开工，截至年底，完成基坑支护桩施工，冠梁锚索施工基本完成，并开始腰梁及锚索施工、主体桩基施工和基坑土方开挖。

【厦安铁路建设】 厦安铁路为兴泉铁路厦门支线，功能定位为一条以货为主、客货兼顾的支线铁路。线路北起在建的兴泉线安溪东站，向南经过南安市英都镇，西南经过厦门市同安区、集美区，连接厦门前场站。拟新建正线长度63.6千米，厦门北上行客车联络线长7.96千米，厦门北下行客车联络线长9.67千米。至2022年底，厦安铁路完成预可研报告，并于当年12月通过省发改委预可研审查。

（王丁源）

## 铁路运输

【概况】 厦门北站位于集美区后溪镇境内，总建筑面积10.9万平方米（含站场雨棚），其中站房建筑面积5.4万平方米，候车室面积2万平方米、最高聚集人数6300人/小时。车站设有站台6座、旅客列车到发线12条、出站人行地道2处；有售票窗口16个、自动售票机22台、自助取票机3台、检票闸机64台、扶梯32部、直梯11部；有实名制验证口24个（其中自助验证口18个、人工验证口6个）、安检口12个、商务座专用候车区1个。2022年，厦门北站发送旅客846.28万人，比上年下降20.52%。

【厦门北站实现第13个安全年】 2022年，厦门北站保安全、保稳定、保畅通，截至年底，实现铁路运输第13个安全年。年内，重新修订《全员安全生产责任制》，落实《中华人民共和国安全生产法》“三管三必须”（管行业必须管安全、管业务必须管安全、管生产经营必须管安全）原则，健全完善覆盖各层级各岗位的安全生产职责。强化双重预防机制运行，开展安全风险全系统性辨识研判和安全隐患排查治理，健全完善安全风险库和安全隐患库。深化标准化规范化建设，发扬“勇争先，敢担当”精神，提升管理规范和作业标准。提高教育培训质量，组织开展各专业职业技能竞赛，售票员取得集团公司第三名的成绩。做好关键时期运输组织工作，确保2022年国庆节和中共二十大期间运输安全平稳。抓好施工、接发列车、站台、安检、消防、反恐、外部环境、网络、劳动人身等各项安全工作，统筹抓好新冠病毒感染疫情防控工作，实现年度安全工作目标。

【“海峡情·小白鹭”服务品牌成为厦门北站靓丽名片】 2022年，厦门北站树立“海峡情·小白鹭”服务品牌，深化基础服务，完善服务流程，构建完善的服务体系，满足不同层次旅客旅行需求。提升商务座旅客服务工作，强化商务座专职服务人员礼仪、业务培训，落实商务座服务标准，为商务座旅客提供全流程优质服务。推行“亲情服务卡”，做好重点旅客服务，为出行不便旅客提供轮椅等辅助工具，协助做好旅客进站乘车、中转换乘、下车出站等服务。全年为旅客找回遗失物品9800余件，服务重点旅客1530人次，收到旅客赠送锦旗10面、感谢信6封。

（段婧）

# 物流业

【概况】 截至2022年底，集美区有交通运输企业1809家，纳税总额1.34亿元，比上年下降22.44%。纳税100万元以上物流企业20家，纳税总额8092.4万元，比上年增长25.01%，其中国拓（厦门）冷链物流有限公司纳税2277.9万元，增长36.13%。纳入统计规模以上企业29家，全年营业收入34.24亿元，比上年下降9.23%。营业收入过亿元的有橙联（中国）有限公司（10.48亿元）、厦门跨航物流有限公司（4.21 亿元）、厦门唯捷城市配送有限公司（3.03 亿元）、厦门全程德邦物流有限公司（2.5 亿元）、厦门峰砾物流有限公司（1.31 亿元）、厦门志邦汇达物流有限公司（1.01 亿元）6 家物流企业。

【物流集群建设】 2022 年，集美区因用工用地方面便利，逐步成为物流产业集聚区，依托前铁路特大型货场（集美片区）和集美物流园的建设，发挥厦门北站交通枢纽功能和人流优势，引进物流企业运营和德邦快递福建总部、跨境电商物流等重大项目，加快发展现代物流。区域内拥有德邦、金龙汽车物流、联冠物流等市级重点物流企业 3 家；电商谷、嘉晟物流供应链、海翼工业物流中心、宏谦储存配送中心、中马（普洛斯）物流园、典泰新兴物流园等市级重点物流项目 6 个。跨境电商“巨无霸”橙联物流、德邦智慧物流园、海翼工业物流中心、达达物流园等重点项目建设推进。

【物流业基础设施建设】 2022 年，集美区拥有 4 条铁路、3 条干线公路、3 条海堤、3 座跨海大桥、2 条高速公路、3 条地铁（1 号线开通）和厦门北站，铁路交通密集度全省第一，综合性交通枢纽地位凸显，辖区常住人口破百万人，物流、人流汇聚，产业发展基础坚实。初步形成以前场铁路大型货场为支撑的公铁联运物流集群；以集美电商产业园、电商谷二期为依托的电商物流集群；以旺墩冷储、源香食品交易中心为龙头的冷链物流集群；以厦门汽车物流中心、海西汽车城为载体，集汽车配送、销售、售后服务于一体的汽车物流链；以德邦、唯捷城配为引领的城际城市配送物流。被纳入统计规模以上物流仓储企业 29 家，全年营业收入 34.24 亿元，比上年下降 9.23%。

【厦门前场铁路大型货场】 厦门前场铁路大型货场位于厦深铁路前场车站北侧，地处沈海高速公路、厦深铁路和鹰厦铁路之间的要道。规划占地面积 353.33 万平方米，铁路作业区用地面积 184.2 万平方米。截至 2022 年底，集美片区落户项目 3 个。2018 年 6 月 28 日，橙联股份中国跨境电商运营管理总部签约落户，该项目位于前场一路与前场四路交叉口西南侧地块，占地面积 14.67 万平方米，投资 10 亿元，建设分拨中心约 13 万平方米、档案中心约 1 万平方米、分拨调度中心约 1 万平方米。福建省农资集团厦门公司于 2017 年 2 月 14 日取得出让用地面积 1870 平方米，建设农资仓储物流配送中心，2021 年 6 月建设并投产使用。厦门德咸供应链有限公司于 2020 年 12 月 16 日取得出让用地面积 5.8 平方米，建设以德邦快递厦门智慧物流园为载体，综合货物流、信息流、资金流运营管理，以实现服务福建、促进区域一体化，联通全国，链接全球；以福建总部创新运营中心、“智慧物流 +”服务中心、智能物流科技研发中心为一体战略，将周边辐射区域生产制造产业、电商企业、生物医药企业等产业集聚联动，以及社会民众日常生活保障。2022 年，橙联、全程德邦 2 家企业纳税分别为 414.10 万元和 460.23 万元，共 874.33 万元，比上年增长 13.90%。

【集美物流园】 集美物流园位于杏林公铁交通枢纽核心地带，紧邻厦门工业机械集中区，主要发展以“陆路港”运输为特征的区域联动物流、制造业联动物流、城市配送物流、电子商务物流以及冷链物流。园区总面积 170.2 万平方米，挂牌出让用地面积 48.9 万平方米，摘牌物流仓储（运输）企业分别为电商谷（厦门）发展有限公司、厦门金龙汽车物流有限公司、厦门新兴海峡实业有限公司、厦门中马供应链管理有限公司、厦门市嘉晟创新投资有限公司、顺通达集团有限公司 6 家企业。截至 2022 年底，电商谷分 3 期建设，一期为境内电商区，建筑面积 11.3 万平方米，总投资 6.9 亿元，吸引多家企业签约入驻，成立海西电商产业联盟；二期为根据用地合同规定，占地 5%、建筑面积 20% 作为生活配套区域，拟建成 2 栋 100 米高层的长租公寓 1080 套，满足刚性需求；三期建筑面积 9 万平方米，拟建成创新型电子商务产业示范园区。金龙汽车物流公司海翼工业物流中心项目一期工程建筑面积 0.82 万平方米建成投入使用，截至年底，面积 0.44 万平方米由朴朴电子商务租赁运营；面积 0.38 万平方米由金龙汽车物流自用；二期面积 2.4 万平方米，建设城际配送专用物流库房面积 2.4 万平方米，由朴朴电

2022 年 12 月，厦门前场铁路大型货场的德邦智慧物流园全景　（区建设与交通局 供图）

子商务租赁运营；三期面积1.1万平方米建成投入使用，由极兔速递签约（原百世物流）租赁运营。新兴海峡物流有限公司典泰新兴海峡物流园项目建筑面积5万多平方米于2016年建成投入使用，由极兔速递签约（原百世物流）租赁运营，投资额1.5亿元，其中部分租赁、部分自营跨境电商等业务，由极兔速递签约租赁运营。中马供应链管理公司中马（普洛斯）冷链物流园项目，A1混凝土结构冷库由朴朴电子商务签约租赁运营；A2干库建成投入使用，由德邦物流和朴朴电子商务签约租赁运营。嘉晟创新投资公司嘉晟供应链物流基地项目一期建筑面积4.7万平方米于2017年建成投入使用，由跨航、优速等30家物流租赁试运营；二期面积13.8万平方米建成投入使用，部分区域租赁，部分自营跨境电商等业务。达达物流园（一期）项目于2021年6月建成投入生产，建筑面积1.96万平方米，由厦门苏闽易通物流有限公司、江西安泰物流有限公司、福建京邦达供应链科技有限公司及厦门欣利达物流有限公司等企业签约租赁运营；2022年2月启动二期项目建设，物流仓储建筑2栋建筑面积4.33万平方米。年内，电商谷、中马（普洛斯）、嘉晟、新兴海峡、金龙汽车物流5家企业纳税分别为738.28万元、300.83万元、845.92万元、189.01万元和487.25万元，共2561.29万元，比上年增长38.06%。

**【厦门北站片区物流产业集聚区】** 厦门北站片区位于厦门市集美区后溪镇，规划范围东至天马山路，南至集美北大道，西到集美大道延伸段，北以规划站北五路为界，总用地面积551.36万平方米，主要功能涵盖商务、物流、商贸、住宿、餐饮和旅客集散服务等。集聚区内有厦门邮件处理中心、唯捷（厦门）供应链有限公司、厦门旺墩冷冻仓储、源香冷储物流中心等项目投入运营。厦门唯捷城市配送有限公司成立于2008年9月2日，注册地址为厦门市集美区集美大道1302号创业大厦第6层703单元之4，实缴注册资本2000万元。厦门邮件处理中心项目总用地面积11.34万平方米，总建筑面积4.90万平方米，总投资4.1亿元。厦门旺墩冷冻仓储，项目总用地面积2万平方米，是海西最大冷冻仓储（容积6万立方米，可存放3.8万吨冷冻食物），总投资约3亿元。源香食品交易中心，项目占地面积17万平方米，总投资5.5亿元，建成容积8万立方米的冷库，可存放冷冻食物6万吨冻库。建发（集美）工业物流中心，项目占地面积3.5万平方米，总投资1.5亿元，项目建设成为厦门工业集中区配套的供应链管理服务中心。2022年，唯捷配送、旺墩冷冻仓储、源香冷储、建发物流4家企业纳税分别为96.79万元、26.96万元、241.35万元和523.71万元，共888.81万元，比上年增长30.28%。

**【唯捷（厦门）供应链管理有限公司】** 唯捷（厦门）供应链管理有限公司（以下简称"唯捷"）成立于2015年12月18日，注册地址为厦门市集美区集美大道1302号创业大厦第6层610单元之3，实缴注册资本1262.40万元，唯

表10 **2022年度集美区物流企业纳税（百万元以上）情况表**

单位：万元

| 企业名称 | 年纳税额 | 比上年增长（%） | 企业名称 | 年纳税额 | 比上年增长（%） |
|---|---|---|---|---|---|
| 厦门全程德邦物流有限公司 | 460 | −5.38 | 厦门志邦汇达物流有限公司 | 142 | −4.70 |
| 国拓（厦门）冷链物流有限公司 | 2278 | 36.13 | 厦门市杏林永顺运输有限公司 | 143 | −54.05 |
| 厦门峰砾物流有限公司 | 313 | 13.16 | 厦门金龙汽车物流有限公司 | 524 | 2.32 |
| 厦门跨航物流有限公司 | 354 | −7.28 | 跨越速运集团有限公司厦门分公司 | 106 | 20.82 |
| 厦门勇腾仓储有限公司 | 156 | 0.51 | 厦门新兴海峡物流有限公司 | 189 | 36.30 |
| 中外运—敦豪国际航空快件有限公司厦门同安分公司 | 147 | 4.92 | 福建省源香冷储物流有限公司 | 241 | 544.14 |
| 厦门市嘉晟创新投资有限公司 | 846 | 56.12 | 电商谷（厦门）发展有限公司 | 738 | 31.22 |
| 厦门建发仓储有限公司 | 524 | 1.87 | 厦门中马供应链管理有限公司 | 301 | 121.44 |
| 橙联（厦门）仓储有限公司 | 184 | 511.11 | 厦门市嵘高物流有限公司 | 121 | 1744652 |
| 橙联（中国）有限公司 | 230 | −8.46 | 厦门市慧农助煞仓储有限公司 | 131 | 9.42 |
| -- | -- | -- | 合计 | 8128 | 25.58 |

（郭希龙）

捷以仓配一体化为主要服务产品，聚焦连锁餐饮和商超零售两条主线，服务品牌商、分销商和连锁终端三类客户群，主营业务为同城配送、仓储服务、货物专用运输（冷藏保鲜）、供应链管理等。唯捷城配自主研发的“天穹”智能城配系统，是中国物流行业首个仓配一体智能信息系统，公司以智能信息系统为载体，通过数据采集和分析能力，提供运营过程数据化增值服务，为客户提供运营和经营优化决策支持，增强供应链数字化能力。唯捷作为B2B（指企业与企业之间通过专用网络或Internet，进行数据信息的交换、传递，开展交易活动的商业模式）仓配物流头部企业，曾先后获评城乡高效配送首批骨干试点企业、交通部绿色货运示范企业、《餐饮冷链物流服务规范》首批达标企业，也是厦门、上海等城市的新冠病毒感染疫情防控重点保障企业，2018—2021年，唯捷城配连续4年被评为中国冷链100强企业（2021年中国冷链物流企业排名第24）、中国仓储100强企业。公司2020—2022年分别实现营业收入3.71亿元、6.09亿元、4.76亿元，实现税收294.72万元、413.95万元、281.42万元。

【德邦物流股份有限公司】 德邦物流股份有限公司（以下简称“德邦”）成立于1996年9月，属国家AAAAA级物流企业。是一家集快递、零担、整车、供应链、跨境、金融等于一体的综合物流供应商。公司先后获“守合同重信用企业”“中国企业年度最佳雇主”“世界经济论坛全球成长型公司”“中国民营企业500强”“福布斯中国最具创新力企业”等称号。2018年1月6日在上海证券交易所上市，成为国内首家在A股主板上市的物流企业，简称“德邦股份”（代码603056）。2022年3月11日官宣与京东物流战略合作，2022年7月26日完成股份过户登记手续，并入京东集团。公司2019—2022年分别实现营业收入1.36亿元、1.77亿元、4.62亿元和4.34亿元，实现税收4059万元、2072万元、1818万元和1658万元。

【橙联（中国）有限公司】 橙联（中国）有限公司（以下简称“橙联”）成立于2018年6月27日，由香港橙联股份有限公司全资控股。注册地址为厦门市集美区灌口镇，注册资本金2000万美元，在上海、东莞、厦门自贸区设有分公司，主要从事国际、国内货物运输代理等现代物流相关业务，主要业务范围涵盖全球物流、全球采购、金融及大数据四大领域。橙联跨境电商产业园建成集分拨中心、数据中心、仓储物流中心、跨境物流金融服务中心、采购中心、信息科技中心与客服中心于一体的大型跨境电商物流平台。公司2019—2022年分别实现营业收入8.7亿元、14.87亿元、13.05亿元和10.48亿元，实现税收91.54万元、183.24万元、274.03万元和274.30万元。

【厦门金龙汽车物流有限公司】 厦门金龙汽车物流有限公司（以下简称“金龙”）是厦门海翼物流有限公司的全资子公司，成立于2006年12月，注册资本金5000万元。是AAA级综合服务型物流企业，厦门市重点物流企业，厦门市制造业与物流业联动发展的示范企业，厦门市物流协会理事单位。公司致力于制造与商贸流通领域的供应链运营，自有物流中心用地面积12.6万平方米。公司拥有先进的物流管理信息系统，可以根据客户需求，订制多样化运输、仓储和配送服务，实现物流服务的整合和客户个性化需求快速反应。公司2019—2022年分别实现营业收入0.48亿元、0.61亿元、0.89亿元和1.21亿元，实现税收265.27万元、110.53万元、321.06万元和483.45万元。（郭希龙）

## 邮政业

【概况】 2022年，集美辖区有寄递企业网点942个，其中快递柜539组、快递业务独立经营许可企业9家、企业分支机构15家、快递末端实体网点379个。集美邮政分公司设邮政营业网点（所）14个、储汇网点7个、便民服务站12个，14个网点（所）一线员工总数36人。辖区内21个建制村全部通邮，年邮路总长228.06万千米；全年函件、包裹、报刊、集邮、代理速递、汇兑和代缴类等业务收入595.75万元，服务窗口规范达标率100%。集美邮政分公司平常函件进口289.52万件，比上年增长16.62%；出口18.35万件，下降20.84%。给据函件进口16.02万件，比上年下降16.02%；出口2.78万件，下降19.91%。集美区邮政业务总量（营业部分）28.52万件，比上年下降14.7%。快递业务（速递模块）（营业部分）总量3057.80万件，比上年增长49.09 %。厦门邮件处理中心日均处理量87.62万件，比上年下降4.55%（数据为全市数据）。集美快递业各公司相关数据为市级公司统一统计，辖区数据未单列。

【邮政助力乡村振兴】 2022年，集美区围绕乡村振兴战略，持续提高农村寄递服务水平。京东服务灌口双岭村，配送禾祥西生态新农业基地的小番茄超1525件，助力乡村农产品走向大众市场。为解决农村物流“最后一公里”问题，顺丰速运与集美公交开展“交快合作”，克服高温、台风天气和新冠病毒感染疫情的不利影响，为集美区黄地村用邮服务提供支撑。建制村通邮便民落到实处，邮政部门与集美区东宅村、后垵村、后溪村、溪西村、岩内村5个建制村委会加强沟通，查询通邮情况，确保村民都能便利享受用邮服务。（林彩蓉）

# 旅 游 业

## 综 述

【旅游业发展】 2022年，集美区加强文旅资源开发、加大旅游营销力度、丰富旅游产品供给、做强做优文旅经济、推动旅游品牌建设。7月，集美新城核心区获评为第二批国家级夜间文旅消费聚集区，11月，灌口镇获评福建省全域生态旅游小镇，田头村获评为福建省金牌旅游村。全年全区接待游客1347.31万人次，比上年下降1.07%；实现旅游收入79.84亿元，下降2.88%。其中，景区接待890.79万人次，比上年下降2.88%；宾馆酒店接待过夜游客456.52万人次，增长2.66%，平均住宿率61.13%。集美鳌园接待游客57.82万人次，比上年下降36.64%；厦门园林博览苑接待游客205.02万人次，增长5.37%；厦门老院子景区接待游客25.79万人次，下降28.56%；诚毅科技探索中心接待游客43.2万人次，下降15.92%；厦门灵玲国际马戏城接待游客27.06万人次，下降31.75%；双龙潭生态运动景区接待游客33.27万人次，下降38.26%。举办“听见集美”集美学村周末音乐会、“看见集美”青春电影展、2022海峡两岸赛龙舟活动、海峡论坛“两岸一家亲 从小心连心”研学营交流系列活动、2022海峡青年华服节、集美·阿尔勒国际摄影季、人文集美悦读季等大型文体旅游活动。出台《集美区进一步促进“集美研学”发展若干措施》，打造集美研学品牌。

【《集美区进一步促进“集美研学”发展若干措施》出台】 2022年7月11日，集美区重新修订和出台《集美区进一步促进“集美研学”发展若干措施》，是全国首个县区级专项研学政策，受惠范围涵盖所有研学相关机构、研学课程、研学人才队伍等，分为6部分20个条款，分别为总则、支持研学企业稳定增长、支持“集美研学”品牌建设、支持两岸研学发展、支持研学人才队伍建设、附则，有效期至2024年12月31日。

【春节假期旅游市场】 2022年春节假日期间，集美区文旅系统在落实新冠病毒感染疫情防控各项措施、确保节日文旅市场安全基础上，丰富文旅产品供给，营造节日氛围，文化和旅游市场平稳有序，接待游客58.38万人次，比上年同期增长0.65%；实现旅游综合收入3.82亿元，增长4.68%，其中景区景点接待游客55.18万人次，下降1.23%；宾馆酒店接待游客4.26万人次，增长33.14%。春节假日期间，集美区各文旅单位推出文旅活动，园博苑推出郁金香、油菜花、虞美人、金鱼草等花卉展览，接待游客21.63万人次，比上年同期增长17.52%；诚毅科技探索中心推出“两只老虎”新春年画展、探索冬奥“小知识”闯关活动等，接待游客2.85万人次，增长30.14%；老院子景区两年来首次复演“闽南传奇”秀，接待游客2.38万人次，增长46.01%；灵玲马戏城推出新春市集、五虎闹新春、国潮猴子馆等活动，接待游客2.68万人次，增长31.37%。为鼓励支持文旅企业在春节期间稳岗增产，根据政策对相关文旅企业春节期间留厦的非厦门籍员工给予生活补贴，受惠文旅企业28家，受惠文旅企业员工1850人，发放补贴超250万元。

【十里长堤提升改造】 十里长堤地处集美街道学村片区，占地面积约8万

2022年5月1日，集美区十里长堤完成提升改造。图为改造后的十里长堤景观
（帅 浩 供图）

平方米，背靠地铁1号线集美学村站，南朝杏林大桥观景，西接集杏海堤通往杏林，东接厦门新海堤通往岛内，东西贯穿18千米长海岸线，因其独特的地理位置和景观，吸引众多市民游客前往游玩、露营。因园区游客量大，缺乏规范性管理，导致草坪破坏、交通拥堵、摆摊占道、人员聚集、人车混杂等问题。2022年4月10日，集美区启动应急机制，组建联合执法队伍开展整治行动，采取疏堵结合策略，结合当下青年群体爱好所需，启动十里长堤城市休闲提升项目，通过完善配套服务设施，提高运营管理团队服务水平，挖掘休闲区人文内涵，探索产业发展模式，变“野生网红打卡点”为“城市会客厅”。5月1日，重新开放后的十里长堤在网络社交平台软件上的热度急速上升，累计传播量上亿人次。

【集美新城核心区获评国家级夜间文化和旅游消费集聚区】 2022年8月16日，文化和旅游部公布集美新城核心区获评第二批国家级夜间文化和旅游消费集聚区，擦亮“夜集美”城市新名片。集美新城核心区发展“城市演艺、亲子旅游、研学旅行、休闲康养”四大旅游板块，对夜间配套设施进行完善，形成集“夜游、夜购、夜食、夜读、夜宿”于一体的夜间文旅消费聚集区，丰富游客夜间体验。加大夜间交通建设，全区91条公交线路末班运营时间超过22:00的线路有35条，开通2条夜游专线串联集美新城、集美学村和文教园区，解决市民游客夜间出行难的问题。 （吴 悦）

## 旅游设施建设

【概况】 2022年，集美区有星级酒店4家、住宿单位330家、旅游厕所56座。7月，闽南戏曲艺术中心揭牌，该中心位于集美新城嘉庚艺术中心，是厦门市为促进闽南戏曲艺术发展量身定制的展演展示和创作交流平台。

【旅游基础设施】 2022年，集美区有星级酒店4家，其中五星级1家、四星级2家、三星级1家。住宿单位330家，客房间1.43万间，床位2.11万张，接待过夜游客456.52万人次，比上年增长2.66%。有旅游厕所56座，其中AAA级6座、AA级43座、A级7座。

【闽南戏曲艺术中心投入使用】 2022年7月25日，闽南戏曲艺术中心投入使用。中心用地面积8991平方米，总建筑面积1.67万平方米，建有戏曲剧场500座、实验剧场200座、戏曲专业研习用房、两岸戏曲交流用房。该中心的设立为歌仔戏、高甲戏创造良好的创作生产条件，提供机遇和舞台，有助于优化整合厦门市戏曲艺术资源，繁荣闽南戏曲艺术创作。 （吴 悦）

## 旅游管理与营销

【旅游行业管理】 2022年，集美区旅游主管部门以确保行业规范经营、安全稳定为主线，坚持新冠病毒感染疫情防控和行业监管两手抓，强化旅游市场监管职能，确保辖区旅游市场发展健康、文明、有序，旅游行业安全无事故。开展旅游市场秩序春季专项治理行动和旅游服务网点专项治理工作，结合开展景区专项整治、定点隔离酒店安全检查，加大检查力度，对4件旅游违法案件立案查处，责令改正违规行为3件，处理各类旅游投诉举报49件，为游客挽回经济损失2万余元。

【旅游市场营销】 2022年，集美区以“一精神三文化”（嘉庚精神和华侨文化、闽南文化、学村文化）品牌为统揽，在新媒体平台开展“集美色谱、旅行性格大揭秘、集美非遗图鉴、集美的100种模样、集美宝藏地图、集美一日游、美食情报局、集美慢游计划、立德树人·实践创新”九大专题宣传报道。从集美嘉庚建筑、集美生态旅游、集美人文旅游、集美潮玩、集美夜游等多角度为市民游客规划游玩攻略，对集美各大游玩景点场所展开详细介绍，为游客出行提供选择，促进集美旅游发展。 （吴 悦）

## 旅游节庆活动

【概况】 2022年，集美区在做好新冠病毒感染疫情防控前提下举办“听见集美”集美学村周末音乐会、“看见集美”青春电影展、“龙腾虎跃”2022海峡两岸赛龙舟活动、集美·阿尔勒国际摄影季、海峡青年华服节等大型文体活动，通过产业运作和融媒体营销促进产业提升、扩大人文集美城市影响力。

【“听见集美”集美学村周末音乐会】 2022年4—12月，由中共集美区委宣传部主办，天下集美文化有限公司承办的2022“听见集美”集美学村周末音乐会在集美新城、杏林湾大草地和集美辖区内各高校举行，活动分为主题音乐会、专场音乐会、高校歌手赛、主题音乐讲座、线上音乐课等内容，全年25场，其中线下10场、线上15场，参加人数超5万人。通过区校合作共建，将集美原创音乐与学村文化结合，反映集美学村风采和文化艺术成果，丰富“学村文化”特色和内涵，提升“人文集美”城市品位，实现“产城学人”融合。

【“看见集美”青春电影展】 2022年9—11月，由中共集美区委宣传部主办，天下恒在文化发展有限公司承办的2022“看见集美”青春电影展在集美新城和集美学村举行，活动以艺术电影、电影教育为核心打造青年影视

2022年7月12日，海峡青年华服节在集美区举行。图为主题T台秀现场 （天下集美 供图）

人才培育计划，通过高校短片大赛、青春影人训练营等以赛带训，以展促产方式，研究地域性代表性影视课题，帮助青年实践影视作品，加强产学研融合，是全省首个以青年人才联合培养计划为目标的电影展。参加人数超1万人。

【2022海峡青年华服节】 2022年7月12日，由中华全国青年联合会主办，福建省青年联合会、厦门市集美区人民政府、台南文化协会承办的2022海峡青年华服节在厦门市集美区举行。活动包括海峡青年华服产业论坛和海峡两岸华服主题T台展示两部分，活动同时在台湾台北、彰化、台南设分会场，通过视频连线形式进行互动展示，来自海峡两岸华服领域专家学者、华服设计师、华服文化达人、华服产业从业青年、华服品牌商等100余人参加活动。活动以华服为纽带推动两岸青年与集美城市连接，促进集美闽南文化、华侨文化和学村文化交流，促进海峡两岸青年交流和文化交流。

【“龙腾虎跃”2022海峡两岸赛龙舟活动】 2022年6月2—3日，由中共中央宣传部港澳台新闻局、国家体育总局社会体育指导中心、福建省体育局主办，集美区委、区政府，厦门市体育局，集美校委会，厦门广电集团承办的“龙腾虎跃”2022海峡两岸赛龙舟活动在集美学村龙舟池举行。此次活动以聚焦“两岸一家亲”为主题，举办赛龙舟主体活动和12个龙舟文化节系列配套活动，吸引海峡两岸41支参赛队的1000余名选手参加，其中大陆队伍24支、台胞队伍17支；有3.4万人次现场观看和参与活动。活动以端午文化传统和历史记忆为切入口，让两岸同胞在同庆佳节的交流交往中共同传承中华优秀传统文化。

（吴　悦）

## 旅游景区

【概况】 2022年，集美区有国家等级旅游景区6家，其中国家AAAA级旅游景区4家：集美鳌园景区、厦门园林博览苑、诚毅科技探索中心、厦门老院子景区；国家AAA级旅游景区2家：灵玲国际马戏城、双龙潭生态运动景区。6家景区全年接待游客395.54万人次，比上年下降15.73%。（吴　悦）

【集美鳌园景区】 2022年，因受新冠病毒感染疫情影响，集美鳌园景区接待57.82万人次，比上年下降36.64%。其中，元旦假期接待7544人次，比上年同期增长7%；春节假期接待1.15万人次，下降37.49%；清明节假期接待3350人次，下降77.15%；五一假期接待9672人次，下降74.85%；端午假期接待3645人次，下降66.01%；中秋假期接待6285人次，增长149.6%；国庆假期接待3.1万人次。

年内，集美鳌园景区举办各类展览和主题教育活动63场次，参与3.22万人次。其中主要活动有：以“菊香满鳌园 礼赞新时代”为主题的菊花展，乐享五一·欢聚鳌园主题活动，“龙腾虎跃”2022年海峡两岸赛龙舟活动，鳌园寻坊记系列活动（包括“浓情七夕 寻爱鳌园”“中秋月更圆 嘉园情愈浓”“嘉园迎国庆 浓浓敬老情”和“寻坊集美 童绘鳌园”绘画展），吸引众多游客来园参加活动。

5月27日，陈嘉庚墓之鳌园防雷升级改造工程通过福建省文物局组织的专家验收。此外，嘉庚公园水池垃圾清理特种作业船投入使用，景区智慧建设项目上线，公园北门停车场、母婴室、旅游公厕的改造工程全面完工。

（何雯芳）

【厦门园林博览苑】 2022年，厦门园林博览苑（以下简称“园博苑”）入园总人数205.02万人，比上年增长5.37%。园博苑花展布置形式多样。春节郁金香花展以“如花如影 郁见经典”为主题，结合第34届中国电影金鸡奖，分别以“飞屋环游记”“荷兰的天空”“罗马假日”“海上钢琴师”“夏洛特的网”等5部经典影片为题，运用小品、景观构件及郁金香、风信子、洋水仙、小乔木、草花等植物布置5个电影场景，展现丰富的郁金香景观，展出郁金香、风信子、洋水仙、毛地黄等花卉25万株。春节、国庆两大黄金周期间，在厦门园、兰花馆布置不同主题的插花花艺展。在海洋岛及空明桥花田种植适宜花卉品种，合理布置，做好花期控制及日常养护工作。春节的红色虞美人、油菜花、金鱼草花海，“五一”的柳叶马鞭草及国庆的“薪火相传”凤尾花海等花展均取得较好观赏效果，每季花海布展面积在1.5万平方米以上，全年种植花草150余万株。举办以“荷香园博 福美天下”为主题的园博苑第13届荷花展，以“赏荷、科普、研学”为设计理念进行布展，展出品种262个，结合展园建筑景观、水系进行布展，同时结合荷花科普、公益课堂活动，呈现荷花美景，宣传荷花知识，让市民游客更深入地了解荷花。

年内，园博苑围绕建园15周年策划系列庆贺活动。在杏林阁二楼布置园博苑园史馆，以图片、文字、影像、实物等形式，呈现园博苑建设成就；拍摄园博苑建园15周年纪录片，回顾建园初衷和办园历程；开展园博苑历史照片征集活动，与市民、游客共享园博苑发展成果；10月22日，由福建日报社指导、海峡导报社主办、园博苑支持的“璀璨明珠 点亮新城”建园15周年特别对话活动在园博苑月光环平台举行。（肖印红）

【厦门老院子景区】 2022年，厦门老院子景区接待游客25.79万人次，比上年下降28.56%；营业收入1581.42万元，下降15.37%。国庆期间，开放玻璃水滑道项目，由观景平台、天空之镜、高空秋千和玻璃水滑道4个游乐体组成，主体部分高45米，占地面积263平方米。（吴悦）

【灵玲国际马戏城】 2022年，灵玲国际马戏城景区接待游客27.06万人次，比上年下降31.75%；营业收入3999万元，下降6.67%。春节期间，推出新春市集、五虎闹新春、国潮猴子馆等活动，接待游客2.68万人次，比上年同期增长31.37%。（吴悦）

2022年2月，园博苑举办郁金香花展（林斌享 摄）

【诚毅科技探索中心】 2022年，诚毅科技探索中心接待游客43.2万人次，比上年下降15.92%；实现营业收入1654万元，增长6.02%。暑假期间举办“你好，火星”科学环游季，包括火星学院、生活在火星、火星潮玩派对、火星集市等活动，通过活动让孩子了解行星、火星相关的科学知识，以及人类对火星的探测过程，为青少年带来趣味特色航天科普体验活动。（吴悦）

【双龙潭生态运动景区】 2022年，双龙潭生态运动景区入园游客33.27万人次，其中场地接待游客11.09万人次，总收入322.87万元，其中主营业收入301.37万元，营业外收入21.5万元，比上年增长6%。年内，双龙潭生态运动景区投入资金约25万元，对景区的亲子乐园区域进行升级，提升配套的游乐硬件设施，丰富园区主题及功能；利用各种游乐设施，让自然风光与文化特色相结合，搭建儿童和自然的桥梁，增强游客的亲子体验感。在管式滑道上站处安装行人道闸机，将景区的入口和出口分开，确保游客有序进出，提高景区管理效率。作为自然风光景区，双龙潭生态运动景区积极倡导绿色低碳旅游消费方式，利用新能源、新材料，运用节能、节水、减排技术，减少温室气体排放。11月，集美区生态环境保护委员会对景区零碳排放进行验收后确定，双龙潭生态运动景区零碳排放工作达到二星级近零碳景区标准。（胡媛）

# 信息业

## 通信业

【概况】 2022年，集美区依托移动、电信、联通3家通信公司，推进信息基础设施建设。截至年底，全区宽带用户52.72万户，完成业务总收入12.08亿元。年内，各通信公司落实网络通信保障，实现集美城区场景5G（第五代移动通信技术）室外连续覆盖。解决固话、有线宽带、视频监控等使用需求，为保障五一、国庆黄金周通信网络服务，完成多个临时站点开通，确保黄金周通信保障顺利进行。

【中国电信股份有限公司集美区电信分公司】 2022年，中国电信股份有限公司集美区电信分公司（以下简称“集美区电信分公司”）下辖11个经营网格、3个管控支撑部门、3个后端维护部门。年内，推进网络智能化、业务生态化、运营智慧化，使云、大数据、物联网等新兴业务。全年完成全业务经营收入3.67亿元，天翼用户33.76万户，宽带用户（含纯接入）23.18万户，高清ITV（中国电信宽带互联网视听业务，具有点播功能）用户7.93万户。新冠病毒感染疫情防控期间，与区人民政府、工信局、文旅局和街道等单位联系，启动通信应急预案，短时间内安装宽带1912部、Wi-Fi（无线网络）1057部，云监控9部，门磁2556个，满足区人民政府和街道实施核酸检测需求。完成深青工业组团隔离公寓、华豪酒店、杏林湾酒店等保障点通信需求。年内，集美区电信分公司深化划小承包经营机制，构建数字化综合网格作战能力。落实客户服务领先行动，强化装维服务规范管理，提升装维服务质量。聚焦云电脑、云主机、安全大脑等，推进云网融合，通过专线融云业务，帮助中小企业上云，为中小企业提供一站式拎包入住服务，解决固话、天翼、有线宽带、企业路由器、视频监控、云主机、云盘等使用需求；推进政企行业客户上云，结合专线提速降费及融云翻倍提速等政策，实现用户互联网专线与云业务、云安全相结合，实现互利双赢；做实光猫等设备速率不达标宽带用户质差修复，推进智慧社区和数字乡村发展；推进光缆网络优化工作，提高网络可持续性和稳定性。集美区电信分公司构建“以客户为中心”服务体系，开展“两深入两服务”（深入市场，服务客户；深入基层，服务员工）、“我为群众办实事”等活动，建设营业厅“爱心翼站”，为优抚对象和外勤工作者提供服务。　（肖美燕）

【中国移动通信集团福建有限公司集美分公司】 2022年，中国移动通信集团福建有限公司集美分公司（以下简称“集美移动”）下设综合室、网络室、市场室、政企室4个中心和杏林、杏滨、集美、灌口、后溪5个网格。截至年底，集美移动通信用户数79.4万户、宽带用户26.3万户，移动份额66.8%，4G/5G（第四代/第五代移动通信技术）综合覆盖率96.4%。全年开通4G站点103个、5G站点121个、700兆站点267个，实现集美城区场景5G室外连续覆盖，市民广场、嘉庚纪念馆、集美世贸广场、IOI商场等重要公共场所5G室内覆盖，5G小区数3431个。完成集美大悦湾工地，岩内北车辆基地工地，园博园“五一”、国庆节活动等通信保障，在新冠病毒感染疫情防控期间，完成96个点位核酸检测网络通信保障，完成隔离酒店2683个门磁安装交付；完成集美大学、兴才学院、工学院、医学院等高校出口扩容需求。联合厦门医学院附属第二医院共同打造具有集美区域特色的“5G智慧医联体”平台；为2022年全国普通高校招生考试安全工作电视电话会议提供5G会场服务；实施数智乡村振兴计划，完善社会治理，对城中村、老旧小区等地点空中通信缆线缠绕、掉落、乱拉乱牵等问题进行规整；加快信息化、智能化社会治安防控体系，安装家庭安防摄像头2701个。推动员工参与“兴农周”消费帮扶、爱心募捐等乡村振兴活动，助力集美区中国农民丰收节“电商助农”带货5G直播等。成立9支志愿服务队，联合社区、校园开展“文明交通督导洁净家园、重点节假日银发关怀、邻里关爱进万家、数智科普反诈宣传”等志愿服务上百场。

（许淑贞）

【中国联合网络通信有限公司集美区分公司】 2022年，中国联合网络通信有限公司集美区分公司（以下简称“集美联通分公司”）下设政企网格1个、建维网格1个、公众网格2个、自有营业厅6个，有员工87人。新建设2.1G/3.5G（第五代移动通信技术）基站359个、NR900（中国联通的900MHz频段的5G网络）基站151个、共享897个4G室外基站，4G/5G网络覆盖集美大部分高校以及杏林湾营运中心和软件园三期等CBD区；完成30栋商务楼宇宽带接入，并对48个新建小区实施光纤到户改造，宽带速率明显提升，新增1.32万个公共宽带端口。完成收入1.42亿元，其中社区网格9537.43万元，集美政企4710.3万元。年内，集美联通分公司对集美各个高校进行专项无线网络优化，随机摸测高校的教学楼和宿舍区，对发现的弱覆盖区域进行优化整改，对厦门软件学院宿舍区和教学楼进行新增站点。厦门软件学院宿舍区和教学区新开通站点，日均流量比上年增长明显，提升师生使用感知度。为保障“五一”、国庆黄金周通信网络服务，集美联通分公司安排人员对涉及覆盖区域进行多次摸查、评估，确定基站天线位置，完成多个临时站点开通，并在黄金周假期安排应急通信车进行现场保障，确保黄金周通信保障顺利进行。助力文明城市检查，集美联通分公司出动1074人次，448车次，完成新建钢绞线和铁线3008米，新立杆2个；整治光缆3.39万米，皮线2.25万条；拆除光缆6.06万米，钢绞线3008米，窨井盖隐患处理2处，拆除废弃箱盒99个。（李 珠）

## 软件园三期园区

【概况】 2022年，集美区持续建设软件园三期，以“高起点、高标准、高层次、高水平”打造产城人融合生态圈。截至年底，建成面积440万平方米，规划建设面积200万平方米。公寓投入使用2780套，车位投入使用1.74万个；整合2条地铁接驳线（由7辆车增加至10辆车接驳），开通2条公交线延伸至F区，建成F区面积1800平方米临时公交首末站；提升园区服务能力，打造专场招聘会、“创+会客厅”等品牌活动；“创+驿站”（线下）和“创+在线”（线上）平台，汇聚45个部门近100项政府委托业务，年内，办理各类业务17.48万笔，线上办事占96.2%。协助企业政策申报：全年协助软件园三期497家企业申报“两区普惠政策”（两区是《厦门市集美区人民政府 厦门火炬高新区管委会 关于印发集美区鼓励软件和信息服务业发展奖励暂行办法（修订）的通知》，对企业表述长期使用“两区普惠政策”说法）、台湾企业青年政策等各类政策与资金扶持，全年兑现扶持金额1.11亿元。全年新增纳统企业66家，历年累计纳统企业270家。

【软件信息业】 2022年，集美区锚定主导产业及定位，招大引强，强链补链，梳理、筛选在手在谈重特大项目信息，落地锐天项目、和利信通项目、泡鲸项目、青蛙王子、普普文化、紫云创投、金信润天等一批重点企业入驻园区。规模以上软件和互联网信息服务业企业147家，全年实现营业收入150.37亿元，比上年增长25.02%。其中，规模以上软件信息服务业134家，实现营业收入144.37亿元，比上年增长28.76%；规模以上互联网服务业13家，实现营业收入6亿元，下降26.38%。联合火炬高新区做好《集美区鼓励软件和信息服务业发展奖励暂行办法》兑现工作，全年兑现政策扶持资金1.11亿元，惠及497家企业。出台《关于进一步助力企业纾困增产留才若干措施》，帮助企业纾困解难，兑现政策补贴224.73万元，惠及64家企业。依托《集美区企业使用中软国际——华为云服务专项资金补贴实施细则》，推进企业“两化融合”（信息化和工业化融合），涉及政策补贴2500万元，惠及159家企业。通过打造金砖服务综合平台、品牌推介挖掘优质项目、引入特色服务谋划平台项目等方式，推进金砖国家新工业革命伙伴关系创新基地建设工作。

2022年4月，软件园三期一号公园景观（林志杰 摄）

【上榜企业】 截至2022年底，集美区软件园三期园区有上市公司1家（罗普特）；“新三板”企业8家（路桥信息、蓝斯通信、万久科技、新诺北斗、创匠、天锐、帝恩思、东方远景）；省级后备上市企业10家（图扑、天锐、巨风数字、快商通、梦加、立马耀、蓝斯通信、路桥信息、新诺北斗、国科）；市级后备上市企业23家（巨龙信息、万久科技、梦加网络、铸远等）；省级龙头企业7家（路桥信息、网宿科技、安胜网络、柚子家、美亚中敏、咪咕动漫、云知芯）；省数字经济领域未来独角兽企业4家（宜车时代、云知芯、快商通、蓝海）；省数字经济领域未来“独角兽”“瞪羚企业”24家（国科、卡伦特、延趣、快商通、硕橙、小歪等）；厦门“火炬瞪羚企业”11家（图扑、法度、云知芯等）。国家级企业技术中心1家（罗普特科技集团股份有限公司技术中心）；国家文化和科技融合示范基地1家（一品威客）；众创空间拥有国家级9家、省级10家、市级27家。6家公司入围2022年福建省软件和信息服务业综合竞争力50强企业名单（真有趣、梦加网络、延趣网络、石头城、集微、云知芯）；2022年工业互联网试点示范项目1个［雅马哈发动机（厦门）信息系统有限公司“A1-SRM采购管理平台］。

【产业结构】 2022年，集美区软件园三期园区重点推进软件园三期、电子城·厦门国际创新中心、公安部第一研究所南方技术基地3个项目建设，总投资403.2亿元。全年计划完成投资31.63亿元，实际完成投资54.53亿元，完成全年投资172.39%。打造优质产业链，推动智慧城市、互联网平台、数字营销、数字出海、工业互联网等特色产业集聚。面向个人用户端，集聚游戏、电商和广告营销、自有App（应用程序）平台等基于互联网的个人用户端相关规模以上企业41家，其中有她趣、众联华数、真有趣等行业知名企业；面向企业端，集聚云计算、物理联网、移动连接、大型数据和人工智能、工业互联网等各细分领域企业。同时抓住制造业升级转型契机，出台相关扶持政策，逐步培育和集聚卡伦特、夏谷、朗新云、盛初、雅马哈信息等工业软件企业；面向政府端，软件园三期有众多大中小企业从事面向政府端软件开发、硬件生产和系统集成等业务，业务面向智慧城市等各细分领域市场。涌现罗普特、畅享信息、巨龙信息等智慧城市及行业应用企业。

【厦门众联华数科技有限公司】 厦门众联华数科技有限公司是一家以“数据驱动”为核心的智能数字营销科技公司。众联华数深耕移动互联网数字营销行业，旗下拥有起量符、小歪开放平台、小鸣引擎等营销平台及移动应用研发运营业务。同时，基于移动互联网基础，以解决用户痛点和需求为切入点，通过产品研发创新为用户提供便捷好用的移动手机软件。并与三大运营商合作，通过电商平台、歪卡计划等为其提供号卡和流量包的营销推广服务。2022年，该公司获评为福建省互联网综合实力前50家企业、厦门市未来产业骨干企业。

【厦门市宇信鸿泰科技有限公司】 厦门市宇信鸿泰科技有限公司是北京宇信科技集团股份有限公司的控股子公司。该公司以银行为主的金融机构作为主要服务对象，凭借行业领先的技术优势及良好的服务意识，在金融领域内积累大量具有长期稳定合作关系的客户。宇信鸿泰为中国人民银行、三大政策性银行、五大国有商业银行、13家股份制银行、10余家外资银行以及100余家区域性商业银行和农村信用社提供相关产品和服务，在行业内拥有较高品牌声誉。同时，宇信鸿泰为国家规划布局内重点软件企业、高新技术企业，拥有CMMI 3（能力成熟度模型集成）认证、ISO 9001（（国际标准化组织））、ISO 20000（信息技术服务管理体系标准）、ISO 27001（信息安全管理体系）认证及信息系统集成及服务一级和大型一级资质认证。2022年，该公司获评为福建省互联网综合实力前50家企业。

【厦门云知芯智能科技有限公司】 厦门云知芯智能科技有限公司是人工智能独角兽企业“云知声”全资子公司和东南总部企业、福建省人工智能协会会长单位，是福建省唯一具备语音技术、深度学习算法、大数据、超算能力、自研芯片等底层技术全链条AI（人工智能）龙头企业。云知芯以底层AI技术参与新型基础设施建设，在厦门投资近亿元搭建全省运算能力第一AI超算平台，浮点运算能力突破1亿亿次/秒（10PFLOPS），服务于厦门各类企业和多家研究院所。云知芯参与厦门城市智慧化项目，在厦门健康步道、集美新城、厦门软件园等落地。同时与当地实体经济深度融合，与奥佳华、亿联、市政、信息、轨交、广电、电信等多家企业深度合作。2022年，该公司获厦门市科学技术进步奖。

【厦门熵基科技有限公司】 熵基科技股份有限公司是一家以生物识别为核心技术，专业提供智慧身份核验、智慧出入口管理、智慧办公产品及解决方案的国家高新技术企业。主要致力于将指纹、人脸、静脉、虹膜等生物识别核心技术与计算机视觉、射频、物联网等技术相融合，向商业、交通、金融、教育、医疗、政务等多个领域，提供具备身份识别与验证功能的智能终端、行业应用软件与平台。厦门熵基科技有限公司为熵基科技股份有限公司的全资子公司，先后被评为“国家级高新技术企业”“福建省优势知识产权企业”等。入选2022年全球安防50强（第12位）、2022年十大出入口控制品牌第三名、2022年度智慧物联与安防生态——最具成长性企业、2022年第二届中国安防创新力企业、2022第十一届中国智能交通三十强企业、2022AIoT创新应用风云榜——智慧社区十大品牌、2022AIoT创新应用风云榜——AIoT五十强、2022中国物业服务企业500强优选服务商品牌。

【厦门金名节能科技有限公司】 厦门金名节能科技有限公司成立于2008年，主要从事公用机电设备的智慧能效提升，公用机电设备信息化、智能化低碳控制产品的智能制造；是集软硬件产品研发、生产、销售和运维于一体的国家级高新技术企业。金名节能是国内首批（2010年）拥有EMC[电磁兼容(Electro Magnetic Compatibility)的标准]资质的全国性的能源管理服务公司，荣膺国家级“专精特新”“小巨人”企业、全国节能服务行业品牌企业、全国节能服务行业最具成长型企业、福建省科技“小巨人”领军企业、厦门市首批“三高企业”（高技术企业、高成长企业、高附加值企业）、厦门市创新型试点企业等。公司拥有自主研发技术专利50余项、软件著作30余项，主导参与5项国家、行业、团体标准编制。获2022节能服务产业企业贡献奖、2022节能服务产业科技进步奖。

【厦门延趣网络科技有限公司】 厦门延趣网络科技有限公司成立于2019年6月18日，是一家专注于经营养成类的游戏公司。处女作“叫我大掌柜”以水墨风风格、灵活多样游戏玩法吸引众多玩家。2020年首发在港澳台上线后，取得苹果应用程序商店免费榜第一、畅销榜第五、付费榜第六的成绩；2021年初，在海外上线，连获泰国免费榜第一、越南畅销榜第一、韩国畅销榜排名第二的成绩，收获国际玩家好评。2021年4月，登陆国内市场，5月跃升至免费版第二名。全年总营收3.42亿元，比上年增长75.44%。近三年复合增长率1804%。2022年，该公司获评为“福建省科技小巨人”“福建省数字经济核心产业领域创新企业瞪羚企业”“福建省最具成长性文化企业”“国家鼓励的软件企业证书”“2022福建省创新型民营企业100强”“厦门市2022年度重点产业龙头骨干民营企业”“2022年福建省互联网综合实力前50家企业”“2022年福建省互联网最具成长型企业”。 （区工信局）

## 信息化建设

【概况】 2022年，集美区根据自身区情实际和民生需求，坚持信息化引领、大数据支撑，统筹各级、各部门信息网络资源，协同各业务部门持续推进全区数据汇聚和数据共享，推动数据跨部门、跨层级整合、共享应用，优化业务流程，使创新成为经济发展、动能转换的新引擎。

【电子政务】 2022年，集美区做好区电子政务安全管理与服务，推进全区跨部门、公共性、基础性信息系统或平台的建设和应用。对接新增光纤接入，配合外单位服务器托管设备。办公业务综合平台包含协同办公、项目管理、部门业务和公共信息四大模块，提供公文流转、会议通知、通讯录、值班安排、政务信息资源管理等各类业务功能。全年新增账号3122个。

【门户网站运维】 2022年，集美区加强网站和政务新媒体建设，梳理本区政策文件并完成各级、各部门政策文件汇聚，通过建设政策文件库集中统一对外公开，并按主题、发布机构、年份等分类展示政策文件，实现集中管理、集中发布展示，并能够实现按照标题、正文、日期和文号类型等搜索。融合各级、各部门网站内容和服务，对教育、社保、住房、就业创业、社会救助和福利、医疗健康和企业开办等领域开设专题。依托政府网站集约化平台统一信息资源库汇聚各类型数字政府建设成果，逐渐将政府门户网站发展成全新“数字化孪生政府”，本年度，网站发布信息1.57万条，其中政务动态类信息量2401条、信息公开目录3023条。

【信息化建设项目】 2022年，集美区提升信息化建设水平，加强区级财政性投资信息化项目管理，整合各部门业务数据和系统资源，确保建设质量，提高投资效益，征集、梳理、汇总形成信息化项目及其资金安排。组织相关部门和专家，对各单位上报信息化建设项目进行评审和论证。全年全区申报信息化项目12个，涉及行政审批管理局、气象局、妇幼保健院等单位，信息化建设经费1249.27万元。

【公共服务信息化建设】 2022年，集美区依托“小程序”做好营商环境“大数据”，基于区政策扶持信息化平台集美“i企宝”，利用数据共享、政策结构化和重构业务流程，树立“我为群众办实事”的标杆。在原建各类政策扶持子系统基础上，通过政府部门信息共享，重新整合资源，优化流程等方式实现符合条件企业直享政策。全年上线23份文件、143个扶持政策。通过政府部门信息共享，优化流程等方式实现符合条件企业免予申报，直接享受政策，实现利民政策资金“免申报、零跑腿、快兑现”。清单分类，力求应享尽享。联动区商务局、文旅局等部门梳理现行有效惠企政策，分批确定“免申即享”政策清单，上线推出软件业的“新员工补贴”“支持中小微企业”等免申即享政策22项。简化流程，力求直达快享。按照“分类处理、快速高效、全程网办”原则，将原有“申请、受理、审核、提交收款材料”等流程精简为“数据比对、意愿确认、政策兑现”3个环节，实现由“企业先报、政府再审”转变为“系统智审、确认申领”主动服务模式。数据赋能，力求应享易享。通过数据共享、大数据分析和人工智能辅助，精准匹配符合条件企业，实现“政策找企、应享尽享、免申即享”。企业全程无需主动提出申请，直接享受或在确认申领意愿后享受相关政策。

【信息化助力疫情防控】 2022年，集美区常态化推广完善新冠病毒感染疫情一体化平台，提供线上线下全流程培训演练。按镇(街道)专场和全区全场模式，开展一体化平台演练工作，开展11场全流程线上演练及全区网格员6场现场实操培训，7330人次参与，提高社区网格员平台操作熟练度。开展区突发本土疫情应急处置线下实操演练，平台每个处置环节在“平时”和“战时”顺畅开展，突发情况发生，第一时间启动响应机制。发挥“大数据+社区网格化排查”兜底作用，加强核酸检测数据比对，采取智能呼叫、发送短信等方式对未按要求核酸检测人员开展未检追检，并将未检人员数据推送给各社区网格员进行核实，督促未检人员尽快参检。全年对未检人员发送短信通知300多万条。 （周鹭艳）

# 商贸服务业

## 综　述

【商贸发展】 2022年，集美区完成批发零售贸易业销售总额1924亿元，比上年增长66.6%。其中限额以上批发零售贸易企业销售额1858.2亿元，比上年增长71.2%，增幅居全市第一位，高于全省、全市平均增速。全区餐饮业营业额23.8亿元，比上年增长1.9%；社会消费品零售总额227.7亿元，增长1.2%。

【商贸流通体系优化】 2022年，集美区商贸流通体系逐渐优化，消费供给水平改善。上半年，杏北片区凤凰花城配套商业综合体招商引入万达广场，在建项目大悦城配套商业综合体建设进展顺利。集美万达广场、银泰百货、世茂广场、iOi MALL、杏林万科里、尚柏奥特莱斯、灌口万达广场七大重点商场在元旦、春节、“五一”、中秋、国庆等重要节假日实现客流500万人次，营业额超3亿元，商业活跃度有所提高。推进家政服务业提质扩容，推动领跑社区建设，让家政服务实现进社区，其中园博社区设立便民服务点（站）。推动落实一刻钟便民生活圈建设试点工作，指导康城社区完善商业布局、丰富社区商业配套，构建业态齐全、功能完善的城市居住社区。

【市场新冠病毒感染疫情防控】 2022年，集美区商务局全年不间断督导检查商场超市、餐饮、加油站等公共场所，投入近1600人次，检查商超1300家次，出具整改通知书12份，封停未落实整改单位5家，落实重点行业重点人群常态化核酸检测37.08万人次，环境监测2.85万份。制定集美区新冠病毒感染疫情等突发事件期间生活物资供应保障工作方案，在重点时点、重要假期开展市场供应监测，确保证全区生活必需品市场量足、价稳、物丰。

2022年7月11日，集美区商务局执法人员检查辖区餐饮商家的食品安全（吴觅亮 摄）

【惠企政策落实】 2022年，集美区商务局贯彻落实国务院稳经济一揽子政策要求，会同区工业和信息化局等部门制定出台《关于做好2022年度春节期间支持企业稳岗增产工作的通知》，同时先后出台《关于促进商贸业发展补充规定的通知》《关于进一步鼓励限上批零企业发展壮大的通知》，鼓励集美区商贸企业做大做强。优化政策审批程序，简化申报材料，运用集美“i企宝”提高政策兑现效率。全年依据市、区相关政策，拨付政策奖补资金超7300万元，惠及企业340余家次，涉及企业员工630余人次。

【农贸市场管理】 2022年，集美区商务局继续抓好农贸市场提升改造工作，按期完成嘉农农贸市场改造任务；推动区属国有企业城发公司参与农贸市场经营管理，加强政府和市场的协调配合，提高农贸市场管理水平。做好再生资源回收体系建设，指导、督促再生资源回收企业在全区小区、学校投入建设回收箱体，促进生活垃圾的减量化、资源化、无害化。全年回收家电及电子产品3191件、回收各类可回收物815.1吨。牵头负责商场超市及周边秩序整治工作，组织工作人员对集美万达、万达永辉超市、银泰百货、大润发、捷特姆超市等进行文明创建检查，督促整改脏、乱、破等不文明情形92起。

【商贸行业安全管理】 2022年，集美区商务局按照安全生产专项整治三年行动巩固提升和安全生产“百日大会战”两项工作要求，围绕安全生产大检查、燃气、危险化学品、消防、工贸、防暑防汛防台风等专项整治行动，配合各牵头部门，抓好商贸行业安全生产，查找共性问题、揪出突出隐患。聘请第三方专业机构，对商贸领域安全生产工作实行专业化、常态化管理，每季度组织进行安全隐患排查、整治行动。全年召开安全生产培训会议2次、安全生产教育和安全演练服务2次、联合检查3次、发放宣传手册1000余份。制定《厦门市集美区商务局防洪防台风应急预案》，牵头辖区大型商超、加油站等企业，每半年组织一场大型消防实操演练、每季度组织一次全员消防暨防恐防爆演练、每月度组织2～3场突发应急预案演练，坚决防范遏制重特大事故发生。全区商贸行业无重特大生产安全事故。

【商贸行业监督管理】 2022年，集美区商务局强化成品油零售领域监督管理，每季度摸排26家加油站点安全和经营情况，配合市商务局开展成品油零售经营企业行业监管现场督导；牵头落实企业内设加油站点的规范管理，成立区规范企业内设加油站点工作专班，按照市规范企业内设加油站点工作专班工作部署，结合《厦门市企业内设加油点设立指引（试行）》，印发《关于进一步推动全区开展规范企业内设加油点相关工作的实施方案》，召开专班会议，组织对2家申请备案企业进行联合查验并上报市规范企业内设加油站点工作专班，纳入“白名单”管理。注重单用途商业预付卡领域行业管理工作，督促集美湖豪生大酒店等5家企业依规进行备案，通过政府官方网站向消费者发出《单用途商业预付卡风险防范提示》《单用途商业预付卡知识宣传及其他发卡企业备案情况》，加大宣传力度，引导理性消费。

（戴燕婷）

## 批发零售业

【概况】 2022年，集美区完成批发零售贸易业销售总额1924亿元，比上年增长66.6%。集美区限额以上批发零售企业突破440家，其中，重点批发零售企业销售额实现1亿元以上企业168家，比上年增长22.6%；实现5亿元以上企业60家，增长46.3%；实现10亿元以上企业36家，增长56.5%；实现20亿元以上企业17家，增长112.5%；实现100亿元以上企业2家。

【二手车流通】 2022年，集美区商务局促进二手车交易市场规范发展。围绕二手车交易市场规范经营、发展壮大进行调研，实地走访多家企业和商户代表，会同有关部门探讨发展思路，提出推进二手车临时产权落地、规范市场经营主体等各项建议。与建发二手车交易市场、万科海西二手车交易市场运管单位沟通，组织区税务、统计等部门对二手车交易市场内的商户进行政策宣讲、税务培训、统计宣传，引导市场商户正规化经营、主动将数据纳入经济统计。推动建发汽车子公司柏亿（厦门）汽车销售有限公司实现纳统，并成为全市首家完成二手车销售流程的测试公司。2022年限额以上二手车交易突破1亿元。

【促消费活动】 2022年，集美区组织举办“集美欢乐购”促消费活动，联合银联、住店圈、建设银行厦门分行等平台，围绕汽车、餐饮、超市等重点消费领域，深挖集美消费潜力和商旅特色，持续营造浓厚消费氛围。4月，联合银联平台推出“邀约＋直补”结合的购车活动，助力集美汽车流通产业发展。5月，以“五一”小长假为开端启动特色美食超市专场，同时联合厦门市民个人信用“白鹭分”平台推出老年消费福利。7月，针对新能源汽车购车特点，推出“下订即享优惠券”购车补贴活动，鼓励新能源汽车消费。8月，联合集美家政服务龙头企业好慷家政公司推出“集美欢乐购·夏日特别版”活动，打造夏日消费氛围；并在全市率先发布首个二手车购车补贴活动，支持集美二手车交易市场做大做强。9月，配合厦门市开展的数字人民币试点工作，联合集美世茂广场推出数字人民币消费月活动，打造多品类数字人民币消费节，建设数字人民币试点应用场景，助推集美新城核心商圈发展。（戴燕婷）

2022年9月，集美区联合集美世贸广场推出数字人民币消费月活动。图为集美世茂广场商圈俯瞰

（林志杰 6月24日 摄）

表 11

## 2022 年集美区星级酒店接待情况统计表

| 酒店名称 | 星级 | 客房数（间） | 床位数（张） | 接待宾客（人次） |
|---|---|---|---|---|
| 厦门北海湾万达嘉华酒店 | 五星 | 402 | 623 | 81487 |
| 厦门日东花园酒店 | 四星 | 212 | 340 | 72812 |
| 明珠海湾大酒店 | 四星 | 319 | 514 | 76769 |
| 厦门山水宾馆 | 三星 | 132 | 245 | 15074 |
| 全总厦门劳模疗休养中心 | 参照五星 | 572 | 926 | 131469 |
| 罗约海滨温泉酒店 | 参照五星 | 340 | 450 | 77910 |
| 灵玲大酒店 | 参照五星 | 691 | 1667 | 159002 |
| 集美湖豪生大酒店 | 参照五星 | 485 | 721 | 106057 |
| 海景皇冠节日酒店 | 参照五星 | 303 | 495 | 70154 |
| 合计 | – | 3456 | 5981 | 790734 |

（吴　悦）

## 住宿餐饮业

【住宿业】　2022 年，集美区新增住宿单位 78 家、客房 2095 间、床位 2913 张；停业住宿单位 22 家、客房 1058 间、床位 1787 张。截至年底，全区有住宿经营单位 330 家、客房 1.43 万间、床位 2.11 万张。其中，星级酒店 4 家（杏花村酒店摘星），客房 1065 间，床位数 1722 张；商务酒店 326 家，客房 1.32 万间，床位 1.94 万张。全年住宿单位接待过夜游客 456.52 万人次，比上年增长 2.66%，平均住宿率 61.13%。全区限额以上住宿业实现营业收入 6.72 亿元，比上年增长 13.19%。（吴　悦）

【餐饮业】　2022 年，集美区餐饮业营业额 23.8 亿元，比上年增长 1.9%。其中限额以上餐饮企业实现营业额 7.4 亿元，比上年增长 3.5%。集美味友餐饮入选由市食安办、市商务局和市市场监管局联合指导、市食品安全工作联合会牵头、各大协会联合主办的首届厦门“名厨名菜名店”。

（戴燕婷）

## 粮油贸易

【概况】　2022 年，集美区粮食企业购进 24.43 万吨，其中省外购进 10.47 万吨；支出粮食 25.05 万吨，其中口粮销售 17.15 万吨，饲料用粮 5502 吨。年末，社会库存粮食 8903 吨。食用植物油经营企业购进食用油 1.97 万吨，销售 2.01 万吨。

【储备粮管理】　2022 年，集美区加强粮食库存管理，区发改局联合市发改委粮食监管二局对集美储备粮管理有限公司及其代储企业开展储备粮、应急成品粮检查；联合市粮食监管二局、区应急局，组织对应急成品粮代储企业等粮食企业安全生产检查；参加由市粮食监管二局牵头厦门市政策性粮油库存检查工作；配合市粮食监管二局和市粮油质量监测站进行市应急成品粮油专项联合检查；指派专人协助市粮油质量监测站以及市粮食监管二局对集美储备粮管理有限公司主体责任进行检查。经查，品种、数量与计划任务数相符，管理规范，未发现质量异常情况，市级储备粮账账、账卡、账实相符。

【籼稻谷定向托底收购】　2022 年，集美区发改局联合区农业农村局、集美储备粮管理有限公司完成对集美区地产籼稻谷收购种粮农民信息收集、收购条件及政策宣传工作。配合市发改委粮食监管二局完成对集美储备粮管理公司收购工作检查。

【粮食应急体系建设】　2022 年，集美区优化粮食应急体系，提升应急保障能力。优化粮食应急供应网点布局，增强应急供应能力，区发改局会同粮食监管二局对 2021 年度认定粮食应急体系重点企业进行重新核实，并对新增申请认定相关企业按程序进行核查。保留 2021 年度认定 2 家粮食应急加工企业：厦门市金香穗米业有限公司、厦门三好米业有限公司。对 2021 年认定 36 家粮食应急供应网点重新核查，根据“布局合理、好中选优”原则并结合企业经营实际情况撤销 5 家、保留 31 家，同时新增 8 家粮食应急供应网点。全年全区有粮食应急供应网点 39 家、粮食应急加工企业 2 家。做好粮食市场监测预警。要求各

2022年2月26日，集美区发改局开展粮食安全基地教育宣传活动。图为福建省诚毅职业技术学校的学生参观粮食加工过程 （苏良烟 摄）

家门店不囤积、不断货，不炒作、不借机涨价、哄抬物价。不定期对辖区内应急粮食供应点进行巡查，实时掌握粮油库存数质量和价格波动情况，加强与粮食应急加工企业和供应网点沟通协调，完成粮食保供稳市监测预警工作。

【粮食安全宣传】 2022年，集美区制定《集美区粮食安全宣传教育工作方案》，开展爱粮节粮宣传教育。1月，区发改局举办“反对粮食浪费践行爱粮节粮”宣传活动。2月，在厦门市金香穗米业有限公司（福建省粮食安全宣传教育基地）开展2022年集美区粮食安全基地教育宣传活动，组织学生进粮食安全教育基地，实地开展宣传工作。5月21—28日，开展2022年“科技兴粮兴储创新有你有我”粮食科技活动周活动，组织人员走进厦门市储备粮管理集团有限公司粮食安全教育基地，在全区5处大型公共场所电子显示屏投放宣传主题标语海报，在全区9处《集美月报》宣传栏张贴主题标语海报18张。9—11月，开展主题为“爱粮节粮从我做起”摄影征集宣传活动。通过摄影征集活动，将勤俭节约等理念融入家风、家教、家训，采用线上和线下相结合宣传方式，倡导引领爱粮节粮良好社会新风尚。 （林远伟）

## 烟草专卖

【概况】 2022年，集美区烟草专卖局（分公司）服务香烟零售客户6887户，上缴税金6.46亿元，比上年增长6.5%；查处各类违法案件252件，其中，省督案件1件，5万元以上案件27件，查获各类违法香烟1657.60件，烟丝2900千克。

【香烟营销】 2022年，集美区烟草专卖局（分公司）开展“开口营销”活动，拍摄视频作品30个，推动客户品牌传播和经营技巧双提升；立足直营终端开展优品会等消费者活动22场，融入烟、酒、茶等名品宣传推荐，强化消费引领；开展香烟品牌培育主题营销活动24场，发挥优质终端阵地作用，助推省产香烟销售。聚焦“海丝新晟”流通品牌，将旗舰店建设与农网建设作为重点内容，全年新增“海丝新晟”终端5家，逐步形成“海丝新晟”分层分类格局；加强运营管理，制定“五新”（新零售、新业务、新生态、新技术、新机制）运行质量积分评价标准，编制《“海丝新晟”运营管理手册》；强化示范引领，培植1户流通品牌旗舰店，发展2户农网流通品牌达标终端，并在4家中石化易捷便利店中建设“海丝新晟”专柜专区，促进“海丝新晟”终端与行业形成经营共同体、利益共同体、文化共同体、发展共同体。创新线上营销，组建“小费帮帮忙”短视频创作团队，以“我与客户共成长，烟草服务更精彩”为主题，聚焦经营指导、盈利提升、品牌培育、政策宣传等服务内容，拍摄短视频作品12期，浏览量9万余人次。试点标签服务，开发线上服务平台，精准设置客户需求标签，刻画客户基础属性画像，建立标准化服务策略库，实现标签、画像和服务三者有效关联，及时响应客户隐性和显性需求，持续提升客户满意度。加强政企协同，与区委组织部联动，先后完成厦门北站、区行政服务中心、集美灌口万达购物广场等6个文明吸烟环境点建设，推动烟草企业融入城市发展建设的大局，形成政府倡导、烟草协同和民生获益的文明消费环境建设新模式。

【卷烟打私打假】 2022年，集美区烟草专卖局（分公司）完善“五员”（土地巡查员、安全监督员、护林防火员、综治网格员、治安协管员）常态化联合排查工作机制，全年排查可疑场所352个，确保连续第七年制假“零”发案。联合邮政管理部门到各物流园区发放宣传材料511份，排查涉烟包裹326个，立案查处非法寄递案件16件。联合公安局、高速公路交警大队获破“3·12”千万元运假大案，抓获涉案人员3人；打掉本地销假团伙1个。与属地海警工作站签订“联合打击烟草专卖品海上走私违法犯罪活动协作配合办法”，排查码头、岙口 16 个。

【卷烟销售大户治理】 2022 年，集美区烟草专卖局（分公司）完善分类监管、精准排查、高频检查的卷烟销售大户监管机制，动态调整 “黑、灰、黄” 三类名单，严防真烟异常流动。全年立案查处大户 24 户次，查获非法渠道香烟 6885.3 条、假烟 1380.5 条、走私烟 25.1 条。取缔大户 3 户。严厉查处 “大户控制小户” “代套订” 等不规范经营行为，自查代套订户 371 户次，核实疑似停歇业户 561 户次，暂停供货 413 户次。

【电子烟监管】 2022 年，集美区烟草专卖局（分公司）深化电子烟监管，联合属地教育局在辖区 7 所院校开展 “拒绝上头电子烟” 普法宣传培训。联合区人民检察院、文明办专项巡查商户 252 户，纠正警示标语张贴不到位 12 户。通过逐户上门的方式，敦促辖区电子烟门店申办零售许可证，全年给予新办证 51 本。联合属地公安分局禁毒大队等部门开展打击上头电子烟专项整治行动，立案查处上头电子烟案件 3 件。 （李佳玮）

## 对外和对台港澳贸易

【概况】 2022 年，集美区商务局强化服务功能，持续优化营商环境，落实商务部、中国出口信用保险公司《关于加大出口信用保险支持做好跨周期调节进一步稳外贸的工作通知》要求，联合中国出口信用保险公司厦门分公司，加大企业出口信用保险支持力度，建立服务机制，为企业开展进出口业务撑起 “保护伞”。推动疏导物流运输瓶颈，保障外贸产业链供应链稳定畅通。集美区全年进出口金额 546.11 亿元，比上年增长 0.65%，其中出口金额 473.35 亿元，增长 2.18%，进口金额 72.76 亿元，下降 8.26%。

2022 年，集美区与华侨大学、厦门自贸区管委会共建国家特色服务（语言服务）出口基地。图为 4 月 21 日，项目签约仪式 （华侨大学 供图）

【服务外包发展】 2022 年，集美区被纳入商务部业务系统统一平台服务外包管理的企业 100 家，其中当年新增注册企业 16 家。全年签订服务外包合同金额 7.61 亿美元，执行金额 4.9 亿美元，分别比上年增长 52.58% 和 101.63%。其中，在岸服务外包合同金额 6.93 亿美元，比上年增长 60.95%；执行额 4.56 亿美元，增长 1.34 倍。离岸服务外包合同额 6815.44 万美元，比上年下降 0.15%；执行额 3424.82 万美元，下降 29.54%。联合市商务局举办服务贸易和服务外包统计培训和政策宣讲会，邀请辖区企业参加会议，促成 15 家企业注册系统。年内，集美区政府会同厦门自贸区管委会，与华侨大学签约共建国家语言服务领域特色服务出口基地。集美区还向华侨大学拨付首批 120 万元国家特色服务出口基地支持资金，并将在空间载体、政策协调、企业服务、产业配套等方面提供资源支持，助力基地建设成为服务贸易、文化贸易重要的产业发展和公共服务平台。

【出口信用保险】 2022 年，集美区商务局继续做好稳外贸工作，与厦门出口信用保险公司合作，按照“政府牵头、信保支持、企业获益” 的模式，发挥出口信保政策性功能，在风险补偿、保障业务、支持融资、助力小微企业等方面，为出口企业构筑风险防范屏障，加大对投保企业出口信用保险费、资信调查费的扶持力度。中国信保厦门分公司全年服务区内企业 734 家，比上年增加 125 家，其中服务小微企业 650 家，增加 146 家；短期险项支持企业出口额 45.3 亿美元，增长 3.3%，占全市 21.77%。全年新增受理区内可损案件 56 件，赔付金额 180.35 万美元，15 家集美区企业获得赔款，可损金额 658.81 万美元。为辖区内企业提供保单融资增信支持 1.3 亿元，为 145 家次企业提供海外买家资信调查。

（戴燕婷）

# 教　育

## 综　述

【教育事业发展】　2022年，集美区有基础教育学校282所，在校学生15.68万人。全年幼儿园招生1.21万人，小学招生1.29万人，初中招生9461人。有小学46所，在校学生7.47万人；中学21所，其中完全中学6所、高级中学1所、初中7所、九年一贯制学校6所、十二年一贯制学校1所，在校学生4.05万人，其中初中生2.82万人、高中生1.23万人；中等职业技术学校3所，在校学生1.86万人；校外培训机构8所，学员7503人。全年资助家庭经济困难学生5023人次，发放各类国家助学金、免学费及生活补助555.66万元。

【德育工作】　2022年，集美区推进中小幼一体化“诚毅”德育体系建设。2名学生获市级“新时代好少年”称号。3名教师获评为省级优秀少先队辅导员，集美小学少先大队获评为省级先进集体。上塘中学和乐海小学德育工作经验入选第三批“福建省‘一校一案’落实《中小学德育工作指南》典型案例”，双塔小学示范课获评为“福建省第四批中小学思想政治理论课示范课”，后溪中学选送的项目获评为2022年“福建省中小学学科德育精品项目”，厦门十中、诚毅中学、双塔小学德育工作经验获评为2022年“厦门市‘一校一案’落实《中小学德育

表12

**2022年集美区各级各类学校情况一览表**

| 学校类型 | 学校数（所） | 在校学生数（人） | | | 教职工数（人） | | | |
|---|---|---|---|---|---|---|---|---|
| | | 合计 | 其中 | | 合计 | 专任教师 | | |
| | | | 初中 | 高中 | | 小计 | 其中 | |
| | | | | | | | 初中 | 高中 |
| 总计 | 293 | 182904 | 28201 | 12328 | 14984 | 10735 | 1953 | 1020 |
| 一、基础教育 | 282 | 156833 | 28201 | 12328 | 13654 | 9718 | — | — |
| 1. 中学 | 21 | 40529 | 28201 | 12328 | 3683 | 2973 | 1953 | 1020 |
| 完全中学 | 6 | 26567 | 15464 | 11103 | 2343 | 1902 | 1039 | 863 |
| 十二年一贯制学校 | 1 | 1071 | 215 | 856 | 223 | 126 | 29 | 97 |
| 高级中学 | 1 | 369 | - | 369 | 73 | 60 | — | 60 |
| 初级中学 | 7 | 9818 | 9818 | — | 752 | 674 | 674 | — |
| 九年一贯制学校 | 6 | 2704 | 2704 | — | 292 | 211 | 211 | — |
| 2. 小学 | 46 | 74684 | — | — | 4111 | 3796 | — | — |
| 十二年一贯制学校 | （在中学部 | 476 | — | — | 52 | 52 | — | — |
| 九年一贯制学校 | 分已统计） | 10184 | — | — | 563 | 504 | — | — |
| 普通小学 | 46 | 64024 | — | — | 3496 | 3240 | — | — |
| 3. 特殊教育 | 1 | 123 | — | — | 41 | 36 | — | — |
| 4. 幼儿园 | 214 | 41497 | — | — | 5819 | 2913 | — | — |
| 二、中等职业教育 | 11 | 26071 | — | — | 1330 | 1017 | — | — |
| 1. 中等职业学校 | 3 | 18568 | — | — | 1202 | 912 | — | — |
| 2. 培训机构 | 8 | 7503 | — | — | 128 | 105 | — | — |

说明：表内数据含市属校

工作指南》典型案例”，厦门十中等6所学校获评为2022年“厦门市家庭教育特色学校（园）”。

【教育督导】 2022年，集美区优化“诚毅督导”品牌模式，推进片区督导特色建设工作。调整幼儿园挂牌督学和督导片区，由17个片区优化并扩充至21个片区，将公民办中小学小片区结对管理与责任督学挂牌督导工作相结合。责任督学下校督导670人次，先后开展校园安全、春季开学工作、规范办学行为、五项管理、教学工作、校园及周边安全、招生和秋季开学月份、常态化新冠病毒感染疫情防控等系列专项督导，8个督导案例获市优秀督导案例评选奖项。强化素质教育督导工作，印发《集美区素质教育督导评估方案(2022年修订稿)》和《集美区中小学校素质教育督导评估实施细则(2022年修订稿)》。新一版素质教育督导评估办法将党建工作、学校推进教育高质量发展和内涵发展情况、五项管理、“双减”（减轻义务教育阶段学生过重作业负担和校外培训负担）工作、落实家庭教育促进法等教育焦点问题纳入评估范畴。

【平安校园建设】 2022年，集美区推进平安校园创建工作。协同街道、社区群防群治加强校园周边水域排查，全区各校园开展周边水域隐患排查117次，组织10.5万人参与安全教育平台防溺水专题宣传教育，印发《防溺水宣传手册》14万册，发布安全提醒1113条，开展防溺水自救互救培训151场。落实“不跟随大货车工程车”和“七个一”交通安全教育活动，分发交通安全宣传资料14万册，开展“交警对你说安全”“校长、综治副校长对你说交通安全”207场次，发放致家长一封信16万份，开展主题班会597次。新聘任法治副校长23名，加强校园法治教育。组织《中华人民共和国反有组织犯罪法》系列宣传教育活动，各校园开展国旗下讲话268次，公检法入校（包含线上）讲座72场，家长会（包含线上）1322个班级，电子显示屏或宣传横幅300条，主题班会1790个班级，组织观看宣传视频1819个班级。发放禁毒教材，加强禁毒宣教室建设，开展禁毒师资培训，全年新建13所禁毒宣教室，提升3所，全区各校园禁毒宣教室33所，1名教师获全省首届“最美禁毒人”称号。建立教职员工入职查询和限制从业制度，加强教职员工队伍管理。建立健全常态排查及强制报告机制，所有学校开展校园欺凌师生专题教育400次，开展校园欺凌专项排查429次，背景审查重点岗位和新进人员9227人次。改造安防设备，289个校园安装人脸识别系统301路，67个校园安装车辆抓拍72路，公民办校园完成全覆盖。加强安保队伍建设，配齐配强安全管理干部、综治副校长。加强区、校两级岗位安全培训，实现100%持证上岗，组织开展2022年度教育系统总务后勤管理研修班、禁毒师资培训班、暑假民办校园保安轮训，参训人员581人。深化安全隐患大排查大整治，以各校园自查自纠、“小片区安全管理”、局领导带队“双随机”督查等“三步走”形式，开展大排查大整治，对安全隐患实行清单管理，建立排查清单、隐患清单、整改清单和责任清单，限时销号。

【“双减”政策落实】 2022年，集美区推进“双减”工作。坚持在作业“压总量、控时间”基础上，注重“调结构、提质量”，开展教师作业设计、命题研究和指导，全区中小学在市级中小学优秀作业设计评选中获奖80项，在省级中小学优秀作业设计评选中获奖21项。加大学科类校外培训机构监管力度，开展“点题整治”、寒假巡查、“监管护苗”等专项行动整治违规校外培训，校外培训机构治理经验作为典型案例获省教育厅推广。义务教育学校课后服务和有需要的学生覆盖率100%，推行“2+N”课后服务模式（即“作业辅导＋体育活动”等2项基本服务加“科普、文艺、劳动、阅读、兴趣小组及社团活动等”N种拓展服务），规范引入第三方参与课后服务，提高课后服务质量。

【劳动教育】 2022年，集美区加强“全国中小学劳动教育试验区”建设。承办2022年厦门市中小学、幼儿园劳动

2022年5月27日，厦门市中小学、幼儿园劳动教育推进会在杏东小学举行（许晓霞 摄）

教育推进会和观摩活动。区教育局和杏东小学分别向全市中小学做劳动教育经验介绍，其工作经验和教育成效获市教育局和各区肯定。上塘中学、滨水学校、杏东小学选送的项目获评为2022年“厦门市中小学劳动教育实践特色项目”。

【艺体教育】 2022年，集美区实施体育艺术“2+2”（即通过学校组织的课内外体育、艺术教育的教学和活动，让每个学生至少学习掌握2项体育运动技能和2项艺术特长）。集美学生参加市级及以上级别艺术活动获奖18项，参加市级及以上级别体育比赛获金牌60枚、银牌65枚、铜牌60枚，其中，中学和小学田径联队均在全市田径锦标赛获团体总分第二名。福建教育学院附属集美实验学校获“全国软式棒垒球实验学校”称号。6所中小学与厦门影视拍摄基地共建影视教育实践基地。 （刘义豪）

## 教师队伍建设

【概况】 2022年，集美区各级各类学校（不含辖区高校）有教职工1.50万人（含民办），其中专任教师1.06万人。在专任教师中，幼儿园教师2913人，小学教师3796人（女性占81.8%，35岁以下占65.5%）；初中教师1953人（女性占72.8%，35岁以下占63%）；高中教师1020人（女性占61.8%，35岁以下占46%）；中等专业技术学校教师912人（35岁以下占32.9%）。全年举办区级培训项目56个，选派集美区教师参加国家、省、市级各类培训项目52个。全区中小学教师全员参训率100%，每年每人平均受训在96课时以上。年内，柔性引进高层次教育人才首聘9人、续聘10人。

【教学科研成果】 2022年，集美区属学校17项课题立项为福建省教育科学“十四五”规划2022年度课题，36项课题立项为厦门市教育科学“十四五”规划2022年度课题，5项成果获2022年厦门市教学成果奖一等奖，并在全市教育科研工作会议上作经验介绍。

【教师专业培育】 2022年，集美区推进高素质、专业化教师队伍建设。实施《集美区青年教师入职后五年培训考核方案》，按照青年教师入职后一年、三年、五年分阶段制定培养目标，明确培养措施和考核办法，推动青年教师培训培养工作迈入快车道。围绕三年一度的“厦门市中小学幼儿园青年教师教学基本功岗位练兵竞赛”开展青年教师全员岗位大练兵，112名青年教师在全市中小学幼儿园青年教师教学基本功竞赛中获综合奖，名列全市前茅。新组建53个五级结对“双带教”（带教班主任和学科教学工作）团队、27个名师发展工作室。年内，确认编内中小学幼儿园市级骨干教师307人、民办小学市级骨干教师12人、市级学科带头人8人、省教学名师1人。

（刘义豪）

## 学校基础设施建设

【概况】 2022年，集美区新建中小学、幼儿园项目12个：集美新城坑内小学项目（28个班）、新村小学改扩建项目（18个班）、曾厝小学项目（48个班）、集美新城莲花小学项目（42个班）、海凤小学及地下车库工程（24个班）、集美新城明珠小学（36个班）、康锦幼儿园项目（12个班）、垵山幼儿园项目（9个班）、集美新城软件园三期F51地块洪茂幼儿园项目（12

表13 **2022年集美区专任教师学历、职称结构情况统计表**

单位：人

| 学校类型 | 合计 | 学历 | | | | 专业技术职务 | | | | |
|---|---|---|---|---|---|---|---|---|---|---|
| | | 硕士研究生及以上 | 本科 | 专科 | 高中及以下 | 副高级及以上 | 中级 | 助理级 | 员级 | 未定级 |
| 幼儿园 | 2913 | 4 | 812 | 1844 | 253 | 2 | 108 | 283 | 221 | 2299 |
| 小学 | 3796 | 127 | 3172 | 493 | 4 | 126 | 1223 | 1392 | 43 | 1012 |
| 初中 | 1953 | 359 | 1567 | 27 | — | 262 | 481 | 890 | 1 | 319 |
| 特教 | 36 | 1 | 31 | 4 | — | 2 | 5 | 16 | 1 | 12 |
| 高中 | 1020 | 229 | 788 | 3 | — | 304 | 277 | 306 | 4 | 129 |
| 其中：市属 | 512 | 128 | 383 | 1 | — | 129 | 130 | 154 | 4 | 95 |
| 中等专业技术学校 | 912 | 117 | 760 | 25 | 10 | 248 | 322 | 217 | | 125 |
| 其中：市属 | 667 | 82 | 574 | 11 | — | 206 | 264 | 147 | | 50 |
| 合计 | 10630 | 837 | 7130 | 2396 | 267 | 944 | 2416 | | | 3896 |

表 14

## 2022 年集美区基础教育办学条件情况统计表

| 学校类型 | 学校占地面积（平方千米） | 校舍建筑面积（平方千米） | 教学及辅助用房（平方千米） | 行政办公用房（平方千米） | 生活用房（平方千米） | 其他用房（平方千米） | 图书（万册） | 固定资产总值（万元） | # 仪器设备总值（万元） |
|---|---|---|---|---|---|---|---|---|---|
| 总计 | 264.00 | 193.08 | 113.82 | 17.47 | 46.61 | 15.19 | 470.84 | 426535 | 46183 |
| 幼儿园 | 47.61 | 48.38 | 37.62 | 4.18 | 5.36 | 1.22 | 47.03 | 62570 | 9778 |
| 小学 | 100.14 | 57.26 | 34.64 | 5.13 | 11.75 | 5.74 | 214.90 | 145529 | 16209 |
| 初级中学 | 24.16 | 16.25 | 7.01 | 1.53 | 4.31 | 3.39 | 42.62 | 38148 | 4184 |
| 九年一贯制学校 | 23.38 | 16.30 | 9.94 | 1.24 | 3.53 | 1.59 | 43.31 | 24297 | 4060 |
| 完全中学 | 58.58 | 47 | 21.76 | 4.65 | 18.25 | 2.33 | 117.74 | 146303 | 10361 |
| 高级中学 | 1.63 | 3.28 | 1.17 | 0.34 | 0.96 | 0.80 | 2.14 | 762 | 525 |
| 十二年一贯制学校 | 7.27 | 3.93 | 1.39 | 0.25 | 2.16 | 0.12 | 1.93 | 5829 | 936 |
| 特殊教育 | 1.23 | 0.70 | 0.28 | 0.13 | 0.29 | — | 1.17 | 3097 | 130 |

个班）、马銮湾新城集美片区马銮东幼儿园项目（21 个班）、中海海怡配套幼儿园（12 个班）、西客明珠配套幼儿园项目（15 个班）。新增中小学、幼儿园建设学位 1.125 万个（义务教育 8820 个、幼儿园 2430 个）。

【中小学教室空调和照明改造】 2022 年，集美区推进中小学“校园清凉”工程和“明眸健体”护眼灯改造工程。52 所学校完成空调安装工作，其中 45 所学校完成相关线路改造或变压器增容（或新增）。44 所中小学校、1811 间教室完成照明改造。（刘义豪）

## 学前教育

【概况】 2022 年秋季，集美区秋季开展招生工作的新幼儿园有 5 所，分别是：集美区园博幼儿园海韵分园、集美区海山实验幼儿园、集美区珩山实验幼儿园、集美区珩山实验幼儿园珩耀分园、集美区敦尚实验幼儿园，分别位于侨英街道（1 所）、后溪镇（4 所）。截至年底，签订分级收费管理协议民办幼儿园 150 所，占参与评估定级民办幼儿园总数（163 所）的 92.02%。

【英村（兑山）幼儿园被确认为省级示范性幼儿园】 2022 年 12 月 10 日，英村（兑山）幼儿园被确认为省级示范性幼儿园。该园开办于 2012 年 9 月，以“幼儿成长个性化、教师发展专业化、园所管理精细化”为办园宗旨，秉持“顺应天性 呵护童心”教育理念，倡导“重自主、高支持”学习方式，在幼儿学习与发展的规律中找到“玩”与“美”的契合点，将“玩中学，美中乐”课程理念融入校园环境的创设中，构建“玩美”园本课程体系，致力于培养乐运动、爱阅读、善交往、喜探索、会欣赏、勤劳动的儿童，促进儿童全面发展。

【区幼儿园管理研修室成立】 2022 年 3 月 19 日，集美区首届幼儿园管理研修室启动仪式暨首次工作研讨会在区教师进修学校举行，研修室由区教育发展顾问、正高级教师、省名园长、省特级教师、市拔尖人才、市本土领军人才姚莉娜担任导师，10 名现任幼儿园正副职领导为成员。研修室旨在发挥名校（园）长示范、引领和辐射作用，提升成员幼儿园管理能力，推动学前教育水平提升。

【第 18 届幼儿园教学教研经验交流会暨课堂教学观摩研讨活动】 2022 年 10 月 25 日在诚毅幼儿园举行。此次交流会主题为“幼儿园园本课程建设”，活动为期 1 天，设 2 个会场，主要内容包括诚毅幼儿园师幼才艺展示、公开课观摩研讨、园长论坛、课程故事分享交流等，全区 200 余名公民办幼儿园教师参加。（刘义豪）

【集美幼儿园】 2022 年，集美幼儿园分设总园、岑东分园和海凤分园，共 28 个教学班，2 月，在园幼儿有 946 人，教职工 116 人；9 月，在园幼儿有 979 人，教职工 121 人，其中区级学科带头人 2 人、市级骨干教师 15 人、市级骨干教师培养对象 2 人、教坛新秀 1 人。集美幼儿园海凤分园位于集美侨英街道海凤路 64 号，总用地面积 4099.15 平方米，建筑面积 4701.07 平方米，班级 12 个。海凤分园于 2021 年 12 月开园。海凤分园传承“葆真养正”教育理念，并于 2022 年 11 月通过区级示范性幼儿园评估。年内，幼儿园被评为精神文明和文化宣传工作先进集体，集美区第八届基础教育课堂教学改革创新大赛岗位练兵先进单位，集美区第二批特色办学基地学校、陈嘉庚教

表 15

## 2022 年集美区学前教育情况统计表

| 镇、街 | 园数（所） | 班数（个）、幼儿数（人） | | | | | | | | | |
|---|---|---|---|---|---|---|---|---|---|---|---|
| | | 合计 | | 托班 | | 小班 | | 中班 | | 大班 | |
| | | 班数 | 幼儿数 | 班数 | 幼儿数 | 班数 | 幼儿数 | 班数 | 幼儿数 | 班数 | 幼儿数 |
| 总计 | 214 | 1388 | 41497 | — | — | 438 | 11738 | 453 | 13566 | 494 | 16125 |
| 集美街道 | 9 | 73 | 2207 | — | — | 23 | 571 | 24 | 739 | 26 | 897 |
| 公办 | 3 | 36 | 1280 | — | — | 12 | 356 | 12 | 452 | 12 | 472 |
| 地方企业办 | 1 | 12 | 360 | — | — | 4 | 103 | 4 | 115 | 4 | 142 |
| 本区民办 | 5 | 25 | 567 | — | — | 7 | 112 | 8 | 172 | 10 | 283 |
| 侨英街道 | 49 | 283 | 8438 | — | — | 93 | 2458 | 90 | 2720 | 99 | 3236 |
| 公办 | 10 | 90 | 3280 | — | — | 32 | 1114 | 29 | 1040 | 29 | 1126 |
| 民办 | 39 | 193 | 5158 | — | — | 61 | 1344 | 61 | 1680 | 70 | 2110 |
| 后溪镇 | 25 | 159 | 4910 | — | — | 50 | 1455 | 51 | 1599 | 56 | 1812 |
| 公办 | 13 | 88 | 2935 | — | — | 29 | 941 | 28 | 990 | 29 | 960 |
| 地方企业办 | 1 | 12 | 405 | — | — | 3 | 104 | 4 | 125 | 5 | 176 |
| 本区民办 | 11 | 51 | 1407 | — | — | 15 | 354 | 17 | 446 | 19 | 607 |
| 市属民办 | 0 | 8 | 163 | — | — | 3 | 56 | 2 | 38 | 2 | 69 |
| 灌口镇 | 37 | 244 | 7316 | — | — | 75 | 2031 | 82 | 2385 | 87 | 2900 |
| 公办 | 7 | 82 | 2982 | — | — | 28 | 1005 | 27 | 923 | 27 | 1054 |
| 民办 | 30 | 162 | 4334 | — | — | 47 | 1026 | 55 | 1462 | 60 | 1846 |
| 杏滨街道 | 43 | 253 | 7501 | — | — | 77 | 2107 | 82 | 2430 | 94 | 2964 |
| 公办 | 7 | 67 | 2438 | — | — | 22 | 781 | 21 | 786 | 24 | 871 |
| 地方企业办 | 1 | 10 | 333 | — | — | 3 | 97 | 3 | 97 | 4 | 139 |
| 民办 | 35 | 176 | 4730 | — | — | 52 | 1229 | 58 | 1547 | 66 | 1954 |
| 杏林街道 | 51 | 376 | 11125 | — | — | 120 | 3116 | 124 | 3693 | 132 | 4316 |
| 公办 | 11 | 141 | 5256 | — | — | 47 | 1564 | 47 | 1775 | 47 | 1917 |
| 本区民办 | 39 | 229 | 5741 | — | — | 72 | 1533 | 76 | 1891 | 81 | 2317 |
| 市属民办 | 1 | 6 | 128 | — | — | 1 | 19 | 1 | 27 | 4 | 82 |

说明：一贯制学校由高一级部门统计校数，本表仅统计幼儿园班数

育实践基地学校。年内，幼儿园特邀集美大学师范学院教授为全体教师做《幼儿行为观察理念与实践》系列培训。全学年组织开展幼儿园园本培训 15 次。组织教师外出或线上参加市、区培训 14 次，300 多人次参加。自 2022 年 8 月以来，幼儿园党支部携手集美区小金星幼儿园党支部共建活动 16 人次。9 月，幼儿园保教主任多次到小金星幼儿园进行督学指导工作，分别从幼儿园管理、班级区域环境创设、主题活动开展等方面进行指导；11 月，幼儿园 2 名市级骨干教师培养对象到小金星幼儿园开展送教活动 1 次；12 月，幼儿园党支部邀请小金星幼儿园部分党员教师入园参与园级观摩研讨活动。5 月 23—28 日，园长陈卫红和 1 名骨干教师到彭阳县古城镇中心幼儿园送培送教。六一儿童节，举行线上直播义卖活动，家委会成员与古城镇中心幼儿园副园长拉群讨论，筹集资金 5.57 万元为宁夏回族自治区固原市彭阳县古城镇中心幼儿园儿童购买玩具和绘本图书。9 月 13—27 日，宁夏回族自治区彭阳县古城镇中心幼儿园保教主任吴宽宽到园跟岗学习。年内，1 名教师获集美区“优秀校（园）长”称号，1 名教师获集美区“优秀教师”称号，1 名教师获集美区“优秀班主任”称号。教师论文发表在 CN 刊 3 篇，集美区

论文汇编10篇，其中获二等奖1篇、三等奖2篇。1名教师德育工作总结获集美区一等奖，2名教师工作案例获区级二等奖，3名教师工作案例获区级三等奖。2名教师德育论文获区级二等奖。1名教师“我的育人故事”征文评选获区级一等奖，1名教师获厦门市幼儿园游戏案例一等奖。1名教师获厦门市青年教师基本功竞赛三等奖。集美区家长教育类微课竞赛获一等奖1篇、二等奖2篇、三等奖5篇。1名幼儿获“竹韶杯”二等奖，1名幼儿获“竹韶杯”三等奖。1名幼儿获集美区青少年科技创新大赛科幻绘画作品二等奖，2名幼儿获“童心向党 筑梦未来”美术作品展一等奖、7名幼儿获二等奖、12名幼儿三等奖。（郭燕飞）

**【集美区实验幼儿园】** 2022年，集美区实验幼儿园设教学班12个，在园幼儿449人，教职工55人。教职工中，专任教师25人，包括省学科带头人1人、市学科带头人1人及在培1人；市骨干教师6人及在培2人；区学科带头人1人及区教学新秀2人。年内，幼儿园获厦门市“家庭教育特色学校”称号。幼儿园落实《3～6岁儿童学习与发展指南》要求，开展教育教学工作，优化园本课程实施，推动项目活动开展。开展指尖智慧项目活动——“我爱你中国”大型建构活动。幼儿园投入经费30万元用于乐高室建设，投入46.2万元用于户外角色游戏区创设。完成省级课题《幼儿园新手型与熟手型教师数学学科知识（PCK）比较研究》结题工作。年内，幼儿园参加省、市、区级各类比赛，获厦门市青少年儿童科艺创意大赛幼儿组创意拼团体赛三等奖；获2022年集美区中小学、幼儿园国际象棋锦标赛第四名；幼儿园案例入选集美区文明校园创新十佳案例；3名教师获区级综合表彰；10名教师获街道“优秀教师”称号；1名教师获厦门市保育教育质量评估论文一等奖；1名教师获厦门市中小学督学案例评比一等奖，2名教师分获集美区中小学督学案例评比二、三等奖，1名教师获集美区青年教师岗位练兵三等奖，2名教师分别在集美区中小学、幼儿园班主任专业能力比赛中获一、二等奖；2名教师读书心得获区级二、三等奖，2名教师德育案例获区级二等奖；1名幼儿获省级科幻画三等奖，2名幼儿获市级科幻画三等奖，2名幼儿分获市级少儿讲故事大王比赛幼儿组金、银奖，17名幼儿分获集美区2022年“童心向党筑梦未来”美术作品展一、二、三等奖，9名幼儿分获集美区第九届中小学“竹韶杯”绘画比赛一、二、三等奖；2名教师论文入选CN刊，6名教师论文汇编于集美区优秀论文，其中1名教师获优秀论文一等奖。（黄 媛）

**【杏林中心幼儿园】** 2022年，杏林中心幼儿园设总园、金博水岸园和中海寰宇园，有33个班，在园幼儿1232人，教职工149人，其中市级学科带头人1人、市级骨干教师3人、区学科带头人1人、区骨干教师1人、区教坛新秀6人、区教学新秀7人，许耀琳名师工作室研修成员2人。年内，幼儿园以“臻爱”党建品牌建设为抓手开展各项活动，挖掘幼儿园周边马銮湾人文自然资源，完善以“臻爱”教育为核心“銮江乡情”园本课程。依托课题研究开展实践活动，将生态概念引入到运动游戏教学，丰富幼儿运动游戏内容，形成多元化运动游戏课程。开展足球游戏活动，定期开展足球嘉年华，激发幼儿足球兴趣，打造特色足球课程。围绕重要节庆日和民族传统节日开展“尊师重教月”“爱国月”“运动月”“迎新月”等主题月活动。年内，市级课题《海洋文化背景下幼儿园主题活动实践研究》结题，《儿童哲学视角下大班幼儿关怀性思维启蒙的实践研究》《幼儿园主题活动中教师课程创生能力提升的实践研究》分别被立项为集美区教育科学“十四五”规划2022年度课题重点课题和一般课题。幼儿园获集美区2022年青年教师教学基本功训练先进单位称号，大班段教研组获厦门市总工会“五一先锋号”称号。10月，2名教师参加集美区幼儿园青年教师教学基本功竞赛分获一等奖、三等奖。11月，1名教师参加厦门市幼儿园青

2022年9月30日，集美区实验幼儿园举办指尖智慧建构活动 （陈燕菁 摄）

年教师教学基本功竞赛，获综合奖二等奖、教研活动单项奖第一名。教师、幼儿参加市、区组织的各类比赛，获市奖3项，区一等奖2个、二等奖8个、三等奖20个，8名教师论文参与区级汇编。（郑宇芳）

【灌口中心幼儿园】 灌口中心幼儿园由黄庄总园和凤山分园2个园所组成，其中黄庄园占地面积6501平方米，凤山分园占地面积6900平方米。2园所有28个班，在园幼儿1062人。有教职工123人，其中省级骨干教师1人、市级骨干教师5人、保健医生4人。年内，“户外自主游戏中培养幼儿规则意识的行动研究”及“核心素养视域下培育幼儿绿色生活方式的实践研究”获集美区课题立项，中心教研组组成课题核心成员，带领全园教师参与课题研究。推行“结网互动、优势带动、规范管理、整体推进”分级管理，协同片区民办幼儿园共同成长。每月挂牌督导责任督学到民办园检查，组织进片区民办园综治安全检查、开学准备指导、新冠病毒感染疫情防控工作指导、定级评估等服务。与厦门实验集美分校进行科学幼小衔接研讨互动活动，制定幼小衔接工作方案。年内，灌口中心幼儿园创建为市级文明校园、灌幼党建品牌、小片区督导特色品牌，通过全国足球游戏特色示范幼儿园评估、区级文明校园创建考评。参加集美区中小学幼儿园优秀备课组组长、备课组评选，2人获评为优秀备课组组长。凤山园小班段、黄庄园小班段获评为优秀备课组。2名教师参加厦门市第五届幼儿园“观察解读幼儿”岗位练兵活动，获市一、二级2个奖项；教师指导5名学生在2021年集美区青少年科技创新大赛科幻绘画作品中分获一、二、三等奖。（朱丽真）

【后溪中心幼儿园】 2022年，集美区后溪中心幼儿园总园设教学班6个，在园幼儿200人；永祥分园设教学班12个，在园幼儿389人；珩崎分园设教学班12个，在园幼儿230人。幼儿园各岗人员99人，其中，市级学科带头人培养对象1人，市级骨干教师8人、培养对象3人，区级学科带头人2人、培养对象2人，区级骨干教师1人，区级骨干班主任培养对象1人，教坛新秀2人，教学新秀10人。4月，永祥分园接受区级教学视导；5月，珩崎分园接受办园行为督导评估；6月，联合集美区消防救援大队在园开展消防主题游园活动；11月，珩崎分园通过区级示范幼儿园评估。年内，幼儿园承担省、市级课题各1个，区级课题3个，其中幼儿园课题《指向核心素养的传统节日文化课程创生实践研究》获区级重点课题立项，市、区各1个课题结题；组织开展青年教师岗位练兵和竞赛活动，通过师徒带教、分层指导等方式提升新教师教学能力，1名教师获集美区普通中小学幼儿园青年教师教学基本功竞赛三等奖；组织开展信息技术应用能力提升工程2.0培训、教研及展示活动，提升教师信息技术应用能力，在集美区2022年度基础教育优质微课程评选活动中，获一等奖5个、二等奖5个、三等奖11个，同时幼儿园获评为优秀组织奖；开展文明校园创建活动，《以绘本为载体让幼儿走近社会主义核心价值观》入选2022年集美区十佳未成年人思想道德建设品牌项目暨文明校园创新案例。发挥示范辐射作用，组织开展片区教学开放、教学视导及送教下园活动，引领民办园成长。教师论文CN发表2篇，区级汇编7篇。师幼参加其他各级各类比赛，获市级一等奖6人次、二等奖13人次、三等奖20人次，区级一等奖5人次、二等奖8人次、三等奖14项、铜奖1项，2名教师获集美区“优秀教师”称号，1名教师获集美区“优秀班主任”称号。（叶爱楠）

2022年6月27日，后溪中心幼儿园联合集美区消防救援大队在该园开展“牵手消防 快乐成长”主题游园活动。图为消防员进行安全绳结示范（赖慧珍 摄）

## 小学教育

【概况】 2022年，集美区除一贯制学校外，有小学46所（其中民办小学4所，含英才学校小学部），在校学生7.47万人，毕业生1.02万人，秋季招生1.29万人。有教职工4111人，其中专任教师3796人。

表 16

## 2022 年集美区小学教育情况统计表

| 镇（街道） | 校数（所） | 合计 |  | 一年级 |  | 二年级 |  | 三年级 |  | 四年级 |  | 五年级 |  | 六年级 |  |
|---|---|---|---|---|---|---|---|---|---|---|---|---|---|---|---|
|  |  | 班数（个） | 学生数（人） | 班数（个） | 学生数（人） | 班数（个） | 学生数（人） | 班数（个） | 学生数（人） | 班数（个） | 学生数（人） | 班数（个） | 学生数（人） | 班数（个） | 学生数（人） |
| 总计 | 46 | 1599 | 74684 | 278 | 12946 | 284 | 13396 | 276 | 12894 | 265 | 12510 | 259 | 12155 | 237 | 10783 |
| 集美街道 | 2 | 84 | 4106 | 14 | 703 | 15 | 739 | 13 | 671 | 14 | 657 | 15 | 745 | 13 | 591 |
| 区属公办 | 2 | 84 | 4106 | 14 | 703 | 15 | 739 | 13 | 671 | 14 | 657 | 15 | 745 | 13 | 591 |
| 侨英街道 | 7 | 252 | 12178 | 52 | 2478 | 43 | 2105 | 41 | 1989 | 40 | 1950 | 38 | 1847 | 38 | 1809 |
| 区属公办 | 7 | 252 | 12178 | 52 | 2478 | 43 | 2105 | 41 | 1989 | 40 | 1950 | 38 | 1847 | 38 | 1809 |
| 后溪镇 | 8 | 164 | 6136 | 29 | 1067 | 27 | 1024 | 26 | 997 | 27 | 1002 | 28 | 1055 | 27 | 991 |
| 区属公办 | 8 | 143 | 5660 | 25 | 982 | 23 | 930 | 23 | 927 | 23 | 922 | 24 | 957 | 25 | 942 |
| 市属民办 | — | 21 | 476 | 4 | 85 | 4 | 94 | 3 | 70 | 4 | 80 | 4 | 98 | 2 | 49 |
| 灌口镇 | 12 | 319 | 16384 | 61 | 3067 | 58 | 3023 | 53 | 2715 | 52 | 2729 | 48 | 2486 | 47 | 2364 |
| 区属公办 | 11 | 295 | 15341 | 57 | 2907 | 53 | 2798 | 49 | 2535 | 47 | 2509 | 44 | 2318 | 45 | 2274 |
| 区属民办 | 1 | 24 | 1043 | 4 | 160 | 5 | 225 | 4 | 180 | 5 | 220 | 4 | 168 | 2 | 90 |
| 杏滨街道 | 9 | 288 | 13398 | 44 | 2064 | 49 | 2264 | 52 | 2432 | 49 | 2341 | 46 | 2138 | 48 | 2159 |
| 区属公办 | 7 | 241 | 11711 | 40 | 1955 | 43 | 2084 | 42 | 2032 | 40 | 1990 | 37 | 1795 | 39 | 1855 |
| 区属民办 | 2 | 47 | 1687 | 4 | 109 | 6 | 180 | 10 | 400 | 9 | 351 | 9 | 343 | 9 | 304 |
| 杏林街道 | 8 | 492 | 22482 | 78 | 3567 | 92 | 4241 | 91 | 4090 | 83 | 3831 | 84 | 3884 | 64 | 2869 |
| 区属公办 | 7 | 357 | 17059 | 63 | 3017 | 66 | 3202 | 62 | 2921 | 58 | 2787 | 60 | 2873 | 48 | 2259 |
| 区属民办 | — | 88 | 3806 | 7 | 310 | 18 | 811 | 21 | 892 | 18 | 776 | 16 | 697 | 8 | 320 |
| 市属民办 | 1 | 47 | 1617 | 8 | 240 | 8 | 228 | 8 | 277 | 7 | 268 | 8 | 314 | 8 | 290 |

说明：一贯制学校由高一级部门统计校数，本表仅统计小学班数

【第二届小学管理研修室成立】 2022 年 3 月 19 日，集美区第二届小学管理研修室举行研修室启动仪式暨首次工作研讨会。此届小学管理研修室聘请厦门实验小学书记、校长、正高级教师、享受国务院政府特殊津贴专家、省特级教师、省名校长、省名师、省中青年教师学科带头人何宝群担任导师，8 名集美区校长作为成员。

2022 年 9 月 4 日，集美第二小学教育集团海凤校区揭牌。图为揭牌仪式　（郭妮妮 摄）

【灌口中心小学承办省少先队先锋队课】 2022 年 6 月 17 日，福建省少先队“先锋队课”观摩研讨活动走进灌口中心小学，由该校教师带来的《致敬陈嘉庚》少先队课在线上线下同步开课，并由福建电视台少儿频道向全省少年儿童进行线上直播。灌口中心小学学生通过情景剧，演绎陈嘉庚爱国爱乡、倾资兴学等生平故事，感悟嘉庚精神。此次观摩活动收看人数 35.4 万人次。

【集美第二小学教育集团成立】 2022 年 9 月 4 日，集美第二小学教育集团海凤校区揭牌仪式举行，区委副书记苏国辉、副区长郑小妍出席活动。集美第二小学教育集团的成立，使新办校海凤小学得以借助名校集美二小成熟的教育理念、管理模式、师资力量等，

实现高起点、快起步办学。

【第 18 届小学教学教改经验交流暨课堂教学观摩研讨活动】 2022 年 12 月 13 日在窗内小学举行。此次活动以“窗内五育并举促融合，窗外集美育美向未来”为主题，由艺术展演、社团展示、校长论坛、课堂教学观摩研讨等板块组成。在为期两天半的课堂教学观摩研讨中，来自全区各校的优秀教师带来 23 节主题各异的课堂教学。该活动举办 18 年。（刘义豪）

【集美小学】 2022 年，集美小学设教学班 41 个，在校学生 2015 人，在编教职工 84 人，其中高级教师 9 人，市级学科带头人 5 人。年内，学校通过特殊教育资源教室建设与管理成效专项考核，被确认为“厦门市资源教室建设示范校”；学校少先大队被评为 2022 年度“福建省优秀少先队大队”，并获得福建省 2021—2022 年度“红领巾奖章”四星章。学校举办“爱校主，继诚毅，新集小”109 周年校庆庆典暨高雅艺术进校园活动。5 月 31 日，厦门市委书记崔永辉参加集美小学少先队主题队日“喜迎二十大 传承嘉庚精神 争做新时代好队员”活动，并代表市委、市政府向全市少年儿童致以节日的问候，寄语少先队员传承红色基因，树立远大理想。1 月，4 名教师获区级“第八届基础教育课题教学改革创新大赛”二等奖，1 名教师参加“集美区中小学基础教育精品课”比赛，获评为“精品课”； 4 月，3 名教师参加“集美区语文单元作业设计比赛”获二等奖； 5 月，1 名教师参加“厦门市小学综合实践单元试卷命制比赛”获三等奖，1 名教师参加“集美区教师论文竞赛”获二等奖，6 名教师获三等奖，1 名教师在“集美区新教师风采展示”评比中获最具魅力教学奖，1 名教师获厦门市小学科学单元试卷命制比赛三等奖。 6 月，5 名教师课例被评为集美区“基础教育精品课”，1 名教师获集美区“新时代好少年 强国有我”征文一等奖指导奖，1 名教师获集美区小学语文教师“下水文”比赛二等奖； 7 月，1 名教师获 2022 学年第二学期小学数学“单元整体作业设计”三等奖； 8 月，5 名教师获“厦门市 2022 年基础教育教学成果奖”二等奖； 9 月，1 名教师获小学综合实践单元试卷命制比赛三等奖； 12 月，1 名教师获基础教育优质微课程建设评选为一等奖、1 名教师获二等奖、2 名教师获三等奖，1 名教师获校园心理剧案例评选为一等奖，1 名教师获集美区 2020 年入职教师读书心得评选为一等奖、3 名教师获三等奖。

学校先后举办集美区“建党百年诵党史，诚毅校园再出发”经典诵读进校园活动，开展“红领巾奖章”活动、“品年味 传文化 争做新时代好少年”寒假社会实践活动、“学习雷锋精神，争做文明先锋”学雷锋月活动、“祭英烈 缅怀校主 传承中华魂”清明祭扫活动、“5·12”防灾减灾日活动以及“爱校主，传诚毅”主题活动、“诚毅”奖章评选特色品牌活动和读书节、科技节、艺术节、体育节等活动。开设数学、阅读、诗词、书法、习作、英语、编程、自造模型、拉丁舞、南音、象棋、足球、乒乓球、排球、羽毛球、线描等 60 项社团活动。合唱团《月亮粑粑》《家》获“鹭岛少年 童心向党”2022 年集美区中小学生合唱展演银奖。小合唱《童年就是我与你》获区三等奖；南音社团演唱《清平乐·六盘山》获“说唱福文化，喜迎二十大”第五届福建省曲艺丹桂奖少儿大赛厦门专场比赛市级二等奖；组织学生参加集美区第七届中小学生器乐大赛，34 人获奖，其中一等奖 12 个、二等奖 6 个、三等奖 16 个；在集美区棋类锦标赛中，围棋项目获团体第二名，象棋项目获团体第四名；在集美区第二十届中小学生乒乓球锦标赛中获团体第八名；集美区青少年足球比赛获儿童组冠军、少年组亚军、女子组亚军；2022 年厦门市青少年校园足球中小学联赛获足球男子组季军、女子组甲组三等奖、儿童组第五名。组织学生参加各类个人竞赛活动，市级现场比赛获奖 67 人次、区级获奖 358 人次。学校发挥龙头校辐射引领作用，4 月，举行“福建省义务教育教改示范性建设学校”市级展示活动，组织多次小片区和帮扶学校语文、数学学科联合教研活动、音乐组承办小片区器乐比赛，并每学期为碧溪小学送教，语文学科、数学学科和综合学科分 5 场 12 人次送教碧溪小学。5 月， 2 名骨干教师到新集乡中心小学进行现场送培送教。6 月，1 名教师为“国培计划（2021）”宁夏回族自治区中小学优秀教师深度研修（科学素养类）培训班开设“电路暗箱”公开课。9 月 29 日，学校承办“国培计划（2022）”——宁夏回族自治区小学数学自治区级骨干教师专业能力提升培训 1 期培训班集美小学教学点。2 名教师分别为培训班成员开设课题为“烙饼问题”“确定位置”的数学观摩课。学校参加对口帮扶和对外交流，6 月，组织义卖活动，全体师生为对口帮扶学校品学兼优的学生及购置教学设备献爱心，捐款 5.63 万元，9 月，与新对口帮扶学校固原市彭阳县新集中心学校签订对口帮扶教育工作协议；学校柔性引进 3 名学科教学导师，与碧溪小学、杏宛小学等区内学校共享柔性引进人才资源。（王雅怡）

【曾营小学】 2022 年，曾营小学设教学班 47 个，在校学生 2269 人，教职工 117 人，其中专任教师 114 人（副高职称教师 11 人、中级职称教师 49 人）。学校有省市级专家教师、学科带头人、骨干教师 38 人。有 2 个“区级名师发展工作室”——高玉梅名师工作室、王荣名师工作室。发挥名师引领作用，工作室开展活动 13 场次，辐射全区，教师近 380 人次参加。4 月，曾营小学牵头组织宁宝小学、内林小学举办“福建省义务教育教改示范性建设校”区级展示活动。此次活动有 9 个学科参与，举办校长论坛1场，公开展示课20节课。学校在“六一”表彰暨“蓝帆”美育节文艺会演活动中，表彰一批“彰显个性，做最好的自己”校园明星。学校开展“我是劳动小能手”“蓝帆劳动小厨房”“心理健康拓展”等教育活动，并结合志愿服务活动，设置“心理咨询”“幼小衔接”等内容，为家长答疑解惑。年内，学校被评为“厦门市家庭教育示范学校”。全年立项课题9个，包含2个省级课题和7个区级课题，结题1个省级课题和5个区级课题。到集团化办学成员校双岭小学送教6场，共享学校练习，协同命制试卷，提升两校之间教育教学质量。11月，工会组织教师参加集美区教育系统唱响时代主旋律•启航教育新征程教职工合唱比赛，并获二等奖。12月，学校“领航党建”先后被市委教育工委授予“优秀党建品牌”、区委组织部授予“集美区十佳党建品牌”称号。在集美区青年教师教学岗位练兵活动中，获评为“集美区青年教师岗位练兵先进单位”。学生在省、市、区比赛中获奖，其中省级11人次、市级75人次、区级117人次。蓝帆音乐社团参加厦门市电视台青少年讲古电视大赛获市级二等奖；篮球社团参加区篮球锦标赛分别获小学组第一名、第三名。学校与宁夏回族自治区固原市彭阳县古城镇第二小学结成对口帮扶单位，5月，学校3名教师到彭阳县开展为期一周的教育对口帮扶工作。年初，将学校176处监控存储空间进行扩容，确保在校所有监控存储时间在90天以上。在2米围栏之上再次安装压力围栏，如有可疑人员入侵第一时间触发警报并立即启用外来人员入侵预案。在集美区财政投入支持下，学校在57间教室安装空调和护眼灯，为学生学习环境提供保障。

年内，学校获评为“集美区第八届基层教育课堂教学改革创新大赛岗位练兵先进单位”“集美区特色办学基地学校”“集美区小学体育学科教学研究基地学校”“集美区信息技术学科教学研究基地学校”“青少年党史学习月主题教育实践活动先进单位”“厦门市第三批绿色学校”。

（范　昊）

【集美第二小学】　2022年，集美第二小学设教学班43个，在校学生2091人，教师110人，招收新生335人，毕业学生265人。教师队伍中，区级以上学科带头人等骨干教师55人，占50%，其中省特级教师2人、省学科带头人3人、市学科带头人6人、市专家型教师3人。

2022年秋季，集美区教育局成立“集美第二小学教育集团”，由福建省特级教师、厦门市拔尖人才黄艺琼担任集团校长。集团包含集美二小和海凤小学。集团通过“未来教室”“深度学习”等途径创新教育研究，提升办学质量，探索“未来学校”办学之路，培养德智体美劳全面发展新时代好少年。学校作为“集美区集团化办学试点校”之一，为整体推进集团化合作学校新村小学及片区学校义务教育高质量发展，促进资源共享，发挥优质学校辐射引领作用，教导处组织学校教学名师及骨干教师到片区各校开展教学指导及送教工作。

为强化质量意识，提升教育水平，推进集美二小片区新教师培养步伐，提升新教师课堂教学业务能力，教导处开展片区2年内教师优质课评比活动，学校2年内教师获一等奖8个，占53%；二等奖12个，占41%。在集美区2020年入职教师全员读书心得评选中，学校3名教师获一等奖，4名教师获二等奖，4名教师获三等奖。在集美区五项基本功比赛中，3名教师分获二等奖和三等奖。为响应国家“双减”政策，教务处要求各年段教师落实“双减”政策，控制作业量。一、二年级不留书面作业，三到六年级语文、数学、英语作业控制在1小时之内，做好作业登记检查，做好班级作业公示，确保“双减”落实到位。要求每位教师认真备课，不定期随堂听课，督促教师在“双减”下提高课堂效率，做到减负增效。教导处组建28个社团，贯彻落实全面发展育人理念，学生德智体美劳得到全面发展。年内，获福建省第七届中小学艺术节展演一等奖；厦门市小学创新人才培育能力测评一等奖；厦门市小学生语文阅读风采比赛一等奖；厦门市第四届中小学创客比赛二等奖；集美区中小学人工智能教育大赛一等奖；集美区第九届“最美的歌儿献给您”校园好声音一等奖等奖项。

学校党支部持续推进师德师风建设。健全落实正向激励机制，开展师德师风专项整治活动，营造良好干事创业氛围，激励引导党员干部和教职员工立足岗位做贡献、履职尽责敢担当。定期组织集中培训学习，并邀请1名教授开展师德师风及相关法规专题讲座，提高全体教师遵纪守法、依法施教的思想认识水平，让每位教师做到知准则、守底线，对违反师德“零”容忍。学校通过线上发放集美二小师德师风社会满意率问卷调查，满意率99.8%。

（杨　阳）

【厦门实验小学集美分校（灌口小学）】　2022年，厦门实验小学集美分校（灌口小学）设教学班48个，在校学生2414人。编内、外教职工126人。其中，省学科带头人1人、市专家型教师2人、市学科带头人5人、市学科带头人培养对象4人、市级名师工作室1个、集美区五级双带教一级导师4人、集美区学科指导组成员8人、高级教师16人。年内，灌口小学学生在区级以上比赛中，获团体奖项15个，个人获奖160余人次。教师在区级以上竞赛获奖42人次，执教区级以上公开课56节次，教师主持课题国家级1个、省级4个、市级2个、区级7个。学校被授予集美区集团化办学试点学校、厦门集美“家校社”协同实践育人综合实验校、集美区第八届基础教育课堂教学改革创新大赛岗位练兵先进单位、集美区“红领巾奖章”二星章集体、厦门市“绿色学校”等称号。3月，学校郭宏君市级名师工作室获批成立。工作室将推进“两年三千字”识字改革项目。学校语文教研组成为陆佳音市级名师工作室带教教研组。4月12日，学校开展集美区2021—2022学年小学“手拉手激活课堂”教学观摩研讨活动暨福建省义务教育教改示范性建设学校展示活动。线上1.19万人次参与活动。4月27日，区教育局、区进修学校在灌口中心幼儿园及灌口小学举行集美区“幼小科学衔接”研讨活动。采用线下线上同步开展，参会人数2.8万人。6月8日，学校作为“幼小衔接”市级试点校进行工作汇报获市教科院点名表扬。9月15日，市教科院主任叶金标带领教科院小学各学科教研员、幼教教研员，在区进修学校领导及幼教教研员陪同下，到校开展幼小科学衔接实验校（园）专题视导活动。12月1日，厦门医学院药学系书记、主任王琛一行到校交流探讨，与学校携手推进“中医药文化进校园”项目。12月9日，校长郭宏君及集美区专家施伟芬一行回访厦门医学院药学系，商讨共建事宜。3月，央视频、《海峡导报》报道学校“弘扬志愿精神，争做少年先锋”2022年学雷锋活动月暨护学岗表彰聘任仪式。10月，厦门卫视在托管有人管 孩子不“饭难”：厦门校外“小饭桌”治理记专题报道中，对学校在校外机构管理中的先进做法进行宣传报道。

2022年是新课标颁发的第一个学年，学校制定《厦门实验小学集美分校2022版课程标准学习研究和应用活动方案》具体指导教师学习。8月，教师全员参与“国家智慧教育公共服务平台”新课标培训。9月，围绕新课标组织《对齐课标明方向，研讨备课寻新法》全学科集备研讨活动。10月，进行各学科新课标知识测试。11月8—12日，学校牵头组织以“让新课标落地生根”为主题的灌口小学片区教学开放周活动。学校作为高位嫁接合作办学学校，与总校厦门实验小学联系密切，每月参与一次合作主题教研。总校不定期组织专家团队到学校指导，学校依托总校资源，与总校专家师徒结对，由师父“一对一”训练。经过半年来的训练，1名教师在厦门市青年教师基本功比赛中获综合二等奖。作为集团化办学合作校和灌口小学片区龙头学校，每月组织开展联合教研。8月，召开厦门实验小学集美分校与三社小学集团化办学干部合训暨2022—2023学年两校工作计划商讨会。11月，学校牵头召开灌口小学片区2022—2023学年教学管理扩大会，小学片区分管教学副校长、教务主任及各学科教研组长参与会议。12月7日，区委书记胡旭彬一行到校调研，宣讲中共二十大精神，了解学校建设发展中的好经验好做法，协调解决学校发展遇到的困难问题。

（郭宏君 苏小燕）

## 普通中学教育

【概况】 截至2022年底，集美区有普通中学21所。其中，市属中学5所（集美中学、英才学校中学部、启明学校、厦门工学院附属学校、华锐莱普顿高级中学），区属公办中学14所（厦门十中、杏南中学、灌口中学、乐安中学、上塘中学、后溪中学、杏东中学、集美中学附属滨水学校、园博学校、西亭学校、美山中学、诚毅中学、蔡林学校、华侨大学集美附属学校），区属民办2所（华锐双语学校、英贤学校），设班879个，在校学生4.05万人，其中初中生2.82万人、高中生1.23万

表17　2022年集美区普通中学教育情况统计表

| 学校性质 | 学校数（所） | 合计 | | 初中阶段 | | | | | | | | 高中阶段 | | | | | | | |
|---|---|---|---|---|---|---|---|---|---|---|---|---|---|---|---|---|---|---|---|
| | | | | 小计 | | 一年级 | | 二年级 | | 三年级 | | 小计 | | 一年级 | | 二年级 | | 三年级 | |
| | | 班数（个） | 学生数（人） | 班数（个） | 学生数（人） | 班数（个） | 学生数（人） | 班数（个） | 学生数（人） | 班数（个） | 学生数（人） | 班数（个） | 学生数（人） | 班数（个） | 学生数（人） | 班数（个） | 学生数（人） | 班数（个） | 学生数（人） |
| 合计 | 21 | 879 | 40529 | 601 | 28201 | 202 | 9462 | 206 | 9580 | 193 | 9159 | 278 | 12328 | 102 | 4550 | 90 | 4044 | 86 | 3734 |
| 市属 | 5 | 233 | 9219 | 99 | 4132 | 32 | 1273 | 35 | 1453 | 32 | 1406 | 134 | 5087 | 50 | 1967 | 44 | 1662 | 40 | 1458 |
| 本区 | 16 | 646 | 31310 | 502 | 24069 | 170 | 8189 | 171 | 8127 | 161 | 7753 | 144 | 7241 | 52 | 2583 | 46 | 2382 | 46 | 2276 |
| 其中：公办 | 14 | 639 | 31212 | 495 | 23971 | 167 | 8151 | 168 | 8096 | 160 | 7724 | 144 | 7241 | 52 | 2583 | 46 | 2382 | 46 | 2276 |
| 民办 | 2 | 7 | 98 | 7 | 98 | 3 | 38 | 3 | 31 | 1 | 29 | — | — | — | — | — | — | — | — |

说明：厦门市集美区园博学校和厦门市集美区英贤学校仅有小学部，厦门市启明学校为工读学校，学生学籍在原学校，各项学生数据由原校统计

人；有教职工 3683 人，其中专任教师 2973 人。

【中高考成绩】 2022 年，集美区中考全科及格率、总分均值增量超均率提升，高考本科上线率超市期望值，职教高考获 2 项全省第一。

【高中特色发展】 2022 年 7 月，省教育厅公布《福建省普通高中特色示范项目培育立项名单》，确定 84 个项目为福建省普通高中特色示范项目，厦门 11 个，其中集美 2 所区属高中上榜。厦门一中集美分校（灌口中学）、厦门十中的特色定位（项目）分别为科技高中（科技创新）、艺体高中（体育·篮球）。培育普通高中特色示范项目，旨在引导高中校由分层教育向分类教育转变，在全省形成涵盖人文、科技、艺体、综合高中等多个领域高中特色办学体系，满足学生多样化学习和发展需求。

【第 19 届中学教学教改经验交流暨课堂教学观摩研讨活动】 2022 年 12 月 10 日在杏东中学举行。此次研讨活动主题为“聚焦教学评一体化，打造深度学习课堂”，活动为期半天，主要内容有：校长论坛、公开课观摩研讨、学科教研等，有学校语文、数学、英语、物理、化学、道法、历史、地理、体育、音乐 10 个学科的 14 名教师与全区各校教师开展同课异构展示。活动中，各位教师聚焦新课标，通过情境化、问题化课堂实现学生深度学习；探索并实践教学评一体化，实现以评促学、以评促教，提升教学实效，促进核心素养落地。（刘义豪）

【集美中学】 2022 年，集美中学设教学班 102 个，在校学生 4916 人，在编教职工 387 人，其中专任教师 343 人。在专任教师中，有正高级教师 4 人、高级教师 111 人、中级教师 148 人；有特级教师 2 人、省学科带头人 10 人、市专家型教师 10 人、省市学科带头人 42 人、市级以上骨干教师 109 人；有硕士以上学历的 82 人。年内，学校获厦门市“学校综治安全目标管理先进单位”、福建省AAAAA级安全校园、“福建省首批示范性高中”等称号。初中第四党支部“厦门市教育系统十佳党建品牌”《青春之歌》获全市第三届党员教育微视频大赛二等奖，党委书记、校长蒋思彬获推教育部主办的“凝心铸魂共育未来——中小学校长共话二十大”微视频展示活动。学科竞赛在国家、省、市比赛中，获奖 215 人次。分设初高中后勤保障中心，完成道南楼中央空调建设，改造高中及南薰食堂，建设初中部延平楼李林馆、文化馆、校史馆、陶艺馆、高中部南薰音乐广场，改造初中部篮球训练场、侨光楼学生宿舍等。1 名教师在第三届全国中小学青年教师教学竞赛中获中学思想政治组二等奖，参加福建省军事课微课教学视频竞赛获一等奖第一名。1 名教师获福建省第五届中小学教师技能大赛省一等奖。市内帮扶乐安中学、上塘中学、后溪中学、美林中学等学校，市外省内帮扶安溪培文中学、莆田仙游山立中学、诏安太平中学、诏安官陂中学、龙岩九中等学校，西部帮扶昌都三高、左贡县中学等学校。学校田径项目入选第二批厦门市竞技体育后备人才培养基地学校、足球市队校办。网球队获厦门市中小学网球锦标赛中男单（季军）、女单（亚军）、男双（亚军）、女双（冠军），团体总分亚军。田径队在厦门市中小学中职学生田径锦标赛获金牌 6 枚、银牌 9 枚、铜牌 6 枚，获高中团体总分第二名。举办第四届科技创想节活动，小平科技创新实验室揭牌。第 37 届福建省青少年科技创新大赛获省一等奖 1 个、二等奖 3 个、三等奖 1 个，获奖率 100%。在厦门市第 38 届科技创新大赛获二等奖 3 个、三等奖 4 个。音乐短剧《青春之歌》登上热搜。国际化办学迈出新步伐，与华锐莱普顿常态化办学交流，泰国等东南亚在校学生数、学段增多。

（李云甫）

【厦门市第十中学】 厦门市第十中学创建于 1975 年，为福建省文明校园、福建省德育先进校、福建省素质教育先进校、福建省课改基地校。地处杏林街道，毗邻园博苑，占地面积 6.75 万平方米，校园绿化面积 1.1 万平方米，拥有教学楼、实验楼、图书馆、综合楼、食堂宿舍楼、体育馆、400 米标准运动场等，教学区、生活区、运动区整体布局合理科学。2022 年，学校设教学班 86 个，其中初中 50 个、高中 36 个，有在校生 4281 人。在职教职员工 330 人。全年学校党委及各支部开展各类活动 150 多项，志愿者服务活动 56 次。

2022 年，学校教代会讨论通过《厦门市第十中学“十四五”发展规划》，根据省教育厅重新申报相关要求，启动省一级达标高中评估申报程序。5 月，厦门市教育局批复同意将苎溪高中项目作为厦门市第十中学高中校区；7 月，学校启动申报工作；9—10 月，通过区级、市级评估，完成福建省教育厅评估上报程序。

2022 年 1 月，学校被厦门市集美区人民政府授予“厦门集美‘家校社’协同实践育人综合实验学校”称号。学校综治安全目标管理责任考评评定“优秀”，学校获评为“福建省第一批省级平安校园”。6 月，1 名教师获评为2022 年首届福建省“最美禁毒人”。7 月，学校“体育·篮球”项目被福建省教育厅认定为“福建省普通高中特色示范项目”。（姚智昌）

【厦门一中集美分校（灌口中学）】 2022 年，厦门一中集美分校（灌口中学）占地面积 9.43 万平方米，总建筑面积 6.7 万平方米，有教职工 373 人，其中博士学位教师 1 人、硕士学位教师 55 人。学校有省学科带头人 2 人（1 人在培），市专家型教师 2 人（1 人在培），市学科带头人 6 人（2 人在培），市骨干教师54人，区级专家型教师3人（含2人市级骨干）、区学科带头人10人（含4人市级骨干、1人区级专家型教师）。学校有100个教学班（初中58班、高中42班），学生4977人。年内，学校先后被授予“福建省普通高中特色示范项目校”“厦门市2022年青年教师教学基本功岗位练兵竞赛先进单位”等称号。1名教师被授予“福建省特级教师”称号。2022年高考中，本科上线人数452人；特殊类上线人数43人。年内，学校发表CN论文21篇、市级汇编论文6篇、区级汇编论文19篇。有省级课题立项2项、区级课题立项7项。学校在2022年省乒乓球联赛中，高中女子单打、双打均获第一名；区棋类锦标赛获国际象棋少年组男子组第一名；区乒乓球锦标赛获高中团体第一名；市柔力球青少锦标赛获高中组一等奖、高中男子单打第一名、高中男子双打第二名、高中组混双第三名；在厦门市教育局、厦门市体育局联合主办的2022年厦门市青少年校园足球中小学联赛中获初中男子甲组亚军，高中男子队获高中甲组冠军。初、高中男子足球队双双晋级超级组，成为全市仅有2所同时拥有初高中男子足球超级联队学校之一。1月，福建省第七届中小学生艺术节中学合唱获甲组一等奖；学校V7合唱团参加“鹭岛少年”2022年厦门市中小学生合唱集美专场展演，在集美区8支代表队中脱颖而出，获金奖第一名，蝉联集美区合唱展演中学组七连冠。在2022厦门市中小学生龙舟模型现场比赛中，1名学生获中学男子组一等奖，1名学生获中学女子组二等奖，1名学生获中学女子组三等奖。（卢 鹏）

【厦门市杏南中学】 2022年，厦门市杏南中学设教学班128个，在校学生6179人。有教职工463人，其中专任教师418人。在专任教师中，省级学科带头人1人，市专家型教师2人，市学科带头人11人，区级及以上各级名师、骨干教师130人，具有研究生学历和专业硕士学位的71人，具有中级、高级专业技术职务且在聘的教师194人。2022届高考本科上线人数368人，比市里下达任务指标增加23人，完成率106.7%。年内，学校通过省一级校复评，获厦门市2022年中小学幼儿园青年教师教学基本功岗位练兵先进单位、厦门市首批特色项目建设校、厦门市智慧校园达标学校、厦门市绿色学校、全国蒲公英计划基地校、集美区特色办学基地学校、集美区中小学劳动教育示范校园、AAAAA级平安校园、2022年度学校综治安全目标管理责任考评优秀单位等省、市、区级称号。

**师资建设** 2022年，厦门市杏南中学开展对外合作交流，邀请校外及本校专家交流指导，开设讲座17场。邀请厦门市教科院副院长傅兴春为青年教师作教学基本功岗位练兵通识培训；厦门市教科院基教室副主任陈宗荣开设初中物理专场讲座；厦门市陈文强名校长工作室举办总结研修活动；柔性引进正高级教师、省学科带头人、市专家型教师1人；举办校际研修活动，邀请厦门一中2名教师和海沧实验中学1名教师开设讲座。举办市、区级教育教学开放活动，开设14节区级公开课和2次区级讲座。市教科院、区进修学校专家团队到校教学视导；学校与乐安中学、灌口中学联合举办市级教学开放活动；承办全区中小学幼儿园青年教师教学基本功岗位练兵第二阶段通识培训；举办福建省教育科学“十四五”规划2022年度课题开题仪式；与集美大学外国语学院举办共建仪式；举办厦门市教育系统红十字培训。学校组织教研组开展主题研讨、教师素养提升研修，校本教研主题系列化，增加案例教研新思路；举办青年教师读书沙龙活动、新教师带教结对子仪式；委托闽南师范大学组织教学骨干238人参加教师素养提升研修；2名教师到宁夏回族自治区彭阳县二中开展教育对口帮扶；1名教师到彭阳县支教。新增省级课题3项、区级课题9项，校级微型课题覆盖全校各教研组。本学期全校教师在CN刊物上发表论文40多篇，参加市论文汇编11篇，29名教师的论文在区比赛中获得奖项。1名教师通过2022年厦门市中小学名师（省学科带头人）年度考核、17名教师被确认为市级骨干教师、7名教师被确认为区级学科带头人、6名教师被确认为集美区中小学教学新秀（列为区级青年骨干教师）。组织教师参与各项业务竞赛，218名教师获省、市、区级以上各类比赛奖项。1名教师获2022年第四届福建省义务教育阶段体育教师教学技能大赛一等奖第一名；2名教师2项课题获福建省教育科学“十四五”规划2022年度课题立项；学校道德与法治学科被授予“厦门市国家课程校本化实施示范学科”称号，1名教师获课程校本化单元教学设计三等奖；2022年厦门市中小学实验教学说课活动，3名教师分获二、三等奖；1名医师获厦门市第二十八届中小学“学生常见病防控技能大赛”团体项目一等奖，个人项目三等奖；1名医师获评为2022年度厦门市教育系统抗疫先进个人；1名教师获评为厦门市中小学先进德育工作者；厦门市中小学幼儿园五育融合学科教育案例评选，8名教师分别获一、二、三等奖；厦门市中小学作业设计评选，12名教师取得6个市级奖项；厦门市第九、十届基础教育优质微课程建设评选，30名教师获奖；2022年厦门市高考学科优质试题作品，9名教师获奖；厦门市2022年青年教师教学基本功岗位练兵竞赛，20人获奖，并取得27个单项奖；2022年集美区普通中小学幼儿园青年教师教学基本功竞赛，35名教师获得区级奖项；学校初中化学、高中物理、高中生物、高中历史被确认为集美区中小学学科教学研究基地学校；集美区2022年度基础教育优质微课程建设评选活动，36名教师获区级奖项，学校获得优秀组织奖。1名教师教学成果被遴选为集美区首届基础教育教学成果培育项目A类；1名教师被确认为第五批区级非物质文化遗产陈氏太极拳项目代表性传承人；集美区团少品牌工作案例评选，1名教师获一等奖。12名教师的课件被评为2022年集美区“基础教育精品课”，其中2名教师取得市级比赛奖项；集美区中小学、幼儿园班主任专业能力比赛，2名教师分获一、三等奖；1名教师获2021年集美区班主任工作典型案例二等奖；2名教师获集美区廉洁文化书法作品二等奖；2022年集美区中小学校园心理情景剧优秀案例评选，3名教师获奖；集美区2022年中小学作业设计评选，36名教师获奖。8名教师获评为2021—2022学年集美区优秀教师；3名教师获评为2021—2022学年集美区优秀班主任；1名教师获评为集美区先进德育工作者；1名教师获评为2021—2022学年集美区中小学优秀备课组长；学校获集美区教育系统合唱比赛三等奖。

**科普教育** 科技创新教育是厦门市杏南中学的办学特色之一，学校是厦门市人工智能教育试点校，2022年，广大师生探索出一条以人工智能引领科技创新教育，以赛事驱动打造新时代科技创新人才培养路径，利用校本课程、综合实践课程、社团等途径开展科技创新活动，推动学校办学特色稳定发展。学校社团丰富多样：机器人社、手工创客社、3D（三维空间）创客社、AI（人工智能）虚拟创客社、编程社等，满足不同学生需求活动。学校以中国物理学会“蒲公英计划基地学校”建设为契机，坚持课题引领，开展3项省级、2项市级、3项区级相关课题研究。学校被确认为厦门市首批特色项目建设校（特色领域科技、体育）、集美区特色办学基地学校。组织学生参加各项科技竞赛，在宋庆龄少年儿童发明奖评奖活动、世界机器人锦标赛、数字中国创新大赛、全国青少年人工智能创新挑战赛、全国中小学信息技术创新与实践大赛、第38届厦门市科技创新大赛、厦门市学生信息素养提升实践活动、厦门市航空航海模型比赛中，获国家级奖项16人次，省级8人次，市级38人次，区级34人次。教师获得市级奖2人次。第十七届“宋庆龄少年儿童发明奖”，学校获三项国家级奖项：2名指导教师指导1名学生获发明作品铜奖、2名学生获人工智能（编程）作品铜奖、1名学生获科技绘画作品奖，获奖数和厦门一中并列全省第一名；2022年世界机器人锦标赛，2名指导教师指导2名学生分别获Super AI超级轨迹虚拟机器人赛项目二、三等奖；2022数字中国创新大赛，3名指导教师指导6名学生获青少年AI机器人赛道创意编程搭建比赛中学组三等奖；第五届全国青少年人工智能创新挑战赛线上选拔赛，3名学生获机器人工程设计专项赛二等奖；第二十届全国中小学信息技术创新与实践大赛（NOC），学校获全国总决赛二等奖1个、福建赛区二等奖1个、三等奖2个，指导教师黄舒平；学校9项作品入围厦门市科技创新大赛，中学生科技创新项目5个、科技辅导员项目2个、科幻画1个、科幻文字1个；2022年厦门市青少年航海模型锦标赛，13名学生分获一、二、三等奖，1名教师获优秀指导教师奖；2022年度厦门市学生信息素养提升实践活动，16人获奖；2022年集美区中小学生信息素养提升实践活动，32人获奖，3名教师获评为优秀指导教师；2022年集美区青少年科技创新大赛科幻绘画，2名指导教师指导2名学生获奖。

**五育并举** 2022年，厦门市杏南中学德、智、体、美、劳教育齐发展，促进学生综合素质全面提升。学校承办厦门市木偶戏夏令营；邀请省级非物质文化遗产传承人开展“玉兔灯笼送教师”传统纸扎技艺和“浓情中秋月，礼献教师节”剪纸进校园活动。全年学生参加文化、体育、艺术各类比赛，获省、市、区级奖项90余项，获奖人数200余人。学校获第六届全国校园气象科学展评活动中学组二等奖；福建省青少年棒球锦标赛二等奖；厦门市中小学金砖文化系列活动之一：写金砖，1名学生获中学组二等奖；2022年厦门市青少年啦啦操锦标赛，获团体总分第三，中学组街舞二等奖；2022年厦门市青少年健美操锦标赛一、二、三等奖；2022年厦门市青少年体育舞蹈锦标赛，中学甲组女子单人拉丁舞第一名、中学甲组男子街舞第一名、中学乙组女子单人拉丁舞第三名、中学团体总分第四名；厦门市中小学篮球锦标赛高中女子组第三名、初中男子组第七名；厦门市中小学排球锦标赛高中女子组第五名；厦门市第四届中小学心理漫画大赛，1人获高中组一等奖；2022年集美区中小学生田径运动会，获总分第一名、高中组总分第一名、初中组总分第四名；2022年集美区第二十届中小学生篮球锦标赛获初中男子组第一名、高中女子组第一名、高中男子组第四名、初中女子组第五名；2022年集美区第九届中小学生排球锦标赛获高中女子组第一名、初中男子组第四名、初中女子组第五名；获2022年集美区第二十届中小学生乒乓球锦标赛团体总分初中组第一名、高中组第二名；获2022年集美区第六届中小学生羽毛球锦标赛团体总分初中组第一名；2022年集美区中小学生跳绳锦标赛团体总分初中组第二名；2022年集美区第五届中小学生武术锦标赛团体总分初中组第三名；2022年集美区中小学象棋、国际象棋锦标赛团体总分象棋少年组第五名、国际象棋少年组第五名；集美区“文明鹭岛 点赞厦门”我们一起来朗读第六季活动，1人获二等奖；2022年集美区第十二届中小学小记者大赛，3人获奖；集美区中小学生影评大赛，26人获奖，2人获特别奖；集美区中小学心理手抄报比赛，7人获奖；2022年集美区第七届中小学生器乐比赛，5人获奖；2022

年集美区第九届中小学“竹韶杯”绘画、书法作品征集比赛，4人获奖；集美区2022年中小学幼儿园学生美术作品展，18人获奖；学校被确认为集美区中小学劳动教育示范校园。　（林　晖）

## 中等专业职业教育

【概况】　2022年，集美辖区有中等专业职业学校3所，其中市属中等专业职业学校2所（集美工业学校、厦门工商旅游学校），区属中等专业职业学校1所（集美职业技术学校）。在校学生1.86万人，毕业生5913人。

【集美职校联手厦门理工获全国赛车比赛大奖】　2022年，厦门市集美职业技术学校与厦门理工学院联手共同研发制造的大学生方程式赛车（燃油车）和电动方程式赛车在2022年中国大学生方程式系列赛事分获全国一等奖和全国二等奖。该赛事由中国汽车工程学会创办，是中国汽车行业最高水平大学生赛事。厦门理工学院AMOY赛车实验室附属中专分中心2021年在集美职业技术学校实训中心成立。该中心为集美职业技术学校特色工坊，以赛车制作为切入点，以项目学习为导向，学生在学习和实践过程中，培养创新思维，提升学习与创新技能、生活与职业技能，为未来就业升学打下良好基础。同时实验室硬件平台接口开放，能够满足科研需求。

（刘义豪）

【厦门工商旅游学校】　厦门工商旅游学校系厦门市教育局直属公立中职学校。2022年，学校占地面积21.87万平方米，建筑面积16万平方米，在校学生6533人，设有汽车专业部等6个专业部和文化基础教学部等。开设汽车电子技术、空中乘务等“3+2五年大专”（五年专是指中专院校与高职院校联合办学，在中专完成3年学习后，再到所对应的大学完成2年课程。拿到大专毕业证，前3年实行中职收费标准、分段式教学，后两年实行大专收费标准。“3+2五年大专”是高等职业教育的一种形式。由部分重点中专院校和高等职业技术学院经省有关部门批准举办、只招收应届初中毕业生，学制5年，成绩合格后，获得国家认可的统招大专学历）专业11个，计算机动漫与游戏制作、网络信息安全等“三年专”专业15个，其中包括“金龙班”“特房班”等校企合作班级10余个。有全国优秀教师2人，福建省劳模1人，正高级讲师1人，特级教师1人，省专业带头人、名师8人，市名师、技能大师工作室5个。年内，学校入选新一批厦门市职教师资培养培训基地，获评为厦门市唯一

表18　2022年集美区中等专业职业学校学生分科情况统计表

单位：人

| 类别 | 毕业生数 | | | 招生数 | 在校生数 |
|---|---|---|---|---|---|
| | 合计 | 取得职业类证书 | 取得职业技能等级证书 | | |
| 总计 | 5913 | 1025 | 1016 | 6772 | 18568 |
| 其中：女 | 2549 | 496 | 495 | 3073 | 8315 |
| 装备制造类 | 888 | 18 | 18 | 945 | 2744 |
| 生物与化工类 | 158 | 49 | 49 | 132 | 302 |
| 轻工纺织类 | 114 | — | — | 132 | 335 |
| 食品药品与粮食类 | 83 | 15 | 15 | 94 | 231 |
| 交通运输类 | 736 | 293 | 293 | 817 | 2358 |
| 电子与信息类 | 905 | 102 | 96 | 1237 | 3148 |
| 医药卫生类 | 50 | — | — | 72 | 264 |
| 财经商贸类 | 1091 | 353 | 353 | 1280 | 3622 |
| 旅游类 | 651 | 78 | 78 | 710 | 1794 |
| 文化艺术类 | 498 | 6 | 4 | 567 | 1532 |
| 新闻传播类 | 257 | 1 | — | 186 | 701 |
| 教育与体育类 | 358 | 50 | 50 | 506 | 1259 |
| 公共管理与服务类 | 124 | 60 | 60 | 94 | 278 |

智慧校园五星级达标校和AAAAA级平安校园、学校综治安全目标管理责任考评结果“优秀单位”、厦门市家庭教育特色学校；入选教育部、人社部组织评选的全国职业院校“三全育人”（全员育人、全程育人、全方位育人）典型案例培育建设学校；汽车服务专业群入选首批厦门市职业院校服务产业特色专业群；“三双两段制”（三双”是指学校和企业“双主体管理”、校企“双主体教学”、学生具有“双重身份”；“两段制”是指学生在学校以及到企业轮岗学习两个学习阶段）现代学徒制2.0版人才培养项目入选厦门市职业院校示范性现代学徒制建设项目，完成验收；学校教育信息化优秀典型案例获《厦门日报》等媒体报道；离退休第三支部委员会获省级离退休干部“示范党支部”称号。获评为福建省第二届“文明校园”、厦门市学雷锋活动示范点、厦门市事业单位脱贫攻坚专项奖励嘉奖集体、厦门市中小学生劳动教育示范学校、厦门市依法治校示范校、全市先进基层党组织、学校综治安全目标管理责任优秀单位。全年学校中职招生平均分609分，高出普高最低投档分129分。2022届考生参加福建省学业水平考试（11个类别），本科上线人数占全省本科计划数28.95%，专科上线率100%，职教高考成绩名列全省前茅。学生参加各级各类技能比赛获国赛金牌1枚、银牌2枚、铜牌5枚，省赛金牌5枚、银牌7枚、铜牌10枚，市赛金牌22枚、银牌27枚、铜牌29枚。教师参加各级各类职业院校教学能力、班主任能力比赛获国赛金牌2枚，省赛金牌5枚、铜牌2枚，市赛金牌4枚、银牌5枚、铜牌5枚。学校作为全省两个试点之一，率先开设普职融通班，入学学生均分610分，最高分651分。先行先试横向融通职业教育与普通教育。实施福建版二元制升级计划，联合三明医学科技职业学院、优质企业共建产业学院，“智慧财税产业学院”在学校揭牌，智慧财税产业学院探索五年一贯制长学制产业学院，推进招工招生相衔接，建立从中职现代学徒制到高职二元制贯通通道。12月，学校扩建工程封顶，对开拓学校办学空间、增强办学实力具有重要意义。利用教育教学软硬件资源优势，面向社区开展礼仪、烹饪、旅游等技能培训5759人次。全年申报16个1+X试点证书［2019年1月24日，国务院印发《国家职业教育改革实施方案》(以下简称“职教二十条”)，明确提出从2019年起，在职业院校和应用型本科院校开展“文凭＋若干职业技能等级证书”制度试点工作］考证计划，组织完成鉴定考证929人，开展与德国、法国、日本等友好院校线上交流活动，新冠病毒感染疫情防控期间互致慰问，保持对外合作交流。利用信息化手段，通过视频讲座、远程课程教学，以及到校交流指导等方式对宁夏、新疆、闽西南等地区职业院校开展援助帮扶。加强对分校（翔安职业技术学校）对口帮扶工作，助其入选福建省首批平安校园，翔安新校区开工，占地面积13.33万平方米，12栋楼主体封顶，可容纳6000个学位。

（唐凌）

【集美工业学校】 2022年，集美工业学校有教职工450人，其中专任教师330人，生师比为19.77 ：1，在编教职工356人，高级职称123人（其中正高职称3人），中级职称156人；拥有全国技术能手1人、福建省特级教师1人、福建省高层次人才1人、福建省教学名师1人、福建省专业带头人6人、厦门市专业带头人11人、厦门市骨干教师95人、福建首批教师创新团队1个。年内，学校入选全国首批职业院校数字校园建设试点校、首批厦台职业教育合作交流示范校，完成教学诊断与改进省级复核。1月12日，学校获2021年全国职业院校技能大赛中等职业学校班主任能力比赛二等奖。3月23日，中国教育发展战略学会产教融合专业委员会发布《关于公布2021年产教融合校企合作典型案例名单的公告》，学校《物联网专业现代学徒制建设案例分享》入选。6月，2019级学业水平考试成绩及排名揭晓。学校本科上线89人，较往年提升51%，物流管理类、化工类夺福建省状元；2019级“海丝班”升学率88%，多数被西南交通大学、南开大学、天津大学、曼谷大学等国内外知名大学录取。8月

2022年8月8日，集美工业学校获全国职业院校技能大赛（中职组）机器人技术应用赛团体项一等奖。图为获奖师生合影

（集美工业学校 供图）

8日，2022年全国职业院校技能大赛(中职组)“机器人技术应用”赛项闭幕，以徐金鹏、席鑫宁为指导教师，2019机器人01黄增贤、陈雷雨等选手的“工业机器人”竞赛团队获得此赛项国赛总分全国第四并获金牌。是学校新百年征程首枚国赛金牌，也是“工业机器人”竞赛团队继2017、2019年此赛项第三次问鼎国赛金牌。8月18日，在敬贤楼二楼报告厅召开干部大会，宣布学校主要领导调整的决定，赵丽萍担任中共集美工业学校委员会委员、书记，集美工业学校校长。9月23日，厦门市职业教育创新发展高地建设推进会在市教育局举行。学校“厦门市首批职业院校服务产业特色专业群”和“厦台职业教育合作交流示范校”2个项目被授牌。12月2日，全国职业院校技能大赛官网公示2022年全国职业院校技能大赛获奖名单，学校以1枚金牌4枚银牌3枚铜牌的成绩排全国第17名，福建省第一名。2022年全国职业院校技能大赛教学能力比赛中学校获银牌2枚、铜牌1枚，奖牌数排福建省第一名，厦门市第一名。（杨 勇）

【集美职业技术学校】 2022年，集美职业技术学校（以下简称“集美职校”）设有专业25个、班级数97个，有学生4298人，其中一年级30个班1377人，二年级33个班1472人，三年级34个班1449人。全年毕业生数1199人，其中职教高考升学（含五年制大专学生）1097人、直接就业102人次。年内，校党总支有中共党员92人。 学校推动教师能力提升，成效明显。全市职业院校教师教学能力比赛，学校8个教学团队参赛获7个奖项，其中一等奖3个、二等奖1个、三等奖3个，一等奖占全市的3/4，获奖率全市最高。7月，代表厦门市参加全省比赛，获一等奖3个、二等奖1个、三等奖2个，一等奖获奖数量并列全省第一名，3个教学团队代表福建省参加国赛，取得学校办学以来重大突破；获全市职业院校班主任能力比赛一等奖1个，三等奖5个，1个班主任团队获省赛二等奖，成功晋级国赛，实现学校班主任能力比赛国赛零的突破。专任教师队伍学历、素质结构提升，研究生总人数增加至60人，占专任教师24.5%，比上年增长5.2%。新增市级技能大师工作室1个，申报省级技能大师工作室1个，学校有省级技能大师工作室2个，市级技能大师工作室6个。 学校一手抓技能成才，一手抓职教升学。职教高考获得制造类、餐饮类2个全省第一名，连续三年获得4个全省第一名，27人达到本科录取线，本科上线率超全省平均水平，比上年增长30%，在区属中职校位列第一名。在学生专业技能竞赛中，模具、机电一体化、数控、焊接4个项目入围国赛，获得全国三等奖2个、省赛包括2个一等奖在内13个奖项、市赛包括5个一等奖40个奖项；第八届省“互联网+”大学生（含中职）创新创业大赛中，获职教赛道1项金奖，全市中职校3个金奖之一，区属学校唯一。 区“桃李杯”消防安全业务大比拼，3名学生获得学生消防技能大闯关第一名，代表集美区参加全市“桃李杯”比赛。年内，由学校教师主导的《县域集成改革背景下“五融五助”高质量服务台企模式探索与实践》再次获得二等奖，自2014年国家职业教育类中职评选以来，学校获得国家二等奖1项，省级二等奖3项（次），位居全省第一方阵，区属学校首位。学校教师参与的《职教高考背景下中职人才培养体系厦门模式的探索与实践》获特等奖，《三双两段六四共链：基于陈嘉庚产教融合思想的现代学徒制研究与实践》获一等奖；《职教高地视域下厦门职教新名片金砖国家技能人才基地建设》课题列入厦门中华职教社年度重点课题，并被中共厦门市委统战部推荐立项为2022年厦门市委统战部统一战线理论政策研究课题。学校融入职教高地试点工程，对接厦门海洋职业技术学院筹建本科海洋大学，并达成共建共享福建省智能制造公共实训基地合作协议；推进落实服装专业与泉州经贸学院的联合办学，汽车车身修复专业与三明医学科技学院联合办学，特别是汽车制造与检测专业与省属优质高职、国双高专业群建设校——福建信息职业技术学院联合办学，拓宽与省优质高职合作机会，五年制大专招生生源质量、效果良好；参与厦门高地建设项目，焊接技术及机器人应用专业群被确认为厦门市中高职首批10个服务产业特色专业群项目，汽车制造与检修专业现代学徒制被确立为厦门市中高职首批10个职业院校示范性现代学徒制项目；承办省人社厅第47届世界技能大赛福建省选拔赛之精细木工、可再生能源、建筑金属构造3个项目省级一类赛事，承办西餐烹饪等6项市赛。学校落实双融工程，深化校企合作社会服务。与青岛海尔智能家电有限公司签订校企合作协议，由其投资共建智能汽车应用与维修平台，以建设其区域技术产学研平台为切入点，推动产业学院建设；统筹全区职业教育资源，在全市首创成立“集美区中小学职业体验中心”，服务中小学职业启蒙、职业认知、职业体验，以及劳动教育师资培训培养的功能；新建29个校外实践基地，扩展学生实习基地的建设；被授予国家“职业院校服务全民终身学习项目实验校”称号。（洪怡鹭）

## 特殊教育与社会教育

【概况】 2022年，集美区有特殊教育学校1所（集美区特殊教育学校），在校学生123人，教职工41人，专任教师36人；职业教育校外培训机构8个，学员7503人。（刘义豪）

【集美区特殊教育学校】 学校位于集美区灌口瑞林路366号，占地面积1.23万平方米，建筑面积6940平方米，主

2022 年 5 月 13 日，集美区特殊教育学生劳动技能展示活动在区特殊教育学校举行。图为活动现场（吴云峰 摄）

要为集美区范围内的 6 ~ 20 岁的智力障碍、孤独症、脑瘫等障碍儿童和青少年服务，实施九年义务教育和职业高中教育，实行全日制寄宿制。同时发挥集美区特殊教育资源与指导中心职能作用，为全区特教工作和特殊儿童家庭提供资源、咨询与指导服务。2022 年，设教学班 11 个，学生 123 人，其中在校学生 106 人、送教上门学生 17 人。编制教职工 41 人，其中编内教职工 29 人、顶编教职工 12 人。另配置保育员、保安及后勤人员 16 人。教职工中有研究生 1 人、本科 31 人、大专 9 人，学历达标率 100%。专任教师专业率 100%，特教专业率 69.4%。配有心理、计算机、体育、美术、康复等专任教师。学校设置功能室 24 间，各室配备齐全，达到省一类标准。截至年底，承接个案家庭或学校咨询 50 余例；立案指导、跟踪服务 22 例（其中学龄前 15 例）。承办融合教育研讨活动 2 场；指导 2 项区级融合教育课题开题，承担片区级以上公开课教学或讲座 3 人、6 次，其中 1 节被邀请为翔安印斗高地教育论坛专家讲座；学前融合教育服务个案进普校融合率 100%。7 月，1 名教师在集美区中小学班主任专业能力大赛中获小学组三等奖；11 月，1 名教师在厦门市青年教师教学基本功竞赛中获市二等奖，2 名教师获得市三等奖；在 2022 年度集美区基础教育优质微课比赛中，1 名教师获区一等奖、3 名教师获区二等奖、 5 名教师获区三等奖。在教学教改论文汇编中，1 名教师《基于培智学生自我决定的项目式学习实践路径探索》参加 CN 刊物汇编，1 名教师《培智学校烹饪课教学的探索与研究》参加 CN 刊物汇编。5 月 13 日，承办集美区特殊教育学生劳动技能展示活动，32 名学生获优秀奖，学校获优秀组织奖。12 月 8 日，承办厦门市“普通学校多学科参与的融合教育探索”主题研讨活动。12 月 28 日，承办 2022 年厦门市省级融合教育试点幼儿园“优质学前融合教育及发展路径探索”主题研讨活动。6 月 4 日，第一届“小莫泊桑杯”国际艺术联创巡展在巴黎卢浮宫卡鲁塞尔厅开幕，5 名学生作品均获国际金奖。年内，学校综治安全工作考评等级为“优秀”，获“AAAAA 级平安校园”称号；获集美区 2022 年“文明校园”称号；2021—2022 学年素质教育督导评估等级“优秀”。

（王炳东　李翠云）

**【集美区家庭教育指导中心启动】** 2022 年 3 月 6 日，集美区家庭教育指导中心启动，家事服务驿站同时揭牌成立。该中心以服务社会、服务家长、服务儿童为宗旨，以推进家庭教育科学化、规范化为目标，通过开展家庭教育研究、宣传培训、个案指导、示范推广等工作，提高家庭教育水平，促进集美教育高质量发展。中心拟以家（家庭）、校（学校家长学校）、社（社区家长学学校）为工作基础，构建“1+3+N”的家庭教育指导服务体系，即 1 个家庭教育指导中心，3 个特色服务驿站（家事服务驿站、年轻妈妈心灵辅导驿站、巾帼志愿服务驿站）和 N 个家校社协同育人实践点。通过纵向建机制、横向搭平台，与各家教职能部门协作，建立专家级家庭教育指导团队，举办特色活动，开展高效高质量的家庭教育综合服务。

（张彩贵）

**【集美区教师进修学校】** 2022 年，集美区教师进修学校举办区级培训项目 56 个，培训 6 万多人次。选派集美区教师参加国家、省、市级各类培训项目 52 个，培训 6000 多人次。第三届 27 个名师发展工作室组织活动 82 场次，参加 3000 多人次。通过名师跨校带教，开展第五届名师五级结对“双带教”活动，组建团队 53 组，参与人数 728 人。发挥集美区教育发展顾问及中学和小学名校长工作室、小学和幼儿园管理研修室指导、引领、辐射作用，开展相关活动 20 多场次。持续推进“名师培养工程”，考核确认区级学科带头人 165 人、区教学新秀 144 人、市级骨干教师 189 人。组织开展各级教学骨干、名师“送教送培下乡”活动，送培近 200 场，送教 498 节课。开展务实有效的分类分层教学视导，对区属中小学幼儿园开展教学视导 64 次。举办区学科教学研究基地校展示活动 8 场，推进基地校建设。组织全区 14 所福建省义务教育教改示范性建设学校开展市级展示活动；分别在杏东中学、窗内小学举办集美区中学、小学教学教改经验交流暨课堂教学观摩研讨会；在新亭幼儿园总园、杏滨中心幼儿园聚镇分园举行集美区第六届新办园主题研讨活动。通过开展中小学教学质量检测题库建设、教学视导、教学质量分析会、中考专题研讨活动等举措，加强中小学教学质量监控。全区10所小学作为样本校参加全市五年级教学质量监测，劳动、科学、语文、数学、音乐、美术等学科成绩优秀。《福建省义务教育质量监测（2021）艺术质量监测结果报告》显示，全区五年级、九年级音乐、美术5个维度得分，均排名全省前列。中考成绩、高考各项指标逐年提升。举办中小学幼儿园青年教师教学基本功岗位练兵与竞赛活动，全区2000多名入职5年内教师全员参加。选拔并指导选手参加市赛获佳绩，112位教师获综合奖，102人次获单项奖。指导全区教师参加省市级各项竞赛，2名教师参加2022年福建省义务教育阶段体育教师教学技能大赛，分获小学中级职称组和中学初级职称组第一名。155件作品在2022年第十届厦门市基础教育优质微课程建设评选活动中获奖，学校获优秀组织奖。27节课获市级“基础教育精品课”，3节课获省级“基础教育精品课”。在厦门市第五届幼儿园“观察解读幼儿”岗位练兵案例评选、2022年厦门市中小学实验教学说课比赛、2022年厦门市中小学单元作业设计比赛中，均有多人次获奖。杏东中学等6所学校10个学科被评为厦门市国家课程校本化实施示范学科。确立27所集美区第二批特色办学基地学校，同时作为陈嘉庚教育思想研究实践基地。推进陈嘉庚教育思想研究，进行《嘉庚精神宣讲》编辑与校阅工作，参与《新时代教育背景下陈嘉庚教育思想融入中小学育人体系建设的研究》课题研究。2022年度省规划办课题评审，全区立项17项；市级规划办课题评审，全区立项36项。27所区特色办学基地学校课题和2022年度192个区规划办立项课题均于12月完成课题开题论证。开展区级2020年度52项课题成果评审验收工作。35项省级课题结题（4项优秀、10项良好、21项合格）。年内，全区5项成果获2022年厦门市教学成果奖一等奖。集美区作为6个区的唯一代表在全市第五次教育科研工作会议上作经验交流。（林燕萍）

**【集美区青少年宫】** 2022年，集美区青少年宫深耕校外教育工作，为集美区未成年人提供各类教育服务。滨水总部、杏林分部教学点开设春季、暑期、秋季、寒假公益兴趣班，累计开设5个大类100多个科目2300多个班次，全年在学人数约3万人次。是年，“做一个有道德的人——集美‘五娃’扬青春”主题教育系列活动贯穿整年，活动覆盖全区近60所公办中小学、幼儿园。先后主办或承办第七届集美区中小学生器乐比赛、第九届集美区少儿小主持人比赛、第十二届集美区中小学小记者大赛等品牌赛事，以“喜迎二十大”为活动主线，结合重要节日、纪念日，开展各项青少年主题教育活动，开展“喜迎二十大——集美花朵过大年”集美区青少年宫第二届少儿春晚，“喜迎党的二十大”之集美“体娃”闹元宵·争做健体好少年主题活动等，得到市、区级媒体的宣传和报道。

（邱程亮）

**【集美区教育招生考试中心（社区学院、学生资助中心）】** 集美区教育招生考试中心（社区学院、学生资助中心）坐落于集美区滨水一里113号之一，与集美区教师进修学校合并使用，用地面积6939平方米，建筑面积1.36万平方米。2022年，继续开展福建省“9·28”终身教育活动日暨全民终身学习活动周活动；打造“学村讲堂”省级终身学习品牌项目，开展终身教育活动。全年开展送课下社区及校本部兴趣培训活动75场，涉及传统国学、道德教育、健康教育、科普教育、家庭教育、环境保护、邻里和谐、文化休闲等社区居民课程。（吴连加）

## 高等教育

**【概况】** 2022年，集美区有高等教育学校10所，其中公办5所、民办5所。全日制在校生13.59万人，专任教师7013人，专业总数400个。高校毕业生平均就业率79.29%。（文教区管委会）

**【华侨大学】** 2022年，华侨大学设有学院28个、学科门类11个、一级学科博士点9个、一级学科硕士点25个、专业学位硕士点23个、博士后流动站5个。有国家和省部级重点学科41个、福建省一流学科3个，工程学、化学2个学科进入ESI（基本科学指标数据）世界排名前5‰，材料科学、计算机科学2个学科居ESI世界排名前1%。有教职工2900多人。在1700余名专任教师中，具有高级专业技术职务者占57%，具有博士学位者占69%，45岁以下中青年教师占64%。有本科招生专业68个，其中国家级一流本科专业35个、省级一流本科专业17个、专业通过国际国内专业认证22个。有院士、国家领军人才等高层次人才100余人，有教育部“全国高校黄大年式教师团队”、科技部“创新人才推进计划”重点领域创新团队等多支高水平团队。有国家地方联合工程研究中心、国家“111计划”学科创新引智基地、省部共建协同创新中心、教育部工程研究中心、虚拟教研室、虚拟仿真实验中心、实验教学示范中心等省部级以上教学科研平台100余个，是福建省习近平新时代中国特色社会主义思想研究中心首批研究基地。全年在校全日制普通本科生2.76万人、研究生7392人，其中，来自中国港澳台地区和90多个国家的学生7622人，是全国境外学生最多的高校之一。

**国际和地区交流** 年内，学校实

施境外招生扩量提质计划，新设海外招生处30个，设置推荐就读专业46个，通过创建“B站”招生工作室、优化招生“云宣传”等方式扩大海外招生宣传渠道，面向13个国家和地区举行线上招生宣讲51场。启动中国港澳台和侨胞学生学业续航计划“本硕连读”选拔工作，推免中国港澳台和侨胞毕业生在本校读硕169人，在泰国、巴西等4国开办海外研究生班；全年中国港澳台和侨胞新生报到2218人，占新生总数的25.3%，学校中国港澳台和侨胞、留学生学生总人数增至7622人，占全体学生数21.5%。其中厦门校区2022年中国港澳台和侨胞、留学生新生报到1328人，中国港澳台和侨胞、留学生学生人数增至4188人，占厦门校区全体学生数22.17%。学校深化境外学生培养模式改革，出台《关于加强和改进港澳台侨学生与华裔新生代等留学生教育培养工作的实施意见》，加大课程资源供给，重构“4+2+N”通识教育课程模块（指“通识教育必修——通识分类必修——通识教育选修”课程体系，其中，“4”是4门境外生通识教育必修的课程，包括《当代世界与中国》《中华民族复兴简史》《中华文化概要》《大学与青年发展》；“2”是境外生的通识教育分类必修课，学生从《一国两制法律法规》《中华文明与当代成就》《华侨华人与中国》《中外法治文明》《中外文化交融与互鉴》《丝路与世界文明》《当代国际关系与中国外交》等7门课中各选一门必修和一门选修；“N”是指向境外生的通识教育选修课，学生可根据培养方案要求进行选修），分类设置必修课程7门，立项建设“人类命运共同体”模块通选课46门；完成首批3本境外生通识教育课程教材编写并推进翻译推广、在线课程制作，完成第二批7本境外生教材初稿并进行试讲试用。学校组织中国港澳台和侨胞学生2230人次参加“中国文化之旅”“逐梦海丝”等研习活动36场。境外生参与科创项目获“挑战杯”大学生课外学术科技作品竞赛国家级二等奖2项，“挑战杯”大学生创业计划竞赛国家赛决赛、“互联网+”国家级银奖1项；《侨心向党——开展港澳台侨学生学“四史”系列文化活动》入选第六届全国高校“礼敬中华优秀传统文化”特色展示项目，4个留学生作品在“感受中国新时代”主题大奖赛中获奖，学校获优秀组织奖，19个节目在福建省第四届高校国际及中国港澳台及侨胞师生文化艺术展演中获奖，一等奖数量和获奖数量均为当届第一名。

**侨校特色校园文化** 年内，学校专题研讨侨校校园文化精品及境外生特色育人项目建设，举办“承志文艺奖”“觞鼎”中华文化节等品牌活动，开展海丝文化展、澳门文化周等特色活动，参与人数2.1万人次；围绕中共二十大、新冠病毒感染疫情防控等主题策划专题侨校文化宣传活动，开展“中华文化讲堂”“华园艺苑”等34场。年内，获全省大学生网络文化节和高校网络教育优秀作品推选展示活动一等奖3项（居全省第一名），8部微电影在第七届中国梦·青年影像盛典中获奖，18件作品获福建省高校好新闻奖。“一站式”学生社区建设经验得到全国高校思政工作网等14家媒体报道推介；1个项目入选全国学雷锋文艺志愿服务“时代风尚”先进典型，“侨侨工作室”入选全国高校共青团新媒体重点工作室，学校获“追寻习近平总书记的足迹——闽山闽水物华新”全省大学生暑期社会实践活动“优秀组织奖”。

**民间侨务交流** 年内，学校继续健全侨校特色校友网络、完善知名校友数据库，开展校友中秋云联欢、文化研习等活动，举办3期校友讲坛；涵养东南亚国家校友资源，完成第16期外国政府官员中文学习班，培训泰国、菲律宾等5个国家政府部门官员207人，多名泰国学员服务APEC（亚太经合组织）会议；拓展民间外交朋友圈，举办第16期中国和平统一促进会（简称中国统促会）海外中青年代表人士研习交流活动，37个国家42个海外统促会的43位中青年代表参加；开展“语言+职业+产业”校企合作，为梦加网络海外员工开展“中文+”语言服务；创新开展海外“华二代”眼中的中华文化等活动。

**国际交流与合作** 年内，学校拓展与境外高水平大学交流合作，与7个国家与地区的10所高校及教育机构签署合作协议12份；实施学生出境交流项目10批次68项，组织269名学生以联合培养、调研实习等形式到境外或线上交流学习；聘请来自19个国家和地区的长短期境外专家121人次，举办讲座培训79场；开展“全球治理线上课程”2批次，承办线上麦哲伦世界游学团、首届CATTI杯翻译大赛外籍组赛事，吸引8万名海外师生参加。

**海外华文教育发展推进** 年内，学校助力海外华文教育发展，获批国家语言服务领域特色服务出口基地，并召开海外华文教育能力提升专题会，探索推进经管、中医等“华文教育+”项目；完成海外《华文》（初中版）教材修编，出版《世界华文教育年度发展报告（2021）》《世界华文教育年鉴（2020）》，建立中华文化宣传作品库，完成中华文化读本3本、实景课堂3门；持续开展各类“云”培训、“云”教学，承办“海外华校校长线上研习班”“海外华文媒体高级研修”等培训项目，培训30个国家华文教师、华媒精英323人次；开展海外侨亲侨属学中文项目，面向168名海外华裔学生推出中文旁听课程服务计划；举办“理想”讲坛8期，覆盖32个国家华校师生1572人次；选派26名国际中文教师及志愿者到海外教学，新增7所海外对口支持华校，设立国际中文传播教师证书考试华大考点。学校发挥“海外新声代”工作室品牌效应，组织213名在校留学生担任“主播”，创作中英双语短视频367个，16期被中央网信办全网转发，获中非青年视频原创大赛优秀作品奖、“2022中国好故事十大研究案例”等奖项11项；线上承办中华文化大乐园（亚洲园）、中华文化研修班（欧洲营），合办“睦友乐相知”文化交流项目，吸引38个国家、200所海外华校、5924名华裔青少年参与；为德国、葡萄牙等4国、436名学员开设“中华才艺体验云课堂”3期，组织119名留学生开展“华文星火”中华文化海外传播实践，吸引1100名海外中小学生参与；新开通Instagram和“小红书”账号，组织890名中国港澳台和侨胞学生参加国际传播素养训练营、翻译大赛等活动，在校台生创作抗疫系列说唱视频播放过亿条，获国台办新闻发布会点赞并应邀参加海峡青年论坛。

**新型智库建设** 年内，学校继续整合学科优势，推动新型智库建设。成立华侨华人与区域国别研究院、周边传播研究院，围绕“侨务与涉外法治”“华裔新生代”等方向组建研究团队，设立中华文化海外传播与文明互鉴等委托课题37项；结合文明交流互鉴、公共卫生等热点议题推出系列讲座，打造“中西比较论坛”“人类命运共同体”品牌，举办“华侨华人文学与中外文明交流”等研讨活动40场；加快智库成果产出及转化，报送决策咨询报告81篇、系列研究材料93份，获部领导批示14篇次，被省部级以上单位采用19篇，发布年度《海丝蓝皮书（2020—2021）》《旅游安全蓝皮书（2021）》。

**助力金砖合作机制和“一带一路”建设** 年内，入选2021年度金砖示范单位（项目）、金砖创新基地产业创新联盟理事成员单位，成立厦门金砖新工业能力提升培训华大基地，协办金砖国家智库国际研讨会、金砖创新基地建设与发展论坛等，发布《金砖国家国别研究报告》《金砖国家华侨华人研究报告》，获第二届促进金砖工业创新合作大赛优秀组织单位奖，1个项目在金砖国家工业创新大赛上首次获奖；举办第六届中马“一带一路：海上丝绸之路”国际学术研讨会，开展沿线国家智能制造相关培训4期、1110人次；举办“一带一路”人才发展项目贸易畅通高级研修班，26个国家、65名政府高级官员、专家学者参加；与厦门象屿集团达成人才培养合作协议，获批“一带一路”创新人才交流外国专家项目以及外国青年人才计划35项，首次推出《共建“一带一路”沿线国家社会保障研究报告》。

**港澳繁荣稳定和两岸融合发展服务** 年内，学校多渠道服务港澳繁荣稳定和两岸融合发展，实施港澳学生就业启航专项服务，搭建深港澳青年创新创业基地，启动大湾区青创中心实习计划，面向5339名港澳台学生开展就业创业指导与交流活动40场次；与澳门街坊会联合总会共建教学实践基地，依托与澳门业余进修中心共建“中华文化传承培训基地”等2个基地，开设培训班8期，培训学员600人；推动两岸学术交流，成立台湾研究中心，与国家广电总局共建“海峡两岸影视人才交流与影视文化研究中心”，合办两岸华文教师学术研讨会，海内外60所高校、142位专家学者参加；深化两岸青年文化交流，举办第十二届海峡两岸高校文化与创意论坛，两岸18所高校、185名青年学生参加，组织台湾学生参加妈祖文化研习营、台湾人才厦门对接会等活动，2个作品在海峡两岸青少年征文演讲比赛中获奖。

**乡村振兴和地方发展助力** 年内，学校助力乡村振兴和地方发展，选派专业技术人才13人到地方挂职；做好定点帮扶工作，为贵州晴隆县编制乡村振兴规划，设立光明之城乡村振兴服务站贵州望谟分站，对口帮扶兴义民族师范学院，组织175名学生到黔西南州支教，与宁化县签订挂钩帮扶协议。与南平市、德化县等签订合作协议；依托集美政产学研基地孵化企业46家，完成丰泽“一带一路”侨泽园建设，与华为公司签署产教融合合作协议。举办地方统战侨务培训班26期，培训学员1093人次。推进“千企千村行”活动，走访乡镇、企业821家，参与师生2202人次；选派47名教师任省科技特派员，1人获省直部门联合表扬，1名校友获评为全国“人民满意的公务员”。

**学科师资管理建设** 年内，学校推进一流学科建设，成立学科建设工作领导小组，出台《学科建设基本经费分配暂行办法》等制度3份。编写新一轮省“双一流”（世界一流大学和一流学科）建设方案和一流大学整体学科建设方案；本年度学校入选福建省第二轮“双一流”建设高校，3个学科入选主干学科名单。为促进学科交叉融合，学校召开专题推进会、专家论证会7场，新增中华文化海外传播交叉学科博士点、智能制造工程目录外二级学科博士点、国别和区域研究交叉学科硕士点，自主增列外国语言文学博士点、新闻传播学硕士点通过专家论证。成立交叉学科研究生培养指导委员会，加强交叉学科人才培养；成立博士点申报工作领导小组，做好博士点审核增列工作，新增药学、应用统计2个硕士点；推进新工科、新文科建设，立项新工科示范课程15项。新增化学学科进入ESI全球前5‰，16个学科上榜软科2022中国最好学科排名，8个学科进入2022软科世界一流学科榜单。年内，学校召开人才工作会议，修订出台新进教师聘用管理办法等制度8份；举办2022年交叉学科全球招聘云论坛，全年引进教师69人，其中高层次人才10人，新增省部级及以上人才项目入选者64人次；1个团队获全国高校黄大年式教师团队，首次在教育部组织的全国高校教师教学创新大赛中获正高组二等奖，3名教师获评为“福建省高校青年教学新秀”，1人入选省高校网络教育名师；推进常态化师德教育，组织教师参加教学能力提升培训24场3100人次。

**科研创新** 年内，学校各类项目

及经费总额稳步提升：立项各级各类科技项目637项，科技经费总量累计1.75亿元；立项各级各类社科项目367项，经费总额2404.34万元，其中国家社会科学基金重点项目立项数居全国第24位、省社科基金立项数居全省第2位；本年度学校获福建省科学技术奖11项、厦门市科技进步奖14项、省社会科学优秀成果奖29项；新增省级科技平台5个，获专利授权、软件著作权登记645件，承办2022中国自动化大会等各类科研学术会议65场；在《中国社会科学》等期刊发表论文，1篇论文获英国土木工程师协会2022年度出版奖（国内首次获奖），1篇论文入选人文社科领域ESI全球Top1‰热点论文；4名学者入选爱思唯尔2021年中国高校被引学者榜单，1名教授获“2021年度中国化学会青年化学奖”。

**人才培养及学生管理服务** 年内，学校修订2023版本科人才培养方案，召开加强体育、美育、劳育工作实施方案专题研讨会，专题研讨提升基础课教学质量；开展“主题教学活动周”，举办各类活动491项；加强专业和课程建设，入选国家级一流专业建设点17个、省级8个，5个专业通过国际及国内专业认证，新增“智能制造工程”等4个本科专业，招生专业调整优化至68个；2门课程入选教育部虚拟教研室试点建设项目，入选省级一流课程29门、省级就业创业金课3门，69门课程上线国家高等教育智慧教育平台，开展第一、第二批校级一流课程建设项目结项验收，遴选校级一流课程教学示范团队等63项，新建校外实习实训基地32个；12项成果获福建省高等教育教学成果奖，其中特等奖3项，6个项目获“互联网+”创新创业大赛省赛金奖（其中5个项目入围国赛），1名学生获评为2021年度“中国大学生自强之星”。学校举办研究生“学术文化月”系列活动，健全硕博连读、直博生招生选拔机制，修订《优秀应届本科毕业生免试攻读研究生实施办法》等制度7份，完成省级研究生教育教学改革项目13项。加强研究生招生培养，首次全部完成境内研究生各类招生计划，新增研究生导师107人，聘任实践导师286人，新增或续建研究生工作站56家。26篇论文获2021年福建省研究生优秀学位论文，1名教授当选为全国旅游管理专业学位研究生教育指导委员会委员。年内，学校引导营造良好学风班风，推进班级建设年工作，推进学生组织兼合式党支部建设，举办学生社团骨干培训班、菁英学堂等专项培训3期；推进实践育人，立项学生社团活动24项，组建暑期社会实践团队158支，参与师生2195人次，1个团队获评为全国大中专学生志愿者暑期“三下乡”（有关文化、科技、卫生方面的内容知识在农村普及，以促进农村文化、科技、卫生的发展）社会实践活动“优秀团队”，1个项目获第六届中国青年志愿服务项目大赛银奖，2个项目获评为福建省高校思政工作精品，1人入选省高校思想政治工作中青年骨干队伍建设项目；完成厦门校区心理健康教育空间建设，举办心理危机干预知识等培训6场，完成心理危机评估与干预163人，“点对点”完成家校联系3.1万人次；修订奖助学金实施管理办法等制度5份，新增5个生源奖学金，全年发放国家奖助学金、校内奖助学金等9367.37万元；出台《书记校长访企拓岗促就业专项行动实施方案》，走访企事业单位129家，拓展就业实习岗位2500个，举办各类招聘会379场，提供就业岗位4.65万个，发放各类求职创业补助130万元；完善创新创业园管理和在园项目考核奖励办法，21个项目入驻创新创业园。（庄蕾）

【集美大学】 2022年，集美大学下设20个学院、76个本科专业，涵盖经济学、法学、教育学、文学、理学、工学、农学、管理学、艺术学9个学科门类。有博士后科研流动站1个、一级学科博士点4个、一级学科硕士点15个、硕士专业学位类别18个。专任教师1481人，其中高级职称772人，占52%；中级职称592人，占40%；助教及未定级人员117人，占8%；具有博士学位教师795人，占53.6%；院士13人（全职2人）、国家级高层次人才33人次、省部级高层次人才156人次、市厅级高层次人才226人次。全日制本科生2.6万人、研究生2800多人、国际学生近200人。有国家级、省部级教学科研平台67个，国家级“卓越”人才培养计划专业6个、国家级特色专业4个、国家级一流本科专业建设点25个、国家级教学团队1个。与全球130多所知名大学和科研机构建立友好合作关系，与国际海事组织等开展学术交流，与教育部（中国）留学服务中心开展战略合作，在泰国曼谷设立集美大学东盟教育中心。学校是大陆唯一获交通运输部海事局批准具有开展台湾船员适任培训资格的院校、经教育部批准较早具有招收台港澳侨学生和外国留学生资格的院校之一、福建省政府来华留学生奖学金和厦门市陈嘉庚奖学金招生单位、福建省首批“海外华文教育基地”。

**人才培养** 2022年，集美大学新增国家级一流本科专业建设点11个、省级一流本科专业建设点6个，新增应急管理、食品质量与安全、数字经济3个专业，新增数据科学与大数据技术、港口航道与海岸工程2个学士学位授权专业。通信工程、机械电子工程2个专业通过工程教育专业认证，小学教育、数学与应用数学、学前教育3个专业通过师范类专业二级认证。获2022年省级教学成果奖特等奖1个、一等奖2个、二等奖5个。“福建德化棘胸蛙科技小院”和“福建福清上迳鳗鲡科技小院”获批国家级科技小院。2022年，省级以上学科竞赛获奖720多项，新增553个大学生创新创业训练计划项目立项。学生发表在各级刊物论文321篇，获授权发明专利77项、成果转化7项。承办第八届福建省“互联网+”大学生创新创业大赛决赛。入选首批百个国家级创新创业教育实践基地建设单位，2021年全国普通高校大学生竞赛榜第90位。2022年录取普通本科新生6650人、少数民族预科生98人、体育单招210人、第二学士学位学生768人、博士研究生20人、硕士研究生1079人、台港澳侨学生134人、国际学生30人。学校获“2021年度福建省征兵工作先进单位”称号。

**学科建设** 2022年，学校获批交通强国建设试点单位。入选福建新一轮“双一流”建设高校，船舶与海洋工程、水产2个学科为学校2021—2026年“双一流”建设学科。植物学与动物学、工程学、农业科学3个学科进入ESI全球前1%。印发《集美大学“十四五”学科建设规划》。

**科研工作** 2022年，学校新增科研合同经费2.53亿元、到账经费2.05亿元，其中获批国家自然科学基金39项、国家社会科学基金项目9个，均创历史新高；首次获批科技部外国专家项目1个。海洋生物资源绿色高值化利用及其营养健康功能化评价创新共享平台获批国家发改委公共服务平台。获批福建省装备数字孪生与信息安全防护技术军民融合协同创新中心、福建省海洋信息感知与处理重点实验室等一批科研平台。获批福建省习近平新时代中国特色社会主义思想研究中心。首次以第一完成单位在《Science》上发表论文。获省科技进步奖二等奖2个、三等奖3个。获装备承制单位资格证书和国军标9001C质量管理体系证书。2021年科技成果转化合同金额列全国第19位、福建省高校第一名。

**师资建设** 2022年，学校引进各类人才162人，按要求配齐思政课专职教师，具有博士学位的教师比例为53.5%。1人当选俄罗斯工程院院士，1人入选2022年度全球“高被引科学家”，56人次入选2022年省高层次人才，31人次入选厦门市高层次人才及骨干人才。

**社会服务** 2022年，学校选派93名省级科技特派员，34个省级科技特派员团队，1人当选为福建省“最美科技特派员”，6人当选为通报表扬科技特派员人选。推进落实《集美大学 闽江学院合作共建框架协议》，推进闽宁协作，接收北方民族大学89名学生、闽江学院16名学生到校开展为期1年的交流学习。推进与大田县、永定区对口支持协助协议，及与清流、宁化、仙游、诏安等地的产学研合作。推进与西南科技大学、绵阳师范学院对口交流合作。成立福建省首个退役军人学院。累计2254名师生献血55.53万毫升，701名师生成为造血干细胞捐献志愿者。选派1550余名优秀青年志愿者参加厦门“9·8”投洽会等大型活动，承办第35届中国电影金鸡奖青年志愿者动员培训大会。

**对外合作交流** 2022年，学校推进与天津大学、上海海洋大学、中国水产科学研究院黄海水产研究所、中国交通建设股份有限公司等单位的共建合作，与建潘鲲鹭物联网技术研究院合作成立数字产业学院。与塞尔维亚尼什大学签署合作协议开设暑期线上国际学习交流项目，与泰国博仁大学签署合作协议开设“1+3”国际本科留学预科项目，与白俄罗斯国立大学签署合作备忘录，与巴西马托格罗索联邦大学签约合作协议。新增教育部留学服务中心战略合作伙伴项目——日本环太平洋大学“2+2”国际本科项目。与5所中国台湾高校签订合作协议、与3所中国台湾高校续签合作协议（已与台湾43所院校签订合作交流协议，覆盖台湾所有有高校的县市）。入选金砖国家新工业革命伙伴关系创新基地产业创新联盟首届理事单位、2021年度厦门市“金砖示范单位”。

**集美大学纪念陈嘉庚先生创办水产科102周年暨水产高等教育50周年大会** 2022年11月12日，学校在光前体育馆举办集美大学纪念陈嘉庚创办水产科102周年暨水产高等教育50周年大会。校长李清彪代表学校发言，农业农村部渔业渔政管理局副局长袁晓初、上海海洋大学校长万荣致辞，省教育厅副厅长（正厅长级）刘健视频讲话，陈嘉庚长孙陈立人视频致辞。大会收到中共福建省委原书记陈明义校友的贺词及全国水产技术推广总站等30多个单位发来的贺信。校长李清彪代表学校与上海海洋大学、中国水产科学研究院黄海水产研究所、北京大北农科技集团股份有限公司签署合作协议，校党委书记沈灿煌为捐资助

2022年11月12日，“筑梦工海 心向未来”集美大学纪念陈嘉庚创办水产科102周年暨水产高等教育50周年纪念大会在学校光前体育馆举行 （刘金昆 摄）

学的校友代表、捐赠单位与合作共建单位授牌。

**校友校庆与社会捐赠** 2022年，学校成立西藏、内蒙古、浙江、大田4个地方校友会，举办陈嘉庚创办水产科102周年暨水产高等教育50周年、纪念厦门市工业学校教育赓续30周年、海外教育学院成立20周年等活动。2022年度学校通过基金会收到社会各界捐赠超过3600万元，获2021年省属学校捐赠收入财政配比专项资金467万元。学校位列2016—2020年中国高校捐赠收入百强榜第67位、福建省省属高校第一名。

**投资保障** 2022年，学校获批10.5亿元设备更新改造项目贷款。首次取得地方政府专项债券资金1513万元。投入3500万元用于本科专业实验室建设。实施各类大中小型修缮项目236个，总造价5401万元。完成陈爱礼国际学院教学楼工程项目。完成医疗中心维修改造，增加放射科室和全科诊疗室。

**省委书记尹力到校调研** 2022年4月29日，省委书记尹力到集美大学调研。在校史馆了解学校发展历程，在半导体产业技术研究院察看自主研发项目情况。在极地与海洋研究院会议室，尹力与集大青年师生代表围坐一堂，共同学习习近平总书记在中国人民大学考察时的重要讲话精神，交流学习心得体会。省领导崔永辉、吴偕林参加有关活动。（魏纯辉）

【厦门理工学院】 2022年，厦门理工学院设有19个二级学院（部），有省级高原学科1个、省级应用型学科6个，一级学科硕士学位授权点4个、专业硕士学位授权点8个，获批2021—2026年博士学位授予单位培育项目，机械工程、电子信息、土木水利被列入省一流应用型高校主干学科名单A类，工程科学进入ESI全球排名前1%。学院有64个本科专业，省级及以上“一流本科专业”建设点25个，其中国家级11个。全年新增5个专业入选国家级一流专业建设点，6个专业入选省级一流本科专业建设点。全日制在校生20009人，专任教师1166人，其中高级职称教师占54%、具有博士学位人员占55%。年内新增“闽江学者”特聘教授2人、讲座教授3人，省“雏鹰计划”青年拔尖人才1人，市本土领军人才1人。年内，获批新工科研究与改革实践项目国家级3个、省级5个，新文科研究与改革实践项目国家级1个、省级2个，教育部高教司产学合作协同育人项目105个；获批省级教学成果特等奖1个、一等奖2个、二等奖6个。设计艺术学院1名教师获第二届全国高校教师教学创新大赛副高组一等奖。本科生在A类重点赛事中获国家级奖项150项，获省级以上竞赛奖励800余项；研究生获国家级奖项76项，省部级奖项67项。截至年底，学院新增5个省、市级科研平台，历年累计有省、市级科研平台63个，其中省级36个、市级27个。年内，新增国家级项目4个、省级项目101个，科研到账经费1.1亿元。获批成立省级协同创新中心项目1个。获省部级科研奖励5项、市级科研奖励6项；获授权发明专利171件；出版学术著作10部，发表学术论文420篇。2017—2021年期间，学校获各类学生竞赛奖项近3000项，国家级奖项超1000项，学生获奖1万人次。年内，在第八届“互联网+”创新创业大赛中获国家级奖项11项，其中银奖3项；省级奖项37项，其中金奖12项。2月22日，中国高等教育学会“高校竞赛评估与管理体系”研究工作组发布2021全国普通高校大学生竞赛分析报告，其中，在2017—2021年全国新建本科院校大学生竞赛榜单中，厦门理工学院连续第三次在该榜单中获第一名。

年内，学院入选福建省和厦门市的高等院校和科研院所科技成果转化综合试点单位、“金砖示范单位”、“厦门金砖新工业能力提升培训基地联盟单位”，获评为厦门市“首批厦台职业教育合作交流示范校”。全院开展“三度”（有广度、有深度、有温度）谈心谈话活动，校院两级领导班子成员与骨干人才、青年教师、学生等开展“同志式”谈心谈话，政工干部到学生班级、宿舍开展家访式谈心谈话。先后被省教育厅《福建教育工作简报》2022年第19期采用刊载，被“福建教育微言”微信平台和省教育厅官方网站刊载。省委常委、宣传部部长张彦对学校“三度”谈心谈话工作作出批示肯定。

年内，省委常委、市委书记崔永辉，副省长康涛，市长黄文辉分别到校为师生讲授思想政治理论课，对学校发展给予肯定并提出希望要求。市政府专门成立工作专班，统筹推进学校申请更名大学和创建国内一流高水平应用技术大学工作。7月28日，副市长廖华生召集有关部门专题研究有关工作，在办学经费和政策、办学用地、校园建设等方面给予学院支持和保障，助力学院更名大学。

年内，学院开展访企拓岗专项行动，校院两级领导完成走访221次，主动挖掘岗位资源3012个。与厦门翔业集团、盈趣科技、宏发电声、天马微、九牧集团等企业集团建立战略合作关系，与宸鸿科技集团、厦门轨道集团展开二元制培养合作。为2022届毕业生举办线下线上各类招聘会18场，开展各种用人单位专属招聘行动180次。2022届毕业生留厦就业率继续居厦门高校前位。（钟 然）

【厦门工学院】 2022年，厦门工学院招收本科生的二级学院有机械科学与电气工程学院、计算机科学与信息工程学院、艺术与传媒学院、建筑科学与土木工程学院、商学院、数据科学与智能工程学院、外国语学院、博雅教育学院，同时设有思想政治理论课教学部、体育部、教师进修学院、国际教育学院、继续教育学院、职业技术教育学院、研究生辅考学院等公共教学单位。学校开设本科专业 38 个，涵盖工学、理学、经济学、管理学、文学、艺术学六大学科门类，学校有全日制在校生 1 万余人。学校有 2 个省级高校应用型学科、7 个省级一流本科专业、25 门省级一流本科课程、1 个省级示范性应用型专业群、4 个省级高校服务产业特色专业、4 个省级实验教学示范中心、2 个省级虚拟仿真实验教学中心、2 个省级本科教学团队等。有 1 个福建省高校重点实验室、1 个福建省高校人文社会科学研究基地，建有 230 个校外实习实践基地，在柔性制造装备集成技术、物联网技术及应用、嵌入式人工智能计算及应用、先进功能材料、数字贸易等学科方向形成一定特色和优势。学校有教师 666 人，拥有双聘院士 1 人、享受国务院政府特殊津贴 2 人、福建省高等学校新世纪优秀人才支持计划 3 人、福建省高校杰出青年科研人才培育计划 8 人。自有专任教师 542 人中，高级职称比例 34.87%、硕博士比例 81%、“双师型”（同时具备教师资格和职业资格，从事职业教育工作的教师）教师比例 36.53%。

**人才培养质量提高**　年内，学校新增 3 个省级一流本科专业建设点专业；新获批 3 个本科专业；开展学位授权专业审核及质量评估工作，对全校 36 个专业（8 个待授权专业、28 个已授权专业）师资数量及结构、专业经费、教学条件等情况对标进行检查；开展品牌专业二期建设，通过制定品牌专业建设指标体系，推动品牌专业内涵建设；该年度获批立项教育部产学合作协同育人项目 8 个，另有 7 个完成校企签约确认。改革质量工程项目评审方式，助推项目建设，初步形成国家、省、校三级质量工程建设体系。全年校级质量工程项目立项建设数量 131 个。建立教师教学竞赛赛前培训机制，将教学竞赛作为培养中青年教师、提高本科教学质量的一项重要举措，促进教师教学能力提升。全年全校教师在省级教学竞赛中获奖 3 项，2 名教师获福建省高校青年“教学新秀”称号。

**育人成效提升**　年内，继续开展“导师包班”“兼职导师”等工作，完善班级导师考核制度。实施大学生全面素质模块化测评，促进学生全面发展。学生获各类学科竞赛奖项 247 项，其中国家级奖项 34 项、省级奖项 213 项，给予师生学科竞赛奖励约 75 万元。

**招生就业成绩提升**　年内，学校面向全国 28 个省（市、自治区）计划招生 4410 人，计划数创历年新高。截至 2022 年 9 月 30 日，新生报到数 4165 人，报到率 94.44%。学校 2022 届毕业生 2869 人，截至年底，就业人数 2686 人，就业去向落实率 93.62%。升学及出国出境人数、入伍人数，各项数据均高于往年。

**健康平安校园建设**　年内，学校推进平安校园、和谐校园建设，持续做好新冠病毒感染疫情防控工作。开展“法治学习宣传月”“校园安全月”“心理健康活动月”等活动，保障校园师生安全，维护学校安全稳定。

（厦门工学院）

**【集美大学诚毅学院】**　2022 年，集美大学诚毅学院设有 12 个教学系（院）、37 个本科专业，涵盖工学、管理学、经济学、文学、法学、理学、教育学、艺术学 8 个学科门类。有在校生 1.52 万人，其中普通本科 1.19 万人、专升本 3265 人。年内，学院面向全国 29 个省（市、自治区）招生，录取普通本科 3098 人、专升本 1900 人；学院作为福建省首批试点高校之一，新增依据中国台湾“统测”成绩招收台湾学生。毕业学生 4017 人。教职工 547 人，其中自有专任教师 304 人，高级职称教师占 46.75%，博、硕士学位教师占 93.1%。有省级教学团队 3 个、优秀教师 3 人、高校新世纪优秀人才支持计划 2 人、高校杰出青年科研人才培育计划 4 人、高校思想政治教育中青年杰出人才支持计划 1 人、会计领军人才 1 人、财政部“全国财税系统优秀教师”1 人。有省教学成果奖 7 项、省级示范性应用型专业群 1 个、一流本科专业建设点 5 个、特色专业 3 个、服务产业特色专业 3 个、创新创业教育改革试点专业 6 个、本科高校专业综合改革试点项目 4 个、人才培养模式创新实验区 3 个、一流本科课程及课程思政示范课程等 32 门。

**完善顶层设计**　2022 年，集美大学诚毅学院推进依法治校进程，开展《集美大学诚毅学院章程》（以下简称《章程》）修订工作，新《章程》于 10 月 10 日通过福建省教育厅核准。1 月 11 日，集美大学党委决定任罗钫为学院党委书记，免去林斯丰学院党委书记职务。11 月 30 日，学院召开董事会五届一次会议，依据《章程》推举新一届董事会及监事会成员；同时，聘任姚进忠为院长，同意梁新潮辞去院长职务。成立党委组织部、党委统战部、党委教师工作部，撤销党委工作部；合并体育与艺术系、公体教学部组建新的体育与艺术系，同时撤销原体育与艺术系、公体教学部建制，健全内设机构。

**学科专业建设**　2022 年，集美大学诚毅学院持续推进“一流诚毅”建设。围绕申报专业学位硕士点培育单位，推进 4 个应用型学科发挥优势，培育特色。实施科研团队建设计划，确定 14 个院级科研平台，成立 17 个院级科研团队。加强课程建设，夯实一流专业建设基础。修订人才培养方案，推进建立“课程——毕业要求——培养目标”三级矩阵；成立院系两级劳动教育工作领导小组，推进《劳动教育及实践》课程建设；强化网络课程资源、外聘课程遴选与审核，制（修）订新版课程教学大纲，严把课程质量关；制定《大学外语系列课程免修管理办法》，深化书证融通人才培养模式改革。

**教育教学成果** 2022年，集美大学诚毅学院新增4个学士学位授予权专业、1个省级一流本科专业建设点，3个师范类专业入选福建省免试认定改革专业；4个教育教学研究项目获省级立项，其中省级重大项目1项；1门省级一流课程收录进国家教育课程平台；1门课程获评为省级课程思政示范课程，主讲教师及团队被认定为省级课程思政教学名师和教学团队；新增教育部产学合作协同育人项目9个；新增省级以上大学生创新创业训练计划项目33个，其中国家级8个。

**师资队伍建设** 2022年，集美大学诚毅学院招聘教职工15人，其中专任教师6人、辅导员9人；支持教师攻读博士学位2人、国内访学研修3人。重视教师教学技能提升，1个教师团队获省第二届教师教学创新大赛二等奖，2人分获省第六届高校青年教师教学竞赛一、三等奖及省高校青年"教学能手""教学新秀"称号；1人入选首批福建省文联"十四五"时期"文艺英才计划"；1人入选厦门市高层次人才，1人获2022年厦门教育系统单项奖优秀思政工作奖。

**社会服务** 2022年，集美大学诚毅学院与企事业单位对接，获省级项目立项4个、市厅级39个，授权专利成果22项，签订横向科研项目25个；获"2022年度厦门市社会科学优秀调研课题"1项。福建省政协委员、集美大学诚毅学院党委书记罗钫在福建省政协十二届五次会议上作题为《大力发展海洋经济 建设"海上福建"》的发言，受到多位省委、省政府领导关注和书面批示，其提案《关于福建海洋经济高质量发展的建议》被评为十二届福建省政协优秀提案。组织实践队到省内7个地级市13个县（市、区）开展教育关爱、文化赋能、生态文明建设等活动，助力乡村产业振兴；与陈嘉庚纪念馆、厦门医学院附属第二医院联合开展特色志愿服务，与集美街道签订共建协议，实施大学生"社区行动"，引导学生投身志愿服务活动近6000人次。

**对外交流合作** 2022年，集美大学诚毅学院与亚德客国际集团共建AirTAC"应用型技能人才培养班"，与厦门医学院附属第二医院签订战略合作框架协议，推进应用型人才培养。开展访企拓岗促就业专项行动，走访企事业单位144家，新增就业实习基地78家，多方位拓宽就业渠道，提升就业率与就业质量。

**学生获奖** 2022年，集美大学诚毅学院探索第二课堂培养应用型人才模式，以赛促学，推动第二课堂与第一课堂相融合。学生在各类学科竞赛中获奖519项，比上年增长32.56%，其中，国际级3项、国家级120项、省级396项。学科竞赛成绩稳居全国民办高校和独立学院学科竞赛排行榜前3名；在中国高等教育学会工程教育专业委员会发布的第四轮"全国普通高校大学生机器人竞赛指数"中，学院进入全国排名前50%榜单，获评为全国"B+"级，位列福建省内本科高校第五名。（张臻颖）

**【厦门工艺美术学院】** 2022年，福州大学厦门工艺美术学院有11系2部1馆1社，拥有美术学、设计学2个一级学科硕士授权点和1个艺术硕士专业学位授权点，其中设计学为福建省级重点学科、高原学科。有教职工218人，教学科研岗位教师147人，其中教授18人、副教授52人。有博士学位42人，海外经历国际化人才38人，教育部教学指导委员会委员2人，"闽江学者"特聘教授1人，"闽江学者"讲座教授1人，福建省A、B、C类人才8人，福建省高校新世纪优秀人才1人，中国美协艺委会委员4人，厦门市高层次留学人员13人，福州大学"旗山学者"3人。有在校生3106人，其中本科生2755人（境外生29人、进修生27人），研究生351人。

**学科建设** 2022年，厦门工艺美术学院制定《福州大学工艺美术学院实施"提高效率、提升效能、提增效益"行动计划暨"申报建设一级学科博士点"攻坚战百条任务》，推进"四个工程"（高素质师资引育工程、高质量人才培养工程、高水平科研创新工程、高效益社会服务工程）"四项改革"（人事制度综合改革、教育教学综合改革、科研体制综合改革、成果转化机制改革）"一流保障"等100条攻坚战任务建设。组织工作团队填报交叉学科设计学博士点申报材料，参加学校博士点申报答辩，完成一级学科硕士学位点和专业硕士学位点的调整工作。设计学连续第三年"软科中国最好学科排名"均位列福建省第一，2022年上海软科中国最好学科排名跃升到第34名，排名首次进入前20%。

**教学工作** 2022年，厦门工艺美

2022年11月11日，中国民间艺术研究院在厦门工艺美术学院揭牌 （吴艺裕 供图）

术学院持续推进一流人才培养，组织专人研究高考综合改革政策，加大院校宣传，生源质量逐年提升。数字媒体艺术和工艺美术获批国家级一流本科专业建设点，环境设计专业获批省级一流本科建设点；获教育部产学研合作协同育人项目1个，3项课题获校级教育教学改革研究项目立项、1项教材建设项目获校规划教材建设立项、2个案例获批校大学生劳动教育优秀案例；1门课程获批省级一流本科课程、1项省级专业学位研究生优秀教学案例（学校唯一）。本科生科研训练计划项目（SRTP）获批立项49项。学生作品获得国际级奖项2项、国家级奖项49项、省级奖项263项。

**师资队伍建设** 2022年，厦门工艺美术学院采取人才“四早”（早启动、早宣传、早对接、早确定）引进措施，对接海内外优秀人才资源。采取“一人一策”，引进“闽江学者”讲座教授1人、福州大学“讲座教授”3人、“旗山学者”1人（另有1人进行申报），博士学位教师6人。推进教师在职培养，召开人才政策宣讲会，推荐4名教师成功申报福建省A、B、C类人才，推荐12名教师申报厦门市A、B、C类人才，2名教师在职取得博士学位，2名教师晋升为教授、3名教师晋升为副教授、7名教师获聘为讲师。推动落实“青年博士教师进企业和建设校企研究生工作的行动方案”，7名青年博士报名，1名博士签订协议。

**科研工作** 2022年，厦门工艺美术学院平台建设取得突破，申报国家级科研平台——中国民间艺术研究院（全国唯一），研究院由中国民间文艺家协会、省文联和福州大学三方共建；入选第三批“中国工艺美术大师传承创新基地院校”；获批成立“福州大学中国漆画艺术研究院”，拟建设中国漆画创作、学术和人才新高地。获批国家社科基金艺术项目2个，国家艺术基金1个、教育部人文社科项目1个，省社科规划项目4个（重点规划项目1个、一般规划项目2个、青年规划项目1个），纵向科研经费79万元；获省财政教育和科研专项项目3个、省教育厅重点资助项目1个，获得230万元专项资金（全校社科类第一）。举办“为中国而设计”第十届全国环境艺术设计展览暨会议、“当代生活与中国文化名片”2022数字艺术创作与教育创新发展研讨会等，邀请国内外知名专家、教授、知名校友等到院讲座50场。

**社会服务** 2022年，厦门工艺美术学院举办中国非物质文化遗产传承人研修培训计划2022福州大学福建传统建筑营造雕刻技艺研修班，到账经费40万元；受厦门市文化和旅游局委托承办“2022年厦门漆画高级研修班”项目以及当代漆画创作研究，到账经费59.5万元；与宁化县政府签订校地产学研战略合作协议，共建爱国主义教育基地、党建实践基地及大学生实践基地和写生基地。签订横向技术服务合同、校企产学研合作协议、校地乡村振兴合作项目等27个，合同金额445.7万元，到账金额359.5万元。

**校园建设** 厦门工艺美术学院图展中心于2022年11月封顶，综合体育馆于同年11月奠基。对校园人文景观进行综合整理，对校园景观雕塑进行全面整修；从校本部领养2只黑天鹅，设计打造学院“天鹅湖“景观。依托学校图书馆电子资源，宣传学院网上图书馆（移动图书馆）使用；建设微信公众号维护和推文，依托学校智慧校园建设，推进校园网络建设改造。

**学生工作** 2022年，厦门工艺美术学院以“庆祝党的二十大召开和建团101年”为主题，开展“喜迎二十大、奋进新征程”及“纪念建团百年”系列活动。做好学生“奖、勤、助、补”各项资助工作，制定《2022年“暖心行动”资助方案》，精准帮扶并对受助学生进行感恩和励志教育。开展职业生涯规划、就业指导服务工作，完善学生创业孵化区建设，举办创业培训班和“十佳创业团队比赛”。第八届“互联网+”大学生创新创业大赛获省赛金牌1枚、银牌2枚、铜牌1枚，国赛银牌1枚，在厦门高校大学生创新创业大赛获第一名。召开线上线下宣讲会23场，提供工作岗位1700余个。2022届毕业生就业率在85%以上。

（张友恭 刘玉龙）

**【厦门医学院】** 2022年，厦门医学院总占地面积59万平方米（其中一期校园面积34.67万平方米，另二期用地面积24.33万平方米），总建筑面积28.4万平方米，教学科研仪器设备总值近4亿元，图书馆藏书71.5万册，电子图书55.7万册。设有15个本科专业、9个专科专业，形成“医、护、药、技”齐全的学科专业体系。在校生7179人，教职医护员工2953人（含2所直属附属医院），其中专任教师474人，有博士学位140人、硕士学位281人，占专任教师总数88.8%；有正高职称80人、副高职称167人，占专任教师总数52.1%，另有外请教师1500余人。有94人次获得国家、省、市级人才称号。建有国家医师资格考试（临床类别和口腔类别）实践技能考试基地2个，拥有直属附属医院2所、非直属附属医院3所、教学医院41所和校外实训基地112个。有中央财政支持建设专业2个、实训基地3个，全国健康服务类、养老服务类示范点各1个，国家行业职业教育教学指导委员会教学成果奖1项，主编国家级规划教材6本；省级教学成果奖6项，本科教学团队2个，一流专业建设点4个，省级立项建设专业12个，实验教学中心9个，一流课程34门，教育教学改革项目65项；市级重点专业5个。有国家CMA（美国注册管理会计师）认证的分析测试中心1个，省级科研平台9个和市级科研平台3个。

**“三全”育人** 2022年，学校修订《学生综合素质测评办法》，优化德智体美劳各部分权重，引导学生全面发展。引进思政课教师 11 人（其中博士 5 人），招聘专职辅导员 8 人，遴选党政管理干部担任兼职辅导员 8 人，增加专职心理健康教师 2 人，思政工作三支队伍数量均达到规定师生比要求。举办“学习党的二十大 传承弘扬嘉庚精神”主题展，成立嘉庚读书会、巧稚读书会，开展“喜迎二十大”“建团百年”“我们的节日”等主题活动，文化艺术节、体育节、心理健康月等系列活动，“两清、两锻炼”（清洁校园、清除四害、劳动锻炼、体育锻炼）等特色活动，促进学生德智体美劳全面发展。原创大型校园朗诵剧《林巧稚》入选福建省高校原创文化精品项目，并被厦门市委宣传部遴选为在厦高校“爱党、爱国、爱社会主义”暨“强国复兴有我”群众性主题宣传教育活动内容。1 名学生获全省“习近平与福建教育故事”总决赛全省高校大学生宣讲二等奖（仅 3 名），2 名在校生和 3 名毕业生先后完成造血干细胞捐赠。

**教育教学** 2022 年，学校新增临床医学和口腔医学 2 个省级一流本科专业建设点，学校升本首批 4 个本科专业全部获批省级一流本科专业，15 个本科专业均取得学士学位授予权。教学改革成效突出，获省级教学成果奖一等奖、二等奖各 1 项，市教育科学研究优秀成果奖 3 项；获评为省本科高校教育教学改革研究项目 4 项、省教育科学“十四五”规划课题 5 项、省职业教育教学改革研究项目 4 项。医教协同持续推进，与附属第二医院、附属口腔医院深度融合，新增厦门市海沧医院作为学校非直属附属医院，3 家教学医院通过复评。与厦门市 16 家医院麻醉科共同成立麻醉学专业联合教研室，加大临床微创技术应用研究中心投入，中心建设初具规模。与集美区人民政府签署共建框架协议，新增康养护理现代产业学院和美容大健康现代产业学院，制定《关于进一步加强产学研合作教育的若干措施》，成立产学研合作教育中心。

**人才培养** 2022 年，学校首届临床医学、口腔医学毕业生参加执业医师资格考试通过率分别为 93.1% 和 94.1%；临床医学本科专业学生参加国家水平测试基本知识考试（理论）通过率 95.4%，比全国平均通过率高出近 30%；临床基本技能考试（操作）通过率 100%，连续 3 年位居全国前列；2022 届本科毕业生硕士研究生考试报考率近 50%，上线率 51.65%，录取率 31.39%，高于全国平均录取率 7 个百分点，分别被 45 所院校录取，包括北京大学医学部、四川大学华西医学院、中南大学湘雅医学院等 18 所“双一流”院校；在第八届福建省“互联网 +”创新创业大赛中，获金奖 1 个、银奖 11 个、十佳人气奖 1 个。在其他各类赛事中，获国家级一等奖 30 个、二等奖 18 个、三等奖 14 个；省级一等奖 15 个、二等奖 13 个、三等奖 15 个。

**科研工作** 2022 年，学校获各级各类纵向科研项目立项 188 个，科研经费总额 1255.2 万元。其中，国家自然科学基金立项资助 2 个，直接经费 149 万元，经费比上年增长 77.4%，学校连续第 5 年获国家自然科学基金项目立项；省自然科学基金项目 47 个（含附属第二医院 16 个、附属口腔医院 2 个），市级以上项目 107 个，校级项目 32 个。推进成果产出与转化，新增横向项目 23 个，签约金额 136.3 万元；获授权专利 47 项，7 个科技成果实现转化，6 项发明专利被纳入全省首批专利实施开放许可；发表各类学术论文 349 篇。天然化妆品福建省高校工程研究中心、海洋生物医药资源福建省高校工程研究中心通过省教育厅验收评估。

**师资队伍建设** 2022 年，学校组织修订《关于引进人才补贴的规定（试行）》，提升人才引进吸引力。全年引进 185 人（校本部 51 人、附属医院 134 人），其中首次引进香港高层次人才 1 人，新增台湾籍教师 1 人。6 人入选“福建省高层次 C 类人才”、3 人入选“厦门市高层次 B 类人才”、24 人入选“厦门市高层次 C 类人才”、4 人入选“厦门市骨干人才”、2 人入选“厦门市高层次留学人才”。在全国、全省高校教师教学创新大赛中，获国家级二等奖 1 个，省级一等奖 1 个、二等奖 2 个、三等奖 1 个；参加全省高校青年教师教学竞赛，获二等奖 2 个、三等奖 1 个，学校连续 5 次获“优秀组织奖”。

**校园基础建设** 学校服务师生能力不断加强，软硬件设施持续优化。学生宿舍楼、科教综合楼完成主体结构封顶；综合体育馆项目完成竣工验

2022 年 6 月 9 日，厦门医学院在学校礼堂举行原创大型朗诵剧《林巧稚》首场公演
（魏文亮 摄）

收并投入使用；学校东北部面积24.33万平方米预留发展用地中先行划拨的面积16.67万平方米近期建设用地取得用地规划决定书、建设用地规划许可证和用地红线图，为学校“超万人规模”和通过教育部合格评估奠定基础。数字校园建设持续推进，引入SAVA（Source Address Validation Architecture，真实源地址验证体系结构）项目，成为国内试点IPv6（互联网协议第6版）技术创新和融合应用的100所高校之一，校园网络安全性增强。平安校园建设成效明显，以厦门地区高校第一名获评为“AAAAA级平安校园”和“综治安全目标管理先进单位”。

**对外交流合作** 2022年，学校首次举办闽台青年医学人文线上研习营，邀请11名海峡两岸专家通过线上形式开展学术交流，1500余人参加；与台湾海洋大学续签学术交流合作备忘录，继续在人才培养、科学研究等方面开展合作交流；海洋药学专业加强与美国密西西比大学国家天然产物研究中心、加州大学圣地亚哥分校SCRIPPS海洋研究所和台湾海洋大学等境外高校、科研机构的交流合作，联合发表2篇科研论文；与四川大学华西厦门医院开办“华西厦医大讲堂”，陆续邀请医院专家到校举办专题讲座。成立厦门医学院教育发展基金会，用于奖励、资助学校师生，支持和推动学校教育事业发展。

**附属医院发展** 2022年，学校重视附属医院发展，持续推动开展“交通通畅、流程顺畅、心情舒畅”的“三畅”服务行动。附属第二医院邀请中国工程院院士钟南山到院指导，促进国家呼吸病研究所对学校呼吸病学科的支持。在2022年省三级医院评价中获评为“优秀”，在广州艾力彼发布的2021年“省单医院”100强榜单中排名从100名升至第89名，呼吸内科进入“2021届全国省单医院呼吸内科专业”15强；获批省、市级临床重点专科各1个，实现省级临床重点专科“零”的突破；新增市级名医工作室2个并取得互联网医院牌照；全年门急诊量比上年增长4.7%，总收入增长6.97%。附属口腔医院在全国公立医院绩效考核中口腔专科排名从27位升至第19位，全省患者满意度排名从117位提高至53位，“口腔医学”学科科技量值位列中国医学科学院发布的中国医学院校／中国医院科技量值（STEM）榜单第63位，上升6位；医院二期科教综合楼项目动工建设、集美院区投入运营；通过加入国家口腔医学中心、武汉大学口腔医院2个医联体，建立双向转诊机制，畅通群众就医渠道；全年总接诊量比上年增长5.87%，总收入增长4.92%。

（赵 然）

**【厦门华厦学院】** 2022年，厦门华厦学院在校生7455人，年内本科招生1991人，报到率近96%，省内本科招生稳定保持在福建省民办院校的领先方阵。专任教师331人，其中拥有高级职称117人，2022届本科毕业生就业率95.74%。设信息与智能机电学院、环境与公共健康学院、商务与管理学院、人文学院等4个二级学院及马克思主义学院、通识教育中心、体育教学部，开设27个本科专业。学校入选教育部“一站式”学生社区综合管理模式建设试点单位和全国首批“数字化能力水平认证”合作高校，获评为“社会组织等级评估AAAAA级”，是福建省唯一获此殊荣的民办本科高校。

**教科研成果** 2022年，厦门华厦学院财务管理、食品质量与安全2个专业获批省级一流本科专业建设点，学校累计获批国家级一流本科专业建设点1个、省级一流本科专业建设点4个，即首批5个本科专业全部列入国家级、省级一流本科专业建设点；“智能业财税审生态圈协同育人机制研究”入选2022年福建省本科高校教育教学改革研究典型案例汇编，4个教改项目获批福建省教育科学“十四五”规划专项课题；获批数据应用开发与服务（Python）职业技能等级证书（高级）、数字媒体交互设计职业技能等级证书（高级）、物流管理职业技能等级证书（高级）等13个“1+X”证书制度试点项目；3名优秀教师获省级教学竞赛奖励，其中入选福建省青年教师教学竞赛三等奖2人，入选福建省高校教师教学创新大赛三等奖1人。获批市级职工技术创新工作室2个，4个产学研项目获2022年度厦门市产学研项目经费补助，获批项目数居非自主管理单位首位；2022年度厦门市自然科学基金项目评审，学校推荐的10个项目全部获批，是厦门市唯一获批面上项目和青年创新项目的民办高校；在咨政建言、智库建设方面，获批2022年度省科协科技创新智库项目1项和省委教育工委统一战线专项项目2个；坚持人才下沉、科技下乡、助力乡村振兴，40余名教师获省、市级科技特派员认定。首次开设全校通识必修课程“大学生数字素养教育”、自编教材、建设课程题库、制作线上课程等，浏览量42万余人次；邀请厦门大学、集美大学等高校教授举办数字素养主题讲座10余场；举办2届数字素养大赛，在校生参与率均超95%；与包括全国“双一流”高校在内的7个单位共同成为全国首批“数字化能力水平认证”合作伙伴；承办由全国高等学校计算机教育研究会主办的“数字化能力水平认证（DCLC）全国首次考试”，成为数字化能力水平认证考点。“互联网+”高校主赛道项目比赛，学生团队“F.B旅行管家”获铜奖；第八届“互联网+”大赛中征集项目110个，参与学生500余人次；被厦门市人力资源和社会保障局授予的“厦门华厦学院创业指导专家服务站”称号，并通过厦门市科技企业孵化器年度考核。

**学生竞赛获奖** 2022年，学校学生在2022年（第15届）中国大学生计算机设计大赛、2022年第十届全国大学生机械创新设计大赛等学科竞赛中获省级以上奖项164个，其中国家级44个（一等奖10个、二等奖14个、三等奖20个），省级120个（一等奖13个、二等奖47个、三等奖60个）。

**修订学校章程** 2022年，学校按照法定程序完成《厦门华厦学院章程》修订工作，并形成《厦门华厦学院章程修正案》及相关申请。根据《福建省教育厅关于同意厦门华厦学院章程修订的批复》，学校新修订的《厦门华厦学院章程》获福建省教育厅核准生效。

**中国共产党厦门华厦学院第二次党员大会召开** 2022年9月23日，学校召开中国共产党厦门华厦学院第二次党员大会，中共福建省委教育工委组织处处长、一级调研员陈洪尧出席大会。学校正式党员、预备党员、特邀嘉宾和列席人员参加大会，校党委书记徐志怀主持会议。大会审议通过党委工作报告、纪委工作报告及党费收缴、使用和管理情况报告，并选举产生中国共产党厦门华厦学院第二届委员会和中国共产党厦门华厦学院第一届纪律检查委员会。（苏文雅）

**【厦门软件职业技术学院】** 厦门软件职业技术学院是厦门市人民政府主办，面向全国招生的全日制高等职业院校，是福建省支持并主导倡办的省内仅有的2所软件职业院校之一，发展高职教育近20年。

学校地处厦门市集美区，占地面积43.33万平方米，规划建筑面积46万平方米。2022年，学校招生人数创历史新高，设软件工程学院、数字创意学院、经济管理学院、五年专部、继续教育学院5个二级学院，开设专业31个，获批厦门市高职高水平专业3个。其中，“动漫制作技术”专业群获批福建省高水平高职专业群，软件与网络技术专业群入选厦门市首批服务产业特色专业群。专任教师中，具有中高级职称的占75 %以上、硕士及以上学位占80 %以上、“双师”型教师占70 %以上。其中8名教师被聘为省教育评估专家，4人进入省级专业带头人行列。

联发集团坚持职业教育的实用型和职业性，通过构建与区域经济和产业结构相适应的产业人才培养体系，先后有182家企业与学校签订企校合作协议，与165家企业建立校内外实训基地，实现校企合作，产教融合，培养高素质技术技能人才。2020—2022年，学校为厦门市行业企业员工举办各种培训教育3万多人次。

学校在福建省职业院校技能大赛中，获得一等奖12个、二等奖27个、三等奖69个、优秀奖92个。学校获评为“福建省软件适用人才重点培训基地”、“福建省文明校园”、“厦门市网络安全人才培养基地”、厦门市“AAAAA平安校园”等。（陈英）

**【厦门兴才职业技术学院】** 2022年，厦门兴才学院下设经贸学院、工学院（含信息学院）、艺术与建筑学院、教育学院（含思政教研部、基础教学部）教学单位4个，开设通信技术、机电一体化技术、数控技术、建设工程管理、建筑室内设计、酒店管理、电子商务、市场营销等专业24个，形成软件信息类、建筑工程类、经管商贸类、艺术设计类等专业群。全日制在校生8547人，教职工402人。教师中拥有省级教学名师和省重点大学教学名师，高级职称者占30%，多数教师具有硕士及以上学位，“双师素质”（理论教学的素质、实践教学的素质）占80.6%。1名教师担任全国职业技能大赛裁判；3名教师入选福建省职业教育科研组成员。

**教学科研** 2022年，学校入选教育部信息化支撑职业院校校企合作专业共建项目首批共同体成员。获批福建职业教育智慧教育平台建设与应用试点校。商贸服务类专业获批教育部第一批供需对接就业育人项目；《住宅空间设计》《企业沙盘模拟经营》《HTML5+CSS3网页设计》获批国家高等教育智慧教育平台首批推荐课程；云共享现代商贸服务专业化产教融合实训基地入选省级职业教育重点项目“产教融合实训基地”；1个省级职业教育重点项目“产业学院”——优优汇联数字商务产业学院；《企业沙盘模拟经营》和《HTML5+CSS3网页设计》获省级职业教育在线精品课程并通过验收；《网页设计进阶篇——javascript网页交互》获省级精品在线开放课程立项；“画江湖”数字传媒产业学院、优优汇联数字商务产业学院入选市级产业学院建设项目；计算机应用技术专业、室内艺术设计专业获市级高职高水平专业称号；工业互联网产教融合实训基地入选市级产教融合实训基地；10项省级课题和5项市级课题获批立项。1个福建省职业技术教育学会教育科研课题一等奖。

**技能竞赛** 2022年，学校组织学生参加省市级各类大赛，在全国职业院校跨境电商技能大赛获一等奖1个、三等奖2个。第八届“衡信杯”全国税务技能大赛获高职组二等奖1个。全国机械行业创新创业大赛获国家级二等奖1个。福建省职业院校技能大赛获一等奖1个、二等奖6个、三等奖12个。福建省第十七届运动会（大学生部）获金牌2枚、银牌5枚、铜牌6枚。福建省首届职业院校心理教育优秀案例展示活动获二等奖2个、三等奖1个。福建省“互联网+”大学生创新创业大赛获职教赛道创业组银奖1个、铜奖1个。第十二届“挑战杯”福建省大学生创业计划竞赛获银奖1个。第十一届福建省大学生“创业之星”评选1名学生获“创业之星”。福建省第三届大学生资助政策暨金融知识竞赛活动获二等奖。厦门市高等职业院校技能大赛获一等奖9个、二等奖14个、三等奖25个，总分位列全市第二，民办学校第一。集美区首届“聚

美才 赢名企”竞聘大赛获二等奖。

**教师获奖荣誉** 2022年，学校1名教师获福建省学生资助管理中心“兴才计划”福建助学贡献奖；1名教师入选厦门市第一批科技专家库；4名教师获聘厦门市创业指导专家；2名教师担任厦门市职业技能竞赛裁判；1名教师入选厦门市“未未同鹭人”讲师团成员；1名教师获厦门市教育系统职业教育振兴奖；1名教师获厦门市中华职教社“优秀教师”称号；福建省教师教学能力比赛获二等奖1个、三等奖2个；福建省第十七届运动会教师健身气功比赛获金牌4枚；福建省首届职业院校心理教育优秀案例展示活动获高职教师组一等奖1个、二等奖1个、三等奖3个；第二届厦门市青年思政课教师理论微宣讲比赛获三等奖1个；厦门市教育工会2022直属校歌手赛学校教师获美声组三等奖、通俗组二等奖。

**产教融合** 2022年，学校与聚融壹家台湾青年双创基地合作签约；工学院与春保森拉天时共建校企合作基地；教育学院与厦门海沧教育发展有限公司举行共建基地；工学院与厦门万久科技股份有限公司校企共建校企合作基地；厦门兴才职业技术学院与厦门优优汇联信息科技股份有限公司共建的数字商务产业学院揭牌。

**办学影响力** 2022年，学校毕业生留厦就业工作突出，获厦门市专项奖励。承办厦门市高等职业院校技能大赛6个赛项，接待近300名师生参赛。完成“金砖”双赛3个赛项设备、技术、接待等服务保障任务，7名教师和300名优秀志愿者学生参与服务工作。开展厦门市人社局“企校合作新型学徒制”项目，为宏发、美科等企业提供员工技能培训，规模全市第一。承办集美区2022年高素质农民培训，培训422人。承接全国经济专业技术、税务师、会计师、演出经纪人员、导游资格等42场社会化考试任务，服务考生44542人次。“青春兴才”微信公众号获全国基层团组织微信公众号综合影响力排行榜第二名。《福建日报》、《厦门日报》、“学习强国”学习平台等主流媒体报道学校产教融合、爱心献血、教书育人等工作。（叶碧钗）

## 集美校友总会

**【概况】** 2022年，集美校友总会完成校友总会理监事会换届工作。年内，强化《集美校友》杂志办刊管理，拜访各级领导，走访关心校友企业，发挥校友总会与海内外校友联络联谊平台优势，接待有关领导、校友到访21批次、50余人。

**【校友总会换届工作】** 2022年，集美校友总会在市委统战部与市民政局协同指导下，完成换届工作。4月，市委统战部常务副部长何秀珍任换届筹备小组组长。在集美学校委员会、校友总会各会员单位及社会各界人士支持配合下，8月27日，厦门市集美校友总会第十届会员代表大会暨第十届理监事会成立大会在集美区福南堂召开。市委常委、统战部部长王雪敏，市委统战部常务副部长、市侨办主任何秀珍，市委宣传部副部长唐向阳，区领导胡旭彬、洪清岩出席大会。会议听取第九届理事会财务工作报告、换届工作报告，审议通过新修订的《集美校友总会章程》，并选举产生新一届理监事会。集美大学党委原常委、副校长黄德棋当选为新一任会长，王培元、汤忠民、李聪明、宋立武、陈承裕、洪清岩、秦祥东当选为副会长，邹琍琪当选为监事长，连凤宝当选为秘书长；聘黄永玉为集美校友总会第十届理事会荣誉会长，聘任镜波为集美校友总会第十届理事会永远名誉会长。

**【《集美校友》编印】** 2022年，《集美校友》编印6期，刊登各类文章346篇。《集美校友》展示校友总会与各单位工作动态、集美学村内外资讯、各地校友活动与海内外嘉庚学生风采；深挖整编历史资料，讲好当代嘉庚故事。杂志常设《聚焦学村》《诚毅之光》《嘉庚研究》《闽海之滨》《校友风采》《浔江听浪》《嘉泽赓续》栏目7个，相继刊登“嘉庚学子宋若曦、姜羿臣、曹子健获奥赛两金一铜”“在党史学习教育中传承弘扬嘉庚精神”“让边远留守儿童穿上集美爱心鞋”“集美区政协为建设青年发展友好型城区协商建言”等报道和文章；特设《喜迎二十大》栏目，报道校友总会与各校、各单位学习贯彻中共二十大精神和习近平总书记给厦门市集美校友总会回信精神。校友总会每期为3500余名海内外校友邮寄杂志。

**【校友联络】** 2022年11月，集美校友总会恢复对外联系与交流。校友总会接待有关领导、校友到访21批次、50余人；陆续出访集美大学、华侨大学华文学院等9家会员单位；走访多家外地校友会，参观、访问校友企业7家；应邀参加相关单位组织活动12场。

（集美校友总会）

# 科学技术

## 综　述

【科技发展】 2022年，集美区增加全社会科技投入，完善科技和创新体系建设，发展高新技术产业，提升自主创新能力。截至年底，全区有市级企业技术中心40家、市级企业重点实验室4家；省级企业重点实验室2家、省级企业技术中心12家；国家级企业技术中心7家；国家级高新技术企业966家。辖区企业获厦门市科技进步奖10项，其中一等奖2项、二等奖4项、三等奖4项。

【高新技术产业发展】 2022年，集美区推动创新要素向企业集聚，加快培育一批高精尖特企业，推动惠企政策落地，激励企业加大研发投入力度。加强企业主导的产学研深度融合，推动突破一批关键核心技术，转化应用一批高质量科技成果，助力企业加快成长为国家高新技术企业。推动向创新链前端攀升，重点支持规模以上国家高新技术企业建设重点实验室、企业技术中心等创新平台，培育科技型骨干企业。

【产学研合作】 2022年7月，集美区率先在全省推出首个区级产学研综合性支持政策——《集美区产学研合作“四个一百”行动方案》，由区级财政“掏腰包”，根据“本、硕、博、专家”不同层次，为辖区高校人才、国际化人才提供5万～20万元不等的产学研支持津贴，推动“百批学子访百企、百家名企建百站、百名青师进百企、百名专家解百题”，吸引集美高校国际化人才走出校园，服务集美和厦门高质量发展。（纪敦敦）

## 科技计划项目实施

【概况】 2022年，集美区实施科技计划项目11个：高强度模块预装式建筑楼承板的研发及智能化生产（厦门中构新材料科技有限公司）、抗污染平板复合纳滤膜关键技术研究及产业化［三达膜科技（厦门）有限公司］、汽车轮毂用台阶式断屑切削丝锥的研发及产业化［圆兴（厦门）精密工具有限公司］、基于PLC电力线载波通信的电磁铁脱扣器的研发及产业化（厦门立林电气控制技术有限公司）、200瓦内过功率线性调压的推杆电源开发项目（厦门市科力电子有限公司）、高精密集成式音圈马达部件的研发及产业化［信华科技（厦门）有限公司］、串联式增压气液泵（厦门坤锦电子科技有限公司）、接触器铁芯及精密冲压关键制造工艺及其自动化产线的研发（厦门金越电器有限公司）、高精度光学镜头组件成型工艺的开发与应用（厦门华晔精密科技有限公司）、高精度液态硅胶包胶成型工艺开发及应用（厦门建霖健康家居股份有限公司）、高端LED手持工作灯研发与产业化（厦门东昂科技股份有限公司）。区财政投入科技计划项目经费1819万元，带动企业研发投入1.1亿元。

【高强度模块预装式建筑楼承板的研发及智能化生产】 2022年，由厦门中构新材料科技有限公司组织实施。该项目以钢筋为上弦、下弦及腹杆，通过电阻点焊连接而成的桁架为钢筋桁架，钢筋桁架与底膜通过电阻点焊连接成整体的组合承重板为楼承板钢筋结构。项目实现年销售收入2.50亿元，利润587万元，纳税365万元。

【抗污染平板复合纳滤膜关键技术研究及产业化】 2022年，由三达膜科技（厦门）有限公司组织实施。该项目为解决纳滤膜稳定运行过程中抗污染能力技术瓶颈，从纳滤膜抗污染性能原理出发，提出提高滤膜抗污染性能方案。项目实现年销售收入1500万元，利润306.72万元，纳税96.88万元。

【汽车轮毂用台阶式断屑切削丝锥的研发及产业化】 2022年，由圆兴（厦门）精密工具有限公司组织实施。该项目主要通过对产品结构设计，在加工轮毂等合金时实现铁屑断屑和排屑，实现刀具工作铁屑不沾刀，提高刀具寿命。项目实现年销售收入1200万元，利润174万元，纳税80万元。

【基于PLC电力线载波通信的电磁铁脱扣器的研发及产业化】 2022年，由厦门立林电气控制技术有限公司组织实施。该项目产品为基于PLC电力线载波通信的电磁铁脱扣器，为高新技术产品，可适用于真空断路器或者空气断路器电磁铁脱扣器，实现断路器的分闸或者合闸作用。项目实现年销售收入1950万元，利润186万元，纳税47万元。

【200瓦内过功率线性调压的推杆电源开发项目】 2022年，由厦门市科力电子有限公司组织实施。该项目源于电机、推杆类电源需要比较大过流点，

实现设计的一款具有过功率线性调压的大功率电源，由1路待机电源与1路主电源组成，需要输出电流增大的同时，电压可以适当减少。项目实现年销售收入5500万元，利润374万元，纳税300万元。

【高精密集成式音圈马达部件的研发及产业化】 2022年，由信华科技（厦门）有限公司组织实施。该项目的高精密集成式音圈马达部件主要运用于手机摄像头模组中音圈马达上，属于公司高新技术产品VCM及VCM用注塑件等，该项目主要针对其L型产品研究开发。项目实现年销售收入4075万元，利润246万元，纳税143万元。

【串联式增压气液泵】 2022年，由厦门坤锦电子科技有限公司组织实施。该项目微型隔膜泵的实现方式一般由马达驱动偏心轮装置、使泵内部的隔膜做往复式运动，实现抽吸流体后进行输送。该项目主要针对其L型品的研究开发。项目实现年销售收入4000万元，利润578万元，纳税263.46万元。

【接触器铁芯及精密冲压关键制造工艺及其自动化产线的研发】 2022年，由厦门金越电器有限公司组织实施。该项目针对高端接触器的核心——铁芯的制造工艺及其全自动柔性化生产线开展研发，达到国际一流铁芯生产水平，并实现产业化。项目实现年产值3500万元，利润188万元，纳税110万元。

【高精度光学镜头组件成型工艺的开发与应用】 2022年，由厦门华晔精密科技有限公司组织实施。该项目研发高精度光学镜头组件成型工艺并实现产业化。项目实现年产值2520万元，利润320万元，纳税124万元。

【高精度液态硅胶包胶成型工艺开发及应用】 2022年，由厦门建霖健康家居股份有限公司组织实施。该项目研发高精度液态硅胶包胶成型工艺，应用于花洒出水网、密封圈和刷头。项目实现年产值8305万元，利润1777万元，纳税114万元。

【高端LED手持工作灯研发与产业化】 2022年，由厦门东昂科技股份有限公司组织实施。该项目采用旋钮无极调光技术，灯光旋转折叠设计，灯体横向旋转止位设计研发高端LED手持工作灯并实现产业化。项目实现年产值5950万元，利润550万元，纳税97万元。

（纪敦敦）

## 科技项目引进

【概况】 2022年，集美区围绕厦门市产业布局和辖区主导产业发展，以科技成果转化为导向，发挥高校的学科建设、科研平台和人才优势，推动建设厦门理工学院（集美）政产学研基地。通过创新机制、整合资源，逐步将上述基地培育成为区域产业发展的先导中心、产业经济的孵化基地、创新人才的聚集高地，引进“金龙龙翼Smart GO智慧交通金砖示范项目”“集兆嘉全球性生产管理基地暨全球数字虚拟工厂营运中心项目”，推动集美高质量发展。

【厦门理工学院（集美）政产学研基地】 2022年，该基地围绕集美区重点产业发展需求，以厦门理工工业设计国家级众创空间为载体，以厦门理工（集美）工业设计技术中心为支撑，发挥厦门理工学院设计艺术学院学科建设、人才团队和科研平台等优势资源，集中优势力量，开展协调应用研究和服务地方产业（工业设计领域）发展工作，并根据市场和行业发展需要对相应技术进行产业化。截至年底，引进8个校内科研团队、2个企业团队，拥有博士及高级职称人员30多人。

【金龙龙翼Smart GO智慧交通金砖示范项目】 2022年5月8日，金龙客车在厦门集美新城软件园三期推出“智慧交通，数字孪生”金龙龙翼Smart GO智慧交通金砖示范项目，金龙智慧交通最新成果亮相。集美新城金龙5G智慧交通运营线路全长约6千米，部署7个融合感知交叉路口，实现5G/C-V2X网络全覆盖，搭建起人、车、路、网和云的感知融合通信桥梁。数字孪生云控平台是金龙客车按照小规模试点、高质量建设原则，依托车路协同、云控平台和自动驾驶等技术，打造的基于数字孪生的软件园三期智慧交通云控平台。平台包含智慧道路、入网车辆、智慧公交、交通态势、车路协同和智慧应用等模块，实现对道路、车辆更加精细和智慧化管理，为交通出行提供更安全、更智能决策。金龙客车将有7辆自动驾驶巴士和7辆L4级自动驾驶园区车在集美新城进行常态化运行。

【集兆嘉全球性生产管理基地暨全球数字虚拟工厂营运中心项目】 2022年，厦门火炬高新区管委会、集美区政府与阳光七星投资集团“云上”签订合作协议，集兆嘉全球性生产管理基地暨全球数字虚拟工厂营运中心项目落户厦门软件园三期，拟建设集兆嘉全球生产管理基地销售和结算总部以及技术支持与售后服务中心。集兆嘉碳中和集团是阳光七星投资集团旗下子公司，阳光七星是一家全球性的数字媒体与创新科技投资企业，主要投资涉及“碳中和”、数字经济及乡村振兴领域。

集兆嘉碳中和集团是“碳中和”科技应用领域领军企业，致力于融合人工智能算法与大数据，对新能源商用车生产基地实行全流程线上管理，在全球布局11个新能源用车生产基地，覆盖新能源重卡、物流车、公交、大巴、智能拖车等。

（纪敦敦）

## 科技成果

【概况】 2022年，集美区企业单位有10个项目获2022年厦门市科技进步奖，其中“面向边缘感知的轻量化三维数字底座及产业化应用”（罗普特科技集团股份有限公司等申报）等2个项目获一等奖；“汽车橡胶制品绿色创新发展关键技术研发与产业化”（厦门正新橡胶工业有限公司等申报）等4个项目获二等奖；“食品中痕量化学危害物的光—电快速检测关键技术创新与应用”（厦门海荭兴仪器股份有限公司等申报）等4个项目获三等奖。

【面向边缘感知的轻量化三维数字底座及产业化应用】 该项目由集美大学、罗普特科技集团股份有限公司、厦门市政管廊投资管理有限公司联合申报，获得厦门市科技进步奖一等奖。数字孪生技术呈现日新月异的发展趋势，已在智慧城市、智能制造等领域应用。大场景数字孪生系统普遍存在模型存储量过大导致的部署灵活性不足，感知能力和效率受限等问题。项目组从2011年开始，先后研发形成边缘感知与轻量化三维数字底座紧耦合的数字孪生系统。该项目针对大场景三维模型存储量，以及边缘感知和空间信息融合技术当前存在的挑战，研发高效点云配准与重建方法，创新性提出大场景结构化模型表面完备重建技术，突破以知识图谱与场景三维空间结构为引导的边缘智能算法体系，系统性研发浮点转换驱动的卷积量化技术及边缘计算设备，在城市管廊、公共安全等应用领域实现产业化推广。

（纪敦敦）

## 驻区科研院所

【概况】 2022年，集美区有科研院所2家，分别为中国科学院城市环境研究所、中科院海西研究院厦门稀土材料研究中心；有各类科研人员572人。截至年底，共申请专利139件，授权专利114件。中国科学院院士、城市环境所学术所长朱永官获李比希奖。

【中国科学院城市环境研究所】 中国科学院城市环境研究所（以下简称“城市环境所”）是中国科学院下属事业法人单位，是中国科学院资源环境与高技术交叉领域的研究所，是“中国科学院区域大气环境研究卓越创新中心”依托单位，是科学技术部“国际科技合作基地”“国家级对台科技合作与交流基地”和国际科联“城市健康计划国际项目办公室”落户单位。拥有“中国科学院城市环境与健康重点实验室”“中国科学院城市污染物转化重点实验室”“中国科学院城市固体废弃物资源化技术工程实验室”“浙江省城市环境过程与污染控制重点实验

表19　2022年集美区获市科技进步奖项目一览表

| 项目名称 | 获奖等级 | 项目主要完成单位 | 授奖单位 | 主要完成人 |
|---|---|---|---|---|
| 面向边缘感知的轻量化三维数字底座及产业化应用 | 1 | 集美大学、罗普特科技集团股份有限公司、厦门市政管廊投资管理有限公司 | 市政府 | 蔡国榕、江文涛、林亚杰 |
| 基于大数据挖掘的B2C智能电子商务系统 | 1 | 华侨大学、蓝海（福建）信息科技有限公司、亚尔迪（厦门）科技有限公司 | 市政府 | 王成、张忆文、傅顺开 |
| 汽车橡胶制品绿色创新发展关键技术研发与产业化 | 2 | 厦门大学、厦门正新橡胶工业有限公司、万新（厦门）新材料有限公司 | 市政府 | 戴李宗、曹和胜、兰加水 |
| 高性能功能性钨钼制品关键制备技术与应用 | 2 | 厦门理工学院、厦门虹鹭钨钼工业有限公司、北京科技大学 | 市政府 | 张厚安、古思勇、林强 |
| UPS高效率高功率密度变流器优化与电池智能管理关键技术及应用 | 2 | 厦门大学、厦门市爱维达电子有限公司、厦门金龙联合汽车工业有限公司 | 市政府 | 何良宗、陈一逢、李伟 |
| 基于动态磁力耦合场分析的高速转换技术的研究及应用 | 2 | 厦门宏发电声股份有限公司、漳州宏发电声有限公司 | 市政府 | 林景煌、张仁义、刘金枪 |
| 食品中痕量化学危害物的光－电快速检测关键技术创新与应用 | 3 | 集美大学、厦门海荭兴仪器股份有限公司、江苏大学 | 市政府 | 陈晓梅、陈全胜、杨彬 |
| 面向公共安全的轻量级高效率音频认证关键技术及其应用 | 3 | 华侨大学、厦门快商通科技股份有限公司 | 市政府 | 田晖、肖龙源、叶志坚 |
| 新能源客车节能降耗与智能管控关键技术研发与产业化 | 3 | 厦门金龙联合汽车工业有限公司、厦门大学、厦门理工学院 | 市政府 | 苏亮、宋光吉、侯亮 |
| 一次成型汽车安全气囊袋 | 3 | 华懋（厦门）新材料科技股份有限公司 | 市政府 | 张初全、王向中、杨艺宗 |

（纪敦敦）

室”“福建省流域生态重点实验室”“福建省城市固体废弃物资源化工程技术研究中心”“厦门水环境安全与水质保障工程技术研究中心”“厦门市危险废物鉴别和处置技术研发公共服务平台”“厦门市城市代谢重点实验室”“厦门市室内空气与健康重点实验室”“厦门市物理环境重点实验室”“厦门大气环境福建省野外科学观测研究站”。城市环境所重点研究领域：城市环境质量演变与健康效应、城市环境质量协同控制技术；研究单元设置为城市生态健康与环境安全研究中心、城市环境污染控制与资源化技术研究中心、城市环境工程与循环经济研究中心、城市生态环境规划与管理研究中心、仪器设备实验中心，以及1个科学观测研究站。

**科研队伍建设** 截至2022年底，城市环境所有在职职工249人。其中科技人员187人、科技支撑人员26人，包括研究员及正高级工程技术人员34人、副研究员及高级工程技术人员61人；全所进入创新岗位162人。其中中国科学院院士1人，中国工程院院士1人，发展中国家科学院院士1人；国家“杰青”4人；国家青年科技奖1人；国家“优青”7人（含2名海外“优青”）；享国务院特殊津贴5人；科技部中青年科技创新领军人才2人；“百千万人才工程”国家级人选2人；中科院“百人计划”8人，中科院青年科学家奖1人；福建省高层次人才42人；福建省特殊支持高层次人才“双百计划”3人；厦门市“双百计划”6人；浙江省宁波市“3315”团队1个；浙江省宁波市顶尖人才1人。

**代表性科技成果** 2022年，城市环境所开创环境原位活性抗性菌研究单细胞新方法，建立准确示踪复杂土壤环境原位活性抗性菌的单细胞拉曼——靶向宏基因组新方法和新平台，破解测序或培养技术无法揭示微生物原位功能的技术难题。利用所揭示土壤活性抗性菌丰度和活性，定量出土壤表型抗性水平，为微生物抗性风险评价提供新指标，填补其无表型信息空白，对推进环境抗性风险评估与制定防控策略具有重要价值，相关研究成果在Science、Nature Microbiology、PNAS发表；编制《中国东部超大城市群生态环境研究报告》，报告梳理三大城市群生态质量、环境质量、资源能源利用效率、生态环境治理能力4个维度生态环境现状和演变历程，研究发现超大城市群生态环境发生全局性变化。提出超大城市群生态环境保护和治理等方面针对性对策建议，为推动超大城市群实现更高质量、更有效率、更可持续、更为安全的发展路径提供重要科技支撑和决策依据，也为全国其他城市群生态环境建设提供宝贵经验。报告将作为中国科学院资源环境领域首批发布的五大报告之一在院级新闻发布会发布。中央电视台、《人民日报》、《光明日报》、《经济日报》、《中国环境报》等20多家媒体作相关报道；研发城市多源固废时空图谱绘制及回收处置技术，城市污泥高效脱水耦合热解制备污泥生物炭等成套技术在粤港澳大湾区深圳、东莞等城市开展工程示范，构建引领粤港澳大湾区资源循环利用绿色体系和循环经济发展新模式，支撑粤港澳大湾区绿色低碳和无废城市建设。

**科研条件** 2022年，仪器设备实验中心新增50万元以上大型仪器设备1台。截至年底，加入中国科学院大型仪器共享网72台，加入国家网络管理平台53台。全年仪器使用机时10.24万小时，仪器使用率98%。为外单位提供分析测试报告737份。在2022年科技部《中央级高校和科研院所科研仪器开放共享评价考核》获得良好。

**科研项目** 2022年，城市环境所有在研项目557个。其中，主持（或承担）国家自然科学基金创新群体项目1个、重点项目2个、面上项目51个、承担国际（地区）合作与交流项目5个、国家杰出青年科学基金项目2个、国家优秀青年科学基金项目2个；主持（或承担）国家重点研发计划项目2个、课题12项；主持（或承担）中国科学院战略性先导科技专项项目2个。

**科研成果** 2022年，城市环境所获得科研项目318个，到位经费1.55亿元。其中，国家自然基金35个，科技部政府间国际科技创新合作专项1个。发表论文810余篇，692篇论文被SCI（科学引文索引）收录（作者为第一单位207篇），121篇被CSCD(中国科学引文数据库)收录（作者为第一单位的45篇）。全年获得华夏建设科学技术奖一等奖1项，广东省环境保护科学技术奖一等奖1个，浙江省科学技术进步奖二等奖3个，福建省科学技术进步奖二等奖1个、三等奖1个，厦门市科技进步奖二等奖1个。申请专利86件，其中国内发明专利68件，实用新型专利15件，PCT（专利合作条约）国际专利申请3件；授权专利83件，其中国内授权发明专利55件、授权实用新型专利25件、国际专利3件；申请软件著作权登记14件。

**院地合作** 2022年，城市环境所与厦门市人民政府签署深化科技合作框架协议，双方将协力加强高层次人才引进，共同推进全国重点实验室建设、中国科学院大学福建学院资源与环境学院（厦门）加快发展，共同推进金砖国家新工业革命伙伴关系环境技术协同创新中心建设，推进中科院科技成果在厦门市转化，共同承担国家重大项目，开展智库咨询合作，加强人才交流，推动相关学术活动落户厦门及厦门产业技术研究院加快发展。厦门市将拨付资金1.7亿元支持研究所全国重点实验室研发大楼、研究生公寓楼建设，并明确研究所引进人才全面享受厦门市各项人才政策。

**关键技术与产业化** 2022年，城市环境所在厦门企业（含科技支撑孵化企业）实现营业收入3.67亿元，利润0.57亿元。牵头编制《厦门打造国家生态文明建设示范区研究报告（2022—

2037年）》《集美区“绿水青山就是金山银山”实践创新基地创建实施方案》《厦门市畜禽养殖污染防治规划》《厦门市农业农村减排固碳实施方案》等规划，为厦门市生态文明建设和经济社会转型升级提供智库支持；承担《厦门市莲花水库水华防控策略研究》《厦门市海沧区华师大海沧附属中学四期地块土壤污染状况初步调查》《集美区环境空气质量观测站培育比选论证技术服务》《集美区环境空气质量数据分析和应对策略第三方服务》《同安区农村生活污水提升改造》《厦门市建设用地土壤污染状况初步调查监督检查与土壤污染重点监管单位土壤隐患排查“回头看”》等环境监测、治理、技术支撑项目，服务厦门市环境治理与提升；落实创新驱动发展战略，培育创新主体，科技招商建设“绿色低碳产业孵化基地”，重点引进和孵化具有高价值、高成长性科技型环保领域创业公司，有8家在孵企业，其中谱育（厦门）科技有限公司被认定为市级高新技术企业和“专精特新”企业，钛和中谱（厦门）获得CMA（美国注册管理会计师）资质，中科环投中标多地环境监管服务项目，谱育科技与中科环投两家企业与研究所联合申报2023年中国科学院科技服务网络计划（简称STS计划）院省合作项目；研究所参股企业厦门中科育成公司在软件园三期打造产业基地，有入驻企业43家，其中科技企业32家，育成中心软三产业基地被认定为厦门市科技企业孵化器；举办海峡环境论坛，该论坛被纳入国台办、福建省人民政府、厦门市人民政府共同主办的“海峡论坛”分论坛。该论坛邀请院士、近百位两岸专家学者分享先进环保技术，解决环保行业“卡脖子”技术难题，开展百家企业展览会，促进两岸科学技术交流和产业融合；完成厦门市高价值专利组合培育项目“面向城乡水安全的水处理技术与装备高价值专利组合培育”，生成一批结构优良、布局合理、有效保护的科研成果技术，相关技术成果产业化，实现收益1.68亿元。

**国际合作与交流** 2022年，以城市环境所为依托单位的“一带一路”城市环境健康联盟中期考核优秀。联盟发挥城市环境所国际合作网络基础、环境技术力量和专家资源，强化科技人才培养，输出环境治理技术，解决“一带一路”共建国家和地区城市化发展带来的环境健康问题，为扩大ANSO（一带一路”国际科学组织联盟）在“一带一路”共建国家科技界和城市发展决策层中的影响力和号召力发挥重要作用。举办“生态系统与人群健康”国际会议、“城市生态文明建设”国际研讨会、首届“城市健康与福祉计划”国际暑期课程以及第三届海峡城市环境高峰论坛暨厦门国际环保产业创新技术展览会。由城市环境所、美国亚利桑那州立大学、芝加哥大学和“一带一路”国际科学组织联盟共同发起的“城市科学与可持续发展”系列讲座成效明显，成为国际学术交流品牌。城市环境所成为国际城市健康学会会员单位及“金砖国家新工业革命伙伴关系创新基地产业创新联盟”成员单位。与英国生态与水文研究中心、埃及国家研究中心、日本群马大学签订合作协议，推进合作发展。

**先进集体和先进人物** 2022年，“李比希奖”在英国格拉斯哥举行颁奖仪式，中国科学院院士、城市环境所学术所长朱永官是首位获此殊荣的亚洲科学家。“李比希奖”每4年评选1次，每次1位科学家获奖，以表彰在应用土壤学解决实际问题上作出杰出贡献的科学家。10月，国际科学理事会（ISC）公布科学规划委员会等4个委员会委员名单，其中，朱永官院士入选ISC科学规划委员会，该委员会主要负责开展科学战略规划和审查，解决与科学促进决策、决策促进科学有关重大议题。11月22日，厦门市委、市政府发布《关于表彰厦门市生态文明先进集体先进个人的决定》，公布全市100名先进个人，其中唐立娜研究员榜上有名。唐立娜研究员长期从事景感生态学与生态环境规划管理，生态遥感与城市可持续发展研究，先后完成厦门市生态文明条例、环境保护条例修编的立法起草等多项工作。

（吕宏 魏振宝）

**【中科院海西研究院厦门稀土材料研究中心】** 中国科学院海西研究院厦门稀土材料研究中心（以下简称“厦门稀土中心”）成立于2012年，办公地点位于厦门市集美区兑山西珩路258号，占地面积6.47万平方米，总建设面积

中科院城市环境研究所学术所长朱永官院士（左一）获2022年国际土壤科学联合会“李比希奖”，为亚洲地区首位获此奖项的科学家。图为8月3日在英国格拉斯哥举行的颁奖现场

（中科院 供图）

11万平方米，与物质结构研究中心、材料工程研究中心、先进制造技术集成研究中心、泉州装备制造研究中心等5个研究中心共同组成海西研究院。2022年，厦门稀土中心发表SCI（科学引文索引）论文167篇，其中一区论文73篇，影响因子大于10的高水平论文35篇；专利获授权31件（中国发明专利26件、PCT发明专利1件、实用新型专利4件），申请中国发明专利53件。

**科研队伍建设** 2022年，厦门稀土中心有各类人员323人，在读（包括联合培养）博士、硕士研究生190人，客座研究人员22人。厦门稀土中心人员中，专业技术岗位研发人员占80%，55%具有博士学位，41%拥有高级职称，33%拥有海外留学背景，且90%以上为40岁以下的青年职工。年内，厦门稀土中心35人次入选各级各类人才计划项目支持，包括中科院人才项目1个、国家外专项目2个、福建省人才项目7个、中科院海西院人才项目8个、厦门市人才项目17个。

**科研设施与基地建设** 截至2022年底，厦门稀土中心拥有产业化基地、公共技术服务中心和科技型公司13家。有福建省工程中心2个、厦门市重点实验室1个、厦门市重大研发平台3个，全年出具CMA（中国计量认证）检测报告178份。全年参与制定国家标准2项，行业标准4项。全年获全国稀土标准化技术委员会技术标准优秀奖、二等奖及三等奖各1项。

**科技成果转移转化及企业孵化** 2022年，厦门稀土中心通过拍卖完成14项专利成果的转化工作，成交金额410.9万元；孵化器新增入孵企业6家，毕业企业3家，历年累计入孵企业24家。新增国家级高新技术企业2家，4号楼累计国家级高新技术企业6家。入孵企业中，1家进行A轮融资，1家进行B轮融资。受新冠病毒感染疫情影响，全年孵化器营业收入约2亿元。截至年底，厦门稀土中心加入各类协会、联盟等行业组织团体10个，包括厦门市新材料产业协会、集美区高校产业技术联盟、福建省厦门市光电显示产业知识联盟、厦门市技术市场协会等。

**科技成果与推广** 2022年，厦门稀土中心申请各类科技项目，包括科技部5个、国家自然科学基金项目22个、福建省科技厅项目4个（重大专项1个）等其他省级项目75万元；中科院项目1个；产学研项目5个；厦门市及其他市级项目等。年内，推进厦门市重点研发平台项目、福建省新型研发机构、厦门市重点实验室、厦门市公共技术服务平台市级平台管理、福厦泉国家自主创新示范区厦门片区协同创新平台等科研平台建设。组织编撰厦门稀土中心科技成果汇编，收录来自11个课题组共23项科技成果。截至年底，厦门稀土中心对外争取科研项目课题292项。其中，稀土高效清洁分离方面科研成果6项；稀土发光材料与器件科研成果7项；稀土生物医学材料及应用科研成果6项；新能源材料与应用科研成果5项；稀土核安材料科研成果2项；稀土改性高分子科研成果5项；稀土改性光电催化材料科研成果1项；光催化剂用于光解水制氢和水中污染物降解科研成果1项；绿色制氢、卫生陶瓷与半导体元件科研成果3项。

（陈 祺 洪子龙）

表20 **2022年厦门稀土材料研究中心科研成果应用一览表**

| 科研成果名称 | 推广应用领域 |
|---|---|
| 发萃取—沉淀法；苯氧羧酸钇分离工艺；Cyanex572重稀土分离工艺；氧化膦类萃取剂的盐酸浸出法；离子液皂化流程；新型萃取－沉淀蒸氨废水软化工艺 | 稀土高效清洁分离技术 |
| 高性能的紫光激发蓝光发光材料；高效氟化物窄带红光材料；高效的窄带绿光和红光材料；高效和高稳定性钙钛矿量子点发光材料；低成本、高效率的新型电致发光材料；高性能蓝光激发红光（峰值660 nm）荧光粉；高效近红外发光材料 | 稀土发光材料与器件应用 |
| 新冠病毒IgM/IgG抗体高灵敏、快速联合检测试剂盒；炎症、急性心梗等各类检测试剂盒；近红外二区稀土纳米探针和长余辉纳米探针；时间分辨光谱式上/下转换免疫分析仪；“病毒状内核—球形外壳”型稀土金属配位纳米探针 | 稀土生物医学材料及应用 |
| 高比能、高比功率锂电池氟化碳正极材料；以二氧化钛基及氧化硅基的石墨烯复合材料；高性能“氮掺杂超级电容活性碳”；钙钛矿太阳能电池原料新型钝化工艺；钙钛矿的高效率叠层光伏技术与温差发电关键材料与技术 | 新能源材料与应用 |
| 稀土高熵多孔材料体系；稀土基耐高温的中子慢化/吸收材料； | 稀土核安材料 |
| 抗紫外老化高分子聚丙烯产品；稀土基抗紫外老化涤纶和锦纶纤维；稀土抗菌高分子材料；稀土基无卤阻燃高分子复合材料；稀土协效发热涤纶、锦纶纤维 | 稀土改性高分子材料，具体应用于汽车、航天、鞋服、建材、日化卫材等领域 |
| 改性TiO2光催化剂 | 稀土改性光电催化材料 |
| 高分子改性ZnO纳米复合材料 | 光催化剂用于光解水制氢和水中污染物降解 |
| 电解水制氢关键电极材料（非金属）；功能碳材料；二维超纯半导体材料 | 绿色制氢、卫生陶瓷与半导体元件 |

（陈 祺 洪子龙）

# 文 化

## 综 述

【文化事业发展】 2022年，集美区推进文化事业、产业发展，提高文化服务供给质量，深化“文化强区”建设。加大文艺创作力度，以迎接中共二十大胜利召开、“跨岛发展”战略实施二十周年、青年友好型城区建设等主题组织创作，推广文艺精品19个，提高文化服务供给质量；健全现代公共文化服务体系，推进公共文化服务均衡化发展，实施文化馆图书馆总分馆制，推动提升基层公共文化服务质效；举办集美区喜迎中共二十大暨跨岛发展主题文艺晚会、“听见集美”集美学村周末音乐会、集美·阿尔勒国际摄影季、集美区首届街头艺人才艺秀、“乡音颂党恩·奋进新征程”集美区戏曲巡演活动、“以青春之我 绘青春集美 ”美术作品展、集美区喜迎中共二十大暨庆祝新中国成立73周年美术作品展等特色主题活动37场次，开展图书下乡、讲座、图片展、征文比赛、读书交流会等读者活动51场次；年内，区文化和旅游局受理各类文化服务项目行政审批612件，区文化市场综合执法大队开展“双随机”（随机抽取检查对象、随机选派执法检查人员）检查24批次、抽取企业96家次，处理各类投诉举报83件；办理案件10件，罚没款12万余元，收缴非法出版物2326本，取缔无证经营场所14家；区“扫黄打非”工作、“扫黑除恶”专项斗争持续深入。推进文化遗产保护可持续发展，健全非遗项目保护传承体系，公布区级非遗代表性项目5个和区级非遗代表性传承人7人，新增省级非遗代表性项目2个和市级非遗代表性项目3个，申报参评国家级代表性传承人1人；完成2022年非遗档案数据库资料的收集、整理和建档工作，出版《杨建成闽南曲艺作品》书籍，完成闽南童谣视频拍摄，开展宫庙、信俗类非遗项目田野调查，挖掘梳理一批传统文化项目；开展非物质文化遗产宣传、展演和互动体验系列活动；推进集美闽南文化生态保护区建设，编制集美学村历史文化街区的概念规划，梳理盘点省级传统古村落城内村闽南文化资源；完善集美非遗馆建设；加强文物保护工作，完成第一轮不可移动文物集中保护修缮（2019—2022年）工作，2019—2022年累计投资约6800万元，修缮完成39处。2022年，受新冠病毒感染疫情影响，文化产品消费总体呈下降趋势，区文化产业发展受到较大影响。区委、区政府通过加大保障服务力度，招商引资保增量，调整产业结构等一系列措施，确保全区文化产业发展总体稳定。

【群众文艺】 2022年，集美区围绕迎接中共二十大胜利召开、“跨岛发展”战略实施二十周年等主题组织创作，推广文艺精品19个，其中戏剧曲艺作品5个、音乐作品10个、舞蹈及广场舞4个。广场舞《追梦》入选2022年全国群众舞蹈网络展演活动；歌曲《小村送戏来》获福建省2022年“喜迎二十大 福满千万家”主题歌曲创作征集评选活动“优秀奖”；歌曲《冰雪梦想》《小村送戏来》《奋进的中国》《你志愿了吗》入选“学习强国”学习平台；广场舞《追梦》《在希望的田野上》分获“2022年厦门市民文化节全民广场舞大赛”决赛金奖和铜奖；组织参加厦门市第二十五届南音比赛获成年组唱腔一等奖、少儿器乐演奏组三等奖及优秀指导教师奖2个。

【文化馆图书馆总分馆制系列活动】 2022年，集美区文化馆履行业务指导、服务配送、骨干培训等职能，发挥区级总馆龙头作用。各分馆利用已有基层文化场馆设施等条件，开展各类文艺活动、培训、展览等，提升公共文化服务水平与效能。文化馆总分馆制系列活动走进各镇（街道），活动搭建总分馆文化交流平台，普及文化艺术。2月10日，集美区文化馆和集美街道综合文化站在集美鳌园举行“弘扬嘉庚精神，游鳌园画石雕”活动，邀请国画名家现场授课指导，用国画形式展现鳌园石雕艺术魅力，解读石雕背后故事，吸引近30位绘画爱好者参加；4月28日至7月8日在杏滨街道综合文化站开展舞蹈培训班，活动分别在文化馆三楼排练厅、杏滨街道文化站举行；5月10日至7月6日，集美区文化馆与杏滨街道综合文化站共同举办百姓大舞台——乡村振兴声乐及舞蹈艺术普及培训班；5月29日至9月4日，集美区文化馆与侨英街道综合文化站在侨英街道党建服务中心共同举办闽南戏曲公益培训班，邀请福建省歌仔说唱代表性传承人张月萍授课；7月11日至9月11日，集美区文化馆和后溪镇综合文化站共同举办后溪镇广场舞培训班活动；11月8日，集美区文化馆、杏林街道综合文化站共同举办杏林街道“画杏林赞集

表 21　**2022 年集美区群众文艺创作获奖及入选情况一览表**

| 类别 | 作品名称 | 主创人员 | 获奖及入选情况 |
|---|---|---|---|
| 音乐作品 | 《小村送戏来》 | 作词：苏艳琦<br>作曲：赵秀英、李炜铃<br>编曲：蒋新文<br>录音、混音：刘雄<br>演唱：王静静 | 福建省 2022 年“喜迎二十大福满千万家”主题歌曲创作征集评选活动优秀奖，入选“学习强国”学习平台 |
| | 《冰雪梦想》 | 作词：李海燕<br>作曲：王丽珍<br>编曲：江　洋<br>演唱：杨瑞翔 | 入选“学习强国”学习平台 |
| | 《鹭岛春潮》 | 作词：吴吉堂<br>作曲：孟文豪、李炜铃<br>演唱：李炜铃 | 入选“学习强国”学习平台 |
| | 《奋进的中国》 | 作词：林　洁<br>作曲：赵秀英、李炜铃<br>编曲：蒋新文<br>演唱：宿鲁雁 | 入选“学习强国”学习平台 |
| | 《你志愿了吗》 | 作词：林华东<br>作曲：王丽珍、黄克现<br>编曲：江　洋<br>音混：李江波<br>演唱：林玲玲 罗奋熹 | 入选“学习强国”学习平台 |
| 舞蹈作品 | 广场舞《追梦》 | 编导：马薇、王丽珍<br>演出单位：集美区文化馆 | “2022 年厦门市民文化节全民广场舞大赛”决赛金奖，入选 2022 年全国群众舞蹈网络展演活动 |
| | 《在希望的田野上》 | 编导：高玉兰<br>演出单位：集美区文化馆、集美区银亭舞蹈队 | “2022 年厦门市民文化节全民广场舞大赛”决赛铜奖 |
| 曲艺作品 | 南音《鹅毛雪满空飞》 | 主唱：张小玲<br>指导教师：郭金生、郭德贤<br>演出单位：集美区丝竹南音文化交流中心 | 厦门市第二十五届南音比赛，张小玲获“成年组唱腔一等奖”、指导教师郭金生获“优秀指导教师奖” |
| | 南音《闽海渔歌》 | 演奏：蔡承恩<br>指导教师：潘安娘 | 厦门市第二十五届南音比赛，蔡承恩获“少儿器乐演奏组三等奖”，指导教师潘安娘获“优秀指导教师奖” |

美”活动，邀请国画名家林涛现场传授中国画知识，并进行现场写生示范。

（苏艳琦）

## 文化场馆

【概况】 2022 年，集美区设有文化馆 1 个、公共图书馆 3 个、影剧院 17 个（电影院 12 个、剧院 5 个）、青少年宫 1 个、老年活动中心 2 个、镇（街道）综合文化站 6 个、村（社区）综合文化服务中心 64 个。（苏艳琦）

【集美图书馆】 2022 年，集美图书馆采编入藏各类图书 1.48 万册（件），其中集美保存本 23 册，嘉庚保存本 18 册。年末入藏图书 5296 册。接收捐赠图书 141 册，并通过书展、好书推荐、新书推荐等多种形式推广阅读，推荐图书 256 种。完成 550 种报刊征订工作，其中报纸 109 种、期刊 441 种。截至年底，馆藏各类文献 48.84 万册（件），其中古籍及民国文献 3.43 万册。全年接待进馆读者 6.05 万人次。图书流通总外借 19.76 万册次，其中，少儿区借阅 14.64 万册、成人区借阅 3.66 万册、期刊 8783 册、视听资料 1 册、外馆图书 5977 册。联合体总的借还转回馆图书 6343 册，从本馆转出图书 1.4 万册。全年有效读者证数年增加 1026 个，读者证数 3.53 万个。微信公众号关注人数 5.17 万人，发布图文信息 203 条，推送图文信息总阅读量 19.89 万次，总阅读人数 13.66 万人。微博粉丝 1888 人，微博发布和转发 132 条信息。门户网站访问量 1.14 万人次。做好公共图书馆评估定级工作，召开专题研究会，对照评估标准逐条梳理材料，以评促建，为读者提供优质多元服务。

**读者活动** 全年举办读者活动113场（其中线上103场），知识讲座140场（其中线上137场），参与1.52万人次。其中线下活动“浓情三月，暖爱相送”、“三八”国际劳动妇女节抽奖活动、“走进集图，拥抱阅读”“4•23”世界读书日抽奖活动、“掌上科普，科技与你同行”科技周专题阅读展览、“六一”国际儿童节少儿借阅区借阅排行榜阅读鼓励活动、“粽情端午，龙舟竞渡”端午节亲子手工活动、2022年“集美图书馆小图书管理员体验活动”、“勇敢、智慧、团结”绘本《小黑鱼》故事分享会、“喜迎二十大，童心向未来”绘本《我是中国人》故事分享会、“典籍里的中国智慧”《中华传统文化百部经典》阅读推广展、第十七届“文津图书奖”获奖图书展等受读者好评。

**嘉庚研究工作** 2022年，集美图书馆完成《南侨回忆录那些事》全书518篇校对及板块分类工作，初稿27.62万字，并完成第二至四稿审核工作；完成《学党史 颂嘉庚 跟党走》第一版校稿。其间，接受集美大学图书馆、厦门大学档案馆、厦门市职教社、华侨博物院等7项专题咨询工作。

**精神文明创建** 2022年，集美图书馆贯彻落实《福建省文化旅游厅关于福州、厦门公共文化场馆试点错时延时开放工作的通知》要求，结合实际制定错时延时开放方案，满足读者日益增长的精神文化需求。通过官方网站、微信公众号、电子显示屏、宣传栏等多种媒介，常态化开展道德模范、身边好人好事先进事迹宣传，营造文明氛围。全馆干部职工参与“洁净家园 共创文明”“喜迎中秋 欢度国庆”洁净家园活动，定期走访爱心结对对象，推动集美图书馆精神文明建设和作风建设。7月，开展“集美图书馆小图书管理员体验活动”，为集美区青少年提供假期参与社会实践和公益活动平台，促进文明共建和文化共享。

**厦门陈嘉庚研究会** 2022年12月，由厦门市委统战部指导，厦门陈嘉庚研究会与厦门市中华职业教育社、厦门海洋职业技术学院共同主办2022年“陈嘉庚职业教育思想研讨会”，邀请5位职业教育专家学者，分享经验成果。研讨会采用线上线下相结合方式召开，有150余位专家学者、院校师生参加会议。（刘建勋）

**【集美区少年儿童图书馆】** 2022年，集美区少儿图书馆于4月1日开始执行错时延时开放服务，周开放时间63小时。7月1日至8月31日，开馆时间统一延长到20:30。年内，新增办证读者1856人，总有效持证读者2.4万人，图书年借阅量49.7万册次，年流通总量21.2万人次。开展图书下乡、讲座、图片展、征文比赛、读书交流会等读者活动31场，其中图书下乡12场、讲座12场、展览7场，参加各项活动1.82万人。

**读者活动** 2022年寒暑假及周末期间，集美区少儿图书馆提供适合小读者了解图书馆、参与图书管理岗位工作，全年有293名小读者报名参加。1月16日至2月12日，区少儿图书馆先后开展8场系列迎庆活动，吸引4567位辖区群众参与。活动包括“打造家庭小帮手”讲座、迎新春消防交通安全知识宣传图片展、迎新春图书下乡、第四届“中国阅读”图书推荐榜展览、迎新春“消防交通安全知识”问答、2022“同心抗疫庆元宵”游园等。3月6日至5月29日，举办集美区第十一届“人文集美·一起向未来”少儿读书月活动。先后开展启动仪式、学雷锋纪念活动、“人文集美·一起向未来”少儿演讲比赛及征文比赛、家庭教育系列公益讲座、“同读一本书”读书交流会、中小学生作文提升指导讲座、《环保在你身边共建美好家园》图片展、庆“五一”图书下乡等14场系列活动，吸引6268人次参与。7月1日至8月31日，举办暑期特色活动7场，吸引1498名读者参与。主要活动包括中小学生安全教育夏令营、中小学生阅读指导夏令营、“好情绪好幸福”、爱国主义教育、如何避免网络成瘾公益讲座、中小学安全教育图片展、少儿绘画颁奖庆典等系列活动。

**基层图书馆室建设** 2022年，集美区少儿图书馆在成熟小区指导建设“小区公益书屋”，将“小区公益书屋”作为面向基层、服务居民公益性文化项目。年内，后溪高铁阳光、杏林宁宝世家、侨英中央公园城小区先后建成“小区公益书屋”。为方便企业员工就近看书需要，在“尚萌基地”设立图书流动服务点。

（区少年儿童图书馆）

**【厦门市图书馆集美新馆】** 厦门市图书馆集美新馆位于集美区杏林街道诚毅中路380号。馆舍建筑面积6万平方米，设计馆藏图书300万册。设有阅览坐席4163个，是福建省单体面积最大的公共图书馆建筑。集美新馆的功能定位为厦门岛外公共文献信息中心，厦门市公共图书馆服务联合体文献编目与文献配送中心，厦门市公共文献信息资源存储保障中心，中国台湾文献、闽南地方文献和华人华侨文献保存与研究中心，图书馆数字化和信息技术展示、体验与服务中心。除提供图书馆传统借阅流通服务外，以“图书馆+智能”“图书馆+互联网”等服务机制，升级“飞鸽传书2.0”线上服务项目，集美新馆流通库成为开架书库预借服务的有效尝试。利用影音图书馆、创新科技阅读体验馆等特色服务区域，为读者提供富有创新性、体验性和互动性的特色服务。加强智慧图书馆体系建设，通过首创“智能蓝牙导航系统”、原创开发“采书柜”和“预约柜”等智能设备，实现图书馆集成系统与图书定位、读者阅读需求的精准匹配。落实服务精细化，集美新馆延长开放时间，服务成效明显。2022年，集美新馆读者总流通93.96万人次，办理借书证2.52万个，外借文献250.19万册次，举办活动278场次，参加活动3.37万人次。接待友好单位及其他团体参观交流19批次138人次。利用多功能报告厅等特色服务空间，举办“诗游厦门 文览鹭岛”阅读推广文艺展演等大型综合型阅读推广活动；运用新技术设备和特色空间，开展讲座直播、网上展览、云阅读推荐等线上服务，拓展新媒体服务打造立体阅读推广模式。重视特藏文献保护和宣传，完成《注陆宣公奏议》等6部古籍数字化和高仿复制，举办“一曲悲歌颂英雄——民族英雄陈化成纪念展”，做好古籍文献推广。重视地方资源建设，筹建“方志文献馆”，依托“何丙仲工作室”等专家研究室，打造专家智库服务团队，搭建地方文献征集和研究利用平台。 （厦门市图书馆）

【陈嘉庚纪念馆】 2022年，陈嘉庚纪念馆接待游客28万人次，提供讲解650场。全年主办、协办各类主题展览12个，开展社教活动61场，参与7400余人次，招募志愿者206人，累计服务5617人。先后被授予“全国民营经济人士理想信念教育基地”“厦门市首批市级新时代文明实践基地”“厦门市中华职业教育社理想信念教育基地”“铸牢中华民族共同体意识教育实践基地”称号。

**“百年统战 砥砺初心”主题展** 4月27日，由中共厦门市委统战部主办，陈嘉庚纪念馆等协办的“百年统战 砥砺初心——厦门市纪念中国共产党统一战线政策提出100周年暨中共中央发布‘五一口号’74周年”展览在陈嘉庚纪念馆开展。展览以图文结合的形式，回顾中国共产党领导统一战线走过的百年同心路和复兴同行史，并结合中共中央发布“五一口号”以及厦门市各民主党派工作实践等内容，将统一战线史、多党合作史的学习与党史学习教育有机融合，彰显统一战线作为中国共产党克敌制胜、执政兴国重要法宝的历史地位和现实作用。

**全国民营经济人士理想信念教育基地揭牌** 8月2日，全国民营经济人士理想信念教育基地（厦门）揭牌仪式在陈嘉庚纪念馆举行，陈嘉庚纪念馆是继古田干部学院之后福建省第二处全国民营经济人士理想信念教育基地，将集合馆藏资源，联合集美大学，创新宣讲模式，打造独具特色、全国一流的理想信念教育基地。

**陈嘉庚生平事迹展走进香港校园** 8月28日，“华侨旗帜 民族光辉——陈嘉庚生平事迹展”走进香港创知中学。该展览为陈嘉庚纪念馆联合集友陈嘉庚教育基金、集友银行为庆祝香

表22

## 2022年陈嘉庚纪念馆重要来宾接待情况一览表

| 时间 | 来宾 |
|---|---|
| 2月15日 | 厦门市委书记崔永辉一行8人 |
| 2月24日 | 云南省南侨机工回国抗战历史研究会会长林晓昌一行4人 |
| 4月9日 | 中共福建省委书记尹力一行15人 |
| 4月27日 | 中共厦门市委常委、统战部部长王雪敏一行40人 |
| 5月25日 | 中共福建省委统战部副部长李文慎一行120人 |
| 6月21日 | 中共安徽省委统战部副部长、侨办主任张启明一行50人 |
| 7月5日 | 云南省人大常委会党组副书记、副主任张太原一行7人 |
| 7月9日 | 国家档案局副局长解津伟一行12人 |
| 8月2日 | 中央统战部副部长、全国工商联党组书记、常务副主席徐乐江，福建省委常委、厦门市委书记崔永辉一行40人 |
| 9月7日 | 中共中央对外联络部研究室主任金鑫一行6人 |
| 9月7日 | 中宣部原副部长胡振民一行5人 |
| 9月9日 | 中央统战部副部长、侨办主任陈旭一行5人 |
| 9月9日 | 中央外办外管局局长李念平一行2人 |
| 11月10日 | “华侨华人助力金砖国家发展论坛”嘉宾、中国侨联联谊联络部欧非处处长王巍一行50人 |
| 11月12日 | “第22期海外华文媒体高级研修班”嘉宾、国务院侨办事务局副局长李国红一行34人 |
| 11月20日 | 青海省副省长刘涛一行4人 |

（陈雅旋）

2022 年 8 月 28 日，“华侨旗帜 民族光辉——陈嘉庚生平事迹展 进校园启动仪式”在香港创知中学举行 （陈嘉庚纪念馆 供图）

港回归祖国 25 周年举办的香港校园巡回展出，目的是让香港青年学生了解陈嘉庚的生平事迹，厚植家国情怀。

**爱国企业家典范联展** 11 月 1 日，由中共厦门市委统战部、厦门市工商联指导，陈嘉庚纪念馆等主办的“为国担当——喜庆二十大·爱国企业家典范联展”在陈嘉庚纪念馆开展。展览通过 287 件图片资料，集中介绍张謇、卢作孚、陈嘉庚、荣毅仁、王光英 5 位爱国企业家的生平事迹和爱国情怀，诠释企业家的责任与担当，服务社会的奉献精神。其中，“陈嘉庚公司中西制药厂产品广告”和带有“钟牌”商标的陈嘉庚公司分行和代理处的招牌是首次以图片形式在展览中亮相。

**嘉庚主题文化创意比赛** 年内，陈嘉庚纪念馆举办“2022 年厦门市大学生嘉庚主题文化创意比赛”。比赛收到来自厦门大学、集美大学、福州大学等多所院校 184 个团队和个人投稿。最终通过网络评选和专家评审，在 210 组有效作品中产生的 23 组作品，分别获得平面组和实物组的一、二、三等奖和优秀奖。此次赛事历时 3 个多月，于 11 月 19 日在白鹭洲公园举行颁奖仪式，部分优秀的获奖作品在现场展出。

**“嘉庚文化周”活动** 11 月 19 日，“嘉庚文化周”活动在白鹭洲音乐喷泉广场开幕，现场举行陈嘉庚亲笔书信捐赠仪式。陈嘉庚纪念馆在活动现场举行“同向 同心 同行——陈嘉庚与中国共产党”主题展，展出历史图片 357 张，以陈嘉庚先生为叙事视角，全面呈现其在探索救国道路上与中国共产党人相遇、相知、相惜，携手共圆民族复兴之梦的感人历程，该展览的 VR（虚拟现实技术）全景展厅向市民免费开放，结合展览还举办有奖知识竞答活动，吸引市民及游客约 500 人次参与。 （陈雅旋）

**【嘉庚剧院】** 2022 年，嘉庚剧院演出总场次 164 场，比上年增长 24%，其中自营演出 109 场、租场演出 35 场、公益演出及活动 20 场，接待观众 5.9 万人次。全年未发生新冠病毒感染疫情防控事故及重大投诉事件。4 月 22 日，市政府明确由厦门嘉庚剧院管理有限公司经营管理闽南戏曲艺术中心项目，后续运营以戏剧演出为核心，以实验剧场工坊为孵化重点，涵盖艺术教育、艺术展览等开放活动。7 月 25 日，闽南戏曲艺术中心投入使用，截至年底，举办演出 18 场。

**【集美兑山艺术区】** 集美兑山艺术区位于集美兑山西路，华侨大学西门对面，建筑面积约 4 万平方米，文化产业用途建筑面积超 60%。由厦门市群落文化传播有限公司运营，以艺术家工作室、艺术展厅、艺术交流中心、艺术商业休闲街区、艺术研学旅行为主要业态。2022 年，集美兑山艺术区发展公益性文化事业，园区有入驻艺术家 31 人，其中当年新入驻艺术家 3 人，有艺术研究机构 13 家。园区通过招商引资，营造良好文化消费环境，为进驻文化企业提供良好孵化、展示、交易、融资等服务。新冠病毒感染疫情期间，做好园区疫情防控措施，并为入驻企业提供租金减免。年内，举办“艺起来——首届兑山艺术区写生作品展”等 14 场公益性展览，吸引数万名群众观展。 （陈 威）

## 文化活动

**【概况】** 2022 年，集美区围绕迎接中共二十大胜利召开、“跨岛发展”战略实施二十周年、青年发展友好型城区建设等主题开展系列活动，举办集美区喜迎中共二十大暨跨岛发展主题文艺晚会、“听见集美”集美学村周末音乐会、集美·阿尔勒国际摄影季、集美区首届街头艺人才艺秀、“乡音颂党恩·奋进新征程”集美区戏曲巡演活动、“以青春之我 绘青春集美”美术作品展、集美区喜迎中共二十大暨庆祝新中国成立 73 周年美术作品展等线下特色主题活动 37 场次，参与超 1.5 万人次。开展文化惠民云服务，通过文化馆微信平台开展“金虎迎春·欢度新年”优秀文艺作品线上展播、“我的中国梦·文化进万家”集美区 2022 年线上文艺晚会、集美区庆祝三八国际妇女节美术作品线上展等线上文艺活动 6 场，浏览量超 20 万人次，通过文化馆官方微信公众号发布文化信息 233 期，阅读浏览量 7.23 万人次。举办线下公益艺术培训 210 场次，参与 7200 余人次。

【迎新春送春联文化惠民活动】 2022年1月12—14日，“我的中国梦·文化进万家”“春联进万家 万家挂春联”——集美区迎新春送春联文化惠民活动在杏林文体中心广场和后溪镇埭溪桥党支部党群活动室举行。此次活动由中共集美区委宣传部、集美区文化和旅游局、集美区文学艺术界联合会主办，区文化馆承办，集美区书画家协会、杏林街道、后溪镇协办。活动邀请10多位知名书法家现场为市民书写春联，向全区市民送上1500副春联，增添节日氛围。

【庆祝三八国际妇女节美术作品展】 2022年3月7日，由中共集美区委宣传部、集美区文化和旅游局、集美区文学艺术界联合会联合主办，集美区文化馆、集美区书画家协会共同承办线上3D网络展览“巾帼翰墨，亮丽芳华”集美区庆祝三八国际妇女节美术作品展。此次展出全区各行各业女性艺术爱好者、职业女画家作品59幅。线上浏览431次。

【“以青春之我 绘青春集美”美术作品展】 2022年4月13日在集美区文化馆举行。作品展由中共集美区委宣传部、集美区文化和旅游局、集美区文学艺术界联合会主办，集美区文化馆承办。此次展出作品84幅，以表现集美建筑风格、风土人情、地域特征和时代气息为主，青年艺术家和美术爱好者以当代年轻人时尚的视角展现经过岁月沉淀青春集美。同名3D网络展于3月28和31日分2期在集美区文化馆公众号展播。线上浏览934次。

【街头艺人招募活动】 2022年4月24日，“时代新声 人文集美”2022年集美区街头艺人招募活动在集美区文化馆举行。有33组街头艺人参与评选，参评项目涵盖传统手工艺、弹唱、乐器演奏、戏剧曲艺、讲古等类别。专家评委评选23组集美区街头艺人并颁发证书。此次招募评选活动由中共集美区委宣传部指导，集美区文化和旅游局主办，集美区文化馆承办。

【首届街头艺人才艺秀表演】 2022年4月30日，“时代新声·人文集美”集美区首届街头艺人才艺秀表演在集美区杏林文体中心广场举行。由中共集美区委宣传部指导，集美区文化和旅游局主办，集美区文化馆承办。有19组街头艺人参与街头艺人才艺秀，表演形式包含吉他弹唱、自创歌曲独唱、武术表演、传统手工艺展示、钢琴独奏、戏曲戏剧等，经专家评委现场根据节目的内容和演员表演进行评分，评出一等奖2组、二等奖3组、三等奖5组，并颁发荣誉证书。

【喜迎党的二十大暨跨岛发展主题文艺晚会】 2022年6月15日19时30分，“筑梦新征程·一起向未来”——集美区喜迎党的二十大暨跨岛发展主题文艺晚会在嘉庚剧院举行。晚会由中共集美区委宣传部、集美区文化和旅游局、集美区文学艺术界联合会主办。晚会分为《潮起》《澎湃》《腾飞》3个乐章，通过歌曲舞蹈、诗歌朗诵、闽南戏曲、武术表演等文艺形式，展现跨岛发展成就、凝聚奋进力量，为迎接中共二十大胜利召开营造氛围。月琴弹唱《跨岛发展阮来赞》以歌仔说唱形式歌颂集美发展成就；舞蹈《建设者之歌》展现在中国共产党坚强领导下，集美奋勇争先，踔厉勃发姿态；表演唱《勿忘》体现集美内外兼修、永葆精华又与时俱进；舞蹈《守艺人》展现集美历史底蕴；诗朗诵《高光集美》讲述集美践行跨岛发展战略以来尤其是中共十八大以来发展历程；舞蹈《弄潮》诠释集美“弄潮儿”持续接力，传递红色信仰；歌舞《一生的承诺》展现爱国人士在新中国建设的历程上，在改革开放的进程中，舍身忘我为人民；《天地英雄》展示出腾飞中的集美；《山海情》展示集美区与甘肃和政等地形成东西部扶贫协作，为决战全面小康、决胜脱贫攻坚贡献力量；《奋进的中国》展现集美力量；晚会在歌舞《一起向未来》中落下帷幕。

【庆祝建党101周年书法摄影展】 2022年7月1日，“筑梦新征程·一起向未来”——集美区喜迎党的二十大暨庆祝建党101周年书法摄影展在集美区文化馆一楼展厅开幕。书法展由中共集美区委宣传部、集美区文化和旅游局、集美区文学艺术界联合会共同主办，由集美区文化馆承办，集美区书画家协会、集美区摄影家协会协办。此次展览共展出100幅优秀作品。

2022年7月1日，“筑梦新征程·一起向未来”——集美区喜迎二十大暨庆祝中国共产党成立101周年书法摄影展在区文化馆开展 （林志杰 摄）

同名3D网络展于7月20日在集美区文化馆公众号展播。参加此次3D网络展览的书法为集美区书法家及书法爱好者优秀作品。线上浏览432次。

**【庆祝中华人民共和国成立73周年美术作品展】** 2022年9月29日至11月30日，“筑梦新征程·一起向未来”——集美区喜迎党的二十大暨庆祝中华人民共和国成立73周年美术作品展在集美区文化馆举行。此次展览由中共集美区委宣传部、集美区文化和旅游局、集美区文学艺术界联合会主办，集美区文化馆承办，集美区书画家协会协办。90幅参展作品通过不同的表现形式，记录呈现集美区经济社会各方面取得的成就和人民群众生活状态。

**【华侨大学建筑学系学生素描写生作品展】** 2022年9月16－26日，到乡野去——华侨大学建筑学系学生素描写生作品展在集美区兑艺术区兑艺美术馆举行，现场展出华侨大学建筑学院大一新生优秀作品90件。展出作品均是学生在暑假期间到德化山区美湖村即兴创作的写生作品。

**【农工党厦门市委“喜庆二十大筑梦新征程”书画摄影展】** 2022年11月25日至12月15日在集美区文化馆举行。此次展出25位农工党成员70幅书画摄影作品，以光影墨色集中反映厦门市自中共十八大以来的非凡十年取得的发展成就，彰显厦门农工党党员在新征程上砥砺奋发、勇毅前行的精神风貌。

**【集美学村周末音乐会】** 2022年10月29日晚，2022“听见集美”厦门集美学村周末音乐会喜庆党的二十大主题音乐会以线上直播形式举行。此次活动由中共集美区委宣传部主办，共青团集美区委员会、集美文教区管委会、集美辖区各高等院校宣传部（团委、学生处）协办，厦门市天下集美文广传媒有限公司全程执行。观众通过“天下集美”视频号、“看见集美”抖音号观看此次音乐会。为庆祝中共二十大召开，来自华侨大学、集美大学、厦门理工学院、厦门医学院、集美大学诚毅学院、华厦学院、厦门工学院、集美中学等本土院校的学生在“云端”唱响时代主旋律，舞出昂扬精神面貌。此次音乐会由“旗帜高扬大道向前”“号角嘹亮步履铿锵”“冀望未来大道宽广”3个篇章组成，邀请青年学生以器乐演奏、朗诵、歌唱、舞蹈、走秀等形式，为观众奉上一场视听盛宴。本年度周末音乐会以“集美好YOUNG青春有我”为主题，面向集美辖区青年学生打造贯穿全年音乐宣传活动，包含启动仪式、毕业季、年度榜YOUNG高校歌手赛、年终盛典等。

**【2022集美·阿尔勒国际摄影季】** 2022年11月25日在集美开幕。此届摄影季共展出来自法国、泰国、巴西、美国以及中国等超过100位艺术家带来的30场展项，包含“年度阿尔勒”“集美·阿尔勒发现奖”“泰国影汇”“无界影像”“在地行动”等。2022集美·阿尔勒国际摄影季联动集美新城市民广场展览馆、三影堂厦门摄影艺术中心、鼓浪屿美院、福州桂湖美术馆等多个艺术场馆，活动期间，摄影季联合来自不同艺术领域的创作者和研究学者组织30余场艺术跨界活动，包含摄影书工坊、艺术市集、沉浸式戏剧、音乐表演、电影放映等，为厦门注入多元艺术能量。摄影季开展线上线下互动，由知名演员黄觉带来的展览项目《烟花侦探》用互动方式激发观众“解锁”作品，在社交平台上持续掀起话题热度，引发观展热潮；在线下，此届摄影季举办百场公共教育与活动，包括专题讲座和对谈、艺术家及策展人分享会、名师团队和“在地顾问”艺术鉴赏课等，厦门大学、华侨大学、集美大学、厦门工学院等多所高校及福州、厦门等地摄影协会组团参加，观摩学习当代摄影艺术的全球风向，交流创作心得。此届摄影季期间，由策展人王懿泉提名的艺术家陈翠梅以其展览《就因为你按了快门吗？》获2022“集美·阿尔勒发现奖”。王姝曼以其方案“新生还者”夺得2022集美·阿尔勒“影像策展人奖”。

**【“喜迎二十大·翰墨歌华章”中国画名家邀请展】** 2022年10月11—21日在集美区兑山艺术区兑艺美术馆举行。

2022年11月25日，集美·阿尔勒国际摄影季在集美开幕。图为展览现场　（林志杰 摄）

此次展览由中共厦门市集美区委宣传部、福建省美术家协会指导，厦门市集美区文联、厦门市美术家协会主办，厦门市集美区书画家协会、厦门市企联书画院、厦门市天下集美文广传媒有限公司承办，厦门市文联党组书记、副主席陈影，厦门市集美区委常委、宣传部部长庄志辉，中国美术家协会理事、福建省美术家协会驻会副主席兼秘书长赵胜利，以及集美区相关部门领导、省内外参展艺术家等出席开幕式。展览展出省内外画家作品100幅，其中福建省画家40幅、福建省外画家60幅。参展画家有陈传席、朱全增、李晖、王新伦、赵胜利、林涛、张葆冬等书画名家，有王从莲、赵伟田、高志刚、章学增、吴良才、王瑞强等年轻新秀。参展作品题材广泛、风格多样，主题鲜明，展现集美区发展成就、美好风光、人文特色。在展出众多佳作中，集美大学美术与设计学院教授张葆冬创作的巨幅（长6.5米、宽2.5米）中国画——《集美解放》，表现当年解放军战士浴血奋战、无畏牺牲解放集美的场景。该作品是集美区文艺发展专项资金扶持项目之一；集美区文联副主席、集美区书画家协会主席、福州大学厦门工艺美术学院原常务副院长佘国华参展画作《祥和杏林阁》，以集美新城建筑群、杏林阁等风光元素，展现集美践行跨岛发展战略取得的成就。

【2022年厦门市民文化节集美区系列活动】 2022年，厦门市民文化节集美区系列活动包括“乡音颂党恩·奋进新征程”集美区戏曲巡演活动、“筑梦新征程·一起向未来”集美区美术书画摄影系列展、2022《嘉庚组歌》进校园巡演、2022“听见集美”集美学村周末音乐会。除举办系列活动外，集美区还组织合唱《最美是集美》，歌曲《奋进的中国》《你曾经在这里》，广场舞《追梦》《在希望的田野上》，歌舞《鹭岛春潮》，小戏《卖牛》，小品《加班》，答嘴鼓《咱厝有好戏》，荷叶说唱《嘉庚精神永流传》，歌仔说唱《看厦门赞特区》等11个原创节目参加2022厦门市民文化节系列展演活动。此次市民文化节通过“市区联办，上下联动”方式，激发社会参与热情，探索市场化运作模式，引导社会各界、市民群众广泛参与。

【“乡音颂党恩·奋进新征程”集美区戏曲巡演活动】 2022年11月4日在杏林文体中心广场启动。此次活动由中共集美区委宣传部、集美区文化和旅游局、集美区文学艺术界联合会主办。此场晚会是厦门市民文化节开幕式集美区分会场活动。演出节目主要有：芗剧《歌颂二十大》、荷叶说唱《“红船”会议党诞生》，木偶戏《古韵薪传》和原创歌舞《小村送戏来》《与春天同行》等集美原创文艺作品。集美区戏曲进基层巡演活动是集美区2017年以来连续举办5年的品牌活动，以本土原创闽南戏曲节目为主要表现形式，到辖区各镇（街道）、学校、企业，宣传新思想，讴歌新时代。

【第六届“夕阳红”老年书画展】 2022年11月15日，2022年厦门市民文化节——集美区第六届“夕阳红”老年书画展在集美区文化馆开幕。此届画展以“喜庆党的二十大胜利召开”为主题，由集美区文化和旅游局、集美区卫生健康局指导，集美区老年书画家协会主办，展出协会会员创作书画作品113幅。

【孔春霞拓荣剪纸作品展】 2022年12月20—30日，“青春集美 红色传承”孔春霞拓荣剪纸作品展在集美区文化馆举行。此次展出的80余幅柘荣剪纸作品，由孔春霞领衔制作。孔春霞是国家级能工巧匠、高级工艺美术师、柘荣剪纸省级非遗传承人，曾获评为农业农村部首批“全国乡村能工巧匠”、文旅部首批“全国乡村文旅能人”、闽台名匠、福建省工艺美术大师、福建剪纸“金刀剪”等20多项荣誉。其中，《青春集美》《人文集美》《月光环》《南熏楼》等4幅作品，是孔春霞剪纸团队专门为此次展览原创设计制作，作品以剪代笔、构图巧妙、刀工精湛。此次展出的作品中有17幅作品以中共二十大精神、百年党史为主题。其中，总长12.3米剪纸《血汗铸辉煌》原本被中国共产党历史展览馆收藏，此次展出的是《血汗铸辉煌》副本。此次活动作为集美区文艺发展专项资金扶持项目，由中共集美区委宣传部、中共宁德市柘荣县委宣传部、福建省民间文艺家协会联合指导，集美区文联、宁德市柘荣县文旅局、厦门市民间文艺家协会联合主办，厦门市集美区民间文艺家协会、厦门市孔春霞剪纸文化有限公司承办。12月30日，在集美区文化馆的展览到期之后，相关作品

2022年11月4日，集美区举办“乡音颂党恩·奋进新征程”戏曲巡演活动

（区文联 供图）

移至集美闽台研学总部大楼，继续展出至2023年2月28日。

**小资料：** 中国剪纸被誉为民族的母体艺术、中国民俗文化百科全书，于2009年入选联合国教科文组织人类非物质文化遗产代表作名录。福建省宁德市的柘荣剪纸作为中国剪纸的子项，具有浓郁的地方特色。

【厦门流行音乐全民歌手大赛集美赛区】2022年12月18日，“时代最强音”厦门流行音乐全民歌手大赛在杏林文体中心广场举行。此次活动由福建省音乐家协会指导，厦门市流行音乐协会主办，集美区文化馆协办。30多名选手参与集美赛区海选，经过角逐，海选出晋级选手及十强选手。

（苏艳琦）

## 文化遗产保护

【概况】 2022年，集美区文化和旅游局健全非遗项目保护传承体系，引导辖区非遗项目保护单位（传习中心）和传承人开展保护与传承工作。年内，公布区级非遗代表性项目5个和区级非遗代表性传承人7人名，新增省级非遗代表性项目2个和市级非遗代表性项目3个，申报参评国家级代表性传承人1人。继续推进非遗档案数据库建设，完成2022年非遗档案数据库资料的收集、整理和建档工作。完成闽南童谣省级代表性传承人周长楫个人纪录片、拜师授徒仪式等视频拍摄，出版编印书籍《杨建成闽南曲艺作品》。开展宫庙、信俗类非遗项目田野调查，整理拍摄完善非遗项目图文资料，挖掘梳理一批传统文化项目。实施乡村文化记忆保护工程，围绕乡情乡恋、乡训乡约主题挖掘整理乡村文化故事。在“文化和自然遗产日”等传统节庆期间，开展非物质文化遗产宣传、展演和互动体验系列活动、端午龙舟文化节非遗展示活动，开展非遗进校园、进社区、进景区、非遗研学系列活动。推进集美闽南文化生态保护区建设，编制集美学村历史文化街区的概念规划，梳理、盘点省级传统古村落城内村闽南文化资源。完善集美非遗馆建设。加强文物保护工作，开展文物安全管理专项检查和文物安全隐患大排查大整治工作，继续推进历史文化遗产集中保护修缮工作，完成第一轮不可移动文物集中保护修缮（2019—2022年）工作，2019—2022年，累计投资约6800万元，修缮完成39处。

【非物质文化遗产项目名录和代表性传承人体系完善】 截至2022年，集美区共公布第五批区级非物质文化遗产代表性项目和传承人。包括：非遗代表性项目31个，包含国家级非遗代表性项目1个、省级非遗代表性项目6个、市级非遗代表性项目10个、区级非遗代表性项目14个，涵盖民间文学、传统音乐、传统戏剧、传统美术、传统技艺、曲艺、民俗、传统体育、游艺与杂技等类别；全区非遗代表性传承人37人，包含国家级1人、省级6人、市级13人、区级17人。4月4日，集美区人民政府公布集美区第五批非物质文化遗产代表性项目和代表性传承人名单。包括厦门闽南香制作技艺、厦金宋江阵（城内）、厦门酱油古法酿造技艺、闽南传统金银细工制作技艺、厦门食醋古法酿造技艺等区级非遗代表性项目5项和黄境沧（答嘴鼓）、杜爱建（陈氏太极拳）、林晓华（闽南童玩）、陈福来（五祖鹤阳拳）、白春美（闽南童谣）、陈重山（集美南音）、潘安焫（集美南音）等区级非遗代表性传承人7人。年内，集美区新增省级非遗代表性项目2个（传统纸扎技艺、霞城城隍庙庙会习俗）和市级非遗代表性项目3个（闽南造像、陈氏太极拳和集美社元宵祭祖习俗），申报参评国家级代表性传承人1人。

【闽南文化生态保护区建设】 2022年，集美区加强闽南文化生态保护区建设。对集美学村历史文化街区空间布局进行策划和发展规划，对集美学村历史文化街区内文物点、历史遗存和遗址进行盘点，梳理百年集美学村在新时期通过空间盘活及整合发展绽放出来价值潜力，提出相关空间综合发展与完善区域交通协同策略，明确集美学村文旅教综合发展定位、目标、功能布局方式。编制集美学村历史文化街区概念规划，对新时期集美学村文化旅游空间布局及综合发展提出建设思路。梳理盘点省级传统古村落城内村闽南文化资源，宣传推广城内霞城城隍庙会信俗、霞城阵头、五祖鹤阳拳和厦金宋江阵等非物质文化遗产项目，发展台青两岸闽南文化融合，启动开展两岸城隍文化交流活动。

【非遗进景区、非遗研学系列活动】 2022年，集美区非遗进景区、非遗研学系列活动以集美塔作为展示集美区非遗文化中心，通过集美旅游巴士“铛铛车”联结辖区各个景点，集“理论课”“实践课”“分享课”于一体的非遗研学课程体系，融合景区特质开展系列主题活动，打造全景式、沉浸式非遗文化体验场所，通过“校地企”共建和合作，将非遗文化体验传承与高校、企业间合作、创意相结合，增强传统文化传播、记录和开发、创新，带动传统文化活力和景区文化体验。

【集美非遗馆建设】 2022年，集美区文化旅游局组织工作人员，利用文字、录音、摄影、摄像等数字化媒体手段，继续完善集美非遗馆（集美新城集美塔内），集中展示集美闽南非物质文化遗产项目和非遗成果。非遗馆接待参观团队总数近1000场次，参观人数8万余人次。

【“龙腾虎跃”2022海峡两岸赛龙舟活动】 2022年6月2—3日，“龙腾虎跃”2022 海峡两岸赛龙舟活动及配套活动在集美龙舟池举行。围绕海峡两岸端午赛龙舟传统民俗活动，举办“1 个主体赛事 +N 个系列配套活动（龙舟文化节）”，推广集美端午龙舟文化。配套活动包括：“我们的节日·端午”两岸龙舟斗阵行、海峡两岸青少年龙舟模型竞赛、海峡两岸端午文化论坛、集美（端午）诗歌节等。此次赛龙舟活动由央视电影频道融媒体平台对赛事全程进行直播，央视五套 +、东南卫视和厦门卫视对开幕式、总决赛和颁奖仪式进行全程电视直播；同时通过多角度、多话题报道活动精彩瞬间，向观众呈现活动盛况。北美地区新媒体参与报道 260 家，东南亚主要国家媒体参与报道 168 家，矩阵媒体影响范围包含北美洲、亚洲、南美洲、欧洲的 32 个国家和地区；美洲地区点击量 36 万余次，亚洲点击量 29 万余次，欧洲点击量 24 万余次。

【“连接现代生活，绽放迷人光彩”集美区文化和自然遗产日系列宣传展演与体验互动活动】 2022 年 6 月 12 日在集美区杏林文体中心广场开幕。此次活动由集美区文化和旅游局主办，厦门市集美区文化馆承办。集美区非物质文化遗产成果展展示集美区非物质文化遗产保护成果，通过图片和文字重点展示集美区 31 个非物质文化遗产代表性项目和介绍集美区 37 名非遗代表性传承人。现场歌仔说唱、闽南童玩、木偶戏、答嘴鼓、闽南传统金银细工制作技艺、闽南香制作技艺等特色非遗项目相继亮相，围绕“连接现代生活，绽放迷人光彩”非遗活动主题通过现场互动体验和实物展销，展现闽南传统文化和精妙工艺。活动公布集美区第五批非物质文化遗产代表性项目和代表性传承人名录，并为 5 个新增代表性项目和 7 名代表性传承人颁证授牌。当晚，举办集美区“文化和自然遗产日”汇演，展示闽南童谣、答嘴鼓、五祖拳和太极拳展示、荷叶说唱、月琴弹唱、南音、木偶戏等非遗项目，结合关于非遗和文物方面有奖知识问答，带动现场观众参与学习非遗和文物知识。

（苏艳琦）

## 文化产业

【概况】 2022 年，受新冠病毒感染疫情影响，文化产品消费总体呈下降趋势，集美区文化产业发展受到较大影响。区委、区政府通过加大保障服务力度，招商引资保增量，调整产业结构等一系列措施，确保全区文化产业发展总体稳定。

【文化产业发展扶持资金兑现】 2022 年，集美区兑现各类文化产业发展扶持资金 7382 万元，其中影视企业营收扶持兑现资金 6905 万元，其他剧组拍摄补贴、租金补助、优秀企业奖励等兑现资金 477 万元。

【文化产业园区】 2022 年，集美区有厦门影视拍摄基地、中国（厦门）智能视听产业基地、“集美集”影视文创园、星巢越中心、东盟（集美）文化艺术中心、三影堂厦门摄影艺术中心、海峡两岸青少年文创交流基地（海蛎文创空间）、集美兑山艺术区、维纳数字艺术产业园 9 个文化产业园区及基地，涉及影视、音乐、摄影、绘画、新媒体文创、智能视听、数字艺术等领域，产业类型丰富、文化特色鲜明。其中，厦门影视拍摄基地和“集美集”影视文创园被厦门市文化改革发展工作领导小组认定为文化产业重点园区。

维纳数字艺术产业园　该园区为 2022 年新增园区，位于集美区英瑶路 318 号，建筑面积 3.5 万平方米，是集合数字艺术创作、艺术文化展演、艺术品及衍生品投资交易、艺术直播教育等多元文化形态的综合艺术体验园区，主要业态包括潮流艺术版画、数字衍生品、非遗文创产品、工艺艺术品开发等。园区与超过 300 名艺术家合作，作品涵盖油画、书法、国画、漆画、雕塑、当代艺术等多种类别，风格多样。有全球顶级喷印仪器和顶级扫描设备，能够 1 ：1 精准复刻各种材质平面艺术品，借助科技手段，让艺术走进“寻常百姓家”。

【骨干文化企业】 2022 年，集美辖区内企业被评为第十一届福建省“文化企业十强”提名企业的有：厦门灵玲演艺有限公司；被评为第五届福建省“最具成长性企业”有：厦门市梦加网络科技股份有限公司、厦门市影视

2022 年 11 月 7 日，集美区首届维纳数字艺术文化节开幕式暨维纳数字艺术园开园庆典在侨英街道举行。图为市民参观园区　（郭妮妮 摄）

产业服务中心有限公司。集美区年纳税额超300万元的文化企业有：厦门仲夏之月文化传媒有限公司、罗普特科技集团股份有限公司、吉游社（厦门）信息技术有限公司、厦门真有趣信息科技有限公司、厦门网宿有限公司、厦门梦加网络科技股份有限公司、厦门简图影视文化有限公司、厦门联瑞影业有限公司、厦门灵玲演艺有限公司、厦门逆映射文化传媒有限公司、华夏文化旅游集团（厦门）有限公司、厦门云知芯智能科技有限公司、厦门乐道互娱文化传媒有限公司、厦门新屿影视文化工作室、厦门正午阳光影视有限公司。

【文化节庆活动】 2022年，集美区举办2022集美·阿尔勒国际摄影季、2022“听见集美”集美学村周末音乐会、2022看见集美·青春电影展、2022厦门·泰国电影周、2022好慷家政员工节、东盟文化艺术创作季（第三季）、第九届厦门文化产业年度风云榜等一系列重大活动。（陈威）

## 文化市场管理

【概况】 2022年，集美区文化和旅游局受理各类文化服务项目行政审批612件。其中，营业性演出核准546件，申请及变更娱乐经营许可证6件，互联网上网服务营业场所经营单位设立及变更审批2件，申请出版物经营许可证57件，办理高危险性体育项目经营许可1件。区文化市场综合执法大队开展“双随机”检查24批次、抽取企业96家次，处理各类投诉举报83件；办理案件10件，罚没款12万余元，收缴非法出版物2326本，取缔无证经营场所14家，文化市场持续保持安全稳定。

【文化市场思想阵地建设】 2022年，集美区文化市场综合执法大队编发《工作简报》27期，相关工作情况被厦视新闻、集美电视台等媒体报道4次，多条信息被《天下集美》《集美旅游》刊载，1条信息被全国和福建省“扫黄打非”公众号刊载。聘请专业团队录制《娱乐场所执法检查规范篇》《出版物市场执法检查规范篇》视频宣传片，订制一批多功能安全宣传品、市民文明公约海报、剧本娱乐经营场所新冠病毒感染疫情防控工作指南、文明旅游易拉宝等，印制一批“网吧场内巡查登记本”“文物保护单位日常巡查记录本”等。结合形势发展和行业实际，分类别、分批次召开8次行业工作会议，规范经营行为。

【出版物市场专项治理】 2022年，集美区专题召开印刷企业行业法规和安全生产法规培训会议，邀请市印刷协会专家对《出版管理条例》《印刷业管理条例》《印刷品承印管理规定》暨扫黄打非相关法律法规进行解读，对生产安全、消防安全检查排查方法进行培训，并开展警示教育。着眼中共二十大期间意识形态领域安全，集中开展出版印刷行业专项检查，督导企业落实“承印五项制度”（承印验证制度、承印登记制度、印刷品保管制度、印刷品交付制度、印刷活动残次品销毁制度），严禁非法印制，盯紧油墨气电、仓库存储、废品易燃等消防隐患，盯紧自建搭盖、“三合一”（住宿与生产、仓储、经营一种或一种以上使用功能违章混合设置在同一空间内的建筑）、老旧险情等房屋安全隐患。其间，收缴非法出版物2326本，确保积极健康、文明向上文化市场面貌和秩序。

【娱乐场所专项整治】 2022年，集美区开展“静夜守护”行动，多次联合镇（街道）和公安部门，采取“四不两直”方式（不发通知、不打招呼、不听汇报、不用陪同接待，直奔基层、直插现场），对辖区KTV（提供卡拉OK影音设备与视唱空间的场所）娱乐场所进行检查。重点检查经营秩序、新冠病毒感染疫情防控措施、消防安全、应急方案等，同时对娱乐场所曲库、从业人员管理、规章制度落实等情况进行集中整治。其间，取缔10家无证KTV，给予5家“超时经营”场所当场行政处罚，对1家违规场所进行立案查处。

【网吧专项整治】 2022年，集美区采取线上线下相结合方式，加强对网吧日常巡查监管，重点整治违规接纳未成年人、规避技术监管等违规行为及场内吸烟、私拉乱接电线、消防通道闭锁等安全隐患。针对日常检查发现问题，召集问题较多的网吧负责人，召开现场工作会进行统一规范。

【文物安全专项整治】 2022年，集美区吸取国内文物单位火灾教训，联合消防部门、镇（街道）开展消防安全和施工安全专项检查，督促各方强化用火用电安全，落实防汛防盗措施。其间，对一起擅自拆除不可移动文物案件进行立案查处。推进文物单位消防安全管理标准化达标创建活动，18家参评单位全部达标。

【“扫黄打非”专项行动】 2022年，集美区开展“正道2022”“新风2022”集中行动，深化“清源”“净网”“护苗”“秋风”“固边”五大专项行动，先后召开集美区“扫黄打非”领导小组会议和案件推进会，推进“扫黄打非”专项行动落实。投入2万余元制作一批移动展板、常识宣传折页和主题宣传海报，推动“扫黄打非”宣传“五进”（进企业、进农村、进社区、进学校、进家庭）。联合厦门北车站派出所和交通运输执法部门到厦门北车站，开展以“开展‘扫黄打非’，净化社会文化环境”为主题的宣传活动，相关工作被全国“扫黄打非”公众号转载。组织公安、网信、文化、民宗、行政执法、市场监督等职能部门，开展恐怖、暴力、迷信、低俗等有害信息、印刷品出版物等专项清查行动。全年接收查办上级转办（发）线索及核查件4件，处置网络有害信息、视频38条（个），查办网络淫秽色情案件3件（其中1件移交上海警方），刑事处罚2人，其中2件案件上报为全省“扫黄打非”重大案件。（孙鹏云）

## 新闻传媒

【概况】 2022年，集美区有区属媒体机构2家，区属传媒企业1家。集美区聚焦深化融媒改革，聚焦“三提三效”（提高效率、提升效能、提增效益），实施新媒体提升工程，提升其影响力和传播力。“天下集美”微信公众号全年新增粉丝近30万人，比上年增长56.3%；“看见集美”抖音号在厦门市区级媒体抖音号中排名第一；“集美融媒”微博号在年度福建党政新闻发布微博排行榜中，位居全市各区第一、全省第五。在中央广播电视总台、新华社等央媒刊播新闻2089篇（条），全网浏览量45亿次；在省市主流媒体刊播新闻8248篇（条）。

【集美区宣传事务中心】 2022年，集美区宣传事务中心（集美报社）坚持正确舆论导向，精心组织策划新闻宣传工作，在推进媒体融合、办好《集美报》、对外供发稿以及自身建设上积极创新，取得新突破。高位嫁接央媒和省、市主流媒体，全年在市级以上媒体发稿2000多篇，出版《集美报》50期，刊发各类稿件、文章2500多篇，其中5篇新闻稿件（图片、版面）获厦门市新闻奖。继续与厦门日报社合作编辑出版《集美报》，增设《侨乡人物》《侨乡新事》《侨乡新貌》等专栏，做足做大嘉庚精神弘扬传承的文章。嫁接《厦门日报》新媒体发布平台“潮前智媒”App（应用程序），开设《人文集美》频道，实现《集美报》由纸媒向数字化转型。年内，集美区宣传事务中心被《福建日报》评为福建省优秀报道组。（刘德英）

【集美区融媒体中心】 2022年，厦门市集美区融媒体中心（厦门市集美区广播电视台）报送11件电视作品、11件广播作品、8件融媒体作品参加省、市新闻奖评选，其中电视专题《十里长堤》获得福建省新闻奖三等奖；《十里长堤》《抗疫冲锋队日记》《电波声里学党史》《集美觉醒年代》《集美金点子为民办实事》5篇作品获得厦门市新闻奖一等奖。年末，集美区融媒体中心获得由国家广电总局颁发的“基层广播电视统计工作优秀集体”称号。

集美区融媒体中心把学习宣传贯彻中共二十大精神作为年度工作的重中之重，通过开设专栏、创作广播剧、制作系列纪录片等形式，营造二十大主题宣传氛围。融合开展《喜迎二十大·集美这十年》系列报道，《幸福之城看见集美》等64篇原创稿件登上“学习强国”学习平台，7篇稿件被总平台采用。完成年度重大选题《厦门市集美区：立足“产学研”深厚沃土 全力拓建青年发展友好型社区》《厦门市集美区：勇毅前行 高质量蝶变发展》《闽山闽水物华新集美区非凡十年》3部新闻纪录片的制作，并报送福建省电视台播出。8月，以服务当地群众为宗旨的集美广播电视台综合频道（电视）开通，每天排播16小时高品质电视节目，内容涵盖集美新闻、集美专题纪录片、主旋律电视剧、公益广告、集美宣传片、科普动画等。全年策划播发重点报道《二十大时光》《文明创建在行动》《志愿之光》《走近专精特新“小巨人”》，生动反映集美区重点工作，当好党和人民的喉舌。“天下集美”微信公众号常居福建省政务微信排名前十，“看见集美”抖音居全市第一，“集美融媒”微博位居上半年福建党政新闻发布微博全省第五。举办全国抖音挑战赛，首场比赛获得超1300万次播放量，登上全国热榜。（王辉腾 王如意）

【天下集美文广传媒有限公司】 2022年，天下集美文广传媒有限公司（以下简称“天下集美”）坚持以高质量党建引领高质量发展，深化“党建+”融合模式，成立“融芯向党”国企党建品牌，以“我为群众办实事”实践活动为抓手，结合“双报到”（驻区单位党组织到社区报到、在职党员到居住地社区党组织报到）、结对帮扶、近邻党建等开展多样化活动。

在运营好“两微一端一抖”（天下集美微信、集美融媒微博、看见集美抖音）的基础上，新开通集美头条号，形成“报刊+网媒+官网+新媒体+直播”全媒体融合宣传阵容，创新运用数字化前沿技术，将虚拟制作、直播服务、视频制作、大数据应用、沉浸式体验等功能融于一体，推出系列元宇宙概念的AR（增强现实）视频，持续推进“5G融媒体直播体系建设”。全年平台阅读总量21.7亿人次，发稿9003篇，总粉丝数300万人，在党史学习教育、文明创建、平安集美、青年发展友好型城区建设等市、区中心工作的宣传中发挥重要作用，多件融媒体作品获得厦门市和全国各类奖项，所创作的《青春集美》MV（音乐短片）被团中央公众号转发。

举办“端午看集美”抖音挑战赛，获得超1300万次播放量，登上全国热榜。承办集美·阿尔勒国际摄影季、“听见集美”厦门集美学村周末音乐会、2022海峡青年华服节等一系列品牌活动，为开展国际文化交流活动、培育国际性艺术品牌擦亮“人文集美”底色。

天下集美旗下的区乡村振兴协作交易中心、天下恒在文化发展有限公司、海蛎文创基地也取得较好成绩。其中，区乡村振兴协作交易中心与60余家企业和合作社合作，上线72大类

432个单品，在2022年农民丰收节活动现场开展“消费助农 直播带货”活动，吸引近90万人次观看，当场线上直播间成交额近160万元。海蛎文创基地立足台胞、台企实际需求和长远发展，做好服务保障，由基地发起成立的苔芯志愿服务队获2022年团省委颁发的“省级青年五四奖章”。（魏 昕）

## 社会科学

【概况】 2022年，集美区社会科学界联合会（以下简称“集美区社科联”）有社科学会4个、社科普及教育基地11个、社科普及示范点8个、社科志愿服务队5支。集美区社科联走进机关、军营、社区书院、新时代文明实践站开办“鹭江讲坛”，举办福建省百场社科报告会——集美区直机关专场；全年完成社科调研课题21个，开展社科讲座6场，举办厦门市第十八届社会科学普及宣传周启动仪式，开展2022年集美区社会科学普及宣传周系列活动，举办厦门市第十三届社科学术年会论坛、全区社科界学习贯彻“习近平总书记致厦门经济特区建设40周年贺信重要精神”研讨会、理论圆桌分享会、第十八届海峡两岸（集美）端午文化论坛等活动。

【理论宣讲】 2022年，集美区社科联发挥社科人才资源优势，持续宣传习近平新时代中国特色社会主义思想进企业、进农村、进机关、进校园、进社区、进军营、进网络，开展“习近平总书记致厦门经济特区建设40周年贺信重要精神”大学习、大讨论，组织社科专家参加“红色‘青’骑兵”巡回宣讲活动。围绕中共二十大精神、习近平总书记到福建考察重要讲话、习近平总书记在省部级主要领导干部专题研讨班重要讲话、厦门跨岛发展二十周年和人文集美特色举办百场报告会1场次、鹭江讲坛2场次、社科讲座6场次及理论圆桌分享会2场次。

【社科课题研究】 2022年4月，集美区社科联组织2021年度集美区社会科学调研课题申报，收到申报课题104项，立项20项。其中重大课题2项、重点课题5项、一般课题13项。课题均为地方实用性对策研究课题，选题紧扣集美区当前和“十四五”规划期间全局战略性、前瞻性的重要问题，内容涵盖创建文明典范城市、青年发展友好城区、海堤精神、招商引资、高质量发展、产业经济、社会治理、乡村振兴、两岸融合、“一精神三文化”（嘉庚精神和闽南文化、学村文化、华侨文化）等主题。12月，完成课题结项评审，并评出优秀成果奖6个。

【社科普及宣传】 2022年，集美区社科普及宣传周在做好新冠病毒感染疫情防控的同时，统筹辖区社科资源，发挥各社科普及基地、示范点、志愿服务队作用和集美人文地理优势，突出“一精神三文化”特色，打造集美特色社科品牌。紧扣“学习贯彻二十大，砥砺奋进新征程”主题，采取“线上＋线下”相结合方式，举办厦门市第十八届社会科学普及宣传周启动仪式活动，开展社科专家进基层、社会科学在你身边、社科普及咨询活动。举办“共同家园 共同记忆”——闽台关系档案文献展、“一精神三文化”主题图片展、社科论坛、理论宣讲等一系列活动，线上开展集美区第二期社会科学知识有奖问答活动，近3万人次参与。现场赠送社科书籍200余册及发放近1000份社科知识宣传单，提升公众社会科学素养和文明素质。

【第18届海峡两岸（集美）端午文化论坛】 2022年6月2日，第18届海峡两岸（集美）端午文化论坛在厦门市集美区山水宾馆举行。此届论坛由厦门市社科联指导，中共厦门市集美区委宣传部和集美区社科联联合主办，厦门市中华传统文化研究会承办，海峡两岸50多位专家学者参加。此届论坛以“共庆端午节、同叙两岸情”为主题，旨在挖掘端午文化的时代价值和丰富内涵，体会到屈原对于国家人民的浓厚感情和以天下为己任的民族情怀，将两岸人民“一家亲”的理念深植内心，融入血液，不断增强情感认同，文化认同，价值认同，根源认同，构建两岸人民共同的精神家园，促进两岸民心相通和心灵契合。

【厦门市第13届社会科学界学术年会论坛在集美举行】 2022年11月6日，由厦门市社会科学界联合会、厦门市社会科学院指导，集美区社会科学界联合会主办，集美区闽南文化研究会承办的厦门市第13届社会科学界学术年会论坛在集美举行。厦门市社科联有关领导，集美区社科联主席杨良杰、集美区侨联主席陈群英等领导参加。此届年会以“文以载道，协和万邦——以侨为桥传播好中华优秀传统文化”为主题，旨在探索海外华侨如何讲好中国故事的新方式、新路径，促进让世界真正读懂中国，让世界人民大团结的目标。年会采取线上线下相结合的方式进行，线下论坛吸引80多位专家学者、高校学生参与，并有8位专家作主旨演讲，4位学者作分享发言。线上观众1万多人次参与。

（陈 雨）

# 体 育

## 综 述

【体育事业发展】 2022年，集美区完善全民健身工作机制，推动群众体育事业发展。举办2022年集美区全民健身季活动暨体育进社区活动。年内，区下拨厦门市体彩公益金802万元给予各镇（街道）、学校和相关单位用于新建、改造运动场馆和购置完善健身路径、篮球架、健身器材等。在杏林湾环湾公园建设9片三人制篮球场和1片五人制足球场，基层体育设施和体育器材有较大改善。先后举办2022海峡两岸赛龙舟活动、“巾帼杯”羽毛球赛、OK RUN·集美站“环杏林湾亲子马拉松赛”、3V3足球争霸赛、3V3篮球挑战赛、百人瑜伽健康行、2022“体彩杯”厦门集美第九届两岸自行车挑战赛、喜迎中共二十大强国健身季系列赛、2022年第三届“嘉庚杯”高校校友羽毛球团体赛等体育赛事。

【公共体育场地建设】 2022年，集美区新建体育场地46个，其中各类球场（篮球、足球等）24个、健身路径21条，健身房1个。截至年底，集美区体育场地有2621个，其中各类球场（篮球、足球、羽毛球、乒乓球等）1318个，球馆（篮球、羽毛球、乒乓球、台球等）297个，游泳池38个，游泳、跳水馆22个，健身路径445条，健身步道20条，综合训练场馆79个，小运动场123个，田径场39个，健身房240个。
（吴 悦）

## 群众体育

【概况】 2022年，集美区推动成立单项运动协会，发展社会体育指导员队伍，有单项体育运动协会23个、群众健身团队190个、社会体育指导员1863人。举办2022年集美区全民健身运动会暨体育进社区活动。区下拨市体彩公益金802万元，用于各镇（街道）和相关单位公共体育场地、健身路径、体育设施建设和添置体育健身器材。

2022年5月21—23日，集美区第20届中小学生乒乓球锦标赛在区青少年校外体育活动中心举行 （吴觅亮 摄）

【全民健身季活动】 2022年11—12月，集美区全民健身季活动在集美区杏林文体中心、全总羽毛球馆、洪埭头篮球场等场馆举行。此次活动由集美区全民健身领导小组主办，区文化和旅游局（区体育出版广电局）承办，集美街道办事处、侨英街道办事处、杏滨街道办事处、灌口镇、后溪镇、杏林街道办事处协办。有足球、篮球、乒乓球、网球、羽毛球、健身广场舞6个比赛项目，各镇（街道）、机关、企事业单位、高校、中小学等2000余名运动员参赛。 （吴 悦）

【青少年校外体育活动中心】 2022年，集美区青少年校外体育活动中心场馆使用人流量6.67万人次，其中室外篮球场1.84万人次、室外足球场1824人次、乒乓球馆1.32万人次、羽毛球馆1.66万人次、游泳馆1.64万人次、棋牌室197人次。承办区中小学生篮球赛、乒乓球赛、武术（套路）锦标赛、跳绳锦标赛、青少年健美操、啦啦操锦标赛、围棋、象棋、国际象棋锦标赛等；完成集美区直机关工会气排球赛等赛事保障工作。 （连玉盛）

【单项体育协会】 2022年，集美区新成立龙狮运动协会、武术兵道协会，截至年底，全区有乒乓球、长跑、象棋、自行车、龙舟、体育舞蹈、太极拳、武术、气排球、网球、足球、国际象棋、游泳、羽毛球、健身气功、拳击搏击、篮球、散打泰拳、游泳、瑜伽和杏林街道球类健身协会等单项体育运动协会 23 个，有区体育总会、区老年人体育协会、区农民体育协会和集美学村体育协会 4 个综合性体育协会，有会员 2600 余人。

【社会体育指导员队伍】 2022 年，集美区举办三级社会体育指导员培训班，培训三级社会体育指导员 79 人。截至年底，全区有国家级社会体育指导员 9 人、一级社会体育指导员 13 人、二级 13 人、三级 1828 人。 （吴 悦）

【集美区少年儿童体育学校】 2022 年，集美区少年儿童体育学校（以下简称“集美区少儿体校”）有教职员工 25 人，其中专职教练员 14 人。专职教练员中，硕士研究生学历 2 人，本科学历 11 人，大专学历 1 人；中级教练员职称 2 人，初级教练员职称 7 人。设有篮球、击剑、射箭、举重、田径、武术、游泳等运动训练项目。年内，集美区少儿体校向市级训练单位输送竞技体育后备人才 32 人。聘用篮球、武术、击剑、射箭、田径、游泳、举重等项目专职教练员 14 人，分布在杏林文体中心体育馆、青少年校外体育活动中心体育馆及全区各中小学的 15 个训练网点。运动员在训总人数 530 人，其中田径 215 人、武术 30 人、举重 28 人、篮球 93 人、游泳 37 人、射箭 50 人、射击 25 人、击剑 52 人。暑假期间，少儿体校田径队选拔 70 名优秀苗子进行集中封闭式训练，备战市运会。全年向市级训练单位输送运动员 32 人，包括篮球、田径、举重、击剑、拳击、射击、射箭、柔道、跆拳道、散打、激流回旋、皮划艇、赛艇等项目。

2022 年，集美区少儿体校男子篮球队代表厦门市参加福建省运动会篮球项目比赛，获五人制篮球男子甲组亚军，为厦门夺得省运会金牌 2 枚，获 2022 年福建省青少年三人制青年男子组篮球赛冠军，取得历史最好成绩。体校组队代表集美区参加各类市青少年比赛，获金牌 48 枚、银牌 54 枚、铜牌 40 枚。其中：皮划赛艇项目获金牌 29 枚、银牌 37 枚、铜牌 21 枚，帆船帆板项目获金牌 2 枚、银牌 3 枚、铜牌 6 枚，举重项目获金牌 5 枚、银牌 3 枚、铜牌 3 枚，射箭项目获金牌 5 枚、银牌 2 枚、铜牌 1 枚，羽毛球项目获金牌 1 枚、银牌 3 枚、铜牌 2 枚，射击项目获金牌 1 枚、银牌 1 枚、铜牌3枚，网球项目获金牌1枚、银牌1枚、铜牌 1 枚，击剑项目获金牌 3 枚、银牌 3 枚、铜牌 1 枚，游泳项目获金牌 1 枚、铜牌2枚，跆拳道项目获银牌 1 枚。

（连玉盛）

## 体育赛事

【概况】 2022 年，集美区先后举办第五届集美区“巾帼杯”女子双打羽毛球赛、“青春集美·青享悦动”3V3 篮球挑战赛、“青春集美·青享悦动”3V3 足球争霸赛、2022 厦门马拉松系列赛 OK RUN·集美站、第一届集美区雏鹰杯少儿羽毛球挑战赛、第三届“嘉庚杯”高校校友羽毛球团体赛等体育赛事活动。

【2022 厦门马拉松系列赛 OK RUN·集美站】 2022 年 5 月 2 日，在集美新城市民广场迎新开跑。该活动由市体育局主办，集美区文化和旅游局承办，厦门文广体育有限公司运营，厦门万舜文化产业投资发展有限公司、厦门市集美旅游有限公司、厦门市路跑协会支持。参赛选手从集美新城市民广场出发，穿越杏林湾绿道、体育岛、亲水广场等地标，全程 10 千米，参赛选手 700 多人。来自集美大学运动训练专业的姜振泽成为首位抵达终点的参赛选手。

【第五届集美区“巾帼杯”女子双打羽毛球赛】 2022 年 3 月 12—13 日在集美区杏林湾大酒店体育馆举行。该赛事由区文旅局、区妇联主办，区羽毛球协会承办，分为风华组和芳华组，各有 32 队，有 128 名羽毛球爱好者参赛。芳华组冠军由梁琦春、陈英组合获得，风华组冠军由纪静雯、魏鸿琳组合获得。

【“青春集美·青享悦动”3V3 篮球挑战赛】 2022 年 5 月 4 日，由集美区文旅局主办，区篮球协会承办的“青春集美·青享悦动”3V3 篮球挑战赛在杏林湾 9 个篮球场同步展开举行。邀请来自集美区在校在读全日制本、专科学生及研究生和机关、企事业

2022 年 5 月 2 日，厦门马拉松系列赛 OK RUN·集美站在集美新城市民广场开跑
（区文旅局 供图）

单位职工32支代表队参加，集美大学一队取得此次3V3篮球挑战赛总冠军。

【“青春集美·青享悦动”3V3足球争霸赛】 2022年5月4日，由集美区文旅局主办，区足球协会承办的“青春集美·青享悦动”3V3足球争霸赛在环杏林湾体育运动场地——中航城足球场举行。此次赛事采用三人制笼式足球单场淘汰赛制，吸引来自全区16支青年代表队参赛。其中来自灌口等差数列足球队，平均年龄不到15岁，参赛年龄最大队伍平均年龄38岁。经过5天20场角逐，一至四名分别由对不队、尼亚SOLO BROS队、成群结队和轮机青年队获得。活动吸引大批的周边居民和游客参观。

【第一届集美区雏鹰杯少儿羽毛球挑战赛】 2022年6月3日在集美区杏林湾大酒店体育馆举行。此赛事由集美区文化和旅游局（体育出版广电局）主办，区羽毛球协会承办。比赛为单人赛，设女子组和男子组2个组别，共169人参加比赛。李千语、陈竞雅、龙田、雷满玉、林栩舞、陈宇霏分获女子一年级至六年级组冠军，黄煜坤、李昊阳、陈钧晔、陈宇森、傅锦灵、谭森睿分获男子一年级至六年级组冠军。

【第三届“嘉庚杯”高校校友羽毛球团体赛】 2022年11月12—13日在集美嘉庚体育馆举行。此赛事由集美街道办事处、集美区文化和旅游局主办。全国31支代表队、450名校友参赛。教职工赛前三甲分别为集美区直机关代表队、康尔乐俱乐部、厦门大学教职工代表队。学生赛前三甲分别为厦门大学、厦门理工学院、厦门工学院。

（吴 悦）

2022年，福建省皮划赛艇运动管理中心在全国锦标赛和冠军赛上获28枚金牌。图为5月5日，中心运动员开展训练 （林志杰 摄）

## 驻区体育机构

【概况】 2022年，集美区有驻区体育机构2所，核定编制人员230人，其中管理人员20人，专业技术人员39人，运动员171人。全年参加各类国际性比赛和全国性比赛获金牌46枚、银牌49枚、铜牌52枚。

【福建省皮划赛艇运动管理中心】 2022年，福建省皮划赛艇运动管理中心（以下简称“中心”）核定编制133人，其中管理人员12人、专业技术人员23人、运动员98人。有国家级教练2人、高中级教练14人、在训运动员144人。截至年底，中心8人获“国际级运动健将”称号，31人获“国家级运动健将”称号，国家一级运动员83人。组织参加国际性比赛10次、全国性比赛13次，获全国性比赛赛场体育道德风尚奖10人次。年内，该中心在世界锦标赛上获银牌1枚、铜牌1枚、世界杯铜牌5枚。全国锦标赛和冠军赛上获金牌28枚（全运会12个项目）、银牌34枚（全运会15个项目）、铜牌40枚（全运会20个项目）。 （高艳华）

【福建省帆船帆板运动管理中心】 2022年，福建省帆船帆板运动管理中心人员编制97名，其中管理人员8人、专业技术人员16人、运动员73人。运动员代表国家队、福建省参加各类国际性和全国性重大比赛，获奖牌109枚，其中金牌18枚、银牌14枚、铜牌11枚，第4名至第8名80次。省级男子帆板运动员黄齐滨获2022意大利世界青年风筝水翼板锦标赛亚军。

（叶 兵）

# 卫　生

## 综　述

【卫生事业发展】 2022年，集美区有医疗卫生机构430家，其中市属医疗机构4家、市区两级公共卫生机构5家、街道社区卫生服务中心4家，镇卫生院2家，社区（村）卫生所33家，民营医院6家，门诊部62家，其他312家。有床位2158张，其中市属医疗机构1728张、区属医疗卫生机构80张、民营医疗机构350张。全区有执业（助理）医师2285人；区属基层医疗机构全年门诊量110.1万人次。

2022年，集美区贯彻落实上级关于新冠病毒感染疫情防控的决策部署和指示要求，因时因势调整防控重点，做实做细常态化精准防控，推广新冠疫苗全民接种。同时，持续深化医药卫生体制改革，公共卫生服务能力建设、重点人群健康服务、行业综合监管、人口家庭发展等重点任务有序进行，推进健康集美建设；后溪镇卫生院达到“全国优质服务基层行”推荐标准，侨英街道社区卫生服务中心、集美街道社区卫生服务中心通过社区医院评估。

【医联体建设】 2022年，集美区深化与厦门医学院附属第二医院（以下简称“二院”）、厦门大学附属心血管病医院（以下简称“厦心”）的医联体协作机制，推进高血压、糖尿病、消化系统疾病、慢性肺病的分级诊疗，畅通心电、数字化X射线摄影系统（DR）协同通道；在全市范围内率先落实“两个允许”（允许医疗卫生机构突破现行事业单位工资调控水平，允许医疗服务收入扣除成本并按规定提取各项基金后主要用于人员奖励）政策，深化市、区妇幼保健院医联体建设，与市妇幼保健院签订“构建市区妇幼保健院紧密型医联体托管协议书”，提升综合管理、医疗服务、科室业务等方面水平和质量。年内，全区基层医疗机构和二院、厦心实施心电协同3.93万人次，DR协同5959人次。做好慢病分级诊疗，开展扩病种工作，截至年底，实现15个慢性病病种在全区6家基层医疗卫生机构全覆盖。持续推进专病医联体建设，与中山医院、第一医院、心血管病医院、中医院、第二医院、仙岳医院等医院专病专科建立合作，让辖区群众在家门口就能享受更专业优质的医疗健康服务。参与市“健厦工程”——三师共管胸痛防治一体化建设项目，灌口镇中心卫生院、杏滨街道社区卫生服务中心、集美街道社区卫生服务中心、侨英街道社区卫生服务中心、后溪镇卫生院通过厦门市胸痛救治单元的认证验收。

【“互联网+”健康服务】 2022年，集美区深化“互联网+家庭医生”签约服务。组建家庭医生签约服务团队102个，签约13.36万人，签约覆盖率35.32%。其中，高血压签约市级指标完成率85.69%，糖尿病签约市级指标完成率106.89%，65岁以上老年人签约市级指标完成率78.07%；高血压续签率90.59%，糖尿病续签率91.92%，65岁以上老年人续签率93.1%。社区居民慢性病用药实现自助取药，6家基层医疗机构的24小时无人值守智慧药房开具处方1069张。

【医疗行业整治】 2022年，集美区2家二级民营医院与片区派出所共建医院警务室，医院监控系统与公安机关系统对接联网及数据共享，配备相应安全检查设备，使用通过式金属探测门落实安检工作。全年发现医疗机构乱象线索17条（含无证行医线索4条），立案查处17件，化解医疗纠纷241起。

【医疗资源建设】 2022年，集美区在建的四川大学华西厦门医院部分科室启动对外服务；厦门医学院附属口腔医院集美院区投入使用；厦门市妇幼保健院集美院区开展室内外装修及机电安装。厦门大学附属第一医院杏林医院及血站分中心于年底动工。年内，集美区继续推进服务人口超过10万人的镇（街道）卫生服务中心分中心建设，杏滨街道社区卫生服务中心分中心——锦园社区卫生服务中心开始办理竣工验收手续；后溪镇卫生院分中心——北站社区卫生服务中心地上主体结构于12月9日完成封顶。

（亢一飞）

## 疾病防控与卫生应急管理

【概况】 2022年，集美区疾病预防控制中心（以下简称“集美区疾控中心”）儿童卡介苗接种率100%，脊灰疫苗接种率99.71%，百白破三联苗接种率99.64%，含麻类疫苗接种率99.30%，乙肝疫苗接种率99.72%，乙脑疫苗接种率99.50%，流脑疫苗接种率99.09%，甲肝疫苗接种率99.34%。收到预警信号2985条，经核实均为非疑似事件。全年无甲类传染病报告；

乙类传染病 3047 例，发病率 287.32/10 万，比上年增长 59.3%；丙类传染病 5823 例，发病率 549.08/10 万，增长 109.3%。创建“无烟单位”132 家、健康社区 30 家、健康食堂 11 家、健康餐厅 10 家、健康单位 10 家、健康学校 10 所、健康小屋 42 家；开展死因监测、肿瘤随访登记、心脑血管事件报告、国家伤害监测、居民健康素养监测等。全年开展健康讲座 146 场、义诊咨询 68 场，其中新冠病毒感染疫情防控专场 16 场，累计受益 3.14 万人次。年内，集美区疾控中心被中国疾病预防控制中心慢病中心授予产品伤害监测优秀单位称号。

【疫情防控】 2022 年，集美区疾控中心实验室进行终末消毒 749 处，消毒总面积 15 万平方米，开展消毒质量监测 25 次，消毒效果均合格。

【霍乱监测】 2022 年，集美区各级各类医疗单位肠道门诊报告腹泻病例 69 例、粪检 69 例，未检出霍乱弧菌，未发现霍乱病人和带菌者。5—10 月，在大型商超、近海水域等场所采集水产品 240 份、外环境 180 份，均未检出霍乱弧菌。2022 年集美区无霍乱病例报告。

【人感染高致病性禽流感监测】 2022 年，集美区疾控中心在后溪新村、杏林白泉市场开展禽流感职业暴露人群血清学监测和外环境监测工作，采集散养户血清标本 20 人份、外环境标本 20 份送厦门市疾控中心检测，其中 1 份报告甲型流感病毒核酸 H9 阳性，结合现场流调和疫情主动监测，未接到辖区居民感染 H7N9 流感病例报告。

【鼠疫监测】 2022 年，集美区疾控中心在辖区内省级鼠疫监测点捕获活鼠 180 只，鼠血及鼠肝脾检验结果均为阴性，未捕获印鼠客蚤。

【人畜共患病防控】 2022 年，集美区报告 5 例布鲁氏杆菌病病例，其中后溪镇 3 例、集美街道 1 例、侨英街道 1 例。经调查病例间无关联，为散发疫情。集美区疾控中心除通报农业部门和市场监管部门外，还加强对人畜共患病防控知识的宣传，提高民众自我防范意识。

【疟疾监测】 2022 年 5—10 月，集美区每月开展 2 次通宵诱捕，捕获三带喙库蚊 390 只、致倦库蚊 457 只，库蚊密度 70.6 只 / 人 · 夜。监测数据显示，三带喙库蚊和致倦库蚊是蚊媒中的优势种，分别占监测数据的 46.0%、54.0%。

【登革热监测】 2022 年 3 月至 11 月，集美区作为省级监测点，在辖区选取 2 个村（居）、1 个酒店、1 个医院开展登革热媒介伊蚊孳生地每月上下旬两次监测，在登革热传播风险级别上属于中、低度传播风险。5 月和 11 月，在灌口镇中心卫生院采集辖区健康人群血清各 100 份送厦门市疾控中心做登革热抗体水平检测，结果均为阴性。

【病媒生物监测】 2022 年，集美区作为国家级病媒生物监测点，从 3 月开始每月开展 2 次蚊密度监测，捕获蚊子 312 只，平均密度为 0.13 只 / 小时，密度时间分布以 5 月最高 0.28 只 / 小时，12 月最低 0.05 只 / 小时。养殖场平均密度最高为 0.21 只 / 小时，医院平均密度最低为 0.08 只 / 小时。

【碘缺乏病监测】 2022 年，集美区在辖区 5 个镇（街道）开展 8 ~ 10 岁的儿童和孕妇碘缺乏病监测，采集学生家中食用盐样 202 份，盐碘中位数 24.9 毫克 / 千克，合格碘盐覆盖率 97.5%。采集学生尿样 202 份，尿碘中位数 182.8 微克 / 升。开展学生甲状腺 B 超检查 202 人次，甲状腺肿大率 3.5%。采集孕妇家中食用盐样 105 份，合格碘盐食用率 94.3%。采集孕妇尿样 105 份，尿碘中位数 158.2 微克 / 升。监测结果显示，集美区重点人群碘营养处于适宜水平。年内，集美区开展碘营养调查工作，在 5 个镇（街道）完成 120 名成人尿样、碘盐的采集，结果盐碘中位数 24 毫克 / 千克；成人尿碘中位数 124.0 微克 / 升，碘营养处于适宜水平。

【艾滋病防治与管理】 2022 年，集美区报告 HIV（人免疫缺陷病毒）感染者 / 艾滋病病人首次流调率 100%，抗病毒治疗覆盖率 95.5%。完成高危人群检测 759 人，完成检测咨询 1543 人。艾滋病高校宣教干预项目覆盖辖区 6 所高校，宣传覆盖 5 万余名青年学生。完成机关单位艾滋病防治考试，2000 余人参加。艾滋病日宣传周期间，投放朋友圈艾滋病宣传广告 33 万条，在地铁、公交站牌等投放宣传海报 34 幅。

【结核病防治】 2022 年，集美区直报单位应报告疑似、确诊肺结核病例 1800 例，实际报告 1800 例。其中，住址为集美辖区的应报告 1104 例，实际报告 1104 例；应追踪 439 人，实际追踪到位 439 人，追踪到位率 100%，总体到位率 99.0%。活动肺结核登记管理任务数 260 例，全年完成 185 例，完成全年任务数 71.2%，比上年增加 5 例，增长 2.8%；2021 年登记病人 180 人，治疗满一年转归情况，其中治疗成功 170 人，治疗成功率 94.4%。完成每季度一轮的乡镇结核病防控督导工作，督导 4 轮次。全年接收报告疑似、确诊的学校结核病信息 38 条，经调查核实为辖区内学校结核病确诊病例 30 例，比上年增长 7.1%，并完成密切接触者筛查。与华侨大学和厦门理工学院分别组织开展“生命至上，全民行动，共享健康，终结结核”的防结核宣传系列活动，各镇卫生院、街道社区卫生服务中心全年开展结核病讲座8场，义诊8场，现场宣传活动2场。

【免疫规划相关传染病监测】 2022年，集美区报告疑似麻疹风疹病例5例，经流行病学调查及实验室检测，2例为风疹、3例排除麻疹风疹病例。全年无集体单位麻疹暴发疫情发生，各项监测指标均达到国家监测方案要求。报告AFP（急性弛缓性麻痹）疑似病例4例，排除AFP病例4例。15岁以下乙肝13例，流行性腮腺炎11例，百日咳41例，甲肝8例，无脊髓灰质炎、新生儿破伤风、乙脑、流脑、白喉病例报告。

【严重精神障碍患者管理】 2022年，集美区在册严重精神障碍患者3473例，报告患病率3.35‰。规范管理率72.16%，面访率89.84%，服药率89.92%，规律服药率69.62%；精神分裂症服药率89.45%，精神分裂症规律服药率70.01%，参加社区康复服务率86.44%。年内开展的精神卫生知识知晓率调查结果显示，知晓度高的占71%，基本知晓的占23%，知晓度低的占6%。

【其他疾病和健康监测】 2022年，集美区继续开展死因监测、伤害监测等工作。其中，死因监测报告1826例，肿瘤发病报告1939例，伤害监测报告4.02万例。心脑血管事件报告1650例，心脑血管发病率377.66/10万。

【居民健康素养监测】 2022年，集美区开展居民健康素养监测问卷调查，覆盖区6个镇（街道）、12个村（居），随机抽取15～69岁调查对象600人。调查结果显示，集美区居民健康素养水平30.83%，其中男性健康素养水平31.96%、女性健康素养水平29.41%。居民三个方面健康素养水平：基本知识和理念素养水平48.12%，健康生活方式与行为素养水平31.81%，基本技能素养水平35.24%。六类健康问题素养水平由高到低依次为：安全与急救71.94%、科学健康观59.22%、健康信息47.63%、传染病防治素养36.38%、慢性病防治素养30.67%、基本医疗素养22.68%。

【健康危害因素监测】 2022年，集美区完成国家公共场所监督抽检2轮次13家次，检测项目数428个，合格329个，合格率76.87%。完成生活饮用水采样监测4次，采集样品112份，合格率100%；完成辖区86份食品安全风险监测食品采样、150份药食同源物质消费状况问卷调查、50家企业工作场所职业病危害因素监测。50家企业工作场所职业病危害因素监测样本861份，合格677份，样本合格率78.6%。完成34名尘肺病病例随访、420名一线劳动者主动监测的职业健康体检、50名一线工人的健康素养调查、7例疑似职业病病例审核、12例职业病诊断病例审核、10所学校学生常见病和健康影响因素监测与干预工作。完成食源性疾病病例报表审核341份，发现暴发线索3条、规范处置3次，均未达突发公共卫生事件水平。

【免疫预防接种】 2022年，集美区开展儿童常规免疫接种，实际完成接种情况分别为：卡介苗7707剂次，接种率100%；脊灰疫苗9003剂次，接种率99.71%；百白破三联苗9285剂次，接种率99.64%；含麻类疫苗9136剂次，接种率99.30%；乙肝疫苗9223剂次，接种率99.72%；乙脑疫苗9396剂次，接种率99.50%；流脑疫苗9573剂次，接种率99.09%；甲肝疫苗9927剂次，接种率99.34%。根据《厦门市国产2价HPV疫苗接种实施方案》，针对学籍在集美区的13～14周岁半的女生开展免费二价人乳头瘤病毒（HPV）疫苗接种服务，接种6738人、1.03万剂次。截至年底，报告疑似预防接种异常反应147例，其中一般反应131例、异常反应11例、偶合症5例，均未出现严重不良反应。查漏补种月活动：查漏补种应种人数2.53万人，完成全程补种人数2.42万人，补种率95.69%，其中脊灰疫苗人数：脊灰疫苗6688名目标儿童，6410名儿童接种脊髓灰质炎疫苗，补种率95.84%。应种麻疹类疫苗人数3455名目标儿童，3311名接种麻疹类疫苗，补种率95.83%。其他各苗接种率均大于95%。集美区免疫规划各疫苗补种接种率均在95%以上，完成此次查漏补种工作要求。

【公共卫生事件处置】 2022年，集美区报告65起传染病聚集性疫情，其中水痘疫情1起、手足口病疫情6起、急性胃肠炎疫情3起、流感样聚集性疫情55起；报告1起突发公共卫生事件，为幼儿园手足口病暴发疫情，事件未达到分级标准，为未定级突发公共卫生事件。上述事件均经流调后下发防控措施建议，事件得以有效控制。

【健康教育与健康促进】 2022年，集美区制定下发社区健康教育与健康促进工作要点；开展基层医疗机构基本公共卫生项目——健康教育工作培训1次，参训12人；开展健康素养工作培训2场，参训33人，安排部署集美区健康素养监测工作；开展健康知识进万家小程序的居民绑定及健康知识的推送，构建健康生活方式指导员区域负责体系。创建2家健康促进社区：后溪镇前进村、杏滨街道前场社区。通过“集美疾控”微信公众号发布包括科学补碘、“碘”亮智慧人生、全国疟疾日、防治核心信息、爱国卫生月及结核日、世界无烟日、高血压日、健康生活方式月等主题健康宣传。

【全民健康生活方式月活动】 2022年9月，集美区开展全民健康生活方式月“三减三健健康相伴”宣传，联合侨英小学、厦门外国语学校集美校区，在华侨大学通过短视频方式开展校内宣传活动；开展社区义诊6场，参加人数420人次；讲座3场，参加人数102人次；发放宣传材料2480余份以及腰围尺、限盐勺、控油壶、BMI（身体质量指数）计算转盘等支持工具240余份。组织辖区各部门单位28队280人参加全国“万步有约”健走大赛活动，获得福建省第二名，2家单位获得行业奖、5家单位获得全国优秀健走组织单位奖，9名队长获得优秀团队传播信使奖、5名队长获得优秀队长奖、41名队员获得满分奖。

（李标雄）

## 妇幼保健

【概况】 2022年，集美区孕产妇系统保健建卡对象9588人，妇女孕早期检查率96.24%，早孕建册率96.98%，孕妇系统保健管理率95.52%，住院分娩率100%，产后访视率98.42%，剖宫产率34.22%，高危产妇3931人，高危产妇占总产妇数84.88%。6个月纯母乳喂养率63.17%，7岁以下儿童健康管理率95.9%，3岁以下儿童系统管理率93.36%，宫颈癌人群筛查率74.04%，乳腺癌人群筛查率30.8%，婚前医学检查率90.02%，新生儿死亡率0.43‰，婴儿死亡率0.85‰，5岁以下儿童死亡率2.13‰。全年为辖区妇女儿童开展义诊、健康咨询活动7场、科普巡讲61场次，现场参与妇女儿童2300余人次。

（廖怡婷）

【市区妇幼保健院紧密型医联体成立】 2022年2月，集美区政府与厦门市妇幼保健院签订“构建市区妇幼保健院紧密型医联体托管协议书”，共建市区妇幼保健院紧密型医联体。9月23日，集美区政府办印发《集美区妇幼保健院落实“两个允许”政策实施方案》。9月29日，区妇幼保健院加挂“厦门市妇幼保健院医联体合作医院”牌子，正式由厦门市妇幼保健院托管。医联体建设是破除医疗机构发展壁垒、促进城市医疗资源优化配置的重要举措。双方将以人才培养和技术提升为重点，在医院管理、学科建设、科研教学、技术指导等方面开展全方位的交流与合作，切实实现医疗、保健、管理等方面的全面提升。

（林惟琛）

【妇女保健】 2022年，集美区当地户籍孕产妇死亡率为零，孕产妇艾滋病、梅毒检测率100%，乙肝检测率99.95%，孕产妇产前筛查率94.93%，新生儿访视率99.32%。孕前优生健康检查4777人，完成率86.85%。

（廖怡婷）

2022年9月29日，集美区妇幼保健院与厦门市妇幼保健院医联体合作医院揭牌

（许晓霞 摄）

【儿童保健】 2022年，集美区妇幼保健院完成新生入园儿童体检1.59万人。保教人员体检6508人，办理保育人员健康证6508本，发现的法定传染病均在24小时内上报。对112家幼儿园的2.92万名幼儿进行眼验光筛查，正常24267人，可疑异常3281人。异常1697人，异常比例5.8%。儿童口腔门诊1146人次，集体儿童涂氟1.14万人；眼科门诊312人次；新生儿听力复查269人，通过237人，未通过32人，集体儿童听力筛查1.36万人，儿童疾病门诊7831人次。年内举办儿童保健专题讲座30余次，基层儿保医师业务培训1次。

（席锦红）

【计划生育技术服务】 2022年，集美区为实行计划生育的夫妻提供免费计划生育技术服务400例。药具免费自助发放机82台、网点225个，全年发放避孕药具2.4万人次，发放58万余只。药具获得率在85%以上，使用有效率在95%以上。组织镇（街道）药具培训2期，培训30余人次。

（陈丽红）

【公共卫生服务】 2022年，集美区继续开展“两癌”（宫颈癌和乳腺癌）检查，检查3926人，有异常状况均转上级医院治疗并定期随访。开展优生优育、避孕节育、生殖健康咨询指导9500余人次；婚孕检完成9296例，优检率86.85%，婚检率90.01%。完成地中海贫血筛查2939对，地中海贫血基因检测46对，检出地中海贫血基因携带者30例。完成产前筛查1835人次。落实免费增补叶酸预防神经管缺陷项目，免费发放叶酸4344人（市级指标3100人），完成率140.13%。落实预防艾滋病、梅毒和乙肝母婴传播项目，全区针对初次接受产前保健的孕妇免费开展艾滋病病毒（HIV）筛查9361人，梅毒筛查9381人，乙肝病毒筛查9355人。

（张芙蓉 廖怡婷）

## 卫生监督

**【概况】** 2022年，集美区卫生和计划生育监督所（以下简称“集美区卫计监督所”）开展各类公共场所、二次供水单位、医疗机构卫生等监督检查工作，公共场所1680家次、二次供水235家次、学校卫生90家次。全年受理投诉件340起，反馈340件。其中，医疗类241件，公卫类62件，职业卫生类7件，其他类别30件。

**【卫生行政许可】** 2022年，集美区卫计监督所接收并回复咨询件3848件，受理并办结行政许可件和公共服务件2227件，电子证照系统录入件证照及批文件2071件，国家卫生和计划生育监督平台的信息录入和维护114件，公共信用管理工作平台上报信息2227件，商事信息管理平台系统录入信息521件，维护福建省网上办事系统、厦门市权责清单系统信息和集美区政府网办事大厅1550次，完成许可档案制作2227件。

**【卫生监督稽查】** 2022年，集美区卫计监督所受理投诉件340件，反馈340件。其中，医疗类241件，公卫类62件，职业卫生类7件，其他类别30件。受理案件52件，其中一般程序32件（医疗17件、公卫9件、消毒产品5件、集中式餐饮具1件），简易程序20件（医疗6件、公卫12件、集中式餐饮具1件、职业健康1件）。结案46件（医疗18件、公卫21件，消毒产品5件，其他2件）。罚款26.76万元，没收违法所得1.45万元。及时将案件录入至国家卫生计生监督信息平台和集美区公共信用管理工作平台等信息平台。

**【医疗服务市场整治】** 2022年，集美区卫计监督所开展打击无证行医监督检查120余次，责令无证行医者停止执业活动，其中立案行政处罚无证行医5件，罚款10.1万元。全年处理各类医疗投诉241件，对违反法律法规的医疗机构予以立案行政处罚，全年立案行政处罚17件（包含无证行医），罚款19.1万元。

**【公共场所卫生】** 2022年，集美区卫计监督所监督检查公共场所1680家次，二次供水235家次，学校卫生90家次。完成公共场所国家“双随机”（随机抽取检查对象、随机选派执法检查人员）任务单68家（包括住宿场所、沐浴场所、商场、美容美发场所，不含游泳场所），监督完成率100%。7月和8月，对全区有营业的30家游泳场所开展监督抽检，抽检结果显示，泳池水质卫生25家合格、5家不合格，合格率83.3%；对抽检不合格单位，均给予警告处罚。对辖区近800家公共场所进行控烟督查，范围涉及酒店、宾馆、KTV（提供卡拉OK影音设备与视唱空间的场所）、电影院、美容美发店、医疗机构等人员较为密集的室内场所，出动280人次，发放1200余张宣传材料与禁烟标识。对在室内公共场所吸烟行为当场处罚6起，处罚金300元。完成6次水厂水质监督监测和国家“双随机”任务清单中10家二次供水单位的监督抽检工作，出动卫生监督员48人次、车辆10辆次，下达监督执法文书16份。

**【职业卫生】** 2022年，集美区卫计监督所结合“职业病防治法宣传周”“进企业送健康”等活动，提升职业病防治知识普及率。完成国家“双随机”清单中的120家职业卫生用人单位、2家职业健康检查机构的监督检查。完成对纳入专项的4家化工企业、3家建材企业的尘毒危害治理，督促其申报率、有效体检率、场所检测率、“三类人员”（主要负责人、职业卫生管理人员、接触危害劳动者）培训率等指标达标准以上。分批摸排筛查国家健康委下达的8282家企业清单，最终确定24家超标工业企业被纳入职业病专项治理。初次申报企业74家，参与市级健康企业建设、“职业健康达人”评选，推荐7家市级健康企业、8个健康达人，并以创建验收为契机，加强自查自纠，在辖区营造健康企业氛围。推进职业健康检查机构“信用+综合监管”试点，选取锦园中医院、东南医院2家职业健康检查机构，建立医生、护士、检验师等工作人员诚信档案28份。开展分级分类监督执法试点工作，有6家企业完成职业病危害综合风险评估，并报送存档备查。全年监督执法检查各类企业300余家，出动执法人员约800人次，下达各类执法文书320余份。

**【行业监管】** 2022年，集美区卫计监督所对辖区民营医院、镇卫生院、社区卫生服务中心、门诊部、诊所等医疗机构进行现场监督检查，新冠病毒感染疫情防控期间，重点检查医疗机构传染病疫情报告和控制、消毒隔离制度执行情况、预检分诊、落实查验患者场所码及健康码、发热转诊报告、医疗废物管理情况、落实工作人员核酸检测频次等，现场抽查部分医务人员手卫生、职业暴露、消毒记录、防护用品、医疗废物处置等重要环节。检查医疗机构820余家次，责令立即改正200余家次，对落实新冠病毒感染疫情防控工作不到位的32家医疗机构进行关闭整顿。开展高速核酸采样点、船舶核酸采样点、集美区便民核酸采样点督导，出动卫生监督员300余人次，督导采样点490余家次。开展大型商超、酒店等重点场所专项督导，重点针对厦门日东花园酒店、明珠海湾酒店2家入境集中医学观察酒店，出动车辆

120多辆次，出动人员300多人次。安排监督员每日对集中医学观察酒店疫情防控情况进行监控检查，对检查出的问题由片区监督员对接酒店专班和负责人责令限时整改。结合文明城市、卫生城市创建，做好各类公共场所卫生监督工作，检查经营单位800家次，出动卫生监督执法人员280人次。创建期间，每日对辖区各监管单位进行监督检查，先重点路段、重点单位、重点区域，后偏远区域及次要路段；先酒店、宾馆、“四小行业”（小浴室、小美容美发店、小歌舞厅、小旅店），后其他行业。悬挂卫生监督信息公示栏170个，张贴禁烟标识600余张。

（陈锦珊）

## 爱国卫生运动

【概况】 2022年，集美区开展爱国卫生运动，巩固国家卫生城市创建成果。1—2月，以“建设健康家园 共享健康佳节”活动为契机，开展“迎新春”爱国卫生专项活动，助力常态化疫情防控工作。4月，组织区爱国卫生运动委员会各成员单位开展第34个爱国卫生月活动。6—9月，将爱国卫生运动与日常防病工作相结合，开展以“洁净家园 共创文明”为主题的夏季爱国卫生运动。将爱国卫生运动与公共外环境除“四害”（苍蝇、蚊子、老鼠、蟑螂）消杀相结合，全年开展4轮公共外环境除“四害”，实现重点场所和69个村（居）全覆盖，减除“四害”滋生地，预防和控制病媒传染性疾病的发生和流行。

【卫生村镇创建】 2022年，集美区贯彻落实《国务院关于深入开展爱国卫生运动的意见》及农村人居环境等有关文件精神，支持各镇（街道）、各村（居）申报省级卫生村和省级卫生社区。年内，灌口镇灌口第一社区、杏林街道杏北社区被福建省爱卫会确认为福建省卫生社区。

【无烟单位创建】 2022年，集美区继续做好全面禁烟宣传督导，加强无烟学校、无烟单位创建与巩固，推动室内公共场所和工作场所全面禁烟。年内，厦门工商旅游学校等12家单位经区级初审、市级复审，拟被确认为市级“无烟单位”。

（林秀明）

## 镇（街道）卫生机构

【概况】 2022年，集美区有街道社区卫生服务中心4家、镇卫生院2家，社区（村）卫生所35家。截至年底，杏滨街道社区卫生服务中心、集美街道社区卫生服务中心、侨英街道社区卫生服务中心、灌口镇中心卫生院、后溪镇卫生院通过厦门市胸痛救治单元的认证验收。后溪镇卫生院达到“全国优质服务基层行”推荐标准，侨英街道社区卫生服务中心、集美街道社区卫生服务中心通过社区医院创建认证。

【灌口镇中心卫生院】 2022年，厦门市集美区灌口镇中心卫生院（以下简称“灌口镇中心卫生院”）设妇产科、外科、内儿科、全科医疗科、口腔科、耳鼻喉科、皮肤科、中医科、B超与心电图室、检验科、放射科等23个科室，下设标准化村卫生所13所，均开通医保。有职工148人。全年门诊量18.92万人次，比上年增长5%，其中以中医科门诊量增长最为明显。加强居民健康管理，居民健康档案建档12.26万份，建档率70.60%，服务人口17.37万人。加强健康教育，开展义诊咨询活动11场次，健康教育讲座77场次，受益人数4100人；更新健康教育宣传栏21个，制作健康教育宣传材料14种、1.3万份；健康素养监测104人。加强0～6岁儿童健康管理，0～6岁儿童体检1.96万人，其中幼儿园7868人，体弱儿、高危儿管理1903人，艾滋病、梅毒、乙肝感染孕产妇所生儿童随访78人，中医保健4700人；视力筛查1.18万人次，黄疸指数检测1195人次，骨密度检测2345人次。加强预防接种，建卡数3709人，建卡率100%；一类苗接种数3.15万人次，二类苗接种数2.11万人次，院内接种新冠疫苗5.14万人次，免费二价宫颈癌疫苗接种数1906人次。按规范要求进行预防接种反应监测，报告疑似预防接种反应16例。加强孕产妇健康管理，孕早、中、晚期健康管理分别为1929人、4840人和8654人，产后访视2108人、产后42天健康检查96人，叶酸免费发放354人。加强老年人健康管理，65岁及以上服务对象任务数7672人，实际建档数8270份，建档率107.79%；体检4811人，体检率62.71%。60～64岁服务对象2680人，体检1796人，体检率67.01%。加强高血压患者健康管理。全年管理高血压患者5432例，体检5226例，随访5.48万人次。加强Ⅱ型糖尿病患者健康管理，全年管理糖尿病患者1907例，体检2089例，随访2.36万人次。加强严重精神障碍患者管理，在册患者人数691人，患病报告率4.28‰，当年在管患者人数613人，规范管理率80.8%；在册患者服药率97%，规范服药率80%。加强传染病及突发公共卫生事件报告和处理，发现传染病166例，报告166例，报告率和报告及时率均为100%。加强中医药健康管理，65岁以上老年人中医药健康管理人数4777人，覆盖率62.27%；0～3岁儿童中医药健康管理人数4700人，覆盖率90.54%。全年开具死亡医学证明288份，开展随访肿瘤病人639例。年内，灌口镇中心卫生院完成老年友善医疗机构建设；通过厦门市胸痛救治单元认证验收；新购置联影CT（电子计算机断层扫描）投入临床使用。

（吕鑫炎）

【后溪镇卫生院】 2022年，厦门市集

美区后溪镇卫生院（以下简称“后溪镇卫生院”）设全科、内科、外科、妇产科、儿科、骨伤科、中医科（中医综合服务区或中医馆）、口腔科、五官科、皮肤科、医技科、预防保健中心、综合病房、供应室等科室，下辖7家镇村卫生服务一体化站（所）。卫生院核定人员编制163人，年内有职工94人。其中，卫技人员77人，其他专技人员10人，管理人员7人。在卫技人员中，高级职称11人（含正高1人）、中级46人、初级19人、工勤岗1人。全年门诊量16.4万人次，比上年下降15.03%；业务收入3709.11万元，增长24.76%；家庭医生签约服务7.26万人，签约率41.24%。建立村（居）民电子健康档案10.79万份，建档率60.45%；动态记录档案8.51万份，使用率80%。全年发放健康教育资料20种1.8万份，播放健康教育音像资料22种515次，播放音像资料时长1683小时；举办健康教育讲座14次，举办健康教育咨询10次。建立预防接种证3276人，建证率100%；乙肝疫苗、卡介苗、脊灰疫苗、百白破疫苗接种分别为2206人次、74人次、5474人次和4739人次；接受一次及以上访视的新生儿1167人，访视率97.33%；接受一次及以上随访的0～6岁儿童1.21万人，儿童健康管理率110.54%；怀孕13周之前建册并进行第一次产前检查的孕产妇1174人，早孕建册率97.91%；产妇出院后28天内接受过产后访视的产妇1179人，产后访视率98.33%。65岁以上老人体检3416人，建立健康档案的65岁及以上老年人5756人，老年人健康管理服务人数3416人，健康管理率59.35%；高血压患者管理数4095人，按照规范要求进行健康管理的3741人，规范管理率91.36%；最近一次随访血压达标人数3578人，管理人群血压控制率73.8%；被纳入管理的Ⅱ型糖尿病患者1534人，最近一次随访空腹血糖达标人数1063人，管理人群血糖控制率69.30%；按照规范要求进行Ⅱ型糖尿病患者健康管理的1257人，规范管理率81.94%；在册居家严重精神障碍患者健康管理人数434人，管理率94.47%。管理肺结核患者19人，管理率100%；发现卫生计生监督协管报告的事件或线索27次。开展新冠病毒感染相关重点人群管理或监测数8.66万人次，接种新冠疫苗23.84万人次。

2022年，后溪镇卫生院参加全国医疗卫生机构优质服务基层行活动获批通过“推荐标准”；被全国呼吸专科医联体、国家呼吸疾病医疗质控中心、国家PCCM（呼吸与危重症医学科）科项目办公室授予“基层医疗几个呼吸疾病规范化防诊治体系与能力建设项目”优秀单位称号；被中国疾控中心慢病中心关于产品伤害监测工作评为“优秀单位”。该院公共卫生科上榜厦门市“五一先锋号”先进集体。陈拥军被评为中国农村卫生协会“优秀乡镇卫生院院长”；苏添水被中国疾控中心慢病中心评为“关于产品伤害监测工作优秀个人”。（林艺荣）

【集美街道社区卫生服务中心】 2022年，厦门市集美区集美街道社区卫生服务中心（以下简称“集美街道社区卫生服务中心”）有在岗人员40人，其中正高职称1人、副高职称4人、中级20人、初级10人、乡医1人、后勤人员4人。全年门诊17万人次，总收入3375.12万元；预防接种2.19万人次，二类疫苗收入490.43万元。该中心的中医科、理疗科为特色科室，有副主任医师2人、主治中医师3人，能开展针灸、推拿、穴位贴敷、拔罐、艾灸、刮痧、小针刀、放血、药膳、三伏灸等疗法，全年中医门诊2.36万人次，理疗门诊1.11万人次，中药饮片处方占10.65%，非药物处方占9.47%。年内，专家下社区326人次，接诊6532人次，双向转诊40人次。心电协同检查6088人次，数字成像技术（DR）155人次。推广慢病长处方4.35万张，比上年增长5.78%。与厦门医学院开展协作共建，建立教学、培训基地。开展医养结合居家养老服务，65岁以上老年人医养结合服务人口4275人，为辖区内养老机构快速检测血液标本200余份，开启双向转诊绿色通道50余人次。参与各项疫情防控任务2500余次。该中心连续3年获

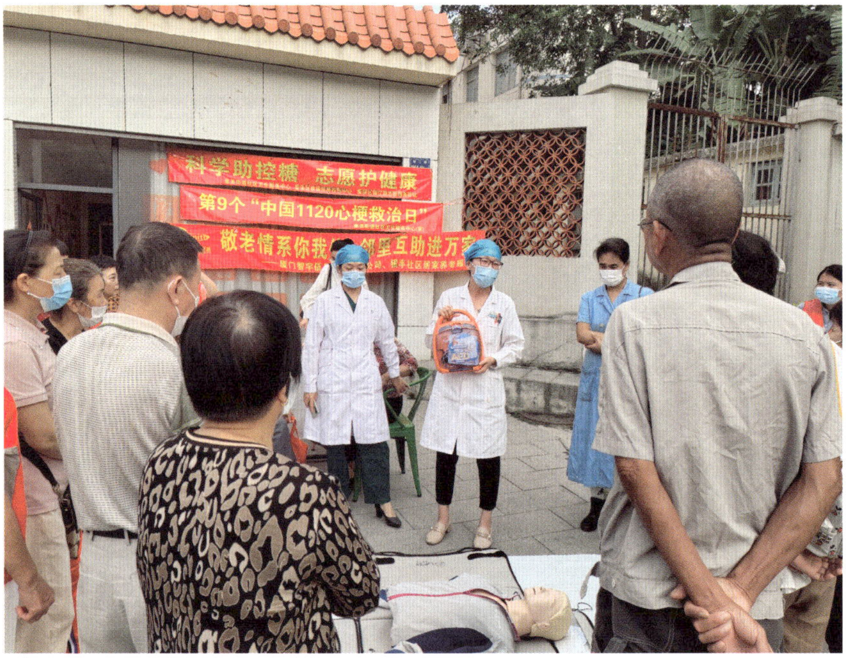


2022年11月21日，集美街道社区卫生服务中心医生为辖区居民讲解AED（自动体外除颤仪）的使用及急救知识（黄慧玲 摄）

得厦门市全市基层医疗卫生机构综合激励考核第一名。

2022年，集美街道社区卫生服务中心设置健康教育宣传栏8个，举办健康讲座15次、宣传活动13次，发放常见病、多发病防治宣传材料1.35万份，接受健康教育咨询1670人。辖区内常住居民建立健康档案4.68万人，建档率61.98%。孕妇建卡326人，产前检查415人次，产后随访326人次。开展线上孕妇学校课程学习6631人次。新生儿家庭访视326人次，健康管理（0～3岁）2942人次，学前管理（3～6岁）2688人次，儿童健康管理率97.8%，建卡率、建证率均为100%。疫苗接种21925人次，其中，一类疫苗接种7889人次、二类疫苗接种14036人次。辖区登记在册严重精神障碍患者311人，规范管理280人，规范管理率90.03%。传染病管理14例，无突发公共卫生事件。协助管理非住院结核病人20人，管理率、服药率均为100%。为儿童开展中医保健1074人，65岁以上老年人中医体质辨识3571人，中医药健康管理率83.53%。65岁以上老年人体检3478人，体检率81.36%；管理高血压患者3890人，规范管理率100%，体检3580人；管理糖尿病患者1548人，规范管理率100%，体检1125人。截至年底，集美街道家庭医生签约3.41万人，签约率44.7%，其中65岁以上老年人签约4686人，高血压患者签约3869人，糖尿病患者签约1546人，i健康线上咨询量6151条、健康教育11.51万条、代预约730次；完成线上长处方101次；家庭病床建床11床；家庭医生签约服务疾病筛查4875人次，80岁家庭医生签约人群入户576人（含老年人护理评估）。

（黄慧玲）

【杏林街道社区卫生服务中心】 2022年，厦门市集美区杏林街道社区卫生服务中心（以下简称“杏林街道社区卫生服务中心”）设全科、内科、外科、妇产科、中医科、口腔科、医技、预防保健等科室，下设5个卫生所。年末在编职工61人，其中卫技人员57人。在卫技人员中，正高职称1人、副高8人、中级31人。全年门诊量20.9万人次，比上年增长1.32%。发放健康教育资料21种1.75万份；播放健康教育音像资料种类32种，共224次1455小时；开设健康教育宣传栏2个；举办健康教育讲座24次，参加人数1120人次；举办健康教育咨询活动13次，参与活动1082人次。7岁以下儿童管理人数2.10万人，管理率90.27%。3岁以下儿童7714人，被纳入管理人数7117人，管理率92.26%。幼儿园儿童体检1.20万人，检查率99.31%。新生儿、新流入儿童预防接种新建卡5834人，建卡率100%。一类疫苗接种3.98万人次，二类苗接种4.66万人次。产妇1593人，新生儿活产数1615人，接受产前检查1592人，产前检查率98.58%；孕早期建卡1555人，检查率97.61%；产后访视1581人，访视率97.89%；高危孕产妇1356人，管理率100%。孕产妇系统管理1543人，管理率95.54%。全年登记管理65岁及以上老年人1.03万人，接受健康管理6365人，体检6365人，体检率61.53%。全年家庭医生签约2.91万人，签约率31.86%，厦门i健康绑定率45.97%。登记管理并提供随访高血压患者6397人，按照规范要求进行健康管理4892人，管理率76.47%。管理糖尿病患者2596人，规范管理1841人，管理率70.92%。全年传染病报告10例，结核病随访管理44人，协助疾控电话随访2516人，完成治疗25人，规范服药44人。登记在册的严重精神障碍患者540人，按照规范要求进行管理489人，管理率90.56%。中医非药物治疗处方数5513张，占总处方数2.85%。全年中医中药处方2.10万张，占总处方数的10.81%。接受中医药健康管理服务65岁以上老年人7291人，管理率70.49%。3岁以下中医药健康管理6822人，管理率88.43%。

（吴振霖）

【侨英街道社区卫生服务中心】 2022年，厦门市集美区侨英街道社区卫生服务中心（以下简称“侨英街道社区卫生服务中心”）设有全科、内科、外科、妇科、儿科、口腔科、中医科、康复理疗科、皮肤科、检验科、放射科、B超室、健康体检中心、预防保健科、儿童保健科、妇女保健科、口腔科17个业务科室和综合科、医务科、公共卫生科、护理部、社区管理科、慢病管理科6个职能科室，下设4个社区卫生服务站，在岗职工总数91人，其中卫生专业技术人员83人（高级9人、中级61人、初级13人），医师41人（含全科医生24人、影像医师2人）、护士28人、药剂师8人、检验技师5人、影像技师3人（含影像医师2人）。该中心还有柔性引进高级人才8人，厦门市第二医院医联体专家9人，厦门市第一医院专家1人。全年门诊量18.80万人次（不含防疫门诊8.13万人次），其中中医诊疗4.81万人次，中医非药物诊疗2098人次；医疗业务收入3295.42万元。组建家庭医生服务团队20个，签约居民21871人，其中常住人口签约数1.46万人，常住人口签约续签率66.80%。建立居民健康电子档案15.91万份，建档率61.2%，其中65岁以上老年人健康档案8161份，高血压患者建档并管理5222份，糖尿病患者建档并管理2154份。计划免疫预防接种8.13万人次，接种率95%以上；严重精神障碍在管患者711人，管理率90.46%。

（官德平）

【杏滨街道社区卫生服务中心】 2022年，厦门市集美区杏滨街道社区卫生服务中心（以下简称“杏滨街道社区卫生服务中心”）业务用房面积3600平方米，在岗职工89人，其中高级职称5人、中级53人，全科医生23人，引进专家17人。该中心设有全科、内科、外科、儿科、中医科、防疫科、妇产科、儿保科、中医骨伤科、口腔科等科室，下设5个社区卫生所。全年总诊疗人数37.72万人次，其中基层门诊35.28万人次。年内，该中心防疫科获厦门市“五一先锋号”称号，团支部入选2021年度“厦门市五四红旗团（总）支部”，林小华获“厦门市卫生系统优秀护士”称号。

2022年，杏滨街道社区卫生服务中心家庭医生签约8.92万人，其中65岁老年人签约4446人、高血压人群签约5391人、糖尿病人群签约2225人。该中心成立30个家庭医生团队，提供咨询、预约、治疗、健康指导、应急处理等服务。年内预防接种8.52万人次，辖区适龄女生二价宫颈癌疫苗接种1645人次。年末居民健康档案历年累计建档人数17.17万人，其中规范化电子建档17.17万人。举办健康教育讲座、咨询活动44场次，受益2013人次。新生儿活产数1366人，0～6岁儿童健康管理1.68万人，年末孕产妇早孕建册1293人次。65岁以上老年人健康管理6672人，高血压患者管理7044人，糖尿病患者管理2883人。严重精神障碍者管理745人，肺结核患者管理29人。中医药健康管理9408人（其中0～3岁儿童3975人，65岁以上老年人5433人）。传染病和突发公共卫生事件报告77例，卫生监督协管巡查16次。（姜静怡）

## 驻区医疗机构

**【概况】** 2022年，集美区有市属医疗机构4家，分别为厦门医学院附属第二医院（以下简称“二院”）、厦门大学附属第一医院杏林分院（以下简称“杏林分院”）、四川大学华西厦门医院、厦门医学院附属口腔医院集美院区。其中，二院床位1300张、杏林分院床位428张。四川大学华西厦门医院部分科室对外服务；厦门医学院附属口腔医院集美院区投入使用。

**【厦门医学院附属第二医院】** 2022年，厦门医学院附属第二医院职工总数1817人，其中卫生专业技术人员1526人（含医师556人、护士825人）；博士研究生23人、硕士研究生387人；教授19人、副教授53人、硕士研究生导师7人；高级专业技术职称326人；厦门市高层次及骨干人才13人，其中省级领军人才（B类）1人、市级领军人才（C类）11人、骨干人才1人。医院设有临床科室39个，医技辅助科室12个，拥有市级医学中心1个、市级规划重点专科6个、市级优势亚专科2个、厦门市名医工作室2个、院级专家工作室11个、省市级临床重点专科1个、院级重点学科8个，实现互联网医院诊疗服务。全年实际开放床位1300张，门急诊153.46万人次，出院病人5.34万人次，住院患者手术例数1.94万例，三四级手术操作占71.19%，血液透析患者4.96万人次，平均住院日7.55天。全年医疗收入10.79亿元。

年内，厦门医学院附属第二医院获得“省护理学会呼吸专科护理教学基地”称号。作为福建医科大学、福建中医药大学、厦门大学医学院等本科高等医学院校的教学医院，全年承担理论课程97门，总课时量9604学时，临床医技专业实习生198人，申报一流本科课程和教改研究项目10个；申报各级各类科研项目131个，其中省市厅级立项40项，校级课题立项8项，横向立项课题5项；获批继续医学教育项目28个，完成73个院级和650个科室继续医学教育项目。全年发表SCI（科学引文索引）论文24篇，累计影响因子132.03，其中单篇影响因子最高达34.915；获得各类专利18件。接洽20项药物临床试验项目，获立项11项，其中呼吸病医院承接7项、皮肤科承接4项。完成具备经济效益的科技成果转化项目3项。

年内，厦门医学院附属第二医院派出医护人员86人次，完成重大会议、大型体育赛事、各类大型考试等医疗保障任务28场次。派出1500多人次，承接集美区的新冠疫苗接种医疗保障任务；外派926人，完成社区疫苗接种保障1753次。完成集美区征兵体检任务和高招体检约9000人次，疫苗接种门诊完成接种10.11万人次。在疫情防控中，派出医护人员3000余人次参与全市全员核酸检测；选派医护骨干119人次，支援上海、海南、贵州和省内的泉州、福州等地抗击新冠病毒感染疫情。（黄小册）

**【厦门大学附属第一医院杏林分院】** 2022年，厦门大学附属第一医院杏林分院（以下简称“杏林分院”）全院有在职职工643人，其中医技222人、护理293人、药学23人，副高及以上职称201人、硕士博士87人。杏林分院作为新冠病毒感染疫情防控定点医院，收治新冠病毒感染确诊病例3166例（含无症状），其中境外输入2350例（重症2例、普通型1364例、轻型907例、无症状77例）、本土816例（重型9例、普通型456例、轻型342例、无症状9例）。治愈出院3012例（确诊2926例、无症状感染者86例）。全年承接集美区卫健委安排的新冠疫苗接种和保障工作，接种新冠疫苗3.88万人次，保障15.1万人次。年内，杏林分院离退休党支部获评为“福建省级离退休干部示范党支部”。（王雅雯）

# 社会生活

## 人口家庭

【概况】 2022年，根据福建省全员人口服务与管理信息系统和福建省流动人口服务与管理信息系统数据，集美区总人口101.75万人，出生7183人。其中，常住人口40.06万人，出生3577人，出生率9.12‰，出生性别比114.19；流动人口61.69万人（流动人口未包括在校大中专院校学生），出生3606人，出生率5.92‰。女性初婚1061对，晚婚969对，晚婚率91.33%；育妇28.65万人（常住育妇11.14万人，流动育妇17.51万人）；已婚育妇19.85万人（常住已婚育妇8.47万人，流动已婚育妇11.38万人）。死亡1207人，死亡率3.08‰。

【婴幼儿照护服务与母婴设施建设】 2022年，集美区有婴幼儿照护服务机构39家，总托位2592个，其中当年新建的托育机构13家（含6家为普惠托育机构），新增托位1115个（含普惠托位590个），普惠托位增长率295%。截至年底，备案托育机构20家，备案率由上年的18.4%增长至51.28%。建成全市首家工会福利性质的托育机构博雅启萌托育中心姚明织带分园。集美区国有资产投资有限公司建成集美区首家青年聚集区域的普惠性托育机构——嘉幼托育中心。新建集美iOi MALL、灌口万达广场2家母婴室和后溪镇卫生院、集美世茂广场2家多性别使用母婴室。

【计划生育奖扶与慰问帮扶】 2022年，集美区计划生育各项奖励扶助对象1.77万人（户），发放各项奖励扶助金3065.92万元（其中，农村计划生育对象2752人，发放496.73万元；城镇计划生育对象9372人，发放1701.62万元；特别扶助242人，发放367.28万元；农村二女夫妇奖励4350人，发放156.744万元；区级精神抚慰122人，发放120万元；贡献奖励688人，发放66.048万元；紧急救助15户，发放30万元；计划生育家庭升学奖励对象168人，发放127.5万元）。年内，春节慰问计划生育困难家庭71人，发放慰问金7.1万元；计划生育困难女孩家庭帮扶19户，发放慰问金5.4万元。

【人口监测】 2022年，集美区继续把提高人口信息质量作为人口信息监测的基础工程常抓不懈，以福建省全员人口服务与管理信息系统为平台，实行动态管理，完善人员信息，提升集美区人口信息质量。流动人口跨省婚育信息查验率99.97%，跨省协查反馈率100%，省内通报接收及时率100%，人口信息评估综合得分98.71分。灌口镇被厦门市卫健委确定为“人口监测信息质量一级达标单位”。

（陈俊峰）

## 劳动就业

【概况】 2022年，集美区登记在职人数39.99万人，比上年增长9.22%；实现失业人员再就业6648人；城镇新增就业2.71万人；农村富余劳动力转移就业565人；安置公益性岗位就业215人；认定灵活就业人员203人。全年举办线上、线下各类招聘活动221场，提供岗位11万余个次，核发各类奖补资金1.71亿元。

【助企纾困政策落实】 2022年，集美区围绕稳市场主体保就业，加快释放减负稳岗政策红利，助企纾困稳岗位。兑现一次性稳岗补贴、一次性扩岗补助、企业自主招工招才等各项助企纾困政策。年度兑现各类惠企资金8611.97万元，惠及企业2.87万家次。构建“动态监测+精准服务”工作机制，依托企业用工监测系统对全区100人以上用工企业缺工情况进行实时监测，重点围绕监测数据进行用工形势分析，结合实地走访调研掌握企业用工动态变化。着眼春节前后企业用工特点，立足“早谋划、早安排、早行动”，做好“开门稳”“开门红”用工要素保障。开展“点对点”输转工作，组织云南楚雄、甘肃和政、宁夏彭阳等5架次包机，输转来集务工人员709人，包机数量和输转人数占全市一半以上。

【重点群体就业】 2022年，集美区应对高校毕业生总量压力，拓宽大学生就业渠道，加强对高校毕业生群体就业支持。动员用人单位开发就业见习岗位，吸纳2022届高校毕业生和离校未就业毕业生就业。全年征集142家企业提供2245个就业岗位以及73家区直机关事业单位提供166个见习岗位。坚持线上线下相结合，线上运用厦门人才网和集美青年发展友好型城区线上校招专区常态开展网络“云招聘”，吸引338家企业发布职位8416个（次）；线下组织华侨大学、集美大学、厦门理工学院等9场校园招聘会，提供岗位1.06万个次，达成意向

3000余人。开展2022届离校未就业高校毕业生服务攻坚行动，依托就业帮扶“红娘”队伍落实“1311”（1次政策宣介、1次职业指导、3次岗位推介、1次技能培训或就业见习机会）就业服务工作机制，做到“四清、三到位”（人员底数清、就业需求清、帮扶举措清、求职进展清，登记到位、联系到位、帮扶到位），跟进提供实名制服务，帮扶对象就业率位居全市前列。

【困难人员帮扶兜底】 2022年，集美区持续优化服务保障，加强就业帮扶力度，确保困难群体就业路上“不掉队”。在镇（街道）、村（居）设立就业帮扶“红娘”队伍，依托社区网格开展实地走访，对登记的失业人员、就业困难人员“一对一”落实“131”（1次职业指导、3次岗位推荐、1次免费培训）援助措施。全年调查走访失业人员1.45万人次、就业推荐2136次。发挥区人力资源市场日常招聘作用，会同相关部门接续开展“就业援助月”“春风行动”“金秋招聘月”等就业专项服务活动，为企业和就业困难人员搭建对接平台。加大政策补贴力度，鼓励就业困难人员自谋职业灵活就业，持续完善以进企务工为主、灵活就业为辅、公益岗位兜底的就业体系，拓宽就业困难人员就业渠道。全年兑现用人单位招用本市农村劳动力社会保险差额补助2885.16万元，惠及企业1.24万家次；用人单位招用就业困难人员社会保险补贴1284.37万元，惠及企业1156家次；发放灵活就业人员社保补贴758.46万元，惠及群众3535人次；自由职业者社保补贴676.84万元，惠及群众4366人次；受理小额担保贷款申请475万元，兑现创业奖励31.47万元。指导辖区3个创业项目获2022年度大中专毕业生省级资助。

【东西部协作】 2022年，集美区持续推动东西部协作和省内山海协作。重点围绕宁夏回族自治区彭阳县、福建清流县对口帮扶工作，深化完善劳务协作机制。组成工作专班先后3次到彭阳调研，完善劳务协作、校企合作、劳务派遣和劳动技能培训等事宜常态合作机制。紧盯需求精准招聘，建立三方信息共享机制，定期交换供需信息，实现底数清晰、人岗匹配、服务精准。全年4次组织到宁夏、贵州、云南等省（区）外劳务基地招聘用工，缓解辖区企业用工需求。深化东西部劳务协作，与5省（区）10县（宁夏彭阳县，甘肃和政县，江西鄱阳县，贵州习水县、纳雍县以及云南楚雄、大姚县、会泽县、巧家县、陆良县）建立劳务协作关系。全年全区转移宁夏农村劳动力稳定就业3个月以上2706人（含脱贫人口1821人）稳定就业，完成任务数337.75%，其中在厦门市就业务工人员126人（含脱贫人口47人）；在宁夏回族自治区就近就地就业2416人（含脱贫人口1642人）；到其他省份就业农村劳动力164人（含脱贫人口132人）。

【引才工程创新】 2022年，集美区坚持做强“集智汇美 梦想启航”引才活动品牌，丰富引才载体。4月，上线全市首个区级层面线上校招平台——“青年友好城区线上校招平台”，以“互联网+就业服务”为指导思想，集线上招聘直播、空中政策宣讲、雇主品牌多媒体展示、招聘数据可视化分析等多元功能于一体，具有功能全、理念新、应用广特点，启动仪式相关新闻被人民网、央视频、“学习强国”学习平台、东南网等主流媒体争相报道。创新引才活动模式，先后举办“远鹭回歌——闽籍学生2022新春厦门行”“2022勇往职前厦企人才开放日启动仪式暨集美区TOP.Y青年人才高校行”“‘青年人才 魅力集美’城市定向探索发现赛”等引才活动，吸引一批省内外高校学生参与，扩大集美知名度。（何 岛）

【技能培训】 2022年，集美区开展重点群体项目制培训班62期，培训学员1970人次，完成市级下达任务数（1500人次）131.3%。开展彭阳县脱贫人员培训5期、培训学员219人，开展“以工代训”培训24人，完成市人社局下达任务数（200人）121.5%。在全市人社系统首次将农村建筑工匠培训列入重点群体项目制培训目录。（施亚萍）

2022年3月11日，2022“勇往职前”厦企人才开放日启动仪式暨集美区TOP.Y青年人才高校行在集美万科云城举行（颜静颖 摄）

## 收入消费

【概况】 2022年，集美区居民人均可支配收入61610元，比上年增长5.8%。分城乡看，城镇居民人均可支配收入63273元，比上年增长5.0%；农村居民人均可支配收入39145元，增长8.1%。农村居民人均可支配收入增速高于城镇居民3.1个百分点，城乡居民人均可支配收入比值1.61，比上年缩小0.05。居民人均消费支出39185元，比上年增长5.8%。分城乡看，城镇居民人均消费支出39202元，比上年增长5.2%；农村居民人均消费支出35748元，增长6.7%。农村居民人均消费支出增速高于城镇居民1.5个百分点，城乡居民人均消费支出比值1.09，比上年缩小0.02。

【城镇居民收入】 2022年，据城镇居民家庭抽样调查，集美区城镇居民人均可支配收入63273元，比上年增长5.0%，增幅回落4.6个百分点。从收入来源看，城镇居民人均工资性收入44764元，比上年增长4.2%，增幅回落4.7个百分点，占可支配收入70.7%，增收"主引擎"作用持续发挥。人均经营净收入6301元，比上年增长7.4%，增幅回落4.6个百分点，占可支配收入10.0%。人均财产净收入8440元，比上年增长8.9%，增幅回落4.8个百分点，占可支配收入13.3%，成为居民增收新支撑。人均转移净收入3768元，比上年增长2.6%，增幅回落3.6个百分点，占可支配收入6.0%。

【城镇居民消费】 2022年，据城镇居民家庭抽样调查，集美区城镇居民人均消费支出39202元，比上年增长5.2%，增幅回落7.8个百分点。分消费结构看，"八大类消费"支出均呈增长态势。城镇居民人均食品烟酒消费支出12422元，比上年增长5.4%，增幅回落7.9个百分点，占人均消费支出31.7%。人均衣着消费支出2175元，比上年增长0.3%，增幅回落23.4个百分点，占人均消费支出5.5%。人均居住消费支出9783元，比上年增长7.5%，增幅扩大1.6个百分点，占人均消费支出25.0%。人均生活用品及服务消费支出2655元，比上年增长12.8%，增幅回落0.9个百分点，占人均消费支出6.8%。人均交通通信消费支出5122元，比上年增长2.2%，增幅回落1.4个百分点，占人均消费支出13.1%。人均教育文化娱乐消费支出3913元，比上年增长1.6%，增幅回落31.3个百分点，占人均消费支出10.0%。人均医疗保健消费支出2303元，比上年增长3.2%，增幅回落19.8个百分点，占人均消费支出5.9%。人均其他用品及服务消费支出829元，比上年增长6.8%，增幅回落20.2个百分点，占人均消费支出2.1%。

【农村居民收入】 2022年，据农村居民家庭抽样调查，集美区农村居民人均可支配收入39145元，比上年增长8.1%，增幅回落4.8个百分点。从收入来源看，农村居民人均工资性收入26010元，比上年增长6.5%，增幅回落1.1个百分点，占可支配收入66.4%，继续发挥支撑拉动作用。人均经营净收入6581元，比上年增长7.7%，增幅回落18.8个百分点，占可支配收入16.8%，是居民增收的第二动力源。人均财产净收入3294元，比上年增长12.0%，增幅回落13.3个百分点，占可支配收入8.4%。人均转移净收入3260元，比上年增长19.6%，增幅回落4.4个百分点，占可支配收入8.3%。

【农村居民消费】 2022年，据农村住户抽样调查，集美区农村居民人均消费支出35748元，比上年增长6.7%，增幅回落13.7个百分点。分消费结构看，农村居民人均食品烟酒消费支出12056元，比上年增长8.3%，增幅回落6.3个百分点，占人均消费支出33.7%。人均衣着消费支出1660元，比上年增长5.1%，增幅回落1.6个百分点，占人均消费支出4.6%。人均居住消费支出9114元，比上年下降4.2%，降幅回落38.7个百分点，占人均消费支出25.5%。人均生活用品及服务消费支出1579元，比上年增长1.1%，增幅回落0.7个百分点，占人均消费支出4.4%。人均交通通信消费支出5855元，比上年增长19.9%，增幅扩大12.0个百分点，占人均消费支出16.4%。人均教育文化娱乐消费支出3249元，比上年增长12.4%，增幅回落32.0个百分点，占人均消费支出9.1%。人均医疗保健消费支出974元，比上年增长10.6%，增幅扩大3.3个百分点，占人均消费支出2.7%。人均其他用品及服务消费支出1261元，比上年增长17.3%，增幅回落37.8个百分点，占人均消费支出3.5%。

（李弋程）

## 劳动管理

【概况】 2022年，集美区劳动保障监察大队受理并调处各类劳动纠纷1.25万起，比上年增长1.67倍。查处非法使用童工案件1件1人次，处罚款5000元，移送涉嫌拒不支付劳动报酬企业1家。对207家生产经营性企业和建筑工程项目实施"双随机"检查，并在区政府网站公示。对辖区232家企业进行劳动保障信用等级评定，评定A级守信单位225家、B级一般失信单位4家、C级严重失信单位3家，评定结果推送区信用办。2021年度保障农民工工资支付工作考核被评为A级。

【和谐劳动关系构建】 2022年，集美区推荐3家重点用工企业宸展光电（厦门）股份有限公司、华懋（厦门）新材料科技股份有限公司、路达（厦门）工业有限公司获评为省级劳动关系和谐企业，选树3名劳动关系协调员厦门立林电气控制技术有限公司韩雪琴、三达膜科技（厦门）有限公司陈惠梅、智晟权教育咨询（厦门）有限责任公

2022年3月9日，集美区人社局为获得市级金牌协调劳动关系社会组织、劳动关系协调员授牌和颁发证书（吴觅亮 摄）

司刘鑫获评为省级金牌劳动关系协调员，区人力资源协会获评为市级金牌协调劳动关系社会组织。组队参加全市第二届集体协商竞赛，获二等奖。组织开展劳动关系协调员公益培训班。扩大宣传渠道，建立由劳动关系协调员、劳动争议调解员和仲裁员、劳动保障监察员、工会干部以及劳动领域律师、法官、专家等组成专家服务团队，为企业提供指导服务，定期开展劳动法律法规培训讲座，创新形式开展基层普法工作，营造构建和谐劳动关系良好氛围。

【人力资源市场清理整顿专项行动】 2022年，集美区开展人力资源市场清理整顿专项行动，划片分组落实责任，对辖区237家经营性人力资源服务机构展开摸排，着重检查使用小时工、劳务派遣员工数量较多单位，以规范职业中介、劳务派遣及用人单位招用工行为，营造公平、有序、和谐就业环境。此次行动共出动人社部门93人次、市场监管部门66人次、镇（街道）综合执法人员298人次，检查工交商贸企业76家、人力资源服务机构（劳务派遣机构）共256家次，经检查，发现未经许可或备案从事人力资源服务活动4家、因疫情等原因没有开展正常业务活动66家，通过登记的营业场所无法联系18家，对1家非法使用童工的劳务派遣机构处以行政处罚，罚款5000元，清退童工1名。

【新业态劳动监管】 2022年，集美区主动对接市级业务指导部门，厘清新业态产业及从业人员范围，采取上门宣导座谈等柔性执法模式，引导新业态产业从业各方和谐共处，理性选择合作伙伴，并将新业态劳动保障事务纳入软件园三期园区“法治驿站”。行动期间，走访新业态企业34家，发现问题线索49件，涉及50人，均得到妥善处置。

【工程项目用工排查】 2022年，集美区首次在区级层面创建“党建+无欠薪标杆项目”，通过开展政企支部共建，帮助辖区企业规范劳动用工秩序。组织行业主管部门对辖区所有工程建设项目的用工规范问题进行拉网式排查，通过督查整改、行政约谈等方式督促存在欠薪隐患单位及时支付工资。年内，对18家企业进行行政约谈，掌握欠薪源头信息，开具整改指令，督促及时支付工资，并通报相关部门加强预警，同时，做好“国考”（国务院保障农民工工资支付工作考核）“省考”（福建省保障农民工工资支付工作考核）迎检工作。

【劳动用工“红黑榜”评定】 2022年，集美区在全市人社系统率先推行劳动用工“红黑榜”评定工作，与年度诚信等级评价工作挂钩，同步运用于全年开展的根治欠薪、人力资源市场专项整治等专项行动。共评出单位“红榜”10家、“黑榜”8家，树立一批正面标杆和负面典型，起到示范带动和约束惩戒作用。

【“双随机”监管】 2022年，集美区严格行政执法全过程，根据“双随机、一公开”（随机抽取检查对象、随机抽取执法检查人员，抽查情况及检查结果及时向社会公开）原则，适时更新市场主体名录库、执法检查人员名录库，细化“双随机”实施方案。全年随机抽取10组执法人员，对随机抽取的207家生产经营性企业和建设工程项目展开监督检查，并将抽查结果在区政府网站公示。在人社系统内首次引入第三方专业力量对全区人力资源服务和职业培训机构开展安全隐患排查。

【未成年人劳动保护】 2022年，集美区净化未成年人成长环境，对接行业主管部门，采取夜间突击检查方式，对全区78家娱乐场所展开针对性抽查，形成两级监管网络，抓实未成年人劳动保护工作。（黄艺君 杨团园）

## 社会保险

【概况】 2022年，集美区社会保险中心以中小微企业、外来人口为重点加大政策宣传力度，推动灵活就业人员、新就业形态人员参加城镇企业职工养老保险。全区城镇职工养老、失业、工伤保险参保人数分别比上年增长4.66%、4.84%、4.82%。推进政务服务提速增效，推进"一件事打包办"3项、"跨省通办"15项，提高即办件占比至81%，压缩经办时限在法定时限10%以内。设置窗口排队预警、办件用时预警，设立窗口值班长制度，"一窗双号"前后台协同办理，确保群众诉求从优从快得到解决。以"社会保险基金管理提升年行动"为主线，抓好"点题整治"群众身边腐败和不正之风突出问题以及人社系统打击整治养老诈骗专项行动，强化人防、制防、技防、群防"四防"协同，提升基金安全管理水平。

【企业职工基本养老保险】 2022年1月1日起，集美区实施企业职工基本养老保险全国统筹制度。推进企业职工基本养老保险全国统筹工作，上线"福建省企业职工基本养老保险全国统筹业务信息系统"，加强业务培训，做好各项待遇计算调整工作，推行企业职工养老退休"全城通办"，全年办理企业职工养老退休3258人。从1月1日起，为全市2021年底前办理退休手续并领取养老金的企业和机关事业单位退休人员提高养老金待遇。调整继续采用"定额调整、挂钩调整与适当倾斜相结合"方法，总体调整水平按2021年退休人员月人均基本养老金的4%确定。2022年集美区退休人员基本养老金实现连续第17年上调，惠及全区4万名退休人员。

【机关事业单位养老保险】 2022年，集美区社会保险中心完成集美区机关事业单位养老保险参保登记单位242个，参保登记在职人数9005人。机关事业单位基本养老保险基金收入2.59亿元，职业年金6774.25万元，共3.28亿元。完成机关事业单位待遇发放单位数183个、人员数1949人，基金总支出1.89亿元。年内，区社保中心持续深化机关事业单位养老保险制度改革，办理机关事业单位养老保险退休97人，职业年金记实及补记184人，职业年金待遇核定91人。

【被征地人员基本养老保险】 2022年1月1日起，集美区社会保险中心暂停办理依《厦门市被征地人员基本养老保险办法》和《厦门市被征地人员基本养老保险办法实施细则》规定的被征地人员一次性缴纳养老保险费业务，待衔接政策出台后，按规定办理。12月19日，厦门市政府印发《关于进一步做好被征地人员参加基本养老保险有关事项的通知》，并于2023年1月1日起实施。全年全区办理被征地人员基本养老保险退养手续1106人。

表23

## 2021—2022年集美区社会保险基本情况统计表

| 项目 | | 2021年 | 2022年 | 2022年度区财政补助（万元） |
| --- | --- | --- | --- | --- |
| 区各险种参保总人数（人） | — | 733963 | — | — |
| 城镇职工参保情况（人） | 基本养老保险 | 416294 | — | — |
| | 失业保险 | 404222 | — | — |
| | 工伤保险 | 405249 | — | — |
| 机关事业单位养老保险（人） | 参保人数 | 8394 | 9005 | — |
| | 退休人数 | 1890 | 1949 | — |
| 被征地人员基本养老保险（人） | 参保人数 | 1046 | — | — |
| | 退养人数 | 1041 | 1106 | — |
| 城乡居民基本养老保险（人） | 参保人数 | 5958 | 5093 | 122.14 |
| | 退休人数 | 114 | 199 | |
| 企业职工基本养老保险（人） | 退休人数 | 2478 | 3258 | — |
| 本市户籍领取失业金 | 人　数（人） | 2312 | 2265 | — |
| | 领取金额（万元） | 2143.15 | 2489.00 | |
| 外来人员领取一次性生活补助 | 人　数（人） | 3518 | 2315 | — |
| | 领取金额（万元） | 342.20 | 292.00 | |
| 工伤保险待遇 | 人　数（人） | 2368 | 2631 | — |
| | 支付金额（万元） | 5294.76 | 6789.38 | |

（沈艺坤）

【城乡居民基本养老保险】 2022年，集美区社会保险中心落实《集美区推行城乡居民基本养老保险工作实施方案》，全年全区城乡居民基本养老保险参保5093人，财政补助122.14万元，办理城乡居民基本养老保险退休人员199人。发挥城乡居民养老保险兜底保障作用，继续为困难群众代缴城乡居民养老保险费，全年为全区符合条件的残疾人847人、低保对象162人、计生困难对象5人办理缴费参保。1月1日起，调整提高全区城乡居民养老保险基础养老金标准，厦门市户籍满5年人员基础养老金每人每月提高20元至330元，厦门户籍不满5年人员基础养老金每人每月提高10元至140元。

【失业保险】 2022年，集美区社保中心继续发挥失业保险"保生活、促就业、防失业"作用，采用"非申即享""全程网办"方式发放普惠性失业保险稳岗返1.61万家4369万元；继续放宽技能提升补贴申领条件，发放支持参保职工提升技能补贴1263人次187万元；继续落实失业保险扩围政策，加大对大龄失业群体失业保障力度，办理厦门市失业金2265人次约2489万元，外来人员一次性生活补助金2315人次292万元，以及发放"失业补助金""临时生活补助金"2314人次485万元。4月1日起，提高失业金发放标准200元/月，保障参保人员基本生活。

【工伤保险】 2022年，集美区开展工伤事项办理不够便民问题专项整治行动，持续压缩经办时限，推动更多工伤事项"全程网办"，上线"工伤医疗康复费用网上统一结算系统"，实现"免垫付、零材料、一趟不用跑"。工伤保险生活护理费、伤残津贴以及工亡供养亲属抚恤金等待遇稳步提升，一次性工亡补助金待遇上涨7万多元。区社保中心做好工伤保险待遇核发工作，按时足额发放工伤保险待遇，全年支付工伤保险理赔2631人次6789.38万元。 （沈艺坤）

## 退休人员管理

【概况】 2022年，集美区进入社会化管理服务退休人员5.30万人，其中年内新增3584人，比上年增长7.25%，社会化管理率100%，领取养老待遇资格认证率100%。

【退休人员慰问活动】 2022年，集美区开展慰问活动。春节期间，慰问退休老年人5.03万人次，发放慰问品（金）价值766.46万元；重阳节期间，慰问退休老年人5.16万人次，发放慰问品（金）价值777.26万元；慰问生病退休老年人和死亡退休老年人家属5680人次，发放慰问金138.20万元。

（徐声平）

## 老龄事业

【概况】 2022年，集美区有60岁以上户籍老年人4.63万人，其中80岁及以上老年人6113人，100岁及以上老年人22人，年龄最高者为灌口镇105岁的1位女性。

【医养结合】 2022年，集美区继续开展医养结合机构服务质量提升行动，督促各机构按照《医养结合机构服务指南（试行）》和《医养结合机构管理指南（试行）》等文件精神加强服务管理，建立健全各项规章制度，提高整体服务水平。组织辖区内14家综合医院、护理院和基层医疗机构（含市属3家）开展老年友善医疗机构创建工作，经机构自评申报、市（区）卫健部门评审推荐、省卫健委复核确认，14家参与创建的单位全部获评为"福建省老年友善医疗机构"。继续推进二级以上综合医院老年医学科创建工作，制定老年医学科创建工作计划和目标，推动锦园中医院和东南医院完成老年医学科开设。

【敬老爱老宣传活动】 2022年7月，集美区开展以"改善老年营养 促进老年健康"为主题的老年健康宣传周活动。围绕"老年营养与饮食搭配""老年健康与运动""关注老年心理健康"和"中医养生与健康"等主题，邀请专家进社区开讲，把健康知识送到老人家门口，同时，利用微信公众号、家庭医生签约服务群、宣传栏、展板等线上线下平台，普及老年健康科学知识，切实提高老年人健康素养和健康水平。10月，开展以"反诈防骗，敬老助老"为主题的敬老月系列宣传活动，邀请社区民警现场开展反诈防骗宣传，提高老年人反诈防骗意识，同时，开展智能产品教学、中共二十大精神宣讲、老年人养生健康讲座和丰富多彩的文体活动，在全社会营造敬老爱老助老的良好氛围。 （张 乐）

## 住房保障

【概况】 2022年，集美区推进住房保障、建设工作。截至年底，全区交付使用安置房（公租房）项目19个，在建项目19个，前期工作项目4个。建成交付使用安置房（安商房）项目19个，总建筑面积305.6万平方米，总住宅面积245.05万平方米，总住宅套数2.22万套，总投资69.98亿元；19个在建项目总建筑面积246.62万平方米，总住宅面积151.91万平方米，总住宅套数1.54万套，总投资244.78亿元；4个前期工作项目总用地面积10.74万平方米，总建筑面积49.75万平方米，总住宅套数3363套。配合推进安置型商品房建设工作。截至年底，完成安置型商品房销售面积入统52.58万平方米，缴交地价45.9亿元，完成建安投资27亿元。

【安置房配售管理】 2022年，集美区新增配售安置房665套，协调调拨市级安置房房源3673套，累计配售安置房2.29万套，新增办理安置房交房手续513套，历年累计交房安置房1.36万套。截至年底，18个竣工交付使用的安置房项目全部办理完成项目权属初始登记，完成率100%；全区历年累计办理完成安置房个人产权证4233套，其中2022年新增办理安置房个人产权证558套。

【保障性住房】 2022年，集美区建设行政主管部门加强住房保障职能，负责辖区保障性住房首次申请的受理、审核和社会保障性住房使用监管工作，受委托承担续租申请受理和审核工作，逐步解决本区居民住房困难。完成5批次997户保障性租赁房首次申请审核工作；完成一批次24户保障性商品房（骨干人才）申请审核工作；完成保障性租赁房续租审核429户，完成变更审核99户；拨付补助租金850.36万元。年内，西亭人才公寓、集美区软件园站地块、兑山综合楼等保障性租赁住房项目开工建设。

【青年群体“5年内5折租房”政策实施】 2022年，集美区继续对到厦门新就业大学生等青年群体采取实物配租和租金补贴相结合方式给予住房保障，解决该群体到厦门5年内过渡性居住需求，全年全区受理资格申请9143人次，其中审核通过5300人次，发放4批次租金补贴，金额935.05万元。

（区建设与交通局）

## 民政事务

【概况】 2022年，集美区实行“绿洲计划”（社会救助一揽子计划——“绿洲计划”。以最低生活保障制度为核心、配套各专项救助制度、补充社会互助帮困制度），全年支出1.92亿元，惠及46.81万人次。在全省率先将台胞纳入救助范畴，“一事一议”按低保标准救助，救助台胞3人次1.75万元。会同组织部牵头打造宁宝世家党群之家等服务阵地39个、组建宁宝世家小区“红心管家”等服务队145支、打造“睦邻议事厅”等议事协商平台83个，综合运用听证会、议事会、理事会等形式，激发社区民主协商动能。“村改居”社区转型走在全市前列。开展行业协会商会涉企收费整治“回头看”、打击非法社会组织、清理整治“僵尸型”社会组织等专项行动，劝散非法社会组织3家、引导登记2家。推动婚俗改革，开展婚姻家庭辅导服务，月均调解40对、离婚劝回10余对，开展集体颁证仪式3期。扩增骨灰格位4000个。根据疫情防控要求做好清明节统一代祭、网上祭扫等工作。督促指导养老机构做好常态化防控，开展“两返两新”（返院老人和工作人员，新招收入住老年人和工作人员）人员评估审核451批次，落实工作人员及服务对象核酸检测，员工疫苗接种率100%、入住老人疫苗接种率97.13%，新冠病毒感染疫情期防控间实行封闭式管理。

【“绿洲计划”实施】 2022年，集美区实行“绿洲计划”，推出惠民政策65项，全年支出1.92亿元，惠及46.81万人次。其中，贫有所济10项，惠及5344人次，支出2653.8万元；学有所教9项，惠及9023人次，支出1289.7万元；病有所医10项，惠及11.91万人次，支出809.91万元；老有所养7项，惠及17.67万人次，支出3376.6万元；住有所居2项，惠及5600人次，支出73.4万元；灾有所救1项，惠及12人次，支出23.2万元；难有所帮12项，惠及1.32万人次，支出2761.03万元；劳有所得7项，惠及7.81万人次，支出4670.24万元；残有所助7项，惠及6.10万人次，支出3583万元。

【救助救济】 2022年，集美区率先全省将台胞纳入救助范畴，救助台胞3人次1.75万元。在全市率先实行“市、区、镇（街道）、村（居）”四级联合的社会救助疑难案例研判制度常态化，“一事一议”解决基层疑难案例51例，形成案例工作法，被纳入市纪委2022年点题整治工作宣传典型。全年新增低保对象189户275人，低保扩面率15.64%。全区低保对象945户1242人，发放低保金1553.3万元。推进残疾人补贴扩面，全区残疾人“两项补贴”（困难残疾人生活补贴和重度残疾人护理补贴）对象5129人，发放补贴2311.24万元。临时救助416户774人次，发放救助金额622.08万元。关爱特殊群体，发放孤儿、事实无人抚养儿童基本生活费85.68万元，在原有4个困境儿童示范点基础上，新创建2个镇（街道）级未成年人保护工作站试点，创新“镇（街道）+村（居）+志愿者”未成年人临时监护工作机制，解决未成年人保护事件18起。健全流浪乞讨人员联动救助机制，救助流浪乞讨54人次。

【养老工作】 2022年，集美区加快“太保家园”高端康养社区项目建设，体验馆建成开放；推动好慷致乐（集美）康养示范中心项目招商落地。优化居家养老服务，招标引入专业机构运营基层养老服务设施，规范“六助”（助餐、助安、助医、助洁、助行、助浴）服务标准体系，建立第三方季度评估机制，开展活动4916场次、上门服务超3.2万次。试点推动家庭养老床位工作，建成养老床位293张，建床率居全市前列。推动照料中心拓展短期托老服务。完成新一轮幸福安康险项目招标，做好高龄老年津贴及老年人优待证办理工作。制定养老服务人员职业技能培训计划，优选11名养老护理员参加市级竞赛，全年培训260人次。落实市、区引才稳岗政策，获技能提升奖补1人、入职奖补5人、租房补贴4人，奖补11.76万元。

表 24　　2022 年集美区新核准登记社会组织一览表

| 社会团体名称 | 法定代表人 | 业务主管部门 | 登记日期 |
|---|---|---|---|
| 厦门市集美区影视艺术家协会 | 陈俊杰 | 厦门市集美区文学艺术界联合会 | 3 月 2 日 |
| 厦门市集美区龙狮运动协会 | 王苏凯 | 厦门市集美区文化和旅游局 | 6 月 27 日 |
| 厦门市集美区诚信促进会 | 陈朝霞 | 厦门市集美区社会科学界联合会 | 7 月 11 日 |
| 厦门市集美区武术兵道协会 | 慕博 | 厦门市集美区文化和旅游局 | 11 月 9 日 |
| 厦门市集美区海内外侨胞服务中心 | 吴倩 | 厦门市集美区归国华侨联合会 | 5 月 18 日 |
| 厦门市集美区马上动起来马术俱乐部 | 林振川 | 厦门市集美区文化和旅游局 | 5 月 18 日 |
| 厦门市集美区集美街道红树康桥小区业主服务中心 | 陈国锐 | 厦门市集美区人民政府集美街道办事处 | 6 月 10 日 |
| 厦门市集美区苔芯志愿服务队 | 左星星 | 中国共产党厦门市集美区委员会宣传部 | 6 月 20 日 |
| 厦门市集美区杏滨街道康成二里小区业主服务中心 | 李维宝 | 厦门市集美区人民政府杏滨街道办事处 | 6 月 27 日 |
| 厦门市集美区创合社工服务中心 | 王育明 | 厦门市集美区民政局 | 8 月 1 日 |
| 厦门市集美区速佳迪轮滑俱乐部 | 黄薰仪 | 厦门市集美区文化和旅游局 | 10 月 12 日 |
| 厦门市集美区丝竹南音文化交流中心 | 傅水英 | 厦门市集美区文化和旅游局 | 10 月 25 日 |

【社区建设】　2022 年，集美区科学划分网格 743 个，梳理网格员工作职责清单，选聘、招聘网格员 1138 人。依托党校设立村（社区）治理人才培训基地，对村（居）“两委”（村党支部委员会和村民委员会）成员和网格员全员轮训，全年培训社区工作者超 3000 人次。完善网格员考核、录用、退出机制。会同组织部牵头打造宁宝世家党群之家等服务阵地 39 个、组建宁宝世家小区“红心管家”等服务队 145 支、打造“睦邻议事厅”等议事协商平台 83 个，综合运用听证会、议事会、理事会等形式，激发社区民主协商动能。出台落实社区职责清单化管理、为社区减负等制度 4 项。“村改居”社区转型走在全市前列。依托台胞社工服务中心，举办台胞社会工作培训班 2 期，引导台胞社工参与社区志愿服务。

【社会组织登记管理】　截至 2022 年底，集美区依法登记注册的各类社会组织 897 家，其中社会团体 84 家、民办非企业单位 278 家、备案社区社会组织 535 家。民政综合窗口全年受理社会组织业务 499 件（行政许可 89 件、公共服务 77 件、年检 333 件）。有 333 家社会组织接受年度检查，年检率 95%。实施社会组织信用承诺制，自愿签署“信用承诺书”的社会组织 363 家。

（庄玉兰）

【在全省率先探索小区业委会注册登记民办非企业单位】　2022 年，集美区委组织部联合区民政局推动集美街道银亭社区红树康桥小区业委会注册登记民办非企业单位。实现收支“规范化”，赋予统一社会信用代码，开通银行对公账户，通过流水账单记录小区公共资金收支明细及钱款去向；构建“年审 +‘双随机’抽查”监管模式，第三方审计机构每年核查小区财务收支情况，区民政局每半年开展一次“双随机”（随机抽取检查对象、随机选派执法检查人员）抽查，实现对小区公共资金的全过程监管；取得创收“自主权”，业主委员会对广告位、停车位等小区公共区域依法进行自主经营和管理，破解自治执行主体“形而不实”症结。　（颜慧君）

【区划地名管理】　2022 年，集美区开展标准地址二维码工作，新增室牌 5678 块，补室牌 2247 块，新增门牌 645 块，补门牌 436 块。加快城乡一体化建设，规范区划地名管理，申报命名道路 38 条、居民点 1 个。

【婚姻与殡仪服务】　2022 年，集美区结婚 3188 件，离婚 987 件，为 58 对新人举办婚姻集体颁证仪式。全年区殡仪服务站运尸 1238 具，其中“110”联动 241 具，迁坟 197 座。　（庄玉兰）

## 慈善事业

【概况】　2022 年，集美区有慈善组织 2 家。全年募集款物价值 638.36 万元，开展助学、济困、救灾、扶贫等公益活动，发放救助款物 392.25 万元。

【集美区慈善会】　2022 年，集美区慈善会募集款物 242.14 万元，开展安老、扶孤、帮残、助学、济困、救灾等活动，发放救助款物 254.52 万元。

*安老扶孤助残*　2022 年春节，厦门市、集美区两级慈善会及相关部门慰问特困户、孤儿、残疾人，慰问款物 4.24 万元；每季度为 60 周岁以上低保老人购买生活用品，折合 0.88 万元。

*救灾济困*　2022 年，集美区慈善会协同市慈善总会开展“新春慈善快

表 25

## 2022 年集美区慈善会捐助活动情况一览表

| 时 间 | 项目、活动或单位 | 捐助对象 | 捐助款或物品 | 金额（万元） |
|---|---|---|---|---|
| 1 月 12 日 | 区慈善会、集美侨促会慈善基金入户新春慰问残疾人 | 集美区残疾人 5 人 | 慰问金 | 0.5 |
| 1 月 14 日 | 区慈善会、集美侨促会慈善基金、市海丝慈善会新春慰问集中供养户、孤儿 | 集美区集中特困户、孤儿 35 人 | 慰问金 | 0.74 |
| 1 月 17 日 | 区慈善会、市慈善总会新春慰问集中特困户 | 集美区集中特困户 34 人 | 慰问金 | 2.04 |
| 1 月 17 日 | 区慈善会新春慰问散居特困户 | 集美区散居特困户 24 人 | 慰问金 | 0.96 |
| 1 月 17 日 | 区慈善会、市慈善总会新春慰问困难户 | 集美区困难家庭 450 户 | 慰问物资价值 | 13.3 |
| 1 月 17 日 | 区慈善会、市慈善总会新春慰问困难户 | 集美区困难家庭 195 户 | 慰问款 | 19.5 |
| 5 月 24 日 | 厦门市慈善总会、福彩公益金、公益信托慈善基金、区慈善会开展 2022 年“雨露育青苗”结对帮扶项目 | 集美区孤困儿童 105 人 | 帮扶款 | 26.25 |
| 5 月 29 日 | 区慈善会、区侨促会召开“一对一”结对帮扶贫困生助学金发放 | 集美区贫困学生 51 人 | 助学款 | 10.2 |
| 6 月 1 日 | 区慈善会、区侨促会开展助学活动 | 上杭县贫困生 20 人 | 助学款 | 2 |
| 7 月 27 日 | 区慈善会协助市慈善总会开展 2022 年度“金秋助学”活动 | 集美区应（往）届困难大学生 2 人 | 助学款 | 1.1 |
| 7 月 28 日 | 区慈善会、区委文明办开展 2022 年“雨露育青苗”结对帮扶项目 | 集美区孤困儿童 2 人 | 帮扶款 | 0.5 |
| 7 月 30 日 | 区慈善会协助市慈善总会开展 2022 年度“快乐壹家”慈善助学活动 | 集美区困难学生 10 人 | 助学款 | 3.65 |
| 8 月 1 日 | 区民政局、区慈善会前往彭阳县交流并慰问困难户 | 彭阳县困难户 1 人 | 慰问金 | 0.1 |
| 9 月 14 日 | 区慈善会、爱心单位向四川泸定地震灾区捐赠救灾款 | 四川泸定地震灾区 | 捐灾款 | 100 |
| 9 月 19 日 | 区民政局、区慈善会东西部协作对口帮扶 | 彭阳县东西部协作工作 | 帮扶款 | 20 |
| 10 月 11 日 | 区慈善会、区侨促会资助困难学生 | 集美区困难学生 1 人 | 助学款 | 1.3 |
| 11 月 29 日 | 区委文明办、区慈善会召开 2022“雨露育青苗”结对帮扶项目 | 集美区孤困儿童 78 人 | 帮扶款 | 20.1 |
| 全年 | 区慈善会、集美法院开展执行慈善救助基金救助活动 | “执行不能”或“不能执行”生活困难，迫切需要救助的困难户 18 人 | 救助款 | 27.52 |
| 全年 | 区慈善会开展杏林街道爱心助老超市扶老助老工作（四个季度） | 杏林街道低保户 60 周岁以上 | 慰问物资价值 | 0.88 |
| 全年 | 区慈善会开展支持爱心超市工作 | 支持 3 个镇街爱心超市购置生活用品 | 慰问物资价值 | 2.98 |

（高月清）

车”慰问活动，向645户次贫困家庭发放善款及物品折合32.80万元；支持3个镇（街道）爱心超市购置生活用品折合2.98万元；区慈善会、区民政局拨付20.10万元社会帮扶资金，用于彭阳县东西部协作工作；向四川泸定灾区捐赠救灾款100万元；联合集美法院设立执行慈善救助基金，为18名“执行不能”或“不能执行”生活困难，迫切需要救助的困难户发放救助金27.52万元。

**助学** 2022年，集美区慈善会协同市慈善总会、区委文明办、省市级文明单位、集美区侨乡经济促进会、爱心单位、爱心人士等，结对帮扶贫困生236人次，发放帮扶款57.95万元；协同集美区侨乡经济促进会开展助学活动，慰问上杭县20名贫困生，发放助学金2万元；协同区侨促会帮助1名困难学生上缴学费1.3万元；协助市慈善会总会开展“快乐壹家”助学活动，谢永丹夫妇、叶建珠等爱心人士资助10名孤困儿童学费、生活费3.65万元；协助市慈善总会开展金秋助学活动，资助2名应（往）届大学生助学金1.1万元。（高月清）

**【厦门建安慈善基金会】** 2022年，厦门建安慈善基金会收到善款（物）396.22万元，其中接受社会捐赠现金299.28万元、捐赠物资折款96.94万元。开展助学、济困、扶贫等公益活动21次，发放款物137.73万元。

**助学** 2022年，厦门建安慈善基金会开展助学活动4次，捐款物65.22万元。受助对象有长汀县教育局、厦门市思明区滨海街道、厦门市集美区乐安小学、孙嘉槌教育基金优秀学生。

**济困** 2022年，厦门建安慈善基金会先后走访和慰问厦门理工学院颜巧镕，安溪第一中学杨雪卉，安溪第十七中学杨伟毓、王淑媛、王婧，安溪铭选中学杨婉婷、黄诗婷、陈松耿、阮陈辰等贫困生9人，资助款物13.72万元。

**防疫** 2022年，厦门建安慈善基金会开展捐助新型冠状病毒感染防疫物资活动6次，捐物58.79万元。受助单位有泉州师范学院外国语学院、建安集团亿联网络总部大楼项目部、厦门市建安集团有限公司、建安集团厦门英才学校项目部、建安集团J2018P01项目部等单位。（陈君煌）

## 民族和宗教事务

**【概况】** 2022年，厦门市集美区民族与宗教事务局（以下简称“集美区民宗局”）围绕迎接中共二十大召开和学习宣传贯彻中共二十大精神主线，突出贯彻落实中央、省委、市委民族工作会议和全国、全省、全市宗教工作会议精神，推进各项工作，确保全区民族团结、宗教和顺、社会和谐。围绕铸牢中华民族共同体意识，促进各民族团结进步，重点抓好走访慰问送温暖、推动创建活动、开展调研和落实帮扶措施等4项工作。深入推进宗教中国化，维护宗教领域和谐稳定，始终关注巩固私设聚会点治理成果、严防非法宗教活动，防范化解风险隐患和推动平安创建工作4个重点。

**【民族事务管理】** 2022年，集美区民宗局贯彻落实中央、省委、市委和区委民族工作会议精神，深化民族团结进步“六进”[进机关、进乡镇、进企业、进学校、进社区（村）、进宗教活动场所]活动，以“福籽同心爱中华”为主题开展第15次民族团结进步宣传月活动，在集美中学开展“学雕版、拓年画、庆元宵”活动，联合厦门理工学院举办民族团结进步少数民族学生微视频、摄影、足球友谊赛、主题考察调研等系列活动，举办民族团结进步知识线上竞答活动。推动民族工作法治化、规范化，向区人大常委会作“铸牢中华民族共同体意识推动民族工作高质量发展”报告；开展少数民族调研工作，走访企业5家、高校3所，推动各族企业职工交往、交流、交融。深化与漳浦湖西畲族乡挂钩帮扶，落实帮扶资金250万元；落实少数民族学生中考、高考优惠政策，确认163名中考、高考考生少数民族身份。做好少数民族群众矛盾化解处理工作，全年接待少数民族群众投诉、来访5起，帮助解决工作、生活等方面问题。

**【宗教事务管理】** 2022年，集美区民宗局到5个宗教活动场所和11个民间信仰活动场所开展调研；开展宗教法律法规宣传月活动，组织宗教场所学习贯彻中共二十大精神；巩固私设聚会点治理成果，加强常态化督查检查。严防非法宗教活动，先后开展9次非法宗教活动排查整治工作；稳妥处置5起非法宗教活动。夯实基层宗教工作基础，举办4期宗教事务专题培训班，将民宗工作纳入网格化管理。防范化解宗教领域风险隐患，开展宗教界崇俭戒奢教育活动，开展宗教（民间信仰）活动场所陈列物紧急排查，抓好《互联网宗教信息服务管理办法》《宗教活动场所财务管理办法》等法规的贯彻落实。推动宗教领域平安创建，落实宗教领域疫情防控措施，开展宗教领域消防安全和防控防爆安全培训演练，推进宗教活动场所消防标准化创建，辖区11个宗教活动场所消防安全全部通过达标验收。支持宗教活动场所参与爱心厦门建设，做好疫情防控、文明创建、财务创建、平安综治、垃圾分类等各项工作。

**【民族宗教事务便民服务】** 2022年，集美区民宗局为群众办理民族成分变更3件。简化行政审批事项的审批流程19项，做到100%的事项“一趟不用跑”，100%的事项办理时限压缩在法定时限20%以内，100%的事项通过网上预审办理，为民族宗教界人士提供高效便民的审批服务。（高军忠）

# 镇（街道）概貌

## 灌口镇

【概况】 2022年，灌口镇下设行政村12个、社区居委会7个，镇域面积70.67平方千米。常住人口7.5万人，流动人口10.24万人。全年实现规模以上工业总产值329.57亿元，比上年下降1.36%，其中3亿元以下规模以上工业产值136.1亿元，增长1.79%；实现限额以上批发零售销售额129.47亿元，增长36.1%。完成固定资产投资102.51亿元；建筑安装投资64.29亿元，比上年增长40%。招商引资17.13亿元。财政总收入15.17亿元，镇级收入2.06亿元。年内，灌口镇先后获评为福建省乡村振兴重点特色镇和福建省“全域生态旅游小镇”；灌口镇双岭村新时代文明实践站获评2022年度厦门市新时代文明实践示范站；灌口镇田头村获评为2022年度厦门市文明乡风示范点和2022年福建省“金牌旅游村”；灌口镇双岭村获评为2022年福建省美丽休闲乡村。

【经济发展】 2022年，灌口镇美科安防、托普拉等13家企业入选福建省科技“小巨人”企业名单，航天思尔特、美科安防等9家企业入选福建省重点上市后备企业名单。新兴行业快速发展，电气行业增速比上年增长超10%，思尔特、立林电控等重点企业产值均保持在20%以上增长。

【社会发展】 2022年，灌口镇做好救助政策落实工作，发放最低生活保障金、高龄老年人津贴、残疾人补助、重点优抚对象抚恤补助等1077.5万元，惠及2.6万人次。建立“农村大病防贫救助”保险机制，覆盖全镇农村家庭1.5万户。落实被征地人员基本养老保险参保工作，参保率超99%，60周岁及以上全覆盖。走访帮扶2022届离校未就业高校毕业生339人次，发放灵活就业、自由职业社保补贴、就业补助等235.3万元，惠及2642人次，转移农村富余劳动力173人。形成“每月入户慰问＋突发危机干预”困境儿童服务机制，开展困境儿童探访400人次，组织各类服务活动20场次，直接服务儿童890余人次。解决131名拆迁户子女跨片入学问题。镇级居家社区养老服务照料中心运营。完成新一轮农村幸福院项目招标，惠及老年人5万余人。建成3处校园接送驿站。新建普惠托育机构1个。

**文化事业** 全年灌口镇完成辖区内4处未定级不可移动文物点修缮项目。送戏下乡51场次，组织村（居）啦啦队参加第十五届“嘉庚杯”“敬贤杯”海峡两岸赛龙舟活动决赛方阵表演和广场舞等活动。综合现代元素和田头乡风，创作《田头之歌》，撰写《田头赋》。

**卫生事业** 年内，灌口镇完成家庭医生签约2.35万人，签约率32.94%。完成全镇36户特殊家庭全覆盖办理绿色通道就医卡。开展“健康知识进万家”活动，参与人数5.19万人，为村（居）民推送相关健康知识24.69万篇。灌口医院完成二级医院评审和智慧药房安装，村（社区）卫生所规范化率100%。

【精神文明建设】 2022年，灌口镇立足发展全局，围绕近邻党建、乡村振兴、征地拆迁等重点工作在各级主流媒体刊发各类报道191篇次，“顶许村民幸福过大年”被中央电视台《新闻联播》《朝闻天下》栏目报道。加

2022年，灌口镇田头村获评为福建省“金牌旅游村”。图为田头村全景

（林志杰 3月15日摄）

强海峡导报（台海网）灌口频道建设，推出灌口人文历史板块。联合厦门音乐广播电台推出15期《主播带你游灌口》音视频全直播节目。新时代文明实践站实现村（居）全覆盖，开展“新思想 我来讲”“踔厉奋发，勇毅前行”主题理论宣讲等各类活动1090场次，惠及群众超3.3万人次。全年开展各类志愿服务活动750场次，灌口镇城市角落筑梦志愿服务队获省志愿服务项目大赛铜奖，镇新时代文明实践所获评为2022年度厦门市学雷锋志愿服务最美志愿服务文明实践所（站）。深化文明创建工作，建立分区包片和专项行动协同推进机制，完成夏商（灌口）农贸市场、镇实践所及周边等点位提升改造项目17个，完成李林村、顶许村、黄庄社区等村（社区）主干道空中缆线规整项目8个；规范公益广告和宣传栏设置243处。全年开展联合整治85次，整改问题4614个。

【生态环境建设】 2022年，灌口镇深化河湖长制，全镇2个省控监测点水质100%达标，消除劣V类断面，完成50个自然村污水治理提升和深青溪、许溪等3个安全生态水系建设工作。完成整改河湖“四乱”（乱占、乱采、乱堆、乱建）问题点位23个、晴天排水口问题整改18个，完成张庄排洪渠沿线、深青溪坑内水库下游引水渠坝头整治工作，清理“散乱污”企业近50家。小微水体治理完成率100%。全年发放《福建省河长制规定》宣传折页5000份，规范设置河、湖长公示牌宣传片68块，制作宣传美篇67篇。完成生物防火林带改造面积21.6公顷。推进森林防灭火提升三年行动（2020—2023年），加大森林防灭火基础设施建设，科学规划修建4条森林防火道路，长度4.3千米；建设16个森林消防蓄水池，储水量3500立方米。在东辉、双岭、田头、坑内通往林区交通要道、人员活动集中以及频繁的出入口布设修建7座森林防火哨卡，并在人流量较集中的东辉村山口哨卡建成智能终端（含智能监控、宣讲设备、系统平台）森林防灭火指挥点，为经济社会发展提供安全稳定的生态环境。

【乡村振兴】 2022年，灌口镇在全省首创“1+N+1”[1个乡镇人民政府、13个村（居）和1个区属国有企业]灌口村集体经济发展模式，与集美城发公司合作开发10块村集体预留发展用地。全市首创田头村、双岭村、东辉村3村“跨村联建”，构建乡村振兴“四联四提”（即“组织联建促效能提升、产业联建促效率提升、村财联建促效益提升、文旅联建促质效提升”）发展模式。抓好基层党组织建设，东辉村及双岭村党委书记分获集美区2022年“开门一件事”活动成果汇报擂台赛二等奖和优秀奖。建成面积33.33公顷（500亩）高标准农田，培育双岭村市级“一村一品”示范村。完成农房裸房整治226栋。打造田头村双龙潭、民俗文化园、安泰宫等特色乡村旅游品牌，全村年均游客接待量超10万人次。

【招商引资】 2022年，灌口镇完成安仁产业园二期、海翼智能制造产业园一期竣工投产，入驻智能制造、新能源企业16家。完成建霖厨卫产线扩产、金盛鑫三期厂房等项目建设。全年新增合同项目19个，投资额17.13亿元；落地项目14个，投资额8.37亿元；实际使用外资及港澳台资7.13亿元，比上年增长116.17%。

【征地拆迁】 2022年，灌口镇完成陈井村整村征收，全年征地面积100.08万平方米，房屋征收面积14.6万平方米，交地面积124.89万平方米，拆除面积14.22万平方米，综合排名全区第二。角李线项目完成征地进行施工。推进洪茂保障房、陈井安置房等项目开工。

【基础设施建设】 2022年，灌口镇整治核销非法占地“两违”（指违法占地和违法建设，包括未经批准占用土地擅自建设的建筑，以及在城市规划区范围内没有取得建设工程规划许可证或者违反建设工程规划许可证核定建设的建筑；在乡村规划区范围内没有取得乡村建设规划许可证或者违反乡村建设规划许可证核定建设的建筑）图斑（含历年整治未到位）135宗。打击偷乱倒渣土行为，查获违规渣土车158辆。查处各类违建新增“两违”49宗，拆除面积1951.67平方米。创建生活垃圾分类样板片区改造，完成13座垃圾屋亭（5座垃圾屋、8座垃圾亭）建设。全年印发1万余张垃圾分类宣传单，开展培训活动31场、宣传活动30场。全年新建停车场5个，新增停车位3293个。建立路灯管养机制，修复并点亮农村路灯994盏，实现主干道亮灯全覆盖。完成经营性自建房安全隐患排查7118栋，应急处置道路安全隐患15处。

【依法行政】 2022年，灌口镇办理镇人大代表建议19件，办复率100%。简化便民办事流程，100%实现“一趟不用跑”。全年应诉行政、民事诉讼案件54件，其中应诉行政案件21件，均按要求做到行政负责人出庭。

【社会综合治理】 2022年，灌口镇完成“雪亮工程二期”以及“智慧安防小区二期”建设。常态化开展扫黑除恶专项斗争，刑事警情比上年下降10.69%。6月，组建灌口镇综合执法队。辖内村（居）举办宣传活动19场，受众500余人次。以近邻党建引领基层治理，完成联发欣悦湾“近邻党建引领小区治理”试点小区提升改造工作，打造璟湖尚郡小区“璟邻一家，缘聚湖尚”近邻党建品牌。

【安全生产】 2022年，灌口镇安全生产专项整治三年（2019—2022年）行动收官。建成灌口东部安全文化主题公园。开展“绿水青山”联合巡查，备齐3支应急救援队伍，出动巡查720人次，森林防火宣传2000余人次，采用警示教育劝退戏水钓鱼人员3000余人次。全年排查辖区生产经营企业2959家，比上年增长20.4%；参加实地排查5918人次，增长20.4%；督促整改隐患7376处，增长24.7%。加大烟花爆竹禁限放宣传力度，印发“限放查非”宣传材料7000余份，悬挂宣传横幅18条。组织辖区企业200余家、主要负责人和专（兼）职安全生产管理人员339人参加2022年企业安全生产管理人员资格取证（复审）培训会。

（陈雅璐）

## 后溪镇

【概况】 2022年，后溪镇下设9个行政村、社区居委会6个。镇域面积110平方千米。截至年底，后溪镇辖区总人口15.67万人，其中常住人口8.05万人、外来人口7.62万人，户数2.13万户。全年镇财政总收入、镇本级财政收入分别为17.08亿元、2.97亿元，分别比上年下降3%、11.7%；完成限额以上批发零售销售额493.52亿元；实现规模以上工业总产值145.96亿元；完成固定资产投资90.09亿元。基本形成“一心两片三组团”空间发展格局。（一心：后溪片区中心区；两片：水源保护片区、文教片区；三组团：后溪工业组团、软件园三期组团和厦门北站组团）汇聚高速、铁路、公交、地铁、BRT（快速公交系统）等城市立体交通体系。

【经济发展】 2022年，后溪镇经济态势稳中向好。3亿元以下规模以上工业总产值增量、增速及固定资产投资增量等3项指标排名全区第一。梳理盘活现有招商空间资源，精准对接意向企业，推动新合同项目入库12个，项目总投资额4.78亿元；2022年存量招商项目落地14个，落地率93.33%。先进制造业发展稳中向好，金汇峰、迈贝特等2家企业获国家级“专精特新”“小巨人”称号，金汇峰荣登2022福建省创新型民营企业100强榜，模具产业园、华润混凝土、宏发先科等项目建成投入使用，永兴东润、稻兴科技等项目加快建设，“9·8”投洽会项目——尚满科技产业园领衔开工。爱逸食品、石秀才、农信互联等一批“互联网+”“金砖+”项目迅速成长。一柏集团、信息集团商贸、特斯拉汽车等表现亮眼。建立“四个益企服务清单”，结合镇党政领导及年轻干部挂钩服务企业制度，走访规模以上工业企业500余家次，协调解决企业反馈问题120余个。落实助力企业纾困减负增产、青年博士教师进企业和建设校企研究生工作站等措施，全年企业增产增效奖励金比上年增长1.63倍。深化“放管服”改革，持续优化营商环境，配合实施后溪工业组团自来水改造提升项目，协调900路公交增设后溪辖区3个站点等，提升产业园区吸引力。全年新增商事主体1247家。完成镇商会换届。城市化进程加快。全年征收工作综合排名持续位列全区第一。完成征地面积79.03公顷，拆迁面积8.21万平方米，完成海翔大道（公铁立交—香山段）提升改造工程、集美中学新校区、新国道324线（灌新路—凤南七路段）提升改造工程——坂头立交以东段等12个市对区考核任务量。做好“六稳”（稳就业、稳金融、稳外贸、稳外资、稳投资、稳预期）“六保”（保居民就业、保基本民生、保市场主体、保粮食能源安全、保产业链供应链稳定、保基层运转）。推进新冠病毒感染疫情防控和经济社会发展，贯彻习近平总书记关于疫情防控工作重要指示批示精神，落实第九版防控方案、二十条优化措施和“新十条”要求，完善横向到边、纵向到底的网格化管理体系，全镇应对处置本土疫情，细化封控管控应急预案，优化混管阳性应急响应处置流程，华懋涉疫事件处置获区主要领导批示肯定。完成混管追阳62例147人次，各便民核酸检测点完成核酸检测270.07万人次，60周岁以上人群疫苗接种覆盖率99.65%。

【社会事业】 2022年，后溪镇社会事业稳步提质。全镇一般公共预算中民生支出占比在81%以上。城乡居民人均可支配收入增幅高于经济增速。全年落实城乡低保1908户次、2679人次，城乡低保金发放225.3万元。减轻残疾人家庭负担，发放补助487.12万元，推进岩内、崎沟、前进等“五社联动”（社区、社会组织、社工、社会资源及社区自治组织的联动）项目。全年实现失业人员再就业1368人，农村富余劳动力转移就业257人。临时救助对象42户次、95人次，发放救助金32.4万元。健全农村留守儿童和困境儿童关爱服务体系。教育事业高速发展，全年投入教育经费283万元。落实“双减”（减轻义务教育阶段学生过重作业负担和校外培训负担）政策，牵头对辖区内校外培训机构进行联合整治，整治无证校外培训机构4家。实施集美中学、天水小学、天水幼儿园等项目用地征收工作；推动厦门二中、苎溪高中、明珠小学、垵山幼儿园等项目施工建设；集美中学施工进场，厦门二中、苎溪高中加快进行主体装修。协调解决新村小学新校区周边用地收储、排水沟建设等事宜。设立后溪镇教育基金，全年募集教育基金198.5万元，专项用于辖区各校（园）奖教奖学、助教助学、改善校园办学条件及对口的教育扶贫等。市妇幼保健院集美院区加快建设，镇卫生院改造提升，“互联网+家庭医生”签约服务突破1.5万人。推进镇居家社区养老服务照料中心建设运营，推进居家养老、农村幸福院运营，建成1个镇级居家社区养老服务照料中心，完成居家养老和行政村农村幸福院全覆盖，提供156张照护床位，投入建设经费1095万元。住房保障持续完善。新增办理安置房产权证364套。持续开展自建房及房屋安全专项整治。以经营性自建房为重点开展全面摸排，排（复）查农村房屋2.19万栋。处置历年鉴定重大危房，通过翻建修缮等措施，实现64栋重大危房有效解危。全年道路交通安全综合整治投入385万元；排查整治隐患点90处，在主要交通路口设立交通劝导站8个，聘请交通劝导员16人，在辖区10所中小学设立“护学岗”，配备人员24人。“两违”（违法用地和违法建设行为）管控持续保持高压态势，全年拆除违建131起，占地面积9.27万平方米，建筑面积16.22万平方米。夯实“门前三包”[临路（街）所有的单位、门店、住户将担负起一定范围的市容环境责任，承担一定的城市管理任务]基础，完成全镇辖区53条主次干道上牌工作，建立11条标准街，上牌率、承诺书签订率99.76%。创建市级金牌调解工作室“后溪镇人民调解委员会加文调解工作室”，完善后溪公证调解中心建设，加强人民调解、行政调解、司法调解、公证调解协调配合多元矛盾纠纷化解机制，排查调处化解社会矛盾纠纷995起，调解成功率99.9%。化解信访矛盾事项，年内，收到信访件1.09万件，办结1.09万件，信访办结率100%，群众满意率96.3%，镇及各村（居）信访评理室开展信访评理活动18场。推进安全生产专项整治三年（2020—2022年）行动，深化整治安全生产隐患，排查企业252家，督促并落实整改隐患505处，整改率100%。排查餐饮场所燃气安全4313家，督促并落实整改隐患84处；完成可燃气体报警装置安装879家。排查生产、经营、租住场所消防安全305家，督促并落实整改隐患58处。支持厦门援藏工作队，完成与清流县赖坊镇等对口帮扶工作。在全区率先举办退役军人优待证发放仪式，办理优待证位居六镇（街道）第一。镇级和15个村（居）退役军人服务中心（站）标准化建设达标。鼓励基础通信运营企业加大在后溪网络建设和试点投入。健全联动政务服务机制，推动电子政务大厅向基层延伸，实现多数事务办理“一趟不用跑”“最多跑一趟”。探索大数据赋能精细化智能网格管理，提高在网格系统平台流转处置社会治理事件频率，推动实现“微事不出网格、小事不出社区、大事不出镇街”。

【乡村振兴】 2022年，后溪镇全面推进乡村振兴。办好“开门一件事”，15个村（居）党组织书记、村（居）委会主任“一肩挑”（村党组织书记、村民委员会主任、村股份经济合作社董事长由同一人担任）人员落实惠民项目32个。引导7个集体经济相对薄弱村分别与市、区机关单位、国有企业和高校结对帮扶，加强驻村工作队、科技特派员等队伍建设。崎沟村获评为市级“抓党建促乡村振兴示范村”。严守耕地红线，遏制耕地“非农化”“非粮化”，恢复耕地面积5.36公顷，完成粮食播种面积98.94公顷。选育龙眼、蜜柚和其他特色水果嫁接优新品种。新村社区（蜜柚）获评为市级“一村一品”专业村，文源山农业观光园被评为省级休闲农业示范点。圣果院快捷酒店项目兑现分红200万元，英村社区文教区后勤服务中心配套项目回购、新村社区通用厂房建设、水库移民后期扶持工程资产购置、东宅村光伏发电等项目推进。探索村财选用银行存款理财办法，截至年底，9个行政村村财收入全部达到50万元。投入超3500万元，完成后溪村、仑上村村庄道主干道“白改黑”、空中缆线规整以及后溪综合市场提升改造等31个项目，打造中秋街“精品示范街”。利用收储地块建设4处公益停车场，面积3.3万平方米，提供停车位近1200个，主要道路停车位“应划尽划”，新增施划机动车位454个，非机动车位619个，缓解周边停车压力。14户获省级美丽庭院示范户。推进农村精神文明建设。链接区委讲师团、百姓宣讲团、理论宣讲轻骑兵等队伍，推动理论宣讲进社区、进农村。开展志愿服务等主题活动1300余场次。移风易俗持续推进，全年丧事简办119场，红事缓办92场。后溪霞城城隍庙庙会习俗列入第七批福建省非物质文化遗产代表性项目名录，举办庆祝霞城城隍360周年文化节活动。三兴社区“果园文化节”、溪西村“诚信家风”、二农社区乡村振兴绿色实践等村庄文化品牌打造初具成效。

【生态环境建设】 2022年，后溪镇崎沟村完成中级版“绿盈乡村”创建任务。提升空气质量，后溪镇有空气监测点1个（坂头水库市控点），全年空气质量综合指数2.03，比上年改善和提升。推进工业组团低碳园区建设，全年后溪工业组团低碳园区提升至二星级低碳工业园区。持续做好“散乱污”企业整治，全年新增“散乱污”企业2家，完成整治2家，“回头看”5家，未发现“回潮”问题。开展工地扬尘巡查整治，全年发现22家次工地存在扬尘污染问题，按时整改率100%。提升水环境治理水平，全镇28个村庄农村生活污水提升治理工程全部完工。开展小微水体整治，31个小微水体全部完成评估验收。开展工业企业正本清源整治工作，完成整改并通过验收33家。持续做好饮用水水源地日常巡查工作，黄地村、官地社畜禽退养通过验收并发放生态补偿金。开展饮用水水源地水质突发环境事故应急处置演练，坂头—石兜水库水质年均值达Ⅱ类标准。推进农膜和农药包装废弃物回收处置，农药化肥减量增效，年度总用药量、肥量用量均完成减量在2%以上目标任务。推广应用水果套袋技术，减少农药使

2022 年 10 月 21 日，位于后溪镇的厦门博雅启萌托育中心姚明织带分园开园（帅 浩 摄）

用次数和农药用量，确保水果产品质量安全。发放蜜柚套袋 450 万个、脐橙套袋 330 万个、葡萄柚双层套袋 36 万个、葡萄柚单层套袋 16 万个、杨桃套袋 2.3 万个。实施农村生活垃圾网格化管理，推进农村垃圾分类工作，实现清扫保洁全覆盖。永祥新城、城内社、三兴社区成为垃圾分类样板片区，后溪综合市场垃圾亭建成投入使用。

【后溪镇安全科普实践基地启用】 2022 年 6 月 30 日，后溪镇安全科普实践基地启用。基地位于第二农场 2 号楼，共三层楼，面积约 800 平方米，为厦门市规模最大、科技含量最高的安全科普基地，也是集美区第一个安全科普基地，基地利用科技创新建设体验参与型“安全应急教育体验培训基地”，共建自然灾害、生产安全等 23 个体验项目。

【厦门博雅启萌托育中心姚明织带分园开园】 2022 年 10 月 21 日，厦门博雅启萌托育中心姚明织带分园举办开园仪式，作为全市第一家由企业全资建设，由企业与专业机构合作运营的托育中心，园区设置在姚明织带工业园内（集美区后溪镇东岭路 68 号），室内面积 979 平方米，室外面积 1255 平方米，设置有用餐区、睡眠区、游戏区、户外活动区等区域，提供 6 个班级、100 个托位，缓解企业职工“育儿难”。

【集美霞城城隍文化节开幕】 2022 年 12 月 16 日，由厦门市人民政府、福建省人民政府台港澳事务办公室主办，厦门市人民政府台港澳事务办公室、厦门市文化和旅游局、厦门市会展局协办，厦门市集美区人民政府承办的集美霞城城隍文化节在集美区后溪镇后溪村城内社开幕，作为霞城城隍庙落成 360 周年庆典活动，包括“新后溪新家园两岸青年摄影展”、集美非遗展、“台湾‘寻根乡愁’台湾成果特展”等文旅活动。（陈彦蓉）

## 杏林街道

【概况】 2022 年，杏林街道下辖宁宝、纺织、曾营、杏北、宁海、园博、高浦、杏林、西亭、内林、莲亭 11 个社区，面积 24.7 平方千米，人口 21.01 万人，其中常住人口 10.29 万人、流动人口 10.72 万人。完成本级财政收入 4.12 亿元，比上年增长 44.90%。实现规模以上工业产值 18.07 亿元，比上年增长 3.26%，排名全区第三。完成固定资产投资 66.40 亿元，比上年下降 19.5%。完成建筑安全投资 30.74 亿元，比上年下降 20.20%。完成限额以上批发零售销售额 122.25 亿元，比上年下降 6.9%。实际使用外资及港澳台资 1149 万美元，比上年下降 93.5%。

【经济发展】 2022 年，杏林街道经济运行相对平稳，财政收入和规模以上工业产值 2 项指标稳步增长，本级财政收入排名全区第二，高于全省或全市平均增速较高值 38.3 个百分点。规模以上工业产值排名全区第三，高于全区增速 0.97 个百分点。实际使用外资及港澳台资受上年大悦城产业项目纳统基数较高影响出现较大降幅。全年完成招商落地项目 15 个，总投资额 14.2 亿元，路达工业、日上集团、元保运动器材等重点制造业增资扩产项目投产运营。引进宝龙天地、吾悦广场等一批知名品牌入驻辖区商业空间。首个与央企合作开发集体经济发展项目西亭人才公寓签约并落地开建。

【社会发展】 2022 年，杏林街道完成兴阁里小区和杏东生活片区老旧小区改造。推进文明创建，完善目标、责任、考核“三位一体”《杏林街道文明创建奖惩办法（试行）》，分类开展专项整治，开展无物业老旧小区整治提升工作，解决街道辖区 47 个无物业老旧小区空中缆线杂乱、飞线充电、外立面污损、楼道墙壁脱落、黄土裸露、地面硬化、零星破损等七大类问题。市垃圾分类考评保持全区前列。健全网格化城市体系，合理划分网格，按 1000 ~ 1500 人 1 个网格原则，将 91 个网格调整为 166 个。按每个网格配备 3 人原则，做好网格员配备工作，年内招聘网格员 250 人，有网格人员 480 人，其中总网格长 11 个、网格长 120 人、网格员 349 人。为网格员购置办公电脑设备，落实网格员工资福利待遇（包括工会福利、体检等），并为其购置人身意外保险。做好网格员岗前培训，组织培训2场，参加人数300人次。落实网格员线上月培训常态化工作，记入月考核指标，助力网格员成长，鼓励网格员参加社会工作专业学历教育考取社工证。“雪亮工程”在各社区主要出入口建成1799路视频监控并投入使用。安装人脸识别监控，车辆抓拍等，应用到治安、交通、校园等各个管理领域，消除监控盲点。投入资金推进35个智慧安防小区建设，打通雪亮工程“最后一公里”。完成杏林派出所情报指挥室升级改造，推进“枫桥式”智慧型杏林派出所项目建设，推进共建共治共享社会治理新格局。对辖区宾馆民宿、商超餐饮、休闲娱乐场所、培训讲座、棋牌室等各类公共和经营性场所开展“扫街”行动，“扫街”3453家次，发现纠正问题1174个，批评教育1174家，开具责令整改通知书196家；“回头看”164家，整改164家，查封46家，行政立案2家。组织专业技术力量，在11个社区防疫卡口安装381路临时监控、52个云广播。

【乡村振兴】 2022年，杏林街道按照乡村振兴“产业兴旺、生态宜居、乡风文明、治理有效、生活富裕”总要求，聚焦“产业振兴、生态振兴、文化振兴、组织振兴、人才振兴”，以省级示范村高浦社区为攻坚点，推进高浦社区十字街改造工程、高浦社区篮球场改造工程（五组）、高浦社区文史馆改造工程、高浦社区高浦北路弱电缆线改造工程、高浦社区渔居小镇项目、高浦社区家风家训项目6个项目建设。截至年底，高浦社区篮球场改造工程（五组）、高浦社区文史馆改造工程、高浦社区家风家训项目均完工。8月，街道乡村振兴办召开厦门高浦社区整村改造方案比选会，与中交海西集团共同编制高浦社区“千年高浦 原乡厦门”方案。该方案分5年实施，将通过文化挖掘、古厝修缮等彰显风貌以及传承城市发展记忆，在生态提升、公共配套、产品导入等方面对城市功能提升改造，将高浦社区打造为闽南文化生态保护区的“闽南活态人文博物馆”。在推动社区集体发展项目实施建设的同时，引导社区居民利用资源禀赋、区位优势、产业基础，按照“三产融合”发展思路，培育壮大新型农村经营主体，带动发展优势产业，促进乡村餐饮等新产业新业态发展，增加村民就业岗位及经济收入。加快房前屋后整治提升工程等群众反映较多问题，提升村庄村容村貌，为居民房屋出租提供良好居住环境，增加居民收入。持续开展农村垃圾治理、农村“厕所革命”、农村污水治理、村容村貌提升等专项行动。

【征地拆迁】 2022年，杏林街道有重点项目10个，其中区重点项目1个、其他项目9个，年度征地任务面积36.82万平方米，拆迁面积9.98万平方米、交地面积38.82万平方米，主要为西亭大社片区整村征收工作，轨道平衡用地项目。全年推动解决疑难问题66个，西亭片区涉及招拍挂地块上遗留房屋拆除，为新城土地出让扫除障碍。

【基础设施建设】 2022年，杏林街道基础设施建设生成30个项目、4374.42万元，主要涉及办公场所改造、店招整治、人居环境整治提升（路面提升、景观提升、路灯照明提升等）、文体设施提升、党群服务中心打造、消防改造提升、弱电缆线改造、排海口整治等。全年老旧小区完工项目2个，为杏东生活小区及兴阁里小区，项目总投资概算5670.74万元，涉及改造户数1006户、房屋栋数30栋，建筑面积11.92万平方米；分别于10月和9月通过竣工验收。

【平安建设】 2022年，杏林街道常态化开展扫黑除恶专项斗争工作。原祥泰苑建设用地、化工学校西侧收储地块等多个收储项目全部清理完毕。入户走访渔船民200多人，排查渔船222艘，巡查海上非法捕捞水产品、非法采砂、海洋违法养殖等违法犯罪行为。联合杏林交警中队在非法营运、超限超载、电动车综合治理等方面开展整治。打击黑恶势力、整治“村霸”和宗族恶势力作为基层党组织建设的重要内容。持续加强打击整治，辖区刑事警情实现连续第5年下降，比上年下降5.2%，其中“电诈”（电信诈骗）警情下降11.7%。杏林派出所“九类”（聚众斗殴罪、强迫交易罪、寻衅滋事罪、敲诈勒索罪、非法拘禁罪、组织卖淫罪、强迫卖淫罪、开设赌场罪、故意毁坏财物罪）破案率100%，盗抢案破案率87%。加强对辖区登记在册的（3～5级）精神障碍患者、安置帮教人员、吸毒人员管理。针对电信诈骗高发时期，将万科金域华府列为重点整治对象，并向周边辐射。成功破获诈骗窝点3个、抓获犯罪嫌疑人26人，摧毁“杀猪盘”电信网络诈骗团伙1个、抓获犯罪嫌疑人6人，抓获涉案人员128人。针对龙泉巷警情高发实际，加强巡防力量，增加监控密度，完成整治任务。健全主动创稳工作协调机制，强化重点群体、行业、领域风险防范化解，推进平安村（居）建设。全年办结省、市、区级转办件301件，受理“12345”平台（市长专线）1.05万件。“公证＋”警调联动模式化解矛盾纠纷1137起，化解率100%，人民调解成功调处案件290起，调解率100%；调解处置涉招生划片、征地拆迁、民事纠纷等群体性信访事件。完成年度维稳工作，落实各个重点人员管控工作，保障中共二十大顺利召开。

【生育服务】 2022年，杏林街道常住人口出生1021人，流动人口出生746人；登记和办理一、二孩“生育服务证”1533本。免费优生健康检查任务数778人，完成数757人，完成率97.3%。开展“生育关怀”行动，元旦春节慰问困难户2户，母亲节慰问贫困母亲14人，年审省级城镇奖扶对象1880人、全国农村奖扶对象394人、区级城镇奖扶对象1595人、特殊扶助对象60人、区级精神抚慰17人、纯生二女结扎户奖励对象443人、贡献奖励对象79人。

【市容环境整治】 2022年，杏林街道开展违建整治，拆除违法建设98起，拆除面积3104.88平方米。占道经营等2034起，开具“责令改正通知书”547份，简易处罚161起，处罚9130元；开具垃圾未按要求分类“责令改正通知书”623份，简易处罚139起，共处罚6220元；拆除各类违规户外广告设施237处，拆除面积1092.3平方米。

【生态环境建设】 2022年，杏林街道构筑三级、四级环保巡查范围与职责明确上下衔接的网格化监管体系，并明确巡查问题报送工作规范和考核细则。实行“街道与区各部门，街道环保部门与各部门各社区上下衔接、相互联动”高效日常运行监管机制，即通过区网格化信息平台、“环保工作微信群”、“城管办微信群”等平台将环保巡查发现问题对应流转给负责整改的部门（环卫、城管、建设及各社区）并限时办理和反馈。根据环保网格化监管“五定”（定区域、定人员、定职责、定任务、定奖惩）机制要求，街道三级网格员落实环保巡查工作，重点巡查各重点污染源管控企业、挥发性有机物整治企业及其各主干道、所有工地及周边；各居民小区和村改居社区由四级网格员按各自的责任片区负责巡查。截至年底，街道三、四级网格员出动巡查4000多人次，通过网格化平台上报事件2382起，事件处理率100%。并于10月31日在《厦门日报》宣传报道街道网格化工作经验。8月30日，街道党工委召开会议集体学习贯彻习近平生态文明思想。会议传达学习《习近平生态文明思想学习纲要》精神，抓好各类突出生态环境整改。以“生物多样性日”、“六·五”环境日、低碳日为契机，通过主题活动做好宣传。

【民生保障】 2022年，杏林街道发放灵活就业补贴572人次、122.2万元，残疾人各项补助及慰问543.19万元，安排公益性就业岗位34个；办理被征地人员养老保险132人，并为132人办理退休；面向困难群众开展社会救助行动及慰问2084户次、2554人次、267.34万元，投入297万元由社会机构进行居家养老专业化运营；投入932万元改善学校办学条件和各项活动经费补助，宁宝幼儿园金海湾分园转为公办幼儿园，提高辖区公办幼儿园就读率；下拨文体工作经费167万元，举办群众性文体活动300多场次。

（黄金莲）

## 集美街道

【概况】 2022年，集美街道下辖岑东、岑西、浔江、盛光、银亭5个社区居委会，总面积4.6平方千米。至年底，街道常住人口2.90万人、流动人口1.23万人。全年完成财政总收入3.74亿元，比上年下降16.1%；完成街道本级财政收入4564万元，下降17.3%；完成固定资产投资6.95亿元，增长53%，完成建筑安装5.1亿元，增长63.1%；完成限额以上批发零售74.81亿元，增长325%；完成外资及港澳台资使用138万元，下降85.2%。年内，集美街道机关团支部获评为2021年度“福建省五四红旗团支部”，街道侨联获评为全区唯一省级“五好”（工作机制好、队伍素质好、阵地建设好、活动开展好、保障体系好）侨胞之家。

【经济运行】 2022年，集美街道聚焦项目储备，谋划一批重大项目，生成杏林湾综合整治工程（计划投资13亿元）等项目12.5个，计划实现投资30.68亿元，策划田集连接线下穿方案研究（计划投资25.25亿元）等项目15个，街道项目策划总成绩在各镇（街道）排名第二。全年在库项目完成固定投资6.95亿元，完成建筑安装5.1亿元，创疫情以来历史新高。经济指标稳步增长，其中固定资产投资、建筑安装和限额以上批发零售业三项增速均排名全区第一；五项主要经济指标在6镇（街道）综合晾晒中排名第二。集美集影视文创园被认定为市级文化产业重点园区，全年新增企业10家，新增产值11.23亿元。历年累计招商企业673家，实现招商企业注册资本39.64亿元，产值66.62亿元。实现税收5721万元。

【招商引资】 2022年，集美街道在库项目完成固定资产投资6.95亿元，完成建筑安装5.1亿元。主要支撑项目分别为正本清源完成投资3.37亿元、集美大学设备采购项目1.05亿元、浪漫海岸线完成投资8812万元。全年项目策划总成绩在各镇（街道）排名第二，其中生成项目12.5个、策划项目15个。聚焦产业延链强链，引进旅享生活总部项目，挖掘数字消费动能；引进中交路桥华北工程局项目、福建贸烽建设工程增资项目。引进丰谦能源发展项目、厦门加多福进出口项目等5家批发零售项目。

【民生保障】 2022年，集美街道加强常态化新冠病毒感染疫情防控政策宣传，落实重点人员管理，筑牢疫情防线。抓好小区治理示范点建设，完成全省首创红树康桥小区业委会注册登记为民办非企业单位，实现对小区公共资金的全过程监管。完善便民服务中心标准化建设，完成24小时不打烊政务办事网点建设，便民服务规范化。做好助老保障，升级浔江社区居家养老服务中心，全年发放高龄津贴8107人次、98.26万元，入住养老机构补助308人次、7.7万元，发放优抚等相关补助110余万元。

2022 年 12 月 1 日，集美街道盛光公园沉井式机械停车场试运行。图为停车场入口
（林志杰 摄）

【重点项目建设】 2022 年，集美街道推进解决辖区“停车难”和老旧小区提升改造问题，完成集美大学轮机学院地下停车场和盛光公园沉井式停车场建设，其中集美大学轮机学院地下停车场投入使用。完成 51 个老旧小区改造任务，占全区年度计划 74%，改造总投资估算 8998.44 万元，惠及 148 栋、4126 户居民。保障浪漫海岸线、正本清源项目等工程推进，推进集美大学财经学院地下停车场及教学楼改造、集美学村站 P+R 停车场等建设项目，四个项目预计可提供停车位 3579 个。

【平安创建】 2022 年，集美街道以大数据为抓手，推动城市精细化、常态化管理，完成辖区内所有道路 1671 个商家承诺书签订、责任牌悬挂工作，在辖区华侨大学华文学院、福南小区及其周边创建省级城市精细化管理示范街区。联合城管、交警、市场监管所等部门持续开展非机动车联合执法，纠正非机动车（包括共享单车）乱停放 2066 辆。街道联动开展“十里长堤”专项整治。年内，街道平安星级小区评定工作领跑全市各镇（街道），刑事警情率持续下降，海防船管和禁毒康复工作继续保持全区领先地位。

【安全生产】 2022 年，集美街道排查自建出租房 985 栋，增配灭火器 5920 个，组织房东开展消防安全培训 11 场并签订“自建出租房消防安全承诺书”。开展“三无”[无船名船号、无船舶证书（无有效渔业船舶检验证书、船舶登记证书、捕捞许可证）、无船籍港的船舶]船舶专项整治行动，将船舶 262 艘逐一落实属地社区管船责任人、街道分管及派出所船管民警，责任到人，全年整治拆解“三无”船舶 38 艘。指导“九小”（建筑面积 300 平方米以下的小商场、额定就餐人数 100 人以下的小饭店、床位数 50 张以下的小旅馆、小型的公共娱乐、休闲健身、医疗、教学、生产加工、易燃易爆危险品销售储存等场所。具体包括：购物场所、餐饮场所、住宿场所、公共娱乐场所、休闲健身场所、医疗场所、教学场所、生产加工场所、易燃易爆危险品销售储存场所等）企业 1075 家建立“一企一档”，发现并整改隐患 36 处。组织开展线下安全生产宣传培训活动 26 场，发放各类宣传材料 9500 份，受益 3880 人，转发各类安全生产通知公告、培训材料、法律法规、警示事例 27 次，开展网络宣传推广 6 场，发送用气防火防灾短信 29.72 万条。组织开展各类应急救援演练 7 场，受益 3390 人。

【精神文明建设】 2022 年，集美街道按照“三化”（服务过程程序化、服务管理规范化和服务质量标准化）要求，推进文明城市创建各项工作落实。开展志愿服务活动 80 场，包含传统节日文化、移风易俗、垃圾分类、理论宣讲、家庭教育等 10 余种活动主题，服务 9.80 万人次，服务时长 3575.5 小时。组织开展值班组文明健步走活动，开展停车、消防设施设备等专项整治行动 10 余场，引进第三方专业力量加强内部督办，对辖区内创建点位督办做到每周全覆盖，定期通报整改进度。结合新冠病毒感染疫情防控及移风易俗工作要求，向辖区居民发送疫情防控宣传短信 300 余万条，年内，辖区内喜事缓办 15 场，丧事简办 35 场，民俗事简办 4 场。（张灵灵）

## 侨英街道

【概况】 2022 年，侨英街道下辖浒井、叶厝、凤林美、孙厝、东安、兑山、乐海、滨水、海凤、凤安、信毅 11 个社区居委会，面积 19.44 平方千米。街道常住人口 24.93 万人，其中户籍人口 7.24 万人，流动人口 17.69 万人。街道地处集美台商投资区，有规模以上工业企业 135 家、规模以下工业企业 200 余家。街道地处集美中央活力区，有由喜盈门、银泰百货、新华都组成的同集商业带和由云城万科里、世茂广场、iOiMALL 组成的华大西城市中心两大商圈。街道辖区有高校 2 所、公办中学 2 所、九年一贯制学校 3 所、公办小学 5 所、公办幼儿园 9 所，公立医疗机构 4 个，派出所 2 个，兑山革命烈士陵园被列为红色革命文物。年内，街道被评为福建省第七次全国人口普查突出贡献集体。

【经济发展】 2022 年，侨英街道实现规模以上工业总产值417.88亿元，比上年增长1.32%；固定资产投资29.31亿元，完成年度目标任务113.74%；限额以上商贸业企业88家，完成销售额666.22亿元，增长109.02%；财政总收入24.85亿元，下降12.5%；街级收入1.49亿元，下降27.1%。招商引资在库项目30个，其中新增签约项目14个，新增合同项目投资总额17.93亿元，累计完成投资额35.5亿元，完成宏发电声和吉顺芯集成电路生产中心2个省级重大签约项目，在区招商引资实绩竞赛中综合成绩位居各镇（街道）首位。街道辖区省、市、区级重点项目2个，兑山综合楼开工建设，叶厝社区综合服务中心申报建设工程规划许可证；街级项目47个，其中30个项目完成，2个项目处于在建阶段，15个项目处于前期手续办理阶段。街道4个土地房屋征收项目全部完成，完成征地面积7640平方米、征收房屋面积5367.40平方米、交地面积20.73万平方米。

【社会事业】2022年，侨英街道推动扫黑除恶专项斗争常态化，辖区刑事案件报案342件，比上年下降0.29%；“四门四访”（开门接访、进门下访、登门走访、上门回访）常态化工作机制落实，登门走访20批29人，上门回访7批9人，开门接访24批107人，进门约访10批66人，信访评理工作无相关案件；“公证+”矛盾纠纷调解机制受理调解纠纷1348起，化解1317起，调解成功率97.7%；开展安全生产大检查，排查区管工程项目34个次、房屋1882栋、寄递物流企业16家、医疗机构212家次、商贸企业63家、工业企业80家、加油站15家、消防重点单位73家、特种设备使用单位65家、文化旅游企业327家次、餐饮单位380余家，发现并督促整改隐患问题1489个，3400余家企事业单位开展自查自纠。城区管理逐步精细，开展城中村整治，取缔和关停废品回收点127个，以叶厝社区为试点打造城中村治理样板；组织辖区5个商业综合体推出“夜间错峰停车”服务，缓解居民停车难题。“两违”（违法、违规）综合治理拆除违法建设158宗，处置违法建设面积4.74万平方米，腾出违法占地面积8.34万平方米。民生工程落实，发放低保、社会救助等各类补助金、生活补贴、慰问金820多万元，发放计划生育家庭慰问金及各类奖励帮扶金490余万元，援企稳岗促就业帮扶离校未就业大学生就业351人次，开展就业援助4376人次，开发公益性岗位81个。重视发展教育，支持各校办学拨付经费917万元，举办首届校长论坛，建设5所学校家长接送驿站。基层文化进步，开播全媒体直播节目《侨英之声》第二季之英气侨英，后垵红楼、张水群宅、张家两故居、集美试验乡村师范学校旧址4处文物建筑办理移交，集美农林学校旧址、孙氏宗祠遗址竣工并验收，乐安学校旧址及孙炳炎故居进入推进阶段。

【乡村振兴】2022年，侨英街道完成兑山、凤林美、浒井、叶厝、孙厝、东安6个原“村改居”社区杆线规整。新建孙厝通用厂房临时停车场、叶厝社区临时停车场、集美北部新城零星2号收储用地停车场、集美北部新城零星3号收储用地停车场、田集连接线南侧（浒井段）临时公共停车场、侨英街道兑山社区孙坂南路一侧临时停车场、红林路临时停车场7个停车场，新增停车位近2000个。实施浒井、叶厝、孙厝社区自来水管网改造工程，预算编制完成，待定标要素确定后送审。谋划推进6个原“村改居”社区集体发展项目，霞梧大厦和兑山综合楼开工建设，孙厝社区乐安里综合发展中心项目和凤林美集体发展项目进行前期推进，兑山社区2个地块、三合一地块（东安、浒井、叶厝）进行方案策划。

【生态环境建设】2022年，侨英街道持续推进空气质量提升，巩固“散乱污”企业综合整治成果，出动156人次巡查企业78家次，未发现12家整治“散乱污”企业反弹问题，未发现新增“散乱污”企业问题，未发现排放工业废水小作坊；推进招商海德公馆低碳社区试点提升工作，通过专家评审，确定招商海德低碳社区达二星低碳社区标准。加强流域水环境治理，推进辖区工业企业“正本清源”工作，街道作为责任单位的工业企业“正本清源”任务174家，96家企业完成整改并通过验收，78家企业进行督促整改；规范农村生活污水处理设施运行维护管理，街道在区市政园林局公布的各季度农村生活污水处理系统考核中均获得“优秀”等次。加强海洋生态环境保护，开展入海排水口上游村庄“正本清源”改造，实施滨海西大道排海口清淤工程、入海排放口及周边滩涂环境整治提升工程，完工验收；完善“湾滩保洁”机制，将海漂垃圾巡查纳入网格监管，上报75件海漂垃圾巡查记录到环保网格监管平台。加强土壤污染防治，对企业危险废物规范化检查，排查企业318家，其中风险企业125家、一般企业193家；妥善处理原天马种猪场内废弃厂遗留工业垃圾，预防重金属、有机污染物等超标排放引发土壤突发环境事件。

【“便当餐会”】2022年3月1日，侨英街道举办首期“便当餐会”，邀请辖区9位优秀企业家参加，交流分享各自企业管理经验及所在行业2022年的发展趋势分析与预判，在餐叙中了解企业发展过程中存在的困难和问题，征求企业家对街道服务企业方面的意见和建议。全年举办4场“便当餐会”，收集企业反映问题，逐个分解给相关职能部门，为企业排忧解难。

【侨英街道综合执法队成立】2022年4月，按照“优化、协同、高效”原则，推进综合执法改革，从源头上解决执法缺位、多层执法、多头执法等问题，侨英街道成立侨英街道综合执法队，完成事业单位法人登记，核定事业编制6名，到位4人，承接行政执法赋权事项180余项，组织相关执法培训3次，强化综合执法力量，提高队伍业务能力。区人力资源和社会保障局、区文化和旅游局、区城市管理局等部门选派在编执法人员15人、编外人员81名驻侨英街道综合执法队开展工作，提升社会综合管理能力。

【《侨英之声·英气侨英》开播】 2022年5月12日起，侨英街道携手厦门音乐广播制作专栏广播节目《侨英之声·英气侨英》，展示侨英街道历史人文底蕴与当代文化魅力及辖区优秀企业风采，每周四18：00，通过FM90.9厦门音乐广播及厦门音乐广播微博直播间、i听厦门微信小程序收听，全年播出45期，收听率列厦门五大广播频率前5名。10月10日，《侨英之声》作为政务融媒体经典案例入选全国广播超级碗活动评选。

【首届校长论坛】 2022年7月6日，侨英街道举办首届校长论坛，辖区11所中小学校校长、部分人大代表、政协委员、张宗安教育基金会代表、各社区书记、主任和其他关心教育人士共同参加论坛。论坛会上，11名中小学校校长围绕各自学校办学特色、办学成效、如何提高教育教学水平等方面各抒己见、畅所欲言，为助推街道教育高质量发展建言献策。厦门广电音视频、集美电视台、《集美报》、天下集美文广传媒等媒体跟进报道。

【霞梧大厦开工】 2022年7月13日，侨英街道叶厝社区霞梧组的霞梧大厦举行奠基开工仪式，霞梧大厦是厦门市第一个村民小组层级集体发展项目。项目位于同集路与天凤路交叉口西南侧，规划用地面积4393.20平方米，建筑面积1.07万平方米，建设成为高品质、高服务、配套完善、融商业于一体的中高端酒店，总投资约0.6亿元，由霞梧组股份经济合作社自筹，至年底完成桩基施工。

【首届企业家论坛】 2022年7月18日，侨英街道举办首届企业家论坛暨“颂党恩比贡献·喜迎二十大”企业增产奖励发放仪式，对2021年辖内规模以上增产企业以及新纳统企业代表进行表彰奖励，87家企业获增产奖励603万元。论坛上，企业代表畅谈获奖心得，共享企业发展历程，对集美区以及侨英街道在加大企业扶持力度、破解企业难题、真情服务企业、营造优质营商环境等方面所做工作表示感谢，表示将带领企业深耕集美加快发展，持续扩大生产规模，做大做强企业。

2022年7月13日，侨英街道叶厝社区霞梧大厦项目奠基仪式举行　（吴觅亮 摄）

【“夜间错峰停车”服务】 2022年7月20日，侨英街道牵头组织云城万科里、厦门iOiMALL、集美世茂广场、银泰百货推出“夜间错峰停车”服务，提供约2250个停车位给附近居民夜间租用，收费标准统一暂定为150元/月，云城万科里停车时段为20:00至次日9:00，厦门iOiMALL、集美世茂广场、银泰百货停车时段为21:30至次日9:30，试行6个月，缓解辖区夜间停车难题，赢得四大商业综合体和居民好评。

【叶厝社区城中村提升改造试点启动】 2022年8月，侨英街道叶厝社区城中村提升改造试点启动，成立叶厝社区城中村提升改造试点工作领导小组，召开5次专题会议研究谋划总体方案，按照“由北到南、由易到难、分步实施”思路推进。优化产业结构，摸排叶厝社区小微企业254家，其中25家属于城中村小产业，列入整治清单；摸排废品回收点22家，全部整治清理。推进综合治理，拆除违建8宗和违规及破损户外广告、店招180余块，在辖区宏发、宝姿等15家企业试点安装93个电动车充电设备，建设叶厝社区临时停车场等4处停车场共增设350个收费停车位，协调辖区喜盈门、雅苑小区设置226个收费停车位。强化项目建设，环境提升项目正本清源（雨污水分流）、空中落地缆线规整、天安路70号居民小区改造全部完成；基础设施改造项目社区卫生服务中心发热门诊、哨点诊室建设工程、加装电梯工程完成，叶厝社区新党群服务中心进入前期手续办理阶段；集体发展项目霞梧大厦开工建设，“三合一”地块（东安、浒井、叶厝）进入方案策划阶段。

【营商环境司法服务中心成立】 2022年9月1日，集美区人民法院与侨英街道办事处共同揭牌成立营商环境司法服务中心，配置资深法官助理1名、常驻调解员1名，引入市场监管、司法行政、商会、高校等解纷力量，为涉企纠纷、知识产权纠纷化解提供一站式服务，护航企业创新创造。揭牌仪式后召开营商环境司法服务企业座谈会，市中级人民法院知识产权法庭干警、辖区12名企业代表、特邀调解员、司法所、市场监督管理所等单位人员、院校学者参加座谈。至年底，走访重点企业2家，开展企业座谈会3场，妥处辖区企业知识产权纠纷30余起。

【集美区“数字驱动 聚智引领”数字化转型系列活动侨英街道专场】 2022年10月19日，由集美区工业和信息化局指导，侨英街道、华为云计算技术有限公司和中软国际信息技术（厦门）有限公司共同主办，厦门盛初网络科技有限公司、蘑菇物联科技（厦门）有限公司和厦门蝶拓物联科技有限公司联合协办集美区“数字驱动 聚智引领”数字化转型系列活动侨英街道专场，街道辖区优秀制造业企业负责人、工厂高阶主管等40余家企业代表齐聚一堂，现场交流分享企业发展经验，共同推动侨英数字经济健康发展。

【政协委员协商议事厅揭牌】 2022年11月25日，侨英街道政协委员协商议事厅揭牌，标志着集美区首家政协委员协商议事厅启用。该议事厅是推进协商民主向基层延伸重要举措，推动政协协商与基层协商衔接。揭牌仪式现场，民革集美总支与街道签订共建协议，双方将发挥各自优势，在思想教育与文化活动、科技培训与开发活动、社区服务活动等方面加大合作力度，为基层社区群众办实事、办好事。当日，政协委员协商议事厅召开首场协商议事会，与会人员围绕“加快北部工业区交通基础设施建设，助力改善营商环境”主题进行协商座谈，并实地勘查调研，对完善北部工业区交通基础设施建设建言献策。

【兑山综合楼开工】2022年11月28日，侨英街道兑山社区集体发展项目兑山综合楼举行奠基开工仪式。该项目位于杏林湾路与兑英中路东北角，毗邻华侨大学和云城万科里，总用地面积1.22万平方米，总建筑面积5.73万平方米，地上建筑面积4.16万平方米，其中商业、办公面积各约1万平方米，保障性租赁住房2万平方米，包括1栋地上24层、地下室2层的综合楼和1栋10层的办公楼，将建设成为集办公、保障性租赁房及商业于一体的大型综合项目，总投资额2.8亿元，由兑山社区股份经济合作社自筹。 （简琛华）

## 杏滨街道

【概况】2022年，杏滨街道下辖马銮、西滨、前场、锦园、三秀、日东、锦鹤、康城8个社区，总人口18.77万人，其中流动人口12.36万人，占65.85%。全年街道经济指标综合排名全区第一，多项指标超全市平均水平。其中，实现限额以上批发零售销售额372亿元，比上年增长151%；实际使用外资及港澳台资1.26亿元，比上年增长422.06倍；本级财政收入1.64亿元，增长65%。

【招商引资】 2022年，杏滨街道制定招商引资和企业服务工作专班方案，对接上级部门，配套两岸综合项目人才公寓，吸引东方花木兰、两岸聚贤（人才）发展、两岸嘉年华等公司落户，推动立恒涤纶和三印彩印厂房买方迁移落地。响应“一把手”招商工程，利用商会平台现场推介投资环境及招商政策。全年引进签约项目21个，推动新增18个第三产业招商引资项目入统，实现营业收入超290亿元。

【征地拆迁】 2022年，杏滨街道加快征拆腾地，提速大项目建设，全年完成征地面积10.25万平方米，完成全年可实施征地任务量102.84%；完成房屋征收面积12.32万平方米，完成全年可实施房屋征收任务量109.02%；推动整村征收项目，50天内完成西滨村61栋现代建筑、124宗同安证（旧房屋产权证）交房攻坚任务，提前1个月完成西滨村整村征收工作。

【重点项目建设】 2022年，杏滨街道协调重点项目难点、堵点，推动重点项目提质增效。全年辖区有省、市、区重点项目35个，年度计划投资54.79亿元，完成投资59.17亿元，23个项目超序时、按序时推进，完成年度计划107.99%。其中，福厦客运专线、华西医院、康锦综合体等多个项目完工。

【民生保障】 2022年，杏滨街道深化“互联网+政务服务”，便民服务中心入驻福建省网上办事大厅55项，其中“一趟不用跑”事项55项，“马上办”（即办件）50项，总办件量1.05万件。推进分层分类精准救助，试点建设全市首批未成年人保护站，投入民生保障事业资金2109万元，基本保障“老弱病残幼”等特殊群体。加快构建幸福养老服务体系，支持专业机构运营养老服务照料中心、社区幸福院、社区居家服务站，上门服务8250人次，推动生活照料、文化娱乐、精神慰藉等基本服务实现全覆盖。

【卫生健康事业】 2022年，杏滨街道落实“健康集美”建设，辖内四川大学华西厦门医院、厦门口腔医院集美院区相继开业试运营，弥补公共医疗资源短板；投入80万元支持社区卫生服务中心建设，推进家庭医生签约服务，签约率逾44.6%，为辖区16.87万名居民建立健康档案。梳理线上就医模板及线下转诊模板，实现规范化、简洁化、简便化，方便患者、医生及

2022年，杏滨街道完成瑶山溪水质净化处理工作。图为整治后的瑶山溪海翔大道交汇段
（林美云 5月13日摄）

社区工作人员；由社区卫生服务中心专门指派一名医生，在各个封控管控区内负责医疗救助各个环节，建立台账跟踪回访，形成一个服务闭环）管控机制，为群众提供“管家式”定制服务，为全区处置突发本土疫情提供“杏滨范本”。

【宜居环境建设】 2022年，杏滨街道结合城区拓展和产业布局，推进老旧小区和“城中村”更新改造，加快城市基础设施向农村延伸。实施完成12个无物业老旧小区提升改造工程。加强收储土地管理和预收储用地被侵占清理工作，完成10宗收储土地被侵占清理整治，推动其中4块再利用建设停车场和苗圃基地。推行河长制，抓好瑶山溪水质净化处理工作，完成锦园渠、董任沟全线清淤工作，落实巡河制度，防止妨碍河道行洪、河湖“四乱”（乱占、乱采、乱堆、乱建）等问题“回潮”，提升整体生态环境和水质改善。加大市容市貌巡查和整治力度，实行分片、分小区、分路道网格化管理，确保城市管理无“死角”、无“盲点”，清理乱涂写、乱张贴15.84万处，清运生活垃圾、土头垃圾、大型废弃物4万吨；执行安全生产责任制，持续开展安全生产大排查大整治工作，检查生产经营单位852家。加大道路安全整治力度，将酒驾、摩托车、货车等事故高发违法行为纳入重点管理，落实定时定点勤务高峰站点执勤。加强食品药品安全建设，健全“一站三员”（设立食品安全工作站，配备食品安全监管员、协管员和信息员）食品药品安全监管网络，建设“明厨亮灶”（指餐饮服务提供者采用透明玻璃、视频等方式，向社会公众展示餐饮服务相关过程的一种形式。是餐饮企业顾客可以直观地看到后厨员工的操作是否规范，卫生是否合格，是否有一些不应该出现的物品）工程，守护舌尖上的安全。

【基层治理】 2022年，杏滨街道发挥群防群治队伍力量，常态化开展扫黑除恶专项斗争，提升打击破案效能，辖区刑事警情持续下降。推动“平安三率”（平安建设知晓率、平安建设参与率、平安建设安全感满意率）宣传活动进学校、进社区，通过展板制作、义诊服务、文艺会演等主题宣传形式，展现辖区平安建设成果。提升辖区技防水平，抓好康城、日东、锦鹤社区等8个社区的相关工程建设。健全村（居）综治中心五室和警务室试点建设，打造和探索“1+5”（社区警务室+矛盾纠纷调解室+视频监控室+心理咨询室+信访评理室+法律服务室）综治中心架构和实体运行工作机制。化解辖区教育划片、房东租金纠纷、金融诈骗等不稳定因素，全年受理矛盾纠纷835起，化解率99.5%。（林惠真）

# 人物·名录

## 新任区领导

胡旭彬 1971年2月出生，汉族，江苏溧阳人，1992年11月加入中国共产党，1994年8月参加工作，厦门大学公共事务学院人口、资源与环境经济学专业毕业，在职研究生学历，经济学博士。2022年6月起任福建省厦门市集美区委书记。

倪 杰 1982年9月出生，汉族，浙江嵊州人（在浙江舟山出生），2003年5月加入中国共产党，2010年7月参加工作，清华大学材料科学与工程系核科学与技术专业毕业，研究生学历，工学博士。2022年7月起任福建省厦门市集美区委副书记，区政府党组书记、区长。

苏国辉 1977年1月出生，汉族，福建龙岩人，1998年12月加入中国共产党，2003年8月参加工作，长安大学经济与管理学院交通运输规划与管理专业毕业，研究生学历，工学博士。2022年7月起任福建省厦门市集美区委副书记。

杨晓峰 1976年10月出生，汉族，福建漳浦人（在福建厦门出生），1997年1月加入中国共产党，1999年9月参加工作，华侨大学法学系国际经济法专业毕业，大学学历，法学学士。2022年4月至2022年5月任福建省厦门市集美区人民政府副区长提名人选，市公安局集美分局局长、督察长。2022年5月起任福建省厦门市集美区人民政府党组成员、副区长，市公安局集美分局党委书记、局长、督察长。

（许佳琦）

## 先进人物

朱永官 1967年8月生，浙江桐乡人，环境生态学家，中国科学院院士，发展中国家科学院院士；长期从事环境土壤学和环境生物学研究。中国科学院城市环境研究所/生态环境研究中心研究员。2002年获得国家杰出青年基金。1989年毕业于浙江农业大学，学士学位；1992年在中国科学院南京土壤所获得理学硕士学位；1998年获得英国帝国理工学院环境科学博士学位。1994年3月至2002年1月先后在英国女王大学、帝国理工学院和澳大利亚阿德莱德大学学习和工作。2001年入选中国科学院“引进海外杰出人才计划”，2002年回国工作。曾任中国科学院城市环境研究所所长和党委书记。先后主持国家自然科学基金委重大项目和中国科学院先导专项等。主要研究成果于2009年获得国家自然科学二等奖（第一完成人）、2013年发展中国家科学院（TWAS）农业科学奖和2022年获国际土壤科学联合会“李比希奖”等。先后获得国家留学回国成就奖，中国青年科技奖，中国科学院“杰出青年”，福建省杰出科技人才奖，厦门市重大贡献奖，享受政府特殊津贴。国际科学理事会科学规划委员会委员，曾任国际原子能机构科学顾问（2004–2012），曾任国际期刊Environment International共同主编以及多个国内外学术期刊的副主编和编委。在国际上发表学术论文550余篇，包括多篇发表在Science, Nature及其子刊和PNAS等主流刊物。2016—2021年连续6年入选科睿唯安（Clarivate Analytics）全球高被引科学家，Web of Science系统引用43000余次，H指数108。2022年获国际土壤科学联合会“李比希奖”。

（吕 宏）

洪昱斌 1973年生，中国农业大学毕业，高级工程师，三达膜环境技术股份有限公司（以下简称“三达膜公司”）总工程师。1999年入职三达膜环境技术股份有限公司，在“膜材料研发、膜设备制造和膜应用工艺”三大领域刻苦钻研，做出突出成绩；主持完成10多项国省、市、区级科技项目，曾获2项国家重点新产品、1项中国专利优秀奖等荣誉。他打破国外技术垄断，让中国在膜技术领域掌握自主可控的话语权。

二十一世纪初，中国高端陶瓷膜产业化还是一片空白。时任三达膜公司副总经理的他放弃管理公司一半人数的工程项目团队，带领10人组成攻关小组抓研发，通过不断讨论、不断试错寻求最优配方与工艺。为精确控制实验过程，他时常蹲守在炉内温度1700摄氏度、炉外温度高达到40多摄氏度的烧结窑炉边跟踪实验参数。历经3年多时间，尝试1000多个配方与工艺控制点，最终攻克技术难关，实现高端陶瓷膜国产化，高端陶瓷膜使用寿命提高3倍，产品实现了国产替代，目前产品还返销欧美发达国家。

20多年来，洪昱斌先后攻克高端陶瓷膜和中空纤维膜等新材料，其中高端陶瓷膜产品性能指标达到国内领先水平。2022年，三达膜公司每年生产超过3万平方米陶瓷膜，成为全国高端陶瓷膜产量最大的2个生产厂商之一。

作为项目第一完成人，洪昱斌先后承担国家、省、市、区科技计划项目13个，其中国家科技支撑计划1项、国家星火计划1项、国家重点研发计划1项、国家重点新产品计划2项；拥有授权专利89项，其中发明专利38项；参与编写2项国家标准、3项行业标准、1项地方标准及1项团体标准。成立“洪昱斌劳模创新工作室”，把知识、技术传授给公司研发技术岗位员工。把工作室当做人才“孵化基地”，先后指导本科生、硕士研究生、博士研究生、博士后近50人，传帮带一线技术操作工100多人，形成一支由博士、硕士和技术型人才组成的高层次、多学科结合的科研队伍。

2022年，洪昱斌被推荐为第十四届厦门市政协委员，结合工作经验及行业背景，提出《关于加快推进污水资源化项目的建议》，为新时代厦门更高水平建设高素质高颜值现代化国际化城市献计出力。他还曾获福建省五一劳动奖章、厦门市五一劳动奖章、“厦门市最美职工”、“知识产权先进个人”、“膜行业优秀工程师”、“优秀企业科协工作者”等称号。2022年获全国五一劳动奖章。（洪昱斌）

林志兴　1986年12月生，福建厦门人，中共党员，毕业于福建警察学院，2010年参加公安工作，福建省厦门市公安局灌口派出所副所长。作为“时代楷模”陈清洲一手培养的徒弟，林志兴始终以陈清洲为榜样，深耕基层所队，誓守一方平安。从警13年来，他用“脚板＋智慧”塑造新时代青年基层民警真情爱民、一心卫民的生动形象，被辖区群众称为“智多星”。面对许多诈骗手段和多变的骗局，他始终冲锋在前，凭着一股“蚂蚁啃骨头”的韧劲，一心扑在反诈工作上，用自己的“智慧”，创新宣传方式，用心用情守护群众“钱袋子”，专做骗子的“克星”。组建反诈骗宣传队，针对不同人群、不同职业、不同年龄、不同层次，采取不同的宣传策略开展反诈宣传，总结出“六个六”（六个宣传机制、六个宣传主体、六个宣传分工、六个宣传对象、六个宣传方式、六个宣传载体）宣传工作法，研究制作菜单式的“反诈工作手册”和“12+N”反诈清单，增强反诈宣传的精准性、实效性。2022年，林志兴带领灌口所社区警务团队，开展守护群众“钱袋子”行动，首创反诈一条街、反诈“汤圆”、反诈视力表等特色反诈工作，开展爱民反诈活动36场，劝阻潜在被骗群众1655人，减少群众经济损失850万元，全年电诈警情数比2021年下降10.8%。为打造全区示范“平安社区”，他结合多年的社区工作实践，打造智慧“微警务室”，创新开发“近邻110”小程序，推行“5+1”（“五室一中心”，即：智慧警务室、矛盾纠纷调解室、信访评理室、法律服务室、心理咨询室和综治中心）综治模式，聚“微治”成“大治”、积“小安”成“大安”。在矛盾纠纷化解工作上，他结合“枫桥经验”，将党建和群防群治力量融于一体，组建“近邻陪调员”队伍，探索基层矛盾纠纷多元化调解，推动搭建“社会调解在先，法院诉讼在后”的递进式矛盾纠纷分层过滤体系，把大量矛盾纠纷化解在萌芽状态。2021年10月，厦门市公安局创设“林志兴个人标兵工作室”，旨在依托标兵工作室，开展跟学跟训、跟班作业活动，营造见贤思齐、争先创优的浓厚氛围，达到“建立一个、带动一批、影响一片”的强警目的，团队中先后走出“治安专项小能手”陈锶淮、“爱民甜心大闺女”张羽净、“缉毒尖刀兵”刘淮钦、“灌口神捕”蔡炳聪、十佳社区民警汪洪刚等优秀民警。他立个人二等功1次、个人三等功2次、个人嘉奖6次；曾被中央宣传部、公安部授予“全国最美基层民警”称号，被福建省公安厅授予“全省优秀人民警察”称号，被厦门市委组织部、厦门市委宣传部授予“厦门市首届鹭岛好公仆”称号，被厦门市公安局授予“厦门市首届十佳社区民警”称号。2022年被评为全国最美基层民警。（杨　勇）

陈拥军　1971年1月出生于厦门，祖籍福建南安。2005年11月加入中国共产党，在职大学本科学历，中医内科副主任医师。1992年8月参加工作，集美区后溪镇卫生院党支部书记、院长。从医31年，陈拥军热爱农村卫生健康事业，长期扎根基层，为医疗卫生工作奉献青春与智慧。他研究国家医改政策，对标《健康中国2030规划纲要》蓝图，对标二级医院的服务水平标准，对标《健康集美》发展要求，围绕主责主业，将高质量发展融入卫生院建设中，带领全院职工紧扣乡村振兴战略，破解群众看病的痛点、堵点、难点问题，逐渐打造出一支金牌健康服务团队，助力厦门市“分级诊疗”在农村开花结果。后溪镇卫生院连续获得厦门市第十四届、十五届、十六届文明单位称号，基本公共卫生、基本医疗、家庭医生签约服务的历年市级考核中成绩显著，在群众中有较高的满意度。2016年后溪镇卫生院被评为全国“群众满意乡镇卫生院”；2021年获得“厦门市临床检验室间质量评价先进单位”称号；2022年获评“产品伤害监测工作先进医疗卫生机构”、被认定为全国“基层医疗机构呼吸疾病规范化防诊治体系与能力建设”优秀单位、通过全国“优质服务基层行”推荐标准；2022年卫生院公卫科获评厦门市“五一先锋号”先进集体。

新冠病毒感染疫情防控期间，陈拥军发挥专业特长部署各类岗位的防控，做到有力有序有效，维持一方群众的健康。他秉持精益求精、医者仁心的使命担当，2011年被评为“集美区卫生系统优秀共产党员”；2012年被评为“集美区卫生系统先进管理者”“集美区卫生系统优秀党务工作者”；2016 年被中共厦门市委、厦门市人民政府通报表扬“防抗莫兰蒂台风灾后恢复重建工作先进个人”、获评“厦门市卫生计生系统防抗莫兰蒂台风灾后重建工作先进个人”；2017 年被中共集美区委、集美区人民政府评为集美区“综治和平安建设先进个人”；2022 年被中国农村卫生协会评为“优秀乡镇卫生院院长”。

（林艺荣）

**燕永汉、倡海英家庭** 燕永汉是全国运动会冠军、国家运动健将，曾分别被河南省政府和福建省政府通令嘉奖、记功 4 次，被授予省五一劳动奖章，获得省“新长征突击手”等称号。妻子倡海英曾获得省运会冠军等多项优异成绩。当教练员后，他们又培养出一批获得亚运会冠军、世青赛冠军、全运会冠军的优秀运动员。儿子燕子倏旸是赛艇项目全国一级运动员、篮球项目全国一级运动员。

燕永汉一家言传身教、敬老孝亲。燕永汉的老家在河南，他和妻子倡海英到厦门已经 20 多年。每年冬天，他们就张罗着把老人接到厦门过冬。2019 年春节，燕永汉分别把母亲和丈母娘接到厦门过冬。朋友父母到厦门，他们抽时间登门看望，朋友的父母生病，他们主动探望、陪护。儿子燕子倏旸都看在眼里，父母的言传身教，也让他从小就明白“孝”的内涵。

燕永汉是厦门市水上运动中心教练，他所带的 15 个学生中最小的只有 8 岁，有的都还不会自己洗衣服，倡海英每天下班后就会到丈夫的单位，帮忙照顾孩子。燕永汉夫妻热心公益、乐于助人。在金砖厦门会晤以及新冠病毒感染疫情防控期间，他们参与各类志愿服务，参加义务献血，为 1998 年抗洪、汶川地震、新冠病毒感染疫情防控等捐款捐物。2022 年获全国“最美家庭”称号。（区妇联）

## 先进单位

**厦门医学院团委** 2022 年 12 月，厦门医学院团委获“全国红十字会模范单位”称号，全国有 97 所学校获此荣誉。近年来，厦门医学院团委发挥红十字工作育人功能，结合医学教育特色、医学专业特点和医学生个性特征，借助以“虔诚敬畏生命”为主题的红十字生命教育，开展校园无偿献血、造血干细胞捐献、红十字博爱周、红十字青少年文化节、预防艾滋病教育、特殊教育学校帮扶、初级救护员培训、急救技能大赛等公益活动，弘扬“人道、博爱、奉献”的红十字精神，引导和培养学生成为精神丰富、生命饱满的新时代好青年。

学校团委将红十字青少年工作纳入大学生思想政治教育整体规划，将学生参与校红十字会开展的各项文化活动、社会实践、志愿服务纳入第二课堂成绩单，并计入学分，提升学生骨干队伍开展红十字活动的热情。校红十字会学生分会每学年组织开展红十字文化节、红十字博爱周、禁毒防艾宣传等活动 20 余场。依托厦门市红十字生命教育体验馆等生命教育基地，学校团委在师生间开展红十字主题教育，团结和带领师生参与红十字工作。每年组织开展捐献造血干细胞志愿活动，2020—2022 年有近 1000 名师生加入中华骨髓库，5 名学生捐献造血干细胞。每年开展春秋季校园无偿献血活动，在校生献血率连续多年位居厦门高校首位。每年面向师生、社会人员开展急救培训 50 余场，覆盖 3000 余人，并将应急救护技能融入新生军训，强化生命教育。（厦门医学院）

# 名 录

表 26

## 2022 年集美区先进集体一览表

| 单位名称 | 荣誉称号 | 授予单位 | 授予时间 |
|---|---|---|---|
| 厦门市集美区后溪镇卫生院 | 2022 年“基层医疗机构呼吸疾病规范化防诊治体系与能力建设项目”优秀单位 | 全国呼吸专科医联体、国家呼吸疾病医疗质控中心、国家 PCCM 科项目办公室 | 2022.06 |
| 厦门医学院附属第二医院 | 医院采购过程内控管理系统实用新型专利证书 | 国家知识产权局 | 2022.07 |

续表 26

| 单位名称 | 荣誉称号 | 授予单位 | 授予时间 |
| --- | --- | --- | --- |
| 国家税务总局厦门市集美区税务局第一税务所 | 一星级全国青年文明号 | 全国创建青年文明号活动组委会 | 2022.08 |
| 厦门医学院团委 | 全国红十字模范单位 | 中国红十字会总会 | 2022.10 |
| 国家税务总局厦门市集美区税务局 | 节约型机关 | 国家机关事务管理局、中共中央直属机关事务管理局、国家发展和改革委员会、财政部 | 2022.10 |
| 厦门市集美区后溪镇卫生院 | 产品伤害监测工作“优秀单位” | 中国疾病预防控制中心慢性中心 | 2022.11 |
| 厦门市集美区人民政府信访局 | 全省信访系统先进集体 | 福建省人力资源和社会保障厅、福建省人民政府信访局 | 2022.01 |
| 厦门市集美区人民检察院第四检察部 | “土地执法查处领域行政非诉执行监督”专项活动优秀组织单位 | 福建省人民检察院 | 2022.03 |
| 厦门市集美区集美街道机关团支部 | 2021 年度“福建省五四红旗团支部” | 共青团福建省委员会 | 2022.05 |
| 厦门市集美区苔芯志愿服务队 | 第十九届“福建青年五四奖章集体” | 共青团福建省委员会、福建省青年联合会 | 2022.05 |
| 集美区公安分局 | 福建省平安建设先进集体 | 福建省平安建设领导小组办公室、福建省人力资源和社会保障厅 | 2022.05 |
| 厦门市安吉利家物业有限公司 | 福建省工人五一先锋号 | 福建省总工会 | 2022.05 |
| 国安达股份有限公司 | 福建省工人五一先锋号 | 福建省总工会 | 2022.05 |
| 厦门和丰利干冰除污设备有限公司 | 福建省五一劳动奖状 | 福建省总工会 | 2022.05 |
| 集美区 | 双拥模范区 | 中共福建省委员会、福建省政府、福建省军区 | 2022.07 |
| 厦门市第十中学 | 福建省普通高中特色示范项目校（体育·篮球） | 福建省教育厅 | 2022.07 |
| 厦门市集美区灌口中学（厦门一中集美分校） | 福建省普通高中特色示范项目校（科技创新） | 福建省教育厅 | 2022.07 |
| 厦门市集美区集美街道银亭社区 | 福建省第七次全国人口普查突出贡献集体 | 福建省统计局、福建省第七次全国人口普查领导小组办公室 | 2022.08 |
| 厦门市集美区人民政府侨英街道办事处 | 福建省第七次全国人口普查突出贡献集体 | 福建省统计局、福建省第七次全国人口普查领导小组办公室 | 2022.08 |
| 厦门市集美区司法局 | 2019—2021 年度全省人民调解先进集体 | 福建省司法厅 | 2022.10 |
| 厦门市集美区红十字会 | 2022 年度福建省红十字会“99 公益日”优秀组织单位 | 福建省红十字会 | 2022.11 |
| 厦门市集美区集美街道 | 省级“五好”侨胞之家 | 福建省归国华侨联合会 | 2022.12 |
| 中共厦门市集美区委组织部 | “爱心厦门”建设工作先进集体 | 中共厦门市委员会、厦门市人民政府 | 2022.01 |
| 厦门市集美区民政局 | “爱心厦门”建设工作先进集体 | 中共厦门市委员会、厦门市人民政府 | 2022.01 |

续表 26

| 单位名称 | 荣誉称号 | 授予单位 | 授予时间 |
|---|---|---|---|
| 厦门市集美区杏林街道办事处 | “爱心厦门”建设工作先进集体 | 中共厦门市委员会、厦门市人民政府 | 2022.01 |
| 厦门市集美城市发展有限公司 | “爱心厦门”建设工作先进集体 | 中共厦门市委员会、厦门市人民政府 | 2022.01 |
| 中共厦门市集美区委宣传部 | 厦门市精神文明和宣传文化工作先进集体 | 中共厦门市委员会、厦门市人民政府 | 2022.01 |
| 厦门市集美区文化和旅游局 | 厦门市精神文明和宣传文化工作先进集体 | 中共厦门市委员会、厦门市人民政府 | 2022.01 |
| 陈嘉庚纪念馆 | 厦门市精神文明和宣传文化工作先进集体 | 中共厦门市委员会、厦门市人民政府 | 2022.01 |
| 厦门市集美区退役军人事务局 | 厦门市双拥和平安建设工作先进集体 | 中共厦门市委员会、厦门市人民政府 | 2022.10 |
| 厦门市集美区集美街道 | 厦门市双拥和平安建设工作先进集体 | 中共厦门市委员会、厦门市人民政府 | 2022.10 |
| 厦门医学院保卫处 | 厦门市双拥和平安建设工作先进集体 | 中共厦门市委员会、厦门市人民政府 | 2022.10 |
| 国家税务总局厦门市集美区税务局 | 厦门市双拥和平安建设工作先进集体 | 中共厦门市委员会、厦门市人民政府 | 2022.10 |
| 厦门市集美区农业农村局 | 厦门市生态文明工作先进集体 | 中共厦门市委员会、厦门市人民政府 | 2022.11 |
| 厦门市集美区市政园林局 | 厦门市生态文明工作先进集体 | 中共厦门市委员会、厦门市人民政府 | 2022.11 |
| 中共厦门市集美区灌口镇委员会 | 厦门市生态文明工作先进集体 | 中共厦门市委员会、厦门市人民政府 | 2022.11 |
| 厦门宏发电声股份有限公司 | 厦门市生态文明工作先进集体 | 中共厦门市委员会、厦门市人民政府 | 2022.11 |
| 厦门园林博览苑 | 厦门市生态文明工作先进集体 | 中共厦门市委员会、厦门市人民政府 | 2022.11 |

表 27

## 2022 年集美区先进人物一览表

| 姓 名 | 性别 | 荣誉称号 | 工作单位 | 授予单位 | 授予时间 |
|---|---|---|---|---|---|
| 朱永官 | 男 | 李比希奖 | 中科院城市环境研究所 | 国际土壤科学联合会 | 2022.02 |
| 王文磊 | 男 | 中国科协青年人才托举工程人选 | 集美大学 | 中国科学技术协会 | 2022.03 |
| 纪明开 | 男 | 发明专利证书（复方康复新液搽剂及其制备方法） | 厦门医学院附属第二医院 | 国家知识产权局 | 2022.04 |
| 洪昱斌 | 男 | 全国五一劳动奖章 | 三达膜环境技术股份有限公司 | 中华全国总工会 | 2022.05 |
| 燕永汉、侣海英家庭 | | 2022 年全国“最美家庭” | | 中华全国妇女联合会 | 2022.05 |
| 陈拥军 | 男 | 优秀乡镇卫生院院长 | 厦门市集美区后溪镇卫生院 | 中国农村卫生协会 | 2022.06 |
| 陈志强 | 男 | 从事档案工作满 15 年的检察人员通报表扬 | 厦门市集美区人民检察院 | 中华人民共和国最高人民检察院 | 2022.07 |
| 林志兴 | 男 | 全国最美基层警察 | 集美公安分局 | 中共中央宣传部、公安部 | 2022.09 |
| 张鹏飞 | 男 | 交通运输部交通运输青年科技英才 | 集美大学 | 交通运输部 | 2022.10 |
| 涂婉丽 | 女 | 交通运输部交通运输青年科技英才 | 集美大学 | 交通运输部 | 2022.10 |

续表 27

| 姓 名 | 性别 | 荣誉称号 | 工作单位 | 授予单位 | 授予时间 |
|---|---|---|---|---|---|
| 朱春莲 | 女 | 中国红十字会“会员之星” | 厦门市集美区杏林街道办事处（杏林街道红十字会） | 中国红十字会总会 | 2022.11 |
| 苏添水 | 男 | 产品伤害监测工作“优秀个人” | 厦门市集美区后溪镇卫生院 | 中国疾病预防控制中心慢性中心 | 2022.11 |
| 李彩真 | 女 | 全省知识产权系统和公安机关知识产权保护工作成绩突出个人 | 厦门市集美区市场监督管理局 | 福建省知识产权局、福建省公安厅 | 2022.01 |
| 卓双木 | 男 | 福建省百千万人才工程人选 | 集美大学 | 福建省人力资源和社会保障厅 | 2022.01 |
| 林舒雅 | 女 | 2021 年度全省检察机关新闻宣传工作“百优”优秀检察宣传工作者 | 厦门市集美区人民检察院 | 福建省人民检察院宣传处 | 2022.02 |
| 周振春 | 男 | 2021 年度参政议政工作先进个人 | 集美大学 | 民主建国会福建省委员会 | 2022.02 |
| 黄亚明 | 男 | 全省文化和旅游系统先进工作者 | 厦门市集美区文化和旅游局 | 福建省人力资源和社会保障厅、福建省文化和旅游厅 | 2022.04 |
| 杨陆容 | 男 | 2022 年福建省五一劳动奖章 | 厦门市集美区灌口镇中心卫生院 | 福建省总工会 | 2022.05 |
| 陈金树 | 男 | 2022 年福建省五一劳动奖章 | 厦门立林科技有限公司 | 福建省总工会 | 2022.05 |
| 张劲松、白银女家庭 | | 福建省“最美家庭” | 集美大学 | 福建省妇女联合会 | 2022.05 |
| 姚进忠 | 男 | 第十九届福建省五四青年奖章 | 集美大学 | 共青团福建省委员会 | 2022.05 |
| 林舒雅 | 女 | 2021 年度新闻宣传工作先进个人 | 厦门市集美区人民检察院 | 福建省广播影视集团 | 2022.06 |
| 林建华 | 男 | 首届福建省“最美禁毒人” | 厦门市第十中学 | 中共福建省委宣传部、福建省禁毒委员会 | 2022.06 |
| 朱冬生 | 男 | 省级爱国拥军先进个人 | 厦门市集美区退役军人事务局 | 福建省双拥办公室 | 2022.07 |
| 蔡樱思 | 女 | 福建省妇联系统先进工作者 | 厦门市集美区妇女儿童活动中心 | 福建省妇女联合会、福建省人力资源和社会保障厅 | 2022.07 |
| 杨晶晶 | 女 | 2022 年福建省“最美医师” | 厦门医学院附属第二医院 | 中共福建省宣传部、福建省卫生健康委员会、福建省总工会 | 2022.08 |
| 陈银华 | 女 | 福建省第七次全国人口普查突出贡献个人 | 厦门市集美区侨英街道办事处 | 福建省统计局 福建省第七次全国人口普查领导小组办公室 | 2022.08 |
| 林建良 | 男 | 福建省第七次全国人口普查突出贡献个人 | 厦门市集美区侨英街道办事处 | 福建省统计局 福建省第七次全国人口普查领导小组办公室 | 2022.08 |
| 李小鸿 | 男 | 2016—2020 年全省司法行政系统先进工作者 | 厦门市集美区司法局 | 福建人力资源和社会保障厅、福建省司法厅 | 2022.08 |
| 王碧文 | 女 | 福建省特级教师 | 厦门市集美区灌口中学（厦门一中集美分校） | 福建省人民政府 | 2022.09 |
| 刘顺彬 | 男 | 2022 年度全省检察机关优秀办案检察官 | 厦门市集美区人民检察院 | 福建省人民检察院 | 2022.10 |
| 叶秋波 | 男 | 福建省“外专百人计划” | 集美大学 | 福建省外国专家局 | 2022.10 |

续表 27

| 姓 名 | 性别 | 荣誉称号 | 工作单位 | 授予单位 | 授予时间 |
| --- | --- | --- | --- | --- | --- |
| 李小鸿 | 男 | 2019-2021 年度全省人民调解先进个人 | 厦门市集美区司法局 | 福建省司法厅 | 2022.10 |
| 潘志明 | 男 | 全省卫生健康新闻宣传工作先进个人称号 | 厦门市医学院附属第二医院 | 《福建卫生报》社 | 2022.12 |
| 陈娜真 | 女 | 全省纪检监察系统先进工作者 | 厦门市集美区纪委监委 | 福建省纪委监委、福建省人力资源和社会保障厅 | 2022.12 |
| 叶佳敏 | 女 | “爱心厦门”建设工作先进个人 | 中共厦门市集美区委组织部 | 中共厦门市委、厦门市人民政府 | 2022.01 |
| 黄舒颜 | 女 | “爱心厦门”建设工作先进个人 | 厦门市集美区残疾人康复与就业服务中心 | 中共厦门市委、厦门市人民政府 | 2022.01 |
| 张倩莹 | 女 | “爱心厦门”建设工作先进个人 | 厦门市集美区未成年人思想道德建设中心 | 中共厦门市委、厦门市人民政府 | 2022.01 |
| 陈建川 | 男 | “爱心厦门”建设工作先进个人 | 厦门市集美区个体私营企业协会 | 中共厦门市委、厦门市人民政府 | 2022.01 |
| 常跃中 | 男 | “爱心厦门”建设工作先进个人 | 集美大学 | 中共厦门市委、厦门市人民政府 | 2022.01 |
| 杨福全 | 男 | “爱心厦门”建设工作先进个人 | 厦门市第十中学（退休） | 中共厦门市委、厦门市人民政府 | 2022.01 |
| 孙翔 | 男 | “爱心厦门”建设工作先进个人 | 厦门市集美区星凯桥孤独症儿童关爱中心 | 中共厦门市委、厦门市人民政府 | 2022.01 |
| 李晓曼 | 女 | “爱心厦门”建设工作先进个人 | 厦门市集美区和欣社工服务中心 | 中共厦门市委、厦门市人民政府 | 2022.01 |
| 汪小强 | 男 | “爱心厦门”建设工作先进个人 | 厦门市集美区后溪镇英村社区应急救援站 | 中共厦门市委、厦门市人民政府 | 2022.01 |
| 张国忠 | 男 | “爱心厦门”建设工作先进个人 | 厦门市集美城发环卫有限公司 | 中共厦门市委、厦门市人民政府 | 2022.01 |
| 陈志伟 | 男 | “爱心厦门”建设工作先进个人 | 厦门市杏林建设开发有限公司 | 中共厦门市委、厦门市人民政府 | 2022.01 |
| 薛龙 | 男 | “爱心厦门”建设工作先进个人 | 厦门市集美区钱七尚餐饮店 | 中共厦门市委、厦门市人民政府 | 2022.01 |
| 王保武 | 男 | 厦门市精神文明和宣传文化工作先进个人 | 厦门市集美区杏滨街道党工委 | 中共厦门市委、厦门市人民政府 | 2022.01 |
| 林小芬 | 女 | 厦门市精神文明和宣传文化工作先进个人 | 厦门市集美区宣传事务中心 | 中共厦门市委、厦门市人民政府 | 2022.01 |
| 李松荣 | 男 | 厦门市精神文明和宣传文化工作先进个人 | 厦门市集美区纪委监委 | 中共厦门市委、厦门市人民政府 | 2022.01 |
| 洪认清 | 男 | 厦门市精神文明和宣传文化工作先进个人 | 厦门理工学院 | 中共厦门市委、厦门市人民政府 | 2022.01 |
| 唐凌 | 女 | 厦门市精神文明和宣传文化工作先进个人 | 厦门工商旅游学校 | 中共厦门市委、厦门市人民政府 | 2022.01 |

续表 27

| 姓 名 | 性别 | 荣誉称号 | 工作单位 | 授予单位 | 授予时间 |
| --- | --- | --- | --- | --- | --- |
| 李友华 | 男 | 厦门市精神文明和宣传文化工作先进个人 | 集美大学 | 中共厦门市委、厦门市人民政府 | 2022.01 |
| 何军明 | 男 | 厦门市精神文明和宣传文化工作先进个人 | 厦门理工学院 | 中共厦门市委、厦门市人民政府 | 2022.01 |
| 王世衡 | 男 | 厦门市精神文明和宣传文化工作先进个人 | 厦门市集美区市场监督管理局 | 中共厦门市委、厦门市人民政府 | 2022.01 |
| 吴晓波 | 男 | 中国金鸡百花电影节筹办工作先进个人 | 厦门市集美区市场监督管理局 | 中共厦门市委、厦门市人民政府 | 2022.03 |
| 卢亚环 | 女 | 厦门市双拥和平安建设工作先进个人 | 厦门市集美区退役军人事务局 | 中共厦门市委、厦门市人民政府 | 2022.10 |
| 苏根散 | 男 | 厦门市双拥和平安建设工作先进个人 | 厦门市集美区侨英街道办事处 | 中共厦门市委、厦门市人民政府 | 2022.10 |
| 陈培育 | 男 | 厦门市双拥和平安建设工作先进个人 | 厦门市集美区人民政府信访局 | 中共厦门市委、厦门市人民政府 | 2022.10 |
| 林秉诠 | 男 | 厦门市双拥和平安建设工作先进个人 | 厦门市集美区人民政府信访局 | 中共厦门市委、厦门市人民政府 | 2022.10 |
| 周舒芸 | 女 | 厦门市生态文明工作先进个人 | 厦门市集美区发展和改革局 | 中共厦门市委、厦门市人民政府 | 2022.11 |
| 白芳琳 | 女 | 厦门市生态文明工作先进个人 | 厦门市集美生态环境局 | 中共厦门市委、厦门市人民政府 | 2022.11 |
| 黄莉莉 | 女 | 厦门市生态文明工作先进个人 | 厦门市集美区市场监督管理局 | 中共厦门市委、厦门市人民政府 | 2022.11 |
| 高晓琳 | 女 | 厦门市生态文明工作先进个人 | 厦门市集美区城市管理局 | 中共厦门市委、厦门市人民政府 | 2022.11 |
| 庄咏耿 | 男 | 厦门市生态文明工作先进个人 | 厦门市集美区税务局 | 中共厦门市委、厦门市人民政府 | 2022.11 |
| 蒋少杰 | 男 | 厦门市生态文明工作先进个人 | 厦门市集美区建设与交通工程质量安全站 | 中共厦门市委、厦门市人民政府 | 2022.11 |
| 郑远昕 | 男 | 厦门市生态文明工作先进个人 | 厦门市集美区杏滨街道综合服务中心 | 中共厦门市委、厦门市人民政府 | 2022.11 |
| 唐立娜 | 女 | 厦门市生态文明工作先进个人 | 中国科学院城市环境研究所 | 中共厦门市委、厦门市人民政府 | 2022.11 |

# 附 录

## 文献辑存

### 2022 年区委工作报告（节选）

一、坚持以习近平新时代中国特色社会主义思想凝心铸魂，进一步谋全局抓大事

深入学习贯彻习近平新时代中国特色社会主义思想和党的二十大精神，自觉用以武装头脑、指导实践、推动工作，不折不扣把党中央决策部署和省委、市委工作要求落到实处。

（一）周密组织部署，掀起学习热潮。认真做好迎接党的二十大工作，落实党中央决策部署和省委、市委有关要求，周密组织、有序推进，严密推选党的二十大代表。精心组织策划迎接宣传贯彻党的二十大、跨岛发展二十年等重大主题宣传，拍摄专题纪录片《跨越》、“非凡十年”系列短视频，组织 4 场主题新闻发布会，开展“强国复兴有我”群众性主题教育活动。全面掀起学习宣传贯彻党的二十大精神热潮，区委第一时间召开常委会（扩大）会议传达学习党的二十大精神和省委、市委部署要求，区委理论学习中心组深入开展交流研讨，区委班子成员带头深入基层一线开展宣讲，印发关于认真学习宣传贯彻党的二十大精神的通知，召开区委九届四次全会，研究部署学习宣传贯彻措施。精心组织各类宣传宣讲活动，打造党的二十大精神元宇宙学习馆，举行“理论圆桌”学习互动分享会，成立区委宣讲团，全面铺开理论宣讲轻骑兵活动，开展“学习二十大·青年说”高校理论微宣讲比赛等活动，推动党的二十大精神家喻户晓、入脑入心。

（二）强化理论武装，筑牢思想根基。区委常委会及时跟进学习习近平总书记重要讲话重要指示精神，开展专题学习 26 次；区委理论学习中心组集中学习 18 次，围绕学习宣传贯彻党的二十大精神、《习近平谈治国理政》第四卷、《习近平书信选集》第一卷、《闽山闽水物华新——习近平福建足迹》等内容开展交流研讨，切实把习近平新时代中国特色社会主义思想转化为坚定理想、锤炼党性和指导实践、推动工作的强大力量。深入开展习近平总书记致厦门经济特区建设 40 周年贺信重要精神“大学习、大讨论”活动，区四套班子领导带头上党课，各基层党组织开展“三会一课”、主题党日等学习活动近 1600 场次。用好“学习强国”、新时代文明实践中心（站、所）、新媒体等线上线下平台，发挥各类理论宣讲队伍作用，广泛开展宣传宣讲 730 场次，引导广大党员干部群众进一步学出坚定信念、学出绝对忠诚、学出使命担当。

（三）提高政治站位，谋思路定举措。对标对表党的二十大报告关于中国式现代化的最新部署，围绕习近平总书记致厦门经济特区建设 40 周年贺信提出的“努力率先实现社会主义现代化”目标，精准定位、高位谋划，明确“以产业现代化为支撑，以城乡建设现代化为基础，以社会治理现代化为保障，以实现人的现代化为核心”的发展思路。召开健康集美建设推进会，制定《集美区“健康集美”建设推进方案》，聘请 13 位卫生健康顾问，加快构建公共卫生安全防控体系，提升全民健康素养。召开“人文集美”建设推进会，制定《集美区“人文集美”建设提升工作方案》，梳理“五大体系”、29 项具体工作，着力打造更富创新活力、更显人文魅力的集美。召开文明创建与社会治理现代化推进会，推动形成问题联治、工作联动、信息联通、文明平安联创的治理机制。紧盯城中村治理的短板弱项，深入调研，创新模式，打造 2 个市级试点，启动 4 个区级试点，进一步提升城中村治理实效，聚力打造“宜居宜业、文明和谐”城中村集美样本。专题研究道路交通安全治理工作，印发《集美区道路交通安全综合治理“五项行动”工作方案》，加强常态治理、系统治理和源头治理，全面提升道路交通建设管理水平。

二、完整准确全面贯彻新发展理念，全方位推进经济社会高质量发展

全面扛起经济社会发展责任担当，持续强化对经济工作的领导，及早谋划、主动出击，千方百计克服疫情影响，努力保持经济运行在合理区间，增强高质量发展动能。

（一）最大力度减少疫情影响。始终坚持人民至上、生

命至上，因时因势优化疫情防控政策，紧扣辖区厦门北站和田厝、厦沙、杏林3个高速路口及集美文教区15万高校师生等特殊情况，采取快、准、严、实、细防控措施，有效应对4轮本土疫情。严格按照国家、省委、市委统一部署，确保第九版防控方案和“二十条”“新十条”优化措施落实落地，努力以最小代价实现最大防控成果。持续推动疫苗接种，60周岁以上老年人疫苗接种率从73.73%提高到86.28%。千方百计稳市场主体，顶格落实国家和省、市一揽子政策，出台《集美区积极应对新冠肺炎疫情影响进一步助力企业纾困减负增产的若干措施》等政策措施，率先全市举办助企纾困“直播带策”系列宣讲会，鼓励企业用足用好政策红利，帮助有效应对疫情冲击，累计兑现各类扶持资金7.4亿元，办理新增减税降费及退税缓费28.6亿元。

（二）积极构建现代产业体系。转型升级步伐加快，新增9家国家级专精特新“小巨人”企业，同比增长52.94%，总数达26家，其中专精特新重点“小巨人”企业10家。聚焦产业链延链补链强链，着力招“准”招“大”，新增合同签约项目134个，落地项目208个。做强优势产业集群，规上软件信息和互联网服务企业营收150.37亿元，同比增长25.02%，软件园三期新增注册企业3703家，落地注册资本金156.05亿元；杏林湾基金聚集区管理规模突破1600亿元，居全省各区（县）第一。区产业引导基金作为福建省唯一上榜的区县级政府引导基金，连续两年跻身“中国政府引导基金50强”榜单。消费业态提档升级，启动集美中央活力区（CAZ）建设，举办2022“集美欢乐购”促消费活动，累计发放补贴超850万元，直接拉动销售额约5亿元，全区社会消费品零售总额227.72亿元，同比增长1.2%，限额以上批发零售业销售额1531.3亿元，同比增长91.7%，增速稳居全市第一。集美新城核心区入选第二批国家级夜间文化和旅游消费集聚区。

（三）全面深化改革扩大开放。各项改革稳步实施，圆满完成省级县域集成改革试点，全面深化改革工作在全市走在前列。深化行政管理体制改革，推进综合执法权限和执法力量下沉。推动投融资、国企、科技体制改革，策划生成PPP区级项目12个，总投资74亿元。纵深推进国企领域改革，健全国企法人治理结构。两岸融合发展稳步推进，成立两岸金融服务中心、全省首个台商增信基金、台企上市服务联盟，台企数增至1114家，上市台企3家，顺利举办海峡论坛配套活动，闽台关系档案文献展获党和国家领导人高度肯定，“龙腾虎跃”2022海峡两岸赛龙舟活动获央视点赞，出台全国首个区级研学旅行专项奖励政策，31家研学单元获评省、市级中小学生研学实践教育基地，吸引两岸研学生超2万人次。启动“台商记忆馆”建设，筹办庆祝集美台商投资区建设30周年活动。建立侨资台资企业综合服务机制，助力侨资台资企业融资5800万元。依托集美金砖未来创新园平台，积极拓展海外业务，厦门市金砖未来技能发展与技术创新研究院签约落地，车路协同金砖示范项目在软件园三期试点运行。

（四）加快营造一流营商环境。建成24小时e政务便民服务站，“一趟不用跑”“最多跑一趟”事项占比99.48%，推出《集美区推动企业全域服务试点方案》，成立全省首个“优化营商环境执行工作室”，上线数字经济“示范应用”平台，连续两年营商环境评估总指标、社会信用体系建设排名全市各区第一。入选全国青年发展型县域试点，发布《集美区建设青年发展友好型城区行动方案（2022—2025）》，实施“六大工程”18项计划，兑现补贴超8500万元。支持企业加大自主研发力度，兑现扶持资金约2亿元，辖区国内专利授权量7107件，居全市第一。发布高校产业技术联盟“四个一百”行动方案，开通全市首个先锋人才服务热线，TOP金融赋能研究院获评市级人才驿站，年度新增市“双百”人才落户数连续八年位居全市第一。

## 三、坚持不懈保障和改善民生，全面提高人民群众的获得感和幸福感

牢固树立并践行以人民为中心的发展思想，聚焦群众关切，最大限度推动各种资源向民生领域倾斜，让发展成果更多更公平惠及人民群众。

（一）民生事业稳步推进。落实就业优先政策，全区登记用工企业数3.8万家，同比增长25.16%，现有在职人数40万人，同比增长9.22%，2022届离校未就业高校毕业生就业率突破97%，位居全市前列。兜牢民生保障底线，低保扩面率15.64%，位列全市首位，市对区社会救助绩效考核连续三年排名全市第一；建立“农村大病防贫救助”保险机制，覆盖全区13.62万农村人口。住房保障不断增强，西亭A1-3地块、西客明珠安置房建成，三社、官任、蔡林等17个安置房项目加快推进。教育资源均衡发展，新改扩建12所中小学幼儿园、新增1.13万个建设学位，成立集美第二小学教育集团，厦门二中集美校区、集美职校新校区等项目加快推进。医疗服务扩容提质，四川大学华西厦门医院对外局部运营，厦门医学院附属口腔医院集美院区启用，市妇幼保健院集美院区等一批项目序时推进；32家村（社区）卫生所规范化率达到100%。统筹解决“一老一小”问题，完成新一轮幸福安康险项目招标，惠及老年人5万余人；新增普惠托位555个，普惠率提升11%，普惠性托育镇（街）覆盖率达83.3%。加快推进全民健身，新增42处群众身边全民健身场地。

（二）城乡发展日趋协调。城市更新步伐加快，创新探索整村征收项目验收机制，全区188个省市区重大重点项目完成投资387亿元，完成年度计划136.7%；累计完成征地2818.2亩，房屋征收35.25万平方米，交地4255亩。基础设施建设提速，打通西莲路“断头路”，完成三大片区350.1公里排水管网和20条主次干道及商业大街提升改造工程，厦门地铁6号线集美至同安段开工，新增投用停车泊位2920个。

城市形象大幅提升，对59个老旧小区实施全方位改造，总投资超1.5亿元，启动叶厝、杏林社区城中村治理试点工作，推动12个农贸市场、14条道路提升改造。乡村振兴快速推进，灌口镇获评省级乡村振兴重点特色镇，双岭村获评省级美丽休闲乡村，文源山现代农业示范园获评省级休闲农业示范点；超额完成年度粮食生产任务，粮食安全首长责任制考核连续两年排名全市前列，成功培育2个市级“一村一品”示范村；超计划完成集体经济收入薄弱村增收行动，全省首创“1+N+1”村集体经济发展模式，西亭人才公寓、霞梧大厦、兑山综合楼等集体项目开工建设。

（三）**人居环境优化提升**。深入实施蓝天、碧水、碧海、净土工程，抓好中央及省生态环保督察整改，空气质量综合指数较去年提升1.6%；全区水环境12个监测点水质100%达标、消除劣Ⅴ类断面，6处农村黑臭水体整治和78个农村污水提升治理工程全部完成，全面启动杏林湾九天湖生态修复工程；强化直排海重点污染源管控，70个入海排口实行云管理；生活垃圾夜间错峰直运量持续保持全市前列，建成投用岛外占地规模最大的大件垃圾处理厂。稳妥推进碳达峰碳中和，率先全省开展低碳工业园区创建工作，后溪工业组团获评二星级低碳工业园区，新能源公交车辆占比突破93%。新增、改造提升园林绿地78.71公顷、公园绿地61.54公顷、绿道12.72公里、口袋公园7个，集美新城带状公园开工建设。

（四）**社会治理精细高效**。成立社会治理工作委员会，精细划分713个综合网格，建设“智慧集美”平台，打造城区治理集美新样板。超指标完成全区183个小区智慧安防建设，“三级巡防”工作机制经验在全市推广。率先全省探索将业委会注册登记为民办非企业单位，率先全市在38个城市社区挂牌成立“环境和物业管理委员会”，提升小区治理水平。常态化开展扫黑除恶斗争，打掉恶势力犯罪组织5个，刑事警情同比下降8.4%，每万人发生起数全市最低，八类案件破案率100%；扎实推进反恐工作，连续3年反恐综治考评全市第一。严格落实安全生产责任制，安全生产形势保持总体稳定，全区安全生产事故起数、死亡人数连续三年实现“双下降”，火灾起数同比下降9.3%。全力守护群众“舌尖上的健康”，全省首创农村集体聚餐食品安全团体标准。常态化高标准推进文明创建，开展“携手扮靓文明集美”金点子征集活动，发动志愿者3.8万人，让群众在共建共治共享中有更多获得感。

## 四、深入贯彻全面从严治党要求，推动党的建设再上新台阶

贯彻新时代党的建设总要求，持之以恒推进全面从严治党，以党的政治建设为统领，扎实推进党的各方面建设，坚持不懈巩固和发展团结奋斗的良好局面。

（一）**民主政治建设有序推进**。发挥区委总揽全局、协调各方作用，支持人大及其常委会依法履职，支持人民政协广泛推进协商民主。爱国统一战线进一步巩固壮大，民族、宗教、港澳台和侨务工作扎实开展。工青妇等群团组织桥梁纽带作用有效增强。民族宗教关系和谐稳定，对口挂钩帮扶少数民族乡工作扎实推进。党管武装、双拥工作、优抚安置不断加强，成立全省首家民营企业退役军人服务站，顺利通过省级双拥“八连冠”考评，军政军民团结更加巩固。

（二）**宣传思想文化工作成效显著**。大力弘扬“一精神三文化”，近8000条（篇）新闻作品在央视总台、新华社、福建日报等市级以上主流媒体刊播，8020篇（条）在区融媒体新媒体平台刊登，全平台阅读量17亿次。严格落实意识形态工作责任制，加强意识形态阵地管理，建立网络舆情分级预警及联动处置工作机制，推进网络文明建设，坚决维护意识形态安全。深化“人文集美”建设，闽南戏曲艺术中心正式揭牌投用，成功打造“光影集美”影视数字化平台，顺利举办、协办第三十五届中国电影金鸡奖、2022集美·阿尔勒国际摄影季等活动。加强历史文化保护传承，对9处历史风貌建筑进行挂牌保护，38处不可移动文物三年集中保护修缮工作顺利收官。陈嘉庚纪念馆入选“厦门市新时代文明实践基地”，“全国民营经济人士理想信念教育基地”揭牌。传统纸扎技艺、集美后溪霞城城隍庙庙会习俗列入第七批福建省非物质文化遗产代表性项目名录。

（三）**基层组织建设全面进步**。贯彻新时代党的组织路线，加强机关党建工作，扩大精准“双报到”范围，推动1.2万余名在职人员下沉一线，解决群众急难愁盼问题1900余个。扎实抓好农村基层组织建设，率先全市开展跨村联建试点，推动灌口镇田头村、双岭村、东辉村建立“三村联建”发展联盟；选派17名干部到16个集体经济收入相对薄弱村驻村蹲点，聘任11名离任村（社区）党组织书记担任基层社会治理顾问，组织69名党员城管干部和60名党员民警挂任各村（社区）党组织副书记。推动城市党建共建共治共享，探索开展“红色物业”，组建全市首个物业行业党委，物业行业党组织增长率达73.7%，社区治理能力不断增强。深入开展非公党建“四大行动”，提升“两个覆盖”质效，新建非公企业和社会组织党组织49个。坚持条块结合，整合各类资源，加强新业态新就业群体党建工作，软件园三期党群服务中心获“福建省非公企业和社会组织党建工作实训基地”称号。

（四）**干部队伍建设更加有力**。深入实施“提高效率、提升效能、提增效益”行动，大力弘扬“马上就办、真抓实干”优良传统，强化“晒比问”机制，持续营造“见红旗就扛、见第一就争”比学赶超、争先进位的浓厚氛围。树牢鲜明一线导向，推动112名干部跨部门、跨镇街交流，选派36名年轻干部挂职锻炼，先后抽调27批1835名干部参与疫情防控，推动干部在一线增强斗争精神、练就斗争本领，提拔重用117名工作实绩突出的干部，一线占比达82.46%，有序推动29名镇（街）事业干部晋升职级，提振干事创业精气神。

实施年轻干部成长工程，加强“选育管用”全周期管理，聚焦提升“八项本领”“七种能力”，制定“铸魂计划”“赋能计划”“淬炼计划”，年轻干部提任占比达29.06%。坚持“三个区分开来”，建立完善容错纠错机制，提拔晋升12名受处分后影响期满、表现优秀的干部。

**（五）全面从严治党纵深推进**。狠抓作风建设，严肃查处违规接受宴请、收受礼品礼金、公款旅游等违反中央八项规定精神问题11件15人。坚决整治形式主义、官僚主义，深入查处推诿扯皮、敷衍应付、不严不实等问题。分层级分领域纠“四风”树新风，实施“一区一清单”“一企一清单”“一镇（街）一清单”，梳理整治项目48个，完善资产出租管理、招投标采购、固定资产管理、公车使用管理等制度24项。巩固拓展“点题整治”成果，推动建立完善农村财务管理规定、社保疑点数据处置流程等制度规范7项。保持高压态势，注重抓早抓小，精准运用“四种形态”分类处置206人，其中前两种形态占比89.3%。立案查处涉黑涉恶腐败和“保护伞”6人。深化政治巡察，“抓作风促经济”专项巡察相关经验做法在全市推广；联动开展国有资产管理使用情况专项巡察，推动盘活去化闲置资产77.26万平方米，增加收益及挽回损失3.32亿元，位居全市各区前列。常态化警示教育受众6.8万人次，打造“印斗南”廉洁文化品牌，推动新时代廉洁文化蔚然成风。

# 2023年政府工作报告（节选）

## 一、2022年工作回顾

2022年是党的二十大胜利召开之年，是进入全面建设社会主义现代化国家、向第二个百年奋斗目标进军新征程的关键之年。站在历史与未来的重要交汇点，新一届区政府在市委市政府和区委的坚强领导下，在区人大、政协的监督帮助下，坚持以习近平新时代中国特色社会主义思想为指导，以迎接宣传贯彻党的二十大为强大动力，按照“疫情要防住、经济要稳住、发展要安全”的重要要求，全力做好“两稳一保一防”工作，不断巩固疫情防控和经济社会发展成果。

2022年也是集美区承压奋进、破局突围的一年。这一年，我们遭遇了最为严峻的新冠肺炎疫情挑战，遭遇了压力重重的宏观经济形势，遭遇了全区发展的动力转换窗口期，困难比预想的更多、更大。但是，我们坚持改革创新、团结奋斗，攻克了一个又一个难题，取得了较好成绩。

全年地区生产总值增长3%；一般公共预算总收入、地方一般公共预算收入分别达到142.3亿元和46.1亿元；城镇居民人均可支配收入和农村居民人均可支配收入分别增长5%和8.1%。

### （一）经济运行稳中求进

**创新活力加速迸发**。新增9家国家级专精特新“小巨人”企业，同比增长52.9%，总数达26家。打造全市首个知识产权标准化在线庭审场所，辖区国内专利授权量8202件，位居全市第一。签约落地厦门市金砖未来技能发展与技术创新研究院项目。探索投融资体制改革，策划生成首批12个区级PPP项目，总投资74亿元。进一步推进“人才强区”战略，发布高校产业技术联盟“四个一百”行动方案，开通全市首个先锋人才服务热线，引进高层次人才477名，年度新增市“双百”人才落户数连续八年位居全市第一。

**主导产业全线发力**。入选“中国工业百强区”，规上工业总产值1354.7亿元，规上工业增加值337.3亿元。软件信息业保持高速增长，规上软件信息和互联网服务企业营收150.4亿元，同比增长25%；软件园三期新增注册企业3703家，同比增长121.9%，落地注册资本金156.1亿元，入驻员工超8万人，西片区52万平方米研发楼交付使用。商贸业新增纳统企业161家，限额以上批发零售业销售额增速稳居全市第一。

**金融实力持续提升**。杏林湾基金聚集区新增注册基金418亿元，管理总规模突破1600亿元，居全省各区（县）首位，占全市总量四成；区产业引导基金连续两年跻身“中国政府引导基金50强”榜单，成为全省唯一上榜的区（县）级政府引导基金。升级TOP金融赋能研究院，成立“两岸金融服务中心”，对台资金清算额超180亿元。在国内率先实现以数字人民币奖励台企上市。成立全国首个台企上市服务联盟、全省首个台商增信基金。

**经济循环更加畅通**。集美新城商气人气加速集聚，新城核心区获评第二批国家级夜间文化和旅游消费集聚区。市场主体创业兴业热情不减，新增各类商事主体2.6万户，同比增长10.4%。集兆嘉全球结算总部、全球第三座红点设计博物馆、普盛食品南方总部等一批优质项目相继落地。举办2022“集美欢乐购”、二手车购车补贴等多场促销活动。外商在集投资意愿进一步增强，全年实际利用外资2.3万美元，东方花木兰、祥峰QFLP等亿元以上外资大项目陆续到资。橙联跨境电商产业园竣工投产。

**乡村振兴成效显著**。入围全国“数字乡村百强县”、首批省级数字乡村试点县。灌口镇获评省级乡村振兴重点特色镇、全域生态旅游小镇，双岭村、田头村分别获评省级美丽休闲乡村和省级金牌旅游村，文源山现代农业示范园获评省级休闲农业示范点。建成500亩高标准农田，成功培育2个市级“一村一品”示范村。大力发展村集体经济，开工建设西亭人才公寓和兑山综合楼，签约招商杏林村地铁上盖项目，全省首创“1+N+1”灌口村集体经济发展模式，超计划完成集体经济收入薄弱村增收任务。创新开展组团式结对帮扶，助力彭阳县打造5个闽宁乡村振兴示范村，投入3200万元用于清流县、新罗区省级乡村振兴试点村建设。

*营商环境不断优化*。连续两年营商环境评估总指标、社会信用体系建设排名全市第一。“一趟不用跑”“最多跑一趟”事项占比达99.4%。建成50个24小时e政务便民服务站，以及全省首个“优化营商环境执行工作室”。强化府院税联动，积极实施企业全域服务试点工作，打造“海丝法务税务普法服务中心”。率先全市开展直播政策宣讲，累计投入各类扶持资金13.6亿元，办理新增减税降费及退税缓税缓费29.5亿元。深入推动青年发展友好型城区建设，入选全国青年发展型县域试点，成立全国首个两岸青年创业创新行政赋能导师团。省级两岸融合县域集成改革试点工作成效显著，为台胞解难事办实事案例获国台办新闻发言人点赞。

**（二）民生事业强优补短**

*教育发展更有质量*。新建中小学、幼儿园项目12个，新增小学建设学位8820个、幼儿园建设学位2430个，幼儿园公办率同比提高6.3个百分点。率先全市落成家庭教育指导服务中心，实现全区中小学教室空调和LED护眼灯全覆盖。集美中学入选省首批示范性普通高中，杏南中学通过省一级达标高中复评，英村（兑山）幼儿园通过省示范性幼儿园评估验收。新招聘编内教师342名，新确认市级骨干教师及以上称号328人，组建名师发展工作室27个。新增17项省教育科学规划课题，2项抽检学科在全省义务教育艺术质量监测中分列第一和第二，在全国青少年电子信息智能创新大赛中获13项大奖。扎实推进“双减”，学科类校外培训机构压减率达87.5%，课后服务覆盖率达100%。华侨大学化学学科进入ESI全球前5‰，集美大学首次以第一单位和第一作者身份在《Science》上发表论文。

*健康集美更加深入*。川大华西厦门医院启动试运营，厦门医学院附属口腔医院集美院区投入使用，灌口中心卫生院通过二级医院评审，区妇幼保健院成为市妇幼保健院医联体合作医院，杏林街道社区卫生服务中心等3家基层医疗卫生机构与市儿童医院签约共建区儿科医联体。集美街道和杏滨街道社区卫生服务中心在全市综合激励考核中分列第一和第二。32家村（社区）卫生所规范化率达到100%。不断提升“一老一小”幸福指数，在3家二级以上综合医院开设老年医学科，完成45户困难老年人家庭的适老化改造；新建普惠托育机构6家、普惠托位555个，普惠率同比提升18.8个百分点，普惠性托育镇（街）覆盖率达83.3%，全市首家民营企业全资投建托育机构开园。

*社会保障更显温度*。就业形势更加稳定，全区登记用工企业3.8万家，同比增长25.2%；新增就业2.7万人，现有在职人数40万人，同比增长9.2%。打造全市首个区级“青年友好城区线上校招平台”，创新开展“远鹭回歌”“城市定向探索赛”等引才宣传活动，2022届离校未就业高校毕业生就业率突破97%。做实做细社会救助，低保扩面率15.6%，暂列全市第一。率先全省将台胞纳入救助范畴。发放残疾人“两补”2311.2万元，为50户残疾人家庭实施无障碍改造。实施新一轮幸福安康险项目，惠及老年人5万余人。

*人文集美更具内涵*。海峡两岸赛龙舟系列活动、集美·阿尔勒国际摄影季等大型文化活动成功举办，闽台关系档案文献展获中央领导肯定。全国首个区级两岸研学旅行专项奖励政策正式出台，31家研学单元获评省、市级中小学生研学实践教育基地。维纳数字艺术园开园，闽南戏曲艺术中心正式启用，改造20片群众身边全民健身场地。规范提升“十里长堤”，“集美之眼”影响力不断扩大。“全国民营经济人士理想信念教育基地”在陈嘉庚纪念馆揭牌，全省首个“5G+VR”公安英模会客厅上线。传统纸扎技艺、后溪霞城城隍庙庙会习俗列入第七批省“非遗”名录。9处历史风貌建筑实现挂牌保护，38处不可移动文物三年集中保护修缮工作顺利收官。

**（三）城乡发展精雕细琢**

*城乡建设打造精品*。扎实推进国土空间规划编制，生成50个城乡建设品质提升项目，已完工30个。完成征地2818.2亩、房屋征收35.2万平方米、交地4255.7亩，圆满完成陈井、西滨整村征收。福厦高铁厦门北站主体封顶。基本打通集源路、西莲路2条“断头路”，完成20条主次干道及商业大街提升改造，杏锦路跨高速段、灌口中路竣工，马銮湾环湾大道建成通车。新开通公交线路6条，优化调整公交线路14条。新增3295个停车泊位，超5000个道路泊位实现智慧化改造。投用西亭A1-3地块安置房，加快推进蔡林、官任等17个在建安置房建设进度。完成55个老旧小区改造提升，惠及3967户居民。基本完成存量裸房整治。

*城乡环境迈向精致*。高标准打造精细化示范街区1个、户外广告设施设置精品路段6条。新增、改造提升园林绿地95.2公顷、公园绿地75.6公顷、绿道10.2公里、口袋公园7个，开工建设集美新城大学城带状公园，凤凰花公园、杏东公园建成开放。空气质量综合指数较去年改善3.6%，六项主要污染物浓度均达到国家二级标准，新能源公交车占比突破94%。后溪工业组团获评二星级低碳工业园区。全区水环境11个监测点水质100%达标，劣Ⅴ类断面实现清零，6处农村黑臭水体整治和78个农村污水提升治理全部完成。整治后的杏林大桥－新阳大桥岸线段焕然一新。垃圾夜间错峰直运

量持续保持全市前列，岛外最大大件垃圾处理厂建成投用。

城乡治理谋求精细。创新社会治理模式，成立社会治理工作委员会，完善“一网统管”，建设“智慧集美”平台，高质量推进城乡管理向城乡治理升级。全面推行网格化管理，科学划分743个网格，新招录988名网格员，打造39个小区服务阵地、83个小区议事协商平台、145支小区服务队。制定小区治理小额“以奖代补”、居民公约等配套措施，率先全省成立小区业主服务中心。坚持党建引领城市治理，积极探索“三破三立”工作机制。成立全市首个物业行业党委，物业行业党组织数增长73.7%。苔芯志愿服务队获批全省首个台胞志愿服务队。铁腕整治“两违”，全区乱占耕地行为零新增。推进文明养犬，率先在岛外建立养犬管理信息系统。后溪镇及崎沟村、后溪村分别上榜第二批省级乡村治理示范镇、示范村。

**（四）社会运行安全有序**

*疫情防控体系精准高效。*面对今年复杂多变的疫情防控形势，坚持“快、准、严、实、细”，持续优化三公（工）融合流调机制，坚持社区网格群防群控、入集关口联防联控、行业部门严防严控，坚决快速有效处置4轮本土疫情及外省市持续漫入病例，最大程度保护人民生命安全和身体健康，最大程度减少疫情对经济社会发展的影响。

*安全生产底板持续加固。*全区生产安全事故起数、死亡人数连续三年实现“双下降”，火灾起数同比下降10.4%，防汛和森林防灭火形势持续稳定。安全生产专项整治三年行动圆满收官，高层建筑、城中村、经营性自建房等重点领域综合治理扎实推进，危化品、城镇燃气、电动自行车等整治取得阶段性成效，道路交通安全综合治理五项行动正式启动。率先全市开展安全生产基础数据摸排，形成20个行业领域监管服务对象清单。

*公共安全防线持续筑牢。*常态化开展扫黑除恶斗争，打掉恶势力犯罪集团5个，刑事警情同比下降8.7%，每万人发生起数全市最低，八类案件破案率100%。连续三年反恐综治考评全市第一，“三级巡防”工作机制经验在全市推广。全力守护群众“舌尖上的健康”，全省首创农村集体聚餐食品安全团体标准，粮食安全首长责任制考核连续两年排名全市前列。

*社会稳定大局持续向好。*信访总量和信访人次分别同比下降16.5%和16.8%，群众对信访件办理满意率突破96.3%。劳动关系更加和谐，首创“党建＋无欠薪标杆项目”，劳动纠纷结案率、劳动争议调解率位居全市第一。国防动员、双拥共建、优抚安置进一步加强，军政军民团结不断巩固，实现省级双拥模范区“八连冠”。

**（五）政府建设笃行不怠**

深入学习贯彻党的十九大、十九届历次全会和二十大精神，深刻学习领会习近平总书记来闽考察重要讲话精神和致厦门经济特区建设40周年贺信重要精神，不断深刻领悟“两个确立”的决定性意义，增强“四个意识”、坚定“四个自信”、做到“两个维护”，着力提高效率、提升效能、提增效益。依法接受区人大及其常委会监督，主动接受区政协民主监督，办理人大代表建议159件、政协委员提案135件，办复率均为100%。法治政府建设纵深推进，公共法律服务实体平台实现全覆盖。锲而不舍落实中央八项规定精神，重点纠治形式主义、官僚主义，持之以恒树新风立正气。开源节流过“紧日子”，率先全市出台向上争取项目资金考核办法，实施支出“负面清单”管理，持续压减非急需非刚性支出。在全市率先实现区直部门、镇（街）政府保障清单全覆盖。

审计、统计、民族、宗教、外事、侨务、港澳台、人防、保密、档案、地方志、工青妇、红十字等工作，也取得了长足进步。

回顾这一年，成绩来之不易，这是习近平新时代中国特色社会主义思想科学指导的结果，是市委市政府和区委正确领导的结果，是在区人大及其常委会、区政协的监督支持下，全区干部群众齐心协力、砥砺奋进的结果。在此，我代表区政府，向全区人民，向各位人大代表和政协委员，向老领导、离退休老同志、各民主党派、工商联、无党派人士、新阶层人士和各人民团体，向各驻区单位、驻集部队、公安干警、在集高校院所，向关心支持集美发展的港澳同胞、台湾同胞、海外侨胞及各界人士，表示衷心的感谢！

思危方能居安，知忧才能克难。在总结成绩的同时，我们也清醒地看到存在的问题：新冠肺炎疫情防控形势发生变化，经济社会发展面临的不确定性因素明显增加；产业转型升级速度跟不上传统工业、房地产动力弱化趋势，财政收支平衡形势空前严峻；城市治理能力和治理成效仍需提高，城乡“颜值”还有较大提升空间，生态环境保护、城市安全运行依然任重道远；城乡协调发展水平还需进一步提升，优质公共服务和市场消费供给有待进一步加强；面对经济社会发展新形势新任务，区政府系统干部的视野和能力短板愈加凸显。对于这些问题，我们将直面挑战，采取有力措施，切实加以解决。

## 二、2023年主要工作

党的二十大吹响了以中国式现代化全面推进中华民族伟大复兴的号角。2023年是全面贯彻党的二十大精神的开局之年，征程万里风正劲，重任千钧自奋蹄。我们要胸怀“两个大局”、牢记“国之大者”，深刻认识肩负的使命与时代的机遇，准确把握自身的问题与面临的挑战，在危机中育先机、于变局中开新局，保持战略定力、发扬斗争精神，全力推动集美奋进高质量发展、创造高品质生活、实现高效能治理，加快将我们的集美建成为一个本地居民人人自豪、外地群众赞叹向往的中国式现代化城区。

2023年经济社会发展的预期目标是：地区生产总值增长

5%以上，财政总收入、区级财政收入分别增长13.7%和6.5%，城乡居民人均可支配收入增长与经济增长保持同步。

实现上述目标任务，必须按照省委、市委、区委全会精神统领全年工作，聚焦六个“矢志不渝”，扎实做好以下工作：

**（一）矢志不渝践行创新发展战略，为加速推动实现现代化筑牢引擎**

各位代表、各位委员！党的二十大报告强调，创新是第一动力，创新才能把握时代、引领时代。我们要把创新驱动引领高质量发展作为我们的首要任务，持之以恒、久久为功，让创新成为引领集美发展的最鲜亮底色，让创新成为推动集美率先实现社会主义现代化的最强大动力！

*坚持科技驱动。*把产业创新放在创新发展的中心位置，进一步突出企业的创新主体地位。大力培育“单项冠军”“专精特新”企业，力争净增国家高新技术企业50家以上。加大对企业研发支持力度，鼓励企业自建或与高校院所共建重点实验室、工程（技术）研究中心、企业技术中心等研发机构，推动重点企业研发机构全覆盖。强化标准引领，支持优势企业将核心技术转化为国家标准、国际标准。推出集美创新券，鼓励企业积极使用各类高水平服务，有效提升企业创新能力和运营水平。

*坚持人才引领。*以全国青年发展型县域试点为抓手，着力构筑引得进、留得住、发展好的青年服务体系。建设国际人才服务基地和海外工作站，鼓励支持校企合作共建现代产业学院。引进高水平第三方人力资源机构，精准梳理行业需求，加快补齐腰部人才队伍短板。深入推进“聚贤集美”人才计划修订工作，打造集美人才城市展厅。力争开工建设集美区高新学校，加强高层次人才公寓建设，构筑产业人才新高地。

*坚持教育支撑。*深化学校管理、队伍建设和教育教学改革，扎实推进教育高质量发展。新建6所中小学、幼儿园，新建10230个学位，投用华大附校莲花校区、厦门十中后溪校区、厦门二中集美校区等学校。深化市内外优质资源高位嫁接，大力提升农村校、薄弱校办学水平。完善入职五年新教师培养考核机制。深化培育14所省级义务教育教改示范性建设学校，有序推进63所学科教学研究基地学校建设。深入开展“双减”工作，规范引入第三方机构，拓宽课后服务渠道。稳步扩大职业教育办学规模，打造一批紧密对接本区重点产业链群的专业。拓展校地合作共建，支持在集高校发展，搭建各类产学研交流平台，加速高校科技成果就地转化。

**（二）矢志不渝发展壮大实体经济，在推动实现产业现代化上积势蓄能**

各位代表、各位委员！现代化产业体系是区域竞争的“胜负手”，是主动融入新发展格局、全面推进现代化建设的必然选择。我们要加快构建现代化产业体系，加快调优产业结构，为集美经济未来强劲而可持续的发展奠定坚实基础。

*布局战略前沿领域。*紧扣“6+N”现代产业体系，深耕四大细分行业。全力打造新能源汽车产业生态。重点发展新能源汽车电机、电控等关键零部件，以及新能源商用车和特种车辆，力促捷讯、劲博汇等项目建成投产。做强做优新能源电力产业。重点发展新型光伏、储能、智能电网、能源互联网，推动钙钛矿电池和太阳能组件制造基地等项目落地。加快推动中骏智能电气上市，助推立林电控做大做强。大力发展新型半导体产业。依托中科院计算所、稀土所、清华工研院、嘉庚高新技术研究院等高水平科研院所，大力发展材料、设备、芯片设计、应用创新等领域。重点推动吉顺芯增资扩产、工研院存算一体芯片商用，吸引一批IC设计企业集聚。积极抢占工业数字化先机。围绕闽南地区的石材、纺织等传统优势产业，打造若干产业互联网示范集群，加快金砖国家石材数字经济产业园、纺织互联网产业园项目落地。更大力度发展智能制造技术与设备。

*提速优质项目建设。*实施投资项目全生命周期工作机制改革，力促项目生成更加多元、项目设计更高水平、项目资金更有保障、项目推进更为高效。加快推进虹鹭钨丝、美科科技等40个技改项目，美科安防、扬森数控等7个用地项目，革新塑胶改扩建、国际铝业扩建等4个“工改工”项目竣工投产。扎实推进尚满科技、稻兴光学等44个省市重点项目建设全面提速。完成征地1500亩、拆迁30万平方米。

*加大招商引资力度。*确保招商引资新机制、新队伍落地见效，力争全年招商项目落地数同比实现翻番，实际利用外资达20亿元以上。推动西亭片区产业用地挂牌出让，旅享生活全国总部等现代服务项目落地。一以贯之大力支持基金业发展，推动基金管理规模突破2000亿元，强化基金招商，建设基金科创园。充分运用侨联和校友资源，大力发展校友经济，出台校友招商奖励措施，策划集美学校校友创新产业园。

*推进专业园区建设。*在软件园三期，重点打造“金砖+”产业、高科技成果转化、智能网联、智能制造赋能四大产业集群，助推中国电子技术标准化研究院等3个工信部部属单位厦门分支机构落地。在机械工业集中区，深化与海翼集团的招商合作，加快推进三圈电池磷酸铁锂电池项目建成投产，推动机械工业集中区三期330亩工业用地成片开发。依托海翼、安仁、模具等现有园区，以及村集体发展用地、低效工业用地等空间，打造一批专业化产业园，成立产业服务公司，聘请专业团队，为园区企业提供更加优质专业的公共服务。

*打造一流营商环境。*对标市场化法治化国际化便利化一流营商环境，优化《营商环境白皮书》。增强金融服务实体经济质效，搭建线上金融服务平台。进一步强化政策追踪和绩效评估考核机制，全面复盘评估现行各项惠企纾困政策施行实效，紧紧围绕企业呼声较高、需求较急的行业领域及时出台新办法，确保政策红利精准滴灌。深化“一件事”集成套餐服务改革，完善帮代办服务机制。

**（三）矢志不渝提升宜居宜业品质，在推动实现城乡现代化上奋楫前行**

各位代表、各位委员！城市要发展，乡村也要振兴，我们要坚持城乡一体化，协同推动城市和乡村现代化发展，全力以赴打造高颜值、高品质、高智能化、高舒适度的美丽家园。

*全力提升城市品质*。完善交通路网结构，加快推动仙灵旗隧道建设和厦门跨东海域通道工程前期工作，打通金龙东路等一批“断头路”，提速海翔大道、新324国道提升改造、沈海高速杏林互通及接线工程等重大重点项目进度。建设高铁和动车线路区间生态绿地。持续发力集美新城、马銮湾新城两大新城片区，建成投用市青少年足球训练中心，推进西滨片区、新阳大桥西侧住宅用地开发。大力推进停车设施建设，新增停车位1400个，规划建设陈嘉庚纪念馆地下停车场。完成14个老旧小区改造。推进集美学村历史文化街区提升改造，加快集美学村申遗前期工作。高标准启动杏林老工业区以PPP模式实施改造前期工作，推进老台商投资区更新，按高于岛内标准启动东部新城片区规划。

*全速推进乡村振兴*。积极发展都市现代农业，促进一二三产有效融合。加快双岭村、二农社区精品村建设，高水平建设生态旅游动线，打造泛双龙潭生态运动组团。守牢粮食安全底线，完善粮食应急保障体系。大力建设高标准农田和水利工程，推进一批设施农业升级改造，策划实施15个农业水利项目，推进哺农项目建设。创新土地流转方式，探索规模化运营。面向集体经济相对薄弱的村（社区）开展增收攻坚行动，推广国企与村（社区）合作开发村集体发展项目模式。

*全心守护美丽家园*。建设后溪工业组团三星级低碳工业园区，布局全市最大分布式光伏发电项目。持续开展大气污染防治，狠抓挥发性有机物专项治理，加强城市扬尘综合整治。扎实推进水环境长效常态治理，实施杏林湾生态环境整治提升一期工程和九天湖试验区水环境治理项目。建成马銮湾双溪湿地公园。加速推进污水泵站扩容和小型污水处理站纳管改造。完成厦门大桥－集美大桥段集美侧海岸带保护修复一期工程建设。建成运营垃圾分类科普宣教基地。抓好中央和省生态环保督察反馈问题整改。

*全面打造城市活力引领区*。围绕辖区青年人口集聚特质，打造西起龙湖天街、东至万科云城、北至中交商业体、南至园博苑，涵盖办公、商业、旅游、文化、艺术、体育、研学等多元业态的集美中央活力区（CAZ）。成立片区平台运营公司、商业联盟，一体推动品牌和视觉体系建设、公共基础设施改造、交通配套服务提升，体现青年元素、照顾青年需求、友好青年发展，实现季季有主题、月月有特色、周周有活动，构筑“朝气蓬勃、流光溢彩、多元共融”的跨岛消费集聚新高地和活力时尚新地标。加力发展“夜经济”，培育集“夜游、夜购、夜食、夜读、夜宿”等多业态为一体的集美新城夜间文旅消费聚集区。抢抓福厦高铁通车契机，将厦门北站片区建设成汽车市场聚集区。

*全方位推动两岸融合和对外开放*。持续推进两岸融合发展集成服务示范区建设，全面落实同等待遇保障，推动海峡论坛等重大涉台活动提质增效，办好研学体验营、特色庙会等品牌活动，讲好两岸融合故事。充分发挥嘉庚优势、侨胞优势，将东南亚作为我区推进国际化战略和深化对外开放的最主要区域，探索在新加坡设立服务中心，构建“集美－新加坡”合作交流通道，并将其打造为我国与东南亚合作交流的重要桥梁枢纽。进一步做强做实金砖未来创新园、金砖未来技能发展与技术创新研究院，继续办好金砖国家技能发展创新大赛。依托第三方机构大力拓展与金砖国家的联系，积极开展培训、交流活动，谋划一批金砖合作标志性项目，推动铁建重工海外总部落地。

**（四）矢志不渝打造安全韧性城区，在推动实现社会治理现代化上守正创新**

各位代表、各位委员！社会治理现代化是国家治理体系和治理能力现代化进程中的重要领域，我们要加强和创新社会治理，逐步实现社会治理系统化、科学化、智能化、法治化，努力推进平安集美建设迈上更高台阶。

*以信息化提升智慧治理效能*。着力推动“智慧集美”平台和社会治理综合指挥中心全面运行，支撑政务服务“一网通办、一掌通办”，公共服务“一码通行、一脸通行”，城市治理“一屏通览、一网通管”。积极推进应急管理信息化建设和区级应急指挥能力建设，有效提高城市安全防范能力。升级“智慧集美”平台2.0版本，丰富基层党建、文明创建、营商环境等端口应用，形成更加丰富多元、整体联动的智慧平台。

*以网格化汇聚多元共治合力*。适时进行社区网格调整，推动执法力量下沉，以网格员为主力军，完善区－镇（街）－村（社区）三级网格化治理体系。动员辖区高校、企业、专业志愿者等社会资源，打造“集美热心人”品牌。引入社工机构、行业协会等专业社会力量共同参与，织密“网格全覆盖、力量全到位、工作零缝隙”的管理和服务网络，实现信息无遗漏、管理无盲点、民情底数清、服务零距离。

*以协同化拓展共建共享成果*。鼓励高校结对乡村，指导服务乡村治理，培育工作品牌。针对无物业、自建房小区，探索社区与国有企业合作开展“大物业”管理模式。全力推进城中村治理，整合非公企业、医院等资源共同参与城中村日常管理。

**（五）矢志不渝锚定民生幸福目标，在推动实现人的现代化上凝心聚力**

各位代表、各位委员！“现代化的本质是人的现代化”，我们将始终坚持以人民为中心的发展思想，坚持物质富裕和精神富有一体推进，不断实现人民对美好生活的向往。

**保持就业形势稳定**。坚持就业优先，新增3个劳务输转基地，深入实施高校毕业生就业创业促进计划，开展公共就业服务专项活动。推进企业新型学徒制项目。落实企业自主招工招才奖励、社会保险补贴、失业保险稳岗返还等政策。健全就业援助机制，对重点群体和就业困难人员实行精准就业帮扶。深化双拥共建，探索退役军人就业创业帮扶新模式，筹划年度退役士兵适应性培训和专场招聘会。推进新就业形态劳动者参保，落实被征地人员基本养老保险市级政策衔接。

**加大住房保障力度**。加快完善多主体供给、多渠道保障、租购并举的住房制度。推进城发心厝、正荣中梁等新拍地块尽快入市。大力推进安置房项目建设，力促蔡林、三社等安置房项目建成交付，加快保障性住房洪茂居住区一期、西亭人才公寓等在建项目进度。盘活英村、兑山等存量安置房源。持续完善安置房小区配套设施及管理，对上塘花园、铁山公租房等7个小区地下车库及地面停车实行综合提升改造。

**倾力守护“一老一小”**。着力破解0~3岁婴幼儿入托难问题，新增托位1000个，实现普惠性托育服务机构镇（街）全覆盖。推动公办性质幼儿园开展托幼一体化试点。深化医养融合发展，开展老年人营养改善行动，继续为60岁以上老年人提供免费健康体检和健康评估。投用太保家园高端康养社区，运营好慷致乐（集美）康养示范中心，加大崎沟养老机构项目招商力度。优化居家养老“六助”服务，新建一批养老服务场所和养老服务设施。

**提高全民健康水平**。科学精准抓好疫情防控，做好国家、省、市政策贯彻衔接，更好统筹疫情防控和经济社会发展，全力守护全区人民生命安全和身体健康。正式投用川大华西厦门医院、杏滨街道社区卫生服务分中心，加快建设市妇幼保健院集美院区、北站综合服务中心，启动杏林医院改扩建及灌口中心卫生院发热门诊建设，加快灌口医院新址、区妇幼保健院业务综合楼及杏林、侨英街道社区卫生服务分中心等项目前期工作。建立全区中学生电子心理档案，构建中小学学生体质健康大数据治理体系。

**繁荣发展文体事业**。以陈嘉庚先生创办集美学校110周年和集美学村命名100周年为契机，大力弘扬嘉庚先生爱国爱乡精神，凝聚侨心侨智，打造最美侨乡。启动南薰楼群和东西岑楼、颍川世泽堂（陈嘉庚出生地）等文物修缮工作。建成40片群众身边全民健身场地，启动建设灌南文体中心，推动学校向社会开放运动场地，投用集美儿童乐园。办好“全球华人杯羽毛球赛”、集美·阿尔勒国际摄影季、东盟文化艺术季等一系列文化品牌活动。

**（六）矢志不渝强化政府自身建设，在推动实现政府治理现代化上担当作为**

各位代表、各位委员！党的二十大为我们绘就了伟大蓝图，其景可赞，其程也艰。我们将以刀刃向内的勇气，重点围绕机制创新和能力建设，打造一支高素质、有能力、重实干、有情怀，敢拼会赢、与“三新一高”相适应的政府干部队伍，以鞠躬尽瘁的百倍努力，致力于实现集美的高质量发展和集美人民对美好生活的向往，不负全区人民的信任和支持。

**坚持讲政治，打造绝对忠诚政府**。始终坚持党的全面领导，坚持不懈用党的二十大精神武装头脑、指导实践、推动工作，把对党和人民的忠诚体现在政府工作中，把忠诚拥护“两个确立”、坚决做到“两个维护”落实到具体行动上，全力推动党中央决策部署和省委、市委、区委工作要求落地见效，让集美的高质量发展成果有效惠及全区人民。

**坚持提能力，打造创新有为政府**。大力推动招商引资、项目工作、资产盘活、金融体系、产业发展、乡村振兴、社会综治、小区管理等八大改革落地生效，组建区发展研究中心、金融服务中心、新能源产业发展中心等一批专门机构，凝聚多方合力，不断提升区政府在统筹谋划、产业转型、社会治理等方面的能力。

**坚持重实干，打造务实高效政府**。大力弘扬“马上就办、真抓实干”优良作风，加强督查结果考核运用，坚决遏制干部“躺平”风气，浓厚“扛红旗、争第一”氛围，努力在征地拆迁、招商引资、项目建设等工作实践中锤炼干部的优良作风和过硬本领。健全完善干部改革创新激励机制和容错纠错机制，为想创新、敢干事的干部撑腰鼓劲。

**坚持守法纪，打造依法行政政府**。深入贯彻落实习近平法治思想，把法治思维和法治手段贯穿到政府工作的全过程、全方位。充分发挥政府法律顾问“智囊团”作用，严格执行重大事项集体决策和合法性审查制度。自觉接受人大法律监督、工作监督和政协民主监督，高质量办好人大代表议案建议和政协提案，主动接受监察监督、社会监督、舆论监督，加强审计监督、司法监督、统计监督。坚持依法科学统计，做好第五次全国经济普查工作。

**坚持做表率，打造清正廉洁政府**。坚决扛起政府系统全面从严治党主体责任，严格履行“一岗双责”。从严落实中央八项规定及其实施细则精神，坚定不移推进党风廉政建设和反腐败工作。健全落实过“紧日子”长效机制，大力压减行政成本。完善重点领域、重要部门、关键岗位廉政风险防控监督制度建设，营造风清气正、崇廉尚实的发展氛围。

（本文选自集美区人民政府区长倪杰在2022年12月20日集美区第十三届人民代表大会第三次会议的报告）

**名词解释**

1. 两稳一保一防：稳增长、稳市场主体、保就业、防风险。

2. 专精特新“小巨人”：“专精特新”中小企业中的佼佼者，是专注于细分市场、创新能力强、市场占有率高、掌握关键核心技术、质量效益优的排头兵企业。

3. “四个一百”行动方案：指“百名青年教师进百企”“百家名企建百站”“百批学子访百企”“百名专家解百题”四

个行动方案。

4.“双百”人才：厦门市高层次创新人才和领军型创业人才“双百计划”，计划用5-10年引进100名海外高层次人才和300名领军型创业人才。

5.一村一品：在一定区域范围内，以村为基本单位，按照国内外市场需求，充分发挥本地资源优势，通过大力推进规模化、标准化、品牌化和市场化建设，使一个村（或几个村）拥有一个（或几个）市场潜力大、区域特色明显、附加值高的主导产品和产业。

6.“1+N+1”灌口村集体经济发展模式：由政府牵头，联合多个村集体经济组织和一家国企，实现政企村三方携手发展，打造党建引领、村（社区）聚势、国企赋能的村集体经济发展模式。

7.“远鹭回歌”：“远鹭回歌—闽籍学生2022新春厦门行”是利用大学生春节返乡契机，组织国内外高校的闽籍优秀学子通过区情介绍、人才政策宣讲、企业走访、座谈交流等形式，感受集美发展变化，激发学生回报家乡、建设家乡的一项招才引智活动。

8.城市定向探索赛：“魅力集美”城市定向探索发现赛是面向省内高校在校大学生，以户外团建类拓展活动形式，学生完成指定任务解锁打卡，将集美主要文化宣传点、重点标杆企业等通过城市越野赛进行串联，通过实地体验和新媒体直播，让更多青年学生感受集美人文魅力和经济发展活力，吸引青年学生留集发展。

9.残疾人“两补”：贫困残疾人生活补贴和重度残疾人护理补贴。

10.小区治理小额“以奖代补”：小区范围内改善提升居住环境、保障民生基本用途的项目，符合条件的给予一定奖励金，最高奖励金额不超过10万。

11.“三破三立”工作机制：打破“任务牵引”局面，确立党建引领主动作为；打破“单一执法”局面，确立党员在“小网格大综合”中的担当；打破“多头考评”局面，确立统考机制人人参与。

12.一网统管：以网格化管理、社会服务为方向，运用信息化手段辅助社会治理，整合各方信息资源，搭建标准统一、组织规范、互联互通、高效运转的平台，打造“共建、共治、共享”的全区“一网统管”体系。

13.八类案件：我国社会治安工作中对故意杀人、故意伤害致人重伤或者死亡、强奸、抢劫、贩卖毒品、放火、爆炸、投毒罪的总称。

14.三级巡防：由巡特警反恐大队专业巡逻力量、派出所巡逻力量、群防群治巡防力量构成的三级复合型巡防体系。

15.党建+无欠薪标杆项目：在工程建设领域建立“党建+”机制，通过与建设单位开展支部共建活动，认领共建党组织提出的规范用工问题需求清单，帮助指导解决劳动用工管理问题，打造“无欠薪项目部”标杆项目。

16.单项冠军：长期专注于制造业某些特定细分产品市场、生产技术或工艺国际领先、单项产品市场占有率位居全球前列的企业。

17.集美创新券：为鼓励和支持集美区企业加强研发、勇于创新而推出的一种电子化支付凭证。企业通过“集美i企宝”申领创新券，可在创新券服务机构使用。

18.“6+N”现代产业体系：“6”指的是机械装备、电子信息、商贸物流、文化旅游、新材料、都市现代农业等重点产业链群，“N”包括新一代人工智能、5G应用、虚拟现实（增强现实）、增材制造等未来产业。

19.工改工：依据国土空间规划，对现状的工业、仓储、物流用地进行升级改造，改造后继续保留为工业、仓储、物流用地。

20.“一件事”集成套餐服务改革：以最大程度利企便民为主线，将多个政务服务事项及配套公共服务事项集成为企业群众视角的“一件事”，实施业务流程革命性再造，系统重构部门内部操作流程、跨部门跨层级跨区域协同办事流程。

21.帮代办服务机制：为更好服务投资项目建设，加快投资速度，提高投资效益，重点工程建设项目帮代办窗口为重点建设项目从立项到竣工验收相关审批手续进行全程指导、协调、跟踪、督办的行为所制定的相关制度。

22.泛双龙潭生态运动组团：涵盖坑内水库、双龙潭、大岭、越尾山区域，涉及坑内、田头、双岭村，以生态运动、身心修复、乡村旅游项目和活动促进乡村振兴的区域价值模式。

23.“大物业”管理模式：探索将住宅小区及周边街区、片区合并规整形成“大物业”管理区域，鼓励物业企业通过物业“肥瘦搭配”模式、城市运营管理模式或EPC+0模式等，接管无物业管理小区，实现小区围墙内和围墙外物业管理全覆盖。

24.企业新型学徒制项目：以政府引导、企业主导，由企业与技工院校、职业院校、职业培训机构等教育培训机构采取“企校双师带徒、工学交替培养”方式，共同承担员工职业技能培训任务的技能人才培养模式。

25.居家养老“六助”服务：助洁、助浴、助行、助急、助医、助餐。

26.三新一高：以习近平同志为核心的党中央洞察世情国情党情，着眼实现中华民族伟大复兴提出的重大战略思想、作出的重大战略部署，具体是指新发展阶段、新发展理念、新发展格局、高质量发展。

# 集美区"健康集美"建设推进方案(2022–2025年)

厦集委办〔2022〕3号

人民健康是社会文明进步的基础，是民族昌盛和国家富强的重要标志。为深入贯彻习近平总书记关于卫生健康的重要论述，补齐医疗卫生服务短板，加速岛内外一体化、缩小城乡医疗水平差距，加快推进集美卫生健康事业跃居全市前列强区建设，全面提升居民健康水平，在推动集美更高水平建设"两高两化"示范区上展现新作为，结合我区实际，制定本方案。

## 一、指导思想

以习近平新时代中国特色社会主义思想为指导，深入贯彻党的十九大和十九届二中、三中、四中、五中、六中全会精神，全面落实厦门市第十三次党代会、集美区第九次党代会关于卫生健康工作的部署，坚持人民至上，以攻坚突破的奋进之姿、守正创新的昂扬状态，在卫生健康服务能力上锻长板，在医疗卫生资源配置上补短板，在公共卫生体系建设上固底板，在健康集美建设发展上树样板，全力推进全区卫生健康事业高质量发展，努力全方位、全周期维护好人民群众健康，为建设民生幸福典范城区、打造区域卫生健康高地做出更大贡献。

## 二、总体目标

按区第七次全国人口普查数据(103.7万人)规划发展卫生健康事业，至2025年，健康集美建设取得重大进展，基本建立普惠型健康保障体系。健康生活方式普及，居民主要健康影响因素得到有效控制，以健康为中心的多层次健康保障体系进一步完善；公共医疗卫生资源系统性配置进一步增强，城市、乡村30分钟就医圈基本形成；医疗技术人才队伍进一步发展壮大，城乡居民基本医疗卫生制度进一步健全，分级诊疗制度进一步落实；健康监测及预警能力进一步提升；"互联网+"医疗、保健、康复等一体化服务创新发展，重点人群健康状况显著改善，居民主要健康指标居国内领先水平。

## 三、主要内容

### (一)夯基垒台，在完善医疗资源配置上攻坚突破

1. 存在问题

(1)区域医疗资源配置不够均衡，三级医院量效齐缺，二级医院"缺链"问题突出，无法有效承接；基层医疗网点不足，部分选址与发展不匹配，30分钟就医圈未全覆盖。

(2)基层医疗机构业务用房不达标、配套不完善，与辖区人口快速增长的实际不匹配，与群众的就医期盼有差距。

2. 目标任务。以建设海西医疗中心重要组成部分为目标，加大省、市、区卫生健康重点项目建设的推动力度，基本构建起以三级医院为龙头，二级医院为配套，基层医疗为基础的三级医疗服务结构；以提高基本医疗卫生服务可及性、农村和镇街分别打造30分钟和15分钟基本医疗卫生服务圈为指向，综合考虑服务人口数量、人口聚集程度、服务半径等因素进一步完善基层医疗卫生服务网络，实现人人就近享有优质的基本医疗卫生服务；通过新建改建、扩容挖潜等措施不断提高办医条件，至2025年，力争全区床位数实现翻一番目标(2021年全区床位数为2138张)。

3. 行动举措

(1)着眼长远发展，突出龙头标杆项目建设。①全力支持四川大学华西厦门医院建设国家区域医疗中心，打造区域性医疗高地和疑难重症诊疗中心，并于2022年试运营。②支持厦门医学院附属第二医院做大做强，持续加强优势学科建设，建设学科齐全、特色鲜明、医教研综合实力处厦门地区先进水平的现代化医院。依托厦大附属第一医院杏林分院，以"做大专科，完善综合"为发展目标，规划建设集医疗、急救、公共卫生、预防、保健、科研、教学为一体的综合性医院。③以建成区域内妇幼专科医疗服务标杆为目标，加快市妇幼保健院集美院区建设进度，计划2024年建成投用。

(2)提升保障水平，分级分批推动二级医院创建。①着力乡村医疗建设，完成灌口镇中心卫生院创建二级综合性医院，同步推进院区新址建设并计划2023年开工，夯实乡村振兴"健康线"。②加强妇幼健康服务能力建设，2023年开工建设区妇幼保健院业务综合楼，推动区妇幼保健院建设标准化二级妇幼保健机构，提升区级妇幼保健服务水平。

(3)加快基层医疗设施建设，打造一流就医环境。①根据《厦门市人口发展规划(2016–2030年)》，适度超前、科学规划全区医疗卫生设施布局，特别是在服务人口超过10万人的镇街(杏林、杏滨、后溪、侨英、灌口)加快规划设置分中心。按15万人设置一个急救站点的比例补充急救站点。依托厦大附属第一医院杏林分院规划建设标准化洗消中心。②采取调整或租赁闲置用房等方式，全力破解杏林、集美街道社区卫生服务中心医疗业务用房严重不足问题；通过拓宽道路的方法，解决侨英街道社区卫生服务中心出入口狭窄，紧急救援通道不畅问题。③加速医疗卫生项目落地建设，推进已规划的锦园、软件园三期、北站、集美新城等一批社区卫生服务分中心落地建设，解决社区卫生服务中心基础设施不足，服务范围过大(超过15分钟步行距离)、服务人口过多(超过10万人)问题。

（4）汇集各方力量，大力发展社会资源办医。①优先支持社会资本举办康复、老年病、儿童等专科医疗机构或高端服务机构，鼓励社会力量以出资新建、参与改制等多种形式投资医疗行业，增加医疗服务供给，提供多层次多样化医疗服务。②支持非公立医疗机构与公立医院错位发展，使社会办医规模达到总量的20%以上。③深化“放管服”，提高准入审批效率，完善卫生监督管理机制，为社会办医营造良好发展环境。

（5）创新医疗管理体制，提升政府管理保障机制。①充分发挥区医改领导小组统筹协调作用，高起点规划发展全区医疗事业。②成立国有卫生服务公司，负责招商、落实提供医疗卫生辅助服务等，补齐医疗短板。③探索引进社会资本以PPP模式（即公共私营合作制）参与医疗民生补短板项目建设、运营。

**（二）立柱架梁，在深化人才队伍建设上攻坚突破**

1. *存在问题*

（1）区属8家医疗卫生单位的人员编制数，仍按2015年的52.5万常住人口数的核定标准，区七人普核定公共卫生任务数103.7万，任务增倍，医技人员缺口较大。

（2）区属医疗卫生单位高级别人才有限，医技人员总体素质有待提高。

（3）专业技术职务任职资格及聘任岗位等级的晋升受限制，“引才”“留才”还有差距。

（4）乡村医生引育留用和多渠道补助机制不够健全，人员队伍不够稳定。

2. *目标任务*。优化医学人才编制管理，加大医学人才引进和补充力度，完善医学人才职称评审和岗位聘用具体措施；以提高素质为目标，完善基层医学人才培养规划，打造一支医术精湛、医德高尚、梯次合理、服务优良的卫生人才队伍。力争2025年，新增全科医生200人，全区执业（助理）医师总数达到4000人，千人执业（助理）医师数达到3.8人（按区七人普103.7万人测算）。

3. *行动举措*

（1）畅通渠道，优化卫生健康人力资源。①推动人员编制重新核定。根据第七次人口普查常住人口数据，按照相关政策，重新核定区属基层医疗卫生机构编制，匹配我区现有居民卫生健康需求。②健全编内人员补充机制。视单位需求情况，组织区属卫生健康单位补充卫生技术人员专场招聘考试。结合建设青年发展友好型城区行动，探索简化程序招聘、校园招聘、高校定向培养等方式，补充高层次卫生人才及紧缺、急需和关键岗位骨干人才，特别是加大青年医疗卫生人才引进和培训力度，促进青年医疗卫生人才在集美成长成才。③建立灵活编外用人机制。根据基层医疗机构实际需要，允许在编内控制限额内进行编外用人，由卫生服务公司落实提供医疗卫生辅助服务，满足我区人民卫生健康服务需求。鼓励我区卫生健康系统退休的卫生技术人员继续在区属卫生健康单位服务，并给予相应待遇。④强化急需紧缺医学人才引进吸引力度。对区属卫生健康单位新引进并签订5年以上服务协议的急需紧缺人才，给予安家补贴5万元，5年内每年给予人才津贴1万元。⑤完善乡村卫生人才引育留用和多渠道补助机制。推动一体化管理村（社区）卫生所“镇（街道）管村（社区）用”制度先行先试，将乡村医生纳入镇卫生院（社区卫生服务中心）编外合同人员，根据实际情况灵活招聘，并落实“五险一金”等待遇。

（2）练好内功，提升卫生健康干部综合素质。①拓宽教育培养渠道。推动厦门医学院公共卫生学院在我区建设培训基地，强化医教协同，每年度组织开展不少于2期管理干部、全科医生、社区护理等专题培训班；完善基层赴三级医院进修培训机制，加强各类学术交流；适时组织行业人员面向全国学习取经。②创新继续教育模式。结合信息化建设，力争2025年前开办区医学继续教育培训超市，满足基层卫生健康干部个性化学习需求。搭建远程会诊与继续教育平台，与复旦大学中山医院开展线上培训。③加强重点医疗卫生人才培养。将全科医生培养作为基层医疗卫生机构综合考核重要指标，分批次开展全科医生规范化培训或转岗培训；培育特色科室人才，打造“品牌医师”“厝边家庭医生”“最美健管师”等具备一定影响力的业务骨干；鼓励民营医疗机构医生转岗为全科医生。充分发挥我市高等院校（厦门大学、厦门医学院等）公共卫生学院教学优势，每年组织开展1期公共卫生干部培训班，强化区卫健系统公共卫生专业人员全周期培训。

（3）提高站位，强化区属卫生健康单位学科体系建设。①组建专家顾问团队。聘请市、区卫生健康领域专家组建顾问团，充分发挥智囊参谋作用，进一步提高我区卫生健康工作水平。②推动高位嫁接。构建三级医院专科协作机制，发展基层儿科、中医、口腔等特色科室。③参与国家医疗重点项目建设。做好“常规生化指标老年人参考范围的建立”子课题研究。

（4）奖优罚劣，完善医疗卫生激励保障机制。①创新绩效管理体系，建立保障与激励相结合的运行新机制，探索区妇幼保健院体制机制创新，试点“两个允许”政策（允许医疗卫生机构突破现行事业单位工资调控水平，允许医疗服务收入扣除成本并按规定提取各项基金后主要用于人员奖励）。合理核定区属医疗卫生机构绩效工资总量，建立科学长效的考核激励机制，激发医疗卫生机构内生动力，提升医疗服务水平。②完善职称评审和岗位聘任。拓宽医务人员职业发展空间，专业技术职务任职资格晋升向全科医学、公共卫生等急需专业、紧缺人才倾斜。重点优化基层医疗卫生人才岗位管理和人才聘用，在市级规定的比例范围内适当提升基层医疗卫生机构中、高级岗位比例。

**（三）秉要持本，在健全分级诊疗制度上攻坚突破**

1. *存在问题*

（1）市区优质医疗资源向基层下沉不够，就医格局还不够合理。

（2）家庭医生签约服务不精准，签约覆盖率还不够高。

（3）基层医疗服务能力还有差距，基层就诊率还不够高。

2. *目标任务*。多形式推动医联体建设，区域优质医疗资源更加充裕、均衡，整合型医疗卫生服务体系高效运行；完善双向转诊机制，“小病在基层、大病到医院、康复回基层”的分级诊疗格局加快形成；建立普惠型健康保障体系，推动基层医疗重点科室建设，打造“人文集美、人文医疗”品牌服务，区域就诊率进一步提升。至2025年，基层就诊率达65%以上。

3. *行动举措*

（1）深化医联体建设。①推动紧密型医联体试点建设，推进区妇幼保健院由市妇幼保健院托管并创建“二级甲等妇幼保健院”；探索灌口医院二级综合医院由市三级综合性医院托管高质量发展。②结合“扩病种”项目成果，深化专科医联体建设，推动远程诊疗和学术交流，构建三级医院专科协作机制，发展基层儿科、中医、口腔等特色科室。与华西医院围绕医工结合、生物医药与健康、人工智能与大数据等重点领域开展产学研深入合作。③鼓励社会资本医疗机构通过专家多点执业、医技协同等方式参与医联体建设。

（2）引导医疗资源合理流动。①加强医疗质量控制，推进区域内医疗机构就诊“一卡通”“一码通”，实行医联体内部、同等级医疗机构间电子健康档案和电子病历共享，医学检查检验结果、医学影像资料互认，提升医疗服务便捷性。②推动更多优质医疗资源向基层下沉，实现更多病种专家定期到基层医疗机构坐诊和指导。全面推行医师多点执业备案制，鼓励优先到基层医疗卫生机构多点执业。

（3）提升区域基础医疗服务能力。①以医联体建设为抓手，持续深化基层医疗卫生机构标准化建设，对标创建国家“优质服务基层行”示范单位，进一步满足常见病、多发病诊治需求。②启动6家基层医疗机构的重点科室建设，打造我区特色医疗服务品牌，后溪镇卫生院和集美、侨英街道社区卫生服务中心着力打造中医特色科室，灌口医院借力二级医院提升重点发展妇产科，杏林、杏滨街道社区卫生服务中心全力提升儿科门诊服务质量。③深化医疗卫生服务“网底”工程，加强村（社区）级医疗卫生机构标准化建设，村（社区）卫生所规范化率达到80%；建立健全以村（社区）卫生所为主体，巡回医疗、远程医疗等服务覆盖为补充的村级医疗卫生服务体系。

（4）做实做细做新家庭医生签约服务。深化推进慢病医防融合服务，将出院患者的康复纳入到基层医疗机构签约健康管理，延伸推动家庭病床建设；将慢阻肺病人纳入重点人员家签服务；提高重点签约覆盖率，至2025年，全区家庭医生签约服务覆盖率不低于35%，重点人群（慢病、老年、残疾人、低保人群等）签约率不低于70%。

**（四）聚势汇能，在提升人民群众健康获得感上攻坚突破**

1. *存在问题*

（1）基层医疗机构信息化程度不高，与医联体单位间存在数据壁垒；群众就医流程繁琐、诊间结算排长队。

（2）中医药“治未病”功能发挥还不够充分，基层中医医疗服务能力还不强。

（3）养老托育服务的政策扶持力度不够、社会供给不足、服务质量不高、监管力量不强。

2. *目标任务*。加强基层医疗卫生机构信息化建设，“掌上”智能医疗健康服务新生态加快形成，无纸化、一站式诊疗服务得到普及，实时、智能、全程数字化监管实现全覆盖，初步实现全流程智慧化卫生健康管理闭环。健全区域中医药服务体系，提升服务质量，形成特色优势；普及基层中医药服务，中医药适宜技术得到有效推广，在慢性病防治方面得到广泛应用；实现中医药产业可持续发展。进一步优化营商环境，拓宽普惠性服务供给渠道，实现服务扩容、质量提升，至2025年，以家庭为基础、社区为依托、机构为补充的多层次养老服务体系更加健全，托育机构建设更加完善，达到“十四五”末期每千人口拥有3岁以下婴幼儿托位数原则上不得少于4.5个的目标。

3. *行动举措*

（1）引用“互联网+”技术，推动“智慧医疗”项目建设。①在6家基层医疗机构启动智慧药房建设试点，以家庭医生签约服务线上慢病续方功能为依托，对社区居民慢性病用药实现24小时无人值守、自助取药。②完成“雪亮医院”及医保智能视频监控项目建设，实现区属基层医疗机构内视频监控全覆盖。③推动基于互联网、大数据技术的分级诊疗信息系统建设，按统一标准做好区级平台与省、市平台的对接，二级以上公立医院和区属基层医疗卫生机构实现互联互通和数据协同，共享健康、诊疗、检查、用药等信息。④推动云技术、大数据、互联网5G等信息技术在基层医疗卫生机构的广泛应用，为居民就诊提供无纸化、一站式诊疗服务，实现诊间付费、网上结算；为异地就医等特定对象提供同质化便利服务。⑤搭建以区卫健局为中心，横向连接基层医疗和公共卫生机构，纵向与国家、省、市级卫健委视频会议系统进行互联互通的应急指挥视频系统。

（2）弘扬中医国粹，大力发展中医药健康服务。①普及和传播中医药知识，大力推广中医药适宜技术，将中医药“治未病”拓展到老年人健康管理、慢病防治、孕产妇保健、儿童保健等服务中。②支持区属各医疗机构选派医护技术骨干至省、市、区级中医院开展进修培训，培训一批技术成熟、服务规范、信誉良好的基层中医药服务团队。③普及基层中医药服务，鼓励基层机构继续推广中医药适宜技术，提高中医医疗服务项目的占比；鼓励综合性医疗机构、妇幼保健机构和社会办医机构开设中医科室，提高门诊中药处方使用比例。④推动中医药传承振兴，推进侨英街道社区卫生服务中心省级“精品中医馆”建设，打造成我区“适宜技术”培训基地。推进集美区与厦门市中医院、农工党厦门市委共建中医药强区，引进市中医药专家到基层医疗机构医疗服务，建设有中医特色的医药卫生事业。发挥中医药的优势与特点，推动中医药发展推广实践基地建设，促进两岸中医药界的学术交流，开展中医药的海峡两岸及海内外学术交流与合作，以医会友。⑤加强中药资源保护，支持中药材种植标准化、规模化、专业化、区域化生产，支持中医药产业发展。

（3）促进两岸融合，推动卫生健康惠台政策落地。①提高台湾居民来往大陆通行证使用的便利性，台胞及家属在集美区可享受均等化医疗卫生服务。②在卫生健康政务服务事项中，将台胞证作为申请人身份信息核验的依据，提供同质化服务；开设绿色通道，为符合政策要求的台湾地区的卫生健康从业人员，在集美区申办个体诊所许可提供便利。③准予台籍护士在集美区台资医院和台籍医师开设的个体诊所短期执业；对在集美区拟从事母婴保健服务相关工作的台湾医师，按“非禁即享”原则予以直接采认。探索对具有台湾地区合法行医资格的医师（临床、中医、口腔），依托区审批窗口即可办理准予其于集美区医疗机构提供服务事项。

（4）提升老年健康服务，推进医养康养深度融合发展。①基层医疗机构向居家养老服务延伸。将居家老年人群作为家庭医生签约服务的重点和优先对象，为65岁以上老年人开展免费体检和健康评估，建立和更新健康档案，加强健康管理、健康教育。继续落实60-64周岁老年人免费体检，为80岁以上老年人每年提供不少于2次入户服务。②实现基层医疗机构和养老机构（设施）签约协作全覆盖，为辖区内老年人提供更加优质的医疗和养老服务。③实施医养结合服务质量提升行动，督促引导辖区医养结合机构规范服务和管理制度，力争2023年底，医养结合服务质量标准和评价体系基本建立，医养结合机构医疗卫生服务能力和服务质量显著提升。④开展老年友善医疗机构创建工作，力争2023年底，我区80%以上的综合性医院、护理院和基层医疗机构成为老年友善医疗机构；2025年底，全区所有综合性医院、护理院和基层医疗机构成为老年友善医疗机构。⑤推进社区医院建设，提升医养结合能力，对符合条件人群提供家庭病床服务，将医疗服务送进家庭。

（5）推进普惠托育机构建设，完善婴幼儿照护服务体系。①逐步推进区级普惠托育试点工作，参照省市试点做法，各镇（街）每年至少新建或改扩建1家区级试点（或示范点），每家新建（或新增）托位数60个以上，每个托位一次性补助0.5万元（如市级出台新政策，则按新政策执行），区级经费由区与所在镇（街）五五分担。区级试点若达到市级试点单位标准，被列入市级试点单位的，可按就高不重复原则享受市级普惠性托育补助政策。对现有运营的托育机构鼓励其挖掘潜力并积极参与普惠性托育服务，符合标准的新增托位给予补助政策，力争2022年新增托位不少于200个。②推动托育与学前教育一体化建设。锚定托幼一体化不低于10%的目标，制定鼓励政策和实施计划；鼓励和支持有条件的幼儿园挖掘潜力，向下延伸托班，有效解决2-3岁婴幼儿入托难问题；探索推动区属国有企业举办或参办婴幼儿照护服务机构。③增加社区婴幼儿照护服务配套供给。新建和正在建设的居住小区，按每千人口不少于10个托位的标准要求，建设婴幼儿照护服务设施及配套安全设施，并落实“四个同步”（同步规划、同步建设、同步验收、同步交付）。

**（五）提质增效，在强化公共卫生体系建设上攻坚突破**

*1. 存在问题*

（1）“重医疗、轻预防”，医防协同不充分，监测预警系统不够完善。

（2）区疾控中心专业人才队伍紧缺，实验室检测能力不足。

（3）应急处置能力不强。卫生应急系统不完善，卫生应急队伍薄弱。

*2. 目标任务*。至2023年，补齐我区公共卫生管理领域突出短板。至2025年，突发公共卫生事件防控能力全面提升，基层防控、医疗救治、人才支撑和物资保障体系健全有力。

*3. 行动举措*

（1）提升疾病预防控制体系建设。①推进疾病预防控制体制改革。按照规定落实疾控增量绩效政策，完善疾控人才激励保障机制。②推进疾控中心实验室标准化建设。③强化联防联控机制，提高学校卫生、职业卫生、食品安全、环境卫生、放射卫生等健康危害因素监测干预能力。

（2）完善基层公共卫生预防控制体系。①强化“网格化”公共卫生职责。健全基层医疗机构与镇街的协同联动机制。②强化基层医疗卫生机构公共卫生职责。与区疾控中心形成更加紧密有效的防治结合体系；推进政府、社会、个人三方健康责任落实。③加强基层医疗卫生机构传染病防治能力建设。加强基层医疗卫生机构发热诊室、肠道门诊、传染病监测哨点建设，提高传染病甄别和预警能力。

（3）完善传染病早期监测预警体系。①建设多层级突发公共卫生事件监测体系。完善传染病监测哨点布局和信息直报系统，实现传染病早发现、早报告、早隔离、早治疗。②加大重大疫情的跟踪监测。建立研判、评估等专家库，及时研判流行性疾病传染性、走势和风险挑战，提高预测预警预防和应急处置能力。

（4）完善疫情防控应急保障体系。①健全应急物资保障体系。建立集中管理、统一调拨、平时服务、灾时应急、采储结合、节约高效的物资保障体系。动态完善物资储备，有效满足重大突发公共卫生事件应急需要。②健全舆情应对处置机制。规范信息发布管理，加强网络媒体信息监测和研判敏感信息，严厉打击网络谣言，正确引导舆论走向。③加强社会心理干预。加强对各类高危人群心理疏导，建立疫情心理援助网络平台，普及心理健康知识。

（5）深入开展爱国卫生运动。①加强顶层设计。各级党委和政府要把爱国卫生运动列入重要议事日程，在人员配备、经费投入等方面予以保障。逐步依托包含国企在内的卫生服务公司开展消毒消杀工作。②建立全民动员机制。将爱国卫生与社区治理相融合，引导机关、企事业单位、镇街、村居、家庭和个人积极参与到环境卫生治理活动。③着力改善城乡人居环境。完善公共卫生设施；强化病媒生物防治，确保病媒传播各类指标始终控制在国家标准内。开展创建巩固国家卫生城市、卫生镇、卫生村和卫生社区活动，完成后溪镇申报创建“国家卫生镇”工作，力争2024年国家卫生城市复审合格。

**（六）守正创新，在培塑多元融合的健康生活方式上攻坚突破**

1. 存在问题

（1）健康教育需求评估和效果评价机制不够健全，宣教方式比较单一，多部门、多学科共同参与不够，居民健康理念和健康生活方式未完全形成。

（2）当前疾病呈现年轻化、低龄化趋势，高血压、糖尿病等慢性病问题日益突出；医体融合度不高，居民参与体育锻炼比例低，儿童近视率、成人肥胖率持续增长。

2. 目标任务。健康促进行动深入开展，居民健康行为得到塑造；体医融合模式基本形成；卫生健康服务由疾病治疗为主向预防干预为主转变；居民健康素养水平不断提升，居民主要健康指标居全市前列，平均期望寿命达到82岁。

3. 行动举措

（1）完善全民健康教育体系。①充分评估健康教育需求。定期开展辖区内15岁至69岁人群（含院校学生）健康素养监测，制定综合干预策略。至2025年，辖区居民健康素养水平不低于28%。②制作居民健康素养基本知识和技能传播资源库；借鉴深圳卫健委微信公众号，增强传统媒体、新媒体宣传健康科普知识的趣味性，提高传播度；加大公益宣传力度，不断强化“人人是自己健康第一责任人”的理念。③加强健康管理师、社区健康指导员和家庭健康“明白人”培训及指导。④创新宣传教育模式。成立区健康教育讲师团，聘请市级优秀专科医生开展“线上及线下”健康知识讲座；在区各项体育赛事及群众性活动中加入健康宣传、融入健康元素；依托诚毅探索科技中心，探索建立健康科普基地或健康体验馆，推广参与式、体验式教学模式。

（2）加强重点人群健康教育。①将健康教育纳入国民教育体系，建立学校健康教育推进机制；建立健康管理家校合作模式，将学校健康教育延伸至家庭，加强对青少年近视、肥胖、吸烟、心理等健康问题的研究干预；探索开发健康教育平台，常态化发布儿童卫生健康知识，让健康卫生知识进校园、进家庭。②加强职业人群健康宣传，倡导健康工作方式，加强职业病防治，鼓励用人单位做好员工健康管理、评选“健康达人”。定期组织健康素养进党校、进机关、进企业、进社区、进乡村行动。③提高居民照护家中婴幼儿、老人和残疾人的知识与技能，为各镇街、社区培训不少于50名健康志愿者，强化家庭和高危个体健康生活方式指导，针对危害健康的行为与生活方式，进行综合干预。④推进专业心理咨询服务机构建设发展，为儿童、青少年、妇女、老人等群体心理健康问题，及时提供心理咨询与干预服务。发挥区心理健康服务总站和青少年心理热线功能，加强重点人群心理健康教育引导和关怀疏导，做强“心灵绿洲”品牌。

（3）普及健康生活方式。①深化开展“三减三健”（减油、减盐、减糖，健康体重、健康骨骼、健康口腔）“公民健康素养66条”专项行动，引导群众建立合理膳食、适量运动、戒烟限酒和心理平衡的健康生活方式。②加强对学校、幼儿园、养老机构等营养与食品安全工作指导，改善饮食结构；培养一批以家庭医生及健康管理师、营养师为核心的全民健康生活方式指导员，为居民提供合理膳食的指导。③针对学校、幼儿园、养老机构等重点人群实施营养监测和干预，成人肥胖增长率持续减缓，5岁以下儿童生长迟缓率低于4%。④普及公共卫生知识，推广社交距离、公勺公筷、禁食野生动物等健康生活方式。⑤健全区、镇街、社区三级健康促进网络。推动健康广场、健康步道、健康主题公园、健康文化长廊等场所建设。2023年完成国家慢性病综合防控示范区复审工作。

（4）广泛开展全民健身运动。①健全全民健身社会组织，发展社会体育指导员，强化技能培训和管理服务，到2025年每千人拥有社会体育指导员2.25人；组建全民健身志愿服务队，送健身知识、健身项目、健身技能进社区、农村。②完善全民健身基础设施建设，合理利用公园、步道、户外广场、公共绿地等空间资源，建设体育健身活动场所，鼓励具备条件的学校、机关、企事业单位体育设施向社会开放，努力打造百姓身边健身组织和“15分钟健身圈”。③积极推广健身跑（走）、骑行、登山、游泳、球类、广场舞等群众喜闻乐见的运动项目，办好特色群众体育赛事和各类体育健身活动，实现全民健身活动经常化、多样化、生活化。④发挥全民健身在慢性病防治以及健康促进等方面的积极作用，推动形成体医结合的疾病管理和健康服务模式。到2025年，辖区居民体质达标率不低于92.5%，经常参加体育锻炼人数比例达到45%及以上。

（5）创新“文创＋健康”理念。①提升“健康小屋”功能，充分利用大数据与社区医疗资源，从精准检测，到精准追踪，再到精准治疗，实施健康全周期一体化方案，建立健全健康档案。②弘扬嘉庚健康卫生和为人教育办学理念，充分利用社会公共服务休闲等资源，打造“文创＋健康”教育基地，做好食疗、养疗、医疗的阶梯式健康服务；不定期开展专题健康科普讲座等活动，为消费者提供更加细致、专业的医疗科普知识，让辖区居民近邻获得更权威、更全面的卫生健康知识。

### 四、保障措施

**（一）加强组织领导**

在区委、区政府领导下，依托区健康集美推进委员会，研究提出并落实健康集美建设中的具体政策措施，协调解决有关重大问题。建立各相关部门、各镇街参与的联席会议制度，着力构建综合高效、运转顺畅的联动机制，统筹推进健康集美建设中的各项工作落实。

**（二）加强协调配合**

各镇街和各相关部门要将落实本行动纳入重要议事日程，健全领导体制和工作机制，围绕推进方案的重点任务，细化责任分工，制定工作台账，明确实施步骤，形成分工协作、密切配合、合力推进的工作机制，确保各项任务顺利实施。

**（三）加强政策保障**

强化项目带动，建立健全项目策划、储备和实施工作机制；强化资金保障，加大投入力度，规范资金使用；强化用地保障，支持将重点项目用地列入土地利用年度计划和建设用地供应计划；强化人才保障，完善人才政策体系，重点引进高层次人才、产业紧缺人才。

**（四）加强宣传引导**

各相关部门要根据本行动要求，加强对卫生健康领域政策创新、改革举措、发展成果、正面典型的宣传，编制群众喜闻乐见的解读材料和文艺作品，并以有效方式吸引群众主动关注，增强社会对卫生健康行业动向的普遍认知，营造良好的社会氛围。

**（五）加强督导检查**

依托区健康集美推进委员会开展督查检查，健全督导考评制度，对补齐医疗短板工作适时组织开展专项检查。加强对各镇街和各相关部门推进落实情况的督导和考核，强化对工作进展和效果的考核评价，建立动态监测和定期通报制度，将考核结果报区效能办，作为年度目标考核的依据。

# 集美区卫生健康事业“十四五”工作规划

集府办〔2022〕44号

## 前 言

“十四五”时期，是集美区深入贯彻习近平新时代中国特色社会主义思想和党的十九大精神，开启全面建设社会主义现代化新征程的第一个五年，是厦门建设高素质高颜值现代化国际化城市的关键期，也是树立大卫生、大健康理念，把厦门建设成为高水平健康之城的重要阶段。为进一步明确“十四五”时期，我区医疗卫生发展的主要目标、任务及政策措施，更好更快地促进我区医疗卫生事业发展，积极应对人口老龄化趋势，健全健康服务体系、推进卫生健康基本公共服务的均等化、普惠化、便捷化，满足新时代人民日益增长的“美好生活需要”，根据《中共中央国务院关于深化医药卫生体制改革的意见》、《福建省“十四五”卫生健康发展专项规划》、《“健康福建2030”行动规划》、《“健康厦门2030”行动规划》、《厦门市“十四五”卫生健康事业发展专项规划（2021–2025）》、《厦门市委市政府关于全面推广“三明经验”深化医药卫生体制改革的实施意见》、《集美区“健康集美”建设推进方案（2022–2025年）》等文件精神，结合我区医疗卫生工作实际，开展本次规划。

## 第 1 章　规划背景

1.1　现状概况

1.1.1经济社会发展情况

集美区积极践行新发展理念，以供给侧结构性改革为主线，强化创新驱动，狠抓改革攻坚，突出环境提升，优化民生保障，防范各种风险，全区经济社会发展稳中向好。“十三五”期间，全区生产总值年均增长 9.4%，年人均地区生产总值达到 10.51 万元，财政总收入达 124.5 亿元，城镇居民人均可支配收入 5.3 万元，农民人均可支配收入 2.99 万元。创新引擎加快升级，营商环境优化提升，民生保障持续改善，社会事业全面发展，集美区已连续多年获评“中国创新百强区”、“全国综合实力百强区”等称号。

1.1.2人口健康情况

根据厦门统计年鉴数据，截止 2020 年末，全区常住人口 103.7 万人（其中户籍人口 40.55 万）。居民人均期望寿命 81.32 岁（男性 79.12 岁，女性 83.54 岁），连续 5 年高于全国平均期望寿命水平。

全区户籍人口死亡率为 3.32‰，户籍人口孕产妇死亡率为 0，婴儿死亡率为 2.03‰，5 岁以下儿童死亡率 3.69‰，各项指标均低于全国平均水平。

全区出生人口政策符合率 95.38%，性别比 113.87，出生率 14.4‰，出生二孩占比 58.57%，全面两孩政策实施效果较好。

1.1.3医疗卫生资源情况

2020 年全区各级各类医疗卫生计生机构 355 个，医疗机构实有床位数为 2138 张，比 2015 年新增床位 562 张，增长 35.66%；卫生技术人员 1835 人，比 2015 年增长 52.54%；每千常住人口医疗机构床位 2.86 张、执业（助理）医师 2.45 人，分别比 2015 年增加 0.37 张、0.55 人。全区医疗卫生机构的基础设施和医疗条件得到了改善。

1.1.4医疗服务利用情况

“十三五”期间，我区全力配合省、市重点项目建设，川大华西厦门医院于 2019 年底全面启动建设，市妇幼保健院集美院区于 2020 年开工建设。同时加快推动基层医疗卫生设施建设，灌口医院（现址）提升改造工程已完成；锦园社区卫生服务中心于2020年正式开工；灌口医院（新址）、区妇幼保健院业务综合楼等项目前期工作进展顺利；镇村卫生服务一体化建设持续推进。

2020年全区医疗卫生机构总诊疗人次数达3095.71万人次，全区基层医疗卫生机构门诊量突破120万人次，家门口的社区医院吸引力持续增强。其中公立医疗卫生机构总诊疗人次数2255.83万人次，占比73%；民营机构为839.88万人次，占比27%。诊疗效率逐渐提升，2020年全年出院者平均住院日为8.9日，比上年平均住院日缩短0.2日。2020年全区医院病床使用率87.93%，其中公立医院94.46%，民营医院59.44%。

1.2 “十三五”期间的主要工作成就

1.2.1基层卫生健康服务体系进一步完善，软硬件建设得到加强

按照规划中“建立布局合理、基本设施齐全、人员具有较高专业素质、监督管理规范、运行机制完善的社区卫生服务体系”的总体要求，通过采取一系列鼓励和引导医疗卫生人才到基层服务的政策倾斜措施，进一步强化区－镇－村三级农村医疗卫生服务体系，完善医疗网络，6个基层医疗卫生机构的软硬件建设及服务能力都得到了较大提升，基层群众看病难的问题得到一定程度的改善。

1.2.2分级诊疗推进加快，新医改成效明显

进一步深化基层医疗卫生机构运行机制改革，以“慢病先行、三师共管、家庭医生签约服务”为突破口和切入点，实现优质医疗卫生资源下沉至基层，建立转诊有序、权责明晰的分级诊疗体系。

以市校合作为重要抓手，以重点学科、专科建设为引领，创新人才引进培养机制，探索医疗技术水平提升的有效途径，集美区部分学科达到省内一流、国内先进水平。

通过市、区支持和医联体的打造，促进了更多病种的专家下基层坐诊，让群众在家门口就能享受专家诊疗服务。仅2020年，全区48名专家共下基层坐诊1433次，接诊24127人次。同时，发挥传帮带作用，通过进修学习和跟班学习，不断提升社区医院整体业务水平，增加居民对社区医院的信赖感，促进更多首诊在社区，让分级诊疗落在实处。

1.2.3公共卫生体系进一步健全，应急处置能力得到提升

一是重大疾病联防联控机制建立完善。结核病、艾滋病、病毒性肝炎等重大传染病得到有效控制；全区甲乙类传染病发病率同比下降；及时有效控制了登革热的输入传播，未造成本地病例扩散流行。

二是基本公共卫生服务得到加强。务实开展14类基本公共卫生服务项目，有效落实基本公共卫生服务均等化；规范开展居民健康档案建立完善；推行高血压、II型糖尿病等慢性病早诊早治，严格落实严重精神障碍疾病管理。

三是卫生应急处置能力稳步提升。修订完善《集美区突发公共卫生事件应急预案》，组建2支区级卫生应急队伍，科学、规范、高效地应对突发公共卫生事件。积极配合参加相关部门组织的演练活动，完成辖区各类医疗卫生保障工作。

1.2.4人口计生工作成绩连续多年位于全省前列

“十三五”期间，我区人口计生工作连续多年位于全省先进行列。2016年、2018年分别获得省计生工作创新奖，2016－2017年度区计生协会“四联创”工作被省人口和计划生育领导小组通报表扬；2018年全国流动人口动态监测调查中，我区监测质量排名全国第一，区卫健局荣获全国流动人口动态监测调查优秀单位称号。

1.2.5妇幼健康服务水平显著提高

完善危重孕妇和新生儿转诊救治网络，积极开展出生缺陷综合防治，完成农村两癌筛查、地中海贫血防控筛查、免费孕前优生健康检查，做好孕产妇系统管理、高危孕妇管理。

加强0－6岁儿童近视防控，普及儿童眼睛保健知识，开展儿童入园体检及幼儿园小班段儿童验光检查和中班段眼外疾病筛查相关工作。

1.2.6卫生监督保障有序

由集美区卫生计划生育监督所负责，开展辖区公共场所卫生、饮用水卫生、学校卫生、放射卫生、职业卫生等卫生监督及医疗与妇幼卫生监督、传染病防治监督、化妆品卫生监督、消毒产品卫生监督、卫生行政许可、各类突发公共卫生事件应急处置、处理各类卫生相关投诉举报案件、打击非法行医等一系列监督执法工作。

“十三五”期间，集美区卫生计划生育监督所共执行各类执法事项1485项，其中处罚240项，检查1245项，监督单位2144家，同时还承担厦门国际投资贸易洽谈会、海峡论坛、集美百年校庆等各类重大活动保障任务，对活动期间接待酒店的公共卫生安全、生活饮用水安全、酒店及相关会场周边的住宿、娱乐等公共场所开展专项监督检查，为集美区的公共卫生安全，提供了可靠保障。

1.2.7老年健康服务不断完善

一是做好老年人疫情防控，守护老年人生命健康安全。加强疫情防控知识宣传，向老年人群体宣传疫情防控知识。指导各医养结合机构不断完善防控预案，严格落实防控措施要求。为辖区老年人疫苗接种开设绿色通道和专场，为老年人提供便捷服务。

二是推进医养融合发展，满足老年人医疗卫生需求。开展医疗卫生机构与养老服务机构医养结合签约协作，实现优势互补，为老年提供优质便捷的医疗卫生服务。遴选两批市级医养结合试点单位，探索建立医养结合有效模式、做法、管理制度，以点带面，加快推进我区医养结合深度融合发展。开展老年友善医疗机构创建，成功推动厦门医学院附属第二

医院开设老年医学科。实施医养结合服务质量提升行动，着力解决医养结合机构医疗卫生服务质量的突出问题，提高整体服务水平。

三是落实老年人福利政策，提升老年人群体获得感。做好高龄津贴发放工作，发放覆盖率达到100%。实施老年幸福安康险，惠及全区4万余名户籍老年人。办理老年优待证，确保老年人享受应有的优待。

四是坚持多措并举，营造敬老助老的良好社会氛围。持续开展“爱心敬老”行动、“敬老月”系列活动和“老年健康周”活动等，积极开展为老服务，倡导个人尊老、家庭养老、社会敬老的良好风气。

1.2.8卫生健康信息化建设取得新进展

一是打造“互联网＋家庭医生”签约服务平台。集美区卫健局选送案例《家庭医生签约与健康管理平台助力疫情防控》获评“全国医疗信息化防疫抗疫优秀案例评选”三等奖。

二是强化“互联网＋医疗健康服务”。开通电子医保卡诊间结算功能，开放居民健康档案及就诊记录可自助查阅功能。利用可穿戴（血压计、血糖仪）智能健康监测设备，提供个性化健康管理，开展稳定期慢性病签约患者线上长处方续方、配送服务。

## 第2章 面临形势挑战

未来5年，是加快建设健康集美的重要机遇期。但要全面实现这一建设目标，比照集美区现状情况，还面临不少问题和挑战，主要表现在：

2.1 影响健康的经济社会环境因素更加广泛和复杂

工业化、城镇化、人口老龄化，以及疾病谱、生态环境、生活方式等的深刻变化，重大传染病、慢性病、环境污染、食品药品安全问题、重大公共安全事件等多重健康威胁因素的叠加，给维护和促进健康带来一系列新的挑战，对健康政策的整体性和协同性提出更高要求，全人群覆盖、全社会预防的健康理念亟需建立。

2.2 医疗卫生服务供需矛盾较突出

一是医疗服务需求的持续增长。预计到2025年我区常住人口规模将超过120万人，同时随着我市经济社会转型中居民生活方式的快速变化，医疗服务需求将进一步释放，虽然医疗保障制度在逐步完善，保障水平不断提高，但医疗卫生资源供给量与卫生需求量不断增长之间的矛盾将持续存在。

二是户籍人口与外来人口公共服务二元结构矛盾较明显，医疗卫生资源供给面临较大挑战。目前集美区各基层医疗卫生机构现有人员编制是根据2015年《中共厦门市委机构编制委员会办公室关于重新核定基层卫生医疗机构人员编制的通知》中，根据常住人口数相应比例来核定。随着厦门市经济社会的发展，岛内外一体化水平的不断提高，集美区以杏林、杏滨、侨英等街道为代表的辖区，流动人口比例不断提高，服务人口剧增，各基层医疗卫生机构从业人员超负荷工作，难以满足基层民众对优质医疗卫生服务的需求。

三是随着“全面三孩”政策的实施，累积的生育势能得到释放，妇幼健康服务的数量、质量和服务资源都将面临新挑战。优质妇产资源结构性紧缺矛盾和儿科医疗服务资源缺口问题较为明显。

2.3 基层医疗卫生建设有待提高

一是医疗业务用房及相关配套设施不足，部分基层医疗机构业务用房不达标、配套不完善，就医拥堵现象时有发生。较为突出的包括：杏林街道社区卫生服务中心业务用房面积仅1700平方米，排全市末位，基本业务开展受限；集美街道社区卫生服务中心为原文体中心办公楼改造而成，不符合医疗机构规范，且受到房屋格局限制，改造困难；杏滨及侨英街道社区卫生服务中心，周边道路狭窄，紧急救援通道时常不畅，停车问题较为突出；灌口镇中心卫生院提升为二级综合医院后，面临房屋老旧、业务用房不足问题；后溪卫生院服务范围广，急需改扩建现有业务用房。

二是人才招聘和培养遭遇瓶颈。厦门生活成本高，对人才的吸引力不足。特别是灌口、后溪两家卫生院地处乡镇，人才招考问题较为突出。同时，由于待遇、养老保障等方面的问题，近几年来乡村医生流失严重，很多村庄已经出现了无村医的现象。

三是基层医疗机构信息化程度不高。首先是各层医疗机构缺乏信息化专业人才，导致在日常信息系统使用、维护和更新等方面，存在诸多不便。其次是信息化建设的投入不足。医疗机构作为公益性服务机构，自身盈利能力不足，需要地方财政加强在信息化设施、信息化系统的投入和支持力度。

2.4 基层公共卫生应急服务体系不健全

在应对2020年的新冠肺炎疫情中，基层医疗卫生机构承担的基本公共卫生和基本医疗任务量剧增，但人员紧缺、现有人员在应对突发事件处置能力差、缺乏专业发热门诊等，暴露出了在应对公共卫生突发事件中存在的短板。

2.5 医联体作用发挥不够

一是缺乏系统的医联体管理制度和运行机制，医联体无法打破行政管理架构的约束，实现医院之间的医疗协作和配合，院际分级诊疗的畅通难以有效保障。

二是医联体结算政策缺乏整体统筹，极大影响了医联体开展的积极性和分级诊疗的可持续性。

三是医疗信息共享平台未实现，造成患者在上下转诊时，容易发生重复检查，造成医疗成本增加，影响分级诊疗的推行。

## 第3章　总体要求

3.1　指导思想

坚持以习近平新时代中国特色社会主义思想为指导，坚持“以基层为重点，以改革创新为动力，预防为主，中西医并重，把健康融入所有政策，人民共建共享”的卫生与健康工作方针，牢固树立“大卫生、大健康”理念，以提高人民健康水平为核心，以体制机制改革创新为动力，以普及健康生活、优化健康服务、完善健康保障、建设健康环境、发展健康产业为重点，努力提升全区人民健康水平，为打造“健康集美”提供有利支撑。

3.2　基本原则

3.2.1坚持健康优先

维护和促进全民健康是建设健康集美的根本目的。要从健康影响因素的广泛性、社会性、整体性出发，把健康摆在优先发展的战略地位，立足集美区实际情况，努力提升医疗技术和健康管理服务水平，将促进健康的理念融入公共政策制定实施的全过程，倡导健康生活方式，实现健康与经济社会良性协调发展。

3.2.2坚持问题导向

问需于民，以群众健康问题和人民健康需求为导向，优化医疗资源配置和分级诊疗，强化公共医疗卫生服务体系建设，深入实施医疗卫生与其他领域多部门综合协调合作，统筹应对各类健康影响因素，加强重大疾病防治和慢病防控。

3.2.3坚持改革创新

弘扬先行先试、敢闯敢试的特区精神，坚持政府主导和发挥市场机制作用相结合，抓紧补齐短板，加快改革步伐，冲破思想观念束缚，破除利益固化藩篱，全力推进卫生与健康领域理论创新、制度创新、管理创新和技术创新，充分发挥科技创新和信息化的引领支撑作用，形成具有地方特色、促进全民健康的制度体系。

3.2.4坚持共建共享

以人人享有基本医疗卫生服务为根本出发点和落脚点，要充分发挥政府的组织和引导作用，不断推进优质医疗资源下沉基层，切实解决基层服务两个“最后一公里”问题，推动健康领域基本公共服务均等化，维护基本医疗卫生服务的公益性质，逐步缩小城乡、地区、人群间基本健康服务和健康水平的差异。推进健康领域开放合作，整合社会资源、凝聚社会共识、激发市场活力，强化个人健康意识与责任，促进全民参与，形成维护和促进健康的强大合力。

3.3　规划目标

至2025年，健康集美建设取得重大进展，基本建立普惠型健康保障体系。健康生活方式普及，居民主要健康影响因素得到有效控制，以健康为中心的多层次健康保障体系进一步完善；公共医疗卫生资源系统性配置进一步增强，城市、乡村30分钟就医圈基本形成；防治协同、平战结合的公共卫生体系加快构建，健康监测及预警能力进一步提升；医疗技术人才队伍进一步发展壮大，城乡居民基本医疗卫生制度进一步健全，分级诊疗制度进一步落实；“互联网+”医疗、保健、康复等一体化服务创新发展，重点人群健康状况显著改善，居民主要健康指标居国内领先水平。

### 表3–1：健康集美建设主要指标

| 领域 | 指标名称 | 单位 | 2020年 | 2025年目标 | 指标性质 |
|---|---|---|---|---|---|
| 健康水平 | 1. 人均期望寿命 | 岁 | 81.43 | 82 | 预期性 |
| | 2. 婴儿死亡率 | ‰ | 1.18 | 3.8 | 约束性 |
| | 3. 孕产妇死亡率 | 1/10万 | – | 9 | 约束性 |
| | 4. 5岁以下儿童死亡率 | ‰ | 2.55 | 3.8 | 约束性 |
| 资源配置 | 5. 每千人口医疗机构床位数 | 张 | 2.86 | 4.5 | 预期性 |
| | 6. 每千人口执业（助理）医师数 | 人 | 2.2 | 3.8 | 预期性 |
| | 7. 每千人口注册护士数 | 人 | 2.69 | 4.06 | 预期性 |
| | 8. 每万人口中医医疗床位数 | 张 | 1.34 | 4 | 预期性 |
| | 9. 每万人口全科医生数 | 人 | 1.35 | 2.7 | 预期性 |
| 健康服务 | 10. 适龄儿童免疫规划疫苗接种率 | % | 98.44 | ＞95 | 约束性 |
| | 11. 每千人口拥有3岁以下婴幼儿托位数 | 个 | – | 4.5 | 预期性 |
| | 12. 公民健康素养水平 | % | 25.8 | 28 | 约束性 |
| 健康管理 | 13. 高血压患者规范管理率 | % | 53.91 | ＞85 | 预期性 |
| | 14. 糖尿病患者规范管理率 | % | 46.09 | ＞85 | 预期性 |
| | 15. 严重精神障碍患者管理率 | % | 84.36 | ≥90 | 约束性 |
| | 16. 65岁以上老年人健康管理率 | % | 58.47 | ＞72 | 预期性 |
| 发展保障 | 17. 人口年平均出生率 | ‰ | 10.24 | 13左右 | 预期性 |
| | 18. 年均自然增长率 | ‰ | 9.52 | 9左右 | 预期性 |

# 第 4 章 医疗卫生机构布局

4.1 医疗卫生服务体系组成

集美区医疗卫生服务体系主要包括医院、基层医疗卫生机构和专业公共卫生机构等。

医院主要包括综合医院、中医类医院（含中西医结合医院、民族医院）、专科医院、护理院等，可分为公立医院和社会办医院。

基层医疗卫生机构为县级以下医疗机构，主要包括乡镇卫生院、社区卫生服务中心、社区卫生服务站、村卫生室、医务室、门诊部（所）等。可分为公立和社会办两类。

专业公共卫生机构主要包括疾病预防控制机构、综合监督执法机构、妇幼保健计划生育服务机构等。

4.2 医院布局

4.2.1公立医院

1. 功能定位

公立医院是我区医疗卫生服务体系的主体，应坚持维护公益性，并充分发挥其在基本医疗服务提供、急危重症和疑难病症诊疗等方面的骨干作用，主要承担区域内居民的常见病、多发病诊疗，急危重症抢救与疑难病转诊，接受基层医疗卫生机构转诊，培训和指导基层医疗卫生机构人员，开展传染病防控等公共卫生服务，以及突发事件紧急医疗救援等工作。

2. 机构设置

我区结合实际，综合考虑人口分布、地理交通环境、用地规划情况等，明确至 2025 年，在保留现状厦门医学院附属第二医院的基础上，新建川大华西厦门医院、市妇幼集美院区、厦门市杏林医院、灌口医院等综合医院。

3. 床位数规模设置

严格控制公立医院单体床位规模的不合理增长，新建三级综合医院，床位数一般以 800-1000 张左右为宜，原则上不超过 1200 张，新建区属二级综合医院，床位数一般以 500 张左右为宜。专科医院的床位规模要根据实际需要合理设置。

我区现有 2 所二级以上公立医院，为厦门医学院附属第二医院，实有床位数 1300 张，厦门大学附属第一医院杏林分院，实有床位数 428 张。至 2025 年，将新建厦门市杏林医院 500 张床位，并在集美新城片区新建川大华西厦门医院，定位为三级综合医院，设计床位数 800 张，在集美灌口片区新建灌口医院，定位为二级综合医院，设计床位数 480 张。到 2025 年，公立医院床位数将达 3508 张（详见表 4-1）。

**表 4-1：集美区二级以上公立医院床位统计一览表**

| 序号 | 机构名称 | 地址 | 级别 | 2020 年编制床位数（张） | 2025 年规划床位数（张） | 备注 |
|---|---|---|---|---|---|---|
| 1 | 厦门医学院附属第二医院 | 集美区盛光路 566 号 | 三级综合医院 | 1300 | 1300 | 现状保留 |
| 2 | 川大华西厦门医院 | 集美新城片区，沈海高速与杏锦路交叉口的西南角 | 三级综合医院 | —— | 800 | 规划新建 |
| 3 | 厦门大学附属第一医院杏林分院（厦门市杏林医院） | 集美区杏林洪埭路 11 号 | 二级综合医院 | 428 | 928 | 规划扩建 |
| 4 | 灌口医院 | 集美灌口片区北侧，规划仙棋大道与灌口西路交叉口的西南角 | 二级综合医院 | —— | 480 | 规划新建 |
| 合计 | | | | 1728 | 3508 | |

4. 人员设置

医院工作人员组成应以专技人员为主，占比 85%，管理和工勤人员为辅，并随着后勤服务社会化，逐步减少直至取消工勤岗位设置。专技人员按照各类医院分级管理办法合理配置。同时，医院应结合所承担临床教学、带教实习、支援基层、援外医疗、应急救援、医学科研等任务适当增配工作人员，确保各项工作的顺利开展。

4.2.2社会办医院

社会办医院是满足人民群众多层次、多样化医疗服务需求的有效途径，在提供基本医疗保障、个性化高端服务、康复老年护理等紧缺医疗服务等方面，发挥着重要作用，是对公立医院有益补充。

目前，我区共有社会办医院五处，分别为杏西医院、东南医院、锦园中医院、凯德医院及百姓妇产医院，同时，将

## 表 4-2：集美区现状及近期新建社会办医院床位统计一览表

| 序号 | 机构名称 | 地址 | 级别 | 床位数（张） | 备注 |
|---|---|---|---|---|---|
| 1 | 杏西医院 | 集美区杏林马銮路 6 号 | 一级综合医院 | 20 | 现状保留 |
| 2 | 凯德医院 | 集美区港口中路 999 号一、二、五层 | 一级综合医院 | 29 | 现状保留 |
| 3 | 东南医院 | 集美区杏林杏北路 15 号 | 二级综合医院 | 101 | 现状保留 |
| 4 | 锦园中医院 | 集美区杏林杏前路 153 号 | 二级中医院 | 80 | 现状保留 |
| 5 | 百姓妇产医院 | 集美区侨英街道霞梧路 8 号 | 二级妇产医院 | 50 | 现状保留 |
| 合计 | | | | 280 | |

积极推动相关社会办医院的招商落地工作（详见表 4-2）。

到 2025 年，原则上按照每千常住人口不低于 1.5 张床位为社会办医院预留规划空间，同步预留诊疗科目设置和 20% 大型医用设备配置空间，优先支持举办非营利性医疗机构。引导社会办医院向高端化、规模化、多样化和差别化方向发展。加快办理审批手续，对符合具备相应资质的社会办医院，按规划予以批准，简化审批流程，提高审批效率。

积极探索完善相关配套支持政策，主要包括：支持社会办医院纳入医保定点范围，完善规划布局和用地保障，优化投融资引导政策，落实用水、用电、用气和医疗服务价格政策，建立财税扶持机制，支持非公立医疗机构引进和培养人才，鼓励政府购买社会办医院提供的服务。

4.3　基层医疗卫生机构布局

4.3.1基层卫生服务机构设置标准

社区卫生服务中心、乡镇卫生院按照街道办事处、乡镇行政区划或一定服务人口进行规划设置。其中，每个街道办事处设置 1 所社区卫生服务中心，每新增 5-10 万常住人口，应按标准增设 1 所社区卫生服务中心分中心。距离社区卫生服务中心步行超过 15 分钟的片区可根据人口实际居住情况增设社区卫生服务站。

每个镇设置 1 所镇卫生院，原则上每个行政村设置 1 所标准化的村卫生室，服务人口 2000 以上且居住分散的行政村可酌情增设村卫生室。

同时在建设规模上，社区卫生服务中心建筑面积宜为 4000-6000 ㎡，同时注重床位数的设置，明确配建床位数不超过 80 张，并按照每床不超过 30 平方米的标准增加建筑面积。鼓励社区卫生服务中心与其它公共服务项目合建。社区卫生服务站服务人口宜为 0.8 万 -1 万人，建筑面积宜为 1000 ㎡。

4.3.2基层卫生服务机构设置规划

我区现状集美、侨英、杏林、杏滨四个街道，均设置有社区卫生服务中心，但普遍存在建设规模偏小，辖区内服务人口较多，服务能力不足等问题。同时，后溪、灌口两个镇，均有设置卫生院，每个卫生院配建床位。

至 2025 年，区卫健局将积极推进分中心的建设，公立基层医疗机构总床位数预计将达 500 张（详见表 4-3），具体包括：

## 表 4-3：集美区基层卫生服务机构床位统计一览表

| 序号 | 所属镇街 | 机构名称 | 地址 | 级别 | 2020 年编制床位数（张） | 2025 年规划床位数（张） | 备注 |
|---|---|---|---|---|---|---|---|
| 1 | 集美街道 | 集美社区卫生服务中心 | 集美区集源路 82 号 | 社区卫生服务中心 | 0 | 0 | 现状提升 |
| 2 | 侨英街道 | 侨英社区卫生服务中心 | 集美区侨英街道叶厝村霞梧里 120 号 | 社区卫生服务中心 | 0 | 0 | 现状提升 |
| 3 | | 北部新城（侨英）社区卫生服务中心 | 集美区北部新城乐海小学南侧 | 社区卫生服务中心 | — | 50 | 规划新建 |
| 4 | 杏林街道 | 杏林社区卫生服务中心 | 集美区杏林大桥桥头，集灌路沿线 | 社区卫生服务中心 | 0 | 0 | 规划迁建 |
| 5 | | 新城社区卫生服务中心 | 集美区新城西亭核心区 | 社区卫生服务中心 | — | 50 | 规划新建 |
| 6 | 杏滨街道 | 杏滨社区卫生服务中心 | 集美区日新路 27 号 | 社区卫生服务中心 | — | 50 | 规划扩建 |
| 7 | | 锦园社区卫生服务中心 | 集美区大学康城小区以南，锦英路与中亚城纵二路交叉口东南角 | 社区卫生服务中心 | — | 80 | 规划新建 |

续表

| 序号 | 所属镇街 | 机构名称 | 地址 | 级别 | 2020年编制床位数（张） | 2025年规划床位数（张） | 备注 |
|---|---|---|---|---|---|---|---|
| 8 | 后溪镇 | 后溪卫生院 | 集美区后溪镇中秋街23号 | 卫生院 | 30 | 50 | 现状提升 |
| 9 | | 北站社区卫生服务中心 | 集美区北站片区，集美北大道以北，天水路以西 | 社区卫生服务中心 | — | 50 | 规划新建 |
| 10 | | 软件园三期社区卫生服务中心 | 集美区软件园三期范围内，沈海高速公路南侧 | 社区卫生服务中心 | — | 50 | 规划新建 |
| 11 | 灌口镇 | 灌口镇中心卫生院 | 集美区灌口镇景山路270号 | 卫生院 | 50 | 120 | 现状提升 |
| | | | 合计 | | 80 | 500 | |

4.4 专业公共卫生机构布局

4.4.1功能定位

专业公共卫生机构主要功能包括了疾病预防控制、健康教育、妇幼保健、计划生育服务、精神卫生、急救、卫生应急、采供血、综合监督执法、食品安全风险监测评估与标准管理、计划免疫、出生缺陷防治等，并承担相应管理工作的机构，原则上由政府举办。

区级专业公共卫生机构的主要职责是，完成上级下达的指令性任务，承担辖区内专业公共卫生任务以及相应的业务管理、信息报送等工作，并对辖区内医疗卫生机构相关公共卫生工作进行技术指导、人员培训、监督考核等。

4.4.2机构设置

我区现状市级专业公共卫生机构主要包括市医疗急救中心（总部）、市卫生计生监督所及市疾病预防控制中心，集中设置于第二医院西侧，盛光路沿线。同时，规划新建市妇幼保健院集美院区，位于集美新城片区，集美大道与珩山路交叉口西南侧，占地面积约52000平方米，设计床位数800张。

现状区级专业公共卫生机构主要包括区疾控中心、卫生计生监督所及妇幼保健院，集中设置于集美区九天湖路16号，公共卫生大楼内。同时，将于公共卫生大楼东北侧，新建区妇幼保健院建业务综合楼，占地面积约5000平方米，扩建区妇幼保健院为拥有100张床位标准化二级妇幼保健院，并根据二级妇幼保健院标准配备相关人员和医疗设备（详见表4-4）。

4.4.3人员配置

到2025年，每千常住人口公共卫生人员数达到0.84人，各级各类公共卫生人才满足工作需要。

疾病预防控制人才队伍建设：根据《关于印发疾病预防控制中心机构编制标准指导意见的通知》（中央编办发[2014]2号），力争按辖区常住人口万分之1.75的比例核定区疾控中心编制人数。其中，专业技术人员占编制总额的比例不低于85%，卫生技术人员不低于70%。争取5年内，区级疾控中心中级以上职称人员占70%以上。

妇幼保健计划生育人才队伍建设：妇幼保健计划生育人员编制按《各级妇幼保健机构编制标准》落实，其中卫生技术人员占总人数应大于80%。妇幼健康服务机构保健人员足

## 表4-4：集美区专业公共卫生机构设置统计一览表

| 序号 | 机构名称 | 地址 | 级别 | 2020年编制床位数（张） | 2025年规划床位数（张） | 备注 |
|---|---|---|---|---|---|---|
| 1 | 市医疗急救中心 | 集美区盛光路687-689号 | 市级专业公共卫生机构 | — | — | 现状保留 |
| 2 | 市卫生计生监督所 | 集美区盛光路687-689号 | 市级专业公共卫生机构 | — | — | 现状保留 |
| 3 | 市疾病预防控制中心 | 集美区盛光路681-685号 | 市级专业公共卫生机构 | — | — | 现状保留 |
| 4 | 市妇幼保健院集美院区 | 集美区集美大道与珩山路交叉口西南侧 | 市级专业公共卫生机构 | — | 800 | 规划新建 |
| 5 | 区疾控中心 | 集美区九天湖路16号 | 区级专业公共卫生机构 | — | — | 现状保留 |
| 6 | 区卫生计生监督所 | 集美区九天湖路16号 | 区级专业公共卫生机构 | — | — | 现状保留 |
| 7 | 区妇幼保健院 | 集美区九天湖路16号 | 区级专业公共卫生机构 | — | 100 | 规划扩建 |
| 合计 | | | | 0 | 900 | |

额配备，达到国家和闽委编办[2011]142号文件规定的比例要求。每个社区卫生服务中心、镇卫生院按照区域内服务人口数配备专职负责妇幼健康服务工作的专业技术人员。

依托市急救体系，积极配合急救中心站点的设置，根据人口增长情况按每15万人设置1个急救站点。

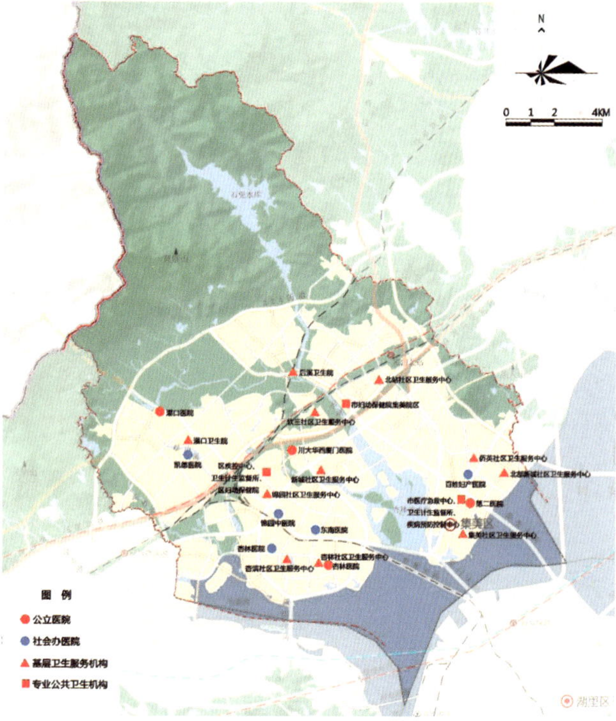


集美区十四五期间医疗卫生机构布局规划图

## 第5章　重点工作任务

### 5.1　着力提升医疗服务能力水平

#### 5.1.1完善医疗资源布局

以建设海西医疗中心重要组成部分为目标，基本构建起以三级医院为龙头，二级医院为骨干，基层医疗为基础的三级医疗服务结构、层次协调、高效运作的医疗卫生服务体系。

在突出龙头标杆项目方面，主要措施为：①全力支持川大华西厦门医院建设国家区域医疗中心，打造区域性医疗高地和疑难重症诊疗中心，并于2022年试运营。②支持厦门医学院附属第二医院做大做强，持续加强优势学科建设，建设学科齐全、特色鲜明、医教研综合实力处厦门地区先进水平的现代化医院。③依托厦大附属第一医院杏林分院，以“做大专科，完善综合”为发展目标，规划建设集医疗、急救、公共卫生、预防、保健、科研、教学为一体的综合性医院。④以建成区域内妇幼专科医疗服务标杆为目标，加快市妇幼保健院集美院区建设进度。

在推动二级医院创建提升保障水平方面，主要措施为：①着力乡村医疗建设，完成灌口镇中心卫生院创建二级综合性医院，同步推进院区新址建设并计划2023年开工，夯实乡村振兴“健康线”。②加强妇幼健康服务能力建设，2023年开工建设区妇幼保健院业务综合楼，推动区妇幼保健院建设标准化二级妇幼保健机构，提升区级妇幼保健服务水平。

同时，应大力发展社会资源办医，主要措施为：①优先支持社会资本举办康复、老年病、儿童等专科医疗机构或高端服务机构，鼓励社会力量以出资新建、参与改制等多种形式投资医疗行业，增加医疗服务供给，提供多层次多样化医疗服务。②支持非公立医疗机构与公立医院错位发展，使社会办医规模达到总量的20%以上。③深化“放管服”，提高准入审批效率，完善卫生监督管理机制，为社会办医营造良好发展环境。

#### 5.1.2加强基层卫生服务能力建设

以提高基本医疗卫生服务可及性、农村和镇街分别打造30分钟和15分钟基本医疗卫生服务圈为指向，综合考虑服务人口数量、人口聚集程度、服务半径等因素进一步完善基层医疗卫生服务网络，实现人人就近享有优质的基本医疗卫生服务。

主要措施为：①适度超前、科学规划全区医疗卫生设施布局，特别是在服务人口超过10万人的镇街（杏林、杏滨、后溪、侨英、灌口）加快规划设置分中心。按15万人设置一个急救站点的比例补充急救站点。依托厦大附属第一医院杏林分院规划建设标准化洗消中心。②采取调整或租赁闲置用房等方式，全力破解杏林、集美街道社区卫生服务中心医疗业务用房严重不足问题；通过拓宽道路的方法，解决侨英街道社区卫生服务中心出入口狭窄，紧急救援通道不畅问题。③加速医疗卫生项目落地建设，推进已规划的锦园、软件园三期、北站、集美新城等一批社区卫生服务分中心落地建设，解决社区卫生服务中心基础设施不足，服务范围过大（超过15分钟步行距离）、服务人口过多（超过10万人）问题。④大力提升基层门诊、急诊急救、住院、检查检验、中医药、康复等医疗服务能力，乡镇卫生院和社区卫生服务中心普遍达到国家“优质服务基层行”推荐标准要求。⑤启动6家基层医疗机构的重点科室建设，打造我区特色医疗服务品牌。后溪镇卫生院和集美、侨英街道社区卫生服务中心着力打造中医特色科室，灌口医院借力二级医院提升重点发展妇产科，杏林、杏滨街道社区卫生服务中心全力提升儿科门诊服务质量。

#### 5.1.3改善医疗服务和质量

多形式推动医联体建设，区域优质医疗资源更加充裕、均衡，整合型医疗卫生服务体系高效运行；完善双向转诊机制，“小病在基层、大病到医院、康复回基层”的分级诊疗格局加快形成。主要措施为：

（1）深化医联体建设。①推动紧密型医联体试点建设，推进区妇幼保健院由市妇幼保健院托管并创建“二级甲等妇幼保健院”；探索灌口医院二级综合医院由市三级综合性医院托管高质量发展。②结合“扩病种”项目成果，深化专科医联体建设，推动远程诊疗和学术交流，构建三级医院专科协作机制，发展基层儿科、中医、口腔等特色科室。与川大华西厦门医院围绕医工结合、生物医药与健康、人工智能与大数据等重点领域开展产学研深入合作。③鼓励社会资本医疗机构通过专家多点执业、医技协同等方式参与医联体建设。

（2）引导医疗资源合理流动。①加强医疗质量控制，推进区域内医疗机构就诊“一卡通”“一码通”，实行医联体内部、同等级医疗机构间电子健康档案和电子病历共享，医学检查检验结果、医学影像资料互认，提升医疗服务便捷性。②推动更多优质医疗资源向基层下沉，实现更多病种专家定期到基层医疗机构坐诊和指导。全面推行医师多点执业备案制，鼓励优先到基层医疗卫生机构多点执业。

（3）做实做细做新家庭医生签约服务。深化推进慢病医防融合服务，将出院患者的康复纳入到基层医疗机构签约健康管理，延伸推动家庭病床建设；将慢阻肺病人纳入重点人员家签服务；提高重点签约覆盖率，至2025年，全区家庭医生签约服务覆盖率不低于35%，重点人群（慢病、老年、残疾人、低保人群等）签约率不低于70%。

5.2 加强卫生健康服务体系建设

全面落实《健康厦门行动（2019—2030年）》，牢固树立“大卫生、大健康”理念，把保障人民健康放在优先发展的战略位置，促进健康融入所有政策，建立健全健康教育体系，引导群众建立正确健康观，建立以市民健康为中心的整合型健康服务体系，推动实现健康与经济社会良性协调发展。

5.2.1加强公共卫生体系

（1）提升疾病预防控制体系建设。主要措施包括：①推进疾病预防控制体制改革。按照规定落实疾控增量绩效政策，完善疾控人才激励保障机制。②推进疾控中心实验室标准化建设。③强化联防联控机制，提高学校卫生、职业卫生、食品安全、环境卫生、放射卫生等健康危害因素监测干预能力。

（2）完善基层公共卫生预防控制体系。主要措施包括：①强化“网格化”公共卫生职责。健全基层医疗机构与镇街的协同联动机制。②强化基层医疗卫生机构公共卫生职责。与区疾控中心形成更加紧密有效的防治结合体系；推进政府、社会、个人三方健康责任落实。③加强基层医疗卫生机构传染病防治能力建设。加强基层医疗卫生机构发热诊室、肠道门诊、传染病监测哨点建设，提高传染病甄别和预警能力。

（3）完善传染病早期监测预警体系。主要措施包括：①建设多层级突发公共卫生事件监测体系。完善传染病监测哨点布局和信息直报系统，实现传染病早发现、早报告、早隔离、早治疗。②加大重大疫情的跟踪监测。建立研判、评估等专家库，及时研判流行性疾病传染性、走势和风险挑战，提高预测预警预防和应急处置能力。

（4）完善疫情防控应急保障体系。主要措施包括：①健全应急物资保障体系。建立集中管理、统一调拨、平时服务、灾时应急、采储结合、节约高效的物资保障体系。动态完善物资储备，有效满足重大突发公共卫生事件应急需要。②健全舆情应对处置机制。规范信息发布管理，加强网络媒体信息监测和研判敏感信息，严厉打击网络谣言，正确引导舆论走向。③加强社会心理干预。加强对各类高危人群心理疏导，建立疫情心理援助网络平台，普及心理健康知识。

5.2.2推进职业健康服务体系

1. 完善职业病防治技术支撑体系。按照区域覆盖、合理配置的原则，加强职业病防治机构建设，做到布局合理、功能健全。充分发挥各类职业病防治机构在职业健康检查、职业病诊断和治疗康复、职业病危害监测评价、职业健康风险评估等方面的作用，健全分工协作、上下联动的工作机制。推进区内各医院及基层卫生服务机构建立疾控中心职业病防治科室，提升职业病防治服务水平。

2. 加强职业健康监管体系建设。健全职业健康监管执法队伍，加强区、镇、街道的基层执法力量，加强执法装备建设。建立完善工作场所职业病危害因素检测、监测和职业病报告网络，适时开展工作场所职业病危害因素监测和专项调查。开展“互联网＋职业健康”信息化建设，建立职业卫生和放射卫生大数据平台，利用信息化提高监管效率。

5.2.3完善妇幼健康服务体系

（1）加强妇幼保健能力建设。推动区妇幼保健院建设标准化二级妇幼保健机构，提升区级妇幼保健服务水平。构建利于发展的妇幼保健专业人才体系，下大力抓好妇幼保健重点专科建设，培养重点学科带头人。完善危重症孕产妇救治网络建设，健全孕产妇、新生儿医疗急救绿色通道，提高危重孕产妇和新生儿紧急救治转运和管理能力，提高救治率。

（2）加强出生缺陷干预，提高出生人口素质，落实出生缺陷三级预防措施。加大对出生缺陷预防、婚前保健和婚前医学检查的宣传和咨询指导，继续推行孕前医学检查一站式服务，有效整合婚检和孕前检查项目，提高婚前医学检查率。加强重大体表畸形和唐氏综合症的产前筛查和产前诊断，提高产前筛查率和确诊率。开展新生儿疾病筛查、诊断和治疗，扩大新生儿疾病筛查病种，做好妇幼重大公共服务项目。

（3）提升母婴安全服务。提升孕产妇、儿童健康管理中心服务能力，规范母婴保健法律证件管理，使用出生医学证明管理信息系统，严格监管出生医学证明发放工作。加强母婴保健和计划生育技术服务机构和人员执业监管，落实定期督导和随机抽查机制，规范事中事后监管，提高妇幼健康服务质量，保障母婴安全。

（4）加强儿童保健服务。推进儿童医疗保健科室标准化建设，规范开展新生儿保健、生长发育监测、营养与喂养指导、早期综合发展、心理行为发育评估与指导、儿童康复治疗、健康促进等服务。

（5）推进普惠托育机构建设，完善婴幼儿照护服务体系。为实现“十四五”末期每千人口拥有3岁以下婴幼儿托位数原则上不得少于4.5个的目标。主要行动措施包括：①逐步推进区级普惠托育试点工作，参照省市试点做法，各镇（街）每年至少新建或改扩建1家区级试点（或示范点），每家新建（或新增）托位数60个以上，每个托位一次性补助0.5万元，对现有运营的托育机构鼓励其挖掘潜力并积极参与普惠性托育服务，符合标准的新增托位给予补助政策。②推动托育与学前教育一体化建设。锚定托幼一体化不低于10%的目标，制定鼓励政策和实施计划；鼓励和支持有条件的幼儿园挖掘潜力，向下延伸托班，有效解决2-3岁婴幼儿入托难问题；探索推动区属国有企业举办或参办婴幼儿照护服务机构。③增加社区婴幼儿照护服务配套供给。新建和正在建设的居住小区，按每千人口不少于10个托位的标准要求，建设婴幼儿照护服务设施及配套安全设施，并落实同步规划、同步建设、同步验收、同步交付。

（6）加强生殖保健工作。针对妇女生理特点，普及妇女常见病防治和生殖健康知识，提高妇女自我保健意识和能力，有针对性地解决妇女特殊生理时期的健康问题，建立妇女常见病定期筛查制度，预防和早发现严重危害妇女健康的疾病，提高医疗卫生机构妇女常见病防治水平，继续实施宫颈癌、乳腺癌免费检查，提高筛查覆盖率，提高早诊率。

（7）加强计划生育技术服务。完善免费避孕药具管理与发放服务，提高避孕药具可及性。落实免费计划生育基本技术服务，推进避孕方法知情选择，加强宣传，为符合条件的育龄人群提供取环、复通等技术服务。健全避孕药具不良反应监测网络，提高监测能力。普及避孕节育知识，减少青少年非意愿妊娠。

5.2.4建立老年健康服务体系

（1）深化医疗机构和养老机构签约成果。实现基层医疗机构和养老机构（设施）签约协作全覆盖，指导各机构不断深化协作内容，发挥好签约机制和平台优势，为辖区内老年人提供更加优质的医疗和养老服务。

（2）实施医养结合服务质量提升行动。主要行动措施包括：①基层医疗机构向居家养老服务延伸。推动基层卫生服务机构开展上门巡诊、设立家庭病床，为有需求、符合条件的老年人提供医疗服务，指导居家护理。将居家老年人群作为家庭医生签约服务的重点和优先对象，为65岁以上老年人开展免费体检和健康评估，建立和更新健康档案，加强健康管理、健康教育。继续落实60-64周岁老年人免费体检，为80岁以上老年人每年提供不少于2次入户服务。②实现基层医疗机构和养老机构（设施）签约协作全覆盖，为辖区内老年人提供更加优质的医疗和养老服务。③实施医养结合服务质量提升行动，督促引导辖区医养结合机构规范服务和管理制度，力争2023年底，医养结合服务质量标准和评价体系基本建立，医养结合机构医疗卫生服务能力和服务质量显著提升。④开展老年友善医疗机构创建工作，力争2025年底，全区所有综合性医院、护理院和基层医疗机构成为老年友善医疗机构。⑤推进社区医院建设，提升医养结合能力，对符合条件人群提供家庭病床服务，将医疗服务送进家庭。

（3）开展老年友善医疗机构创建工作。不断完善医疗机构各项制度措施，优化老年人就医流程，提供友善服务，解决老年人就医困难，力争到2023年底，我区80%以上的综合性医院、护理院和基层医疗机构成为老年友善医疗机构；2025年底，全区所有综合性医院、护理院和基层医疗机构成为老年友善医疗机构。

（4）稳步推进家庭病床开设。按照省、市关于家庭病床管理和服务的相关要求，稳步推动家庭病床政策落地，解决部分特需老年人的医疗卫生需求，减轻老年人家庭和子女的负担。

5.3 积极实施健康促进工程

5.3.1实施健康行动

坚持以人民健康为中心，推进全民参与及社会共建共享，实施健康知识普及、合理膳食、全民健身、控烟、心理健康促进、健康环境促进、中医药健康促进、妇幼健康促进、中小学健康促进、职业健康保护、老年健康促进、心脑血管疾病防治、癌症防治、慢性呼吸系统疾病防治、糖尿病防治、传染病及地方病防控等16个具体行动。健全全区落实预防为主的制度体系，引导全区群众建立正确健康观，加强早期干预，形成有利于健康的生活方式、生态环境和社会环境，延长健康寿命。

5.3.2加强健康教育能力建设

首先是完善全民健康教育体系。主要措施包括：①充分评估健康教育需求。定期开展辖区内15岁至69岁人群（含院校学生）健康素养监测，制定综合干预策略。至2025年，辖区居民健康素养水平不低于28%。②制作居民健康素养基本知识和技能传播资源库；借鉴深圳卫健委微信公众号，增强传统媒体、新媒体宣传健康科普知识的趣味性，提高传播度；加大公益宣传力度，不断强化“人人是自己健康第一责任人”的理念。③加强健康管理师、社区健康指导员和家庭健康“明白人”培训及指导。④创新宣传教育模式。成立区健康教育讲师团，聘请市级优秀专科医生开展“线上及线下”健康知识讲座；在区各项体育赛事及群众性活动中加入健康宣传、融入健康元素；依托诚毅探索科技中心，探索建立健康科普基地或健康体验馆，推广参与式、体验式教学模式。

其次是加强重点人群健康教育。主要措施包括：①将健康教育纳入国民教育体系，建立学校健康教育推进机制；建立健康管理家校合作模式，将学校健康教育延伸至家庭，加强对青少年近视、肥胖、吸烟、心理等健康问题的研究干预；

探索开发健康教育平台，常态化发布儿童卫生健康知识，让健康卫生知识进校园、进家庭。②加强职业人群健康宣传，倡导健康工作方式，加强职业病防治，鼓励用人单位做好员工健康管理、评选“健康达人”。定期组织健康素养进党校、进机关、进企业、进社区、进乡村行动。③提高居民照护家中婴幼儿、老人和残疾人的知识与技能，为各镇街、社区培训不少于50名健康志愿者，强化家庭和高危个体健康生活方式指导，针对危害健康的行为与生活方式，进行综合干预。④推进专业心理咨询服务机构建设发展，为儿童、青少年、妇女、老人等群体心理健康问题，及时提供心理咨询与干预服务。发挥区心理健康服务总站和青少年心理热线功能，加强重点人群心理健康教育引导和关怀疏导，做强“心灵绿洲”品牌。

5.3.3完善社区健康服务

健全城乡社区卫生健康网格化服务体系和全民健身公共服务体系，完善城市社区15分钟医疗卫生圈和体育健身圈，推动实现公共卫生、体育健身、便民药房等基础设施“村村有”，基本医疗、医保、医药等健康服务“村村通”。推动健康与养老、旅游、互联网、健身休闲、食品等融合发展，加强社会心理服务和非医疗健康干预，推动卫生健康服务向企事业单位、社区和家庭延伸。到2025年，辖区居民体质达标率不低于92.5%，经常参加体育锻炼人数比例达到45%及以上。

5.3.4广泛开展爱国卫生运动

首先是加强顶层设计。各级党委和政府要把爱国卫生运动列入重要议事日程，在人员配备、经费投入等方面予以保障。逐步依托国企卫生服务公司开展消毒消杀工作。其次是建立全民动员机制。将爱国卫生与社区治理相融合，引导机关、企事业单位、镇街、村居、家庭和个人积极参与到环境卫生治理活动。最后要着力改善城乡人居环境。完善公共卫生设施；强化病媒生物防治，确保病媒传播各类指标始终控制在国家标准内。开展创建巩固国家卫生城市、卫生镇、卫生村和卫生社区活动，完成后溪镇申报创建“国家卫生镇”工作，力争2024年国家卫生城市复审合格。

5.3.5推动健康产业发展

一是强化中药资源保护，支持中药材种植标准化、规模化、专业化、区域化生产，支持中医药产业发展。二是积极推广健康领域大数据、健康物联网、云计算、5G、区块链、人工智能、医用机器人等信息新技术综合场景应用，重点提升人工智能辅助诊断服务、基因测序及生物信息、健康服务上下游产业水平，全面发展智慧医疗、疾病预防、远程医疗、慢病管理、健康评估等个性化健康管理服务业。三是积极推动与川大华西厦门医院等三甲医院围绕医工结合、生物医药与健康、人工智能与大数据等重点领域开展产学研深入合作。

5.4 推进中医药健康服务发展

5.4.1推进中医药传承创新

推动中医药传承振兴，推进侨英街道社区卫生服务中心省级“精品中医馆”建设，打造成我区“适宜技术”培训基地。推进集美区与厦门市中医院、农工党厦门市委共建中医药强区，引进市中医药专家到基层医疗机构医疗服务，建设有中医特色的医药卫生事业。发挥中医药的优势与特点，推动中医药发展推广实践基地建设，促进两岸中医药界的学术交流，开展中医药的海峡两岸及海内外学术交流与合作，以医会友。

加大力度培养中医药人才，提高临床类别医师中医药知识和技能水平，探索临床类别医师通过考核后提供中医服务，参加中西医结合职称评聘。健全人才评价激励机制，构建符合中医规律的学术评价、人才评价、疗效评价、成果评价等中医药评价体系，改革完善中医药专业人员职称评聘制度，推动中医药良性发展。

5.4.2发挥中医药优势特色

将中医“治未病”纳入社区健康医疗服务范围，积极开展中医药医疗保健服务，大力推进中医“治未病”健康服务工程，挖掘整理传统中医养生保健技术，拓展中医药在老年人健康管理、慢病防治、孕产妇保健、儿童保健等方面优势。

发挥中医药防治的独特作用，把中医类医院逐步纳入公共卫生应急管理体系，将中医药防治方案纳入突发公共卫生事件应急救治，推行传染病中西医结合诊疗方案，完善中西医联合救治机制，提升中医药应对突发公共卫生事件的能力。

5.5 加强发展支撑保障

5.5.1推进卫生健康信息化

以信息化为手段支撑、引领卫生健康事业前行，深入推进“互联网＋医疗健康”发展，完善区域全民健康信息平台及业务系统建设，强化基层信息化平台建设，并同步开展医疗从业人员的信息化能力培训，普及应用电子健康码，加快全民健康信息互联互通，实现健康医疗数据资源共享、业务协同，健全全区职业病防治体系信息化建设。

逐步建立健全卫生健康、人力资源和社会保障部门间的职业病防治信息互通与共享机制。大力开展健康医疗大数据分析应用，加强网络安全防护。充分运用云计算、大数据、物联网等现代信息技术，整合抽查抽检、定点监测、违法失信、投诉举报等相关信息，建设综合监督管理信息平台，提升发现问题和防范化解重大隐患能力，增强卫生监督执法效能。

5.5.2促进卫生监督现代化

以各项法律法规为依据，继续加强卫生监督机构建设和队伍建设，提升监督执法水平，更好地适应我区经济社会发展需要和人民群众健康的需求，加快推进卫生监督现代化的发展，并力争完成以下重点工作：

一是推进镇（街）综合执法，整合基层监管资源。按照依法下放、宜放则放原则，将点多面广、基层管理迫切需要且能有效承接的执法权限委托镇（街）综合执法机构，形成区、镇（街）、村（居）三级一体化卫生监督工作模式，推动职业健康、公共场所监管，打击无证行医、无证经营等卫生监督工作，完善卫生监督常态化监管机制，建立以日常巡查和随机抽查为主、专项督查和专项整治为辅、事后考核评估评价为补充的监督体系。

二是创新监管模式，推进“互联网 + 监管”。首先应优化执法方式，为监督员配置移动执法终端设备，简化执法程序，提高执法效率。同时，充分运用云计算、大数据、物联网等现代信息技术，整合抽查抽检、定点监测、违法失信、投诉举报等相关信息，建设综合监督管理信息平台，提升发现问题和防范化解重大隐患能力，增强卫生监督执法效能。最后，以构建重点医疗机构、公共场所和生活饮用水在线监测为契机，扩大在线监测技术的应用范围，探索推行以远程监控、在线监测、移动监管为特征的非现场监管模式，缓解执法力量、执法用车不足。加强监管信息归集共享，将行政处罚、行政许可违约失信、抽查抽检等信息与其他部门共享、对社会公布，探索构建跨部门失信联合惩戒制度，提升卫生监督惩戒力度。

三是加强执法力量，提高队伍综合素质。在面临监督员不足、专业人才欠缺，助理监督员流失后无法再行补充的“退一减一”现状，适当考虑通过第三方购买服务等方式补充基层执法人员，同时建立制度化、常态化、科学化学习培训机制，努力打造高素质、精细化、专业化的执法队伍。

四是搭建联席会议平台，健全部门行政协助机制。梳理执法过程中需要配合的部门和事项，协调建立工作联席会议平台，明确各部门间的行政协助工作内容、方式等具体内容，健全有效的部门行政协助机制。

5.5.3加强卫生健康人才队伍建设

一是畅通渠道，优化卫生健康人力资源。主要措施包括：①推动人员编制重新核定。根据第七次人口普查常住人口数据，按照相关政策，重新核定区属基层医疗卫生机构编制，匹配我区现有居民卫生健康需求。②健全编内人员补充机制。视单位需求情况，组织区属卫生健康单位补充卫生技术人员专场招聘考试。结合建设青年发展友好型城区行动，探索简化程序招聘、校园招聘、高校定向培养等方式，补充高层次卫生人才及紧缺、急需和关键岗位骨干人才，特别是加大青年医疗卫生人才引进和培训力度，促进青年医疗卫生人才在集美成长成才。③建立灵活编外用人机制。根据基层医疗机构实际需要，允许在编内控制限额内进行编外用人，由卫生服务公司落实提供医疗卫生辅助服务，满足我区人民卫生健康服务需求。鼓励我区卫生健康系统退休的卫生技术人员继续在区属卫生健康单位服务，并给予相应待遇。④强化急需紧缺医学人才引进吸引力度。对区属卫生健康单位新引进并签订 5 年以上服务协议的急需紧缺人才，给予安家补贴 5 万元，5 年内每年给予人才津贴 1 万元。⑤完善乡村卫生人才引育留用和多渠道补助机制。推动一体化管理村（社区）卫生所“镇（街道）管村（社区）用”制度先行先试，将乡村医生纳入镇卫生院（社区卫生服务中心）编外合同人员，根据实际情况灵活招聘，并落实“五险一金”等。

二是练好内功，提升卫生健康干部综合素质。主要措施包括：①拓宽教育培养渠道。推动厦门医学院公共卫生学院在我区建设培训基地，强化医教协同，每年度组织开展不少于 2 期管理干部、全科医生、社区护理等专题培训班；完善基层赴三级医院进修培训机制，加强各类学术交流；适时组织行业人员面向全国学习取经。②创新继续教育模式。结合信息化建设，力争 2025 年前开办区医学继续教育培训超市，满足基层卫生健康干部个性化学习需求。搭建远程会诊与继续教育平台，与复旦大学中山医院开展线上培训。③加强重点医疗卫生人才培养。将全科医生培养作为基层医疗卫生机构综合考核重要指标，分批次开展全科医生规范化培训或转岗培训；培育特色科室人才，打造“品牌医师”“厝边家庭医生”“最美健管师”等具备一定影响力的业务骨干；鼓励民营医疗机构医生转岗为全科医生。充分发挥我市高等院校（厦门大学、厦门医学院等）公共卫生学院教学优势，每年组织开展 1 期公共卫生干部培训班，强化区卫健系统公共卫生专业人员全周期培训。

三是提高站位，强化区属卫生健康单位学科体系建设。主要措施包括：①组建专家顾问团队。聘请市、区卫生健康领域专家组建顾问团，充分发挥智囊参谋作用，进一步提高我区卫生健康工作水平。②推动高位嫁接。构建三级医院专科协作机制，发展基层儿科、中医、口腔等特色科室。③参与国家医疗重点项目建设。做好“常规生化指标老年人参考范围的建立”子课题研究。

四是奖优罚劣，完善医疗卫生激励保障机制。主要措施包括：①创新绩效管理体系，建立保障与激励相结合的运行新机制，探索区妇幼保健院体制机制创新，试点允许医疗卫生机构突破现行事业单位工资调控水平，允许医疗服务收入扣除成本并按规定提取各项基金后主要用于人员奖励的“两个允许”政策。合理核定区属医疗卫生机构绩效工资总量，建立科学长效的考核激励机制，激发医疗卫生机构内生动力，提升医疗服务水平。②完善职称评审和岗位聘任。拓宽医务人员职业发展空间，专业技术职务任职资格晋升向全科医学、公共卫生等急需专业、紧缺人才倾斜。重点优化基层医疗卫生人才岗位管理和人才聘用，在市级规定的比例范围内适当提升基层医疗卫生机构中、高级岗位比例。

5.6 加强医德医风建设

重点纠治卫生行业不正之风。加强各医疗卫生单位医德医风建设，引导广大医务人员正确认识卫生事业发展的目的，牢固树立一切为了人民，一切为了患者的服务理念。树立救死扶伤、忠于职守，爱岗敬业、开拓进取、精益求精，乐于奉献、文明行医的行业风尚。自觉抵制拜金主义、个人主义及一切有损于群众利益的行为，严格执行国家卫健委“九不准”。

落实党风廉政建设责任制主体责任，实行“一岗双责”，坚持“一案双查”。要进一步落实纠风工作责任制，完善内部监察和社会监督制度，坚决纠正卫生行业不正之风，要不断规范医疗服务从业行为，大力推行院务公开制度，继续完善医疗服务价格公示制、医疗服务费用查询等制度，采取多种方式严格控制不合理医药费用。加大查处力度，对被举报在医疗服务中滥检查、乱收费、不合理用药以及拿回扣、收“红包”的人员及时查处。

## 第 6 章　实施保障措施

6.1　加强组织领导

强化组织领导，真正树立“大健康”理念，切实将健康融入所有政策；建立健全由党政主要领导亲自抓，各有关部门共同参与的“健康集美”建设工作推进机制，切实把卫生与健康工作纳入各级党委、政府的重要工作日程，形成党委统一领导、党政齐抓共管、部门通力协作的工作格局。要把健康集美建设列入经济社会发展规划、纳入党委政府绩效考核，强化影响健康责任追究，确保健康集美建设取得实效。

6.2　严格规划实施

根据群众健康需求，充分征求有关部门和社会各界的意见，编制区域卫生规划和医疗机构设置规划工作，合理确定各类医疗卫生资源的配置目标。

及时发布机构设置和规划布局调整等信息，探索采取招标等方式确定举办和运行主体，将规划作为建设项目立项的前提条件。

6.3　强化监督落实

按照规划确定的目标，建立目标责任考评机制，制定考核评估工作办法。积极开展中期评估和终期评估，及时提出评估检测报告和对策措施，及时解决规划实施过程中遇到的问题，确保规划目标有效落实。

# 要文目录

表 28

## 2022 年集美区委、区政府重要文件目录

| 序号 | 文件名称 | 发文字号 | 发布机关 | 发布日期 |
|---|---|---|---|---|
| 1 | 中共集美区委 集美区人民政府关于表彰集美区 2021 年度精神文明建设和文化宣传工作先进集体和先进个人的决定 | 厦集委〔2022〕3 号 | 中共集美区委<br>集美区人民政府 | 2022.01.12 |
| 2 | 中共集美区委 集美区人民政府关于表扬 2022 年度第一批捐资兴学先进单位（个人）的通报 | 厦集委〔2022〕10 号 | 中共集美区委<br>集美区人民政府 | 2022.02.09 |
| 3 | 中共集美区委 集美区人民政府关于印发《集美区社会治理工作方案》的通知 | 厦集委〔2022〕13 号 | 中共集美区委<br>集美区人民政府 | 2022.02.15 |
| 4 | 中共集美区委关于印发《集美区"提高效率、提升效能、提增效益"行动实施方案》的通知 | 厦集委〔2022〕16 号 | 中共集美区委 | 2022.03.11 |
| 5 | 中共集美区委 集美区人民政府关于给予郑好等同志记三等功和吕玉惠等同志嘉奖的决定 | 厦集委〔2022〕18 号 | 中共集美区委<br>集美区人民政府 | 2022.03.21 |
| 6 | 中共集美区委 集美区人民政府关于开展 2022 年为民办实事工作的通知 | 厦集委〔2022〕22 号 | 中共集美区委<br>集美区人民政府 | 2022.04.06 |
| 7 | 中共集美区委关于调整区委班子工作分工的通知 | 厦集委〔2022〕34 号 | 中共集美区委 | 2022.08.11 |
| 8 | 中共集美区委 集美区人民政府关于表扬 2022 年度第二批捐资兴学先进单位（个人）的通报 | 厦集委〔2022〕36 号 | 中共集美区委<br>集美区人民政府 | 2022.09.06 |
| 9 | 中共集美区委 集美区人民政府关于印发 2022 年东西部协作工作意见的通知 | 厦集委〔2022〕41 号 | 中共集美区委<br>集美区人民政府 | 2022.10.15 |
| 10 | 中共集美区委关于认真学习宣传贯彻党的二十大精神的通知 | 厦集委〔2022〕42 号 | 中共集美区委 | 2022.11.17 |
| 11 | 中共集美区委 集美区人民政府关于表彰 2022 年度集美区经济工作先进集体和先进个人的决定 | 厦集委〔2022〕53 号 | 中共集美区委<br>集美区人民政府 | 2022.12.29 |
| 12 | 中共集美区委办公室 集美区人民政府办公室关于印发《集美区建设青年发展友好型城区行动方案（2022–2025）》的通知 | 厦集委办〔2022〕1 号 | 中共集美区委办公室<br>集美区人民政府办公室 | 2022.01.13 |
| 13 | 中共集美区委办公室 集美区人民政府办公室关于印发《集美区"健康集美"建设推进方案（2022–2025 年）》的通知 | 厦集委办〔2022〕3 号 | 中共集美区委办公室<br>集美区人民政府办公室 | 2022.03.10 |
| 14 | 中共集美区委办公室 集美区人民政府办公室关于印发《集美区大力弘扬"马上就办、真抓实干"优良传统作风进一步强化治庸问责工作实施方案》的通知 | 厦集委办〔2022〕4 号 | 中共集美区委办公室<br>集美区人民政府办公室 | 2022.03.11 |
| 15 | 中共集美区委办公室 集美区人民政府办公室关于印发《集美区"人文集美"建设提升工作方案》的通知 | 厦集委办〔2022〕11 号 | 中共集美区委办公室<br>集美区人民政府办公室 | 2022.04.13 |
| 16 | 中共集美区委办公室 集美区人民政府办公室关于印发《集美区近邻党建引领小区治理的指导意见（试行）》的通知 | 厦集委办〔2022〕16 号 | 中共集美区委办公室<br>集美区人民政府办公室 | 2022.05.13 |

续表 28

| 序号 | 文件名称 | 发文字号 | 发布机关 | 发布日期 |
|---|---|---|---|---|
| 17 | 中共集美区委办公室 集美区人民政府办公室关于印发《集美区推动企业全域服务试点方案》的通知 | 厦集委办〔2022〕24 号 | 中共集美区委办公室 集美区人民政府办公室 | 2022.09.14 |
| 18 | 厦门市集美区人民政府 2021 年政府信息公开工作年度报告 | 集府〔2022〕11 号 | 集美区人民政府 | 2022.01.15 |
| 19 | 关于印发集美区妇女发展纲要和集美区儿童发展纲要的通知 | 集府〔2022〕72 号 | 集美区人民政府 | 2022.04.13 |
| 20 | 关于公布第五批区级非物质文化遗产代表性项目及代表性传承人的通知 | 集府〔2022〕75 号 | 集美区人民政府 | 2022.04.15 |
| 21 | 关于印发《集美区赋予镇（街）行政执法事项清单》的通知 | 集府〔2022〕159 号 | 集美区人民政府 | 2022.06.03 |
| 22 | 关于印发厦门市集美区“十四五”残疾人保障和发展专项规划的通知 | 集府〔2022〕202 号 | 集美区人民政府 | 2022.09.02 |
| 23 | 关于公布 2022 年度重大决策事项年度报告清单的通知 | 集府〔2022〕213 号 | 集美区人民政府 | 2022.09.16 |
| 24 | 关于确认 2021 年度“纳税大户”企业的决定 | 集府〔2022〕219 号 | 集美区人民政府 | 2022.09.29 |
| 25 | 2021 年政府信息公开工作年度报告 | 集府办〔2022〕4 号 | 集美区人民政府办公室 | 2022.01.15 |
| 26 | 关于印发集美区“十四五”生态环境保护专项规划的通知 | 集府办〔2022〕24 号 | 集美区人民政府办公室 | 2022.03.14 |
| 27 | 关于印发集美区卫生健康事业“十四五”工作规划的通知 | 集府办〔2022〕44 号 | 集美区人民政府办公室 | 2022.05.06 |
| 28 | 关于印发厦门市集美区防汛防台风应急预案的通知 | 集府办〔2022〕52 号 | 集美区人民政府办公室 | 2022.06.02 |
| 29 | 关于印发集美区农村饮水安全应急预案的通知 | 集府办〔2022〕90 号 | 集美区人民政府办公室 | 2022.09.08 |
| 30 | 关于印发厦门市集美区行政许可事项清单（2022 年版）的通知 | 集府办〔2022〕127 号 | 集美区人民政府办公室 | 2022.11.25 |
| 31 | 关于公布集美区农村黑臭水体整治工作进展的通知 | 集府办〔2022〕131 号 | 集美区人民政府办公室 | 2022.12.08 |
| 32 | 关于印发集美区建设国家慢性病综合防控示范区实施方案（2022 年版）的通知 | 集府办〔2022〕138 号 | 集美区人民政府办公室 | 2022.12.23 |

# 重要会议

表 29

## 2022 年集美区人民政府常务会议议题一览表

| 序号 | 日期 | 会次 | 议　题 |
| --- | --- | --- | --- |
| 1 | 1 月 11 日 | 第二次 | 研究金岭北路与埔岭路交叉口西北侧地块（模具园北侧）意向人有关事宜 |
| | | | 研究厦门一品威客网络科技股份有限公司投后处置方案有关事宜 |
| | | | 研究信达国际政策扶持有关事宜 |
| | | | 研究支持金砖研究院项目有关事宜 |
| 2 | 1 月 15 日 | 第三次 | 研究《集美区人民政府关于进一步加强农村宅基地和村民住宅建设管理的实施办法》（送审稿）有关事宜 |
| | | | 研究杏林建设与厦门象屿物流集团有限责任公司设立合作公司有关事宜 |
| | | | 研究《共建“嘉庚高新技术研究院”合作协议之补充协议（一）》有关事宜 |
| 3 | 2 月 12 日 | 第四次 | 研究建设工程招投标“评定分离”办法有关事宜 |
| | | | 研究厦门（集美）物流中心项目申请延期开工有关事宜 |
| | | | 研究聘任基层社会治理顾问有关事宜 |
| | | | 研究厦门捷讯汽车零部件有限公司 2019JG01-G 地块项目开、竣工延期有关事宜 |
| | | | 研究集美区灌口南路与灌口西路交叉西南侧 B 地块意向人有关事宜 |
| | | | 研究集美区灌口南路与灌口西路交叉西南侧 A1、A2 地块意向人有关事宜 |
| | | | 研究企业稳工稳产新冠病毒感染疫情防控救助综合保障工作方案有关事宜 |
| | | | 研究兑山社区集体发展项目兑山综合楼项目有关事宜 |
| | | | 研究后溪镇英村社区回购文教区后勤服务中心配套项目有关事宜 |
| | | | 研究促进商贸业发展补充规定有关事宜 |
| 4 | 2 月 19 日 | 第五次 | 研究集美区社会治理推进会及推动辖区内社会治理相关工作有关事宜 |
| | | | 研究集美区健康推进会筹备工作有关事宜 |
| | | | 研究《集美区完善重大重点项目推进机制的若干措施》有关事宜 |
| | | | 研究《厦门市集美区人民政府关于划定森林防火区和规定森林防火期的通告》（送审稿）有关事宜 |
| | | | 研究杏滨内茂安置房地块一项目可研报告有关事宜 |
| | | | 研究陕西建工合作协议有关事宜 |
| 5 | 3 月 5 日 | 第六次 | 研究招商引资相关机制调整有关事宜 |
| | | | 研究《集美区“十四五”生态环境保护专项规划》有关事宜 |
| | | | 研究 2022 年第一批财政性建设项目投资计划有关事宜 |
| | | | 研究福厦高铁两侧圣果路以西地块意向人有关事宜 |
| | | | 研究关于盘活集美区零星存量安置房源有关事宜 |
| | | | 研究 2021 年度考核拟评优秀并嘉奖及记三等功人员初评有关事宜 |
| | | | 研究灌口镇田头村大岭社农村生活污水治理工程有关事宜 |
| | | | 研究《集美区区级财政性投资信息化项目和专项资金管理办法》有关事宜 |
| | | | 研究 2022 年信息化专项经费安排有关事宜 |
| | | | 研究新 324 国道与新坂路交叉口西南侧地块意向人有关事宜 |
| | | | 研究企业转型升级服务运营项目有关事宜 |

续表 29

| 序号 | 日期 | 会次 | 议 题 |
|---|---|---|---|
| 5 | 3月5日 | 第六次 | 研究支持埃特曼半导体项目有关事宜 |
| | | | 研究第五批区级非物质文化遗产代表性项目有关事宜 |
| 6 | 3月19日 | 第七次 | 研究集美区第一季度经济运行有关工作 |
| | | | 听取2021年度安全生产和消防工作目标责任考核情况汇报，研究《2022年度安全生产监督检查计划》（送审稿）有关事宜，同时作为全区3月月度形势分析会 |
| | | | 研究“人文集美”工作推进会有关事宜 |
| | | | 研究农村“两委”干部待遇薪酬有关事宜 |
| | | | 研究成都易精数据科技有限公司项目有关事宜 |
| | | | 研究进一步优化高新技术企业扶持政策有关事宜 |
| | | | 研究中钓及其关联企业政策扶持有关事宜 |
| | | | 研究关于提前拨付集金、集昌存量奖励有关事宜 |
| | | | 研究与建发金属签订补充协议有关事宜 |
| 7 | 3月26日 | 第八次 | 听取2021年区委区政府为民办实事工作情况汇报，研究2022年项目计划有关事宜 |
| | | | 研究《集美区突发重大动物疫情应急预案》（送审稿）有关事宜 |
| | | | 研究《集美区企业使用鲲鹏等信创适配服务专项资金补贴实施细则》有关事宜 |
| | | | 研究《集美区企业使用中软国际—华为云服务专项资金补贴实施细则》有关事宜 |
| | | | 研究厦门公交集团与集美区合资成立区级公交公司有关事宜 |
| | | | 研究凤凰花城P02商业体招商有关事宜 |
| 8 | 4月5日 | 第九次 | 研究2022年区重点项目有关事宜 |
| | | | 研究集美区关于积极应对新冠病毒感染疫情影响进一步助力企业纾困减负增产若干措施有关事宜 |
| | | | 研究集美区妇儿发展纲要（2021—2030年）有关事宜 |
| | | | 研究《集美区台商增信基金实施方案》有关事宜 |
| | | | 研究支持和利信通项目有关事宜 |
| | | | 研究建发汽车政策扶持有关事宜 |
| | | | 研究“集美欢乐购”有关事宜 |
| 9 | 4月11日 | 第十次 | 研究西亭社区人才公寓项目建设和运营管理方案有关事宜 |
| 10 | 4月16日 | 第十一次 | 研究2022年第二批财政性建设项目投资计划有关事宜 |
| | | | 研究正本清源排水管网改造工程有关事宜 |
| | | | 研究2022年国防动员工作有关事宜 |
| | | | 研究东安社区综合服务中心项目分级决策有关事宜 |
| | | | 研究盘活集中成片存量安置房有关事宜 |
| | | | 研究支持泡鲸游戏项目有关事宜 |
| 11 | 4月23日 | 第十二次 | 传达学习习近平总书记在3月31日中共中央政治局常务委员会会议上的重要讲话精神和全国安全生产电视电话会议精神，听取当年以来全区安全生产和消防救援工作的汇报，研究全区贯彻意见。（同时作为区政府党组理论学习中心组学习议题） |
| | | | 听取行政规范性文件清理结果的汇报 |
| | | | 研究2022年度集美区促进消费活动有关事宜 |

续表 29

| 序号 | 日期 | 会次 | 议　题 |
|---|---|---|---|
| 11 | 4 月 23 日 | 第十二次 | 研究中新（厦门）膜与石墨烯产业研究院筹建有关事宜 |
| | | | 研究 2021 年度招商引资费用有关事宜 |
| | | | 研究支持欧芭集团建设“美发艺术博物馆”有关事宜 |
| 12 | 4 月 30 日 | 第十三次 | 研究《集美区项目工作季度评价方案》相关事宜 |
| | | | 研究住宅莲花国际项目商业恢复正常销售有关事宜 |
| | | | 研究集美新城九天湖试验区水环境治理工程分级决策有关事宜 |
| | | | 研究福建亚德客厂房租金补贴有关事宜 |
| | | | 研究支持数因项目有关事宜 |
| | | | 研究 2022 年中国电视剧大会、第九届厦门文化产业年度风云榜有关事宜 |
| 13 | 5 月 14 日 | 第十四次 | 研究《集美区法治政府建设实施方案（2021—2025 年）》有关事宜 |
| | | | 研究集美区诚毅大街白鹭东塔及西亭学校北侧地块意向人有关事宜 |
| | | | 研究集美新城片区诚毅大街西侧地块意向人有关事宜 |
| | | | 研究《厦门市集美区 2022 年第三批财政性建设项目投资计划》有关事宜 |
| | | | 研究《关于进一步助力企业纾困增产留才的若干措施》有关事宜 |
| | | | 研究区“12345”政务服务便民热线整合工作有关事宜 |
| | | | 研究福建省第七次全国人口普查突出贡献单位和个人推荐工作有关事宜 |
| | | | 研究《厦门海翼智能制造产业园—智造园合作共建协议》有关事宜 |
| | | | 研究《模具产业园招商办法》有关事宜 |
| | | | 研究维稳经费清理有关事宜 |
| 14 | 5 月 21 日 | 第十五次 | 研究区属国有企业负责人 2020 年度经营业绩考核结果及薪酬有关事宜 |
| | | | 研究 2022 年集美区 46 个老旧小区改造提升项目投资计划有关事宜 |
| | | | 研究李林村综合服务中心分级决策有关事宜 |
| | | | 研究南塘路与洋亭路交叉口西侧 A 地块意向人有关事宜 |
| | | | 研究《厦门理工学院（集美）政产学研基地合作协议》有关事宜 |
| | | | 研究继续委托（台湾）财团法人中国生产力中心作为集美区企业转型升级服务运营商有关事宜 |
| | | | 研究提前拨付集金、信达皖钢增量奖励有关事宜 |
| | | | 研究拨付 2022 年全区政法系统专项资金有关事宜 |
| 15 | 6 月 3 日 | 第十六次 | 研究《关于进一步鼓励限上批零企业发展壮大的通知》（送审稿）有关事宜 |
| | | | 研究《集美区坂头—石兜水库水源一级保护区实行逐步退果还林工作补充方案》（送审稿）有关事宜 |
| | | | 研究《集美区政策性担保贷款贴息办法》（送审稿）有关事宜 |
| 16 | 6 月 30 日 | 第十七次 | 研究绩效考评工作有关事宜 |
| | | | 研究集美区与三明市清流县、龙岩市新罗区签订 2022 年对口协作帮扶框架协议有关事宜 |
| | | | 研究《集美区进一步促进“集美研学”发展若干措施》（送审稿）有关事宜 |
| | | | 研究《关于青年博士教师进企业和建设校企研究生工作站的行动方案（2022—2025）》（送审稿）有关事宜 |
| | | | 研究《集美区赋予镇（街）行政执法事项清单》（送审稿）有关事宜 |
| | | | 研究支持有货速运科技项目有关事宜 |

续表 29

| 序号 | 日期 | 会次 | 议　题 |
|---|---|---|---|
| 16 | 6 月 30 日 | 第十七次 | 研究安仁产业园 12 号楼招商引资有关事宜 |
| | | | 研究扶持斯巴特入驻软件园三期项目有关事宜 |
| | | | 研究纵目科技项目扶持方案有关事宜 |
| | | | 研究《厦门市集美区促进私募基金行业发展办法》（送审稿）有关事宜 |
| | | | 研究《集美区占用耕地种草皮专项整治行动实施方案》（送审稿）有关事宜 |
| | | | 研究购买蔡林安置房等 4 个项目地下停车位有关事宜 |
| 17 | 7 月 19 日 | 第十八次 | 传达近期国家、省、市安全生产工作会议精神，研究安全生产工作有关事宜。（同时作为全区第三季度防范和遏制重特大事故会议暨 7 月安全生产形势分析会） |
| | | | 研究 2022 年度“最美退役军人”推荐工作有关事宜 |
| | | | 研究 2021 年集美区本级财政决算有关事宜 |
| | | | 研究《2021 年度区本级预算执行和其他财政收支的审计结果报告》有关事宜 |
| | | | 研究《八闽快讯》通报问题整改工作有关事宜 |
| | | | 研究《厦门市集美区 2022 年第四批财政性建设项目投资计划》有关事宜 |
| | | | 研究天马路西侧地块用地出让有关事宜 |
| | | | 研究侨英街道部分集中式生活污水收集纳管建设工程按实结算有关事宜 |
| | | | 研究《集美区残疾人体育竞赛奖励办法》（送审稿）有关事宜 |
| | | | 研究厦门市集美区华锐双语学校义务教育阶段收费标准有关事宜 |
| | | | 研究 2022 年地方政府债务转贷收入及预算调整草案有关事宜 |
| | | | 研究第二批省级平安校园推荐工作有关事宜 |
| 18 | 7 月 24 日 | 第十九次 | 听取 2022 年上半年食品安全工作情况的汇报 |
| | | | 研究《厦门市集美区人民政府关于划定禁止露天烧烤食品区域的通告》有关事宜 |
| | | | 研究瑶山溪下游南部雨洪公园工程分级决策有关事宜 |
| | | | 研究 J2010P06 地块（国贸商城—同悦）东侧规划道路工程增加投资有关事宜 |
| | | | 研究支持劲博汇项目有关事宜 |
| | | | 研究支持金信润天项目有关事宜 |
| | | | 研究提高非在编教职工工资待遇有关事宜 |
| 19 | 8 月 7 日 | 第二十次 | 研究迎接省生态环保督察工作有关事宜 |
| | | | 学习《中华人民共和国国家赔偿法》及最高人民法院《关于审理行政赔偿案件若干问题的规定》及参考案例，同时作为区政府法治专题讲座 |
| | | | 研究《集美区小散工程和零星作业安全生产纳管实施细则》（送审稿）有关事宜 |
| | | | 学习贯彻《信访工作条例》，听取上半年信访维稳工作情况，部署全区党的二十大信访维稳工作 |
| | | | 研究《厦门市集美区人民政府关于确定养犬重点管理区域的通告》有关事宜 |
| | | | 研究集美乡村振兴项目杏林（高浦）社区整村自来水改造工程有关事宜 |
| | | | 研究集美城发公司承接区行政集中办公区综合服务事项有关事宜 |
| 20 | 8 月 26 日 | 第二十一次 | 研究第二十二届中国国际投资贸易洽谈会厦门市代表团集美分团工作方案有关事宜 |
| | | | 研究集美区招商引资工作机制提升实施方案有关事宜 |

续表 29

| 序号 | 日期 | 会次 | 议　题 |
|---|---|---|---|
| 20 | 8 月 26 日 | 第二十一次 | 研究推动企业全域服务试点方案有关事宜 |
| | | | 研究 2022 年集美区大型活动有关事宜 |
| | | | 研究拨付橙联跨境电商产业园项目第一期第二笔专项投资补贴有关事宜 |
| 21 | 9 月 17 日 | 第二十二次 | 研究安仁产业园 12 号楼招商引资事项调整合作方案有关事宜 |
| | | | 研究区妇幼保健院落实“两个允许”政策有关事宜 |
| | | | 研究 2022 年集美区乡村振兴项目第一批投资计划有关事宜 |
| | | | 研究 2022 年杏滨街道八九工区、灌口镇供销大楼等 6 个老旧小区改造项目投资计划有关事宜 |
| | | | 研究 2021 年度纳税大户企业名单有关事宜 |
| | | | 研究《集美区扶持农村集体发展用地项目实施办法》（送审稿）有关事宜 |
| | | | 研究 2022 年《集美区高水平打造便利化营商环境行动方案》有关事宜 |
| | | | 研究关于向上争取项目资金考核办法有关事宜 |
| | | | 传达学习上级财政部门落实“过紧日子”等会议精神，同时作为区政府党组理论学习中心组学习会 |
| | | | 听取近期安全生产工作情况，研究部署国庆和党的二十大期间安全生产工作，同时作为 9 月安全生产形势分析会 |
| 22 | 9 月 24 日 | 第二十三次 | 学习《中华人民共和国审计法》，同时作为区政府法治专题讲座 |
| | | | 研究《集美区 2022 年东西部协作工作意见》有关事宜 |
| | | | 研究新 324 国道（灌新路—凤南七路段）提升改造工程——坂头立交以西段管线迁改工程分级决策有关事宜 |
| | | | 研究《厦门市集美区 2022 年第五批财政性建设项目投资计划》有关事宜 |
| | | | 研究《集美区大型活动专项资金管理办法》有关事宜 |
| | | | 研究两岸综合（厦门）集团公司盘活安置房项目内容变更有关事宜 |
| 23 | 10 月 10 日 | 第二十四次 | 研究文明创建项目分级决策快速处置机制有关事宜 |
| | | | 研究《集美区道路交通安全综合治理“五项行动”工作方案》有关事宜 |
| | | | 研究私人住宅危房翻改建审批标准有关事宜 |
| 24 | 10 月 21 日 | 第二十五次 | 学习宣传贯彻《厦门市人民政府关于进一步加强消防安全监管工作意见》 |
| | | | 听取关于 2021 年度集美区本级预算执行和其他财政收支审计发现问题等整改情况的汇报 |
| | | | 研究集美区政府与集美大学第二轮合作共建有关事宜 |
| | | | 研究灌口镇集镇环境整治项目和资金有关事宜 |
| | | | 研究集美区洋亭路与杜行东路交叉口南侧 A 地块、B 地块、C 地块、D 地块及南塘路与洋亭路交叉口西侧 B 地块、C 地块等 6 个地块意向人及监管要求有关事宜 |
| | | | 研究深青工业组团后山头路延伸道路工程分级决策有关事宜 |
| | | | 研究《灌口镇与厦门市集美城市发展有限公司合作开发村集体发展项目战略合作框架协议》有关事宜 |
| | | | 研究颐和花园商住小区项目开工时间认定有关事宜 |
| | | | 研究共同支持国科信息项目有关事宜 |
| | | | 研究共同支持青蛙王子项目有关事宜 |

续表 29

| 序号 | 日期 | 会次 | 议 题 |
|---|---|---|---|
| 24 | 10 月 21 日 | 第二十五次 | 研究推行市政园林设施综合管养机制改革有关事宜 |
| | | | 研究西亭片区安置房及配套项目、后溪工业组团停车场等 7 宗批而未供项目策划生成有关事宜 |
| | | | 研究集美区人民法院（后溪人民法庭）业务综合楼项目分级决策有关事宜 |
| 25 | 11 月 7 日 | 第二十六次 | 研究 2022 年财政预算调整草案有关事宜 |
| | | | 研究推进“集美中央活力区（CAZ）”相关机制情况 |
| | | | 研究侨英街道孙厝社区集体发展项目乐安东里综合发展中心项目有关事宜 |
| | | | 研究安全生态水系和湿地项目绿化及公共设施管养有关事宜 |
| | | | 研究普盛食品在集美、自贸两区落地有关事宜 |
| 26 | 11 月 18 日 | 第二十七次 | 研究火炬高新区和集美区与厦门她趣信息技术有限公司签订补充协议有关事宜 |
| | | | 研究 2022 年度科技计划项目及经费有关事宜 |
| | | | 研究环苎溪高中道路（苎溪路、珩丰路和霞城路）工程分级决策有关事宜 |
| | | | 研究海翔大道（公铁立交—香山段）提升改造集美段管线迁改工程分级决策有关事宜 |
| | | | 研究 2022 年集美乡村振兴项目第二批投资计划有关事宜 |
| | | | 研究大旺种猪场退养调解协议有关事宜 |
| | | | 研究《集美区行政机关兼职政府法律顾问及购买法律服务项目考核制度及考核标准》有关事宜 |
| 27 | 12 月 2 日 | 第二十八次 | 研究《厦门市集美区 2022 年第六批财政性建设项目投资计划》有关事宜 |
| | | | 研究集美区发展研究中心有关事宜 |
| | | | 研究集兆嘉全球性生产管理基地暨全球数字虚拟工厂营运中心项目有关事宜 |
| | | | 研究厦门辉煌机械有限公司申请调整地块建设期限有关事宜 |
| | | | 研究新村社区（三峡移民）集体发展项目有关事宜 |
| | | | 研究提前拨付集全 2022 年度增量奖励有关事宜 |
| 28 | 12 月 11 日 | 第二十九次 | 听取政府工作报告起草情况的汇报 |
| | | | 听取 2022 年财政预算执行情况和 2023 年财政预算安排情况的汇报 |
| | | | 研究关于探索创新多元主体参与网格（小区）治理有关事宜 |
| | | | 听取关于开展部门工作民主评议情况的报告 |
| | | | 研究西亭片区安置房及配套项目、后溪工业组团停车场等 7 宗批而未供生成项目有关事宜 |
| | | | 研究集美新城九天湖试验区水环境治理工程施工“评定分离”招标有关事宜 |
| | | | 研究杏林湾生态环境整治提升一期工程施工招标有关事宜 |
| | | | 研究《集美区加快推进产业高质量创新发展若干措施（送审稿）》有关事宜 |

# 工业上榜企业、产品

表 30

## 2022 年集美区上榜企业、产品名录一览表

| 上榜称号 | 企业名称 |
| --- | --- |
| 福建百强企业（1 家） | 厦门宏发电声股份有限公司（第 100 名） |
| 福建制造业百强（5 家） | 厦门宏发电声股份有限公司（第 54 名）、奥佳华智能健康科技集团股份有限公司（第 67 名）、厦门正新橡胶工业有限公司（第 69 名）、路达（厦门）工业有限公司（第 82 名）、厦门建霖健康家居股份有限公司（第 92 名） |
| 福建战略性新兴产业企业百强（1 家） | 厦门金鹭特种合金有限公司（第 24 名） |
| 福建百强民企（3 家） | 厦门宏发电声股份有限公司（第 37 名）、奥佳华智能健康科技集团股份有限公司（第 59 名）、厦门建霖健康家居股份有限公司（第 91 名） |
| 福建民营企业制造业 50 强（3 家） | 厦门宏发电声股份有限公司（第 21 名）、奥佳华智能健康科技集团股份有限公司（第 32 名）、厦门建霖健康家居股份有限公司（第 48 名） |
| 福建省创新型民营企业百强（8 家） | 厦门厦华科技有限公司（第 11 名）、厦门宏发电声股份有限公司（第 13 名）、厦门东昂科技股份有限公司（第 18 名）、厦门艾美森新材料科技股份有限公司（第 19 名）、厦门建霖健康家居股份有限公司（第 28 名）、厦门金汇峰新型包装材料股份有限公司（第 50 名）、奥佳华智能健康科技集团股份有限公司（第 58 名）、厦门中构新材料科技股份有限公司（第 74 名） |
| 厦门市百强企业（5 家） | 厦门宏发电声股份有限公司（第 28 名）、奥佳华智能健康科技集团股份有限公司（第 33 名）、厦门正新橡胶工业有限公司（第 34 名）、路达（厦门）工业有限公司（第 46 名）、厦门建霖健康家居股份有限公司（第 54 名） |
| 第六批省级制造业单项冠军企业（3 家） | 厦门厦华科技有限公司、三达膜科技（厦门）有限公司、厦门聚富塑胶制品有限公司 |
| 第六批省级制造业单项冠军产品（5 家） | 厦门宏发开关设备有限公司（暖通交流接触器）、厦门航天思尔特机器人系统股份公司（中厚板机器人焊接系统）、厦门求特新材料有限公司（防红外线织带）、厦门金汇峰新型包装材料股份有限公司（生活用品干纸巾流延包装膜）、厦门坤锦电子科技有限公司（微型泵浦） |
| 福建省第四批工业龙头培育企业（2 家） | 厦门新长诚钢构工程有限公司、厦门睿康科技有限公司 |
| 厦门市市级工业设计中心（4 家） | 厦门金龙汽车车身有限公司、厦门金龙汽车新能源科技有限公司、厦门立林科技有限公司、厦门求特新材料有限公司 |
| 省级企业技术中心（2 家） | 厦门宇诠复材科技有限公司、三达膜科技（厦门）有限公司 |
| 厦门市第 25 批市级企业技术中心（4 家） | 厦门求特新材料有限公司、厦门扬森数控设备有限公司、厦门坤锦电子科技有限公司、厦门市波生生物技术有限公司 |
| 技改基金白名单（41 家） | 厦门势拓伺服科技股份有限公司（项目名称：年产 35 万台高性能伺服电机项目）、威准（厦门）自动化科技有限公司（项目名称：威准人工智能）、厦门劲博汇科技有限公司（项目名称：安仁产业园 10 号楼装修工程）、厦门塔斯曼生物制品有限公司（项目名称：食药物质科技园建设）、厦门酉丞川工贸有限公司（项目名称：10000 吨塑料功能性软包装薄膜制造项目）、厦门新凯复材科技有限公司（项目名称：新凯工业园二期新建厂房及配套设施）、厦门通利彩印有限公司（项目名称：厦门通利环保新型材料及配套设备建设项目）、厦门康百福体育用品股份有限公司（项目名称：磁控动感单车生产线技术改造项目）、万新（厦门）新材料有限公司（项目名称：橡胶制品和硅胶制品高效成型生产线技术改造项目）、厦门三圈电池有限公司（项目名称：方形铝壳储能电池生产线）、厦门艾美森新材料科技股份有限公司（项目名称：厦门艾美森新型材料及配套设备建设项目）、厦门科鑫电子有限公司（项目名称：厦门科鑫电子有限公司二期厂房）、安隆皮件（厦门）工业有限公司（项目名称：安隆皮件（厦门）工业有限公司 -2 号厂房）、厦门维纳数字印像艺术有限公司（项目名称：维纳数码项目产业化技术改造）、厦门平昇工贸有限公司（项目名称：印刷包装生产线技术改造项目）、厦门东昂科技股份有限公司（项目名称：高端专业移动照明工具研发生产基地建设项目）、 |

续表 30

| 上榜称号 | 企业名称 |
|---|---|
| 技改基金白名单（41 家） | 万新（厦门）新材料有限公司（项目名称：硅橡胶制品成型生产线车间产能提升改造项目）、厦门恒炜实业有限公司（项目名称：厦门恒炜实业有限公司 2 号厂房）、厦门金顺鑫包装工业有限公司（项目名称：塑料膜/纸印刷生产线及其配套治理工程）、稻兴光学（厦门）有限公司（项目名称：稻兴光学产业园）、厦门三圈电池有限公司（项目名称：厦门三圈电池有限公司二期厂房、办公楼）、厦门擎华智能传动有限公司（项目名称：工程机械桥箱传动系统及零部件扩建工程，装载机（含电动）生产线项目）、维爱吉（厦门）科技有限责任公司（项目名称：年产 200 万平方米真空玻璃建设）、厦门联星工业有限公司（项目名称：厦门联星工业有限公司改扩建项目）、厦门智欣建工科技有限公司（项目名称：智欣装配式建造产业基地）、中铁科建预制科技有限公司（项目名称：技术研发中心配套改造扩建项目）、厦门康谱卫浴科技有限公司（项目名称：康谱智能科技园项目）、厦门日上集团股份有限公司（项目名称：日上集团 2022 年生产线提升改造项目）、厦门大卫科技有限公司（项目名称：大卫食物垃圾处理器生产设备升级改造）、厦门晶晟能源科技有限公司（项目名称：厦门晶晟能源科技有限公司太阳能光伏支架 200MW 生产线扩建项目）、厦门蓝斯通信股份有限公司（项目名称：基于 SaaS 技术的城市公共交通数字化示范平台建设）、厦门威圣邦流体科技有限公司（项目名称：威圣邦压电喷射阀技改）、厦门燕来福制药有限公司［项目名称：8 号（办公楼）、9 号（生产车间）］、威准（厦门）自动化科技有限公司［项目名称：威准人工智能（旧）］、厦门擎华智能传动有限公司［项目名称：工程机械桥箱传动系统及零部件扩建工程，装载机（含电动）生产线项目 -1］、厦门势拓御能科技有限公司（项目名称：年产 20 万台扁铜线电机定转子自动线项目）、厦门优加模具有限公司（项目名称：2022 年精密模具和注塑生产线扩产增效技术改造）、厦门茂峰材料科技有限公司（项目名称：厦门茂峰材料科技有限公司拆除重建）、厦门康柏机械集团有限公司（项目名称：施工升降电梯生产基地）、厦门虹鹭钨钼工业有限公司（项目名称：厦门虹鹭光伏用钨丝产线建设项目）、厦门虹鹭钨钼工业有限公司（项目名称：细钨丝产线扩产项目） |
| 厦门市科技“小巨人”企业（44 家） | 厦门和淋卫浴有限公司、厦门洪海机械有限公司、厦门海莊兴仪器股份有限公司、厦门伊科电子有限公司、厦门巨锐自动化设备有限公司、厦门市岛之原生物科技有限公司、厦门创云精智机械设备股份有限公司、厦门威圣邦流体科技有限公司、厦门斯普机电有限公司、东净（厦门）科技有限公司、厦门奕铨精密五金有限公司、厦门市未来亚特科技有限公司、厦门力卓药业有限公司、厦门大卫科技有限公司、厦门磐晟电气设备有限公司、万新（厦门）新材料有限公司、厦门晶晟能源科技有限公司、西恩威（厦门）金属实业有限公司、厦门兴厦控电气有限公司、厦门洁朗卫浴有限公司、立胜（厦门）塑胶管材有限公司、厦门信合达电子有限公司、中铁科建预制科技有限公司、厦门厚德尔新材料科技股份有限公司、厦门涌腾达电子有限公司、厦门竑铭科技有限公司、厦门市福朗电子有限公司、厦门市必易微电子技术有限公司、厦门市光博士光电有限公司、厦门欣思源新材料科技股份有限公司、厦门昱华林精密机械有限公司、中科贝思达（厦门）环保科技股份有限公司、厦门英仕卫浴有限公司、厦门金汇峰新型包装材料股份有限公司、厦门奥佳华智能健康设备有限公司、厦门中构新材料科技股份有限公司、厦门万久科技股份有限公司、厦门坤锦电子科技有限公司、厦门美科安防科技股份有限公司、厦门银华机械有限公司、纳路（厦门）环保科技有限公司、厦门市欧立通电子科技开发有限公司、厦门广泓工贸有限公司、厦门托普拉材料科技有限公司 |
| 2022 年工信部第四批“专精特新”“小巨人”企业（7 家） | 厦门广泓工贸有限公司、迈贝特（厦门）新能源有限公司、厦门力巨自动化科技有限公司、厦门东昂科技股份有限公司、厦门金汇峰新型包装材料股份有限公司、厦门松元电子股份有限公司、万新（厦门）新材料有限公司 |
| 2022 年福建省“专精特新”中小企业名单（30 家） | 国安达股份有限公司、迈贝特（厦门）新能源有限公司、纳路（厦门）环保科技有限公司、厦门爱迪特环保科技有限公司、厦门安妮企业有限公司、厦门鼎铸智能设备有限公司、厦门东昂科技股份有限公司、厦门方特卫浴有限公司、厦门飞鹏高科技铝业有限公司、厦门广泓工贸有限公司、厦门昊圣机电工程有限公司、厦门华天华电子有限公司、厦门华最灌溉设备科技有限公司、厦门洁朗卫浴有限公司、厦门金诚霖建材有限公司、厦门金龙汽车车身有限公司、厦门金欣荣电子科技有限公司、厦门立林电气控制技术有限公司、厦门立圣丰机械有限公司、厦门耐德电气有限公司、厦门润发电缆有限公司、厦门市金宝源实业有限公司、厦门市优辰卫浴科技有限公司、厦门通耐钨钢有限公司、厦门万明电子有限公司、厦门维克机械设备有限公司、厦门姚明织带饰品有限公司、厦门印天电子科技有限公司、厦门中构新材料科技股份有限公司、新诺北斗航科信息技术（厦门）股份有限公司 |

续表 30

| 上榜称号 | 企业名称 |
|---|---|
| 2022 年厦门市“专精特新”中小企业（51 家） | 厦门金欣荣电子科技有限公司、厦门力卓药业有限公司、厦门宏远达电器有限公司、厦门聚顶自动化设备有限公司、厦门盈硕科智能装备有限公司、厦门势拓伺服科技股份有限公司、厦门唯质电气科技有限公司、厦门康百福体育用品股份有限公司、厦门求特新材料有限公司、厦门水大卫浴洁具有限公司、厦门力巨自动化科技有限公司、厦门托普拉材料科技有限公司、厦门元嘉精密五金科技有限公司、厦门市富惠螺丝工业有限公司、厦门鼎铸智能设备有限公司、厦门科鑫电子有限公司、厦门联进电热端针有限公司、厦门市福朗电子有限公司、厦门浩仁塑胶制品有限公司、福耀（厦门）精密制造有限公司、厦门大卫科技有限公司、厦门坤锦电子科技有限公司、厦门安妮企业有限公司、厦门金诚霖建材有限公司、厦门飞鹏高科技铝业有限公司、厦门姚明织带饰品有限公司、厦门金龙电控科技有限公司、厦门奥佳华智能健康设备有限公司、厦门元保运动器材有限公司、厦门富士特橡塑有限公司、厦门市纳丝达无纺布有限公司、厦门印天电子科技有限公司、厦门市必易微电子技术有限公司、厦门睿康科技有限公司、厦门视贝线缆有限公司、厦门华源嘉航科技有限公司、威准（厦门）自动化科技有限公司、厦门方特卫浴有限公司、厦门聚富塑胶制品有限公司、厦门友巨新能源股份有限公司、厦门市三友和机械有限公司、厦门冠颜塑化科技有限公司、厦门礼田兴机械有限公司、厦门竣铭科技有限公司、厦门新鸿洲精密科技有限公司、厦门涌腾达电子有限公司、贝克兰（厦门）新材料有限公司、厦门欣思源新材料科技股份有限公司、厦门昊圣机电工程有限公司、厦门士林电机有限公司、浩添（厦门）储能股份有限公司 |
| 2022 年福建省首台（套）重大技术装备认定名单（2 家） | 厦门金龙联合汽车工业有限公司 [ 产品及型号：智慧校园巴士 (XMQW43BEVS 24.3 米 )]、厦门韫茂科技有限公司 [ 产品及型号：理电池自动粉末原子层沉积设备 (GM1000)] |
| 2022 年度工信部绿色制造名单（2 家） | 路达（厦门））工业有限公司、厦门强力巨彩光电科技有限公司 |
| 集美区成长型工业企业（61 家） | 厦门金龙汽车新能源科技有限公司、厦门市富惠螺丝工业有限公司、厦门三行电子有限公司、厦门和淋卫浴有限公司、福耀（厦门）精密制造有限公司、厦门金恩塑胶有限公司、厦门爱迪特环保科技有限公司、厦门建霖健康家居股份有限公司、厦门金欣荣电子科技有限公司、厦门松元电子股份有限公司、厦门涌腾达电子有限公司、厦门洁朗卫浴有限公司、厦门奥佳华智能健康设备有限公司、国勤（厦门）服饰有限公司、厦门金波贵金属制品有限公司、中骏智能电气科技股份有限公司、厦门航天思尔特机器人系统股份公司、厦门通耐钨钢有限公司、厦门友巨新能源股份有限公司、厦门立圣丰机械有限公司、厦门托普拉材料科技有限公司、厦门美科安防科技股份有限公司、厦门求特新材料有限公司、厦门衰恺服饰有限公司、厦门耐得模具制造有限公司、厦门市科力电子有限公司、厦门宏发汽车电子有限公司、厦门兴全龙机械有限公司、厦门浩瑞德干冰设备有限公司、厦门富士特橡塑有限公司、厦门水大卫浴洁具有限公司、东电化（厦门）电子有限公司、厦门中构新材料科技股份有限公司、厦门瑞京金属制品有限公司、厦门宏发先科新型建材有限公司、厦门迈拓宝电子有限公司、厦门金龙电控科技有限公司、厦门市福朗电子有限公司、厦门立林电气控制技术有限公司、厦门宏发开关设备有限公司、厦门宏发电声股份有限公司、稻兴电子科技（厦门）有限公司、厦门天利富橡塑制品有限公司、厦门力巨自动化科技有限公司、厦门博创汉津新能源科技有限公司、厦门市波生生物技术有限公司、朗美（厦门）健身器材有限公司、厦门鑫禾科技股份有限公司、厦门瀚业塑胶有限公司、厦门扬森数控设备有限公司、厦门市驰晨胶带有限公司、厦门坤锦电子科技有限公司、厦门百鑫鸿工贸有限公司、厦门万久科技股份有限公司、贝克兰（厦门）新材料有限公司、厦门鑫宇航纸业有限公司、厦门永祥裕科技有限公司、新诺北斗航科信息技术（厦门）股份有限公司、新视电子（厦门）有限公司、厦门睿康科技有限公司、厦门印天电子科技有限公司 |
| 厦门市重点工业企业（53 家） | 宝宸（厦门）光学科技有限公司、厦门金龙联合汽车工业有限公司、厦门金龙汽车车身有限公司、厦门金龙汽车新能源科技有限公司、厦门金龙轻型客车车身有限公司、厦门虹鹭钨钼工业有限公司、路达（厦门）工业有限公司、厦门宏发电声股份有限公司、厦门宏发汽车电子有限公司、厦门金越电器有限公司、厦门宏发开关设备有限公司、厦门宏远达电器有限公司、厦门金波贵金属制品有限公司、厦门市波生生物技术有限公司、世纪宝姿（厦门）实业有限公司、厦门正新橡胶工业有限公司、稻兴电子科技（厦门）有限公司、厦门厦杏摩托有限公司、厦门建霖健康家居股份有限公司、厦门英仕卫浴有限公司、厦门阿匹斯智能制造系统有限公司、厦门 TDK 有限公司、春保森拉天时硬质合金（厦门）有限公司、春保森拉天时精密钨钢制品（厦门）有限公司、厦门新长诚钢构工程有限公司、厦门日上集团股份有限公司、 |

续表 30

| 上榜称号 | 企业名称 |
| --- | --- |
| 厦门市重点工业企业（53 家） | 厦门双瑞风电科技有限公司、厦门奥佳华智能健康设备有限公司、宸展光电（厦门）股份有限公司、华懋（厦门）新材料科技股份有限公司、厦门新凯复材科技有限公司、厦门宇诠复材科技有限公司、厦门新鸿洲精密科技有限公司、厦门立林科技有限公司、厦门厦晖橡胶金属工业有限公司、华懋（厦门）特种材料有限公司、厦门厦工机械股份有限公司、林德气体（厦门）有限公司、东电化（厦门）电子有限公司、厦门智欣建材集团有限公司、厦门海莱照明有限公司、厦门市科力电子有限公司、厦门航天思尔特机器人系统股份公司、信华科技（厦门）有限公司、厦门扬森数控设备有限公司、客贝利（厦门）休闲用品有限公司、革新（厦门）运动器材有限公司、厦门革新塑胶制品有限公司、罗普特科技集团股份有限公司、朗美（厦门）健身器材有限公司、国际铝业（厦门）有限公司、迈贝特（厦门）新能源有限公司、厦门民兴工业有限公司 |
| 厦门市新材料企业（33 家） | 先进基础材料（21 家）：厦门虹鹭钨钼工业有限公司、厦门金汇峰新型包装材料股份有限公司、厦门宇诠复材科技有限公司、厦门宏发先科新型建材有限公司、厦门中构新材料科技股份有限公司、厦门聚富塑胶制品有限公司、厦门智欣建工科技有限公司、厦门艾美森新材料科技股份有限公司、多玛得（厦门）精细化工有限公司、厦门保视丽无尘科技有限公司、厦门求特新材料有限公司、厦门托普拉材料科技有限公司、亿格（厦门）汽车零部件有限公司、厦门市纳丝达无纺布有限公司、万新（厦门）新材料有限公司、贝克兰（厦门）新材料有限公司、厦门和淋卫浴有限公司、飞虎（厦门）新材料科技股份有限公司、厦门新旺新材料科技有限公司、厦门奥泉橡胶有限公司、厦门博程塑胶材料有限公司；<br>关键战略材料（11 家）：华懋（厦门）新材料科技股份有限公司、厦门新凯复材科技有限公司、三达膜科技（厦门）有限公司、厦门松元电子股份有限公司、厦门迈拓宝电子有限公司、厦门利德宝电子科技股份有限公司、厦门碳帝复合材料科技有限公司、厦门三行电子有限公司、厦门欣思源新材料科技股份有限公司、厦门中纤复合材料有限公司、来奇偏光科技（中国）股份有限公司；<br>前沿新材料（1 家）：中科贝思达（厦门）环保科技股份有限公司 |
| 厦门市第 27 批地产工业品（11 个） | 厦门力巨自动化科技有限公司 1 个（产品名称：自动点胶机）；<br>厦门金龙联合汽车工业有限公司 10 个（产品名称：纯电动压缩式垃圾车、燃料电池压缩式垃圾车 / 燃料电池载货汽车底盘、燃料电池洒水车、纯电动压缩式垃圾车 / 纯电动载货汽车底盘、纯电动清洗洒水车、纯电动洗扫车、纯电动餐厨垃圾车、纯电动路面养护车、纯电动自装卸式垃圾车 / 纯电动载货汽车底盘、纯电动自卸式垃圾车） |
| 厦门市最具成长性中小微企业（21 家） | 厦门市波生生物技术有限公司、厦门威圣邦流体科技有限公司、纳路（厦门）环保科技有限公司、稻兴电子科技（厦门）有限公司、厦门信合达电子有限公司、厦门中构新材料科技股份有限公司、厦门市欧立通电子科技开发有限公司、迈贝特（厦门）新能源有限公司、厦门纬达科技股份有限公司、厦门兴全龙机械有限公司、厦门航圣机械有限公司、厦门立圣丰机械有限公司、厦门富钢新材料科技股份有限公司、厦门扬森数控设备有限公司、厦门市驰晟胶带有限公司、厦门迈拓宝电子有限公司、厦门保视丽无尘科技有限公司、厦门富全钢铁股份有限公司、厦门福记钢业有限公司、厦门智欣建工科技有限公司、厦门美科安防科技股份有限公司 |
| 重点上市后备企业（47 家） | 厦门立马耀网络科技有限公司、厦门路桥信息股份有限公司、厦门美科安防科技股份有限公司、厦门求特新材料有限公司、厦门市波生生物技术有限公司、厦门市巨风数字网络技术有限公司、厦门市科力电子有限公司、厦门斯巴特科技集团有限公司、厦门松元电子股份有限公司、厦门塔斯曼生物工程有限公司、厦门通耐钨钢有限公司、厦门图扑软件科技有限公司、厦门万久科技股份有限公司、厦门纬达科技有限公司、厦门兴海湾工程管理股份有限公司、厦门一品威客网络科技股份有限公司、厦门印了么信息科技股份有限公司、厦门中构新材料科技股份有限公司、厦门铸远集团有限公司、厦门铸远教育科技有限公司、世纪海航（厦门）科技有限公司、唯捷（厦门）供应链管理有限公司、新诺北斗航科信息技术（厦门）股份有限公司、永兴东润服饰股份有限公司、中骏智能电气科技股份有限公司、大禾众邦（厦门）智能科技股份有限公司、福建国科信息科技有限公司、福建省快先森网络科技股份有限公司、迈贝特（厦门）新能源有限公司、厦门艾美森新材料科技股份有限公司、厦门博创汉津新能源科技有限公司、厦门创匠信息科技股份有限公司、厦门帝恩思科技股份有限公司、厦门东昂科技股份有限公司、 |

续表 30

| 上榜称号 | 企业名称 |
| --- | --- |
| 重点上市后备企业（47 家） | 厦门渡远户外用品股份有限公司、厦门富钢工贸有限公司、厦门富全钢铁有限公司、厦门海菲生物技术股份有限公司、厦门航天思尔特机器人系统股份公司、厦门捷讯汽车零部件有限公司、厦门金汇峰新型包装股份有限公司、厦门金龙汽车新能源科技有限公司、厦门康百福体育用品股份有限公司、厦门康柏机械集团有限公司、厦门旷世联盟网络科技有限公司、厦门利德宝电子科技股份有限公司、厦门力巨自动化科技有限公司 |
| 上市企业及上市后备企业（41 家） | 上市企业（10 家）：厦门金龙联合汽车工业有限公司、厦门厦工机械股份有限公司、厦门日上集团股份有限公司、厦门宏发电声股份有限公司、华懋（厦门）新材料科技股份有限公司、厦门建霖健康家居股份有限公司、国安达股份有限公司、宸展光电（厦门）股份有限公司、罗普特科技集团股份有限公司、厦门智欣建材集团有限公司；<br>省级上市后备企业（19 家）：大禾众邦（厦门）智能科技股份有限公司、迈贝特（厦门）新能源有限公司、厦门艾美森新材料科技股份有限公司、厦门东昂科技股份有限公司、厦门航天思尔特机器人系统股份公司、厦门捷讯汽车零部件有限公司、厦门金龙汽车新能源科技有限公司、厦门力巨自动化科技有限公司、厦门美科安防科技股份有限公司、厦门求特新材料有限公司、厦门市科力电子有限公司、厦门松元电子股份有限公司、厦门中构新材料科技股份有限公司、新诺北斗航科信息技术（厦门）股份有限公司、中骏智能电气科技股份有限公司、厦门保视丽无尘科技有限公司、厦门金龙电控科技有限公司、厦门立林科技有限公司、厦门友巨新能源股份有限公司；<br>市级上市后备企业（31 家）：浩添（厦门）储能股份有限公司、厦门厦晖橡胶金属工业有限公司、厦门博创汉津新能源科技有限公司、厦门富钢新材料科技股份有限公司、厦门富全钢铁股份有限公司、厦门金汇峰新型包装材料股份有限公司、厦门康百福体育用品股份有限公司、厦门康柏机械集团有限公司、厦门利德宝电子科技股份有限公司、厦门市波生生物技术有限公司、厦门通耐钨钢有限公司、厦门纬达科技股份有限公司、大禾众邦（厦门）智能科技股份有限公司、迈贝特（厦门）新能源有限公司、厦门艾美森新材料科技股份有限公司、厦门东昂科技股份有限公司、厦门航天思尔特机器人系统股份公司、厦门捷讯汽车零部件有限公司、厦门金龙汽车新能源科技有限公司、厦门力巨自动化科技有限公司、厦门美科安防科技股份有限公司、厦门求特新材料有限公司、厦门市科力电子有限公司、厦门松元电子股份有限公司、厦门中构新材料科技股份有限公司、新诺北斗航科信息技术（厦门）股份有限公司、中骏智能电气科技股份有限公司、厦门保视丽无尘科技有限公司、厦门金龙电控科技有限公司、厦门立林科技有限公司、厦门友巨新能源股份有限公司 |

# 统计资料

## 2022 年集美区国民经济和社会发展概况

### 一、经济发展概况

2022 年，集美区按照“疫情要防住、经济要稳住、发展要安全”的重要要求，全力做好“两稳一保一防”工作，不断巩固疫情防控和经济社会发展成果，全方位推进高质量发展超越，经济总体实现平稳健康发展。全年实现地区生产总值（GDP）956.58 亿元，比上年增长 3.0%，三次产业结构比例调整为0.3 ∶ 50.6 ∶ 49.1。规模以上工业增加值337.32亿元，比上年下降 2.4%；固定资产投资下降 8.9%；公共财政预算总收入 142.34 亿元，增长 1.8%，其中地方级财政收入 46.07 亿元，增长 1.6%。

**主导产业稳健运行。**工业新兴动能不断成长，入选“中国工业百强区”，高技术产业增加值 89.05 亿元，比上年增长 0.4%；战略性新兴产业实现产值 567.38 亿元，增长 5.0%。软件信息业彰显韧性，全年实现营收 145.17 亿元，比上年增长 28.8%；软件园三期新增注册企业 3703 家，增长 121.9%，落地注册资本金 156.1 亿元。批零业保持高位运行，限额以上批发零售业销售额1924.04亿元，比上年增长66.6%，增速稳居全市第一。

**经济循环加快畅通**。消费潜力持续释放，社会消费品零售总额227.72亿元，比上年增长1.2%，25家零售额超亿元批发零售业企业实现零售额122.22亿元，增长10.4%，30家零售额超千万元住宿餐饮业企业实现零售额12.55亿元，增长10.3%。集美新城商气人气加速集聚，新城核心区获评为第二批国家级夜间文化和旅游消费集聚区，举办2022“集美欢乐购”促销活动，发放消费券718万元，直接拉动销售额约4.7亿元。外商在集投资意愿进一步增强，新增外资项目129个，增资项目29个，合同利用外资9.09亿美元，实际利用外资2.34亿美元，东方花木兰、祥峰QFLP（股权基金的出资人）等亿元以上外资大项目陆续到资。

**创新活力竞相迸发**。拥有国家高新技术企业966家，国家技术先进型服务企业9家，科技“小巨人”企业126家，科技企业孵化器9家，新增9家国家级“专精特新”“小巨人”企业，新增各类商事主体2.60万户，集兆嘉全球结算总部、全球第三座红点设计博物馆、普盛食品南方总部等一批优质项目相继落地。打造全市首个知识产权标准化在线庭审场所，全区专利授权量9054件，位居全市第一，其中发明1025件、实用新型6442件、外观设计1587件，拥有有效发明专利4077件。签约落地厦门市金砖未来技能发展与技术创新研究院项目。进一步推进“人才强区”战略，发布高校产业技术联盟“四个一百”行动方案，开通全市首个先锋人才服务热线，引进高层次人才477名，年度新增市“双百”人才落户数连续八年位居全市第一，加快以人才集聚厚植创新优势。

**金融赋能持续发力**。探索投融资体制改革，策划生成首批12个区级PPP（政府和社会资本合作）项目，总投资74亿元。杏林湾基金聚集区新增注册基金418亿元，管理总规模突破1600亿元，居全省各区（县）首位，占全市总量四成。区产业引导基金连续两年跻身“中国政府引导基金50强”榜单，成为全省唯一上榜的区（县）级政府引导基金。升级TOP金融赋能研究院，成立“两岸金融服务中心”，对台资金清算额超180亿元。在国内率先实现以数字人民币奖励台企上市。成立全国首个台企上市服务联盟、全省首个台商增信基金。

**营商环境向优而行**。连续三年营商环境评估总指标、社会信用体系建设排名全市第一。“一趟不用跑”“最多跑一趟”事项占比达99.4%。建成50个24小时e政务便民服务站，以及全省首个“优化营商环境执行工作室”。强化府院税联动，积极实施企业全域服务试点工作，打造“海丝法务税务普法服务中心”。率先全市开展直播政策宣讲，累计投入各类扶持资金13.6亿元，办理新增减税降费及退税缓税缓费29.5亿元。深入推动青年发展友好型城区建设，入选全国青年发展型县域试点，成立全国首个两岸青年创业创新行政赋能导师团。省级两岸融合县域集成改革试点工作成效显著，为台胞解难事办实事案例获国台办新闻发言人点赞。

## 二、社会事业发展概况

**就业民生保障有力**。稳就业措施落地见效，全区登记用工企业3.8万家，比上年增长25.2%；新增就业2.75万人，在职人数40万人，增长9.2%；全年促进失业人员再就业7027人；开展劳动力职业技能培训2584人次；打造全市首个区级“青年友好城区线上校招平台”，创新开展“远鹭回歌”“城市定向探索赛”等引才宣传活动，2022届离校未就业高校毕业生就业率突破97%。做实做细社会救助，低保扩面率15.6%，位列全市第一，全年发放救助补助10594（户）次，发放各类救助补助2336.58万元（含低保金），发放残疾人“两补”（困难残疾人生活补贴 重度残疾人护理补贴）2311.2万元；为50户残疾人家庭实施无障碍改造；实施新一轮幸福安康险项目，惠及老年人5万余人；率先全省将台胞纳入救助范畴。

**教育文体量质双升**。新建中小学、幼儿园项目12个，新增小学建设学位8820个、幼儿园建设学位2430个，幼儿园公办率提高6.3个百分点。率先全市落成家庭教育指导服务中心，实现全区中小学教室空调和LED护眼灯全覆盖。集美中学入选省首批示范性普通高中，杏南中学通过省一级达标高中复评，英村（兑山）幼儿园通过省示范性幼儿园评估验收。新招聘编内教师342名，新确认市级骨干教师及以上称号328人，组建名师发展工作室27个，新增17项省教育科学规划课题。扎实推进“双减”工作，学科类校外培训机构压减率达87.5%，课后服务覆盖率达100%。文体事业亮点纷呈，开展全区性文化活动20场，基层文体活动15场，举办海峡两岸赛龙舟系列活动、集美·阿尔勒国际摄影季等，闽台关系档案文献展获中央领导肯定，31家研学单元获评为省、市级中小学生研学实践教育基地，改造20个群众身边全民健身场地，正式启用维纳数字艺术园、闽南戏曲艺术中心。

**公共服务扩容提质**。新增各级各类医疗卫生机构27个，其中医院3家、门诊部9个。新增专业卫生技术人员1480人，其中执业医师260人、注册护士375人。川大华西厦门医院启动试运营，厦门医学院附属口腔医院集美院区投入使用，灌口中心卫生院通过二级医院评审，区妇幼保健院成为市妇幼保健院医联体合作医院，杏林街道社区卫生服务中心等3家基层医疗卫生机构与市儿童医院签约共建区儿科医联体，32家村（社区）卫生所规范化率达到100%。不断提升“一老一小”幸福指数，在3家二级以上综合医院开设老年医学科，完成45户困难老年人家庭的适老化改造；新建普惠托育机构6家、普惠托位555个，普惠率提升18.8个百分点，普惠性托育镇（街）覆盖率达83.3%，全市首家民营企业全资投建托育机构开园。

**城乡环境优化升级**。高标准打造精细化示范街区1个，生成50个城乡建设品质提升项目，完成20条主次干道及商业大街提升改造。新增3295个停车泊位，超5000个道路泊位实现智慧化改造。完成55个老旧小区改造提升，惠及3967户居民。新增、改造提升园林绿地95.2公顷、公园绿地75.6公顷、绿道10.2千米、口袋公园7个，开工建设集美新城大学城带状公园，建成开放凤凰花公园、杏东公园。入围全国“数字乡村百强县”、首批省级数字乡村试点县，建成500亩（33.33公顷）高标准农田，成功培育2个市级“一村一品”示范村。空气质量指数优良率达97.5%，空气质量综合指数2.39，较上年改善3.6%，六项主要污染物浓度均达到国家二级标准。全区水环境11个监测点水质100%达标，劣V类断面实现清零，6处农村黑臭水体整治和78个农村污水提升治理全部完成。垃圾夜间错峰直运量持续保持全市前列，岛外最大大件垃圾处理厂建成投用。

**基层治理精细赋责**。创新社会治理模式，成立社会治理工作委员会，完善“一网统管”，建设“智慧集美”平台，高质量推进城乡管理向城乡治理升级。全面推行网格化管理，科学划分743个网格，新招录988名网格员，打造39个小区服务阵地、83个小区议事协商平台、145支小区服务队。制定小区治理小额“以奖代补”、居民公约等配套措施，在全省率先成立小区业主服务中心。坚持党建引领城市治理，探索“三破三立”工作机制，成立全市首个物业行业党委，物业行业党组织数增长73.7%。推进文明养犬，率先在岛外建立养犬管理信息系统。

**社会大局和谐稳定**。全区生产安全事故起数、死亡人数连续三年实现“双下降”，火灾起数比上年下降10.4%，防汛和森林防灭火形势持续稳定。率先全市开展安全生产基础数据摸排，形成20个行业领域监管服务对象清单。常态化开展扫黑除恶斗争，打掉恶势力犯罪集团5个，刑事警情下降8.7%，每万人发生起数全市最低，八类案件破案率100%，连续三年反恐综治考评全市第一，“三级巡防”工作机制经验在全市推广。全省首创农村集体聚餐食品安全团体标准，粮食安全首长责任制考核连续两年排名全市前列。信访总量和信访人次分别比上年下降16.5%和16.8%，群众对信访件办理满意率突破96.3%。首创“党建+无欠薪标杆项目”，劳动纠纷结案率、劳动争议调解率位居全市第一。

表31

## 2022年集美区户籍人口变动情况

单位：户；人

| 地区 | 总户数 | 年末总人口 | | | | | | | 本年度人口变动 | | | | 上期总人数 |
|---|---|---|---|---|---|---|---|---|---|---|---|---|---|
| | | 总人口 | 性别 | | 年龄 | | | | 迁入 | | 迁出 | | |
| | | | 男 | 女 | 0–17岁 | 18–34岁 | 35–59岁 | 60岁及以上 | 省内迁入 | 省外迁入 | 省内迁出 | 省外迁出 | |
| 集美区 | 133432 | 448180 | 215434 | 232746 | 144631 | 95622 | 160954 | 46973 | 24342 | 6641 | 13450 | 1592 | 427594 |
| 侨英街道 | 20194 | 72391 | 34740 | 37651 | 24418 | 16660 | 25088 | 6225 | 4554 | 1376 | 2339 | 571 | 68556 |
| 后溪镇 | 18680 | 76751 | 36776 | 39975 | 22617 | 19140 | 26925 | 8069 | 4071 | 1289 | 2818 | 336 | 73743 |
| 杏林街道 | 36504 | 118728 | 56696 | 62032 | 41387 | 23956 | 42507 | 10878 | 7363 | 1395 | 3516 | 213 | 112167 |
| 杏滨街道 | 23333 | 72189 | 34574 | 37615 | 24780 | 13884 | 26536 | 6989 | 3670 | 1108 | 2239 | 78 | 68995 |
| 灌口镇 | 25466 | 75030 | 36352 | 38678 | 22784 | 15145 | 27517 | 9584 | 3491 | 1060 | 1314 | 63 | 71242 |
| 集美街道 | 9255 | 33091 | 16296 | 16795 | 8645 | 6837 | 12381 | 5228 | 1193 | 413 | 1224 | 331 | 32891 |

表32

## 2022年集美区城市基础设施情况

| 指标名称 | 单位 | 数据 |
|---|---|---|
| 道路：城市道路长度 | 千米 | 397.0 |
| 城市道路总面积 | 万平方米 | 874.44 |
| 园林：公园个数 | 个 | 58 |
| 公园面积 | 公顷 | 242.59 |
| 建成区绿化覆盖率 | % | 45.68 |
| 环保：城市污水排放量 | 万吨 | 8799.27 |

续表 32

| 指标名称 | 单位 | 数据 |
|---|---|---|
| 城市污水处理量 | 万吨 | 10528.05 |
| 污水处理率 | % | 100.00 |
| 环卫：生活垃圾清运量 | 万吨 | 33.59 |
| 公厕数量 | 座 | 367 |
| 环卫机械总数 | 台 | 898 |
| # 垃圾车 | 台 | 192 |
| 年末环卫职工人数 | 人 | 6629 |
| 供电：全年用电总量 | 万千瓦小时 | 578790.09 |
| # 工业用电 | 万千瓦小时 | 302543.49 |
| 居民生活用电 | 万千瓦小时 | 168491.05 |
| 平均日生活用电量 | 万千瓦小时 | 461.00 |
| 水厂个数（供水企业） | 个 | 3 |
| 综合生产能力 | 万吨 / 日 | 44 |
| 自来水管道长度 | 千米 | 729.0 |
| 供水总量 | 万吨 | 9776.97 |
| 售水总量 | 万吨 | 9127.27 |
| # 生产用水量 | 万吨 | 1715.29 |
| 生活用水量 | 万吨 | 6290.59 |
| 家庭用量（居民） | 万吨 | 4161.46 |
| 平均日供水量 | 万吨 | 26.79 |

表 33

## 2022 年集美区主要经济指标

| 指标名称 | 单位 | 实绩 | 比上年增长（%） |
|---|---|---|---|
| 地区生产总值（GDP） | 万元 | 9565819 | 3.0 |
| 第一产业 | 万元 | 31128 | -5.0 |
| 第二产业 | 万元 | 4840032 | 1.1 |
| 第三产业 | 万元 | 4694659 | 5.0 |
| 规模以上工业增加值 | 万元 | – | -2.4 |
| 固定资产投资额 | 万元 | – | -8.9 |
| 社会消费品零售总额 | 万元 | 2277161 | 1.2 |
| 批发业销售额 | 万元 | 17410643 | 79.1 |
| 零售业销售额 | 万元 | 1829759 | 0.1 |
| 住宿业营业额 | 万元 | 67900 | 12.2 |
| 餐饮业营业额 | 万元 | 237870 | 1.9 |
| 合同利用外资 | 万美元 | 90967 | 185.5 |
| 实际利用外资 | 万美元 | 23388 | -20.6 |
| 来集旅游人数 | 万人次 | 1347 | -1.1 |
| 财政总收入 | 万元 | 1423442 | 1.8 |
| # 区级财政收入 | 万元 | 460677 | 1.6 |

续表 33

| 指标名称 | 单位 | 实绩 | 比上年增长（%） |
|---|---|---|---|
| 财政支出 | 万元 | 958290 | 13.2 |
| 全体居民人均可支配收入 | 元 | 61610 | 5.8 |
| 城镇居民人均可支配收入 | 元 | 63273 | 5.0 |
| 农村居民人均可支配收入 | 元 | 39145 | 8.1 |

表 34

## 2021—2022 年集美区农业主要经济指标

| 项　目 | 单位 | 2022 年 | 2021 年 | 增减数 |
|---|---|---|---|---|
| 农业总产值（现行价） | 万元 | 71620 | 75805 | −4185 |
| 农业产值 | 万元 | 45998 | 48040 | −2042 |
| 林业产值 | 万元 | 55 | 50 | 5 |
| 牧业产值 | 万元 | 6202 | 9017 | −2815 |
| 渔业产值 | 万元 | 3014 | 2998 | 16 |
| 农林牧渔服务业产值 | 万元 | 16350 | 15700 | 650 |
| 全年农作物总播种面积 | 亩 | 38514 | 43973 | −5459 |
| 全年粮食播种面积 | 亩 | 3472 | 3200 | 272 |
| 全年粮食总产量 | 吨 | 1399 | 1272 | 127 |
| 春收粮食产量 | 吨 | 124 | 115 | 9 |
| 夏收粮食产量 | 吨 | 448 | 408 | 40 |
| 秋收粮食产量 | 吨 | 827 | 749 | 78 |
| 全年蔬菜播种面积 | 亩 | 29182 | 30944 | −1762 |
| 全年蔬菜总产量 | 吨 | 49395 | 51414 | −2019 |
| 一季度蔬菜产量 | 吨 | 12378 | 12436 | −58 |
| 二季度蔬菜产量 | 吨 | 10141 | 11153 | −1012 |
| 三季度蔬菜产量 | 吨 | 12309 | 12156 | 153 |
| 四季度蔬菜产量 | 吨 | 14567 | 15669 | −1102 |
| 全年花卉作物播种面积 | 亩 | 7147 | 7505 | −358 |
| 全年水果播种面积 | 亩 | 28725 | 29815 | −1090 |
| 全年水果产量 | 吨 | 28583 | 30899 | −2316 |
| #龙眼产量 | 吨 | 11380 | 13275 | −1895 |
| 全年茶叶产量 | 吨 | 6 | 6 | 0 |
| 全年食用菌产量 | 吨 | 24 | 20 | 4 |
| 全年肉蛋奶总产量 | 吨 | 1536 | 2319 | −783 |
| 肉类总产量 | 吨 | 933 | 1516 | −583 |
| 蛋品总产量 | 吨 | 510 | 737 | −227 |
| 乳品总产量 | 吨 | 93 | 66 | 27 |
| 全年家禽出栏数 | 只 | 597892 | 1009577 | −411685 |
| 期末家禽存栏数 | 只 | 220400 | 394007 | −173607 |
| 全年水产品总产量 | 吨 | 1663 | 2008 | −345 |
| 海水产品产量 | 吨 | 370 | 373 | −3 |
| 淡水产品产量 | 吨 | 1293 | 1635 | −342 |

表 35

## 2022 年集美区规模以上工业企业主要经济指标

单位：万元

| 项　　目 | 企业单位数（个） | 工业总产值（当年价） | 资产总计 | 营业收入 | 平均用工人数（人） |
|---|---|---|---|---|---|
| 总　计 | 697 | 12057140 | 14358547 | 11985710 | 137828 |
| 按登记注册类型分 | | | | | |
| 有限责任公司 | 26 | 1206939 | 1690730 | 1211719 | 9155 |
| 股份有限公司 | 7 | 611226 | 1937121 | 833953 | 3517 |
| 私营企业 | 490 | 4258339 | 3970999 | 4067424 | 52165 |
| 港、澳、台商投资企业 | 80 | 2168686 | 2776183 | 2166028 | 30288 |
| 合资经营企业（港或澳、台资） | 21 | 605820 | 600312 | 553270 | 3842 |
| 港澳台商独资经营企业 | 52 | 1295153 | 1848925 | 1344927 | 25209 |
| 港澳台商投资股份有限公司 | 7 | 267713 | 326946 | 267831 | 1237 |
| 外商投资企业 | 94 | 3811951 | 3983513 | 3706587 | 42703 |
| 中外合资经营企业 | 20 | 1067325 | 956263 | 1032563 | 8133 |
| 外资企业 | 72 | 2365046 | 2351522 | 2306352 | 28848 |
| 外商投资股份有限公司 | 2 | 379580 | 675728 | 367672 | 5722 |
| 总计中：国有控股企业 | 19 | 1461721 | 2194225 | 1462099 | 10763 |
| 总计中：轻工业 | 311 | 4154314 | 4458766 | 3979194 | 63348 |
| 重工业 | 385 | 7902826 | 9899781 | 8006516 | 74480 |
| 总计中：大型企业 | 18 | 3756875 | 5852958 | 4030836 | 43934 |
| 中型企业 | 59 | 3040919 | 3475621 | 2912575 | 36702 |
| 小型企业 | 573 | 5069883 | 4890597 | 4861356 | 56380 |
| 微型企业 | 46 | 189463 | 139371 | 180944 | 812 |
| 按行业大类分 | | | | | |
| 农副食品加工业 | 10 | 77449 | 63982 | 82887 | 545 |
| 食品制造业 | 5 | 163556 | 78425 | 133305 | 509 |
| 酒、饮料和精制茶制造业 | 1 | 1967 | 3531 | 1930 | 30 |
| 纺织业 | 26 | 480584 | 700539 | 471563 | 7389 |
| 纺织服装、服饰业 | 40 | 295903 | 451243 | 303221 | 7554 |
| 皮革、毛皮、羽毛及其制品和制鞋业 | 9 | 38526 | 16864 | 37395 | 1033 |
| 木材加工和木、竹、藤、棕、草制品业 | 1 | 655 | 1125 | 655 | 5 |
| 家具制造业 | 13 | 153298 | 96058 | 146436 | 1668 |
| 造纸和纸制品业 | 12 | 67754 | 60860 | 62439 | 574 |
| 印刷和记录媒介复制业 | 12 | 113169 | 90318 | 105551 | 1545 |
| 文教、工美、体育和娱乐用品制造业 | 22 | 420291 | 430350 | 405815 | 10578 |
| 化学原料和化学制品制造业 | 22 | 197615 | 185262 | 195931 | 1937 |
| 医药制造业 | 4 | 272916 | 360631 | 260618 | 2727 |
| 化学纤维制造业 | 2 | 32067 | 33402 | 27478 | 422 |
| 橡胶和塑料制品业 | 75 | 1195636 | 1386425 | 1146630 | 16635 |
| 非金属矿物制品业 | 16 | 278783 | 291028 | 237626 | 1464 |
| 黑色金属冶炼和压延加工业 | 6 | 61947 | 33614 | 58927 | 237 |
| 有色金属冶炼和压延加工业 | 11 | 830232 | 863717 | 850061 | 6053 |
| 金属制品业 | 84 | 1334256 | 1339176 | 1393857 | 14696 |

续表 35

| 项　　目 | 企业单位数（个） | 工业总产值（当年价） | 资产总计 | 营业收入 | 平均用工人数（人） |
|---|---|---|---|---|---|
| 通用设备制造业 | 69 | 557922 | 630606 | 529577 | 6894 |
| 专用设备制造业 | 67 | 552331 | 780459 | 500120 | 7100 |
| 汽车制造业 | 26 | 917503 | 1656601 | 970614 | 8486 |
| 铁路、船舶、航空航天和其他运输设备制造业 | 8 | 300495 | 174308 | 276346 | 1838 |
| 电气机械和器材制造业 | 76 | 1596085 | 2366300 | 1766287 | 15968 |
| 计算机、通信和其他电子设备制造业 | 57 | 1957066 | 2087563 | 1865952 | 19940 |
| 仪器仪表制造业 | 10 | 50617 | 52086 | 49120 | 654 |
| 其他制造业 | 8 | 34544 | 29807 | 32575 | 847 |
| 金属制品、机械和设备修理业 | 2 | 37997 | 27994 | 37997 | 233 |
| 电力、热力生产和供应业 | 2 | 34273 | 50960 | 32414 | 229 |
| 水的生产和供应业 | 1 | 1705 | 15313 | 2386 | 38 |

表 36

## 2022 年集美区重点企业“三废”排放、处理、综合利用情况

| 指标名称 | 单位 | 实绩 |
|---|---|---|
| 工业废水排放量 | 万吨 | 490.74 |
| 工业废水排放达标量 | 万吨 | 490.74 |
| 工业废水排放达标率 | % | 100.00 |
| 工业废气排放总量 | 亿标立米 | 633.98 |
| 二氧化硫排放总量 | 万吨 | 0.00 |
| 二氧化硫排放达标率 | % | 100.00 |
| 工业烟尘（粉）去除量 | 万吨 | 0.21 |
| 工业粉尘（粉）排放量 | 吨 | 112.22 |
| #排放达标量 | 吨 | 112.22 |
| 工业固体废物排放量 | 万吨 | 0.00 |
| 工业固体废物产生量 | 万吨 | 8.08 |
| 工业固体废物贮存量 | 万吨 | 0.23 |
| 工业固体废物处置量 | 万吨 | 1.56 |
| 工业固体废物综合利用量 | 万吨 | 6.29 |
| 工业固体废物综合利用率 | % | 0.78 |

表 37

## 2022 年集美区总承包和专业承包建筑业企业生产情况

| 指标名称 | 单位 | 数量 |
|---|---|---|
| 企业个数 | 个 | 128 |
| 建筑业总产值 | 万元 | 6129879 |
| 房屋建筑施工面积 | 平方米 | 20738340 |
| #本年新开工面积 | 平方米 | 5989957 |
| 房屋竣工产值 | 万元 | 1443872 |
| 从事建筑业活动的平均人数 | 人 | 138020 |
| #工程技术人员 | 人 | 19871 |

表 38

## 2022 年集美区公路里程数

| 指标名称 | 单 位 | 2022 年底到达数 | | |
|---|---|---|---|---|
| | | 合计 | 公路 | 农村公路 |
| 一、公路通车里程 | 千米 | 238.8 | 108.8 | 130.0 |
| # 等级公路 | 千米 | 231.1 | 108.8 | 122.3 |
| # 高级（一级） | 千米 | 91.3 | 84.9 | 6.4 |
| 次高级（二级） | 千米 | 43.8 | 23.9 | 19.9 |
| 中级（三级） | 千米 | 96.0 | | 96.0 |
| # 等外公路 | 千米 | 7.7 | | 7.7 |
| # 有路面公路 | 千米 | 239.1 | 108.8 | 130.3 |
| # 无路面公路 | 千米 | | | |
| 二、道路等级 | — | | | |
| 国道 | 千米 | 43.6 | 43.6 | |
| 省道 | 千米 | 24.1 | 24.1 | |
| 县道 | 千米 | 57.5 | 37.7 | 19.8 |
| 乡道 | 千米 | 51.9 | 3.5 | 48.4 |
| 村道（行政村道） | 千米 | 61.8 | | 61.8 |
| 三、晴雨通车里程 | 千米 | 231.1 | 108.8 | 122.3 |
| 四、可绿化公路里程 | 千米 | 108.8 | 108.8 | |
| # 绿化里程 | 千米 | 108.8 | 108.8 | |
| 五、公路桥梁 | 座 | 87 | 63 | 24 |
| 公路桥梁长度 | 米 | 20573.6 | 19984.0 | 589.6 |
| # 互通式立交桥 | 座 | 11 | 11 | |
| 互通式立交桥长度 | 米 | 11954.5 | 11954.5 | |

备注：数据由区建设与交通局（农村公路）、公路局集美分局两个单位提供

表 39

## 2022 年集美区限额以上批发和零售业法人企业经营情况

单位：万元

| 指标名称 | 批发和零售业 | | | | | | |
|---|---|---|---|---|---|---|---|
| | 法人企业数（个） | 从业人员期末人数（人） | 商品购进额 | 商品销售额 | 期末商品库存额 | 服务营业额 | 年末零售营业面积（平方米） |
| 总计 | 493 | 16021 | 18642929 | 19198789 | 457550 | 21001 | 467992 |
| 批发业（按批发行业小类分） | 394 | 7658 | 17404579 | 17720435 | 308984 | 5929 | 8363 |
| 农、林、牧、渔产品批发 | 24 | 157 | 1125851 | 1134910 | 26207 | | |
| 食品、饮料及烟草制品批发 | 27 | 680 | 359347 | 378460 | 17934 | | 150 |
| 纺织、服装及家庭用品批发 | 64 | 1943 | 668618 | 724792 | 19549 | 1002 | 2045 |
| 文化、体育用品及器材批发 | 9 | 160 | 46602 | 50747 | 2963 | | |
| 医药及医疗器材批发 | 12 | 421 | 97045 | 121745 | 6268 | 23 | 43 |
| 矿产品、建材及化工产品批发 | 173 | 1524 | 12623034 | 12681760 | 111110 | 2754 | 2010 |

续表 39

| 指标名称 | 批发和零售业 | | | | | | |
|---|---|---|---|---|---|---|---|
| | 法人企业数（个） | 从业人员期末人数（人） | 商品购进额 | 商品销售额 | 期末商品库存额 | 服务营业额 | 年末零售营业面积（平方米） |
| 机械设备、五金产品及电子产品批发 | 76 | 2245 | 2132596 | 2248225 | 121157 | 1590 | 4115 |
| 其他批发业 | 9 | 528 | 351486 | 379797 | 3796 | 561 | |
| 零售业 | 99 | 8363 | 1238350 | 1478355 | 148566 | 15073 | 459629 |
| 综合零售 | 8 | 667 | 35661 | 41325 | 2546 | 120 | 46571 |
| 食品、饮料及烟草制品专门零售 | 2 | 38 | 5305 | 5966 | 11 | | 820 |
| 纺织、服装及日用品专门零售 | 6 | 3969 | 207239 | 365616 | 65271 | 3825 | 249996 |
| 医药及医疗器材专门零售 | 3 | 572 | 12426 | 13619 | 472 | 119 | 13696 |
| 汽车、摩托车、零配件和燃料及其他动力销售 | 34 | 1426 | 644710 | 657281 | 58204 | 5809 | 133502 |
| 家用电器及电子产品专门零售 | 4 | 211 | 22843 | 26520 | 2256 | 194 | 1273 |
| 货摊、无店铺及其他零售业 | 42 | 1480 | 310165 | 368028 | 19806 | 5007 | 13771 |

表 40

## 2022 年集美区限额以上住宿和餐饮业法人企业经营情况

| 指标名称 | 限额以上住宿和餐饮业 | | | | | | |
|---|---|---|---|---|---|---|---|
| | 法人企业数（个） | 从业人员期末人数（人） | 营业额（万元） | 客房数（间） | 床位数（个） | 餐位数（位） | 年末餐饮营业面积（平方米） |
| 总　计 | 65 | 5156 | 141870 | 6819 | 10634 | 65289 | 206288 |
| 住宿业 | 30 | 2438 | 67410 | 6819 | 10634 | 15072 | 96596 |
| 按住宿行业小类分 | | | | | | | |
| 旅游饭店 | 11 | 1849 | 52520 | 3784 | 6082 | 11676 | 70994 |
| 一般旅馆 | 19 | 589 | 14890 | 3035 | 4552 | 3396 | 25602 |
| 经济型连锁酒店 | 12 | 400 | 10975 | 2161 | 3126 | 717 | 18071 |
| 其他一般旅馆 | 7 | 189 | 3915 | 874 | 1426 | 2679 | 7531 |
| 按登记注册类型分 | | | | | | | |
| 内资企业 | 30 | 2438 | 67410 | 6819 | 10634 | 15072 | 96596 |
| 国有企业 | 1 | 336 | 7049 | 635 | 1014 | 1014 | 6070 |
| 有限责任公司 | 3 | 301 | 9608 | 852 | 1329 | 5047 | 5505 |
| 其他有限责任公司 | 3 | 301 | 9608 | 852 | 1329 | 5047 | 5505 |
| 私营企业 | 26 | 1801 | 50753 | 5332 | 8291 | 9011 | 85021 |
| 私营有限责任公司 | 26 | 1801 | 50753 | 5332 | 8291 | 9011 | 85021 |
| 按控股情况分 | | | | | | | |
| 国有控股 | 3 | 301 | 9608 | 852 | 1329 | 5047 | 5505 |
| 私人控股 | 26 | 1801 | 50753 | 5332 | 8291 | 9011 | 85021 |
| 按经营形式分 | | | | | | | |

续表 40

| 指标名称 | 限额以上住宿和餐饮业 | | | | | | |
|---|---|---|---|---|---|---|---|
| | 法人企业数（个） | 从业人员期末人数（人） | 营业额（万元） | 客房数（间） | 床位数（个） | 餐位数（位） | 年末餐饮营业面积（平方米） |
| 独立门店 | 17 | 1813 | 47942 | 4198 | 6853 | 11633 | 73995 |
| 连锁总店（总部） | 1 | 20 | 232 | 224 | 326 | | |
| 连锁直营店 | 1 | 57 | 2663 | 241 | 482 | 500 | 13189 |
| 连锁加盟店 | 7 | 182 | 4277 | 1000 | 1380 | 130 | 3692 |
| 其他 | 4 | 366 | 12296 | 1156 | 1593 | 2809 | 5720 |
| 按单位规模分 | | | | | | | |
| 中型 | 6 | 1600 | 43867 | 2844 | 4521 | 10906 | 67528 |
| 小型 | 24 | 838 | 23543 | 3975 | 6113 | 4166 | 29068 |
| 按星级分 | | | | | | | |
| 五星 | 1 | 350 | 8035 | 389 | 616 | 3464 | 5242 |
| 四星 | 2 | 132 | 6924 | 543 | 866 | 670 | 3166 |
| 三星 | 2 | 75 | 763 | 134 | 257 | 2300 | 785 |
| 其他 | 25 | 1881 | 51688 | 5753 | 8895 | 8638 | 87403 |
| 餐饮业 | 35 | 2718 | 74460 | | | 50217 | 109692 |
| 按餐饮行业小类分 | | | | | | | |
| 正餐服务 | 23 | 1475 | 48825 | | | 43285 | 73136 |
| 正餐服务 | 23 | 1475 | 48825 | | | 43285 | 73136 |
| 快餐服务 | 6 | 949 | 19369 | | | 6840 | 22750 |
| 快餐服务 | 6 | 949 | 19369 | | | 6840 | 22750 |
| 饮料及冷饮服务 | 2 | 158 | 3453 | | | 62 | 1676 |
| 其他饮料及冷饮服务 | 2 | 158 | 3453 | | | 62 | 1676 |
| 餐饮配送及外卖送餐服务 | 4 | 136 | 2814 | | | 30 | 12130 |
| 餐饮配送服务 | 4 | 136 | 2814 | | | 30 | 12130 |
| 按登记注册类型分 | | | | | | | |
| 内资企业 | 31 | 2156 | 63673 | | | 45155 | 80016 |
| 有限责任公司 | 1 | 28 | 264 | | | 320 | 2361 |
| 其他有限责任公司 | 1 | 28 | 264 | | | 320 | 2361 |
| 私营企业 | 30 | 2128 | 63409 | | | 44835 | 77655 |
| 私营有限责任公司 | 30 | 2128 | 63409 | | | 44835 | 77655 |
| 港、澳、台商投资企业 | 1 | 2 | 278 | | | | 10000 |
| 与港澳台商合资经营企业 | 1 | 2 | 278 | | | | 10000 |
| 外商投资企业 | 3 | 560 | 10509 | | | 5062 | 19676 |
| 外资企业 | 3 | 560 | 10509 | | | 5062 | 19676 |
| 按控股情况分 | | | | | | | |
| 国有控股 | 1 | 28 | 264 | | | 320 | 2361 |
| 私人控股 | 30 | 2128 | 63409 | | | 44835 | 77655 |

续表 40

| 指标名称 | 限额以上住宿和餐饮业 | | | | | | |
|---|---|---|---|---|---|---|---|
| | 法人企业数（个） | 从业人员期末人数（人） | 营业额（万元） | 客房数（间） | 床位数（个） | 餐位数（位） | 年末餐饮营业面积（平方米） |
| 港澳台商控股 | 1 | 2 | 278 | | | | 10000 |
| 外商控股 | 3 | 560 | 10509 | | | 5062 | 19676 |
| 按经营形式分 | | | | | | | |
| 独立门店 | 19 | 851 | 24365 | | | 10416 | 46655 |
| 连锁总店（总部） | 1 | 140 | 2878 | | | 50 | 1334 |
| 连锁直营店 | 2 | 304 | 6415 | | | 912 | 1342 |
| 连锁加盟店 | 1 | 168 | 3280 | | | 230 | 1300 |
| 其他 | 12 | 1255 | 37522 | | | 38609 | 59061 |
| 按单位规模分 | | | | | | | |
| 中型 | 7 | 1654 | 52393 | | | 39135 | 46601 |
| 小型 | 25 | 1057 | 21640 | | | 11057 | 52706 |
| 微型 | 3 | 7 | 427 | | | 25 | 10385 |

表 41

## 2022 年集美区普通小学教育基本情况

| 地　区 | 校数（所） | 班数（个） | 学生数情况（人） | | |
|---|---|---|---|---|---|
| | | | 毕业生数 | 招生数 | 在校生数 |
| 合　计 | 46 | 1599 | 10213 | 12932 | 74684 |
| 灌口镇 | 12 | 319 | 2201 | 3064 | 16384 |
| 本区民办 | 1 | 24 | 181 | 160 | 1043 |
| 县级教育部门 | 11 | 295 | 2020 | 2904 | 15341 |
| 后溪镇 | 8 | 164 | 908 | 1067 | 6136 |
| 市属民办 | | 21 | 52 | 85 | 476 |
| 县级教育部门 | 8 | 143 | 856 | 982 | 5660 |
| 杏林街道 | 8 | 492 | 3015 | 3559 | 22482 |
| 市属民办 | 1 | 47 | 326 | 240 | 1617 |
| 本区民办 | | 88 | 692 | 304 | 3806 |
| 县级教育部门 | 7 | 357 | 1997 | 3015 | 17059 |
| 集美街道 | 2 | 84 | 530 | 703 | 4106 |
| 县级教育部门 | 2 | 84 | 530 | 703 | 4106 |
| 侨英街道 | 7 | 252 | 1549 | 2476 | 12178 |
| 县级教育部门 | 7 | 252 | 1549 | 2476 | 12178 |
| 杏滨街道 | 9 | 288 | 2010 | 2063 | 13398 |
| 本区民办 | 2 | 47 | 300 | 109 | 1687 |
| 县级教育部门 | 7 | 241 | 1710 | 1954 | 11711 |

表 42

## 2022 年集美区小学教职工及专任教师学历职称情况

单位：人

| 地区 | 教职工数 | | | | | | 校外教师 | 按学历分 | | | | | | 按专业技术职务分 | | | | | |
|---|---|---|---|---|---|---|---|---|---|---|---|---|---|---|---|---|---|---|---|
| | 合计 | 专任教师 | 行政人员 | 教辅人员 | 工勤人员 | 其他 | | 博士研究生 | 硕士研究生 | 本科 | 专科 | 高中阶段 | 高中阶段以下 | 正高级 | 副高级 | 中级 | 助理级 | 员级 | 未定职级 |
| 合　计 | 4111 | 3796 | 118 | 73 | 120 | 4 | 32 | 1 | 126 | 3172 | 493 | 3 | 1 | 1 | 125 | 1223 | 1392 | 43 | 1012 |
| 灌口镇 | 855 | 820 | 12 | 21 | | 2 | 15 | | 21 | 731 | 68 | | | | 27 | 252 | 326 | 4 | 211 |
| 本区民办 | 54 | 53 | 1 | | | | | | | 33 | 20 | | | | | | | | 53 |
| 县级教育部门 | 801 | 767 | 11 | 21 | | 2 | 15 | | 21 | 698 | 48 | | | | 27 | 252 | 326 | 4 | 158 |
| 后溪镇 | 354 | 343 | 5 | 6 | | | | | 16 | 295 | 31 | 1 | | | 7 | 116 | 157 | 5 | 58 |
| 市属民办 | 52 | 52 | | | | | | | 10 | 41 | 1 | | | | | 2 | 40 | | 10 |
| 县级教育部门 | 302 | 291 | 5 | 6 | | | | | 6 | 254 | 30 | 1 | | | 7 | 114 | 117 | 5 | 48 |
| 杏林街道 | 1350 | 1139 | 76 | 23 | 112 | | 5 | | 34 | 911 | 191 | 2 | 1 | | 42 | 322 | 375 | 24 | 376 |
| 市属民办 | 251 | 119 | 66 | 6 | 60 | | 2 | | 5 | 90 | 24 | | | | 11 | 41 | 37 | 1 | 29 |
| 本区民办 | 225 | 168 | 2 | 5 | 50 | | | | | 71 | 97 | | | | | 1 | 2 | 20 | 145 |
| 县级教育部门 | 874 | 852 | 8 | 12 | 2 | | 3 | | 29 | 750 | 70 | 2 | 1 | | 31 | 280 | 336 | 3 | 202 |
| 集美街道 | 213 | 206 | 2 | 4 | 1 | | | | 9 | 166 | 31 | | | | 17 | 90 | 56 | 2 | 41 |
| 县级教育部门 | 213 | 206 | 2 | 4 | 1 | | | | 9 | 166 | 31 | | | | 17 | 90 | 56 | 2 | 41 |
| 侨英街道 | 627 | 611 | 10 | 6 | | | | | 28 | 526 | 57 | | | 1 | 17 | 204 | 247 | 4 | 138 |
| 县级教育部门 | 627 | 611 | 10 | 6 | | | | | 28 | 526 | 57 | | | 1 | 17 | 204 | 247 | 4 | 138 |
| 杏滨街道 | 712 | 677 | 13 | 13 | 7 | 2 | 12 | 1 | 18 | 543 | 115 | | | | 15 | 239 | 231 | 4 | 188 |
| 本区民办 | 114 | 102 | 6 | | 6 | | | 1 | 12 | 30 | 59 | | | | | 1 | 2 | | 99 |
| 县级教育部门 | 598 | 575 | 7 | 13 | 1 | 2 | 12 | | 6 | 513 | 56 | | | | 15 | 238 | 229 | 4 | 89 |

表 43

## 2022 年集美区普通中学教育基本情况

单位：人

| 学校名称 | 校数（所） | 毕业生数 | | | 招生数 | | | 在校生数 | | |
|---|---|---|---|---|---|---|---|---|---|---|
| | | 小计 | 初中 | 高中 | 小计 | 初中 | 高中 | 小计 | 初中 | 高中 |
| 合计 | 21 | 11334 | 8057 | 3277 | 14010 | 9461 | 4549 | 40529 | 28201 | 12328 |
| 市属小计 | 5 | 2425 | 1196 | 1229 | 3240 | 1273 | 1967 | 9219 | 4132 | 5087 |
| 市属民办 | 3 | 887 | 386 | 501 | 1716 | 448 | 1268 | 4303 | 1418 | 2885 |
| 厦门工学院附属学校 | 1 | 237 | 50 | 187 | 418 | 85 | 333 | 1071 | 215 | 856 |
| 厦门英才学校中学部 | 1 | 650 | 336 | 314 | 1081 | 363 | 718 | 2863 | 1203 | 1660 |
| 厦门市华锐莱普顿高级中学有限公司 | 1 | | | | 217 | | 217 | 369 | | 369 |
| 地级教育部门 | 2 | 1538 | 810 | 728 | 1524 | 825 | 699 | 4916 | 2714 | 2202 |
| 厦门市启明学校 | 1 | | | | | | | | | |
| 福建省厦门集美中学 | 1 | 1538 | 810 | 728 | 1524 | 825 | 699 | 4916 | 2714 | 2202 |
| 本区小计 | 16 | 8909 | 6861 | 2048 | 10770 | 8188 | 2582 | 31310 | 24069 | 7241 |
| 本区民办 | 2 | | | | 38 | 38 | | 98 | 98 | |
| 厦门市集美区英贤学校 | 1 | | | | | | | | | |

续表 43

| 学校名称 | 校数（所） | 毕业生数 | | | 招生数 | | | 在校生数 | | |
|---|---|---|---|---|---|---|---|---|---|---|
| | | 小计 | 初中 | 高中 | 小计 | 初中 | 高中 | 小计 | 初中 | 高中 |
| 厦门市集美区华锐双语学校 | 1 | | | | 38 | 38 | | 98 | 98 | |
| 县级教育部门 | 14 | 8909 | 6861 | 2048 | 10732 | 8150 | 2582 | 31212 | 23971 | 7241 |
| 初级中学 | 6 | 2703 | 2703 | | 3475 | 3475 | | 9818 | 9818 | |
| 厦门市集美实验学校 | 1 | 536 | 536 | | 572 | 572 | | 1696 | 1696 | |
| 厦门市集美区杏东中学 | 1 | 415 | 415 | | 490 | 490 | | 1397 | 1397 | |
| 厦门市集美区诚毅中学 | 1 | 463 | 463 | | 492 | 492 | | 1447 | 1447 | |
| 厦门市集美区蔡林学校 | 1 | | | | 492 | 492 | | 1440 | 1440 | |
| 厦门市集美区上塘中学 | 1 | 733 | 733 | | 845 | 845 | | 2326 | 2326 | |
| 厦门市集美区后溪中学 | 1 | 556 | 556 | | 584 | 584 | | 1512 | 1512 | |
| 九年一贯制学校 | 4 | 599 | 599 | | 980 | 980 | | 2606 | 2606 | |
| 福建省厦门集美中学附属滨水学校 | 1 | 388 | 388 | | 396 | 396 | | 1154 | 1154 | |
| 华侨大学集美附属学校 | 1 | | | | 388 | 388 | | 776 | 776 | |
| 厦门市集美区园博学校 | 1 | | | | | | | | | |
| 厦门市集美区西亭学校 | 1 | 211 | 211 | | 196 | 196 | | 676 | 676 | |
| 完全中学 | 4 | 5607 | 3559 | 2048 | 6277 | 3695 | 2582 | 18788 | 11547 | 7241 |
| 厦门市集美区乐安中学 | 1 | 1050 | 673 | 377 | 1078 | 576 | 502 | 3355 | 1932 | 1423 |
| 厦门市第十中学 | 1 | 1490 | 992 | 498 | 1463 | 781 | 682 | 4280 | 2474 | 1806 |
| 厦门市杏南中学 | 1 | 1532 | 947 | 585 | 2047 | 1347 | 700 | 6179 | 4285 | 1894 |
| 厦门市集美区灌口中学 | 1 | 1535 | 947 | 588 | 1689 | 991 | 698 | 4974 | 2856 | 2118 |

说明：启明学校为工读学校，因学生的学籍在原学校，不统计学生数；园博学校和英贤学校只有小学部，学生数班数统计在小学部

表 44

## 2022 年集美区中等职业技术学校办学情况

单位：平方米

| 指标名称 | 合计 | 本区 | 县级教育部门办 | | 市属 | 市级教育部门办 | | | 市级民办 | |
|---|---|---|---|---|---|---|---|---|---|---|
| | | | | 厦门市集美职业技术学校 | | | 集美工业学校 | 厦门工商旅游学校 | | 厦门兴才职业技术学院 |
| 总计 | 593894 | 73020 | 73020 | 73020 | 520874 | 318045 | 171435 | 146610 | 202829 | 202829 |
| 一、教学及辅助用房 | 307975 | 44323 | 44323 | 44323 | 263652 | 131289 | 73696 | 57593 | 132363 | 132363 |
| 二、行政办公用房 | 49310 | 2266 | 2266 | 2266 | 47044 | 42483 | 25980 | 16503 | 4561 | 4561 |
| 三、生活用房 | 220980 | 25823 | 25823 | 25823 | 195157 | 129251 | 63772 | 65479 | 65906 | 65906 |
| 四、其他用房 | 15630 | 608 | 608 | 608 | 15022 | 15022 | 7987 | 7035 | | |

表 45

## 2022 年集美区中等职业技术学校教职工基本情况

单位：人

| 教职名称 | 总计 | 本区 | 县级教育部门办 | | 市属 | 市级教育部门办 | | | 市级民办 | |
|---|---|---|---|---|---|---|---|---|---|---|
| | | | | 厦门市集美职业技术学校 | | | 集美工业学校 | 厦门工商旅游学校 | | 厦门兴才职业技术学院 |
| 教职工数合计 | 1742 | 300 | 300 | 300 | 1442 | 902 | 450 | 452 | 540 | 540 |
| 专任教师中分专业技术职务 | 1289 | 245 | 245 | 245 | 1044 | 642 | 331 | 311 | 402 | 402 |

续表 45

| 教职名称 | 合计 | 本区 | 县级教育部门办 | 厦门市集美职业技术学校 | 市属 | 市级教育部门办 | 集美工业学校 | 厦门工商旅游学校 | 市级民办 | 厦门兴才职业技术学院 |
|---|---|---|---|---|---|---|---|---|---|---|
| 正高级 | 12 | 1 | 1 | 1 | 11 | 3 | 1 | 2 | 8 | 8 |
| 副高级 | 308 | 41 | 41 | 41 | 267 | 202 | 105 | 97 | 65 | 65 |
| 中级 | 468 | 58 | 58 | 58 | 410 | 253 | 145 | 108 | 157 | 157 |
| 初级 | 325 | 70 | 70 | 70 | 255 | 142 | 61 | 81 | 113 | 113 |
| 未定职级 | 176 | 75 | 75 | 75 | 101 | 42 | 19 | 23 | 59 | 59 |
| 专任教师中分学历 | 912 | 245 | 245 | 245 | 1044 | 642 | 331 | 311 | 402 | 402 |
| 硕士研究生 | 235 | 35 | 35 | 35 | 200 | 76 | 34 | 42 | 124 | 124 |
| # 获博士学位 | 34 | 0 | 0 |  | 34 | 34 | 34 |  |  |  |
| # 获硕士学位 | 235 | 35 | 35 | 35 | 200 | 76 | 34 | 42 | 124 | 124 |
| 本科 | 1019 | 186 | 186 | 186 | 833 | 555 | 291 | 264 | 278 | 278 |
| # 获博士学位 | 6 | 0 | 0 |  | 6 | 6 | 6 |  |  |  |
| # 获硕士学位 | 108 | 20 | 20 | 20 | 88 | 88 | 52 | 36 |  |  |
| 专科 | 54 | 14 | 14 | 14 | 40 | 11 | 6 | 5 | 29 | 29 |
| 高中阶段以下 | 10 | 10 | 10 | 10 | 0 | 0 |  |  |  |  |

表 46

## 2022 年集美区普通高等学校基本情况

单位：人

| 学校名称 | 毕业生数 | 招生数 | 在校生数 | 教职工数 | 专任教师 |  |  |  |  |  |
|---|---|---|---|---|---|---|---|---|---|---|
|  |  |  |  |  | 合计 | 教授 | 副教授 | 讲师 | 助教 | 无职称 |
| 合　计 | 33499 | 40696 | 132921 | 10137 | 6936 | 893 | 2248 | 2697 | 804 | 294 |
| 集美大学合计 | 7155 | 8190 | 29756 | 2546 | 1634 | 266 | 541 | 621 | 159 | 47 |
| 校部机关 | 0 | 0 | 0 | 509 | 12 | 9 | 1 | 0 | 2 | 0 |
| 航海学院 | 594 | 540 | 2195 | 136 | 96 | 16 | 35 | 31 | 10 | 4 |
| 轮机工程学院 | 626 | 642 | 2592 | 156 | 125 | 21 | 45 | 49 | 5 | 5 |
| 水产学院 | 243 | 307 | 1033 | 126 | 99 | 35 | 37 | 24 | 2 | 1 |
| 海洋食品与生物工程学院 | 207 | 285 | 927 | 98 | 77 | 18 | 31 | 20 | 4 | 4 |
| 体育学院 | 310 | 331 | 1371 | 143 | 121 | 17 | 37 | 36 | 31 | 0 |
| 财经学院 | 613 | 564 | 2475 | 120 | 109 | 19 | 32 | 44 | 10 | 4 |
| 师范学院 | 279 | 443 | 1450 | 66 | 54 | 7 | 14 | 25 | 7 | 1 |
| 工商管理学院 | 447 | 562 | 1821 | 91 | 79 | 8 | 23 | 36 | 10 | 2 |
| 音乐学院 | 142 | 141 | 563 | 64 | 55 | 5 | 16 | 23 | 11 | 0 |
| 美术与设计学院 | 171 | 176 | 697 | 55 | 44 | 4 | 15 | 19 | 2 | 4 |
| 海洋信息工程学院 | 363 | 419 | 1614 | 82 | 64 | 7 | 26 | 22 | 8 | 1 |
| 计算机工程学院 | 424 | 422 | 1662 | 102 | 76 | 9 | 28 | 33 | 4 | 2 |
| 海洋装备与机械工程学院 | 463 | 506 | 1834 | 152 | 106 | 22 | 32 | 43 | 6 | 3 |
| 理学院 | 369 | 571 | 1824 | 156 | 132 | 22 | 57 | 43 | 7 | 3 |
| 外国语学院 | 259 | 236 | 985 | 137 | 125 | 5 | 30 | 81 | 8 | 1 |

续表 46

| 学校名称 | 毕业生数 | 招生数 | 在校生数 | 教职工数 | 专任教师 | | | | | |
|---|---|---|---|---|---|---|---|---|---|---|
| | | | | | 合计 | 教授 | 副教授 | 讲师 | 助教 | 无职称 |
| 海洋文化与法律学院 | 499 | 624 | 2247 | 98 | 91 | 18 | 30 | 30 | 8 | 5 |
| 港口与海岸工程学院 | 268 | 303 | 1145 | 64 | 53 | 9 | 23 | 19 | 1 | 1 |
| 马克思主义学院 | 0 | 0 | 0 | 70 | 64 | 10 | 16 | 36 | 1 | 1 |
| 继续教育学院（船员培训中心） | 420 | 391 | 1519 | 11 | 2 | 0 | 1 | 1 | 0 | 0 |
| 海外教育学院 | 458 | 727 | 1802 | 61 | 29 | 0 | 0 | 3 | 21 | 5 |
| 诚毅学院 | 0 | 0 | 0 | 49 | 21 | 5 | 12 | 3 | 1 | 0 |
| 研究生 | 648 | 1083 | 2694 | 0 | 0 | 0 | 0 | 0 | 0 | 0 |
| 集美大学诚毅学院 | 4017 | 4891 | 15169 | 976 | 750 | 39 | 289 | 386 | 35 | 1 |
| 华侨大学（厦门校区）合计 | 4082 | 4951 | 18016 | 1732 | 1148 | 256 | 412 | 415 | 4 | 61 |
| 厦门校区直属单位 | 0 | 0 | 0 | 51 | 0 | 0 | 0 | 0 | 0 | 0 |
| 信息科学与工程学院 | 574 | 598 | 2427 | 143 | 103 | 13 | 45 | 44 | 0 | 1 |
| 计算机科学与技术学院 | 392 | 476 | 1805 | 100 | 80 | 14 | 33 | 32 | 0 | 1 |
| 材料科学与工程学院（含发光材料与信息显示研究院） | 287 | 369 | 1280 | 114 | 85 | 28 | 38 | 17 | 0 | 2 |
| 化工学院 | 439 | 538 | 1713 | 122 | 99 | 26 | 48 | 23 | 0 | 2 |
| 机电及自动化学院(含制造工程研究院) | 565 | 604 | 2251 | 182 | 118 | 37 | 46 | 35 | 0 | 0 |
| 土木工程学院 | 514 | 636 | 2251 | 134 | 101 | 36 | 36 | 25 | 0 | 4 |
| 建筑学院 | 228 | 328 | 1369 | 98 | 83 | 12 | 26 | 44 | 0 | 1 |
| 华文学院 | 421 | 438 | 1797 | 104 | 63 | 3 | 23 | 27 | 1 | 9 |
| 哲学与社会发展学院 | 82 | 131 | 451 | 49 | 38 | 19 | 12 | 4 | 0 | 3 |
| 音乐舞蹈学院 | 136 | 162 | 601 | 44 | 37 | 4 | 4 | 20 | 1 | 8 |
| 统计学院/数量经济研究院 | 58 | 26 | 145 | 25 | 18 | 6 | 6 | 5 | 0 | 1 |
| 国际关系学院/华侨华人研究院（含华侨华人与区域国别研究院） | 84 | 91 | 306 | 64 | 50 | 15 | 12 | 17 | 0 | 6 |
| 新闻与传播学院/厦航学院 | 279 | 524 | 1539 | 56 | 41 | 4 | 17 | 15 | 0 | 5 |
| 马克思主义学院/通识教育学院 | 16 | 22 | 59 | 44 | 40 | 5 | 14 | 19 | 2 | 0 |
| 海上丝绸之路研究院/中国海外发展研究中心/华侨华人信息中心 | 0 | 0 | 0 | 10 | 8 | 1 | 2 | 5 | 0 | 0 |
| 校部机关 | 0 | 0 | 0 | 152 | 0 | 0 | 0 | 0 | 0 | 0 |
| 城市建设与经济发展研究院 | 0 | 0 | 0 | 3 | 1 | 1 | 0 | 0 | 0 | 0 |
| 华文教育研究院 | 7 | 8 | 22 | 19 | 16 | 2 | 6 | 8 | 0 | 0 |
| 数学科学学院 | | | | 40 | 40 | 4 | 16 | 19 | 0 | 1 |
| 文学院 | | | | 1 | 1 | 1 | 0 | 0 | 0 | 0 |
| 外国语学院 | | | | 41 | 40 | 2 | 8 | 30 | 0 | 0 |
| 体育学院 | | | | 25 | 23 | 3 | 6 | 11 | 0 | 3 |
| 工学院 | | | | 4 | 3 | 3 | 0 | 0 | 0 | 0 |
| 国际学院 | | | | 0 | 0 | 0 | 0 | 0 | 0 | 0 |
| 经济与金融学院 | | | | 11 | 9 | 4 | 5 | 0 | 0 | 0 |
| 生物医学学院/分子药物研究院/医学院 | | | | 25 | 21 | 6 | 6 | 9 | 0 | 0 |

续表 46

| 学校名称 | 毕业生数 | 招生数 | 在校生数 | 教职工数 | 专任教师 | | | | | |
|---|---|---|---|---|---|---|---|---|---|---|
| | | | | | 合计 | 教授 | 副教授 | 讲师 | 助教 | 无职称 |
| 工商管理学院 | | | | 1 | 0 | 0 | 0 | 0 | 0 | 0 |
| 旅游学院 | | | | 12 | 3 | 3 | 0 | 0 | 0 | 0 |
| 其他厦门校区人员 | | | | 58 | 27 | 4 | 3 | 6 | 0 | 14 |
| 厦门理工学院 | 4835 | 5616 | 20009 | 1720 | 1166 | 189 | 468 | 431 | 52 | 26 |
| 厦门工学院 | 2869 | 4149 | 12132 | 658 | 542 | 51 | 136 | 216 | 76 | 63 |
| 厦门软件职业技术学院 | 3314 | 4988 | 13505 | 664 | 462 | 8 | 85 | 150 | 219 | 0 |
| 厦门华夏学院 | 2222 | 2002 | 7446 | 511 | 372 | 20 | 96 | 136 | 90 | 30 |
| 厦门兴才职业技术学院 | 2364 | 3256 | 8547 | 540 | 402 | 8 | 65 | 157 | 113 | 59 |
| 福州大学厦门工艺美术学院 | 730 | 665 | 3106 | 218 | 147 | 18 | 52 | 63 | 8 | 6 |
| 厦门医学院 | 1911 | 1988 | 5235 | 572 | 313 | 38 | 104 | 122 | 48 | 1 |

表 47

## 2022 年集美区文化馆和公共图书馆基本情况

| 指标名称 | 单位 | 实绩 |
|---|---|---|
| 文化馆 | | |
| 机构数 | 个 | 1 |
| 举办展览个数 | 个 | 9 |
| 组织文艺活动次数 | 次 | 27 |
| 举办培训班 | 班次 | 210 |
| 培训人次 | 人次 | 7200 |
| 藏书 | 册 | |
| 公用房屋建筑面积 | 平方米 | 5000 |
| 公共图书馆 | | |
| 机构数 | 个 | 1 |
| 藏书 | 册 | 402085 |
| 书架单层总长度 | 米 | 2790 |
| 发放借书证数 | 个 | 1856 |
| 图书流通情况 | | |
| 人次 | 人次 | 212001 |
| 册次 | 册次 | 496754 |
| 为读者举办各类活动次 | 次 | 51 |
| 参加人次 | 人次 | 18199 |
| 公用房屋建筑面积 | 平方米 | 4200 |
| 其中：书库 | 平方米 | 1800 |
| 阅览室 | 平方米 | 800 |
| 阅览室坐席数 | 个 | 365 |

表 48

## 2022 年集美区卫生防疫单位基本情况

| 机构名称 | 年末职工人数（人） | 固定资产（万元） | 全年门诊数（万人次） | 病床（张） | 业务用房面积（平方米） |
|---|---|---|---|---|---|
| 合　计 | 3152 | 152768 | 289 | 1838 | 208028 |
| 疾控中心 | 66 | 1354 | 0 | 0 | 5209 |
| 妇幼保健院 | 72 | 560 | 5 | 0 | 4000 |
| 厦门市第一医院杏林分院 | 644 | 23470 | 1 | 428 | 45976 |
| 厦门医学院附属第二医院 | 1817 | 115545 | 153 | 1300 | 121382 |
| 灌口医院 | 119 | 3812 | 22 | 50 | 9335 |
| 后溪卫生院 | 85 | 1990 | 17 | 30 | 7481 |
| 杏林社区卫生服务中心 | 63 | 1152 | 20 | 0 | 1650 |
| 集美社区卫生服务中心 | 40 | 1335 | 17 | 30 | 2912 |
| 侨英社区卫生服务中心 | 91 | 1686 | 19 | 0 | 4483 |
| 杏滨社区卫生服务中心 | 89 | 1543 | 35 | 0 | 3600 |
| 卫生监督所 | 66 | 321 | 0 | 0 | 2000 |

表 49

## 2022 年集美区卫生部门、卫生机构人员统计一览表

| 指标名称 | 机构数（个） | 工作人员数（人） | 卫生技术人员 | | | | | | | | | | | | | | | |
|---|---|---|---|---|---|---|---|---|---|---|---|---|---|---|---|---|---|---|
| | | | 合计 | 中医师 | 西医师 | 护师 | 中药师 | 西药师 | 检验师 | 其他技师 | 中医士 | 西医士 | 护士 | 助产士 | 中药剂士 | 西药剂士 | 检验士 | 其他 |
| 合　计 | 11 | 3181 | 2715 | 78 | 917 | 1055 | 16 | 113 | 114 | 72 | 1 | 8 | 95 | 113 | 4 | 3 | 2 | 133 |
| 一、公立卫生部门 | | | | | | | | | | | | | | | | | | |
| 厦门医学院附属第二医院 | 1 | 1817 | 1526 | 22 | 534 | 640 | 4 | 65 | 41 | 51 | 0 | 0 | 80 | 78 | 0 | 1 | 0 | 18 |
| 其中：高级职称 | | 326 | 315 | 15 | 215 | 45 | 2 | 11 | 16 | 2 | 0 | 0 | 0 | 5 | 0 | 0 | 0 | 4 |
| 中级职称 | | 493 | 471 | 5 | 194 | 173 | 0 | 35 | 10 | 15 | 0 | 0 | 0 | 31 | 0 | 0 | 0 | 8 |
| 厦门市第一医院杏林分院 | 1 | 644 | 540 | 7 | 174 | 246 | 2 | 21 | 30 | 11 | 0 | 1 | 12 | 35 | 0 | 0 | 1 | 0 |
| 其中：高级职称 | | 200 | 199 | 4 | 86 | 63 | 1 | 15 | 13 | 2 | 0 | 0 | 0 | 15 | 0 | 0 | 0 | 0 |
| 中级职称 | | 224 | 217 | 2 | 65 | 113 | 0 | 4 | 8 | 8 | 0 | 0 | 0 | 17 | 0 | 0 | 0 | 0 |
| 疾病控制中心 | 1 | 66 | 50 | 1 | 0 | 1 | 0 | 0 | 9 | 0 | 0 | 0 | 0 | 0 | 0 | 0 | 0 | 39 |
| 其中：高级职称 | | 7 | 7 | 0 | 0 | 0 | 0 | 0 | 2 | 0 | 0 | 0 | 0 | 0 | 0 | 0 | 0 | 5 |
| 中级职称 | | 17 | 17 | 1 | 0 | 1 | 0 | 0 | 5 | 0 | 0 | 0 | 0 | 0 | 0 | 0 | 0 | 10 |
| 卫生监督所 | 1 | 66 | 66 | 0 | 0 | 0 | 0 | 0 | 0 | 0 | 0 | 0 | 0 | 0 | 0 | 0 | 0 | 66 |
| 其中：高级职称 | | 0 | 0 | 0 | 0 | 0 | 0 | 0 | 0 | 0 | 0 | 0 | 0 | 0 | 0 | 0 | 0 | 0 |
| 中级职称 | | 0 | 0 | 0 | 0 | 0 | 0 | 0 | 0 | 0 | 0 | 0 | 0 | 0 | 0 | 0 | 0 | 0 |
| 妇幼保健院 | 1 | 72 | 60 | 1 | 32 | 15 | 1 | 3 | 7 | 1 | 0 | 0 | 0 | 0 | 0 | 0 | 0 | 0 |
| 其中：高级职称 | | 14 | 14 | 0 | 9 | 1 | 1 | 1 | 2 | 0 | 0 | 0 | 0 | 0 | 0 | 0 | 0 | 0 |
| 中级职称 | | 25 | 24 | 0 | 12 | 7 | 0 | 0 | 4 | 1 | 0 | 0 | 0 | 0 | 0 | 0 | 0 | 0 |

续表 49

| 指标名称 | 机构数(个) | 工作人员数(人) | 卫生技术人员 | | | | | | | | | | | | | | | |
|---|---|---|---|---|---|---|---|---|---|---|---|---|---|---|---|---|---|---|
| | | | 合计 | 中医师 | 西医师 | 护师 | 中药师 | 西药师 | 检验师 | 其他技师 | 中医士 | 西医士 | 护士 | 助产士 | 中药剂士 | 西药剂士 | 检验士 | 其他 |
| 二、集体所有制单位 | | | | | | | | | | | | | | | | | | |
| 灌口镇中心卫生院 | 1 | 148 | 135 | 11 | 56 | 49 | 1 | 6 | 7 | 2 | 1 | 1 | 0 | 0 | 0 | 1 | 0 | 0 |
| 其中：高级职称 | | 21 | 21 | 0 | 15 | 5 | 0 | 1 | 0 | 0 | 0 | 0 | 0 | 0 | 0 | 0 | 0 | 0 |
| 中级职称 | | 61 | 60 | 9 | 20 | 24 | 0 | 3 | 3 | 1 | 0 | 0 | 0 | 0 | 0 | 0 | 0 | 0 |
| 后溪镇卫生院 | 1 | 85 | 85 | 8 | 32 | 25 | 1 | 5 | 4 | 1 | 0 | 1 | 2 | 0 | 4 | 0 | 0 | 3 |
| 其中：高级职称 | | 10 | 10 | 1 | 8 | 1 | 0 | 0 | 0 | 0 | 0 | 0 | 0 | 0 | 0 | 0 | 0 | 0 |
| 中级职称 | | 46 | 46 | 5 | 16 | 14 | 1 | 5 | 3 | 0 | 0 | 0 | 0 | 0 | 0 | 0 | 0 | 0 |
| 杏林街道社区卫生服务中心 | 1 | 63 | 58 | 5 | 23 | 19 | 2 | 2 | 4 | 2 | 0 | 0 | 0 | 0 | 0 | 0 | 0 | 1 |
| 其中：高级职称 | | 9 | 9 | 2 | 3 | 3 | 0 | 0 | 1 | 0 | 0 | 0 | 0 | 0 | 0 | 0 | 0 | 0 |
| 中级职称 | | 22 | 22 | 1 | 11 | 7 | 1 | 1 | 1 | 0 | 0 | 0 | 0 | 0 | 0 | 0 | 0 | 0 |
| 集美街道社区卫生服务中心 | 1 | 40 | 34 | 4 | 11 | 8 | 2 | 2 | 2 | 3 | 0 | 1 | 0 | 0 | 0 | 0 | 0 | 1 |
| 其中：高级职称 | | 5 | 5 | 1 | 2 | 0 | 2 | 0 | 0 | 0 | 0 | 0 | 0 | 0 | 0 | 0 | 0 | 0 |
| 中级职称 | | 20 | 20 | 2 | 10 | 4 | 0 | 1 | 2 | 1 | 0 | 0 | 0 | 0 | 0 | 0 | 0 | 0 |
| 侨英街道社区卫生服务中心 | 1 | 91 | 83 | 9 | 26 | 28 | 2 | 6 | 5 | 1 | 0 | 1 | 0 | 0 | 0 | 0 | 0 | 5 |
| 其中：高级职称 | | 9 | 9 | 1 | 4 | 3 | 0 | 1 | 0 | 0 | 0 | 0 | 0 | 0 | 0 | 0 | 0 | 0 |
| 中级职称 | | 61 | 60 | 8 | 18 | 20 | 2 | 3 | 5 | 1 | 0 | 0 | 0 | 0 | 0 | 0 | 0 | 3 |
| 杏滨街道社区卫生服务中心 | 1 | 89 | 78 | 10 | 29 | 24 | 1 | 3 | 5 | 0 | 0 | 3 | 1 | 0 | 0 | 1 | 1 | 0 |
| 其中：高级职称 | | 5 | 5 | 1 | 3 | 1 | 0 | 0 | 0 | 0 | 0 | 0 | 0 | 0 | 0 | 0 | 0 | 0 |
| 中级职称 | | 53 | 50 | 7 | 17 | 20 | 1 | 1 | 4 | 0 | 0 | 0 | 0 | 0 | 0 | 0 | 0 | 0 |

表 50

## 2021—2022 年集美区卫生保健情况

| 指标名称 | 单位 | 2022 年 | 2021 年 |
|---|---|---|---|
| 新生儿死亡率 | ‰ | 0.43 | 0.76 |
| 5 岁以下儿童死亡率 | ‰ | 2.13 | 2.08 |
| 孕产妇死亡率 | % | 0.00 | 0.00 |
| 卡介苗接种率 | % | 100.00 | 100.00 |
| 脊灰疫苗接种率 | % | 99.71 | 99.75 |
| 百白破三联制剂接种率 | % | 99.64 | 99.66 |
| 麻疹疫苗接种率（含麻疹成分疫苗） | % | 99.30 | 99.67 |

表 51

## 2021—2022 年集美区民政工作基本情况

| 指标名称 | 单位 | 2022 年 | 2021 年 |
|---|---|---|---|
| 社会救济 | | | |
| 社会救济人数 | 人 | 1242 | 1074 |
| 有劳动能力 | 人 | 141 | 117 |
| 部分丧失劳动能力 | 人 | 123 | 102 |
| 完全丧失劳动能力 | 人 | 533 | 514 |
| 无业人员 | 人 | 445 | 341 |
| 集中供养特困人员 | 人 | 35 | 31 |
| 城镇居民最低生活保障家庭数 | 户次 | 6984 | 5620 |
| 城镇低保资金全年计划支出 | 万元 | 1023 | 743 |
| 农村居民最低生活保障人数 | 人 | 430 | 382 |
| 散居特困人员 | 人 | 23 | 23 |
| 其他对象 | 人 | 3923 | 3684 |
| 农村居民最低生活保障家庭数 | 户次 | 3610 | 3060 |
| 农村传统救济人数（五老） | 人 | 3 | 4 |
| 最低生活保障线以下人数 | 人 | 1242 | 1074 |
| 居民最低生活保障已保人数 | 人 | 812 | 692 |
| 救济精简退职老职工人数 | 人 | 4 | 4 |
| 民政资金情况 | | | |
| 民政事业费实际支出 | 万元 | 2769 | 2149 |
| #救灾支出 | 万元 | | |
| 城镇最低生活保障支出 | 万元 | 1023 | 743 |
| 农村最低生活保障支出 | 万元 | 530 | 396 |
| 农村定期救济资金实际支出 | 万元 | 530 | 396 |
| 各种收养性社会福利单位的床位数 | 张 | 1939 | 1890 |

# 索 引

## 说 明

1. 本索引分设条目索引、随文图片索引和表格索引三部分。
2. 为方便读者对随文图片和表格检索，对图片的说明文字和表格标题稍作提炼和改造，删除有关限制词。表格主题词后面的括号为表格的说明项。
3. 索引按主题词首字的汉语拼音字母排列，首字相同按第二个字的汉语拼音字母顺序排列，以此类推。主题词后面的数字为所在页码，页码后面的拉丁字母为该主题词在页码中的栏别（a、b、c，表示从左至右版面1、2、3栏）。
4. 年度关注、专记、大事记、附录等部分内容不做主题分析索引。

## 条目索引

### A



### B



### C

## D

## E



## F

## G

## H



## J

## K



## L

## M



## N



## P

## Q

## R



## S

## T

W

## X

## Y

## Z

# 随文图片索引

## L



## N



## Q



## R



## S



## T



## X

## Y



## Z



# 表格索引

## C



## G



## H



## J



## M



## N



## P

## Q



## X



## S



## W



## X



## Y



## Z